# Die Küche Asiens

Charmaine Solomon

# Die Küche Asiens

## Ein Standardwerk fernöstlicher Kochkunst

Pawlak Verlagsgesellschaft mbH, Herrsching

Deutsch von Elisabeth Knappe
Fotos: Reg Morrison
Umschlag: Bine Cordes, Weyarn
ISBN: 3-88199-101-8

# Inhalt

Vorwort der Autorin 6

Einführung 7
Hinweise zu Schreibweise und Aussprache
Gesundes Essen
Reis
Kokosmilch
Chilis – mit Vorsicht zu handhaben
Zwiebelkunde
Wie man ein Huhn für Curries zerlegt
Wie man ein Huhn auf chinesische Art zerlegt
Wie man Fisch in Portionsstücke schneidet
Wie man eine Ananas vorbereitet

Bezugsquellen 12

Indien und Pakistan 13
Sri Lanka 103
Indonesien 164
Malaysia 214
Singapur 231
Burma 259
Thailand 293
Kambodscha und Laos 323
Vietnam 331
Philippinen 344
China 370
Korea 431
Japan 454

Anhang 485
Register 501

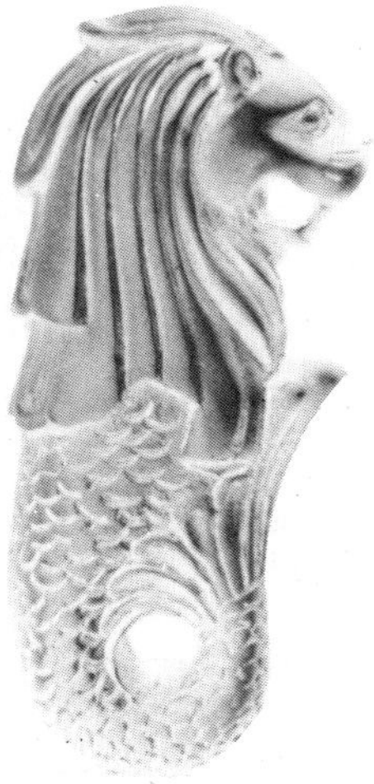

# Vorwort

Kochen gehört zu den schöpferischen Künsten. Ich hatte das Glück, schon früh von den begeisterten und perfekten Köchinnen um mich herum – Mutter, Großmüttern und Tanten – zu erfahren, daß Kochen eine der dankbarsten Möglichkeiten ist, sich selbst auszudrücken und gleichzeitig anderen Freude zu bereiten. Und darüber hinaus macht es mir ganz einfach Spaß.

Dabei fand ich auch heraus, daß Kochenkönnen keineswegs eine geheimnisvolle Begabung ist, nicht auf irgendwelchen magischen Fähigkeiten beruht, sondern daß man diese Fähigkeiten erwirbt, wenn man ein gesundes Interesse an gutem Essen hat und die Absicht, jede Mahlzeit so zuzubereiten, daß man sie mit Vergnügen genießen kann. Natürlich ist ein zuverlässiges Kochbuch eine große Hilfe. Ich koche schrecklich gern, und gerade deshalb würde mich die Vorstellung zu Tode langweilen, tagaus, tagein die gleiche Art Essen kochen zu müssen. Für mich – und hoffentlich auch für Sie – liegt das Aufregende am Kochen darin, neue Gerichte zu erfinden, alte und vertraute zu variieren, und die Rezepte anderer Länder auszuprobieren. Es bedeutet ein Erlebnis, solche Mahlzeiten einer Familie und Freunden vorzusetzen, die sie zu würdigen wissen, und beide Seiten werden sich mit Vergnügen daran erinnern.

Zum einen habe ich dieses Buch geschrieben, um es interessierten Köchen in der ganzen Welt zu ermöglichen, die Küche Asiens kennenzulernen, und zum anderen, um zu beweisen, daß authentische fernöstliche Speisen in einer europäischen Küche zubereitet werden können. Aber da wir ohne diese allgegenwärtigen Diener auskommen müssen, die fast alle, wenn nicht die ganze Kocherei (und das Aufwaschen!) in vielen asiatischen Haushalten besorgen, habe ich diese Rezepte wieder und wieder daraufhin ausprobiert, wie man den traditionellen Aufwand an Zeit und Mühe mindern könnte, ohne Geschmack und Eigenart der Speisen zu beeinträchtigen.

Natürlich halten sich Küchentraditionen nicht an geographische und politische Grenzen, und die Trennungslinien zwischen einer kulinarischen Überlieferung und der anderen sind oft genug ungenau.

Zuerst wollte ich dieses Buch »Südostasiatische Küche« betiteln, aber diese Definition hätte Indien, Korea, Japan, China und Sri Lanka ausgeschlossen; »Fernöstliche Küche« läßt an China und Japan denken, schließt Indien wie Sri Lanka aus und ist sowieso eine nur in Europa gebräuchliche Definition. So kam es, daß ich »asiatisch« wählte. Vielleicht zieht diese Bezeichnung recht willkürlich eine Grenze im Westen des indischen Subkontinents, welche die interessanten Küchen Afghanistans, des Iran und der Türkei nicht einbezieht, aber irgendwo mußte eine Grenze gezogen werden.

Aus Gründen der Bequemlichkeit und nicht aus politischer Ignoranz oder Voreingenommenheit habe ich Gerichte aus Indien, Pakistan, Bangladesch und Kaschmir in einem Kapitel zusammengefaßt. Die Rezepte des China-Kapitels entstammen zum großen Teil eigenen Erfahrungen in Hongkong, aber zusätzlich zur weltberühmten kantonesischen Küche sind auch die Kochtraditionen anderer Provinzen des chinesischen Festlandes ausreichend gut vertreten. Viele von Singapurs ausgezeichneten chinesischen Gerichten bekommt man auch in Hongkong. Um mich also nicht zu wiederholen, habe ich mich in dem Kapitel über die Inselrepublik ausschließlich mit ihrer Nonya-Küche befaßt.

Viele Rezepte Malaysias und Indonesiens sind identisch oder doch sehr ähnlich; deshalb habe ich versucht, möglichst solche auszuwählen, die für jedes dieser Länder besonders repräsentativ sind. Dennoch: Sollten Sie ein Lieblingsrezept im Kapitel Malaysia nicht finden können, sehen Sie unter Indonesien nach und umgekehrt.

Für diejenigen von Ihnen, die mit einigen Zutaten und Arbeitsmethoden der Rezepte dieses Buches nicht vertraut sind, bringt die Einführung zu jedem Kapitel viele nützliche Informationen, allgemeine und spezielle. Darüber hinaus sind die Einleitungen nicht nur praktische Ratgeber in bezug auf gewisse Zutaten und Geräte, die Sie brauchen werden, sie versuchen auch, etwas von der Farbe und dem Duft eines jeden Landes auf dieser kulinarischen Reise hervorzurufen. Auf Seite 485 beginnt ein ausführlicher alphabetischer Anhang, der Ihnen fremde Bezeichnungen erläutert. Ich hoffe nun, daß Sie beim Kochen nach diesem Buch etwas von dem Spaß mitempfinden können, den mir das Zusammenstellen der Rezepte machte. Fangen Sie noch heute an, dinieren Sie weit weg in irgendeinem Lande Asiens. Es erwarten Sie Vergnügen, eine ganz neue Welt des Kochens – und ein Hauch von Abenteuer.

Charmaine Solomon

# Einführung

Ebenso wie Frankreich neben seiner subtilen Haute Cuisine auch seine robusten ländlichen Gerichte hat, so bietet auch Asien eine breite Palette kulinarischer Freuden, die schlicht sein können oder kompliziert, zartschmeckend, feurig, mild, verführerisch – und unwiderstehlich! Nicht alle asiatischen Speisen sind exotisch oder ganz und gar ungewöhnlich. Viele, vor allem die Reis- und Nudelgerichte, sind so alltäglich wie im Westen Pasta und Kartoffeln. Viele Zutaten sind erfahrenen Durchschnittsköchinnen durchaus vertraut. Die wirklichen Unterschiede zwischen östlichen und westlichen Küchentraditionen entstanden hier wie überall auf der Welt dadurch, daß jede die Zutaten verwendet, die im Lande zu haben sind. So stützt sich die Küche Asiens auf einige im Westen wenig bekannte Kräuter und Gewürze (z. B. Ingwer und Kardamom), auf die nahrhaften Sojabohnenprodukte und die eiweißreichen Fischsoßen und Shrimp-Pasten. Tatsächlich dauert es seine Zeit, bis man sich an die besonders fremdartigen Zutaten gewöhnt hat. Aber wenn Sie erst einmal alle Vorbehalte allein schon gegen die *Vorstellung* von rohem Fisch, frisch geriebener Chilipaste oder getrockneten Meeresalgen überwunden haben, werden Sie dahinterkommen, daß diese und viele andere Ingredienzen genauso wohlschmeckend und interessant sind wie die Zutaten zu Ihrem geliebten Cordon bleu.
In der Einführung zu jedem Kapitel werden Sie darauf hingewiesen, welche ungewöhnlichen Zutaten die Küche des vorgestellten Landes verwendet. Vieles davon können Sie in westlichen Ländern ohne weiteres bekommen. Und in den seltenen Fällen, in denen das nicht der Fall ist, gibt es im allgemeinen brauchbaren Ersatz.
Diejenigen unter Ihnen, die schon mit der einen oder anderen Küche Asiens vertraut sind, werden auf diesen Seiten hoffentlich Rezepte finden, die sie interessieren und zum Ausprobieren verleiten. Ich glaube sicher, daß Sie auch andere Küchen erforschen wollen, die Ihnen bisher weniger gut bekannt sind. Und für alle diejenigen, die zum erstenmal ein asiatisches Rezept nachkochen wollen oder die bisher nur in Restaurants asiatische Gerichte kennengelernt haben, habe ich mir Mühe gegeben, jeden wesentlichen Schritt klar und genau zu beschreiben. Die Rezepte in diesem Buch sind bis auf gelegentliche unbedeutende Abänderungen die gleichen, nach denen in asiatischen Haushalten gekocht wird, wo es gewöhnlich kaum moderne, arbeitserleichternde Geräte wie Kühlschränke, Elektro- oder Gasherde, elektrische Mühlen und Mixer gibt, die in westlichen Küchen fast selbstverständlich sind. Es gibt also wirklich keinen Grund, sich das Kochen asiatischer Gerichte nicht zuzutrauen, sofern Sie die wenigen notwendigen Geräte und Töpfe haben.
Die unmittelbar folgenden Seiten sind in Abschnitte aufgeteilt, die den Umgang mit den verschiedenen Speiseölen erläutern, die besten Kochmethoden für Reis anführen und welche Sorten man kaufen soll, die beschreiben, wie man Kokosmilch herstellt, mit Chilis umgeht, und die weitere praktische Ratschläge geben, die Ihnen bei vielen Rezepten von Nutzen sein werden.

## Hinweise zu Schreibweise und Aussprache

Für die meisten Länder wurden die Rezeptbezeichnungen in der dominierenden oder der gebräuchlichsten Landessprache angegeben, gefolgt von der deutschen Bezeichnung in kleinerer Schrift. Für China habe ich den kantonesischen Dialekt gewählt, denn die Kochkunst der Provinz Kwantung ist in der westlichen Welt am besten bekannt. Philippinische Namen sind im allgemeinen in Tagalog angegeben, ein paar spanische Namen sind auch darunter. Die Namen für die indischen Rezepte entstammen dem Hindi-Dialekt. Es darf Sie nicht erstaunen, das englische Wort »mutton« (Hammelfleisch) darunter zu entdecken. Die Inder haben es von den Briten übernommen, genauso wie zum Beispiel »topee« und »pukka« in die englische Sprache eingegangen sind.
In Malaysia und Indonesien wurde vor einigen Jahren die Schreibweise vereinheitlicht. Das »ch« im Malaiischen und »tj« im Indonesischen wurden durch den Buchstaben »c« ersetzt – aus *blachan* wurde so *blacan,* aus *tjumi-tjumi* (Tintenfisch) wurde *cumi-cumi.* Aus dem indonesischen »oe« wurde »u«, so daß jetzt aus *oelek* ein *ulek* geworden ist, außerdem wurde »dj« zu »j« – also *bajak* statt bisher *badjak.*
Die Aussprache burmesischer Namen kann verwirrend sein. Man muß sich merken, daß »ky« etwa wie »tsch« ausgesprochen wird; Kyazan klingt dann wie »tschahsan« und kyetha wie »tscheta«. Der Buchstabe »k« mitten in einem Wort ist stumm, »t« und »ke« am Ende eines Wortes schneiden das Wort nach dem vorausgehenden Vokal ab. So klingt lethoke wie »letho« und gin thoke wie »dschintho«.
Oft habe ich für eine Zutat außer dem deutschen Namen auch den einheimischen angeführt. Zum Beispiel finden Sie für »getrocknete Shrimp-Paste« auch die Namen *blacan* (Malaysia), *trasi* (Indonesien), *ngapi* (Burma) und *kapi* (Thailand).
Sie finden eine umfassende Liste dieser einheimischen Bezeichnungen im Anhang, der auf Seite 485 beginnt.

## Gesundes Essen

Asiatisches Essen ist fast immer gesundes Essen. So schützt zum Beispiel die japanische Kost vor Herzerkrankungen, Übergewicht und Gicht. Man kann mit chinesischen Gerichten, besonders mit gedämpften und pfannengerührten Speisen, recht gut Gewicht und Cholesterinwert herunterdrücken. Sogar die stark gewürzte Kost Indiens und Südostasiens ist gut für die Gesundheit. Vielen der Gewürze und Zutaten, so zum Beispiel Knoblauch und Ingwer, schreibt man gesundheitsfördernde Eigenschaften zu.
Da man aber in unserer Zeit so großen Wert darauf legt, schlank zu bleiben, habe ich Art und Menge der verwendeten Kochfette abgewandelt. Und ich habe herausgefunden, daß man durchaus sehr leckere Gerichte mit nur halb soviel Fett kochen kann, als in vielen überlieferten Rezepten vorgeschrieben ist. In Nordindien ist *ghee,* geklärte Butter, das wichtigste Kochfett.

Weil es reines Butterfett ist, aus dem alle festen Milchrückstände ausgeschieden wurden, hält es sich ohne Kühlung. Zwei wichtige Eigenschaften machen es in der indischen Küche so wertvoll: einmal sein Aroma, zum zweiten seine Eigenschaft, hohe Temperaturen zu erreichen, ohne zu verbrennen. Ich verwende es seines Aromas wegen, ersetze aber einen Teil der vorgeschriebenen Menge durch leichte Speiseöle.
Bei einigen Rezepten ist es nicht möglich, *ghee* durch andere Fette zu ersetzen, ohne das Ganze zu verderben. Das gilt für indisches Konfekt oder Plätzchen wie zum Beispiel *nan khatai*. Nehmen Sie also für solche Rezepte keine Margarine oder Pflanzenfette, es lohnt sonst die Mühe nicht. Schließlich nimmt man ja Konfekt nicht in solchen Mengen zu sich, daß das verwendete Fett Gesundheit oder Verdauung schaden könnte, solange man der Verlockung nicht willenlos und ohne Selbstkontrolle nachgibt.
In Thailand, auf den Philippinen und in einigen anderen südostasiatischen Ländern verwendet man Schweineschmalz als Kochfett. In meiner eigenen Küche ersetze ich es durch ein leichtes Pflanzenöl. Natürlich schmeckt das Essen dann ein wenig anders, aber es liegt auch nicht so schwer im Magen.
Ein hochgesättigtes Öl ist Kokosnußöl, das fast ausschließlich in Sri Lanka, Malaysia und den übrigen Ländern verwendet wird, in denen Kokospalmen wachsen. Sein Aroma ist zwar einmalig, wer es aber nicht verträgt, sollte es trotzdem lieber durch Maisöl, Distelöl oder Sonnenblumenöl ersetzen. Kokosmilch kann man in solchen Fällen mengenmäßig reduzieren oder durch eine ähnliche Menge Magermilch ersetzen.
Alle Rezepte dieses Buches lassen sich mit sehr geringen Einbußen an Wohlgeschmack an eine fettarme Diät anpassen, denn das exotische Aroma der Speisen rührt her von den verwendeten Kräutern, Gewürzen und Würzsoßen.

## Reis

Reis ist eine der ältesten Körnerfrüchte der Erde und Grundnahrungsmittel für mehr als die Hälfte der Weltbevölkerung. In ganz Asien ist er der wichtigste Bestandteil der täglichen Kost. Es gibt Tausende von Reissorten. Agrarwissenschaftler, die immer neue, ergiebigere Sorten züchten, können Unterschiede herausfinden, die selbst dem überzeugtesten Reisliebhaber verborgen bleiben. Dennoch hat der Reis in den Augen asiatischer Verbraucher Qualitätsmerkmale, die einem Europäer niemals zu Bewußtsein kommen würden – Unterschiede in Farbe, Aroma, Geschmack und Beschaffenheit des Reiskorns. Der Durchschnittsasiate kann blind feststellen, nur nach dem Geruch einer Schüssel voll gekochtem Reis, um welche Sorte es sich handelt.
Reisaufkäufer sind so geübt in der Unterscheidung der verschiedenen Arten Reis, daß es ihnen genügt, ein paar Reiskörner in der geschlossenen Hand anzuwärmen und durch die Öffnung zwischen Daumen und Zeigefinger zu schnuppern, um Alter, Sorte, vielleicht sogar das Ursprungsland bestimmen zu können. Alter Reis ist gesucht und wird besser bezahlt als neuer, weil er beim Kochen locker und körnig wird, selbst wenn der Koch aus Versehen zu viel Wasser zugegeben haben sollte. Ganz allgemein werden die polierten weißen Körner, seien sie nun lang und dünn oder klein und perlenähnlich (viel kleiner als das, was wir als Kurzkornreis bezeichnen), als die besten angesehen. Es ist aber nicht so, daß man in jedem Lande Asiens genau die gleichen Merkmale beim Reis besonders schätzt. In Indien und Pakistan, Sri Lanka und Burma wünscht man sich den Reis trocken und locker. Man schätzt die langen, dünnen Reiskörner am höchsten und kocht den Reis mit Salz. Dort gibt es nichts Schlimmeres für einen Koch, als das Salz am Reis zu vergessen.
In Malaysia, Indonesien, Thailand und Vietnam mag man den Reis zwar auch trocken und körnig, kocht ihn aber ohne Salz. Weiter nach Osten zu schätzt man mehr die Mittel- oder Kurzkornsorten. In Laos, Kambodscha, China, Korea und Japan verlangt man auch perfekt gekochten Reis, aber trocken und locker darf er nicht sein. Man wünscht glänzende, perlengleiche Körner, jedes einzeln für sich und doch zusammenhängend, damit man sie mit Eßstäbchen aufnehmen kann. Wieder wird der Reis nicht gesalzen. Die Laoten unterscheiden sich von allen übrigen Reisessern: sie ziehen Klebreis (stark glutenhaltigen Reis) allen anderen Reissorten vor, der in den übrigen Ländern nur zu Süßspeisen oder in Blätter gehüllten Snacks Verwendung findet.
Während des Zweiten Weltkriegs, als die gebräuchlichen Reissorten knapp wurden, waren die Leute mit dem auf Lebensmittelkarten zugeteilten Reis außerordentlich unzufrieden, weil er ein kräftiges, wenn auch nicht unangenehmes Aroma hatte. »Ha«, sagten die Hausfrauen, »den können wir doch nicht essen! Solchen Reis haben wir früher den Hunden gegeben.«
Tatsächlich wurden in einem Haushalt regelmäßig mindestens drei verschiedene Reissorten eingekauft: der Reis für den Hausherrn und seine Familie, im allgemeinen polierter weißer Reis; unpolierter Reis für die Dienerschaft, von den Wohlhabenden verabscheut, obwohl die Wissenschaft bewiesen hat, daß er weitaus wertvoller ist; und der Reis für die Haustiere, eine billige Sorte mit einem als unangenehm empfundenen Geruch.
Trotzdem wird jeder Reis mit einem Respekt behandelt, der fast an Verehrung grenzt, denn die Reisernte entscheidet buchstäblich über Leben und Tod in den übervölkerten Ländern Asiens.
Ich erinnere mich, daß ich als Kind einmal den Fehler machte, auf die große Holzkiste, die »Reiskiste« zu klettern, in der unser Monatsvorrat an Reis aufbewahrt wurde. Meine *Ayah*, die eingeborene Kinderfrau, die mich fast nie ausschimpfte, befahl mir in strengem Ton, sofort herunterzukommen und dem Reis mehr Ehrfurcht zu erweisen.
Der Reis hat einen festen Platz in religiösen Zeremonien, ist ein Symbol für Gedeihen und Fruchtbarkeit,

um das sich auch eine Menge abergläubischer Vorstellungen ranken.
Sogar die westliche Welt hat einige dieser Reisriten übernommen, so zum Beispiel das Werfen von Reiskörnern auf Hochzeiten. Aber was den westlichen Reisesser anbelangt, für ihn ist die Reiswahl vergleichsweise einfach. Reis gibt es in Packungen oder lose als polierten weißen Reis, Lang-, Mittel- oder Kurzkorn, oder als unpolierten Naturreis, Mittel- oder Langkorn. In vielen Ländern kann man einen aromatischen Tafelreis aus Bangladesch bekommen, den Basmati-Reis, in einigen Gebieten Indiens unter dem Namen Dehra Dun-Reis bekannt. Der bekanntere Patna-Reis ist ebenfalls ein Tafelreis mit langen, dünnen Körnern, hat aber nicht das Aroma, das den echten Basmati auszeichnet. Basmati ist allerdings teuer. Deshalb kann man zu Reisgerichten, die mit Gewürzen und Geschmackszutaten gekocht werden, genausogut jeden beliebigen Langkornreis verwenden.
Zu jedem Rezept dieses Buches wird die am besten geeignete Reissorte empfohlen. Man sollte sich nur als allgemeingültige Regel einprägen, daß die Körner bei Mittel- und Kurzkornreis aneinanderhaften, während vorschriftsmäßig gekochter Langkornreis locker und körnig wird.

## Waschen oder nicht waschen

Asiatische Köche werden sich nie einigen können, ob Reis gewaschen werden soll oder nicht. Manche sind dafür, den Reis mehrmals zu waschen und dann eine Weile quellen zu lassen. Andere gute Köche sind der Ansicht, das Waschen von Reis sei dumm und verschwenderisch, da es alle Vitamine und Nährsalze ausschwemme, die nach der Mühlenprozedur noch übriggeblieben seien. Nach meinen Erfahrungen ist es nicht nötig, in Europa geernteten Reis zu waschen. Dagegen ist lose eingeführter und erst hier abgepackter Reis durch eine Menge Staub und Schmutz verunreinigt und muß gründlich gewaschen werden.
Soll der Reis geröstet werden, ehe man die Kochflüssigkeit zugibt, muß er nach dem Waschen mindestens 30 bis 60 Minuten abtropfen und abtrocknen können. Reis, der im Dampf gegart werden soll, muß zuvor über Nacht quellen. Nach der Absorptionsmethode zu kochender Reis, der nicht zuerst angeröstet werden soll, wird gewaschen oder auch nicht, abgegossen und sofort in den Kochtopf gegeben.

## So wird Reis perfekt gekocht

Obwohl in jedem Reisrezept genaue Anweisungen gegeben werden, bringe ich hier eine allgemeingültige Regel über das Verhältnis von Reis zu Kochflüssigkeit:

Langkornreis: 500 ml Wasser auf die ersten 250 ml Reis,
375 ml Wasser auf jede zusätzlichen 250 ml Reis

250 ml Reis – 500 ml Wasser
500 ml Reis – 875 ml Wasser
750 ml Reis – 1250 ml Wasser
und so fort.

Kurz- oder Mittelkornreis: 375 ml Wasser auf die ersten 250 ml Reis und je
250 ml Wasser auf jede zusätzlichen 250 ml Reis:

250 ml Reis – 375 ml Wasser
500 ml Reis – 625 ml Wasser
750 ml Reis – 875 ml Wasser

Reis und Wasser über starker Hitze zu sprudelndem Kochen bringen, dann die Kochhitze so weit wie nur irgend möglich herunterschalten, den Topf fest zudecken und den Reis 20 Minuten lang ausquellen lassen. Vom Feuer nehmen, den Deckel abnehmen und den Reis ein paar Minuten abdampfen lassen, dann mit einer Gabel auflockern. Mit Hilfe eines geschlitzten Metall-Löffels in eine Schüssel füllen; ein Holzlöffel würde die Reiskörner zerquetschen.
Sie werden feststellen, daß Langkornreis beträchtlich mehr Wasser absorbiert als Kurz- oder Mittelkornreis. Deshalb sind diese beiden Sorten in den Rezepten nicht austauschbar.

## Kokosmilch

Man hört oft, daß die klare Flüssigkeit im Innern der Kokosnuß als »Kokosmilch« bezeichnet wird; sogar in Büchern steht es so. Wir wollen also gleich hier feststellen, was wirklich unter »Kokosmilch« zu verstehen ist, auf die Gefahr hin, daß ich alle langweile, die es schon wissen. Es ist die milchige Flüssigkeit, die man aus dem geriebenen frischen Fruchtfleisch reifer Kokosnüsse oder angefeuchteten Kokosflocken extrahieren kann. Kokosmilch ist in der Küche fast aller asiatischen Länder eine wichtige Zutat. Man verwendet sie zu Suppen, Curries, würzigen Fleisch- und Fischgerichten und allen möglichen Süßspeisen. Sie ist von unvergleichlichem Aroma und Geschmack und sollte für die Rezepte, in denen sie vorgeschrieben wird, auch wirklich verwendet werden. Das ist auch gar nicht schwer zu erfüllen, denn selbst in Ländern, in denen frische Kokosnüsse nicht zu bekommen sind, ist die Milch aus Kokosflocken einfach herzustellen.
Ehe ich anfange zu kochen, mache ich mir alle Kokosmilch, die ich brauchen werde. Ich möchte Ihnen sehr empfehlen, es ebenso zu machen, damit Sie nicht während des Kochens damit aufgehalten werden. Kokosmilch wird in zwei Stufen extrahiert. Der erste Extrakt ist die »dicke Milch«, der zweite die »dünne Milch«. Ist in einem Rezept lediglich »Kokosmilch« und nicht ausdrücklich »dicke« oder »dünne« Milch verlangt, können Sie ersten und zweiten Extrakt mischen.
Manchmal werden die beiden Extrakte zu unterschiedlichen Zeitpunkten zugegeben. Für manche Rezepte ist »Kokossahne« vorgeschrieben. Darunter versteht man die fette Schicht, die sich nach längerem Stehen der

»dicken Milch«, des ersten Extrakts, an der Oberfläche bildet.

Kokosmilch aus Kokosflocken:
Viele Köche stellen die Kokosmilch aus Kokosflocken her, und in neun von zehn Fällen mache ich das auch. Es geht viel einfacher und schneller, als frische Kokosnuß erst zu reiben, und in Curries merkt man keinen Unterschied.
500 ml Kokosflocken in eine große Schüssel geben und mit 625 ml heißem Wasser übergießen. Bis auf lauwarm abkühlen lassen, dann mit der Hand einige Minuten lang kräftig durchkneten und durch ein feines Sieb oder ein Musselintuch abgießen, dabei möglichst viel Flüssigkeit auspressen. Auf diese Weise müßten Sie etwa 375 ml *dicke* Kokosmilch bekommen.
Nun die gleichen Kokosflocken ein zweites Mal mit weiteren 625 ml heißem Wasser extrahieren. Das ergibt etwa 500 ml *dünne* Kokosmilch. Weil die Kokosflokken beim ersten Extrahieren Feuchtigkeit zurückbehalten, ist die zweite Extraktion gewöhnlich ergiebiger.

Extrahieren mit dem Mixer:
Mit dem Elektromixer lassen sich Zeit und eine Menge Arbeit sparen.
500 ml Kokosflocken mit 625 ml heißem Wasser in den Mixbecher füllen, zudecken und 30 Sekunden mixen. Durch ein feines Sieb oder ein Musselintuch abgießen, alle Flüssigkeit ausdrücken. Diese Prozedur mit den gleichen Kokosflocken und weiteren 625 ml heißem Wasser wiederholen.
Manchmal wird eine fettere Milch verlangt. Um sie zu bekommen, extrahiert man mit heißer Milch statt mit Wasser und verwendet nur den ersten Extrakt. Trotzdem ergibt auch eine zweite Extraktion noch eine aromatische und immer noch ziemlich fette Kokosmilch, die man zu Suppen, Curries und anderen Gerichten verwenden kann.

Kokosmilch aus frischer Kokosnuß:
In den Ländern Asiens stellt man die Milch aus frischen Kokosnüssen her; eine Kokosnußreibe gehört zur Grundausstattung jeder Küche. Mit dem richtigen Werkzeug ist es ganz leicht, eine Kokosnuß zu reiben. Es gibt verschiedene Typen von Kokosnußreiben. Am wirkungsvollsten und am leichtesten zu handhaben ist eine Reibe, die man wie einen Fleischwolf an der Tischkante festschrauben kann.
Sie besteht aus einer Anzahl gebogener und gezackter Schneiden, die in einem Punkt zusammenlaufen wie bei einer Citruspresse. Mit der einen Hand dreht man die Kurbel, mit der anderen drückt man eine halbe Kokosnuß an die Reibe – auf diese Weise kann man das weiße Fruchtfleisch ganz reiben, ohne sich an einem abgleitenden Messer zu verletzen oder die Fingerknöchel blutig zu reiben.
Wenn Sie zwar frische Kokosnüsse, aber keine Reibe haben, können Sie im Elektromixer sowohl das Fruchtfleisch zermahlen als auch die Milch extrahieren. Zuerst die Nuß in zwei Teile spalten, indem man mit dem Rücken eines schweren Küchenbeils kräftig mitten auf die Nußschale schlägt. Wenn sich ein Spalt zeigt, vergrößert man ihn mit der Schneide des Küchenbeils und sprengt die Nuß auseinander. Die süße Flüssigkeit im Innern der Nuß läßt sich als Getränk verwenden. Die beiden Nußhälften in den schwach geheizten Backofen legen, nach 15 bis 20 Minuten löst sich das Fruchtfleisch von der Schale. Mit der Messerspitze löst man es heraus und schält die dünne braune Haut ab. Dann schneidet man es in Stücke, die man mit 500 ml Milch oder Wasser im Elektromixer auf hoher Schaltstufe püriert. Die Flüssigkeit durch ein Sieb oder Tuch abgießen und die Prozedur mit der gleichen Kokosnuß und frischem Wasser wiederholen.
Um Kokosmilch aus einer frischen Nuß mit der Hand zu extrahieren, das weiße Fruchtfleisch fein reiben. Auf jeweils 250 ml Kokosraspel 250 ml heißes Wasser zugeben, mit der Hand alles gründlich durchkneten und die Flüssigkeit abseihen. Die Prozedur mit frischem heißem Wasser ein zweites und sogar ein drittes Mal wiederholen.

## Chilis – Mit Vorsicht zu handhaben

Die meisten asiatischen Gerichte, besonders die Südostasiens, sind fast immer mit frischen Chilis zubereitet. Soll das Essen nur mild gewürzt sein, die Chilischote einfach waschen, in das kochende Essen geben und vor dem Auftragen herausnehmen und wegwerfen. Wenn Sie aber möchten, daß ein Gericht den authentischen feurig-scharfen Geschmack bekommt und Sie deshalb die Chilis entkernt und gehackt mitkochen wollen, wie es die Asiaten machen, dann müssen Sie sich mit Wegwerfhandschuhen aus Plastikfolie oder gutsitzenden Gummihandschuhen ausrüsten. Mit schlechtsitzenden, plumpen Handschuhen arbeitet es sich nicht gut.
Den Stiel der Chili abschneiden, die Schote aufschlitzen und die Kerne mit der Spitze eines kleinen scharfen Messers herauskratzen. Oder die Chilischote der Länge nach halbieren und die Mittelmembran zusammen mit den Kernen herauslösen. Die Kerne sind das Schärfste an einer Chili. Wollen Sie feurig-scharfe *sambals* machen, müssen Sie die Chilis mitsamt den Kernen verwenden, im allgemeinen zerrieben oder im Mixer püriert (siehe *sambal bajak* und *sambal ulek* im Kapitel Indonesien).
Sollten Sie die Chilis ohne Handschuhe angefaßt haben, zum Beispiel beim Schneiden oder Hacken, müssen Sie anschließend Ihre Hände gründlich mit warmem Wasser und Seife waschen. Chilis können so scharf sein, daß selbst zwei- oder dreimaliges gründliches Waschen das Kribbeln nicht beseitigen kann, das oft stundenlang andauert. Wenn Ihnen das passieren sollte, müssen Sie daran denken, Ihre Hände nicht an die Augen, die Lippen oder andere empfindliche Hautstellen zu bringen. Vor allem dürfen Sie kleine Kinder nicht anfassen.

## Getrocknete Chilis:

Es gibt große und kleine getrocknete Chilis; in den Rezepten dieses Buches wird nur die große Sorte verwendet. Will man sie als Beilage zu einem Gericht braten, werden sie direkt in heißes Öl gegeben.
Sollen sie eingeweicht und zerrieben werden, zum Beispiel als Würzzutat für ein *sambal*, eine Soße oder ein Curry, muß man zuerst das Stielende abbrechen oder abschneiden und die Schote schütteln, damit die Kerne herausfallen. Man kann getrocknete Chilis ruhig anfassen, solange sie nicht eingeweicht und zerrieben wurden. Wer sie aber danach angefaßt hat, muß seine Hände sofort mit Wasser und Seife waschen. Obwohl getrocknete Chilis so scharf und hitzig schmecken, greifen sie doch die Haut nicht so sehr an wie frische Chilis mit ihren flüchtigen Ölen.

## Zwiebelkunde

Die auf der ganzen Welt verwendete, unentbehrliche Zwiebel zeigt von Land zu Land und von Jahreszeit zu Jahreszeit Unterschiede. Ihre Größe reicht von den kleinen Perlzwiebeln, die man einlegt, bis zu Gemüsezwiebeln von Pampelmusenumfang. Deshalb müssen die Auffassungen darüber, was eine große Zwiebel ist, recht unterschiedlich sein. Und um diese Ansichten über Zwiebelgrößen ein wenig auf einen Nenner zu bringen, sei hier ein Anhalt gegeben.
Groß nennt man eine Zwiebel, die mehr als 250 g wiegt; eine mittelgroße wiegt etwa 125 g und eine kleine Zwiebel etwa 60 g. Sie sollten einmal ein paar Zwiebeln auswiegen, um von den Größen eine Vorstellung zu bekommen; Sie ersparen sich damit eine Menge Überlegungen.
Geschmack und Schärfe sind ebenfalls von Zwiebelsorte zu Zwiebelsorte sehr verschieden. Da vertraue ich allerdings darauf, daß Sie als Köchin beurteilen können, wann Sie die angegebene Menge erhöhen oder herabsetzen müssen.
Die in Asien überall verwendeten kleinen purpurfarbenen Schalotten sind bei uns kaum zu bekommen. Deshalb wurden die Rezepte mit den gebräuchlichen weißen und braunen Zwiebeln ausprobiert. Wer Schalotten bekommen kann, sollte sie auf alle Fälle verwenden, nur muß man dann etwas kleinere Mengen nehmen. Sie müssen sehr vorsichtig angebraten werden, damit sie nicht anbrennen.
In der asiatischen Küche kocht man viel mit Frühlingszwiebeln, und zwar verwendet man, wenn nicht ausdrücklich anders angegeben, sowohl die weißen wie die grünen Teile. Am besten geeignet sind die geraden Stengel, die keine große, ausgeprägte Zwiebel gebildet haben.

## Wie man ein Huhn für Curries zerlegt

Oft habe ich in Rezepten die Anweisung gegeben, ein Huhn in »Currystücke« zu zerschneiden. Das bedeutet ganz einfach, es nicht nur zu zerlegen, sondern in kleinere Stücke zu schneiden, damit die Gewürze besser eindringen und das ganze Fleisch aromatisieren können.
Zum Beispiel zerlegt man ein 1,5 kg schweres Huhn in den Gelenken, hackt dann mit einem Küchenbeil jede Keule in zwei Teile, halbiert die Brust am Brustbein entlang und hackt wieder jede Hälfte in zwei Teile. Auch die Flügel werden im oberen Gelenk auseinandergetrennt; die Flügelspitzen bleiben am unteren Flügelglied. Der Rücken wird in vier Teile geschnitten und in Curries mitgekocht, aber nicht mitserviert, weil er fast nur aus Knochen besteht. Hals und Innereien, wegen des Geschmacks mitgekocht, werden ebenfalls vor dem Auftragen aus dem Gericht entfernt.

## Wie man ein Huhn auf chinesische Art zerlegt

Das Huhn wird im Ganzen gegart und dann mit einem scharfen Küchenbeil der Länge nach halbiert. Dann jede Hälfte mit der Schnittseite nach unten auf ein dikkes Holzbrett legen und quer in 3,5 cm breite Streifen zerhacken, die man auf einer Platte wieder zur ursprünglichen Form zusammensetzt. Wem das zu schwierig zu sein scheint, der trennt zuerst Keulen, Unterschenkel und Flügel ab und hackt das Huhn erst dann mit dem Beil in Streifen. Mit einem guten chinesischen Küchenbeil ist das nicht so schwer, wie es klingt.

## Wie man Fisch in Portionsstücke schneidet

Je nach Größe des Fisches wird eine Scheibe Fischfleisch in vier, sechs oder acht Teile zerschnitten werden müssen. Auch hier sind kleinere Stücke zu empfehlen, weil einmal die Gewürze besser durchziehen und Sie zum anderen mehrere Stücke pro Person zur Verfügung haben. Die Zeichnung veranschaulicht, wie man eine Scheibe Fisch aufteilt – kleine Scheiben in vier, mittlere in sechs und wirklich große in acht Stücke.

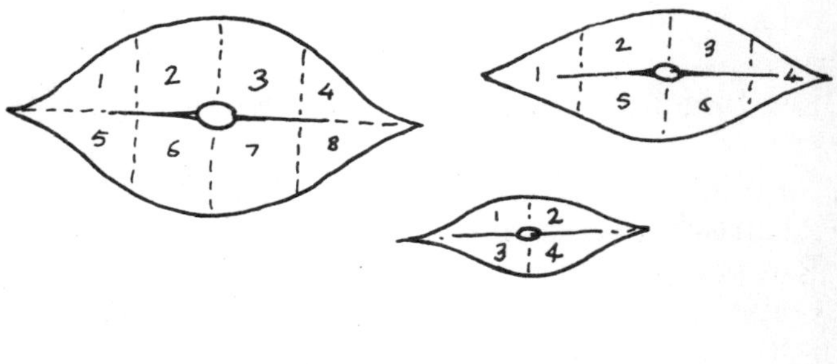

### Wie man eine Ananas vorbereitet

Um eine Ananas zu schälen, ohne allzuviel vom Fruchtfleisch zu vergeuden, schneidet man die Schale mit einem scharfen Messer dünn ab. Nun sieht man deutlich die in exakten Spiralen angeordneten »Augen«. Diese »Augen« schneidet man mit einer Reihe von diagonalen Schnitten heraus, jeweils drei auf einmal.
Diese Art, eine Ananas zu schälen, ist nicht nur wirtschaftlich, sondern auch sehr dekorativ.

## Bezugsquellen

Asiatische Lebensmittel und Gewürze, seien es frische oder konservierte, erhalten Sie meist in vorzüglicher Qualität in den Lebensmittelabteilungen großer Kaufhäuser. Einiges ist auch auf größeren Wochenmärkten zu erhalten, wie zum Beispiel frischer Ingwer, Sojabohnenquark (tofu) und Bohnensprossen.

Japanische Zutaten gibt es in einigen Spezialgeschäften, z. B. in den Nippon-Kan-Läden:

Oststraße 57
4000 Düsseldorf

Mittelstr. 86
5300 Bonn-Bad Godesberg

Ludwigstr. 19
6000 Frankfurt/Main

oder bei der Firma SAKAI SHOTEN, Grindelberg 41, 2000 Hamburg.

Die folgenden Firmen liefern auch auf dem Versandwege:

Taiping shop
Asiatische Lebensmittel
Rupprecht Mayer
Gabelsbergerstr. 17
8000 München 2

Gewürzhaus Schnorr
Neue Kräme 32
6000 Frankfurt/Main

Tropic Asien-Importe
Siegfried M. Dempf
Spiekerhof 32
4400 Münster

Ausgefallene Dinge erhalten Sie mit ziemlicher Sicherheit in den großen Spezialgeschäften Hollands, zum Beispiel in Amsterdam und Rotterdam.

# Indien & Pakistan

Die meisten Bewohner der westlichen Hemisphäre werden auf die Frage, welches Essen sie mit dem indischen Subkontinent verbinden, mit »Curry« antworten. Nun ist aber nicht jedes scharf gewürzte Gericht ein Curry, und ebenso gibt es nicht nur ein Curry. Die Bezeichnung »Curry« umfaßt eine ganze Reihe von Gerichten, die sich sehr deutlich voneinander unterscheiden, je nach den verwendeten Gewürzen und ihren wechselnden Kombinationen.

Gewürze, einfallsreich angewendet, sind das hervorstechende Merkmal indischer und pakistanischer Kochkunst – subtile und beißende, scharfe und milde, für jeden Geschmack etwas. Die Kochkunst Nordwestindiens und Pakistans (des früheren Westpakistan) ähnelt sich in vielem so sehr, daß ich zum Beispiel nicht sagen könnte, welche Gerichte dem einen, welche dem anderen Land zuzuordnen wären. Pakistan als Moslemland verwendet kein Schweinefleisch, dafür ist seine Kost reich an anderen Fleischsorten und weist so viele üppige *biriani* und *pilau* auf wie die berühmte Mogul-Küche der benachbarten indischen Provinzen. Lammfleisch herrscht in beiden Gebieten vor, und beide verwenden Würzmittel und Zutaten wie zum Beispiel Joghurt und *ghee* zu kunstvoll zubereiteten, aber nicht übermäßig scharfen Gerichten. Beide stützen sich auch mehr auf Weizenmehl-*chapatis* als auf Reis.

Bangladesch (früher Ostpakistan) ist mehr als 1500 Kilometer von Pakistan entfernt. Wie die ostindische Provinz Bengalen, zu der es früher gehörte, hat es eine Vorliebe für mehr beißend-scharfe Gewürze, kocht es lieber mit Senföl als mit *ghee* und legt das Hauptgewicht auf eine Vielzahl von Meerestieren statt auf das in Nordwestindien und Pakistan beliebte fette Lammfleisch.

Das kulinarische Angebot Südindiens ist wieder anders. Die Kokosnuß spielt eine beherrschende Rolle, Reis tritt weitgehend an die Stelle des Weizenmehls, verbreitet werden Senfsamen als Würzmittel verwendet, und Chilipfeffer kommt zu seinem Recht – wie jeder bestätigen wird, der schon einmal mit einem wirklich scharfen Madras- oder Mysore-Curry fertig geworden ist. Im ganzen Subkontinent stellen verschiedene Religionen Speiseverbote auf, an die man sich streng hält. Hindus essen kein Rindfleisch, Moslems kein Schweinefleisch. Buddhisten zerstören kein Leben und würden deshalb nicht einmal ein Ei aufschlagen. Und viele Inder sind strenge Vegetarier. Sie genießen eine Küche, die eine Klasse für sich ist und die den überzeugtesten Fleischesser bekehren könnte. Sie umfaßt hervorragende Curries, *bartha* (Pürees), *bhaji* (gebratene Gemüse), *pakorba* (Pfannkuchen) und *vadai* (Frikadellen aus Hülsenfrüchten), hausgemachtes Brot mit würzigen Gemüsefüllungen, sehr proteinreiche Gerichte auf der Grundlage von Linsen und hausgemachten Käsen sowie üppige Konfekte aus Gemüsen und Früchten.

Wenn ich an indische Süßigkeiten denke, dann auch an einen indischen »sweetmaker«, den ich kannte. Er war über 1,80 m groß, hatte eine frische Gesichtsfarbe, dunkles Haar und blitzende Augen. Ich schätzte sein Alter auf ungefähr sechzig Jahre, aber er hielt sich gerade und sah stark und gesund aus, und er war einer der stolzesten und würdevollsten Männer, die ich je kennengelernt habe. Ich kann mich nicht erinnern, ihn je lächeln gesehen zu haben. Er war nicht mürrisch, sah aber keine Veranlassung, seinen Kunden zuzulächeln. Genügte es nicht, daß sie den Vorzug genossen, die exquisite Arbeit seiner Hände erwerben zu können?

Sein Laden schmiegte sich eng an einen Hindutempel, der über und über mit in Stein gemeißelten Göttern und Göttinnen, Sterblichen und Tieren bedeckt war. Dagegen war dieser Laden selbst kahl, nicht durch die Spur irgendeiner Dekoration ansprechend gemacht. Im Inneren stand nur eine Glasvitrine, um das Konfekt vor den allgegenwärtigen Fliegen zu schützen. Weiter hinten, zum Teil von einem Vorhang verdeckt, war der kleine steinerne Feuerplatz auf dem Steinboden, vor dem er auf den Fersen hockte und seine Köstlichkeiten herstellte. Im Basar gab es noch eine Vielzahl von Süßigkeiten minderer Qualität, er aber machte nur die teuren, exquisiten, üppigen Sorten, und seine Kundschaft wußte wohl, daß sie das Privileg hatte, das Erzeugnis eines Meisters seines Fachs zu kosten, und zahlte willig seine hohen Preise.

Fernöstliche »sweetmaker« sind eine Rasse für sich. Sie hüten ihre Geheimrezepte so eifersüchtig wie ihr Geld – trotzdem, irgendwie sickern ihre Geheimnisse doch durch. Gute und nicht ganz so gute Rezepte werden in Kochbüchern abgedruckt. Aber das stellt keine große Bedrohung für die Hersteller dar, denn wer macht sich schon die Mühe, diese Häppchen selbst herzustellen? Solange ich im Osten lebte, genügte es mir, das Konfekt zu kaufen. Aber als wir uns in einem westlichen Land niederließen, in dem so etwas nicht zu bekommen war, stellte ich fest, daß ich unbedingt etwas unternehmen mußte. Und so begann die Suche nach Rezepten, die wiederholten Versuche, und schließlich am Ende der Triumph. War es der Mühe wert? O ja! Wenn Sie einmal mit Rosen und Kardamom parfümierte *rasgula, barfi, gulab jaman* versucht haben, werden Sie nicht eher Ruhe geben, bis Sie wissen, wie Sie dieses köstliche Konfekt selbst machen können. Wenn Sie einen süßen Zahn haben und Geschmack an Exotischem, werden Ihnen die Rezepte in dem entsprechenden Abschnitt so viel Spaß machen wie mir selbst.

## Wie man eine indische Mahlzeit serviert

In Südindien benutzt man oft Bananenblätter anstelle von Tellern, aber weitaus gebräuchlicher ist das *thali*-Service – ein *thali* ist ein rundes Metall-Tablett, auf das eine Anzahl kleiner Schüsseln gestellt wird, die ebenfalls aus Metall sind. Reis oder *chapatis* werden direkt auf das Tablett gehäuft, Curries und andere Beilagen werden in die Schüsseln gegeben. Es wird mit den Fingern gegessen, aber nur mit denen der rechten Hand, denn es gilt als unhöflich, Speisen mit der »unreinen« linken Hand zu berühren.

Einige orthodoxe Hindus sind der Ansicht, daß die immer wieder benutzten Löffel, Gabeln und Teller sehr unhygienisch sind, aber in den meisten indischen Städten hat man westliche Sitten übernommen, serviert auf Tellern und ißt mit Löffel und Gabel. Zuerst wird der Reis mitten auf den Teller gehäuft, dann legt man verschiedene Curries und Beilagen rundherum. Der Reis ist die Grundlage, und mit jedem Löffel Reis sollte immer nur ein Curry genommen werden, damit man die individuelle Würze eines jeden Gerichts auch wirklich wahrnehmen kann.

Die Frage der Proportionen ist vor allem wichtig. Man muß die westliche Gewohnheit vergessen, eine große Menge Fleisch oder Fisch mit nur wenig Reis zu reichen. Reis ist der Hauptbestandteil einer Mahlzeit, und Curries aus Fleisch, Fisch oder Gemüsen sollten in viel kleineren Portionen dazu gereicht werden. Darin steckt Weisheit, denn stark gewürztes Essen braucht als milden Hintergrund den Reis, um dem Gaumen wohlzutun und den Magen zu besänftigen.

Wenn es zu einer Mahlzeit indische Brote gibt, haben Sie keine andere Möglichkeit, als mit den Fingern zu essen. Reißen Sie ein Stück von *chapati* oder *paratha* ab, nehmen Sie damit die Beilagen auf, falten es appetitlich zusammen und essen es dann. Genauso wie chinesisches oder japanisches Essen besser schmeckt, wenn man es mit Stäbchen ißt, so schmecken indische Speisen besser mit den Fingern gegessen. Natürlich stellt man Fingerschalen bereit.

Die Frage, was man zu einer indischen Mahlzeit trinken soll, ist immer schon Gegenstand vieler Erörterungen gewesen. Unbedingt authentisch ist kaltes Wasser, aber viele Inder bevorzugen ein süßes Getränk wie *sharbat gulab* oder *falooda*. Diese eignen sich sicherlich sehr gut dazu, feurige Gewürze zu löschen. Und für jene, die ein alkoholisches Getränk möchten: eiskaltes Lagerbier oder Shandy (ein Gemisch aus Bier und Ingwerbier) oder eine Bowle aus halbsüßem Weißwein oder Rosé sind erlaubt; aber edle trockene Weine und Curries passen nun einmal nicht zusammen. Eine Warnung: kohlensäurehaltige sprudelnde Getränke, auch Lagerbier, neigen dazu, das »Brennen« eines sehr scharfen Curry noch zu verstärken, das gleiche gilt für eiskaltes Wasser.

## Küchengeräte

Glauben Sie mir, die westliche Hausfrau mit ihren Gas- und Elektrogeräten kann jede Art Essen mit weniger Aufwand kochen als die indische Hausfrau mit ihrer primitiven Ausrüstung. Der kupferne *degchi*, der in ganz Indien benutzt wird, ist wie eine Kasserolle ohne Griffe. Die Wände sind gerade und haben einen breiten Rand. Der flache Deckel schließt über dem Rand an und wird manchmal mit einer Paste aus Mehl und Wasser versiegelt. Auf diese Weise macht man aus der Kasserolle eine Art Backofen oder Dampfkochtopf für das sogenannte »*dum*-cooking«. Dazu werden heiße Kohlen auf den Deckel gehäuft, um Oberhitze zu erzeugen, denn Backöfen sind im indischen Durchschnittshaushalt so gut wie unbekannt. Heutzutage wird der *degchi* auch aus Aluminium hergestellt.

Kasserollen mit festschließendem Deckel tun dieselben Dienste wie ein *degchi,* und eine Kasserolle im Backofen entspricht dem *dum*-cooking. Hölzerne Kochlöffel können die in Indien meistens verwendeten Löffel aus Kokosnußschale ersetzen, und eine Friteuse ersetzt den *karahi,* eine abgerundete Pfanne, die zum Braten genommen wird. Ein Backblech oder ein schwerer eiserner Teller können Ersatz sein für den *tawa,* auf dem *chapatis* oder *parathas* gebacken werden, sogar eine schwere Bratpfanne ist dafür zu gebrauchen. Der immer vorhandene Mahlstein für Gewürze und die Kokosnuß-Reibe (Bild S. 35) werden durch den vielseitigen elektrischen Mixer ersetzt, und wenn Sie den nicht haben, nehmen Sie für Gewürze Mörser und Stößel.

## Ihr indisches Gewürzbord

Mit den folgenden Gewürzen ist Ihnen das ganze Reich der scharfen indischen Gerichte sozusagen an die Fingerspitzen gegeben. Frische Ingredienzien sind nicht aufgeführt, nur solche, die sich im Regal gut halten. Kaufen Sie kleine Mengen und heben Sie den Vorrat in luftdichten Gläsern auf. Nicht der Hitze und direktem Sonnenlicht aussetzen!

*besam* (Kichererbsenmehl)
Bockshornklee, ganze Samen
Chilipulver
Curryblatt
Fenchelsamen, ganz und gemahlen
*garam masala* (Rezept folgt)
*ghee*
Kardamom, ganze Kapseln und gemahlen
Kokosflocken
Kokosnußcreme
Koriander, Samen und gemahlen
Kreuzkümmel, ganze Samen und gemahlen
Kurkuma, gemahlen
Muskatblüte
Muskatnuß, ganz
Nelken, ganz und gemahlen
*panch phora* (Rezept folgt)
Pfeffer, schwarz, ganze Körner und gemahlen
Rosenwasser oder Rosenessenz
echter Safran
Schwarzkümmel
schwarze Senfkörner
Zimtstangen
Extras nach Belieben:
*amchur*
Stinkasant (asafoetida)
Ingwer, gemahlen
*tandoori*-Mischung

## Weitere Ingredienzien

Außer den so überaus wichtigen Gewürzen gibt es noch einige andere Zutaten in der indischen und pakistanischen Küche, die Ihnen nicht bekannt sein mögen, die man aber ohne weiteres bekommen oder andernfalls zu Hause selbst herstellen kann:

**Panir:** Hausgemachter Rahmkäse
Milch zum Kochen bringen und dabei gelegentlich umrühren, damit sich keine Haut bildet. Wenn die Milch anfängt, im Topf hochzusteigen, Zitronensaft im Verhältnis 1 EL zu 625 ml Milch einrühren. Topf vom Feuer ziehen und 5 Minuten stehen lassen, dann hat sich fester Quark gebildet. Durch ein feines Tuch seihen, den Quark mindestens 30 Minuten darin hängen lassen. Fest ausdrücken, um möglichst viel Flüssigkeit zu entfernen. Wenn der Käse sehr fest sein soll, beschweren Sie ihn und stellen ihn einige Stunden lang kühl. Das ist notwendig, wenn er in Würfel geschnitten und mit Gemüsegerichten gekocht werden soll, wie zum Beispiel in *mattar panir* auf S. 65. Man kann ihn jedem Gemüsegericht beigeben, um es besonders nahrhaft zu machen.

**Khoa:** ungesüßte Kondensmilch
In einer flachen Pfanne, zum Beispiel einer großen Bratpfanne, läßt man Milch kräftig kochen, um bei möglichst großer Oberfläche schnelles Verdampfen zu erreichen. Es muß ständig umgerührt werden. Fertige *khoa* hat die Konsistenz von rohem Pastetenteig.
1 Liter Milch ergibt ungefähr 90 g *khoa*. Es ist eine Zutat zu indischem Konfekt.

**Malai:** dicker Rahm
Das ist nicht die separierte Sahne, die im Handel erhältlich ist, sondern diese wird von gekochter Milch abgenommen. Die Milch läßt man in einer großen Pfanne stetig kochen. Gewöhnlich dreht sich ein Ventilator über der Oberfläche, um sie abzukühlen, damit sich schnell eine Haut bildet. Diese Haut wird abgenommen und die Prozedur wiederholt.
Diese Art Sahne kann man in libanesischen Läden unter der Bezeichnung *ashtar* kaufen.

**Panch phora:** »Panch« bedeutet in Hindi »fünf«, und *panch phora* ist eine Kombination von fünf verschiedenen aromatischen Samen. Sie werden ungemahlen verarbeitet, und wenn man sie kochendem Öl beigibt, teilen sie ihm den für bestimmte indische Gerichte typischen Geschmack mit.
Je zwei Eßlöffel schwarze Senfkörner, Kreuzkümmelsamen und Schwarzkümmelsamen vermengen, dazu je ein Eßlöffel Bockshornklee und Fenchelsamen. Diese Mischung in ein Glas mit dicht schließendem Deckel füllen. Vor Gebrauch gut schütteln, damit sich die Körner gleichmäßig verteilen. Für dieses Gewürz gibt es keinen Ersatz!

**Öle zum Kochen:** In den einzelnen Teilen Indiens verwendet man verschiedene Öle zum Kochen, und diese geben den Speisen einer jeden Region ihr unverwechselbares Aroma. In Südindien nimmt man häufig *til* (Sesamöl) und Kokosöl, und in Bengalen ist das bevorzugte Kochfett Senföl. Es kommt auf Ihren persönlichen Geschmack an, welches Öl Sie verwenden wollen; nur Olivenöl gibt es in der indischen Küche nicht. Am besten ist ein geschmackfreies Öl wie Erdnuß-, Mais- oder Sonnenblumenöl; man kann ihm durch den Zusatz von *ghee* Aroma geben.

**Ghee:** Geklärte Butter oder reines Butterfett
*Ghee* ist für den üppigen, aparten Geschmack nordindischer Speisen verantwortlich.
Weil es keine Milchrückstände mehr enthält, kann es viel höher erhitzt werden als Butter, ohne zu verbrennen. Es wird in Dosen, Päckchen oder Tuben verkauft.
Wenn Sie Schwierigkeiten haben, *ghee* zu bekommen, machen Sie es selbst:
Butter in einem Topf erhitzen, bis sie schmilzt und schaumig wird. Den Schaum mit einem Löffel abschöpfen, die geschmolzene Butter in eine feuerfeste Schüssel gießen und die Milchrückstände im Kochtopf wegschütten. Das Fett auf Zimmertemperatur abkühlen und dann im Kühlschrank erstarren lassen. Mit einem Löffel das Fett oben abnehmen und den Bodensatz zurücklassen. Nun wird es noch einmal erhitzt, dann durch feine Gaze gefiltert, um noch verbliebene Milchrückstände zu entfernen. Das so geklärte Fett hält sich ungekühlt drei bis vier Monate.

**Joghurt:** In Indien wird er *dahi* oder *curd* genannt und ist immer ungewürzt. Verwenden Sie natürlichen Joghurt, und wenn es geht, einen möglichst sauren. Ich finde, daß sich Ziegenmilch-Joghurt oder griechischer Joghurt am besten eignen.

# Namkin chawal

Einfacher schmackhafter Reis

*Reis ist das Hauptnahrungsmittel in Süd-, Mittel- und Ostindien und Hauptbestandteil indischer Mahlzeiten. Auf indische Art serviert, reicht die angegebene Menge für zwei Personen.*

2 bis 4 Portionen
Zutaten:
300 ml Langkornreis
2 TL *ghee*
625 ml heißes Wasser
1 TL Salz

Den Reis, wenn nötig, gut waschen und ihn 30 Minuten in einem Sieb abtropfen lassen. In einem Topf mit schwerem Boden und festschließendem Deckel *ghee* erhitzen, den Reis zugeben und unter Umrühren etwa 2 Minuten rösten, heißes Wasser zugießen, salzen, umrühren und schnell zum Kochen bringen. Bei sehr schwacher Hitze fest zugedeckt 20 bis 25 Minuten leise kochen lassen, ohne den Deckel zu lüften oder umzurühren. Dann nehmen Sie den Deckel für 1 bis 2 Minuten ab, um den Dampf entweichen zu lassen, lockern den Reis mit einer Gabel vorsichtig auf, ohne die Körner zu zerdrücken. So wird der Reis gar und bleibt dabei trocken und körnig. Nehmen Sie zum Vorlegen lieber einen geschlitzten Löffel aus Metall statt eines Holzlöffels, der leicht die Reiskörner zerquetscht.
Zu Curries oder anderen scharfen Gerichten servieren.

# Kitchri

Schmackhafter Reis mit Linsen

4 bis 6 Portionen
Zutaten:
250 ml Langkornreis
250 ml rote Linsen
2½ EL *ghee*
2 mittelgroße Zwiebeln, fein geschnitten
1250 ml heißes Wasser
2½ TL Salz
1½ TL *garam masala*

Den gewaschenen Reis gründlich abtropfen lassen. Die Linsen sorgfältig waschen, alle an der Oberfläche schwimmenden entfernen, gründlich ablaufen lassen. *Ghee* in einer Kasserolle erhitzen und die Zwiebeln darin goldbraun braten. Die Hälfte der Zwiebeln herausnehmen und beiseite stellen. Reis und Linsen in den Topf geben und unter ständigem Umrühren anrösten, ungefähr 3 Minuten. Das heiße Wasser mit Salz und *garam masala* dazugeben, zum Kochen bringen, zudecken und bei sehr schwacher Hitze leise kochen lassen, bis Reis und Linsen gar sind, etwa 20 bis 25 Minuten. Während dieser Zeit den Deckel nicht aufheben und nicht umrühren.
Mit den restlichen Zwiebeln garnieren, heiß servieren.

# Sabzi pilau

Reis mit Gemüsen

5 bis 6 Portionen
Zutaten:
2 EL *ghee*
2 EL Öl
2 mittelgroße Zwiebeln, fein geschnitten
1 Knoblauchzehe, fein gehackt
500 ml Langkornreis
1 l heißes Wasser
2 TL Salz
1 TL *garam masala*
2 Karotten, streichholzdünn geschnitten
125 ml gewürfelte rote oder grüne Paprika
1 kleine Tomate, geschält und gewürfelt
125 ml frische oder tiefgekühlte Erbsen
12 grüne Bohnen, dünn geschnitten

*Ghee* und Öl in einer großen Kasserolle mit gut schließendem Deckel erhitzen, die Zwiebeln darin bei schwacher Hitze 10 Minuten garen, bis sie weich und hellgolden sind, Knoblauch zugeben und weitere 2 Minuten garen. Den Reis zuschütten und jetzt über mäßiger Hitze 2 Minuten rösten. Heißes Wasser mit Salz und *garam masala* zugeben und bei starker Hitze zum Kochen bringen. Sobald es sprudelt, Hitze vermindern, Topf zudecken und 10 Minuten leise kochen lassen. Die Gemüse zugeben, aber nicht umrühren, und mit einem zusätzlichen Teelöffel Salz bestreuen. Deckel wieder auflegen und 10 bis 15 Minuten garen, bis die Gemüse weich, aber nicht zerkocht sind. Den Topf einige Minuten offen stehen lassen, dann den Reis mit einer Gabel auflockern und die Gemüse unterheben.
Den Reis mit einem geschlitzten Löffel aus Metall auf eine Platte häufen. Nach Geschmack mit gerösteten Mandeln und Sultaninen garnieren. Mit Curries servieren.

# Mattar pilau

Reis mit frischen grünen Erbsen

4 bis 5 Portionen
Zutaten:
1 EL *ghee* oder Öl
4 ganze Nelken
1 kleine Zimtstange
2 Kardamomkapseln
1 TL Kreuzkümmel
1/2 TL gemahlener Kurkuma, nach Belieben
300 ml Langkornreis
300 ml frische grüne Erbsen
2 TL Salz
625 ml heißes Wasser

*Ghee* in einem schweren Topf erhitzen und Nelken, Zimt, Kardamom und Kreuzkümmel bei mittlerer Hitze eine Minute rösten. Mit Kurkuma und Reis unter Umrühren weitere 2 Minuten garen. Mit Wasser ablöschen, Salz und Erbsen zugeben und über starker Hitze zum Kochen bringen. Dann die Hitze wegnehmen, fest zudecken und 25 Minuten lang leise kochen, ohne den Deckel zu heben oder umzurühren. Mit einer Gabel auflockern, Nelken, Zimt und Kardamom herausnehmen.
Heiß mit Gemüse oder Fleischgerichten servieren.

# Parsi pilau

Gewürzter Reis nach Parsi-Art

5 bis 6 Portionen
Zutaten:
625 ml Langkornreis
1/2 TL Safran
2 EL kochendes Wasser
2 EL *ghee*
4 Kardamomkapseln, zerdrückt
1 kleine Zimtstange
4 ganze Nelken
10 schwarze Pfefferkörner
1 l heißes Wasser
2 1/2 TL Salz
Schale einer Orange, fein gerieben (ungespritzt)
2 EL Sultaninen
2 EL blanchierte, blättrig geschnittene Mandeln
2 EL blanchierte und halbierte Pistazien

Reis, wenn nötig, waschen, gründlich ablaufen und trocknen lassen. Den Safran mit kochendem Wasser 10 Minuten einweichen. *Ghee* in einem schweren Topf erhitzen und Kardamom, Zimt, Nelken und Pfefferkörner 2 Minuten vorsichtig darin braten, Reis zugeben und unter Rühren 2 bis 3 Minuten weiterbraten. Heißes Wasser, Salz, die eingeweichten Safranfäden samt der Einweichflüssigkeit und die Orangenschale zufügen. Gut umrühren und schnell zum Kochen bringen, dann bei sehr schwacher Hitze und fest zugedeckt 20 Minuten leise garen lassen. Die Sultaninen über den Reis verteilen und in weiteren 5 Minuten gar kochen.
Mit Mandeln und Pistazien verziert auftragen. Sehr gut schmeckt dazu *dhansak*, ein berühmtes Parsi-Gericht aus Fleisch oder Huhn mit Linsen und Gemüsen.

# Kesar pilau

Süßer Reis mit Safran und Zitrone

4 bis 6 Portionen
Zutaten:
1 EL *ghee*
6 Kardamomkapseln, zerdrückt
4 ganze Nelken
1 kleine Stange Zimt
300 ml Langkornreis
500 ml heißes Wasser
60 ml Zitronensaft
1 EL Zucker
1 TL Salz
1/4 TL Safran
2 EL sehr heißes Wasser

*Ghee* in einem schweren Topf heiß werden lassen und Kardamom, Nelken und Zimt 3 Minuten darin braten, Reis zugeben und unter Umrühren 4 bis 5 Minuten bei schwacher Hitze weiterrösten. Wasser mit Zitronensaft, Zucker und Salz zugeben, gut umrühren und bei starker Hitze zum Kochen bringen. Hitze wegnehmen, zudecken und 10 Minuten leise kochen lassen. In der Zwischenzeit heißes Wasser über die Safranfäden gießen und 5 Minuten einweichen lassen. Die Fäden mit den Fingern zerdrücken, um möglichst viel Farbstoff auszupressen. Nach Ende der 10 Minuten Kochzeit Safran und Einweichwasser über den Reis verteilen, nicht umrühren, wieder zudekken und weitere 10 Minuten garen. Dann einige Minuten abdampfen lassen und die Gewürze entfernen. Vor dem Auftragen den Reis mit einer Gabel vorsichtig auflockern.

# Jhinga pilau

Gewürzte Garnelen mit Reis

4 Portionen
Zutaten:
500 g rohe Garnelen oder Scampi
375 ml Langkornreis
2 EL *ghee*
2 EL Öl
1 mittelgroße Zwiebel, fein geschnitten
3 Knoblauchzehen, fein gerieben
1/2 TL frischer Ingwer, fein gerieben
4 Kardamomkapseln, zerdrückt
4 ganze Nelken
1 kleine Zimtstange
1 TL *garam masala*
1/2 TL Chilipulver, nach Belieben
2 frische rote Chilischoten, in Scheiben geschnitten
1 1/2 TL Salz
750 ml heißes Wasser
Gurkenscheiben und Koriandergrün zum Verzieren

Garnelen auslösen, die Eingeweide herausnehmen. Reis, wenn nötig, waschen und gut trocknen lassen. *Ghee* und Öl in einem großen Topf mit gut schließendem Deckel erhitzen, die Garnelen hineinlegen und schnell braten, bis sie die Farbe wechseln, dann aus der Pfanne nehmen. Zwiebel, Knoblauch und Ingwer in das Fett geben und einige Minuten unter häufigem Umrühren braten. Dann die ungemahlenen Gewürze eine Minute mitbraten, den Reis dazugeben und unter Umrühren so lange garen, bis die Körner mit *ghee* überzogen sind. Jetzt *garam masala,* die Chilis, das Chilipulver, Salz, Garnelen und das heiße Wasser zugeben. Zum Kochen bringen, dann die Hitze vermindern, fest zudecken und 20 Minuten lang kochen lassen, ohne den Deckel zu heben. Mit dünnen Gurkenscheiben verzieren und mit gehacktem Koriandergrün bestreuen. Heiß servieren.

# Yakhni pilau

In Fleischbrühe gekochter Reis mit Gewürzen

4 bis 6 Portionen
Zutaten:
1 kg Huhn oder 3 Lammfüße
4 Kardamomkapseln
10 ganze schwarze Pfefferkörner
4 1/2 TL Salz
1 Zwiebel
3 ganze Nelken
625 ml Langkornreis
5 EL *ghee*
1 große Zwiebel, fein geschnitten
1/4 TL Safranfäden oder 1/8 TL Safranpulver
2 Knoblauchzehen, zerdrückt
1/2 TL frischer Ingwer, fein gerieben
1/2 TL *garam masala*
1/2 TL gemahlener Kardamom
3 EL Rosenwasser
60 ml Sultaninen
60 ml geröstete Mandeln
250 ml heiße gekochte grüne Erbsen
3 hartgekochte Eier, halbiert

Stellen Sie eine kräftige, schmackhafte Fleischbrühe her, indem Sie Huhn oder Lamm mit Wasser bedecken und mit Kardamomkapseln, Pfefferkörnern, 2 TL Salz und der mit den Nelken gespickten Zwiebel etwa zwei Stunden lang ziehen lassen. Leicht abkühlen lassen, die Brühe durchseihen und ein Liter davon abmessen. Das Fleisch von den Knochen lösen, in mundgerechte Stückchen schneiden und beiseite stellen. Den Reis gründlich waschen, in einem Sieb ablaufen und mindestens eine Stunde trocknen lassen. *Ghee* in einer großen Kasserolle erhitzen und die geschnittenen Zwiebeln darin garen, bis sie golden sind. Safran, Ingwer und Knoblauch zugeben und unter ständigem Rühren eine Minute, dann Reis zufügen und weitere 5 Minuten garen, dabei mit einem geschlitzten Löffel aus Metall umrühren, um nicht die empfindlichen Reiskörner zu beschädigen, die für das gute Aussehen dieses Gerichts so wichtig sind. Mit der heißen Fleischbrühe auffüllen, *garam masala,* Kardamom, das restliche Salz, Rosenwasser, die Sultaninen und die Fleischstückchen gut unterrühren. Den Topf fest schließen und bei sehr schwacher Hitze 20 Minuten kochen. Während dieser Zeit den Deckel nicht abnehmen oder umrühren.

Wenn der Reis gar ist, ziehen Sie den Topf vom Feuer und lassen ihn 5 Minuten offen stehen. Den Reis vorsichtig mit einer Gabel auflokkern und, wieder mit einem geschlitzten Löffel, in eine Schüssel häufen. Mit Mandeln, Erbsen und Eiern garnieren und heiß mit Pickles, Gurken in saurer Sahne oder Joghurt und knusprig gebackenen *pappadams* servieren. Auch ein Curry kann dazu gereicht werden.

# Moglai biriani

Mogul biriani

Biriani *ist ein sehr üppiges* pilau, *gewöhnlich mit Schichten von scharfgewürztem Hammelfleisch oder einem pikanten Hühnergericht zusammen sehr vorsichtig gedämpft, damit sich die verschiedenen Aromen verbinden.*
*Es ist das Meisterstück vieler Köche des Ostens und der Hauptgang festlicher Diners. Hier ist das Rezept für ein Lamm-*biriani, *berechnet für eine Party. Für weniger Leute die Mengen aller Zutaten halbieren bei unveränderten Kochzeiten.*

12 bis 14 Portionen
Kochzeit 2 1/2 Stunden
Backofentemperatur 160 bis 170°

Zutaten:
2 kg Lammkeule, entbeint
5 EL *ghee*
3 große Zwiebeln, in Scheiben geschnitten
6 Knoblauchzehen, gehackt
1 1/2 EL frischer Ingwer, fein gehackt
6 EL Currypulver oder -paste
4 TL Salz
2 EL Zitronensaft
1 TL *garam masala*
1 TL Kardamom, gemahlen
2 frische rote Chilischoten
125 ml gehackte frische Minze
4 reife Tomaten, geschält und kleingeschnitten
3 EL gehacktes Koriandergrün
*yakhni pilau*
1 EL *ghee* zusätzlich

*Pikantes Lammfleisch:* Alles überschüssige Fett vom Lammfleisch abschneiden, das magere Fleisch in große Würfel zerlegen. *Ghee* in einem Topf erhitzen und Zwiebeln, Knoblauch und Ingwer anbraten, bis sie weich und golden sind. Currypulver einstreuen und eine weitere Minute braten, dann das gewürfelte Lammfleisch mit Salz und Zitronensaft zugeben und unter Umrühren braten, bis es von allen Seiten mit der Gewürzmischung überzogen ist.
*Garam masala*, Kardamom, die ganzen Chilischoten, Minze und Tomate in den Topf geben, zudecken und bei sehr schwacher Hitze ungefähr eine Stunde garen, gelegentlich umrühren. Wenn das Lammfleisch weich und der Bratenfond sehr dick und fast trocken ist, die Hitze vermindern und die Chilischoten herausnehmen. Mit gehacktem Koriandergrün bestreuen.
*Pilau:* (S. 19) Verdoppeln Sie alle Mengen des Rezepts *yakhni pilau*, die Kochzeiten bleiben unverändert. Kochen Sie eine kräftige Fleischbrühe aus Lammfüßen und messen Sie 2 Liter davon ab. Wenn das *pilau* gar ist, lassen Sie es etwas abkühlen. *Ghee* in einer großen feuerfesten Kasserolle zergehen lassen, 1/3 des *pilau* locker darin verteilen. Die Hälfte des Lammgerichts darüber bis zu den Rändern ausbreiten, mit der Hälfte des restlichen *pilau* bedecken. Diese Schichten wiederholen.
Kasserolle zudecken und bei mäßiger Hitze 20 bis 30 Minuten in den Backofen stellen.
Servieren Sie das *biriani* in der feuerfesten Schüssel oder auf einer großen Platte. Garnieren Sie wie bei *yakhni pilau* beschrieben. Für besondere Anlässe kann man die Garnitur im traditionellen indischen Stil durch abgezogene Pistazien und eßbare Silberblätter vervollständigen.

# Keema mattar pilau

Reis mit Hackfleisch und Erbsen

*Ein sättigendes Eintopfessen, das als Beilage nur Pickles,* sambal *oder* raita *braucht.*

6 Portionen
Zutaten:
500 ml Langkornreis
3 EL *ghee* oder Öl
1 TL Kreuzkümmelsamen
1 mittelgroße Zwiebel, fein gehackt
1 Knoblauchzehe, zerdrückt
1/2 TL frischer Ingwer, fein gerieben
6 ganze Nelken
250 g gehacktes Lamm- oder Rindfleisch
500 ml frische grüne Erbsen
1 l heißes Wasser
3 TL Salz
1 TL *garam masala*

Reis, wenn nötig, waschen und abtropfen lassen. *Ghee* in einem großen Kochtopf mit gut schließendem Deckel erhitzen. Kreuzkümmel, Ingwer, Zwiebel, Knoblauch und Nelken anbraten, bis die Zwiebel weich und goldbraun ist. Das Fleisch zugeben und bei mäßiger Hitze braun braten. 125 ml Wasser und die Erbsen zugeben, gut umrühren und zugedeckt kochen lassen, bis die Erbsen halb gar sind. Nun füllt man den Reis, das restliche heiße Wasser und Salz ein, bringt schnell zum Kochen und läßt zugedeckt bei sehr schwacher Hitze 10 Minuten leise brodeln.
Mit *garam masala* bestreuen, aber nicht umrühren! Bei geschlossenem Deckel weitere 10 Minuten kochen oder so lange, bis alle Flüssigkeit aufgesogen und der Reis gar ist.
Heiß servieren.

# Korma pilau

Reis mit gewürztem Lammfleisch in Joghurt

6 bis 8 Portionen
Zutaten:
1 × *korma* nach Rezept S. 53
1 × *pilau* nach Rezept S. 19
dazu Lammfleischbrühe oder Wasser anstelle von Huhn verwenden und den Reis nur 15 Minuten lang kochen.
Zusätzlich:
1/4 TL Safran
185 ml heiße Milch
2 EL Rosenwasser oder wenige Tropfen Rosenessenz
3 Tropfen *kewra*-Essenz, nach Belieben
*ghee*
feste reife Tomaten, in Scheiben geschnitten
1 Gurke, in dünnen Scheiben
1 Zwiebel, dünn geschnitten
2 frische grüne Chilischoten, dünn geschnitten
3 hartgekochte Eier, in Scheiben oder Vierteln
3 EL geröstete Mandelstifte

*Korma* zubereiten. Während das *pilau* kocht, die Safranfäden in der heißen Milch einweichen und ausdrücken, um möglichst viel des gelben Farbstoffs in der Milch zu verteilen. Die Aromen einrühren. Eine große feuerfeste Kasserolle mit *ghee* einfetten und *pilau* und Lamm-*korma* lagenweise einfüllen. Jede Reisschicht mit der Safranmilch beträufeln. Zuoberst eine Schicht Reis. Zudecken und bei 150° im Backofen garen. Mit den übrigen Zutaten garnieren und heiß servieren.
Man kann das *pilau* auch volle 20 Minuten lang kochen. 2/3 vom Reis aus dem Kochtopf herausnehmen, den restlichen Reis im Topf mit 1/3 der Milch beträufeln, die Hälfte des Lamm-*korma* einfüllen und bis zu den Rändern verteilen, mit der halben übrigen Reismenge bedecken, die Hälfte der restlichen Milch darübergießen. Eine weitere Schicht aus dem übrigen *korma*, darüber den Rest Reis, mit der restlichen Milch beträufeln. Fest verschließen und bei *sehr* schwacher Hitze 25 bis 30 Minuten ziehen lassen. In Indien legt man Kohlen auf den Deckel des *degchi*.

# Chapatis

*Flache runde ungesäuerte Brote von ausgezeichnetem Geschmack und fester Struktur.*

Ergibt 20 bis 24 Stück
Zutaten:
750 ml feines Vollkornmehl oder *roti*-Mehl
1 bis 1 1/2 TL Salz, je nach Geschmack
1 EL *ghee* oder Öl, nach Belieben
250 ml lauwarmes Wasser

Mehl in eine Rührschüssel geben, ungefähr 125 ml zum Ausrollen der *chapatis* zurückbehalten. Salz unter das Mehl mischen, dann *ghee* oder Öl einarbeiten. Das Wasser auf einmal dazugeben und alles zu einem festen, aber nicht harten Teig verarbeiten. Den Teig mindestens 10 Minuten lang kneten – je länger er geknetet wird, desto lokkerer wird das Brot. Dann zu einer Kugel formen, in Folie einschlagen und mindestens eine Stunde ruhen lassen. Wenn man ihn über Nacht stehen läßt, werden die *chapatis* besonders luftig und zart.
Aus dem Teig kleine Kugeln in Walnußgröße formen. Diese Kugeln auf einem leichtbemehlten Backbrett (dazu das zurückgestellte Mehl benutzen) rund und so dünn wie französische Crêpes ausrollen. Wenn alle *chapatis* ausgerollt sind, ein Backblech oder eine schwere Bratpfanne sehr heiß werden lassen und die *chapatis* backen. Mit den zuerst ausgerollten beginnen – es scheint so, als würden die *chapatis* desto luftiger, je länger die Zeit zwischen Ausrollen und Backen ist. *Chapati* auf das Backblech legen und ungefähr eine Minute backen lassen, dann wenden und auf der anderen Seite wieder eine Minute backen, dabei mit einem zusammengefalteten Tuch oder einem Bratenwender leicht rundherum auf die Ränder des *chapati* drücken. Dadurch bilden sich Luftblasen, die den *chapati* locker machen. Jeder fertig gebackene *chapati* wird in ein sauberes Tuch eingeschlagen, bis alle fertig sind. Sofort mit Butter, trockenen Curries oder Gemüsegerichten servieren.
Anmerkung: In Indien werden die *chapatis* auf dem *tawa* oder einem Backblech gebacken und dann einen Augenblick direkt über das Feuer gehalten. Dadurch wird erreicht, daß sie sich wie Ballons aufblähen. Sie können das auch mit einer Gasflamme machen und die *chapatis* mit einer Küchenzange halten.

# Dhal chapati

*Chapatis* mit Linsen- und Spinatfüllung

Ergibt 8 Stück

Zutaten:

1 × *chapati*-Teig, Rezept S. 21
250 ml rote Linsen
750 ml zerpflückter Spinat
2 EL Öl oder *ghee*
1 Zwiebel, fein gehackt
1 Knoblauchzehe, fein gehackt
1 TL gemahlener Kreuzkümmel
1/2 TL *garam masala*
1 Tl Salz, oder nach Geschmack
1 EL *ghee* zum Backen
1 Spritzer Zitronensaft

Bereiten Sie einen *chapati*-Teig; messen Sie dafür das Wasser großzügig ab, da Sie einen geschmeidigen Teig brauchen statt eines festen. Geben Sie das Wasser auf einmal zu, es läßt sich so besser einarbeiten. Es ist nicht schlimm, wenn der Teig zu weich werden sollte; kneten Sie noch eine Handvoll Mehl unter, und wiederholen Sie das notfalls, bis der Teig die richtige Konsistenz hat. Kneten Sie den Teig gut und lassen Sie ihn dann ruhen, während Sie die Füllung vorbereiten.

Die Linsen in einen Topf geben, mit etwa 12 mm Wasser bedecken und zum Kochen bringen. Zugedeckt 5 Minuten kochen lassen, dann den zerpflückten Spinat einrühren und weiterkochen, bis die Linsen so weich sind, daß sie beim Umrühren mit einem Holzlöffel zerdrückt werden können. Wenn nötig, noch Wasser zugeben. In einer Pfanne *ghee* oder Öl erhitzen und die Zwiebel goldbraun anbraten. Knoblauch und die Gemüsemasse zugeben und unter Rühren braten, bis alles gut vermengt ist. *Garam masala,* Salz und einen Spritzer Zitronensaft gut untermischen. So lange garen, bis die Flüssigkeit ganz verschwunden ist, dabei bei niedriger Hitze ständig umrühren, sonst klebt die Masse an der Pfanne. Abkühlen lassen. Abschmecken.

Den *chapati*-Teig zu acht Kugeln formen, auf den Umfang einer kleinen Untertasse auseinanderdrücken, einen Löffel der gekochten Gemüsemischung in die Mitte geben, die Ränder des Teigs einschlagen und fest zusammendrücken, damit sie dicht schließen. Auf einem mit Mehl bestreuten Backbrett die *chapatis* sehr vorsichtig mit einem bemehlten Nudelholz ausrollen. Sie müssen dünn sein, aber nicht so dünn, daß der Teig bricht und die Füllung austritt. Sie sollten etwa so groß sein wie ein Dessert-Teller oder ein bißchen größer.

Ein Backblech sehr heiß werden lassen, mit etwas *ghee* einfetten und je nach Größe des Blechs ein oder zwei *chapatis* gleichzeitig darauf backen. Während des Backens die Ränder vorsichtig mit der Bratschaufel zusammendrücken. Wenden und auf der anderen Seite backen. Beide Seiten sollten golden sein mit braunen Flecken. Sie können die *chapatis*, während die erste Seite bäckt, auf der Oberseite mit *ghee* bestreichen, sie schmecken dann noch besser.

Die gebackenen *chapatis* mit einem sauberen Tuch zudecken und, wenn alle fertig sind, mit übriggebliebener Linsen- und Spinatfüllung oder anderen Beilagen servieren.

# Paratha

Blättriges Vollkornmehl-Brot

*Wahrscheinlich die beliebteste Art der indischen Brote.*
Parathas *sind üppig, blättrig und durch das verwendete* ghee *von köstlichem Aroma. Eine berühmte Zusammenstellung ist* kebabs *mit* parathas. *Eine liebe Freundin meiner Großmutter lehrte mich ihre Methode, die* parathas *auszurollen und einzuschlagen, und das war die einfachste und erfolgreichste Methode von allen, die ich ausprobiert habe; siehe Illustration S. 39.*

Ergibt 12 bis 14 Stück
Zutaten:
375 ml feines Vollkornmehl
375 ml gewöhnliches weißes Mehl oder *roti*-Mehl
1½ TL Salz
6 bis 8 EL *ghee*
250 ml Wasser
zusätzliches *ghee* zum Backen

Vollmehl, Weißmehl und Salz in eine Rührschüssel sieben und 1 EL *ghee* einarbeiten. Wasser untermengen und den Teig wie für *chapatis* (S. 21) kneten. Teig in Folie einschlagen und eine Stunde ruhen lassen.
Dann den Teig in 12 bis 14 gleiche Portionen teilen und jede zu einer glatten Kugel rollen. *Ghee* über schwacher Hitze schmelzen und wieder leicht abkühlen lassen. Jeden Teigball auf einem leichtbemehlten Brett zu einer sehr dünnen runden Platte ausrollen. In die Mitte einer jeden solchen Platte 2 TL des geschmolzenen *ghee* gießen und leicht mit der Hand verstreichen. Mit einem Messer einen Schnitt von der Mitte zum Rand machen. Beginnend an der Schnittkante den Teig eng zu einer Tüte aufrollen. Die Spitze und den Rand dieser Teigtüte gegeneinanderpressen und leicht flachdrücken. Nun haben Sie wieder ein angenähert rundes Teigklümpchen. Sehr leicht auf dünnbemehltem Brett ausrollen; dabei darauf achten, nicht zu fest aufzudrücken und damit die Luft aus den Rändern zu pressen. Die *parathas* sollten möglichst rund sein, aber nicht so dünn ausgerollt wie beim ersten Mal.
Ein heißes Backblech reichlich mit zusätzlichem *ghee* einfetten. Die *parathas* darauf unter Umwenden backen, beim Wenden mit *ghee* bestreichen, bis sie goldbraun sind.
Heiß servieren mit gegrillten *kebabs, sambal* und *podina chatni.*
Anmerkung: Die Mischung aus Vollkornmehl und einfachem oder *roti*-Mehl kann durch 750 ml einfaches weißes Mehl ersetzt werden.

# Gobi paratha

*Parathas* mit Blumenkohlfüllung

Ergibt 8 Stück
Zutaten:
500 ml *roti*-Mehl oder einfaches weißes Mehl
½ TL Salz
160 ml warmes Wasser
2 bis 3 EL *ghee* zum Backen
Zutaten für die Füllung:
250 ml fein geriebener Blumenkohl
2 TL frischer Ingwer, fein gerieben
1 TL Salz
1 TL *garam masala*
Chilipulver nach Geschmack, nach Belieben

Mehl und Salz in einer großen Schüssel mischen, das Wasser auf einmal zugeben und 10 Minuten kräftig kneten. Der Teig soll fest, aber geschmeidig sein. Zugedeckt wenigstens 30 Minuten ruhen lassen. Den Teig in 8 gleiche Portionen teilen und jede zu einem Ball rollen. Zu runden Platten von etwa 10 cm Durchmesser ausrollen, einen Löffel Füllung in die Mitte geben, die Ränder zusammennehmen und fest zusammendrücken. Zwischen den Handflächen rund formen und abflachen. Auf einem dünnbemehlten Brett sehr leicht und vorsichtig bis zur Größe eines kleinen Tellers ausrollen. Das Nudelholz nicht zu fest andrücken, damit die Füllung nicht durch den Teig bricht. Sollte dies doch passieren, drücken Sie ein kleines Stück Teig flach, legen es auf die geplatzte Stelle und rollen es vorsichtig fest. Wenn alle *parathas* gefüllt und backfertig sind, ein schweres Backblech oder eine dicke, schwere Bratpfanne sehr heiß machen. In einem Töpfchen *ghee* schmelzen und in Reichweite stellen.
1 TL zerlassenes *ghee* in die Mitte des Backblechs geben, verstreichen und eine *paratha* darauflegen. Einen weiteren kleinen TL *ghee* auf der *paratha*-Oberfläche verteilen. *Paratha* wenden und auf der anderen Seite backen, dabei leicht mit dem Bratenwender andrücken. Die *parathas* auf beiden Seiten schön goldgelb backen. Sofort servieren, mit einem *raita* als Beilage.
Füllung:
Die Füllung erst zubereiten, wenn sie sofort weiterverarbeitet werden kann.
Alle Zutaten in eine Schüssel geben und gut vermengen. Nur die zarten Blumenkohlröschen verwenden und sich überzeugen, daß keine größeren Stücke darunter sind – diese würden das Ausrollen der *parathas* sehr erschweren.

# Naan

Gesäuertes Brot nach Art des Punjab

Ergibt etwa 8 Laibe
Zutaten:
30 g frische Hefe oder ein Tütchen Trockenhefe
180 ml lauwarmes Wasser
3 TL Zucker
60 ml Joghurt
1 Ei, verquirlt
60 ml *ghee* oder Butter, zerlassen
2 TL Salz
875 ml einfaches weißes Mehl
zusätzliche zerlassene Butter
2 EL Mohnsamen oder Schwarzkümmelsamen

In einer kleinen angewärmten Schüssel die Hefe in 60 ml lauwarmes Wasser bröseln, einige Minuten weich werden lassen, dann umrühren, bis sie aufgelöst ist. 1 TL des Zuckers einrühren, an warmem Ort gehen lassen, bis sie anfängt schaumig zu werden. So stellt man fest, ob die Hefe lebt. Sollte sie keinen Schaum bilden, muß mit frischer Hefe noch einmal angefangen werden.

Den Joghurt glattrühren, dann mit dem Rest Zucker, den restlichen 125 ml lauwarmem Wasser, Ei, zerlassenem *ghee* und Salz vermengen. Die Hefe einrühren. 500 ml Mehl in eine Schüssel geben, in der Mitte eine Grube machen und die flüssige Mischung hineinschütten, mit einem Holzlöffel zu einem glatten Teig abschlagen. Das übrige Mehl nach und nach zugeben und, wenn der Teig für den Löffel zu fest wird, mit den Händen weiterkneten – der Teig soll fest werden. 10 bis 12 Minuten durchkneten, bis der Teig glatt und elastisch ist, und dabei so wenig zusätzliches Mehl wie möglich verwenden. Den Teig zu einer Kugel formen und auf dem Brett ruhen lassen, während Sie eine Schüssel vorbereiten. Die Schüssel mit heißem Wasser anwärmen, das man einige Minuten darin stehen läßt. Gut austrocknen, einfetten, dann den Teig hineinlegen und herumwälzen, bis er von allen Seiten mit Fett bedeckt ist. Mit einem Tuch zudecken und an einem warmen Platz zu doppeltem Volumen gehen lassen. Wenn man mit dem Finger ein Loch in den Teig drückt, darf es nicht verschwinden. Den Teig zusammenklopfen, in 8 Kugeln teilen und 10 Minuten ruhen lassen.

Den Backofen auf 230° vorheizen und zwei Backbleche zum Vorwärmen hineinschieben.

Die Teigbällchen zu runden Platten auseinanderklopfen – die Mitte soll dünn, der Rand dicker sein. Eine Seite nach außen ziehen, daß die Form einer Träne entsteht. Sie soll etwa eine Handbreit lang sein und wenig mehr als halb so breit. Mit zerlassenem *ghee* bepinseln und mit Mohn oder Schwarzkümmel bestreuen.

2 oder 3 Laibe auf jedes Backblech legen. Etwa 10 Minuten backen, bis sie aufgebläht und goldgelb sind. Sollten die *naan* nicht genügend gebräunt sein, kann man sie noch 1 bis 2 Minuten unter den vorgeheizten Grill legen.

Warm oder kalt zu *tandoori*-Huhn, Lamm-*kebabs, korma* oder *boti kebab* mit *kachumbar* als Beilage servieren.

# Puri

In Fett ausgebackene Vollkornmehl-Brote

Teig herstellen wie für *chapatis* (S. 21). Wenn der ganze Teig ausgerollt ist, in einer Friteuse etwa 2,5 cm hoch Öl erhitzen. Sobald feiner Rauch von dem Öl aufsteigt, die *puris* einzeln bei mäßiger Hitze bakken. Während des Backens ständig Öl über die *puris* schöpfen, bis sie sich aufblähen. Wenden und die andere Seite auf die gleiche Weise backen. Wenn beide Seiten hell goldbraun sind, auf Küchenkrepp abtropfen lassen. Sofort zu Curries und *bhajis* servieren.

# Kachori

*Puris* mit Füllung

Ergibt etwa 18 Stück
Zutaten:
1 × Rezept *chapati*-Teig
250 ml trockenes Kartoffel- oder Linsencurry, fein püriert
Öl zum Ausbacken

*Puri*-Teig zubereiten und ruhen lassen. In etwa 18 gleich große Bällchen teilen, ausrollen und füllen, wie bei den mit Linsen und Spinat gefüllten *chapatis* beschrieben (S. 22). Aber statt auf einem Backblech zu backen, wird Öl in einer Friteuse erhitzt und die *kachoris* fritiert. Auf Küchenkrepp gut abtropfen lassen.

# Alu puri
Kartoffel-*puris*

Ergibt ungefähr 20 Stück
Zutaten:
250 g gekochte, zerdrückte Kartoffeln
500 ml einfaches weißes Mehl
2 TL Salz
60 ml lauwarmes Wasser
Öl zum Ausbacken
1 EL *ghee*, nach Belieben

Mehlige Kartoffeln benutzen und sehr glatt pürieren. Abkühlen lassen, Mehl und Salz dazusieben und vermischen. Kneten, dabei so viel Wasser zugeben, daß ein fester, aber nicht trockener Teig entsteht. Je länger der Teig geknetet wird, desto lockerer werden die *puris*, deshalb mindestens 10 Minuten kneten, bis der Teig glatt ist und nicht mehr klebt. Zugedeckt $^1/_2$ bis 1 Stunde ruhen lassen.
Den Teig in 20 bis 24 gleich große Bällchen teilen und jeden auf bemehltem Brett zur Größe einer Untertasse ausrollen. Ausreichend Öl in einer tiefen Pfanne erhitzen – am besten eignet sich dafür ein *karahi*, geformt wie ein *wok*, weil er weniger Öl braucht – und *ghee* als Aroma zugeben. Sobald das Öl rauchendheiß ist, immer nur einen *puri* einlegen und während des Backens ständig Öl über seine Oberfläche schöpfen, damit der *puri* sich wie ein Ballon aufbläht. Wenn die Unterseite hell goldbraun ist, wenden und die andere Seite backen.
Auf Küchenkrepp abtropfen lassen und warm mit Gemüse oder trokkenen Fleisch-Curries servieren.

# Currypulver und -pasten

Das bei uns im Handel erhältliche Currypulver wird in Indien oder anderen Ländern, in denen Curries täglich gekocht und gegessen werden, so gut wie nie verwendet. Statt dessen werden die einzelnen Gewürze jeden Tag neu auf einem *masala*-Stein gemahlen und den Speisen in vielen verschiedenen Kombinationen und Mengenverhältnissen beigegeben. Selbst wenn es in der Stadt eine Gewürzmühle gibt und die Hausfrauen sich dem Druck modernen Lebens beugen und den Vorrat für einen Monat auf einmal mahlen lassen, werden die trokkenen gemahlenen Gewürze getrennt aufbewahrt.
Es gibt im Handel viele gute Curry-Mischungen, aber auch ebenso viele, die kein gutes Aroma haben, weil an den teureren Gewürzen gespart wurde, und die hauptsächlich aus Füllmitteln wie zum Beispiel Reismehl bestehen. Wenn Sie Currypulver verwenden wollen, sehen Sie zu, daß Sie frisches bekommen – kaufen Sie in einem Geschäft, in dem die Ware schnell umgesetzt wird, am besten in einem Laden, der auf Gewürze spezialisiert ist. Kaufen Sie kleine Mengen, dann steht das Pulver nicht zu lange in Ihrem Regal. Suchen Sie nach einer Marke, die in Flaschen oder Dosen abgepackt ist, denn Pappbehälter absorbieren eine Menge von den ätherischen Ölen der Gewürze.
In den meisten Rezepten dieses Buches habe ich die Gewürze einzeln aufgeführt, um damit viele Variationen zu ermöglichen. Würzen ist eine erlernbare Kunst, und bald werden Sie sich Ihre Curries nach Ihrem eigenen Geschmack zusammenstellen, statt von einem vorgegebenen Rezept abhängig zu sein.
Wenn Sie jedoch die aufgeführten Gewürze nicht bekommen können oder eine Vorliebe für eine bestimmte Currymischung haben, ersetzen Sie ruhig eine äquivalente Menge der im Rezept genannten Kombination aus Kurkuma, Koriander, Kreuzkümmel, Chilipfeffer, Fenchelsamen und Bockshornklee-Samen durch die fertige Mischung. Currypulver enthält keine duftenden Gewürze wie Kardamom, Nelken und Zimt – diese müssen einzeln zugegeben werden.
Eine Currypaste, die ich mit Vorliebe herstelle oder kaufe, ist die grüne *masala*-Paste, deren Grundlage frische Kräuter sind.
Es gibt ja nicht zu jeder Jahreszeit frische Kräuter, und deshalb ist es sinnvoll, einen Vorrat anzulegen, wenn die Kräuter reichlich auf dem Markt sind, und sie für den späteren Verbrauch in Öl zu konservieren. Ich bringe ein Rezept für diese Paste. Sie kann frischen Ingwer und Koriandergrün und sogar einen Teil des Knoblauchs in einem Rezept ersetzen, oder man kann damit einer Speise einen zusätzlichen Akzent geben.
Gewürze sind die Seele der indischen Küche. Deshalb ist eine weitere wichtige und zeitsparende Zutat *garam masala*, eine Mischung von gemahlenen Gewürzen, die vielen indischen Speisen zugesetzt wird. Manchmal wird sie zusammen mit anderen Gewürzen beim Anbraten zugegeben, aber häufiger wird sie in den letzten Minuten der Kochzeit eingestreut. Wenn *garam masala* luftdicht verschlossen und geschützt gegen Hitze und Licht aufbewahrt wird, hält es sich mindestens sechs Monate lang und lohnt reichlich die Mühe des Zubereitens. Auch hier gilt wieder: Wenn Sie im Handel ein gutes *garam masala* finden, dann sollten Sie es ruhig kaufen; aber wenn Sie sich für das Kochen mit Gewürzen wirklich begeistern, dann sind Sie es sich selbst schuldig, die eine oder andere selbstgemachte Mischung auszuprobieren. Man kann sie so hervorragend dem eigenen Geschmack anpassen. Die folgenden Rezepte bieten Ihnen eine gute Auswahl.
Das Rösten der Gewürze entwickelt ihr Aroma und erleichtert das Mahlen. Wenn Sie keinen Mixer haben, müssen Sie Mörser und Pistill zu Hilfe nehmen und die Gewürzkörner zu Pulver zerstoßen. Das geht viel leichter, wenn sie vom Rösten noch warm und spröde sind.

# Garam masala
Mischung aus gemahlenen Gewürzen

*Es gibt viele Versionen von* garam masala *– einige sind aus scharfen Gewürzen wie zum Beispiel Pfeffer gemischt, andere nur aus aromatischen. Hier sind einige Kombinationen, aus denen Sie nach Ihrem eigenen Geschmack auswählen können.* Garam masala *bewahrt monatelang Geschmack und Aroma, wenn es aus qualitativ hochwertigen Gewürzen hergestellt und luftdicht verschlossen gehalten wird.*

### Nr. 1 **Garam masala**

Zutaten:
4 EL Koriandersamen
2 EL Kreuzkümmelsamen
1 EL ganze schwarze Pfefferkörner
2 TL Kardamom-Samen (nach Entfernen der Kapseln abgemessen)
4 × 7,5 cm Zimtstangen
1 TL ganze Nelken
1 ganze Muskatnuß

In einer kleinen Pfanne einzeln Koriander, Kreuzkümmel, Pfefferkörner, Kardamom, Zimt und Nelken rösten. Sobald die Gewürze anfangen zu duften, auf einen Teller zum Abkühlen geben. Nach dem Rösten die Kardamomsamen enthülsen, die Kapseln wegwerfen und nur die Samen verwenden. Alles in einen elektrischen Mixer füllen und zu feinem Pulver zermahlen. Die Muskatnuß fein reiben und untermischen. In einem Glas mit luftdicht schließendem Deckel aufbewahren.

### Nr. 2 **Garam masala aus aromatischen Gewürzen**

Zutaten:
3 × 7,5 cm Zimtstangen
2 TL Kardamomsamen (nach Entfernen der Kapseln abgemessen)
1 TL ganze Nelken
1 TL Muskatblüte oder 1/2 Muskatnuß, gerieben

Die Gewürze einzeln rösten und in einem Mixer oder einem Mörser mahlen; wenn Muskatnuß verwendet wird, gerieben zugeben.

### Nr. 3 **Garam masala nach Kaschmir-Art**

Zutaten:
2 TL Kardamomsamen (nach Entfernen der Kapseln abgemessen)
1 TL Schwarzkümmelsamen
1 TL ganze schwarze Pfefferkörner
2 × 5 cm Zimtstangen
1/2 TL ganze Nelken
1/4 Muskatnuß, gerieben

Gewürze einzeln rösten und zu einem feinen Pulver vermahlen. Muskatnuß zugeben. Luftdicht verschließen.

# Madrasi masala
Currypaste nach Madras-Art

Zutaten:
250 ml gemahlener Koriander
125 ml gemahlener Kreuzkümmel
je 1 EL gemahlener schwarzer Pfeffer, Kurkuma, schwarze Senfsamen, Chilipulver und Salz
je 2 EL zerdrückter Knoblauch und feingeriebener frischer Ingwer
Essig zum Mischen
180 ml Öl

Die gemahlenen Gewürze und das Salz in einer Schüssel mit Knoblauch, Ingwer und ausreichend Essig zu einem glatten, dicken Püree vermengen. Öl in einem Topf sehr heiß werden lassen, die Gewürzpaste hineingeben. Die Hitze vermindern, und die Gewürze unter Rühren garen, bis sich das Öl abscheidet. Abkühlen und in Flaschen füllen. Etwa 1 EL dieser Paste auf je 500 g Fleisch, Fisch oder Geflügel zusetzen anstelle von Knoblauch, Ingwer und anderen in einem Rezept vorgeschriebenen Gewürzen.

# Taaza masala

Grüne Masala-Paste

---

*Eine Gewürzpaste basierend auf frischem Koriandergrün, Minze, Knoblauch und Ingwer. Sie gibt jedem Curry oder anderen gewürzten Gerichten ein besonderes Aroma.*

Zutaten:
1 TL Bockshornklee-Samen
5 große Knoblauchzehen
2 EL frischer Ingwer, fein gehackt
250 ml festgepackte frische Minze
250 ml festgepacktes frisches Koriandergrün
125 ml Essig
3 TL Salz
2 TL Kurkuma, gemahlen
1/2 TL Nelken, gemahlen
1 TL Kardamom, gemahlen
125 ml Pflanzenöl
60 ml Sesamöl

Die Bockshornklee-Samen über Nacht in Wasser einweichen. Sie schwellen an und entwickeln einen geleeartigen Überzug.
1 TL dieser aufgeweichten Samen abmessen und zusammen mit Knoblauch, Ingwer, Minze, Koriandergrün und Essig im Elektromixer bei hoher Geschwindigkeit zu einer glatten Paste verarbeiten. Salz und gemahlene Gewürze untermischen. Die Öle sehr heiß werden lassen, die Gewürzmischung einrühren, zum Kochen bringen, dann vom Feuer nehmen. Abkühlen lassen und in Flaschen abfüllen. Das Öl muß die Kräuter bedecken. Sollte es dazu nicht reichen, zusätzliches Öl erhitzen und auffüllen.

# Machchi molee

In Kokosmilch gekochter Fisch

---

4 Portionen
Zutaten:
500 g festes Fischfilet oder -steaks
1/2 TL Kurkuma, gemahlen
1 TL Salz
1 EL *ghee* oder Öl
1 mittelgroße Zwiebel, fein geschnitten
2 Knoblauchzehen, fein gehackt
1 TL frischer Ingwer, fein gerieben
8 Curryblätter
2 bis 3 frische rote oder grüne Chilis, aufgeschnitten und entkernt
500 ml dünne Kokosmilch
250 ml dicke Kokosmilch
Limonen- oder Zitronensaft nach Geschmack

Den Fisch waschen, mit Kurkuma und Salz einreiben und beiseite stellen. In einem Topf das Öl heiß werden lassen und Zwiebeln, Knoblauch, Ingwer, Curryblätter und Chilis anbraten, bis die Zwiebeln weich sind. Ständig umrühren, nicht bräunen lassen. Die dünne Kokosmilch angießen, unter Umrühren zum Sieden kommen lassen. Fisch zugeben und langsam zum Simmern bringen, 10 Minuten offen garen. Die dicke Kokosmilch zugeben, durchkochen lassen. Vom Feuer nehmen, ehe man Zitronensaft und Salz nach Geschmack zugibt. Mit weißem Reis servieren.

# Machchi tamatar ki kari

Fischcurry mit Tomate

---

4 Portionen
Zutaten:
500 g Fischfilet oder -steaks
2 EL *ghee* oder Öl
1 mittelgroße Zwiebel, fein gehackt
2 Knoblauchzehen, fein gehackt
2 EL gehacktes frisches Koriandergrün oder Minze
1 TL Kreuzkümmel, gemahlen
1 TL Kurkuma, gemahlen
1/2 bis 1 TL Chilipulver nach Geschmack
1 große reife Tomate, kleingeschnitten
1 TL Salz
1 1/2 TL *garam masala*
Zitronensaft nach Geschmack

Den Fisch waschen und in Portionsstücke schneiden. *Ghee* oder Öl in einem Topf erhitzen und Zwiebel, Knoblauch und Koriander bei schwacher Hitze anbraten, bis die Zwiebel weich und goldgelb ist. Kreuzkümmel, Kurkuma und Chilipulver zugeben und unter Umrühren garen.
Die Tomate, Salz und *garam masala* zufügen und unter Rühren dünsten, bis die Tomate zu einem Püree zerkocht ist. Mit Zitronensaft und Salz abschmecken. Die Fischstücke in die Tomatensoße legen und die Soße über den Fisch verteilen. Zugedeckt etwa 10 Minuten simmern, bis der Fisch gar ist. Mit Reis servieren.

# Patrani machchi

In Bananenblättern gedämpfter Fisch

4 Portionen
Zutaten:
4 ganze Fische oder 750 g Fischfilet
Salz
1 große Zitrone
2 mittelgroße Zwiebeln
1 TL feingehackter frischer Ingwer
2 Knoblauchzehen
2 große grüne Chilis, entkernt und gehackt
125 ml gehacktes Koriandergrün
1 TL gemahlener Kreuzkümmel
1/2 TL gemahlener Bockshornklee-Samen
125 ml frische geriebene Kokosnuß oder Kokosflocken
2 EL *ghee* oder Öl
2 TL Salz
1 TL *garam masala*
Bananenblätter oder Folie

Den Fisch waschen, mit Küchenpapier abtrocknen und mit Salz einreiben. Durchziehen lassen, während Sie *masala* zubereiten. Die Zitrone schälen, alles weiße Mark abziehen, in Stücke schneiden und die Kerne entfernen. Im Elektromixer mit einer grobgehackten Zwiebel, Ingwer, Knoblauch, den Chilis, Koriandergrün, Kreuzkümmel und Bockshornklee bei hoher Geschwindigkeit pürieren, dann Kokosnuß zugeben und noch einmal mixen. Öl heiß werden lassen und die zweite feingehackte Zwiebel weich und goldgelb rösten. Mit der Gewürzmischung unter Umrühren einige Minuten weiterbraten. Vom Feuer ziehen. Salz und *garam masala* einrühren. Jeden Fisch oder jedes Filet mit dieser Mixtur bestreichen, dicht in Bananenblätter oder Folie einwickeln und über leise simmerndem Wasser 30 Minuten dämpfen, die Päckchen dabei einmal wenden. Im Blätterpaket servieren.
Bei Tisch eine Schüssel oder einen Teller für die Blätter bereitstellen.

# Machchi kari

Fischcurry

*Man kann jede Art Fisch zu Fischcurry verarbeiten, aber zu scharfen Curries passen am besten Fische mit kräftigem Eigengeschmack und dunklem Fleisch wie frischer Thunfisch, Makrelen, frisches Walfleisch vom norwegischen Zwergwal und von den kleinen Fischen Sardinen und Anchovis.*
*Fast immer wird Bockshornklee in Fischcurries verwendet, besonders bei kräftig schmeckendem Fisch.*

4 Portionen
Zutaten:
500 g Fischsteaks oder -filets oder kleine ganze Fische
2 EL Öl
6 bis 8 Curryblätter
1 mittelgroße Zwiebel, in feine Scheiben geschnitten
2 Knoblauchzehen, fein geschnitten
1 TL frischer Ingwer, fein gerieben
1 TL Koriander, gemahlen
2 TL Kreuzkümmel, gemahlen
1/2 TL Kurkuma, gemahlen
1/2 bis 1 TL Chilipulver
1/2 TL Bockshornklee, gemahlen
500 ml Kokosmilch
1 1/2 TL Salz, oder nach Geschmack
Zitronensaft nach Geschmack

Den Fisch gründlich waschen. Kleine Fische säubern und schuppen. Große Filets oder Steaks in Portionen schneiden. Öl erhitzen und die Curryblätter darin leicht bräunen, dann zusammen mit Zwiebel, Knoblauch und Ingwer weiterbraten, bis die Zwiebel weich und goldgelb ist. Alle gemahlenen Gewürze zugeben und unter Rühren rösten, bis sie aromatisch duften. Kokosmilch und Salz zugeben, unter Rühren zum Kochen bringen. 10 Minuten offen simmern, den Fisch einlegen, die Flüssigkeit darüberschöpfen und weitersimmern, bis der Fisch gegart ist. Vom Feuer nehmen und Zitronensaft nach Geschmack einrühren.

# Khattai wali machchi kari

Saures Fischcurry

4 Portionen
Zutaten:
500 g Fischfilets, -steaks oder ganze kleine Fische
1 EL Tamarindenmark
125 ml heißes Wasser
1 mittelgroße Zwiebel, gehackt
3 Knoblauchzehen
1 TL frischer Ingwer, gehackt
1 EL Koriander, gemahlen
2 TL Kreuzkümmel, gemahlen
1 TL Kurkuma, gemahlen
1 TL Chilipulver
1/2 TL Bockshornklee, gemahlen
3 EL Öl
1 EL Essig oder Zitronensaft
1 1/2 TL Salz

Fisch waschen und in Stücke schneiden, kleine Fische säubern. Das Tamarindenmark 10 Minuten in heißem Wasser einweichen, dann den Fruchtbrei von den Samen abpressen und im Wasser auflösen. Durchseihen, Samen und Fasern wegwerfen. Zwiebel, Knoblauch und Ingwer mit 1 EL der Tamarindenflüssigkeit im Elektromixer pürieren. Die gemahlenen Gewürze untermischen.
Öl in einem Topf erhitzen und unter Rühren die Masse garen, bis sie dick und dunkel wird. Den Rest der Tamarindenflüssigkeit, Essig, Salz und so viel heißes Wasser zugeben, daß der Fisch gerade bedeckt ist. Wenn dieser Sud kocht, den Fisch einlegen und gar ziehen lassen.

# Tali machchi (1)

Gebratener Fisch (1)

*Nehmen Sie dazu frischen Thunfisch, Makrelen oder einen anderen Fisch mit festem Fleisch.*

4 Portionen
Zutaten:
750 g Fischsteaks
2 Knoblauchzehen
1 1/2 TL Salz
1 TL frischer Ingwer, fein gerieben
1/2 TL Kurkuma, gemahlen
1/2 TL schwarzer Pfeffer, gemahlen
1/4 TL Chilipulver, nach Belieben
Zitronensaft
Öl zum Braten
Koriandergrün und Zitronenspalten zum Garnieren

Den Fisch waschen und mit Küchenkrepp abtrocknen. Knoblauch mit Salz zerdrücken; mit Ingwer, Kurkuma, Pfeffer, Chilipulver und ausreichend Zitronensaft zu einer Paste mixen. Den Fisch von beiden Seiten damit gründlich einreiben, zugedeckt 20 Minuten ziehen lassen.
In einer großen Bratpfanne gerade so viel Öl heiß werden lassen, daß der Pfannenboden eben bedeckt ist. Die Fischsteaks einlegen. Über mittlerer Hitze erst auf der einen, dann nach vorsichtigem Wenden ebenso auf der anderen Seite braten.
Auf einer Platte mit Koriandergrün und Zitronenspalten anrichten.

# Tali machchi (2)

Gebratener Fisch (2)

4 Portionen
Zutaten:
500 g feste weiße Fischfilets
3 EL Mehl
3 EL *besan* (Kichererbsenmehl)
1 1/2 TL Salz
1 TL *garam masala*
1/2 TL Kurkuma, gemahlen
Öl zum Backen
1 Ei, gut geschlagen

Die Fischfilets waschen und abtrocknen. Mehl, Kichererbsenmehl, Salz, *garam masala* und Kurkuma mischen.
Öl in einer tiefen Bratpfanne rauchendheiß werden lassen. Die Fischfilets zuerst in dem geschlagenen Ei, dann in dem Mehlgemisch wenden. Schnell auf beiden Seiten goldbraun backen.
Mit Küchenkrepp abtupfen und sofort mit gekochtem Reis, Pickles und *brinjal bartha* auftragen (S. 68).

# Masala dum machchi
Würziger, im Ofen gebackener Fisch

4 Portionen
Zutaten:
1 kg Fisch (am Stück)
Salz und Zitronensaft
1 EL frischer Ingwer, fein gehackt
3 Knoblauchzehen, fein gehackt
1 frische rote Chili, entkernt, gehackt
1 TL Kreuzkümmel, gemahlen
1 TL *garam masala*
250 ml Joghurt
Koriandergrün und rote Chilis zum garnieren

Kaufen Sie den Fisch gesäubert, geschuppt und ohne Kopf. Innen mit in grobes Salz getauchtem Küchenpapier auswischen und gründlich waschen. Den Fisch innen mit etwas Salz und Zitronensaft einreiben.
Öl heiß werden lassen und Ingwer, Knoblauch und Chili vorsichtig weichdünsten; Kreuzkümmel und *garam masala* noch weitere 2 Minuten mitrösten. Vom Feuer nehmen, den Joghurt einrühren und mit Salz abschmecken.
Den Fisch mit Küchenpapier abtrocknen, das Fleisch auf beiden Seiten mehrfach diagonal einschneiden und den Fisch in einen eingefetteten Bräter legen. Auf beiden Seiten und im Inneren mit der Marinade bestreichen. 30 Minuten bei Raumtemperatur durchziehen lassen, dann im Backofen bei mäßiger Hitze etwa 35 Minuten braten, bis das Fleisch weiß und auch an der dicksten Stelle undurchsichtig geworden ist.
Mit Koriandergrün und Chilis garnieren und heiß servieren.

# Machchi kebab
An Spießchen gegrillter Fisch

*Nehmen Sie Fisch, den Sie in dicke Stücke schneiden können, wie zum Beispiel Rotbarsch, Seehecht, Blauleng, Filet vom roten Knurrhahn oder Makrelen, (Rotbarschfilet sollten Sie mit Haut verwenden), denn es ist schwierig, sehr dünne Fischscheiben auf Spieße zu stecken.*

6 Portionen
Zutaten:
1 kg feste weiße Fischfilets
2 TL frischer Ingwer, fein gerieben
3 Knoblauchzehen, zerdrückt
1 1/2 TL Salz
4 TL Koriander, gemahlen
1 TL *garam masala*
1/2 TL Chilipulver
1 TL getrocknete Mango (*amchur*) oder 3 EL Zitronensaft
250 ml Joghurt
2 EL Mehl

Die Filets waschen und mit Küchenkrepp abtrocknen, in 4 cm dicke Stücke schneiden. Alle anderen Zutaten zu einer Marinade mixen. Die Fischstücke darin vorsichtig, aber gründlich wenden, bis jedes Stück mit der Marinade überzogen ist. 15 Minuten bei Zimmertemperatur oder länger im Kühlschrank marinieren. Grill vorheizen. Die Fischstücke auf Bambusspießchen stecken, je Spieß 4 bis 5 Stückchen. Die Haut sollte immer auf einer Seite des Spießes sein.
Die Spießchen auf den Grillrost legen und, 10 cm vom Grillstab entfernt, Hautseite nach oben, 4 Minuten grillen. Wenden. Je nach Dicke des Fisches 4 bis 5 Minuten, aber nicht zu lange, auch von der anderen Seite grillen.
Sofort mit Reis oder *chapatis* und Zwiebel-*sambal* (S. 83) servieren.

# Jhinga molee
Garnelen in Kokosmilch

Molee *nennt man in Südindien ein Gericht, bei dem die Hauptzutat in dicker Kokosmilch gekocht wird. Auch in Sri Lanka und bei den Malayen kennt man diese Art Zubereitung, dort wird sie oft »weißes Curry« genannt. Es ist köstlich mild. Weil das Gericht viel Kokosmilch enthält, darf der Topf während des Erhitzens nie zugedeckt werden, und man muß durch Rühren während des Erhitzens verhindern, daß sie gerinnt.*

4 Portionen
Zutaten:
750 g große rohe Garnelen oder Scampi
1 EL *ghee* oder Öl
2 mittelgroße Zwiebeln, dünn geschnitten
2 Knoblauchzehen, zerdrückt
1 TL frischer Ingwer, fein gerieben
2 frische rote oder grüne Chilis, aufgeschnitten und entkernt
1 TL Kurkuma, gemahlen
8 Curryblätter
500 ml Kokosmilch
1 TL Salz
Zitronensaft nach Geschmack

Die Garnelen gründlich waschen. Wer will, nimmt sie aus der Schale und entfernt die Innereien. Manche einheimische Köche behaupten jedoch, die Garnelen sollten in den Schalen bleiben, um mehr Aroma zu behalten.
In heißem *ghee* Zwiebeln, Knoblauch und Ingwer anbraten, bis die Zwiebeln weich sind, aber nicht bräunen lassen. Die Chilis, Kurkuma und die Curryblätter noch eine weitere Minute mitbraten. Kokosmilch und Salz zugeben und unter Umrühren zum Simmern bringen. 10 Minuten offen simmern lassen, dann die Garnelen einlegen und 10 bis 15 Minuten kochen. Vom Feuer nehmen und nach Geschmack mit Zitronensaft würzen.

# Jhinga kari
Südindisches Garnelencurry

*Gekochte Garnelen dürfen erst während der letzten 10 Minuten der Garzeit zugegeben werden. Paprika soll dem Gericht die rote Farbe verleihen, die in Indien von einer großen Menge Chilis oder Chilipulver herrühren würde.*

4 bis 6 Portionen
Zutaten:
1 kg rohe Garnelen oder Scampi
1 EL Kokosflocken
1 EL gemahlener Reis
500 ml Kokosmilch
2 EL *ghee* oder Öl
12 Curryblätter
2 mittelgroße Zwiebeln, fein gehackt
5 Knoblauchzehen, fein gehackt
3 TL frischer Ingwer, fein gerieben
2 EL Madras-Currypulver oder -paste
1 TL Chilipulver, nach Belieben
2 TL Paprikapulver
1 1/2 TL Salz
2 EL Zitronensaft

Garnelen auslösen und Eingeweide entfernen. Die Kokosflocken in einer trockenen Pfanne bei mittlerer Hitze rösten, bis sie goldbraun sind, dabei ständig umrühren oder die Pfanne schütteln. Herausnehmen und ebenso mit dem gemahlenen Reis verfahren. Beides zusammen im Mixer mit etwa 125 ml von der Kokosmilch durchmischen, bis alles glatt ist und die Kokosflocken sehr fein zerkleinert sind.
Die Curryblätter eine Minute in heißem *ghee* anbraten, dann die Zwiebeln, Knoblauch und Ingwer zugeben und goldbraun braten, mit einem Holzlöffel rühren. Currypulver, Chilipulver und Paprikapulver über schwacher Hitze unter Rühren mitbraten. Die Gewürze nicht anbrennen lassen! Die Reis-Kokosnußpaste, Kokosmilch und Salz unterrühren und zum Sieden bringen. Nicht zudecken! 15 Minuten leise simmern, gelegentlich umrühren.
Garnelen einlegen, weitere 10 bis 15 Minuten simmern, bis die Garnelen gar sind und der Fond eingedickt ist. Zitronensaft einrühren. Mit Reis servieren.

# Jhinga bhajia
Garnelenbällchen

Ergibt etwa 20 Stück
Zutaten:
250 g rohe ausgelöste Garnelen oder Scampi
1 kleine Zwiebel, fein gehackt
1 Knoblauchzehe, zerdrückt
1/2 TL Salz
1 TL frischer Ingwer, fein gerieben
1 EL feingehacktes frisches Koriandergrün
1/4 TL Pfeffer, gemahlen
1/2 TL Kreuzkümmel, gemahlen
1/2 TL *garam masala*
2 EL *besan* (Kichererbsenmehl)
2 EL Mehl
Öl zum Ausbacken

Die Garnelen waschen und die Eingeweide wegwerfen. Gründlich abtropfen lassen. Sehr fein hacken. Zusammen mit der Zwiebel, dem mit Salz zerdrückten Knoblauch, Ingwer, Koriander, Pfeffer, Kreuzkümmel und *garam masala* in eine Schüssel geben. Kichererbsenmehl und gewöhnliches Mehl gut vermischen und auf einem Blatt Papier ausbreiten. Aus der Garnelenmasse Bällchen formen und im Mehl wälzen. Öl zum Ausbacken rauchendheiß werden lassen, die Garnelenbällchen einlegen – immer nur ein paar auf einmal – und bei mittlerer Hitze ausbacken. Dabei ständig Öl über die *bhajias* schöpfen, bis sie auf allen Seiten goldbraun sind. Auf Küchenkrepp abtropfen lassen und heiß servieren.

# Tisrya dum masala
Würzige gedämpfte Muscheln

4 Portionen
Zutaten:
1 kg frische Muscheln
3 EL *ghee* oder Öl
2 große Zwiebeln, fein gehackt
4 Knoblauchzehen, fein gehackt
3 TL frischer Ingwer, fein gehackt
3 frische rote Chilis, entkernt und gehackt
1/2 TL Kurkuma, gemahlen
3 TL Koriander, gemahlen
eine Prise Chilipulver, nach Belieben
1/2 TL Salz
250 ml Wasser
1 EL gehacktes frisches Koriandergrün
Zitronensaft nach Geschmack

Muscheln gut bürsten und die Bärte abschneiden. *Ghee* in einer großen, tiefen Kasserolle heiß werden lassen und Zwiebeln, Knoblauch und Ingwer über mittlerer Hitze anbraten, bis die Zwiebeln weich und goldgelb sind. Die Chilis, Kurkuma, Koriander und Chilipulver unter Umrühren 3 Minuten mitbraten. Wasser und Salz zugeben, zum Kochen bringen und zugedeckt 5 Minuten simmern. Die Muscheln einlegen, zudecken und etwa 10 bis 15 Minuten dämpfen, bis die Schalen sich geöffnet haben. Vom Feuer nehmen, das gehackte Koriandergrün einstreuen, mit Salz und Zitronensaft abschmecken. Die Soße über die Muscheln verteilen. Sofort mit weißem Reis servieren.
Anmerkung: Keine Muscheln verwenden, die im rohen Zustand nicht fest geschlossen sind. Jede Muschel wegwerfen, die sich beim Kochen nicht öffnet.

Abbildungen Seite 33 bis 36
Sai lan far chow har kau – »Korallen und Jade« – Scampi
Hung shiu say saw – Geschmorte Gemüse (Rezept S. 413)
Zubereitung von Kokosmilch mit der Kokosnußreibe (Anleitung S. 10)
Indische Gewürze und Linsen

# Murgh biriani

Hühnerbiriani auf Moslem-Art

*Zum* biriani *immer Langkornreis verwenden.* Basmati-*Reis mit seinen dünnen, feinen Körnern ist die ideale Sorte für dieses festliche Gericht.*

6 Portionen

Zutaten zum pikanten Hühnergericht:
1,2 kg Huhn oder Hühnerteile
5 EL *ghee* oder Öl
2 EL blanchierte Mandeln
2 EL Sultaninen
4 kleine Kartoffeln, geschält und halbiert
2 große Zwiebeln, fein gehackt
5 Knoblauchzehen, fein gehackt
1 EL frischer Ingwer, fein gehackt
1/2 TL Chilipulver
1/2 TL schwarzer Pfeffer, gemahlen
1/2 TL Kurkuma, gemahlen
1 TL Kreuzkümmel, gemahlen
1 TL Salz
2 mittelgroße Tomaten, geschält und kleingeschnitten
2 EL Joghurt
2 EL gehackte Minze
1/2 TL Kardamom, gemahlen
1 Zimtstange von 5 cm Länge

Zutaten zum *biriani*-Reis:
500 g *basmati*-Reis
2 1/2 EL *ghee*
1 große Zwiebel, fein gehackt
eine gute Prise Safranpulver oder Safranfäden
5 Kardamom-Kapseln
3 ganze Nelken
2,5 cm Zimtstange
1/2 TL Ingwerpulver *(kencur)*
2 EL Rosenwasser
1 1/2 TL Salz
1 l kräftige Hühnerbrühe

Pikantes Hühnergericht:
Das Huhn in Portionsstücke schneiden. Die halbe *ghee*-Menge in einer kleinen Pfanne heiß werden lassen, die Mandeln goldgelb rösten, abtropfen lassen. Die Sultaninen ein paar Sekunden im Fett erhitzen, beiseite stellen. Die geschälten und halbierten Kartoffeln goldbraun braten, abtropfen lassen und ebenfalls zurücklegen.
Übriges Bratfett aus der kleinen Pfanne in einen großen Kochtopf gießen, das restliche *ghee* zufügen und darin Zwiebel, Knoblauch und Ingwer anbraten, bis die Zwiebel weich und goldgelb ist. Chilipulver, Pfeffer, Kurkuma, Kreuzkümmel, Salz und Tomate unter Rühren weitere 5 Minuten mitbraten. Joghurt, Minze, Kardamom und die Zimtstange zugeben, zudecken, über schwacher Hitze unter gelegentlichem Umrühren garen, bis die Tomate zu einem Püree zerkocht ist. Sollte die Masse zu trocken werden und an der Pfanne kleben, muß noch etwas Wasser zugegeben werden. Wenn alles glatt und dick ist, die Hühnerstückchen zugeben und gut umrühren, damit sie ganz mit der Gewürzmischung überzogen werden. Zugedeckt über sehr schwacher Hitze etwa 35 bis 45 Minuten garen. Am Ende soll nur wenig sehr dicke Soße übrig sein. Deshalb, wenn nötig, einige Minuten offen kochen, um die Soße einzudicken.

*Biriani*-Reis:
Reis gründlich waschen und wenigstens 30 Minuten in einem Sieb abtropfen lassen. Die Zwiebel in heißem *ghee* goldgelb anbraten. Safran, Kardamom, Nelken, Zimtstange, Ingwerpulver und Reis zugeben und so lange rühren, bis die Reiskörner ganz mit *ghee* überzogen sind. Rosenwasser und Salz an die heiße Hühnerbrühe geben, über den Reis gießen und gut umrühren.
Das Hühnercurry und die Kartoffeln vorsichtig unter den Reis mischen. Zum Kochen bringen. Den Topf fest verschließen, die Hitze stark vermindern und 20 Minuten dämpfen. Während dieser Zeit den Deckel nicht lüften und nicht umrühren.
Das *biriani* in eine vorgewärmte Schüssel füllen. Mit den Mandeln und Sultaninen garnieren und sofort auftragen. Zwiebel-*sambal* (S. 83), Gurken-*raita* (S. 72) und heiße Pickles dazu reichen.
Anmerkung: Eine Garnitur aus hartgekochten Eivierteln und gekochten grünen Erbsen gibt dem Gericht Farbe.

Abbildungen Seite 37 bis 40
Sabzi pilau – Reis mit Gemüsen (Rezept S. 17)
Moglai biriani (Mogul biriani) (Rezept S. 20)
Puri (oben links), Chapati (oben rechts) und ausgerollter Teig für Paratha (Rezepte Seite 21–24)
Tali machchi – Gebratener Fisch (Rezept S. 29)

# Kaju murgh kari

Hühnercurry mit Cashew-Nüssen

*Dieses Curry eignet sich wegen seiner üppigen, dicken Soße hervorragend als Beilage zu den flachen indischen Broten.*

6 Portionen
Zutaten:
1 Huhn, etwa 1,75 kg schwer
3 EL *ghee* oder Öl
2 große Zwiebeln, fein gehackt
3 Knoblauchzehen, fein gehackt
1 1/2 TL frischer Ingwer, fein gerieben
3 EL Currypulver
1 TL Chilipulver, nach Belieben
3 TL Salz
3 reife Tomaten, geschält und klein geschnitten
2 EL gehacktes Koriandergrün oder Minze
2 TL *garam masala*
125 ml Joghurt
125 g rohe Cashew-Nüsse, fein gemahlen

Huhn in Portionsstücke zerlegen. Für ein Curry sollten die Stücke nicht groß sein, deshalb Unter- von Oberschenkeln, die Flügel von der Brust abtrennen und die Brust in vier Teile zerschneiden. Mit einem schweren Hackmesser, das die Knochen durchhacken kann, große Keulen und Unterschenkel halbieren. Je kleiner die Hühnerfleischstückchen, desto besser können die Gewürze durchziehen.
In einem großen Topf *ghee* heiß werden lassen und unter gelegentlichem Rühren Zwiebeln, Knoblauch und Ingwer weich und goldgelb braten. Um ein gutes Curry zu erhalten, ist es wichtig, in diesem Stadium langsam bei niedriger Temperatur zu garen. Currypulver und Chilipulver zugeben und eine Minute rühren, dann Salz, Tomaten und die gehackten Kräuter. Alles zu einem Püree verkochen, dabei mit einem Holzlöffel rühren. Die Hühnerteile zugeben; gut umrühren, damit sie von allen Seiten mit der Gewürzmischung überzogen werden. Den Topf fest verschließen und das Huhn bei sehr schwacher Hitze etwa 45 Minuten garen. Mit einem Holzlöffel alle 15 Minuten umrühren und dabei über den Topfboden schaben, um sicherzugehen, daß die Gewürze sich nicht festsetzen. *Garam masala* und Joghurt einrühren und 5 Minuten offen simmern. Zuletzt die Cashew-Nüsse zugeben und heiß werden lassen. Man kann das Curry vor dem Servieren mit gehacktem Koriandergrün oder gehackter Minze bestreuen.
*Chapatis, parathas, puris* oder Reis dazu reichen.
Anmerkung: Wenn Sie das Curry milder gewürzt wünschen, sollten Sie Paprikapulver statt Chilipulver verwenden. Es gibt dem Gericht eine schöne rote Farbe, ohne es scharf zu machen.
Die Cashew-Nüsse können in einer Mandelmühle oder einem Elektromixer gemahlen oder einfach sehr fein gehackt werden.

# Dahi murgh

Hühner-Joghurt-Curry

4 Portionen
Zutaten:
1 kg Brathuhn
1 mittelgroße Zwiebel, grob gehackt
3 Knoblauchzehen, geschält
1 TL frischer Ingwer, fein gehackt
125 ml frisches Koriandergrün oder Minze
1 1/2 EL *ghee* oder Öl
1 TL Kurkuma, gemahlen
1 1/2 TL *garam masala*
1 1/2 TL Salz
1/2 TL Chilipulver, nach Belieben
125 ml Joghurt
2 reife Tomaten, gewürfelt
weitere gehackte Minze oder Koriandergrün zum Garnieren

Huhn in Portionsstücke zerteilen oder Hühnerteile einer Sorte verwenden, Unter- oder Oberschenkel oder halbe Hühnerbrüste. Im Mixer Zwiebel, Knoblauch, Ingwer, frisches Koriandergrün oder Minze zu einem glatten Püree zerkleinern. Öl in einem schweren Topf heiß werden lassen und das Püree unter Umrühren etwa 5 Minuten anbraten. Mit Kurkuma, *garam masala,* Salz und Chilipulver noch eine Minute weiterbraten, dann Joghurt und Tomaten zugeben und schmoren, bis alle Flüssigkeit verdampft und die Masse dick ist. Die Hühnerstücke zugeben und so lange in der Gewürzmischung wenden, bis sie von allen Seiten damit überzogen sind. Die Hitze vermindern, den Topf fest verschließen und das Hühnerfleisch kochen, bis es weich ist. Wenn nötig, am Ende der Garzeit offen und über stärkerer Hitze alle Flüssigkeit einkochen, dabei am Topfboden langsam rühren, um Anbrennen zu verhindern.
Mit gehackten Kräutern garnieren und zu Reis und *chapatis* servieren.

# Dhansak

Huhn oder Fleisch mit Linsen

Dhansak *ist ein Parsi-Gericht. Es wird in vielen Parsi-Haushalten jeden Sonntag auf den Tisch gebracht und spielt eine Hauptrolle bei Festessen. Die Liste der Zutaten sieht ungeheuer aus, aber das Rezept besteht nur aus fünf Teilen – Fleisch oder Huhn, Linsen, Gemüsen, einer* masala-*Paste und einem trockenen* masala. *Wenn Sie jeden Bestandteil für sich zubereiten und griffbereit haben, dann ist es einfach, alles zu kombinieren.* Dhansak *wird mit Reis, Zwiebel-*kachumbar *und anderen Beilagen aufgetragen und ist ein sehr herzhaftes und sättigendes Mahl.*

8 bis 10 Portionen
Zutaten zu Linsen:
250 ml *toor dhal* oder gespaltene gelbe Erbsen
je 125 ml Kichererbsen, *moong dhal* und rote Linsen
Zutaten zu Gemüse:
1 mittelgroße Aubergine
1 Scheibe Kürbis, geschält
1 große Kartoffel, geschält
2 mittelgroße Zwiebeln, geschält
2 reife Tomaten, geschält
500 ml Spinatblätter

Zutaten zu Fleisch:
2 kg Huhn oder 1,5 kg Lamm, ohne Knochen

*masala*-Paste:
6 trockene rote Chilis, entkernt
60 ml heißes Wasser
6 frische grüne Chilis, entkernt
1 EL frischer Ingwer, gehackt
10 Knoblauchzehen, geschält
125 ml frische Minze
125 ml frisches Koriandergrün

trockenes gemahlenes *masala*:
1 EL Koriander, gemahlen
2 TL Kreuzkümmel, gemahlen
2 TL Kurkuma, gemahlen
1/2 TL Zimt, gemahlen
1/2 TL Kardamom, gemahlen
1/2 TL schwarzer Pfeffer, gemahlen
1/2 TL schwarze Senfsamen, zerdrückt
1/4 TL Bockshornklee, gemahlen
1/4 TL Nelken, gemahlen

zum Kochen:
3 bis 4 EL *ghee* oder Öl
4 mittelgroße Zwiebeln, fein geschnitten

Linsen waschen und über Nacht einweichen. Die Gemüse grob hakken. Huhn zerlegen, Lammfleisch in große Würfel schneiden. Das Fleisch zusammen mit allen Linsenzutaten in einem großen Topf mit Wasser bedecken, 1 EL Salz zugeben und zum Kochen bringen. Zugedeckt 15 Minuten simmern. Die Gemüse zugeben und weitere 30 Minuten kochen, oder bis das Fleisch fast gar ist. Die Hühner- oder Lammfleischstücke herausnehmen und beiseite stellen. Linsen und Gemüse durch ein Sieb drücken oder im Elektromixer pürieren.
Die Zutaten zur *masala*-Paste im Elektromixer fein zerkleinern und mixen.
Die Zutaten zum trockenen gemahlenen *masala* in einer Schüssel vermischen.
Die Zwiebeln in einem großen Kochtopf in sehr heißem *ghee* unter Rühren bräunen. Herausnehmen und beiseite stellen. In das Fett nun die beiden *masala* geben und unter ständigem Rühren rösten, bis sie gar sind und aromatisch duften. Die Hälfte der gebräunten Zwiebeln, das Hühner- oder Lammfleisch und das Linsen-Gemüse-Püree zugeben, noch einmal zum Kochen bringen, 20 bis 30 Minuten leise brodeln lassen. Wenn nötig, noch einmal mit Salz abschmecken.
Mit den übrigen gebratenen Zwiebeln garniert servieren.

# Bhuna murgh
Trockenes Hühnercurry

4 bis 5 Portionen
Zutaten:
1,25 kg Huhn
3 EL Öl oder *ghee*
10 Curryblätter, fein zerkrümelt
1/2 TL schwarze Senfsamen
1 große Zwiebel, fein gehackt
2 bis 3 Knoblauchzehen, fein gehackt
1 EL frischer Ingwer, fein gehackt
2 TL Currypulver
1 TL *tandoori*-mix (siehe Fremdwörterverzeichnis)
1 TL Kreuzkümmel, gemahlen
1/2 TL *garam masala*
1/2 TL *amchur* (getrocknete Mangofrucht) oder
1 EL Zitronensaft
1 TL Chilipulver oder Paprikapulver
2 TL Salz

Das Huhn in Stücke für Curry schneiden. Die Curryblätter und den schwarzen Senf eine Minute in heißem Öl anrösten, Zwiebel, Knoblauch und Ingwer zugeben und langsam garen, bis die Zwiebel goldbraun ist. Gelegentlich umrühren. Currypulver, *tandoori*-mix, Kreuzkümmel, *garam masala, amchur* und Chilipulver oder Paprikapulver zugeben. Wenn statt *amchur* Zitronensaft verwendet wird, diesen jetzt noch nicht zusetzen. Eine Minute unter Rühren braten, dann salzen und eventuell den Zitronensaft einrühren. Die Hühnerstückchen einlegen und so lange wenden, bis sie mit der Gewürzmischung überzogen sind.
Den Topf fest verschließen und über schwacher Hitze garen. Gelegentlich umrühren und, wenn nötig, sehr wenig heißes Wasser zusetzen, etwa 60 bis 125 ml.
Mit *chapatis, parathas* oder Reis servieren.

# Moglai murgh
Huhn nach Moghul-Art

6 Portionen
Zutaten:
1,5 kg Brathuhn
3 Knoblauchzehen, zerdrückt
1 TL Ingwer, fein gerieben
1 TL Kurkuma, gemahlen
1/2 TL Safran
60 ml kochende Milch
3 EL *ghee* oder Öl
2 große Zwiebeln, fein geschnitten
2 TL *garam masala* mit Pfeffer
1 TL *garam masala* mit aromatischen Gewürzen
2 TL Salz
125 ml heißes Wasser
2 EL gemahlene Mandeln
125 ml Sahne
2 EL gehacktes frisches Koriandergrün, nach Belieben

Das Huhn zerlegen. Knoblauch, Ingwer, Kurkuma vermischen und die Hühnerteile gut damit einreiben. Die Safranfäden 10 Minuten in der kochendheißen Milch einweichen.
In einem großen schweren Topf *ghee* heiß werden lassen und die Zwiebeln goldbraun braten, aus der Pfanne nehmen und beiseite stellen. Immer nur wenige Hühnerteile auf einmal in das Fett legen und auf beiden Seiten leicht bräunen. Wenn sämtliche Stücke angebraten sind, alle wieder in die Pfanne zurückgeben und mit Salz und den beiden Sorten *garam masala* bestreuen. Den in Milch eingeweichten Safran, das heiße Wasser und die Hälfte der gebräunten Zwiebeln zufügen, den Deckel auflegen und das Huhn gar kochen. Die Hühnerteile zur Hälfte der Garzeit einmal wenden.
Huhn auf eine vorgewärmte Platte geben. In den Fond im Topf Mandeln und Sahne geben, aufwallen lassen, dabei gut umrühren. Die Soße über die Hühnerstücke verteilen, mit den restlichen Zwiebeln und nach Belieben mit Koriandergrün garnieren. Mit Reis oder *chapatis* servieren.

# Buhari murgh
Würziges ausgebackenes Huhn

*Wir gaben diesem Rezept seinen Namen zu Ehren eines beliebten Moslem-Restaurants, wo ein Brathuhn so unvergleichlich anders war als alle Brathühner, die wir je gegessen hatten. Es entstand aus dem nostalgischen Wunsch zu versuchen, ein gleiches Ergebnis zu erzielen.*

4 Portionen
Zutaten:
2 × 500 g Brathähnchen
3 Frühlingszwiebeln, grob gehackt
4 Knoblauchzehen, geschält
2 TL frischer Ingwer, fein gehackt
2 EL Zitronensaft
2 EL gehacktes Koriandergrün
2 TL Sesamöl
2 TL Erdnußöl
2 TL Koriander, gemahlen
1 TL Kreuzkümmel, gemahlen
1 TL Paprikapulver
1/2 TL Chilipulver
1 1/2 TL Salz
Öl zum Ausbacken

Die Hähnchen der Länge nach halbieren. Zwiebeln, Knoblauch, Ingwer, Zitronensaft, Koriandergrün und beide Öle im Elektromixer zu einem glatten Püree mixen. Die gemahlenen Gewürze und Salz zugeben. Diese Paste gründlich in das Hähnchenfleisch reiben. Zugedeckt über Nacht in den Kühlschrank stellen. Die Hähnchen auf eine tiefe Schüssel legen und 30 Minuten dämpfen. Trockentupfen, ohne die Gewürze abzuwischen. Kurz vor dem Auftragen die Hähnchen in sehr heißem Öl etwa 2 Minuten von beiden Seiten braun ausbacken. Mit gewürztem *pilau* und Zwiebel-*sambal* servieren.

# Masala murgh
Gegrilltes *masala*-Huhn

*Eine einfache Art, ein würziges Huhn zuzubereiten, wenn man dazu einige der im Handel in Form von Pulvern und Pasten erhältlichen ausgezeichneten* masala-*Mischungen verwendet.*

4 bis 6 Portionen
Zutaten:
1 Huhn, etwa 1,25 kg schwer, oder 6 große Keulen
3 TL *tandoori*-mix (siehe Fremdwörterverzeichnis)
3 TL grüne *masala*-Paste
1 TL Salz
3 TL Sesamöl
3 TL gemahlener Reis
1/2 TL *garam masala*
1 1/2 EL Wasser

Das Huhn in Portionsstücke teilen und mit einem scharfen Messer diagonale Schnitte tief bis fast zu den Knochen machen. Alle Zutaten vermischen und gründlich von allen Seiten in das Fleisch reiben, auch in die Schnitte. Zugedeckt über Nacht im Kühlschrank, wenigstens aber 30 Minuten marinieren lassen.
Grill vorheizen und die Hühnerteile mit der Hautseite nach unten auf den Rost legen und diesen möglichst weit von der Grillhitze entfernt einschieben. Das Huhn 10 bis 15 Minuten grillen. Heiß servieren. Als Beilagen eignen sich Reis oder beliebige indische Brote, dazu ein *sambal* oder *raita* (S. 71).

# Murgh tikka

Gegrilltes Huhn an Spießchen

4 bis 6 Portionen
Zutaten:
500 g Hühnerbrüste oder -oberschenkel
1 mittelgroße Zwiebel, grob gehackt
1 Knoblauchzehe, in Scheiben geschnitten
2 TL frischer Ingwer, fein gehackt
2 EL Zitronensaft
1 TL Koriander, gemahlen
1/2 TL Kreuzkümmel, gemahlen
1 TL *garam masala*
3 EL Joghurt
1 TL Salz
2 EL gehacktes frisches Koriandergrün oder Minze

Das Huhn entbeinen und die Haut abziehen. Das Fleisch in mundgerechte Stücke schneiden. Im Elektromixer Zwiebel, Knoblauch und Ingwer pürieren, wenn nötig, den Zitronensaft zugeben. Mit den gemahlenen Gewürzen, Joghurt und Salz mischen, und das Hühnerfleisch in dieser Mischung mindestens 2 Stunden bei Raumtemperatur, wenn möglich über Nacht im Kühlschrank marinieren. Hühnerfleischstücke auf Bambusspießchen stecken und über Holzkohlenglut oder unter einem vorgeheizten Elektrogrill braten.
Mit Zwiebeln – Tomaten – *sambal* und *puris* oder *chapatis* servieren.

# Huhn Everest

*Dieses Rezept ist eine von meines Mannes erfolgreichen Variationen zu einem traditionellen indischen Thema – deshalb fehlt der indische Name und deshalb die Sojasoße unter den Zutaten. Durch den gemahlenen Reis in der Marinade erhält das Huhn einen knusprigen Überzug.*

6 Portionen
Zutaten:
1,5 kg Brathuhn
2 Knoblauchzehen, zerdrückt
2 TL frischer Ingwer, fein gerieben
1 1/2 EL Currypulver
1 TL Paprikapulver
2 TL Salz
1/2 TL schwarzer Pfeffer, gemahlen
1 TL *garam masala*
1 TL *amchur* (getrocknete Mango) oder
2 TL Zitronensaft
1/2 TL Curryblätter, gemahlen
2 TL helle Sojasoße
2 EL Öl
2 EL gemahlener Reis
etwas warmes Wasser
2 EL feingehackte Frühlingszwiebeln
2 EL gehacktes Koriandergrün

Das Huhn gründlich waschen und abtrocknen. Alle anderen Zutaten mit genügend warmem Wasser zu einer streichfähigen Paste vermischen. Das Huhn von innen und außen mit dieser Paste einreiben und eine Stunde stehen lassen.
Im vorgeheizten Backofen bei 170° eine bis eineinviertel Stunden garen. Den Vogel mit Bratfolie abdecken, wenn er während des Bratens zu stark bräunt.
Warm oder kalt mit Reis, Brot oder einem Salat servieren.

# Tandoori murgh

Gewürztes Brathuhn

*Das* tandoori-*Huhn-Rezept ist wohl das am häufigsten in Kochbüchern abgedruckte von allen indischen Hühnerrezepten. Es hat seinen Namen vom* tandoor, *einem Lehmofen, in dem das Huhn gebraten wird. Dieser* tandoor *ist geformt wie einer von Ali Babas Krügen und meistens in die Erde eingegraben. Beheizt wird er mit weißglühender Holzkohle in seinem Bauch. Das Huhn wird auf einen sehr langen Bratspieß gesteckt und in den Ofen hinuntergesenkt – auf diese Weise wird der Vogel über der Kohlenglut gebraten. Versuchen Sie dieses Rezept einmal in einem Gas- oder Elektrobackofen. Das Huhn ist nicht ganz so aromatisch wie über Glut gebraten. Aber es ist trotzdem so köstlich, daß Sie es unbedingt probieren sollten.*

4 Portionen
Zutaten:
2 kleine Brathähnchen, jedes etwa 500 g
1/2 TL Safran
1 EL kochendes Wasser
4 Knoblauchzehen, geschält
1 EL frischer Ingwer, fein gehackt
1 EL Zitronensaft
1/2 TL Chilipulver
1 TL Paprikapulver
1 1/2 TL *garam masala*
2 TL Salz
2 EL *ghee*

Die Hähnchen häuten. Das Fleisch der Keulen, Beine, Brust einschneiden, damit die Gewürze eindringen können. Safranfäden 10 Minuten in kochendheißem Wasser einweichen und zusammen mit Knoblauch, Ingwer und Zitronensaft in einem kleinen Mixbecher pürieren. Das Mixgefäß ausschaben und alle übrigen Zutaten außer *ghee* mit diesem Püree vermengen. Die Hühner innen und außen mit Küchenkrepp abtrocknen, dann auf allen Seiten mit der Gewürzmischung einreiben, besonders in den Schnitten. Mindestens 2 Stunden zugedeckt marinieren oder noch besser über Nacht im Kühlschrank.
Den Backofen auf 200° vorheizen. *Ghee* in einen Bräter geben und 1 Minute im Backofen schmelzen lassen, über den Topfboden verteilen. Die Hähnchen nebeneinander in den Bräter legen, Brust nach unten; sie sollen sich nicht berühren. Zerlassenes *ghee* über die Vögel schöpfen. 20 Minuten braten, mit *ghee* begießen. Die Hähnchen auf die Seite wenden und weitere 15 Minuten braten, dann auf der anderen Seite nach abermaligem Begießen mit *ghee* wieder 15 Minuten braten. Schließlich mit der Brust nach oben noch mal 15 Minuten braten, dabei alle 5 Minuten mit *ghee* und Bratensaft begießen.
Heiß mit *parathas* oder *naan roti* und einem Zwiebelsalat auftragen.
Anmerkung: Ein Backofen mit Drehspieß ist ideal zum Braten von *tandoori*-Hähnchen. Aber auch dann muß man die Hähnchen begießen, weil ihre Haut entfernt worden ist.

# Kesar murgh

Safranhuhn

4 bis 6 Portionen
Zutaten:
1,5 kg Brathuhn
3 EL *ghee*
1 große Zwiebel, fein gehackt
3 Knoblauchzehen, fein gehackt
1 1/2 TL frischer Ingwer, fein gerieben
3 frische rote Chilis, entkernt und in Scheiben geschnitten
1/4 TL Safran
1/2 TL Kardamom, gemahlen
1 1/2 TL Salz

Das Huhn in kleine Portionsstücke schneiden, die Brust vierteln, Ober- und Unterschenkel und die Flügelglieder auseinandertrennen.
In einem schweren Topf *ghee* heiß werden lassen und Zwiebel, Knoblauch, Ingwer und die Chilis vorsichtig darin anbraten, bis die Zwiebel weich ist und anfängt zu bräunen. Häufig umrühren. Den Safran im Mörser zerstoßen und in einem EL kochendheißem Wasser auflösen. Safran und Kardamom in den Topf geben. Dann die Hühnerteile einlegen und bei verstärkter Hitze 4 bis 5 Minuten ständig wenden, bis sie goldbraun und mit der Safranmischung überzogen sind. Salzen, zugedeckt über mäßiger Hitze etwa 10 Minuten garen. Offen so lange weiterkochen, bis fast alle Flüssigkeit verdampft ist.
Safranhuhn eignet sich besonders gut als Beilage zu *parathas* (S. 23) oder Reis.

# Murgh musallam

Ganzes Huhn in Gewürzen und Joghurt

*Eine nordindische Spezialität, delikat gewürzt und köstlich zu* parathas *mit* raita *oder Salat.*

6 Portionen
Zutaten:
1,5 kg Brathuhn
1/4 TL Safran
1 EL heißes Wasser
je 1/2 TL schwarzer Pfeffer, gemahlen
Kurkuma, gemahlen
Kreuzkümmel, gemahlen
Chilipulver
je 1/4 TL Kardamom, gemahlen
Nelken, gemahlen
Zimt, gemahlen
Muskatblüte, gemahlen
2 Knoblauchzehen, zerdrückt
1 1/2 TL Salz
2 EL Joghurt
3 EL *ghee* oder Öl
2 mittelgroße Zwiebeln, fein geschnitten
300 ml heißes Wasser oder Fleischbrühe

Das Huhn innen und außen waschen und abtrocknen. Hals, Innereien und die Flügelspitzen entfernen. Man kann Brühe daraus kochen.
Die Safranfäden 10 Minuten in heißem Wasser einweichen und dann zwischen den Fingern auspressen, um Aroma und Farbe zu lösen. Safran samt Einweichwasser, alle gemahlenen Gewürze und die mit Salz zerdrückten Knoblauchzehen mit dem Joghurt mischen. Das Huhn innen und außen mit dieser Mischung einreiben und eine Stunde marinieren.
*Ghee* in einer großen, schweren Kasserolle heiß werden lassen und darin die Zwiebeln goldgelb braten. Zwiebeln auf einen Teller geben, das Huhn von allen Seiten leicht anbraten. Die Zwiebeln wieder in den Topf zurückgeben, die restliche Marinade in das heiße Wasser oder die heiße Fleischbrühe einrühren, an das Huhn gießen und zum Kochen bringen. Das Huhn zugedeckt bei schwacher Hitze sehr weich kochen, dabei von Zeit zu Zeit wenden, damit es von allen Seiten garen kann. In den letzten 10 Minuten soll es auf der Brust liegen. Am Ende soll die Flüssigkeit fast vollständig verdampft sein. Heiß servieren.

# Murgh kaleja kari

Curry aus Hühnerleber

4 Portionen
Zutaten:
500 g Hühnerleber
2 EL *ghee* oder Öl
1 mittlere oder große Zwiebel, fein gehackt
2 Knoblauchzehen, fein gehackt
2 EL frischer Ingwer, fein gerieben
1/2 TL Kurkuma, gemahlen
1 TL Chilipulver
3 TL Koriander, gemahlen
2 TL Kreuzkümmel, gemahlen
1 TL *garam masala*
1 reife Tomate, gehackt
1 TL Salz
1/2 TL schwarzer Pfeffer, gemahlen

Die Hühnerleber waschen und abtropfen lassen. Jede halbieren und alle gelben Stellen herausschneiden.
Zwiebel, Knoblauch und Ingwer in heißem *ghee* oder Öl anbraten, bis die Zwiebel weich und goldgelb ist. Mit Kurkuma, Chilipulver, Koriander und Kreuzkümmel unter Rühren 2 Minuten weiterbraten. *Garam masala,* Tomate und Salz zugeben und zugedeckt dünsten, bis die Tomate zu einem Püree zerkocht ist. Dabei umrühren und die Tomate mit einem Holzlöffel zerdrücken, damit es schneller geht. Die Hühnerleber einrühren, Pfeffer darüberstreuen und zugedeckt 15 bis 20 Minuten garen.
Heiß mit Reis und anderen Beilagen auftragen.

# Badhak vindaloo
Scharfgewürztes saures Entencurry

4 Portionen
Zutaten:
2,5 kg Ente
6 bis 10 getrocknete rote Chilis
125 ml Essig
6 Knoblauchzehen
1 EL frischer Ingwer, fein gehackt
1 EL Koriander, gemahlen
2 TL Kreuzkümmel, gemahlen
1 TL Kurkuma, gemahlen
1/2 TL schwarzer Pfeffer, gemahlen
2 EL *ghee* oder Öl
2 TL Salz
1 EL Zucker

Die Ente in Portionsstücke zerlegen. Die getrockneten Chilis von Stielen und Samen befreien und 5 bis 10 Minuten in Essig einweichen. Chilis, Essig, Knoblauch und Ingwer im Elektromixer pürieren. Den Mixbecher sauber ausschaben und den Inhalt in einer großen Schüssel mit den gemahlenen Gewürzen mischen. Die gründlich gewaschenen und abgetrockneten Fleischstücke in der Marinade wenden, bis sie ganz damit überzogen sind. Zugedeckt 2 Stunden bei Zimmertemperatur oder über Nacht im Kühlschrank marinieren.
In einer großen Kasserolle die Entenstücke in heißem *ghee* oder Öl leicht anbraten, salzen und etwas heißes Wasser mit übriggebliebener Marinade angießen. Zugedeckt bei sehr schwacher Hitze garen, etwa 1 1/2 bis 2 Stunden. Gelegentlich umrühren und die Entenstücke wenden und vom Topfboden lösen, damit sie nicht anbrennen. Wenn nötig, noch etwas Wasser zugeben. Am Ende der Garzeit den Zucker einrühren.
Mit Reis servieren.

# Badhak buffado
Würzige Ente mit Kohl und Kartoffeln

4 bis 5 Portionen
Zutaten:
2 kg Ente
2 EL Öl
1 große Zwiebel, geschnitten
4 ganze Nelken
4 Kardamom-Kapseln
1 kleine Zimtstange
1 TL frischer Ingwer, fein gerieben
1 TL Kurkuma, gemahlen
1/2 TL Pfeffer, gemahlen
2 TL Koriander, gemahlen
2 frische rote oder grüne Chilis
2 TL Salz
500 ml heißes Wasser
2 EL Essig
4 Kartoffeln, geschält
1/2 Kopf Weißkohl, in keilförmige Stücke geschnitten
250 ml frische oder tiefgekühlte Erbsen

Die Ente in Portionsstücke teilen. In einer großen, schweren Kasserolle die Zwiebel und die ungemahlenen Gewürze in Öl anbraten, bis die Zwiebel goldgelb ist. Ingwer, Kurkuma, Pfeffer und Koriander zugeben und noch 1 bis 2 Minuten braten, dann die Entenstücke einlegen und leicht anbräunen. Wenn das Gericht nicht so sehr scharf gewürzt sein soll, die Chilis entkernen, und die Schoten zusammen mit Wasser, Essig und Salz an das Fleisch geben. Den Deckel fest schließen und etwa 45 Minuten leise brodeln lassen, bis die Ente fast gar ist. Überschüssiges Fett abschöpfen. Die Kartoffeln 10 Minuten mitkochen, dann den Kohl zugeben und weitere 10 Minuten garen, zuletzt die Erbsen zugeben. Abschmecken, wenn nötig, nachwürzen. Zugedeckt kochen, bis die Erbsen gar sind. Heiß servieren.

# Anda kari

Eiercurry

4 bis 6 Portionen
Zutaten:
6 Eier
2 EL *ghee* oder Öl
2 mittelgroße Zwiebeln, fein gehackt
3 Knoblauchzehen, fein gehackt
2 TL frischer Ingwer, fein gerieben
3 TL Koriander, gemahlen
2 TL Kreuzkümmel, gemahlen
1 TL Kurkuma, gemahlen
1/2 TL Chilipulver
2 bis 3 reife Tomaten, gewürfelt
1 TL Salz, oder nach Geschmack
125 ml heißes Wasser
1/2 TL *garam masala*

Die Eier hart kochen, unter fließendem kaltem Wasser abschrecken, schälen und beiseite stellen. Zwiebeln, Knoblauch und Ingwer in heißem *ghee* oder Öl weich und goldbraun braten. Koriander, Kreuzkümmel, Kurkuma und Chilipulver ein paar Sekunden mitrösten, dann Tomaten und Salz zugeben und über mittlerer Hitze rühren, bis die Tomaten zu einem Brei zerkocht sind. Heißes Wasser angießen und zugedeckt simmern, bis die Soße eingedickt ist, dann *garam masala* und die Eierhälften unterziehen und heiß werden lassen.
Mit Reis servieren.

# Mootay molee

Eier in Koskosmilch-Soße

*Bei den Tamilen in Südindien ist dies ein beliebtes Eiergericht.*

4 bis 6 Portionen
Zutaten:
6 Eier
375 ml dicke Kokosmilch
500 ml dünne Kokosmilch
2 EL *ghee* oder Öl
1 große Zwiebel, fein geschnitten
3 Knoblauchzehen, fein gehackt
2 TL frischer Ingwer, fein gerieben
3 frische grüne Chilis, entkernt und klein geschnitten
6 Curryblätter
1 TL Kurkuma, gemahlen
1 TL Salz, oder nach Geschmack
2 EL Zitronensaft

Die Eier hart kochen, unter fließendem kaltem Wasser abschrecken, schälen und beiseite stellen. Kokosmilch extrahieren wie auf S. 11 beschrieben. Den ersten Extrakt, die dicke Milch, und den zweiten, die dünne Milch, je für sich in ein Gefäß geben. Zwiebel, Knoblauch, Ingwer, Chilis und Curryblätter über schwacher Hitze in heißem *ghee* anbraten, bis die Zwiebel weich ist. Sie soll keine Farbe annehmen. Kurkuma zugeben und 1 Minute rühren, den zweiten Kokosmilch-Extrakt zugießen und offen 10 Minuten simmern. Die dicke Kokosmilch zugeben und unter ständigem Umrühren zum Simmern bringen, die Eihälften einlegen und offen 6 oder 7 Minuten simmern. Vom Feuer nehmen, mit Zitronensaft abschmecken und mit Reis servieren.

# Akoori
Rührei nach Parsi-Art

4 bis 6 Portionen
Zutaten:
6 bis 8 Eier
4 EL Milch
3/4 TL Salz
1/4 TL schwarzer Pfeffer, gemahlen
2 EL *ghee*
6 Frühlingszwiebeln, fein gehackt
2 bis 3 frische rote oder grüne Chilis, gehackt und entkernt
1 TL frischer Ingwer, fein gerieben
1/8 TL Kurkuma, gemahlen
2 EL gehacktes Koriandergrün
1 reife Tomate, gewürfelt, nach Belieben
1/2 TL Kreuzkümmel, gemahlen
Tomatenspalten und Koriandergrün zum Garnieren

Die Eier tüchtig verquirlen und Milch, Salz und Pfeffer unterrühren. *Ghee* in einer großen, schweren Bratpfanne heiß werden lassen und Frühlingszwiebeln, Chilis und Ingwer darin anbraten. Kurkuma, gehacktes Koriandergrün und evtl. Tomatenwürfel zugeben und noch etwa eine Minute garen, dann die verquirlten Eier mit dem gemahlenen Kreuzkümmel darübergießen. Über schwacher Hitze die Eimasse rühren und anheben, sobald sie anfängt, am Pfannenboden zu stokken. Die Rühreier sollen cremig-weich sein, deshalb nicht zu lange garen, daß sie trocken werden. Auf einer Platte anrichten und mit Tomatenspalten und Koriandergrün verzieren. Mit *chapatis* oder *parathas* servieren.

# Mutton kari
Lammcurry

*Wenn nach Ihren bisherigen Erfahrungen ein Curry kaltes, in einer Currysoße aufgewärmtes Fleisch bedeutet, dann kann ich Ihnen versichern, daß dieses von Gewürzen und Kräutern köstlich duftende Curry mit einem solchen faden Ersatz nicht die geringste Ähnlichkeit hat.*
*Dies ist Curry in seiner einfachsten Form, mit einem fertig käuflichen Currypulver zubereitet. Bitte, überzeugen Sie sich davon, daß dieses Pulver frisch und von guter Qualität ist.*

6 bis 8 Portionen
Zutaten:
1,5 kg ausgelöste Lammschulter
2 EL *ghee* oder Öl
2 große Zwiebeln, gehackt
4 Knoblauchzehen, gehackt
1 EL frischer Ingwer, fein gehackt
2 EL Currypulver
3 TL Salz
2 EL Essig oder Zitronensaft
3 große Tomaten, gehackt
2 frische Chilis
2 EL gehackte frische Minze
1 TL *garam masala*
1 EL Koriandergrün oder Minze, gehackt

Lammfleisch würfeln. Über schwacher Hitze Zwiebeln, Knoblauch und Ingwer in heißem *ghee* anbraten, bis sie weich und goldgelb sind. Currypulver, Salz und Essig gründlich unterrühren. Lammfleisch zugeben und in der Gewürzmischung so lange wenden, bis es ganz damit überzogen ist. Tomate, Chilis und Minze untermischen. Zugedeckt bei schwacher Hitze etwa 1 1/4 Stunde garen. Gelegentlich umrühren. Die Tomaten sollten genügend Kochflüssigkeit für das Fleisch ergeben; notfalls kann bis zu 125 ml heißes Wasser zugegeben werden, um zu verhindern, daß das Fleisch am Topfboden ansetzt. In den letzten 5 Minuten der Garzeit *garam masala* und das gehackte Koriandergrün unterrühren.

# Seekh botee
Hammelcurry auf Spießchen

4 bis 6 Portionen
Zutaten:
1 kg Lamm oder Hammel
dünne Scheiben frischer junger Ingwer
3 EL *ghee* oder Öl
1 große Zwiebel, fein gehackt
3 Knoblauchzehen, fein geschabt
1 EL Koriander, gemahlen
2 TL Kreuzkümmel, gemahlen
1/2 TL Fenchel, gemahlen
1/2 TL Kurkuma, gemahlen
1/2 TL schwarzer Pfeffer, gemahlen
2 TL Salz
1 reife Tomate, gewürfelt
2 grüne Chilis, geschnitten
1/2 TL Zimt, gemahlen
1/2 TL Kardamom, gemahlen
1/4 TL Nelken, gemahlen

Lammfleisch in kleine Würfel schneiden und abwechselnd mit dünnen Ingwerscheiben auf 10 cm lange, dünne Bambusspießchen stekken. Den Ingwer von einer schlanken Wurzel schneiden, oder große Scheiben teilen, damit die Stücke nicht zu groß werden.
Die Zwiebel in heißem *ghee* oder Öl weichdünsten, den Knoblauch zugeben und weitergaren, bis die Zwiebel goldbraun ist. Koriander, Kreuzkümmel, Fenchel, Kurkuma und Pfeffer 1 Minute rösten, salzen, die Tomate zugeben und weitere 3 Minuten rühren. Die Chilis und die Fleischspießchen in die Kasserolle legen und braten, bis das Fleisch leicht angebräunt ist. Die Hitze vermindern und zugedeckt garen. Der austretende Fleischsaft wird am Ende der Garzeit wieder aufgesogen sein, so daß der Fond dann sehr dick sein wird. Deshalb von Zeit zu Zeit umrühren, damit sich die Gewürze nicht am Topfboden festsetzen. 10 Minuten vor Ende der Garzeit Zimt, Kardamom und Nelken über das Curry streuen. Gut durchrühren und bei schwacher Hitze ziehen lassen.
Heiß mit Reis und Beilagen servieren.

# Roghan josh
Lammfleisch in Gewürzen und Joghurt

6 Portionen
Zutaten:
750 g mageres Lammfleisch
3 getrocknete rote Chilis, entkernt
125 ml heißes Wasser
6 bis 8 Knoblauchzehen
1 EL frischer Ingwer, fein gehackt
2 EL Kokosflocken, geröstet
2 EL blanchierte Mandeln
1 EL Koriander, gemahlen
1 TL Kreuzkümmel, gemahlen
1 TL Mohnsamen
1/2 TL Fenchel, gemahlen
1/2 TL Kardamom, gemahlen
1/4 TL Nelken, gemahlen
1/4 Muskatblüte, gemahlen
1/2 TL schwarzer Pfeffer, gemahlen
4 El *ghee* oder Öl
1 mittelgroße Zwiebel, fein gehackt
4 Kardamomkapseln, zerdrückt
1/2 TL Kurkuma, gemahlen
125 ml Joghurt
2 reife Tomaten, geschält und gehackt
1 1/2 TL Salz
1 TL *garam masala*
2 EL gehacktes Koriandergrün

Das Lammfleisch in große Würfel schneiden. Die Chilis 5 Minuten im heißen Wasser einweichen. Die Kokosflocken rösten, indem man sie über mittlerer Hitze in einer trockenen kleinen Pfanne schüttelt. Ebenso verfahren mit Koriander, Kreuzkümmel, Mohnsamen und Fenchel, bis sie eine dunklere Farbe annehmen und aromatisch duften. Diese Gewürze dann zusammen mit den gerösteten Kokosflokken, Knoblauch, Ingwer, Chilis samt 2 EL Einweichwasser im Elektromixer pürieren. Die Masse aus dem Mixbecher schaben, gemahlenen Kardamom, Nelken, Muskatblüte und Pfeffer untermischen und beiseite stellen.
*Ghee* in einer großen, schweren Kasserolle erhitzen und die Zwiebel darin goldbraun rösten. Die zerdrückten Kardamomkapseln, Kurkuma und die Gewürzpaste aus dem Mixer dazugeben und unter Rühren gut garen, bis sich *ghee* von der Gewürzmasse abzuscheiden beginnt. Den Joghurt löffelweise einrühren, salzen, dann die Tomaten unter Rühren weitere 5 Minuten mitdünsten. Das gewürfelte Lammfleisch zugeben und bei starker Hitze in der Gewürzmischung so lange wenden und rühren, bis jedes Stück damit überzogen ist. Die Hitze stark vermindern, zugedeckt mindestens eine Stunde garen. Das Lammfleisch sollte sehr weich und die Flüssigkeit fast ganz aufgesogen sein.
Gelegentlich umrühren, damit sich die Gewürze nicht am Topfboden festsetzen können. *Garam masala* einstreuen, den Deckel wieder auflegen und noch 5 Minuten garen.
Mit Koriandergrün bestreuen, mit einfachem Reis oder *pilau* servieren.

# Kashmiri roghan josh

Lammfleisch in Joghurt und Gewürzen, Kaschmir-Art

6 Portionen
Zutaten:
1 kg mageres, ausgelöstes Lammfleisch
125 ml Joghurt
2 EL *ghee*
1 pfefferkorngroßes Stückchen Stinkasant, nach Belieben
2 TL Salz
1 TL Ingwerpulver
etwa 500 ml heißes Wasser
1 TL Chilipulver, oder nach Geschmack
1 EL frischer Ingwer, fein gerieben
2 TL *kashmiri garam masala*
2 EL gehacktes Koriandergrün

Lammfleisch in große Würfel schneiden, überschüssiges Fett entfernen. Stinkasant in etwa 1 EL heißem Wasser auflösen. In einer großen, schweren Kasserolle *ghee*, Joghurt, aufgelösten Asant, Salz und Ingwerpulver mit den Lammfleischwürfeln mischen und zugedeckt garen. Gelegentlich umrühren. Nach einiger Zeit wird der ausgetretene Fleischsaft verdampft sein, und die Gewürzmischung beginnt sich am Topfboden anzusetzen. 125 ml Wasser, Chilipulver und geriebenen frischen Ingwer zugeben, gut mit einem Holzlöffel umrühren, dabei vom Topfboden die anhaftenden Gewürze abschaben und mit der zugegebenen Flüssigkeit vermischen. Zugedeckt weiterkochen, bis wieder alle Flüssigkeit verdampft ist. Wieder mit 125 ml Wasser den Bratensatz vom Topfboden lösen und dies so lange wiederholen, bis das Fleisch ganz weich ist, dabei nicht mehr als 125 ml Wasser auf einmal zugeben. Wenn das Fleisch gar und die Flüssigkeit verdampft ist, mit *garam masala* und Koriandergrün bestreuen. Den Deckel wieder auflegen und bei sehr schwacher Hitze noch 10 bis 15 Minuten ziehen lassen.
Heiß mit Reis, *chapatis* oder *parathas* servieren.

# Korma

Lamm mit Gewürzen und Joghurt

6 Portionen
Zutaten:
1 kg ausgelöste Lammkeule
2 mittelgroße Zwiebeln
1 EL frischer Ingwer, gehackt
2 große Knoblauchzehen
60 ml rohe Cashew-Nüsse oder blanchierte Mandeln
2 bis 6 getrocknete Chilis, entkernt
2 TL Koriander, gemahlen
1/4 TL Zimt, gemahlen
1 TL Kreuzkümmel, gemahlen
1/4 TL Kardamom, gemahlen
1/4 TL Nelken, gemahlen
1/2 TL Safran
2 EL kochendheißes Wasser
1 EL *ghee*
2 EL Öl
2 TL Salz
125 ml Joghurt
2 EL gehacktes Koriandergrün

Lammfleisch in große Würfel schneiden, Fett abtrennen. Die Zwiebeln schälen. Eine davon fein schneiden; die andere grob hacken und im Elektromixer mit Ingwer, Knoblauch, Cashew-Nüssen, Chilis und 125 ml Wasser pürieren. Alle gemahlenen Gewürze zu diesem Püree geben und noch einige Sekunden weitermixen.
Über die Safranfäden in einer kleinen Schüssel das kochende Wasser gießen und einweichen lassen. Währenddessen das *masala,* die Gewürzmischung, kochen. Dazu in einer großen Kasserolle *ghee* und Öl erhitzen, und die feingeschnittene Zwiebel unter Rühren weich und goldgelb braten. Die Gewürzmischung aus dem Mixbecher zugeben und unter ständigem Rühren garen, bis sich das Öl von der Masse abzuscheiden beginnt. Den Mixbecher mit zusätzlichen 60 ml Wasser ausspülen, dieses Wasser mit Salz in den Topf gießen und wieder braten und rühren, bis die Flüssigkeit abermals eingetrocknet ist. Das Fleisch zugeben und bei Mittelhitze in den Gewürzen so lange wenden, bis jedes Stück damit überzogen ist.
Die Safranlösung umrühren, die Fäden am Schüsselrand zerdrücken, gründlich unter das Fleisch mischen. Ebenso den Joghurt gut unterrühren. Die Hitze stark vermindern, zugedeckt etwa 1 Stunde leise simmern, bis das Fleisch weich und die Soße eingedickt ist. Manchmal umrühren, damit die Gewürzmischung nicht am Topfboden ansetzt. Mit Koriandergrün bestreuen, den Deckel noch einmal auflegen und weitere 5 Minuten ziehen lassen. Heiß zu Reis servieren.

# Badami gosht

Würziges Lammfleisch mit Safran und Mandeln

*Dieses Gericht, für das man nur süße Gewürze und überhaupt kein Chili verwendet, wird überall Freunde finden, sogar bei Kindern. Eine gute Einleitung zu schärfer gewürzten Speisen.*

6 bis 8 Portionen

Zutaten:

1,5 bis 2 kg Lammkeule
1/2 TL Safran
3 EL kochendes Wasser
3 TL Salz
250 ml Joghurt
2 EL *ghee*
2 EL Öl
1 kleine Zimtstange
6 Kardamomkapseln, zerdrückt
6 ganze Nelken
1 große Zwiebel, fein gehackt
4 Knoblauchzehen, fein gehackt
2 TL frischer Ingwer, fein gerieben
2 TL Kreuzkümmel, gemahlen
2 EL gemahlene Mandeln oder 25 ganze, blanchierte Mandeln
1 TL gehackte frische Minze, nach Belieben

Vom Metzger den Knochen auslösen lassen. Die Keule häuten und überschüssiges Fett abschneiden. Fleisch in Würfel von 5 cm Länge schneiden. (Aus den Knochen kann Brühe gekocht werden. Reichen Sie *parsi pilau* zum Lamm, und kochen Sie den Reis in der Knochenbrühe.)

Safran etwa 10 Minuten in kochendem Wasser einweichen. Die weichen Fäden zwischen den Fingern auspressen, um soviel Aroma und Farbstoff wie möglich zu lösen. Safran und Salz in einer großen Schüssel in den Joghurt einrühren, das Lammfleisch darunterheben und zugedeckt bei Raumtemperatur stehen lassen, während die übrigen Zutaten vorbereitet werden.

*Ghee* und Öl in einem schweren Topf mit gut schließendem Deckel heiß werden lassen. Zimt, Kardamom und Nelken darin über Mittelhitze 1 bis 2 Minuten rösten. Die Zwiebel, Knoblauch und Ingwer zugeben und weiter 10 Minuten unter Rühren braten, bis die Zwiebel weich und goldgelb ist. Den gemahlenen Kreuzkümmel zugeben und eine weitere Minute rösten.

Das Lammfleisch aus der Joghurtmarinade nehmen, abtropfen lassen und in den Topf geben. Die Stücke wenden, so daß sie von allen Seiten angebraten werden. Die Marinade mit den gemahlenen Mandeln zugeben, die Schüssel mit 125 ml Wasser ausschwenken, ebenfalls in den Topf gießen. Gründlich durchrühren; die Hitze niedrig stellen, zugedeckt 1 Stunde kochen, bis das Lammfleisch gar und die Soße dick ist. Gegen Ende der Garzeit mit einem Holzlöffel rühren, damit die Soße nicht am Topfboden ansetzt.

Mit Minze bestreuen, den Deckel noch mal für 5 Minuten auflegen. Heiß mit Reis servieren. Ein leichtes, etwas süßes Reisgericht wie *parsi pilau* (S. 18) paßt besonders gut dazu.

Anmerkung: Wenn Sie keine gemahlenen Mandeln bekommen können, die ganzen Mandeln in 125 ml kochendem Wasser einweichen, im Wasser abkühlen lassen, dann im Elektromixer zerkleinern.

# Raan

Gebratene Lammkeule nach Kaschmir-Art

8 Portionen

Zutaten:

2,5 kg Lammkeule
1 EL frischer Ingwer, fein gerieben
4 Knoblauchzehen, zerdrückt
3 TL Salz
1 TL Kreuzkümmel, gemahlen
1 TL Kurkuma, gemahlen
1/2 TL schwarzer Pfeffer, gemahlen
1/2 TL Zimt, gemahlen
1/2 TL Kardamom, gemahlen
1/4 TL Nelken, gemahlen
1/2 TL Chilipulver, nach Belieben
2 EL Zitronensaft
180 ml Joghurt
je 2 EL blanchierte Mandeln und Pistazien
1/4 TL Safranpulver oder 1/2 TL Safranfäden
3 TL Honig

Mit einem scharfen Messer die Haut und überschüssiges Fett von der Lammkeule schneiden. Mit der Messerspitze das Fleisch kreuz und quer tief einschneiden. Ingwer, Knoblauch, Salz, die gemahlenen Gewürze und Zitronensaft mischen. Wenn die Mischung zum Verstreichen zu trocken ist, ganz wenig Öl zugeben. Diese Gewürzmischung gründlich von allen Seiten in den Braten reiben und in jeden Schnitt drücken.

Joghurt, Mandeln, Pistazien und Safranpulver in den Becher des Elektromixers geben. Safranfäden erst 10 Minuten in 2 EL heißem Wasser einweichen und dieses Einweichwasser mitverwenden. Alle Zutaten pürieren und über das Lammfleisch verteilen. Den Honig darüberträufeln, und die Lammkeule mindestens über Nacht, besser noch zwei Tage im Kühlschrank marinieren.

Je Pfund Fleisch 30 Minuten Bratzeit rechnen. Den Backofen auf 230° vorheizen und die Lammkeule in einem geschlossenen Bräter 30 Minuten braten, dann die Backofenhitze auf 170° zurückschalten und ungefähr weitere 1 3/4 Stunden braten. Offen auf Raumtemperatur abkühlen lassen. Mit *namkin chawal* (S. 17) servieren.

# Qabargah oder Kamargah

Lammkoteletts in würzigem Ausbackteig

4 Portionen
Zutaten:
8 kleine Lammkoteletts oder -steaks
375 ml Milch
125 ml Wasser
1 TL Salz
8 Kardamom-Kapseln, zerdrückt
8 ganze Nelken
1 kleine Zimtstange
1/2 TL ganze schwarze Pfefferkörner

Zutaten zum Teig:
80 ml *besan* (Kichererbsenmehl)
1 TL Koriander, gemahlen
1/2 TL Salz
1/4 TL Kardamom, gemahlen
1/4 TL Chilipulver
je 1 Prise gemahlenen Zimt, Nelken, Muskatnuß und Kurkuma
80 ml Wasser
2 TL *ghee*, geschmolzen
Öl oder *ghee* zum Ausbacken

Die Lammkoteletts mit der ersten Gruppe der Zutaten in einem Topf zum Kochen bringen. Die Hitze vermindern und zugedeckt simmern, bis das Fleisch weich und die Flüssigkeit verdampft ist. Abkühlen lassen; währenddessen den Ausbackteig zubereiten. Alle Zutaten dafür mischen und mit einem Holzlöffel zu einem glatten Teig abschlagen. 30 Minuten ruhen lassen.
Reichlich Öl oder *ghee* zum Ausbacken heiß werden lassen. Die Koteletts in den Teig tauchen und dünn damit überziehen. In dem heißen Fett auf beiden Seiten goldbraun backen. Auf Küchenkrepp gut abtropfen lassen. Heiß mit indischen Broten und Gemüsen servieren.

# Lamm-Kebabs

*Ich muß gestehen, daß dies kein traditionelles indisches Rezept ist – kein indischer Koch würde Oregano oder Sojasoße verwenden. Es entstand, als ich einmal in Experimentierlaune war, und erwies sich als so köstlich, daß ich es niedergeschrieben und seither oft nachgekocht habe. Seltsamerweise schmecken die* kebabs *trotzdem indisch.*

6 bis 8 Portionen
Zutaten:
2 kg ausgelöste Lammkeule
1 große Knoblauchzehe
2 TL Salz
1 1/2 TL frischer Ingwer, fein gerieben
1 TL schwarzer Pfeffer, frisch gemahlen
1 TL Kurkuma, gemahlen
1 TL Koriander, gemahlen
1 TL Kreuzkümmel, gemahlen
1 TL zerriebene getrocknete Curryblätter
1 TL zerriebene getrocknete Oreganoblätter
1 EL helle Sojasoße
1 EL Sesamöl
2 EL Erdnußöl
1 EL Zitronensaft

Überschüssiges Fett von der Lammkeule abtrennen. Das Fleisch in 2,5 cm große Würfel schneiden und in eine große Schüssel geben. Die Knoblauchzehe mit Salz zerdrücken, mit den übrigen Zutaten gut vermischen. Diese Mischung über die Lammkeule gießen und so lange rühren, bis jedes Fleischstück mit der Gewürzmischung überzogen ist. Die Schüssel zudecken und im Kühlschrank wenigstens 3 Stunden, besser bis zu vier Tage lang marinieren.
Je 4 bis 5 Fleischstücke auf einen Spieß stecken und auf jeder Seite 5 Minuten grillen. Die gutgebräunten *kebabs* heiß mit gekochtem Reis oder *parathas* servieren. Als Beilagen eignen sich dazu Zwiebel-*sambal* (S. 83) und *podina chatni* (S. 82).

# Seekh kebab kari

Würzige Lamm-Spießchen

*Diese* kebabs *werden in einer Gewürzmischung mariniert und in* ghee *gebraten, dann in einem Curry gesimmert.*

4 bis 6 Portionen
Zutaten:
750 g Lammfleisch
dünne Scheiben frischer junger Ingwer
Bambusspießchen

Zutaten zur Marinade:
2 TL Koriander, gemahlen
1 TL *garam masala*
1 TL Kreuzkümmel, gemahlen
$^1/_2$ TL getrockneter Ingwer, gemahlen
$^1/_2$ TL Kurkuma, gemahlen
$^1/_8$ TL geriebene Muskatnuß
4 Knoblauchzehen, zerdrückt
1 TL Salz
1 EL Öl
1 EL Zitronensaft

Zutaten zum Curry:
3 EL *ghee* oder Öl
1 mittelgroße Zwiebel, fein gehackt
4 Knoblauchzehen, zerdrückt
1 kleine Zimtstange
4 Kardamom-Kapseln, zerdrückt
4 ganze Nelken
1 TL Chilipulver, nach Belieben
125 ml heißes Wasser
$^1/_2$ TL Schwarzkümmelsamen
$^1/_2$ TL *garam masala*
2 frische grüne Chilis, entkernt, kleingeschnitten
2 EL gehacktes Koriandergrün zum Garnieren

Das Lammfleisch in 2,5-cm-Würfel schneiden. Die Zutaten für die Marinade mischen; wenn nötig, noch Öl zugeben, um sie streichfähig zu machen.
Das gewürfelte Fleisch in der Marinade wenden. Am besten über Nacht durchziehen lassen, wenigstens aber zwei Stunden bei Raumtemperatur.
Die Lammfleischwürfel abwechselnd mit Ingwerscheiben auf Spießchen stecken. Wenn der Ingwer sehr scharf schmeckt, lieber weniger davon verwenden, zum Beispiel eine Scheibe Ingwer auf je zwei bis drei Fleischstückchen.
*Curry*: In einer großen Kasserolle oder Bratpfanne *ghee* heiß werden lassen und immer nur ein paar Lammspießchen auf einmal bei starker Hitze von allen Seiten braun braten. Aus dem Topf nehmen, die Hitze vermindern und unter ständigem Rühren Zwiebel und Knoblauch langsam goldbraun anbraten. Die ungemahlenen Gewürze eine Minute rösten, dann das Chilipulver noch ein paar Sekunden mitrösten. Das Fleisch in den Topf zurückgeben, Wasser angießen, angesetzte Gewürze vom Topfboden ablösen. Zugedeckt simmern, bis das Fleisch weich ist. Kurz vor Ende der Garzeit das eingedickte Curry mit Schwarzkümmelsamen bestreuen, die zuvor in einer trockenen Pfanne über Mittelhitze leicht geröstet wurden. Umrühren, noch ein oder zwei Minuten ziehen lassen. Mit Chilis und Koriandergrün garnieren und heiß auftragen. Mit Reis und Beilagen oder mit einem der indischen Brote servieren.

# Keema seekh kebab

Hackfleisch auf Spießchen

4 bis 6 Portionen
Zutaten:
500 g gehacktes Lamm- oder Rindfleisch
2 EL *besan* (Kichererbsenmehl)
1 mittelgroße Zwiebel, fein gehackt
1 Knoblauchzehe, zerdrückt
2 EL feingehacktes Koriandergrün
1 TL frischer Ingwer, fein gerieben
1 TL Salz
1 TL *garam masala*
60 ml Joghurt

Das Hackfleisch mit allen Zutaten außer dem Joghurt gründlich mischen und zu einer glatten Masse verkneten. Portionen davon um die Spießchen herum zu Würstchen formen. Spießchen verwenden, deren Querschnitt quadratisch oder rechteckig ist, weil der Hackfleischteig von runden Spießchen abrutscht. Den Joghurt leicht verquirlen und das Fleisch damit bestreichen. Am Holzkohlen- oder Elektrogrill von allen Seiten schön braun braten.
Mit Reis oder indischen Broten, Gemüsen und anderen Beilagen servieren.

# Kashmiri kofta kari

In Curry gekochte Fleischbällchen nach Kaschmir-Art

*Eine Eigenart der Küche der Kaschmir-Brahmanen ist das Fehlen von Zwiebeln und Knoblauch unter den Gewürzen, weil beide im Verdacht stehen, die niederen Leidenschaften zu entflammen. Die Brahmanen Kaschmirs essen kein Rindfleisch; wenn Sie dieses Gericht also nach echter Kaschmir-Tradition zubereiten wollen, sollten Sie gehacktes Lammfleisch verwenden.*

6 Portionen
Zutaten:
750 g mageres gehacktes Lammfleisch
1 TL frischer Ingwer, fein gerieben
2 frische Chilis, fein gehackt
1 TL Koriander, gemahlen
1/2 TL Chilipulver
1/2 TL *garam masala*
2 TL Salz
125 ml Joghurt
3 EL *ghee*
1 EL Milchpulver oder *khoa*
1 TL Zucker
1/2 TL schwarzer Pfeffer, gemahlen
1/4 TL Kardamom, gemahlen

Lammfleisch zusammen mit Ingwer, Chilis, Koriander, Chilipulver und je 1 TL *garam masala* und Salz in eine Schüssel geben. 1 EL Joghurt zufügen, um die Gewürze anzufeuchten und sie dadurch gleichmäßig zu verteilen. Man kann auch 1 TL vom *ghee* darangeben, wenn das Fleisch sehr mager ist. Gut durchmischen und ovale Bällchen formen.
In einer schweren Kasserolle *ghee* heiß werden lassen und darin Milchpulver, Zucker, den restlichen Joghurt, *garam masala* und Salz erhitzen, 125 ml heißes Wasser angießen, zum Kochen bringen und die *koftas* einlegen. Zugedeckt simmern, bis alle Flüssigkeit verschwunden ist. Die *koftas* wenden, abermals 125 ml Wasser zugießen, den Pfeffer einstreuen. Zugedeckt simmern, bis die Flüssigkeit wieder aufgesogen ist. Das Gericht mit Kardamom bestreuen und zu indischen Broten oder Reis servieren.
Nach Zugabe des Kardamom muß der Topf verschlossen werden, damit sich das Aroma nicht verflüchtigt.

# Botee kebab

Hammel-kebab

4 bis 6 Portionen
Zutaten:
500 g Hammelfleisch
2 EL Kokosflocken
1 große Zwiebel, grob gehackt
2 Knoblauchzehen, geschält
1 TL frischer Ingwer, gehackt
je 1/4 TL gemahlene Muskatnuß, Zimt, Nelken, Kardamom
1/2 TL schwarzer Pfeffer, grob gemahlen
1 TL Mohnsamen
125 ml Joghurt

Vom Hammelfleisch alles Fett abschneiden bis auf eine dünne Schicht, die dann beim Grillen schön kroß wird. Das Fleisch in mundgerechte Würfel schneiden. In der Küche des Ostens wird Fleisch für Spießchen kleiner geschnitten, als es im Westen üblich ist. Einmal durchdringen die Gewürze das Fleisch besser, zum anderen werden im Osten bei Tisch keine Messer benützt.
Die Kokosflocken bei mittlerer Hitze in einer trockenen Pfanne unter ständigem Rühren goldbraun rösten. Abkühlen lassen. Zwiebel, Knoblauch und Ingwer im Elektromixer pürieren. Die Gewürze, die gerösteten Kokosflocken, Mohnsamen und Joghurt zugeben und mixen, bis die Kokosflocken fein zermahlen sind. Diese Marinade über das Fleisch in einer Schüssel gießen und die Fleischstücke so lange darin wenden, bis sie ganz mit der Marinade überzogen sind. Zugedeckt zwei Stunden bei Raumtemperatur oder über Nacht im Kühlschrank durchziehen lassen.
Die Fleischstücke auf Bambusspießchen stecken und am Elektrogrill oder über Holzkohlenglut braun braten.
Mit *chapatis, parathas* oder Reis servieren. Zwiebel-*sambal* (S. 83) oder andere Salatbeilagen dazu reichen.

# Doh piaza

Würziges Lammfleisch mit Zwiebeln

*Wörtlich übersetzt lautet der Name dieses Gerichts »zwei Zwiebeln«. Man weiß nicht recht, ob er daher kommt, daß die Zwiebeln in zwei Formen, roh und gebraten, zugegeben werden; oder daß sie beim Kochen zu zwei verschiedenen Zeitpunkten hinzugefügt werden. Vielleicht bedeutet es auch, daß für dieses Gericht doppelt so viele Zwiebeln verwendet werden als für andere dieser Art.*

8 bis 10 Portionen
Zutaten:
1,5 kg Lamm- oder Hammelschulter
1 kg Zwiebeln
6 Knoblauchzehen
1 1/2 TL frischer Ingwer, fein gerieben
3 EL Joghurt
1 bis 2 TL Chilipulver, oder nach Geschmack
1 TL Paprika
3 EL gehacktes frisches Koriandergrün
2 EL Koriander, gemahlen
2 TL Schwarzkümmelsamen
3 EL *ghee*
3 EL Öl
8 Kardamom-Kapseln
1 TL *garam masala*

Das Fleisch in große Würfel zerschneiden. Die Hälfte der Zwiebeln fein schneiden und den Rest hacken. Die gehackten Zwiebeln im Elektromixer mit Knoblauch, Ingwer, Joghurt, Chilipulver, Paprika, Koriandergrün, gemahlenem Koriander und Schwarzkümmelsamen zu einem glatten Püree zerkleinern.
In einer großen, schweren Kasserolle die feingeschnittenen Zwiebeln in heißem *ghee* und Öl gleichmäßig braun anbraten. Aus dem Topf nehmen. Nun das Fleisch portionsweise über starker Hitze von allen Seiten bräunen. Das gebratene Fleisch aus dem Topf nehmen und durch frisches ersetzen. Wenn alle Fleischwürfel gebraten und aus dem Topf genommen sind, noch etwas *ghee* oder Öl zusetzen und bei mittlerer Hitze die Gewürzmischung unter ständigem Rühren garen, bis sie aromatisch duftet. An den Rändern muß sich das Öl abscheiden. Das Fleisch zusammen mit den Kardamom-Kapseln in den Topf zurückgeben, gut durchrühren und zugedeckt bei schwacher Hitze garen. Manchmal umrühren. Wenn nötig, etwas Wasser zugeben, im allgemeinen genügt aber der austretende Fleischsaft. Wenn das Fleisch weich und die Flüssigkeit fast aufgesogen ist, *garam masala* und die gebratenen Zwiebeln einrühren, zugedeckt bei sehr schwacher Hitze noch 15 Minuten ziehen lassen.
Mit Reis oder indischen Broten servieren.

# Alu gosht kari

Fleisch-Kartoffel-Curry

6 bis 8 Portionen
Zutaten:
1,5 kg mageres Schmorfleisch
60 ml Öl oder 2 EL *ghee*
1 TL schwarze Senfsamen
1/2 TL Bockshornklee-Samen
6 Knoblauchzehen, gehackt
1 EL frischer Ingwer, fein gehackt
3 mittelgroße Zwiebeln, fein geschnitten
1 1/2 TL Kurkuma, gemahlen
2 EL Koriander, gemahlen
1 EL Kreuzkümmel, gemahlen
2 TL Chilipulver
3 TL Salz
2 EL Essig
2 TL *garam masala*
2 EL zusätzlicher Essig
1,5 kg Kartoffeln, geschält und gewürfelt
2 EL gehacktes frisches Koriandergrün, nach Belieben

Das Fleisch in kleine Würfel schneiden, Fett und Knorpel abtrennen. In einer großen Kasserolle die Senfsamen in heißem Öl rösten, bis sie knistern. Bockshornklee-Samen, Knoblauch, Ingwer und Zwiebeln zugeben und bei Mittelhitze unter gelegentlichem Rühren braten, bis die Zwiebeln anfangen zu bräunen. Kurkuma noch eine Minute mitbraten. Koriander, Kreuzkümmel und Chilipulver zugeben, etwa eine Minute rühren, dann Salz und Essig zugeben und so lange rühren, bis die Flüssigkeit eingetrocknet ist. *Garam masala* einstreuen und gründlich untermischen. Die Fleischwürfel in der Gewürzmischung so lange wenden, bis alle Stücke damit überzogen sind. Wenn die Gewürze am Topfboden haften, mit dem zusätzlichen Essig möglichst viel davon ablösen. Die Hitze vermindern, den Topf mit festsitzendem Deckel verschließen und das Fleisch 1 1/2 bis 2 Stunden garen. Je nach verwendeter Fleischsorte kann die Zugabe von etwas Wasser notwendig werden. Die gewürfelten Kartoffeln einfüllen, zugedeckt ungefähr 20 bis 25 Minuten gar kochen. Mit frischem Koriandergrün bestreuen und heiß mit Reis oder indischen Broten servieren.

# Nargisi kofta

Mit Eiern gefüllte Fleischbällchen

*Die Fleischbällchen haben ihren Namen von der Ähnlichkeit ihrer Füllung mit den gelbweißen Narzissenblüten. Sie werden zuerst gebraten, dann in Curry gesimmert und als Hauptgericht serviert. Als Picknickverpflegung sollte man sie nur gebraten zusammen mit einem Salat anbieten.*

6 Portionen
Zutaten zu den Fleischbällchen:
7 kleine Eier
500 g zweimal durchgedrehtes Lamm- oder Rindfleisch
1 kleine Zwiebel, fein gehackt
2 Knoblauchzehen, fein geschabt
1/2 TL Ingwer, fein gerieben
1 frische grüne Chili, fein gehackt
1 TL Salz
1 TL *garam masala*
1/2 TL Kurkuma, gemahlen
125 ml Wasser
1 1/2 EL *besan* (Kichererbsenmehl)
1 EL Joghurt
*ghee* oder Öl zum Braten

Zutaten zum Curry:
1 EL *ghee* oder Öl
1 mittelgroße Zwiebel, fein gehackt
5 Knoblauchzehen, fein geschabt
2 TL frischer Ingwer, fein gerieben
1 TL *garam masala*
1 TL Kurkuma, gemahlen
1/2 TL Chilipulver
2 große reife Tomaten
1 TL Salz
125 ml Joghurt
125 ml heißes Wasser
2 EL gehacktes frisches Koriandergrün

6 Eier in einen Topf mit kaltem Wasser legen und langsam zum Sieden bringen. In den ersten 5 Minuten die Eier sanft bewegen, damit die Dotter in der Mitte bleiben. Weitere 10 Minuten sieden, dann mit kaltem Wasser abschrecken. Schälen und beiseite stellen.
Das Fleisch in einem Topf mit Zwiebel, Knoblauch, Ingwer, Chili, Salz, *garam masala,* Kurkuma und Wasser gut durchrühren, zum Kochen bringen, zugedeckt etwa 20 bis 30 Minuten simmern, bis das Fleisch gar ist. Das Kichererbsenmehl einrühren und weiterkochen, bis alle Flüssigkeit aufgesogen ist. Abkühlen lassen, dann zu einem glatten Fleischteig verkneten. Wenn nötig, zum Anfeuchten etwas Joghurt zugeben.
Den Fleischteig in sechs gleiche Portionen teilen, jede um ein hartgekochtes Ei zu einem Bällchen formen. Das übrige Ei verquirlen, die *koftas* darin wenden und in heißem Öl von allen Seiten goldbraun braten. Auf Küchenkrepp abtropfen lassen. Mit einem scharfen Messer halbieren, etwas Curry darüber schöpfen und heiß servieren.
*Curry*: Die Zwiebel in heißem *ghee* oder Öl weich und blaßgelb braten, dann Knoblauch und Ingwer unter Rühren mitbraten, bis die Zwiebel goldbraun ist. *Garam masala,* Kurkuma und Chilipulver einrühren, zuletzt die Tomaten und Salz. Zugedeckt zu einem Brei verkochen, gelegentlich umrühren. Den Joghurt glattrühren, mit dem Wasser vermischen und in das siedende Curry geben. Gründlich durchrühren und offen eindicken lassen. Wenn die *koftas* schon vorher zubereitet wurden, können sie in der Soße wieder heiß gemacht werden. Dann halbieren, mit Koriandergrün garnieren und mit Reis oder *chapatis* auftragen.

# Alu chap

Würzige Kartoffel-Frikadellen

4 Portionen
Zutaten:
1 kg Kartoffeln
1 TL Salz
2 EL feingehackte Minze
2 Frühlingszwiebeln, fein gehackt
1 frische grüne Chili, entkernt und fein gehackt
1 geschlagenes Ei
Semmelbrösel zum Panieren
Öl zum Braten

Füllung: 250 g Hackfleisch, zubereitet wie für *samoosas*

Die Kartoffeln kochen und zerdrücken. Salz, Minze, Frühlingszwiebeln und Chili untermengen. In 8 bis 10 Portionen teilen, Bällchen formen und flach drücken. In die Mitte jeweils einen Löffel Fleischfüllung geben, die Kartoffelmasse darum schließen und zu einer dikken, runden Pastete formen. In dem geschlagenen Ei, dann in Semmelbröseln wenden und in heißem Öl goldbraun braten.

# Keema kari

Curry aus Hackfleisch und getrockneten Erbsen

4 bis 6 Portionen
Zutaten:
125 ml getrocknete gelbe Erbsen
2 EL *ghee* oder Öl
2 mittelgroße Zwiebeln, fein gehackt
2 Knoblauchzehen, fein gehackt
1 TL frischer Ingwer, fein gerieben
1 TL Kurkuma, gemahlen
1/2 TL Chilipulver
1 EL gehacktes frisches Koriandergrün oder Minze
4 kleine reife Tomaten, gehackt
2 TL Salz
500 g Hackfleisch
2 TL *garam masala*

Die Erbsen waschen und einweichen, während die übrigen Zutaten vorbereitet werden. Zwiebeln, Ingwer und Knoblauch in heißem *ghee* oder Öl langsam weich braten. Kurkuma, Chilipulver, Koriandergrün oder Minze, Tomaten und Salz zugeben und einige Minuten bei mittlerer Hitze rühren, dann das Fleisch und die Erbsen einrühren. Fest zugedeckt etwa 40 Minuten garen. Von Zeit zu Zeit umrühren und bei Bedarf etwas heißes Wasser angießen. *Garam masala* zugeben und so lange kochen, bis alle Flüssigkeit verdampft ist und das Gericht in dem Fett brät, das im Topf geblieben ist. Nun oft umrühren, damit nichts anbrennt.
Dieses trockene Curry mit indischen Broten und anderen Beilagen wie Gemüsen, *sambals* und Chutneys servieren.

# Keema mattar

Hackfleisch mit frischen Erbsen

4 bis 6 Portionen
Zutaten:
2 EL *ghee*
1 große Zwiebel, fein geschnitten
2 Knoblauchzehen, zerdrückt
1/2 TL frischer Ingwer, fein gerieben
1 TL Kurkuma, gemahlen
1/2 TL Chilipulver
500 g Hackfleisch
125 ml Joghurt
250 ml frische grüne Erbsen
1 TL *garam masala*
1 1/2 TL Salz
2 EL feingehacktes Koriandergrün
1 frische rote Chili, fein geschnitten

Die Zwiebel in heißem *ghee* weich braten, dann Knoblauch und Ingwer zugeben und weiterbraten, bis die Zwiebel goldbraun ist. Kurkuma und Chilipulver einige Sekunden mitrühren, dann das Fleisch zugeben und so lange rühren, bis es die Farbe geändert hat. Große Klumpen zerdrücken. Joghurt und Erbsen einrühren, zugedeckt 15 Minuten garen. *Garam masala* einstreuen und weiterkochen, bis Fleisch und Erbsen gar sind.
Mit Koriandergrün und Chili garniert servieren.

# Goani kebab

Fleischspießchen in Curry aus Goa

6 Portionen
Zutaten:
500 g mageres Lammfleisch
500 g Schweinefleisch
dünne Scheiben frischer Ingwer
2 EL *ghee* oder Öl
1 große Zwiebel, fein gehackt
4 Knoblauchzehen, fein gehackt
2 frische rote oder grüne Chilis, entkernt
1 EL Kreuzkümmel, gemahlen
2 EL schwarze Senfsamen, gemahlen
2 TL Chilipulver, oder nach Geschmack
2 TL *garam masala*
125 ml Essig
125 ml Wasser
2 TL Salz
1/2 TL schwarzer Pfeffer, gemahlen

Beide Fleischsorten in Würfel schneiden und abwechselnd mit dünnen Scheiben von zartem Ingwer auf Bambusspießchen stecken. Zwiebel, Knoblauch und Chilis in heißem *ghee* oder Öl anbraten, bis die Zwiebel weich und goldbraun ist. Die gemahlenen Gewürze einrühren und eine Minute weiterbraten. Essig, Wasser, Salz und Pfeffer zugeben, zum Kochen bringen. Die Fleischspießchen einlegen, in der Gewürzmischung wenden, bis sie ganz damit überzogen sind. Zugedeckt bei sehr schwacher Hitze gar kochen. Während der Kochzeit ein- oder zweimal durchrühren und die *kebabs* wenden. Wenn das Fleisch gar ist, offen weiterkochen, bis die Soße eingedickt und dunkel ist.
Mit weißem Reis und Beilagen servieren.

# Shikar vindaloo

Schweinefleisch Vindaloo

*Dieses Rezept enthält viel Säure und sollte deshalb in einem emaillierten Kochtopf oder einem aus Ton oder rostfreiem Stahl gekocht werden.*

6 bis 8 Portionen
Zutaten:
1 kg Schweinefleisch
6 bis 8 große getrocknete rote Chilis
250 ml Essig
2 TL frischer Ingwer, gehackt
7 Knoblauchzehen
2 TL Kreuzkümmel, gemahlen
1/2 TL schwarzer Pfeffer, gemahlen
1/2 TL Zimt, gemahlen
1/2 TL Kardamom, gemahlen
1/4 TL Nelken, gemahlen
1/4 TL Muskatnuß, gemahlen
2 TL Salz
2 bis 3 EL *ghee* oder Öl
2 mittelgroße Zwiebeln, fein gehackt
1 EL brauner Zucker, nach Belieben

Das Fleisch würfeln. Die Chilis 10 Minuten in Essig einweichen. Jede Art Essig läßt sich dazu verwenden – ideal wäre allerdings Kokosnußessig, er würde das richtige Aroma geben. Chilis samt Essig, Ingwer und Knoblauch im Elektromixer pürieren. Die gemahlenen Gewürze und das Salz daruntermischen. Das Fleisch etwa 2 Stunden in diese Marinade legen.
Die Zwiebeln in heißem *ghee* oder Öl langsam weich und goldgelb anbraten. So lange rühren, bis aller Saft aus den Zwiebeln verdampft ist und das Öl sich abscheidet.
Das Fleisch abtropfen lassen und unter Wenden braten, bis es die Farbe gewechselt hat. Dann die Marinade angießen und zugedeckt bei schwacher Hitze garen. Nach Belieben Zucker einrühren. Heiß mit weißem Reis und Beilagen servieren.

# Dhal

Linsenpüree

*Man kann alle Sorten Linsen dazu verwenden, aber rote Linsen oder* moong *werden am schnellsten gar und müssen nicht eingeweicht werden. Andere Linsensorten müssen über Nacht quellen.*

4 bis 6 Portionen

Zutaten:

250 g rote Linsen
1 1/2 EL *ghee* oder Öl
1 große Zwiebel, fein geschnitten
2 Knoblauchzehen, fein gehackt
1 TL frischer Ingwer, fein gerieben
1/2 TL Kurkuma, gemahlen
750 ml heißes Wasser
1 TL Salz, oder nach Geschmack
1/2 TL *garam masala*

Die Linsen gründlich waschen und alle auslesen, die an der Wasseroberfläche schwimmen. Gut abtropfen lassen. Zwiebel, Knoblauch und Ingwer in heißem *ghee* anbraten, bis die Zwiebel goldbraun ist. Kurkuma gut unterrühren. Die abgetropften Linsen zugeben und 1 bis 2 Minuten anbraten, dann das heiße Wasser angießen und zum Kochen bringen. Die Hitze vermindern und zugedeckt etwa 15 bis 20 Minuten simmern, bis die Linsen halbgar sind. Salzen, *garam masala* einrühren und weiterkochen, bis die Linsen weich und zu Brei zerkocht sind. Überschüssige Flüssigkeit im offenen Topf verkochen lassen. *Dhal* für sich allein servieren oder garniert mit goldbraun gebratenen Zwiebelringen. Reichen Sie gekochten Reis oder indische Brote dazu, oder essen Sie es ohne Beilagen als leichte Mahlzeit für sich allein.

# Same ka bhaji (1)

Gedünstete würzige Bohnen

*Irgendeine Sorte Bohnen verwenden – Stangenbohnen, Haricots, Prinzeßbohnen, Buschbohnen – alle eignen sich gut für die leichten Gewürze dieses Rezepts.*

4 bis 6 Portionen

Zutaten:

500 g zarte grüne Bohnen
1 EL *ghee* oder Öl
1 mittelgroße Zwiebel, fein gehackt
1/2 TL frischer Ingwer, fein gerieben
1 TL Kurkuma, gemahlen
1 TL *garam masala*
1/2 TL Chilipulver, nach Belieben
2 TL Salz
2 reife Tomaten, gehackt, oder
60 ml heißes Wasser
einige Spritzer Zitronensaft

Die Enden der Bohnen abschneiden, Fäden abziehen. Die Bohnen in mundgerechte Stücke schneiden. Zwiebel und Ingwer in heißem *ghee* bei schwacher Hitze anbraten, bis die Zwiebel goldgelb ist. Kurkuma, *garam masala,* Chilipulver und Salz zugeben und noch 2 Minuten weiterbraten. Tomaten oder Wasser einrühren und unter Rühren dünsten, bis die Tomaten zu einem Brei zerfallen und fast alle Flüssigkeit verdampft ist. Die Bohnen zugeben und gut umrühren, den Deckel halb auflegen und die Bohnen eben gar, aber nicht zu weich kochen. Nach Geschmack Zitronensaft einrühren.

# Same ka bhaji (2)

Gedünstete würzige Bohnen

*Eine trockenere, weniger sauer schmeckende Abwandlung des vorigen Rezepts, weil weder Tomaten noch Zitronensaft verwendet werden.*

4 Portionen

Zutaten:

500 g grüne Bohnen
1 EL *ghee* oder Öl
1 Zwiebel, fein gehackt
1/2 TL Kurkuma, gemahlen
1/2 TL Chilipulver
1/2 TL *garam masala*
1 TL Salz, oder nach Geschmack

Fäden abziehen und die Bohnen in dicke Scheibchen schneiden. Die Zwiebel in heißem *ghee* goldgelb rösten, Kurkuma, Chilipulver und *garam masala* einrühren. Bohnen und Salz zugeben und etwa 5 Minuten unter Rühren kochen. Dann zugedeckt bei schwacher Hitze dünsten, bis die Bohnen eben weich sind.

# Sukhe phalli kari
Getrocknete Bohnenkerne mit Curry

*Dieses Curry können Sie mit Bengal-Erbsen, Kichererbsen, Haricots, Lima-Bohnen oder Ihrer Lieblingssorte getrockneter Bohnenkerne zubereiten.*

4 Portionen
Zutaten:
250 g getrocknete Bohnenkerne
Wasser
2 TL Salz
1½ EL *ghee* oder Öl
1 große Zwiebel, fein gehackt
2 Knoblauchzehen, fein gehackt
1 EL frischer Ingwer, fein gehackt
1 TL Kurkuma, gemahlen
1 TL *garam masala*
2 große reife Tomaten, kleingeschnitten
1 bis 2 frische grüne Chilis, entkernt und gehackt
2 EL gehackte frische Minze
2 EL Zitronensaft

Die Bohnenkerne über Nacht in reichlich kaltem Wasser quellen lassen. Abgießen, abspülen und in einem großen Topf mit Wasser bedeckt aufsetzen. 1 TL Salz zugeben. Zugedeckt weich kochen. Wenn nötig, während des Kochens noch heißes Wasser nachgießen. Abtropfen lassen und das Kochwasser aufheben.
In einer großen Kasserolle Zwiebeln, Knoblauch und Ingwer in heißem *ghee* weich und goldgelb braten. Dann Kurkuma, *garam masala,* Tomaten, Chilis, Minze, den verbleibenden TL Salz, Zitronensaft und die Bohnen zugeben und über mittlerer Hitze 5 Minuten gut rühren. 250 ml des reservierten Kochwassers anschütten und zugedeckt bei schwacher Hitze kochen, bis Tomaten und Chilis weich sind und die Soße eingedickt ist. Als vegetarische Mahlzeit mit Reis oder indischen Broten servieren.

# Mattar chilka kari
Erbsenschoten mit Curry

*Wenn grüne Erbsen jung und zart sind, können Sie die Schoten nach diesem Rezept kochen. So zubereitet schmecken sie süß und köstlich.*

4 Portionen
Zutaten:
Die Schoten von 500 g Erbsen
1 EL *ghee* oder Öl
1 mittelgroße Zwiebel, fein gehackt
1 TL frischer Ingwer, fein gehackt
1 TL Kurkuma, gemahlen
1 TL Salz
1 TL *garam masala*
½ TL Chilipulver, nach Belieben
2 reife Tomaten, gewürfelt
4 kleine Kartoffeln, geschält und gewürfelt

Die Hälften der Schoten voneinander trennen.
Halten Sie die Schotenhälfte so, daß Sie die Innenfläche vor Augen haben. Knicken Sie das Stielende nach innen um, daß der fleischige Außenteil der Schote bricht, und ziehen Sie die dünne, seidige Innenhaut nach unten ab. Die Schoten waschen und alle Fäden an den Kanten entfernen.
Zwiebel und Ingwer über schwacher Hitze in heißem *ghee* anbraten, bis die Zwiebel weich und golden ist. Kurkuma, Salz, *garam masala* und Chilipulver zugeben und unter Rühren etwa 1 Minute mitbraten, dann die Tomaten, Erbsenschoten und Kartoffeln zugeben.
Gut durchrühren, zugedeckt kochen, bis Kartoffeln und Schoten gar sind. Wenn das Curry dazu neigt, am Topfboden anzusetzen, müssen einige Löffel Wasser angegossen werden. Im allgemeinen aber genügt der Saft aus den Tomaten zum Garen, wenn es bei schwacher Hitze gekocht und gelegentlich umgerührt wird.
Dieses Curry soll ziemlich trocken sein. Mit *chapatis, parathas* oder Reis servieren.

# Gobi foogath
Würziger gedünsteter Kohl

6 Portionen
Zutaten:
die Hälfte eines großen, festen Kohlkopfs
4 EL Öl
1 große Zwiebel, fein geschnitten
2 oder 3 frische grüne oder rote Chilis, entkernt und geschnitten
2 Knoblauchzehen, fein geschabt
1 TL frischer Ingwer, fein geschabt
1 TL Kurkuma, gemahlen
1 1/2 TL Salz oder nach Geschmack
2 EL Kokosflocken

Kohl grob zerpflücken. In einem großen Topf Zwiebel und Chilipfeffer in heißem Öl weich braten. Knoblauch und Ingwer zugeben und unter Rühren goldgelb rösten. Kurkuma und Kohl zugeben; die Kohlblätter in der Gewürzmischung hin und her wenden. Zugedeckt bei schwacher Hitze 10 bis 15 Minuten dünsten, bis der Kohl gar, aber nicht zerkocht ist. Salzen. Die Kokosflocken gründlich untermischen. Wenn noch Flüssigkeit im Topf ist, so lange ohne Deckel über mittlerer Hitze rühren, bis aller Saft aufgesogen ist.
Als Beilage zu Reis und Curries servieren.

# Palak bhaji
Würziger gedünsteter Spinat

4 bis 6 Portionen
Zutaten:
etwa 500 g Spinat (ohne Stengel)
2 EL *ghee*
2 EL Öl
2 große Zwiebeln, fein geschnitten
2 Knoblauchzehen, fein gehackt
1 TL frischer Ingwer, fein geschabt
1 TL Kreuzkümmel-Samen
1/2 TL Schwarzkümmelsamen, nach Belieben
1/2 TL Kreuzkümmel, gemahlen
1/2 TL Koriander, gemahlen
1/2 TL Kurkuma, gemahlen
1/4 TL Chilipulver, nach Belieben
1 TL Salz, oder nach Geschmack

Den Spinat mehrmals in frischem Wasser gründlich waschen und harte Stengel entfernen. In einem großen Topf *ghee* und Öl erhitzen und die Zwiebel darin goldgelb braten, dann Knoblauch und Ingwer etwa 1 oder 2 Minuten mitbraten. Die Gewürzsamen, die gemahlenen Gewürze und Salz gut untermischen. Den Spinat einfüllen mit nicht mehr Wasser, als nach dem Waschen an den Blättern hängt. In der Gewürzmischung umwenden, dann die Hitze sehr niedrig einstellen und unter häufigem Rühren offen kochen, bis der Spinat gar ist. Sollte der Spinat am Topfboden ansetzen, etwas Wasser angießen.
Mit Reis, *chapatis* oder anderen indischen Broten servieren.

# Alu mattar sukhe
Trockenes Curry aus Kartoffeln und Erbsen

6 Portionen
Zutaten:
500 g Kartoffeln
500 g frische Erbsen in der Schote
2 EL *ghee*
1 1/2 TL *panch phora*
1 große Zwiebel, fein gehackt
2 EL gehackte frische Minze oder Koriandergrün
1 TL frischer Ingwer, fein gerieben
1 TL Kurkuma, gemahlen
1 1/2 TL Salz
1/2 TL Chilipulver, nach Belieben
60 ml heißes Wasser
1 TL *garam masala*
1 EL Zitronensaft

Die Kartoffeln schälen und würfeln. Die Erbsen enthülsen. *Panch phora* in heißem *ghee* rösten, bis die Samen anfangen zu bräunen, dann die Zwiebel langsam mitrösten, bis sie weich ist und Farbe annimmt. Die gehackten Kräuter und den Ingwer zugeben und unter Rühren einige Sekunden mitbraten. Kurkuma, Salz und Chilipulver gut einrühren. Kartoffeln und Erbsen zugeben, umrühren und mit heißem Wasser beträufeln. Bei sehr schwacher Hitze fest zugedeckt 20 Minuten garen, den Topf manchmal schütteln. Mit *garam masala* bestreuen, Zitronensaft einträufeln, den Deckel wieder auflegen und weitere 10 Minuten garen.
Heiß mit Reis oder *chapatis* servieren.

# Mattar panir

Erbsen mit Frischkäse

*Frischer hausgemachter Käse ist eine beliebte Zutat zu Gemüsecurries, weil er eine wichtige Proteinquelle für strenge Vegetarier ist. Stellen Sie* panir *her wie auf S. 22 beschrieben. Der Einfachheit und Schnelligkeit halber können Sie frischen Pecorino verwenden – einen weißen, nicht salzigen sizilianischen Käse aus Schafs-, Ziegen- und Kuhmilch, der* panir *in Geschmack und Struktur sehr ähnelt. Verlangen Sie eine Sorte, die beim Erhitzen nicht schmilzt. Tiefgekühlte Erbsen können anstelle der frischen verwendet werden.*

4 bis 6 Portionen
Zutaten:
250 g frischer Pecorino oder *panir*
750 g frische Erbsen in der Schote
125 ml zerlassenes *ghee* oder Öl
2 mittelgroße Zwiebeln, fein gehackt
3 Knoblauchzehen, fein gehackt
2 TL frischer Ingwer, fein gerieben
2 TL Koriander, gemahlen
1 TL Kreuzkümmel, gemahlen
1 TL Kurkuma, gemahlen
1/2 TL Chilipulver, nach Belieben
2 feste, reife Tomaten, gehackt
1 TL Salz
1 TL *garam masala*
2 EL feingehacktes frisches Koriandergrün oder Minze

Wenn Sie *panir* selbst zubereiten, lassen Sie den Quark im Seihtuch hängen, bis er abgekühlt ist. Dann das Tuch mit Inhalt zusammendrehen, um möglichst viel von der Molke herauszupressen. Den in das Tuch eingewickelten Quark auf einen flachen Teller legen, mit einem zweiten Teller oder einem Brett bedecken und beschweren. 6 Stunden lang stehenlassen, bis der Quark sehr fest ist. Das Tuch wegnehmen und den Käse in kleine Würfel schneiden. Wenn diese nicht sofort verwendet werden sollen, mit Folie abdecken und kühl aufbewahren.

Die frischen Erbsen enthülsen oder tiefgekühlte auftauen. In einem kleinen Topf *ghee* oder Öl heiß werden lassen und jeweils eine Lage Käsewürfel darin braten und sie dabei vorsichtig wenden, damit sie von allen Seiten braun werden. Die fertiggebratenen Käsewürfel mit einem Schaumlöffel herausheben und auf einen Teller legen. Nach dem Braten alles überschüssige Fett weggießen – nur etwa einen Eßlöffel Fett im Topf lassen. Darin die Zwiebeln, Knoblauch und Ingwer bei mittlerer bis schwacher Hitze unter Rühren goldgelb rösten. Die gemahlenen Gewürze zugeben und noch eine Minute rühren, bis die Tomaten zu Brei zerkocht sind. Wenn die Masse zu trokken ist, etwas heißes Wasser angießen. Die Erbsen zugeben und halbgar kochen, dann die Käsewürfel und die Hälfte vom Koriandergrün oder von der Minze untermischen und zugedeckt etwa 10 Minuten simmern, bis die Erbsen weich sind.

Mit restlichem *garam masala* und Koriandergrün bestreuen und heiß mit Reis oder *chapatis* servieren.

# Saag

Püree aus grünem Blattgemüse

4 bis 6 Portionen
Zutaten:
500 g Spinat oder anderes grünes Blattgemüse
2 mittelgroße weiße Rüben oder 1 Riesenrettich
1 EL *ghee* oder Öl
1/2 TL schwarze Senfsamen oder *panch phora*
1 mittelgroße Zwiebel, fein gehackt
1 TL frischer Ingwer, fein gerieben
1/2 TL Chilipulver
1/2 TL Kurkuma, gemahlen
1 1/2 TL Salz, oder nach Geschmack
1/2 TL *garam masala*

Das Blattgemüse waschen, alle harten Stiele entfernen. Die Blätter in kleine Stücke zerpflücken und mit Wasser beträufelt in einen großen Topf geben. Weiße Rüben oder Rettich schälen, würfeln und dazugeben. Das Gemüse bei schwacher Hitze zugedeckt weich kochen. Abtropfen lassen, hacken oder zerdrücken. Senfsamen oder *panch phora* 1 Minute in heißem *ghee* oder Öl rösten. Zwiebel und Ingwer über mittlerer Hitze anbraten, bis die Zwiebel weich und goldgelb ist. Chilipulver, Kurkuma, Salz und den Gemüsebrei unterrühren; zugedeckt 5 Minuten kochen, mit *garam masala* bestreuen, wieder zudekken und bei schwacher Hitze noch einige Minuten ziehen lassen, bis alle Flüssigkeit verdampft ist. Abschmecken, nach Belieben mit Zitronensaft würzen.

Als Beilage zu *chapatis* oder Reis und Curries servieren.

# Sabzi bhaji
Gebratenes Mischgemüse

*Eine farbenprächtige Kombination leichtgewürzter Gemüse. Achten Sie darauf, sie nicht zu zerkochen.*
6 Portionen
Zutaten:
3 große zarte Karotten
250 g grüne Bohnen
1 viertel Blumenkohl
1 halber kleiner Kohlkopf
3 EL *ghee* oder Öl
1/2 TL schwarze Senfsamen oder 1 TL *panch phora*
8 Curryblätter, nach Belieben
2 Knoblauchzehen, zerdrückt
2 TL frischer Ingwer, fein gerieben
1 TL Kurkuma, gemahlen
1/4 TL Chilipulver oder eine frische rote Chili, entkernt und geschnitten
1 1/2 TL Salz, oder nach Geschmack

Die Karotten schaben und in streichholzdünne Streifen schneiden. Die Bohnen abziehen und in schräge Stückchen schneiden. Den Blumenkohl in Scheiben schneiden, etwas vom Stiel an den Röschen lassen. Den Kohl grob zerpflücken.
In einem großen Topf die Senfsamen oder *panch phora* und die Curryblätter 2 Minuten in heißem *ghee* oder Öl unter Rühren rösten. Knoblauch, Ingwer, Kurkuma und Chili 1 bis 2 Minuten mitrühren, dann Karotten, Bohnen und Blumenkohl zugeben. Bei mittlerer Hitze rühren, bis die Gemüse halbgar sind, den Kohl zugeben und weiter rühren und wenden und noch 5 Minuten kochen, bis alle Gemüse zwar gar, aber noch kroß sind. Salzen. Noch zwei Minuten zugedeckt dünsten. Sofort auftragen.

# Taazi khumben alu mattar kari
Champignons, Kartoffeln und Erbsen mit Curry

6 Portionen
Zutaten:
500 g kleine Champignons
500 g kleine neue Kartoffeln
250 ml frische grüne Erbsen
1 EL *ghee* oder Öl
1 kleine Zwiebel, fein geschnitten
1 TL frischer Ingwer, fein gerieben
1 Knoblauchzehe, zerdrückt, nach Belieben
2 EL feingehacktes frisches Koriandergrün
1 TL Kurkuma, gemahlen
1/2 TL Chilipulver, nach Belieben
125 ml heißes Wasser
1 1/2 TL Salz
1 TL *garam masala*

Die Pilze mit feuchtem Küchenpapier abreiben. Große Pilze halbieren oder vierteln, dabei an jedem Stück etwas vom Stiel lassen. Kartoffeln waschen und bürsten, große halbieren oder vierteln. Anstelle frischer Erbsen können auch tiefgefrorene verwendet werden, doch dürfen sie erst in den letzten 15 Minuten zugegeben werden.
Die Zwiebel bei schwacher Hitze 3 Minuten in heißem *ghee* rösten. Ingwer, Knoblauch, Koriandergrün 3 bis 4 weitere Minuten mitrösten, gelegentlich umrühren. Kurkuma und Chilipulver zugeben, eine Minute rösten, dann Pilze, Kartoffeln und frische Erbsen mit Wasser und Salz zugeben und gut umrühren. Bei schwacher Hitze zugedeckt 15 Minuten kochen. Mit *garam masala* bestreuen, gut unterrühren. Zugedeckt weitere 15 Minuten kochen, bis die Kartoffeln so weich sind, daß man sie mit einer Gabel einstechen kann.
Mit Reis oder indischen Broten servieren.

# Piaz bhaji
Würzige Zwiebeln oder Lauch

4 bis 6 Portionen
Zutaten:
5 oder 6 große Stangen Lauch oder 3 große Zwiebeln
2 EL *ghee* oder Öl
1 TL *panch phora* oder Kreuzkümmel-Samen
1 TL Kurkuma, gemahlen
1 TL frischer Ingwer, fein gerieben
1 TL *garam masala*
1 TL Salz, oder nach Geschmack

Den Lauch sehr sorgfältig waschen und von allem Sand befreien, beziehungsweise die Zwiebeln schälen. Sowohl Lauch als auch Zwiebeln in ziemlich dicke Scheiben schneiden. In einem großen Topf *panch phora* oder Kreuzkümmel unter Rühren 1 bis 2 Minuten in heißem *ghee* oder Öl rösten. Mit Kurkuma und Ingwer noch 1 Minute weiterrösten, dann Lauch oder Zwiebeln gut einrühren, 5 Minuten braten. Mit *garam masala* und Salz bestreuen, zugedeckt garen, gelegentlich umrühren.

# Dhingri kari
Pilzcurry

*Nehmen Sie dazu große, offene Pilze, die das beste Aroma haben.*

4 Portionen
Zutaten:
500 g Pilze
2 Stangen Lauch oder 4 Frühlingszwiebeln
2 EL *ghee* oder Öl
2 Knoblauchzehen, zerdrückt
1/2 TL frischer Ingwer, fein gerieben
6 Curryblätter
2 TL Currypulver
1 TL Salz
1/2 TL *garam masala*
125 ml dicke Kokosmilch
2 TL Zitronensaft

Die Pilze sauber abreiben. Die Stiele in Scheiben, die Hüte in Viertel schneiden. Lauch oder Frühlingszwiebeln fein schneiden. In heißem *ghee* Knoblauch, Ingwer, Curryblätter und Lauch weich braten, aber nicht bräunen. Currypulver, Salz und Pilze zugeben und über schwacher Hitze weiterrühren, bis die Pilze weich sind. Zugedeckt über schwacher Hitze 8 bis 10 Minuten dünsten, dann mit *garam masala* bestreuen. Kokosmilch zugeben und ohne Deckel unter ständigem Rühren heiß werden lassen. Vom Feuer nehmen und Zitronensaft einrühren.
Mit weißem Reis oder Gemüse-*pilau* servieren.

# Baigan dahi
Auberginen mit Joghurt

6 Portionen
Zutaten:
2 mittelgroße Auberginen
3 EL *ghee* oder Öl
2 mittelgroße Zwiebeln, fein gehackt
3 Knoblauchzehen, fein gehackt
2 TL frischer Ingwer, fein gerieben
2 TL Koriander, gemahlen
1 TL Kreuzkümmel, gemahlen
1/2 TL Kurkuma, gemahlen
1/2 TL Chilipulver
1 1/2 TL Salz, oder nach Geschmack
1/2 TL *garam masala*
Zucker, nach Belieben
250 ml Joghurt

Die Auberginen in etwa 15 cm Abstand unter einen vorgeheizten Grill legen und grillen, bis ihre Haut schwarz ist und die Früchte durch und durch weich sind. Abkühlen lassen, dann schälen. Das Fleisch der Auberginen grob zerdrücken oder kleinhacken.
In einem mittelgroßen Topf Zwiebeln, Knoblauch und Ingwer in heißem *ghee* oder Öl weich und goldgelb braten. Koriander, Kreuzkümmel, Kurkuma, Chilipulver zugeben und unter Rühren eine weitere Minute rösten. Salz und die zerdrückten oder gehackten Auberginen einrühren, einige Minuten unter Rühren braten, dann mit *garam masala* bestreuen. Zugedeckt weitere 5 Minuten dünsten. Abschmecken, wenn nötig, noch nachsalzen und nach Belieben etwa 2 TL Zucker zugeben. Den Joghurt glattrühren und vor dem Auftragen unter das Gemüse mischen.
Zusammen mit anderen Beilagen zu Reis und Curries servieren.

# Brinjal bartha

Auberginen-Püree

6 Portionen
Zutaten:
2 große Auberginen
2 große reife Tomaten
3 EL *ghee* oder Öl
2 mittelgroße Zwiebeln, fein gehackt
1 1/2 TL frischer Ingwer, fein gerieben
1/2 TL Kurkuma, gemahlen
1/2 TL Chilipulver
2 TL Salz
1 TL *garam masala*

Auberginen und Tomaten waschen und würfeln. Sie müssen nicht geschält werden. In heißem *ghee* langsam Zwiebeln und Ingwer anbraten, bis sie weich sind und anfangen braun zu werden. Kurkuma, Chilipulver, Salz und *garam masala* gründlich untermischen. Auberginen und Tomaten zugeben, gut umrühren und zudecken. Bei schwacher Hitze garen, dabei gelegentlich umrühren, damit die Gemüse nicht am Topfboden ansetzen. Alle Flüssigkeit soll verdampft und das Püree so dick und trocken sein, daß man es mit den indischen Broten vom Teller aufnehmen kann.
Heiß oder kalt servieren.

# Bhendi bhaji

Würzige gebratene Okras

*Es ist wichtig, daß Sie zarte Okras kaufen, denn ausgewachsene Bohnen sind zäh und faserig. Machen Sie die Probe, indem Sie die Spitze der Bohnen umbiegen. Ist sie zart, wird sie brechen. Dagegen biegt sich eine alte Bohne einfach um, und es wird Ihnen nicht gelingen, sie abzubrechen.*

4 bis 6 Portionen
Zutaten:
500 Okras
2 EL *ghee* oder Öl
1/2 TL *panch phora*
1 mittelgroße Zwiebel, fein gehackt
1/2 TL Kurkuma, gemahlen
1/2 TL Chilipulver, nach Belieben
1/2 TL Salz, oder nach Geschmack
1/2 TL *garam masala*

Die Okras waschen. Die Stielenden abschneiden, in mundgerechte Stücke zerteilen. *Panch phora* eine Minute lang in heißem *ghee* rösten, die Zwiebel zugeben und unter Rühren goldgelb braten. Kurkuma, nach Belieben Chilipulver, Salz und *garam masala* einrühren. Die Okras zugeben, gründlich durchrühren. Zugedeckt garen, manchmal umrühren.
Als Gemüsebeilage zu Reis oder *chapatis* servieren.

# Bhendi kari

Okra-Curry

4 bis 6 Portionen
Zutaten:
500 g frische, zarte Okras
1 EL *ghee* oder Öl
1 große Zwiebel, dünn geschnitten
2 frische grüne Chilis, aufgeschnitten und entkernt
1 Knoblauchzehe, fein geschnitten
1/2 TL frischer Ingwer, fein gerieben
1/2 TL Kurkuma, gemahlen
1/2 TL Koriander, gemahlen
1/2 TL Kreuzkümmel, gemahlen
375 ml Kokosmilch oder Buttermilch
1 TL Salz, oder nach Geschmack

Okras waschen und die Stielenden mit einem scharfen Messer abschneiden. Große Okras in mundgerechte Stücke schneiden. Zwiebel und Chilis in heißem *ghee* oder Öl bei schwacher Hitze unter Rühren braten, bis die Zwiebel goldgelb ist. Knoblauch, Ingwer und Kurkuma unter Rühren eine Minute mitbraten, dann die Okras zugeben und 3 oder 4 Minuten braten. Koriander, Kreuzkümmel, Kokosmilch oder Buttermilch und Salz einrühren. Offen simmern, bis die Okras weich sind, etwa 10 bis 12 Minuten. Heiß zu Reis servieren.

# Gooda bartha

Zucchini- oder Markkürbis-Püree

4 Portionen
Zutaten:
500 g Zucchini oder Markkürbis
1 EL *ghee* oder Öl
1 TL Kreuzkümmelsamen
1/2 TL schwarze Senfsamen
2 frische grüne Chilis, entkernt und geschnitten
1 mittelgroße Zwiebel, fein gehackt
1/2 TL Salz
1/2 TL Chilipulver, nach Belieben

Zucchini oder Markkürbis schälen und grob hacken, die Kerne wegwerfen. In einem Topf knapp mit Wasser bedecken, weich kochen, gründlich abtropfen lassen und zerdrücken.
Die Kreuzkümmel- und Senfsamen in heißem *ghee* rösten, bis die Senfsamen anfangen zu knistern. Chilis und Zwiebel weich braten. Die Zucchini zusammen mit Salz und Chilipulver zugeben und offen etwa 5 Minuten garen, bis alle Flüssigkeit verdampft ist. Servieren Sie warm oder kalt, aber nicht eisgekühlt.

# Alu chap

Mit Erbsen gefüllte Kartoffel-Frikadellen

4 Portionen
Zutaten:
1 kg Kartoffeln
Salz nach Geschmack
500 ml frische oder tiefgekühlte Erbsen
1 EL *ghee* oder Öl
1 mittelgroße Zwiebel, fein gehackt
1 TL frischer Ingwer, fein gerieben
1 EL gehacktes frisches Koriandergrün
1/2 TL Kurkuma, gemahlen
1/2 TL *garam masala*
1/4 TL Chilipulver, nach Belieben
Öl zum Ausbacken
2 verquirlte Eier
Semmelbrösel zum Panieren

Die Kartoffeln kochen, abdampfen lassen, dann zu einem glatten Püree zerdrücken. Salzen nach Geschmack. Die frischen Erbsen enthülsen oder die tiefgekühlten auftauen.
*Ghee* heiß werden lassen und bei niedriger Hitze die Zwiebel, Ingwer und Koriandergrün anbraten. Wenn die Zwiebel weich und goldgelb ist, die gemahlenen Gewürze, etwa 1 TL Salz und die Erbsen zugeben. Zugedeckt kochen, bis die Erbsen weich sind und alle Flüssigkeit verdampft ist. Frischen Erbsen muß zum Kochen etwas Wasser zugesetzt werden. Die Erbsen lauwarm werden lassen. Die Kartoffelmasse in 8 Portionen teilen und jede zu einer flachen runden Scheibe formen. Je einen Löffel Erbsen in die Mitte geben und die Kartoffelmasse darum zu einer glatten Frikadelle schließen. Jedes Kartoffelbällchen in geschlagenem Ei und Semmelbröseln wenden. Jeweils zwei oder drei gleichzeitig in heißem Öl schön goldbraun ausbacken. Auf Küchenkrepp abtropfen lassen.
Heiß mit frischen Chutney oder Salat servieren.

# Alu bhaji

Schmackhafte gebratene Kartoffeln

*Als Beilage zu* thosai *(S. 92) oder einer der indischen Brotsorten servieren. Man kann diese Mischung auch leicht zerdrücken und* chapatis, puris *und* kachoris *vor dem Ausbacken damit füllen.*

4 Portionen
Zutaten:
500 g Kartoffeln
2 mittelgroße Zwiebeln
1 EL *ghee* oder Öl
1/4 TL schwarze Senfsamen
1/2 TL Kurkuma, gemahlen
1/2 TL Chilipulver
1 TL Salz

Die Kartoffeln kochen, pellen und würfeln. Die Zwiebeln fein hakken. Die Senfsamen in heißem *ghee* rösten, bis sie knistern. Die Zwiebeln bei schwacher Hitze weich und goldbraun braten. Kurkuma und Chilipulver einrühren, die Kartoffeln zugeben, salzen und vorsichtig durcheinandermischen.
Heiß oder kalt servieren.

# Alu bartha (1)

Würziger Kartoffelbrei (kalt)

6 Portionen
Zutaten:
500 g mehlige Kartoffeln
2 EL zerlassenes *ghee*
60 ml Zitronensaft
$^1/_2$ TL Salz, oder nach Geschmack
heiße Milch nach Bedarf
125 ml feingehackte frische Minze
2 Frühlingszwiebeln, fein gehackt, oder
1 kleine Zwiebel, fein gehackt

Die Kartoffeln in der Schale kochen. Sobald sie gar sind, abgießen, pellen und zerdrücken. *Ghee,* Zitronensaft und Salz zugeben und so viel heiße Milch einrühren, daß ein glattes, sahniges Püree entsteht. Abschmecken, wenn nötig, noch Zitronensaft und Salz zugeben. Das Püree soll sehr pikant schmecken. Minze und Frühlingszwiebeln einmischen. Auf einer Platte zu einer flachen Form klopfen oder in einer Schüssel auftürmen. Mit einem Minzensträußchen garnieren.
Kalt oder zimmerwarm servieren.

# Alu bartha (2)

Würziges Kartoffelpüree (heiß)

6 Portionen
Zutaten:
500 g Kartoffeln
1 EL *ghee* oder Öl
$^1/_2$ TL schwarze Senfsamen
1 frische grüne Chili, entkernt und geschnitten
1 kleine Zwiebel, fein gehackt
$^1/_2$ TL Kurkuma, gemahlen
1 TL *garam masala*
1 TL Salz
1 Prise Chilipulver
1 bis 2 EL Zitronensaft
gehackte frische Minze oder Koriandergrün

Die Kartoffeln in der Schale kochen, pellen und zerdrücken. In heißem *ghee* die Senfsamen rösten, bis sie knistern. Chili und Zwiebel mitrösten, bis die Zwiebel weich und goldgelb ist. Kurkuma, *garam masala,* Salz und Chilipulver einige Augenblicke mitrühren, dann mit Zitronensaft löschen.
Die Kartoffeln zugeben, alles gut mischen und heiß werden lassen.
Mit Minze oder Koriandergrün bestreut servieren.

# Gujarati khattai alu

Gujarati-Kartoffeln

4 bis 6 Portionen
Zutaten:
500 g mehlige Kartoffeln
1 EL Tamarindenmark
60 ml heißes Wasser
2 TL brauner Zucker
$1^1/_2$ EL *ghee* oder Öl
$^1/_2$ TL schwarze Senfsamen
$^1/_2$ TL Kurkuma, gemahlen
$^1/_2$ TL Chilipulver
1 TL Koriander, gemahlen
1 TL Kreuzkümmel, gemahlen
1 TL Salz, oder nach Geschmack
2 frische grüne Chilis, entkernt und geschnitten
2 EL Kokosflocken

Kartoffeln schälen und würfeln. Tamarindenmark 5 Minuten in heißem Wasser einweichen, den Saft möglichst vollständig auspressen und die Flüssigkeit dann durch ein feines Sieb geben, um Samen und Fasern zurückzuhalten. Zucker in der Tamarindenflüssigkeit auflösen. *Ghee* erhitzen und die Senfsamen darin rösten, bis sie knistern. Kurkuma, Chili, Koriander und Kreuzkümmel bei schwacher Hitze noch eine Minute mitrösten. Die Kartoffeln zugeben und noch eine weitere Minute wenden, salzen und mit etwa 60 ml Wasser beträufeln. Fest zudecken und bei sehr schwacher Hitze 15 Minuten garen. Tamarindenflüssigkeit, Chilischeiben und Kokosflocken einrühren. Zugedeckt weitere 5 bis 10 Minuten kochen.
Heiß mit Reis oder *chapatis* servieren.

# Beilagen

Eine charakteristische Besonderheit der indischen Mahlzeit, die sie von allen anderen unterscheidet, ist die Anzahl und Vielfalt der Beilagen zum Hauptgericht. Tatsächlich werden diese Beilagen auch ebenso wichtig genommen wie das Hauptgericht.
Da gibt es getrockneten Fisch oder *pappadams*, Linsenwaffeln, die in heißem Öl kroß ausgebacken werden; frische Chutneys aus Kräutern, Kokosnuß, sauren Früchten und anderen Zutaten, milde kühlende *raitas* auf Joghurtbasis mit Bananen oder Tomaten und anderen Früchten und Gemüsen. In Südindien heißen diese *raitas pachchadis*, sie sind dort schärfer gewürzt. Ein indischer Salat setzt scharfen Chilipfeffer als Zutat voraus, zumindest eine reichliche Prise Chilipulver, die ihm Pfiff geben. Wenn die rohen Gemüse mit viel Chili angemacht sind, wird aus dem Salat ein *sambal*.
Lassen Sie Ihrer Phantasie freien Lauf und erfinden Sie selbst *raitas*, Salate und Chutneys aus Früchten und Gemüsen, wie sie gerade auf dem Markt sind. Gekochte Chutneys finden Sie auf S. 83; diese Chutneys sind zwar in westlichen Ländern sehr beliebt, in Indien aber nahezu unbekannt.

# Piaz ka dhania pattar salat

Salat aus Zwiebeln und Koriandergrün

4 bis 6 Portionen
Zutaten:
2 mittelgroße Zwiebeln, dünn geschnitten
Salz nach Geschmack
2 EL Zitronensaft
3 EL oder mehr frisches Koriandergrün, grob gehackt

Alle Zutaten mischen, zudecken und kühl stellen.

# Kachumbar

Zwiebelsalat nach Parsi-Art

*Diesen pikanten Salat kann man sehr scharf oder auch weniger scharf würzen. Wenn Sie die mildere Version bevorzugen, sollten Sie die Chilis entkernen (siehe S. 10 »Chilis – mit Vorsicht zu handhaben«). Wenn sogar entkernte Chilis für Ihren Geschmack zu scharf sind, lassen sie sich durch etwa 125 ml dünn geschnittene Paprika ersetzen.*

4 bis 6 Portionen
Zutaten:
2 mittelgroße Zwiebeln, fein geschnitten
Salz
Tamarindenmark, ein walnußgroßes Stück
60 ml heißes Wasser
2 EL Palm- oder anderer Zucker
2 feste reife Tomaten, gewürfelt
1 EL feine Schnitzel von frischem Ingwer
3 frische rote oder grüne Chilis, geschnitten
Salz nach Geschmack
2 EL gehacktes frisches Koriandergrün

Die Zwiebeln reichlich mit Salz bestreuen und eine Stunde durchziehen lassen, dann alle Flüssigkeit ausdrücken und einmal mit kaltem Wasser abspülen. Abtropfen lassen. Das Tamarindenmark 1 bis 2 Minuten in heißem Wasser aufweichen und so lange pressen, bis es sich im Wasser aufgelöst hat. Wenn die Masse zu dick ist, noch mehr Wasser zugeben. Durch ein Sieb gießen. Den Zucker im Tamarindensaft auflösen.
Alle Zutaten mischen. Gekühlt servieren.

# Tamatar salat

Tomatensalat mit Minze und Frühlingszwiebeln

Zutaten:
4 feste rote Tomaten
6 Frühlingszwiebeln
125 ml frische Minze
3 EL Zitronensaft
1/2 TL Salz, oder nach Geschmack
2 TL Zucker
1/2 TL Chilipulver, nach Belieben

Tomaten schälen und in dünne Spalten schneiden. Die Frühlingszwiebeln in feine Scheiben schneiden und die Minze hacken. Zitronensaft, Salz, Zucker und Chilipulver miteinander verrühren, bis sich der Zucker aufgelöst hat. Dieses Dressing über die anderen Zutaten gießen und leicht, aber gründlich mixen. Zugedeckt kühl stellen.

# Palak raita

Spinat mit Joghurt und Gewürzen

4 bis 6 Portionen
Zutaten:
500 g Spinat
1 EL *ghee* oder Öl
1 TL schwarze Senfsamen
1 TL Kreuzkümmelsamen
1 TL Kreuzkümmel, gemahlen
1/2 TL Bockshornklee-Samen
eine Prise Chilipulver oder Cayennepfeffer, nach Belieben
1/2 TL Salz, oder nach Geschmack
250 ml Joghurt

Spinat gründlich waschen und alle harten Stiele entfernen. Die Blätter zerpflücken. Nur mit dem Wasser, das vom Waschen an ihnen hängt, und einem EL zusätzlichem Wasser in einen Topf geben. Zugedeckt bei schwacher Hitze garen. Abtropfen lassen. Fein hacken. In einem kleinen Topf *ghee* oder Öl heiß werden lassen und die Senfsamen rösten, bis sie anfangen zu knistern. Kreuzkümmelsamen, gemahlenen Kreuzkümmel und Bockshornkleesamen zugeben und unter Rühren mit einem Holzlöffel weiterrösten, bis die Kleesamen goldbraun sind. Nicht anbrennen lassen. Vom Feuer nehmen, Chilipulver oder Cayennepfeffer und Salz einrühren, abkühlen lassen. Den Joghurt untermischen. Dieses Dressing unter den Spinat mixen.
Kalt oder zimmerwarm als Beilage zu einer Mahlzeit servieren.

# Khira raita

Gurke in Joghurt

6 Portionen
Zutaten:
2 große grüne Gurken
2 TL Salz
1 kleine Knoblauchzehe, zerdrückt
1/4 TL frischer Ingwer, fein gerieben
250 ml Joghurt
Zitronensaft nach Geschmack

Die Gurken schälen und in sehr dünne Scheiben schneiden. In eine Schüssel geben, mit Salz bestreuen und etwa eine Stunde kühl stellen. Den Saft abgießen, dabei möglichst viel auspressen. Knoblauch und Ingwer unter den Joghurt ziehen, die Gurkenscheiben einrühren und alles gut vermischen. Abschmecken, wenn nötig, noch nachsalzen. Zitronensaft nach Geschmack einrühren.
Eisgekühlt servieren.

*Gurken in saurer Sahne:* Für eine üppige Version des Gurkenraita den Joghurt durch 250 ml saure Sahne ersetzen oder durch 125 ml saure Sahne mit 125 ml Joghurt.

Abbildungen Seite 73 bis 76
Tisrya dum masala – Würzige gedämpfte Muscheln (Rezept S. 32)
Zutaten zu Dhansak – Fleisch mit Linsen (Rezept S. 43)
Murgh musallam – Ganzes Huhn in Gewürzen und Joghurt (Rezept S. 48)
Kaju murgh kari – Hühnercurry mit Cashew-Nüssen (Rezept S. 42)

# Baigan pachchadi

Würzige Aubergine mit Joghurt

4 bis 6 Portionen

Zutaten:

3 EL Öl
1 TL schwarze Senfsamen
1 mittelgroße Zwiebel, fein gehackt
2 frische grüne Chilis, entkernt und geschnitten
1 mittelgroße Aubergine, geschält und gewürfelt
1 kleine reife Tomate, gewürfelt
1 TL Salz
1 TL *garam masala*
$^1/_2$ TL Chilipulver, nach Belieben
60 ml Wasser
250 ml Joghurt
2 EL gehacktes frisches Koriandergrün

In einem Topf die Senfsamen rösten, bis sie knistern. Zwiebel und Chilis zugeben und mitrösten, bis die Zwiebel weich ist. Die Aubergine einige Minuten unter Rühren braten, dann Tomate, Salz, Chilipulver und *garam masala* zugeben, gut umrühren, Wasser angießen. Zugedeckt kochen, bis Aubergine und Tomate zu einem Brei zerdrückt werden können. Abkühlen lassen. Joghurt und die Hälfte vom Koriandergrün einrühren. Mit dem übrigen Koriandergrün verziert servieren.

# Khira pachchadi

Gurken in gewürztem Joghurt

Zutaten:

2 mittelgroße Gurken
60 ml Kokosflocken
3 EL heißes Wasser
2 frische grüne Chilis, entkernt und gehackt
1 TL Salz
375 ml Joghurt
1 TL *ghee* oder Öl
1 TL schwarze Senfsamen
$^1/_2$ TL Schwarzkümmelsamen, nach Belieben

Die Gurken schälen und entkernen. Grob raffeln. Die Kokosflocken mit heißem Wasser beträufeln und mit den Fingern leicht durchmischen, bis sie durch und durch angefeuchtet sind. Gurken, Kokosflokken, Chilis und Salz in den Joghurt mixen. In einer kleinen Pfanne *ghee* heiß werden lassen und die Gewürzsamen rösten, bis die Senfsamen knistern. Vom Feuer nehmen und in die Joghurt-Mischung rühren.

Kalt servieren.

Abbildungen Seite 77 bis 80
Patrani machchi – In Bananenblättern gedämpfter Fisch (Rezept S. 28)
Lamm-Kebabs (Rezept S. 55)
Kashmiri kofta kari – In Curry gekochte Fleischbällchen nach Kaschmir-Art (Rezept S. 57)
Nargisi kofta – Mit Eiern gefüllte Fleischbällchen (Rezept S. 59)

# Kela pachchadi
Bananen in gewürztem Joghurt

6 Portionen
Zutaten:
3 große reife Bananen
3 EL frisch geriebene Kokosnuß oder Kokosflocken
250 ml Joghurt
2 EL Zitronensaft
2 TL Zucker
1/2 TL Salz
1/8 TL Chilipulver, nach Belieben
1 TL *ghee* oder Öl
1 TL Kreuzkümmelsamen
1 TL schwarze Senfsamen

Die Bananen schälen und in Scheiben schneiden. Sie sollten etwa 500 ml Bananenscheiben ergeben. Die Kokosflocken mit 1 EL heißem Wasser beträufeln und so lange damit mixen, bis sie gleichmäßig angefeuchtet sind.
Den Joghurt mit Zitronensaft, Zucker, Salz und Chilipulver würzen und Bananen und Kokosnuß einrühren.
In einem kleinen Topf in heißem *ghee* Kreuzkümmel- und Senfsamen rösten, bis diese anfangen zu knistern. Über die Joghurtspeise streuen und unterheben.
Als Beilage zu einer Currymahlzeit servieren.

# Imli chatni
Tamarinden-Chutney

Zutaten:
3 EL getrocknetes Tamarindenmark
250 ml heißes Wasser
1 TL Salz
2 TL schwarzer oder brauner Zucker
1 TL Kreuzkümmel, gemahlen
1/2 TL Fenchelsamen, gemahlen
2 TL frischer Ingwer, fein gerieben
Zitronensaft nach Geschmack
1 Prise Chilipulver, nach Belieben

Tamarindenmark mit heißem Wasser in eine Schüssel geben und quellen lassen, bis das Wasser abgekühlt ist. Das Mark so lange kneten und von den Samen abpressen, bis es sich im Wasser aufgelöst hat. Notfalls noch etwas Wasser zugeben, um alles Mark von den Samen abzulösen. Das gelöste Mark durch ein feines Sieb rühren. In die Lösung Salz, Zucker und die anderen Zutaten einrühren. Abschmecken, wenn nötig, nachsalzen. Zitronensaft zugeben, um dem Chutney noch mehr Säure zu geben, und nach Geschmack noch mit einer kleinen Prise Chilipulver würzen.

# Podina chatni
Minzchutney

Zutaten:
250 ml fest zusammengedrückte Minze
6 Frühlingszwiebeln
2 frische grüne Chilis
1 Knoblauchzehe, nach Belieben
1 TL Salz
2 TL Zucker
1 TL *garam masala*
80 ml Zitronensaft
2 EL Wasser

Am einfachsten läßt sich dieses frische Chutney im Elektromixer herstellen. Alle Zutaten werden in den Mixbecher gefüllt (die Frühlingszwiebeln in kleine Stücke geschnitten, die Chilis entkernt und von den Stielen befreit) und püriert.
Wenn ein Mixer nicht zur Verfügung steht, Minze, Zwiebeln und Chilis fein hacken und dann portionsweise im Mörser zu einer Paste zerreiben. Die übrigen Zutaten untermischen. In eine kleine Schüssel füllen, die Oberfläche glattstreichen, zudecken und bis zum Auftragen in den Kühlschrank stellen.

# Dhania chatni
Chutney aus frischem Koriandergrün

Wie bei *podina chatni* (vorhergehendes Rezept) verfahren, nur die Minze durch eine entsprechende Menge Koriandergrün ersetzen. Nach Belieben kann auch 1 TL gehackter frischer Ingwer zugesetzt werden.

# Piaz sambal
Zwiebel-sambal

Zutaten:
2 mittelgroße Zwiebeln, fein geschnitten
2 EL Zitronensaft
1/2 TL Chilipulver, oder nach Geschmack
1/2 TL Salz

Die Zwiebeln mit Zitronensaft beträufeln, mit Chilipulver und Salz bestreuen und mit leichter Hand mischen.
Als Beilage zu einer Mahlzeit aus Reis und Curries oder mit Lamm-*kebabs* (S. 55) und *parathas* (S. 23) servieren.

# Nariyal chatni
Grünes Kokosnuß-Chutney

*Nach herkömmlicher Art wird dieses Chutney als Beilage zu* thosai, *südindischen Pfannkuchen, gereicht; es paßt aber genausogut als Beilage zu jedem anderen indischen Gericht.*

6 Portionen
Zutaten:
1 Zitrone
1 oder 2 frische grüne Chilis
125 ml frische Minze oder frisches Koriandergrün
2 Frühlingszwiebeln, grob gehackt
1 TL Salz
250 ml Kokosflocken
1 TL *ghee* oder Öl
2 TL schwarze Senfsamen
2 TL Kreuzkümmelsamen

Die Zitrone schälen und alles weiße Mark entfernen; in Spalten schneiden, entkernen. Im Elektromixer mit den entkernten, grob gehackten Chilis, Minze oder Koriandergrün, Frühlingszwiebeln und Salz pürieren. Die Kokosflocken zugeben und weiter pürieren, dabei an der Becherwand entlang nach unten schaben und notfalls noch etwas Flüssigkeit angießen.
In einer kleinen Pfanne *ghee* erhitzen und unter häufigem Rühren die Gewürzsamen rösten, bis die Senfsamen knistern. Unter den Inhalt des Mixers rühren.
Die Masse zu einem flachen Kuchen formen und zu *thoṣai* (S. 91) oder Reis servieren.

# Am chatni
Süßes Mango-chutney

*Es gehört nicht zu den frischen Chutneys, den originalen Chutneys Indiens. Es ist eher eine englische Erfindung aus der Kolonialzeit. Aber, obwohl es nicht original indisch ist, erfreut es sich größter Popularität und paßt sehr gut zu indischen Speisen.*

Zutaten:
8 bis 10 unreife Mangofrüchte
3 TL Salz
8 große getrocknete Chilis
750 ml Malzessig
5 Knoblauchzehen
125 ml frischer Ingwer, geschält und gehackt
1 TL *garam masala*
500 g Zucker
250 ml Sultaninen oder kernlose Rosinen

Mangos schälen und in dicke Scheiben schneiden; die Kerne wegwerfen. Die Mangoscheiben in eine große Schüssel legen und mit dem Salz bestreuen. Die Chilis von Stielen und Kernen befreien, in etwas Essig 10 Minuten aufweichen lassen, dann im Elektromixer zusammen mit Knoblauch und Ingwer zerkleinern. Es macht nichts, wenn Chilistückchen übrigbleiben. Wenn kein Mixer zur Verfügung steht, die eingeweichten Chilis im Mörser zerstampfen und Knoblauchzehen und geschälten Ingwer auf einer feinen Reibe reiben.
Den restlichen Essig, den Inhalt des Mixbechers, *garam masala*, und Zucker in einen emaillierten Topf oder einen aus rostfreiem Stahl geben und zum Kochen bringen. Offen 15 Minuten simmern. Mangos und Sultaninen zugeben und simmern, bis alles zu einem dicken Sirup eingekocht ist.
Abkühlen lassen und in sterilisierte Flaschen füllen. Luftdicht verschließen.
Anmerkung: Anstelle der Mangos können auch 1,5 kg grüne Äpfel, Aprikosen oder andere passende Früchte verwendet werden.

# Tamatar kasaundi

Tomaten-Öl-Pickle

Zutaten:
$1^1/_2$ EL schwarze Senfsamen
375 ml Malzessig
185 ml frischer Ingwer, gehackt
20 Knoblauchzehen
20 frische grüne Chilis
2 kg feste reife Tomaten
310 ml Pflanzenöl
$1^1/_2$ EL Kurkuma, gemahlen
4 EL Kreuzkümmel, gemahlen
1 bis 2 EL Chilipulver, nach Geschmack
250 ml Zucker
1 EL Salz

Die Senfsamen über Nacht in Essig quellen lassen und im Elektromixer mahlen. Ingwer und Knoblauch schälen, grob hacken und zu Senf und Essig geben. Bei hoher Geschwindigkeit pürieren. Die Chilis der Länge nach halbieren und entkernen. Tomaten schälen und hacken.
Öl in einem großen, schweren Topf rauchendheiß werden lassen. Leicht abkühlen, dann Kurkuma, Kreuzkümmel und Chilipulver unter Rühren einige Minuten darin rösten. Tomaten, das Essigpüree, Zucker und Salz zugeben und simmern, bis die Tomaten zu einem Brei zerkocht sind und das Öl sich an der Oberfläche abscheidet. Abschmecken und eventuell nachsalzen.
Abgekühlt in Flaschen füllen und luftdicht verschließen. Das Pickle vor Verbrauch eine Woche durchziehen lassen.

# Am ka achar

Grünes Mango-Pickle

*Wenn es darum geht, Pickles zu erfinden, so hat mein Ehegespons Reuben geradezu Erleuchtungen. Alle folgenden Pickle-Rezepte kommen aus seinem Ordner. Allerdings gäbe es den nicht, wenn nicht ich ihm einen solchen geschenkt hätte mit der Widmung: »Dem besten Koch der Welt von seiner Assistentin und Stenotypistin«, ein listiger Anschlag, der ihn dazu bringen sollte, seine Rezepte aufzuschreiben. Doch meistens laufe ich in der Küche auf Schritt und Tritt hinter ihm her, beobachte alles, was er macht; hole ihm alles, was er braucht; und zwischendurch schreibe ich eifrig alles auf. Na ja, ich bin eben der Ansicht, daß man Genies die Steine aus dem Wege räumen muß.*

Zutaten:
12 grüne Mangos
50 rote oder grüne Chilis
Salz
625 ml Malzessig
2 TL Bockshornkleesamen
125 ml Knoblauchzehen, geschält
125 ml frischer Ingwer, gehackt
125 ml Kreuzkümmel, gemahlen
125 ml Koriander, gemahlen
1250 ml Öl, am besten Senföl
2 EL schwarze Senfsamen
2 EL Curryblätter
$1^1/_2$ EL Fenchelsamen
1 EL Schwarzkümmelsamen
1 EL Kurkuma, gemahlen
1 EL Chilipulver, oder nach Geschmack
$2^1/_2$ EL Salz, oder nach Geschmack

Die Mangofrüchte gründlich waschen und achteln. Die Mangos für dieses Pickle sollten so unreif sein, daß man ohne große Anstrengung durch Samen und Kern schneiden kann. Die Chilis der Länge nach bis fast zum Stielende halbieren. Mangos und Chilis mit Salz bestreuen und drei Tage lang an der Sonne trocknen lassen.
Über Nacht die Fenchelsamen in wenig Essig quellen lassen. Am nächsten Tag die gequollenen Samen, Knoblauch, Ingwer, Kreuzkümmel und Koriander mit ausreichend Essig im Elektromixer bei hoher Geschwindigkeit pürieren.
In einem emaillierten Topf oder einem aus rostfreiem Stahl das Öl heiß werden lassen. Vom Feuer nehmen; Senfsamen, Curryblätter, Fenchel- und Schwarzkümmelsamen, Kurkuma, Chilipulver und den Mixerinhalt zugeben, wieder ans Feuer geben und unter ständigem Rühren mit einem Holzlöffel 2 Minuten rösten. Gesalzene Mangofrüchte, Chilis und den restlichen Essig zugeben, zum Kochen bringen. Die Hitze vermindern und offen etwa 30 Minuten simmern, bis sich das Öl an der Oberfläche abscheidet und die Gewürze duften. Salzen nach Geschmack. Abkühlen lassen. In sterilisierte Gläser füllen. Die Oberfläche des Pickles soll mit Öl bedeckt sein. Wenn das Öl dazu nicht reicht, noch zusätzliches Öl erhitzen und auf den Inhalt der Gläser füllen.
Wenn Sie das Pickle immer nur mit einem trockenen Löffel aus dem Glas nehmen, müßte es jahrelang halten.
Anmerkung: In einigen asiatischen Geschäften kann man gesalzene getrocknete Mangos in Streifen kaufen. Die frischen Mangos dieses Rezepts kann man durch 500 g gesalzene getrocknete Mangos ersetzen. Damit entfällt das Salzen und Trocknen.

# Nimboo ka achar
Limonen- oder Zitronen-Öl-Pickle

Wie bei Mango-Öl-Pickle verfahren, statt der Mangos 12 bis 15 Zitronen verwenden. Sie werden geviertelt, gesalzen, drei Tage an der Sonne getrocknet.

# Ananas achar
Ananas-Öl-Pickle

Dieses Pickle beruht auf der gleichen Gewürzkombination wie Mango-Pickle. Anstelle der Mangofrüchte zwei große Ananas verwenden, die reif, aber nicht überreif sind. Ananas schälen, »Augen« ausstechen, die Ananas der Länge nach in Spalten schneiden und das harte Kerngehäuse entfernen. Das Fruchtfleisch hacken und möglichst viel Saft auspressen. Weiter nach dem Rezept für Mangopickle verfahren. Während des Kochens 125 ml Zucker zugeben, wenn Sie ein schwach süßes Pickle wünschen. Weiterkochen, bis sich das Öl an der Oberfläche abscheidet. Abkühlen lassen. In Gläser füllen und luftdicht verschließen.

# Jhinga achar
Pickle aus getrockneten Garnelen

*Dies ist ein besonders köstliches und beliebtes indisches Pickle, das sich gut hält.*

Nach dem Rezept für Mango-Pickle verfahren, die Mangos durch 1 kg getrocknete Shrimps oder kleine Garnelen ersetzen. Die Garnelen 2 Stunden in Salatessig einweichen, dann den Essig abgießen und nach Rezept verwenden. Wenn möglich, sollten Sie »Vogelaugen-Chilis« verwenden, die sehr scharf sind. Man muß sie nicht aufschneiden oder salzen.
Die Kochzeit auf 45 Minuten erhöhen.

# Beilagen

*Außer frischen Chutneys,* sambals *und Salaten, für die ich Rezepte gegeben habe, sollen hier noch einige weitere Beilagen genannt werden, die man zu Reis und Curry servieren kann.*

Bombay-Ente

Kein Vogel, wie man vermuten wird, sondern ein Fisch. Er wird getrocknet in Packungen verkauft und sollte in Stücke geschnitten und in heißem Öl schwimmend etwa 1 Minute lang hell goldbraun ausgebacken werden. Er ist kroß und salzig und wird in kleinen Häppchen zu Reis gegessen.

Getrocknete Sprotten

Winzige getrocknete Fische in Packungen. Wenn man sie wie Bombay-Ente in Öl ausbackt, sind sie kroß und salzig. Manchmal auch als »Silberfisch« oder »Ikan Bilis« bezeichnet.

### Frische Früchte

Reife Bananen werden in Scheiben geschnitten, mit Zitronensaft beträufelt und als Kontrast zu einem sehr scharfen Curry serviert. Sie können roh angeboten werden – sie können aber auch in große Stücke geschnitten und gebraten werden und so an die Stelle eines süßen Chutneys treten.
Auch unreife Mangofrüchte werden – entkernt, geschält, in Scheiben geschnitten, mit Salz und Chilipulver bestreut – als Beilage anstelle eines frischen Chutneys serviert. Genauso kann man saure Äpfel verwenden. Reife Mangofrüchte werden nie als Beilage zu einem Curry angeboten – sie können ihm aber als Dessert folgen.
Ananas ist eine weitere beliebte Obstbeilage. Die »Augen« ausschneiden und würfeln, mit Salz und Chilipulver bestreuen. Eisgekühlt servieren.

### Geröstete Nüsse

Manchmal werden vor oder während einer Mahlzeit Cashew-Nüsse oder Mandeln angeboten, die leicht in Öl geröstet, abgetrocknet und mit Salz bestreut sind.

### Geriebene Kokosnuß

Feuchte, frisch geriebene Kokosnuß ist eine köstliche Beilage zu Curry und Reis.

### Pappadams

Würzige Linsen-Waffeln, die getrocknet in Packungen erhältlich sind. Immer nur ein *pappadam* 3 oder 4 Sekunden in heißem Öl schwimmend ausbacken. Sie blähen sich auf und werden goldgelb. Gut mit Küchenkrepp abtrocknen. Am besten schmecken sie frisch. Man kann sie aber auch abkühlen lassen und in einer luftdicht verschlossenen Dose aufheben, um sie erst nach einigen Stunden zu servieren.

## Rasam
Pfefferwasser

*Diese dünnen Suppen gehören zu jeder Mahlzeit in Südindien, weil man ihnen eine verdauungsfördernde Wirkung zuschreibt. Man feuchtet mit ihnen den Reis an oder schlürft sie zum Essen oder als zweiten Gang.*
6 Portionen
Zutaten:
1 EL getrocknetes Tamarindenmark
250 ml heißes Wasser
2 Knoblauchzehen, geschnitten
1 pfefferkorngroßes Stückchen Stinkasant
3/4 TL schwarzer Pfeffer, gemahlen
1 TL Kreuzkümmel, gemahlen
1 l kaltes Wasser
2 TL Salz
2 EL gehacktes frisches Koriandergrün
2 TL Öl
1 TL schwarze Senfsamen
8 Curryblätter

Tamarindenmark 10 Minuten in heißem Wasser quellen lassen, unter Kneten und Pressen im Wasser auflösen und die Lösung durch ein Sieb passieren, um sie von Samen und Fasern zu reinigen. Tamarindensaft, Knoblauch, Asant, Pfeffer, Kreuzkümmel, Wasser, Salz und Koriander zum Kochen bringen. Sofort die Hitze vermindern, 10 Minuten simmern.
In einer Pfanne die Senfsamen und Curryblätter in heißem Öl rösten, bis die Blätter braun sind. In die simmernde Brühe geben und servieren.

# Dhal rasam

Pfefferwasser mit Linsen

6 Portionen
Zutaten:
125 ml *toor dhal* oder rote Linsen
1 kleine Zimtstange
3 ganze Nelken
10 schwarze Pfefferkörner
2 kleine Zwiebeln
1 l Wasser
2 TL Salz
2 TL *ghee* oder Öl
Zitronensaft nach Geschmack
250 ml oder mehr Kokosmilch, nach Belieben

Die Linsen gründlich waschen und in einem Topf zusammen mit den ungemahlenen Gewürzen, einer Zwiebel, Wasser und Salz zum Kochen bringen. Simmern, bis die Linsen sehr weich sind.
Linsen und Zwiebel durch ein Sieb passieren, die Gewürze wegwerfen. Die zweite Zwiebel fein aufschneiden und in *ghee* braun braten. Die durchgeseihte Linsenbrühe, Salz und Zitronensaft zugeben. Wenn Sie ein üppigeres *rasam* wünschen, zum Schluß 250 ml oder mehr Kokosmilch einrühren und noch einmal abschmecken.

# Yakhni

Einfache Fleischbrühe

*Viele Rezepte verlangen eine kräftige, würzige Fleischbrühe, um darin Reis zu* pilaus *und* birianis *zu kochen. Man kann sie aus Lammfleisch, Huhn oder Rindfleisch zubereiten. Aus Sparsamkeitsgründen wird Lammfleischbrühe aus Knochen von Keule und Lende hergestellt, dazu nimmt man zwei oder drei Schenkel. Oft werden Hühnerrücken und -hälse für sich verkauft; sie sind viel billiger als andere Teile.*
Zutaten:
500 g Huhn, Lamm- oder Rindfleisch
6 ganze Kardamomkapseln, zerdrückt
1 große Zwiebel 6 ganze Nelken
1 TL ganze Pfefferkörner
2 bis $2^1/_2$ l Wasser

Alle Zutaten in einem großen Kochtopf langsam zum Kochen bringen, dann die Hitze vermindern und simmern. In den ersten Minuten den Schaum von der Oberfläche abschöpfen. Zugedeckt $1^1/_2$ bis 2 Stunden simmern. Abkühlen lassen, dann im Kühlschrank kalt werden lassen und das Fett von der Oberfläche abnehmen.
Tiefkühlen bis zum Verbrauch.

# Sambar

Suppe aus Linsen und Gemüsen

6 Portionen
Zutaten:
250 ml gelbe Erbsen oder rote Linsen
$1^1/_2$ l Wasser
1 EL Tamarindenmark
250 ml heißes Wasser
500 g Mischgemüse wie Aubergine, Karotten, Markkürbis, Bohnen
2 EL *ghee* oder Öl
1 EL Koriander, gemahlen
2 TL Kreuzkümmel, gemahlen
$^1/_2$ TL schwarzer Pfeffer, gemahlen
$^1/_2$ TL Kurkuma, gemahlen
1 pfefferkorngroßes Stückchen Stinkasant
2 grüne Chilis, entkernt und geschnitten
$2^1/_2$ TL Salz
$^1/_2$ TL schwarze Senfsamen oder *panch phora*
1 kleine Zwiebel, fein geschnitten

Die Linsen waschen und über Nacht, wenigstens aber zwei Stunden quellen lassen. Abgießen, mit abgemessenem Wasser weich kochen. In der Zwischenzeit das Tamarindenmark in heißem Wasser aufweichen. Wenn es abgekühlt ist, das Mark zerdrücken und auflösen. Durchseihen, Fasern und Samen wegwerfen. Den Tamarindensaft an die Linsen geben.
Die Gemüse kleinhacken. 1 EL Öl heiß werden lassen und bei schwacher Hitze die gemahlenen Gewürze und den Stinkasant ein oder zwei Minuten rösten, dann mit Chilis, Salz und Gemüsen zu den Linsen geben. Etwa 30 Minuten garen.
Im restlichen EL Öl die Senfsamen oder *panch phora* rösten und die Zwiebelringe bräunen. Zu der Linsen-Gemüse-Suppe geben. Noch ein bis zwei Minuten simmern, vom Feuer nehmen und auftragen.
Anmerkung: Statt Tamarinde können Sie auch Zitronensaft verwenden, der dann am Ende der Kochzeit zugegeben wird.

# Mulligatawny

*Diese mit Curry gewürzte Suppe hat ihren Namen vom indischen* mulegoothani, *Pfefferwasser.*
*Mulligatawny, wie wir sie kennen, ist die anglo-indische Version, gehaltvoller gemacht mit Rindfleisch-, Hühner- oder Fischbrühe.*
*Dieses Rezept enthält auch Kokosmilch – sie macht die Suppe kräftig und gibt ihr ein köstliches Aroma.*

8 bis 10 Portionen
Zutaten:
1 kg saftiges Rindfleisch
1 kg Suppenknochen
6 Kardamomkapseln
1 EL Curryblätter
2 EL Koriandersamen
1 EL Kreuzkümmelsamen
3 Knoblauchzehen
12 schwarze Pfefferkörner
2 TL Salz
1 EL Tamarindenmark oder 2 EL Zitronensaft
1 Zwiebel
3 ganze Nelken

zum Abrunden:
1 EL *ghee*
2 Zwiebeln, fein geschnitten
1/2 TL schwarze Senfsamen
8 Curryblätter
750 ml Kokosmilch
Salz nach Geschmack

Rindfleisch und Knochen in einem großen Topf mit Wasser bedeckt aufsetzen. Kardamomkapseln, Curryblätter, Koriander- und Kreuzkümmelsamen, Knoblauch, Pfefferkörner, Salz, Tamarindenmark und die mit Nelken gespickte Zwiebel zugeben. Zum Kochen bringen, die Hitze vermindern und 1 1/2 bis 2 Stunden leise brodeln lassen, bis das Fleisch weich und die Brühe eingekocht ist. Etwas abkühlen lassen. Fleisch und Knochen aus der Brühe nehmen, die Knochen wegwerfen. Das Fleisch in kleine Würfel schneiden und beiseite stellen. Die Fleischbrühe durch ein feines Sieb gießen.
Ergibt etwa 1 1/2 l Brühe.

Zum Abrunden:
Die Zwiebel in heißem *ghee* dunkel bräunen. Senfsamen und Curryblätter zugeben und etwa eine Minute rühren. Mit der heißen Fleischbrühe ablöschen. Vorsicht, zischt und spritzt! 5 Minuten simmern. Unmittelbar vor dem Auftragen die Kokosmilch einrühren. Mit Salz abschmecken. Zitronensaft zugeben, wenn kein Tamarindenmark verwendet wurde. Das gewürfelte Rindfleisch in die Suppe zurückgeben. Heiß werden lassen, aber nicht kochen. Heiß servieren.

# Channa ki dhal

Ausgebackene gelbe Erbsen

*Man knabbert sie zu Drinks oder hebt sie luftdicht verschlossen auf, um jederzeit etwas zum Knabbern zu haben.*

Zutaten:
500 g getrocknete gelbe Erbsen
1 EL Natron
Öl zum Ausbacken
1 TL *garam masala*
1/2 TL Chilipulver, nach Belieben
2 TL Salz
1/2 TL *amchur* (getrocknete Mango)-Pulver, nach Belieben

Die getrockneten Erbsen zwei- oder dreimal in frischem Wasser waschen. Die Erbsen mit kaltem Wasser bedecken, in dem das Natron aufgelöst wurde, und über Nacht oder wenigstens 12 Stunden quellen lassen. Abgießen, mit frischem Wasser abspülen und abtropfen lassen – erst in einem Sieb, dann auf Küchenpapier, bis die Erbsen ganz trocken sind.
In einer tiefen Pfanne Öl heiß werden lassen und jeweils etwa 125 ml Erbsen auf einmal ausbacken. Das Öl sollte nicht so heiß sein, daß die Erbsen anbrennen, aber auch nicht zu kühl, damit sie nicht zuviel Fett aufsaugen. Die Erbsen bei mittlerer Hitze goldgelb ausbacken. Mit einem gelochten Schöpflöffel herausnehmen, auf Küchenpapier abtropfen lassen. Wenn alle Erbsen gebacken und abgetropft sind, Gewürze und Salz vermischen und die Erbsen darin schütteln. Ganz kalt werden lassen, in einem luftdicht verschlossenen Behälter aufheben.

# Channa

Pikante Kichererbsen

Zutaten:
250 g getrocknete Kichererbsen
Salz
1 TL Kurkuma, gemahlen
1 TL Kreuzkümmel, gemahlen
$^{1}/_{2}$ TL Chilipulver
Zitronensaft nach Geschmack

Die Kichererbsen über Nacht in reichlich Wasser quellen lassen. Am nächsten Tag mit frischem Wasser bedecken, 2 TL Salz und Kurkuma zugeben, zum Kochen bringen und zugedeckt 35 bis 40 Minuten simmern, bis die Erbsen weich sind. Man kann sie auch im Dampfkochtopf garen. Abtrocknen, solange sie noch heiß sind. Mit Kreuzkümmel, Chilipulver und Salz bestreuen, mit Zitronensaft nach Geschmack beträufeln. Gut schütteln, um die Gewürze zu verteilen.
Die Erbsen als Snack für sich allein oder als eine der Beilagen zu *pani puri* (S. 89/90) servieren.

# Sev oder Murukku

Pikanter Snack

Zutaten:
375 ml *besan* (Kichererbsenmehl)
185 ml gemahlener Reis
$1^{1}/_{2}$ TL *garam masala*
$^{1}/_{2}$ TL Chilipulver, nach Belieben
$^{1}/_{2}$ TL Ajowan-Samen, nach Belieben
$^{1}/_{2}$ TL Kreuzkümmelsamen
$1^{1}/_{2}$ TL Salz, oder nach Geschmack
3 EL *ghee*, zerlassen
etwa 160 ml Wasser
Öl zum Ausbacken

Das Kichererbsenmehl in eine große Schüssel sieben, den gemahlenen Reis, die gemahlenen Gewürze, die aromatischen Samen und Salz unterrühren. *Ghee* gleichmäßig einarbeiten. Wasser zugeben und alles zu einem festen Teig verkneten, der etwa die Konsistenz eines luftigen Biskuitteigs haben soll. In einer Fettpfanne Öl rauchendheiß werden lassen, dann etwas Teig in eine Kartoffelpresse oder ein Spätzle-Seiher geben und in das heiße Öl drücken. Bei mittlerer Hitze goldbraun backen. Mit einem Schaumlöffel herausheben und auf Küchenpapier trocknen. Mit dem ganzen Teig so verfahren. Abkühlen lassen, luftdicht verschlossen aufheben. Nach Belieben kann *sev* nach dem Backen noch mit zusätzlichem Gewürz und Salz bestreut werden.

# Masala kaju badam

Würzige gebackene Nüsse

Zutaten:
250 g rohe Cashew-Nüsse
250 g blanchierte Mandeln
500 g rohe Erdnüsse
Öl zum Ausbacken
1 EL Salz
2 TL *garam masala*
2 TL Chilipulver, oder nach Geschmack
1 TL *amchur*, nach Belieben

In einer Friteuse Öl heiß werden lassen und die Nüsse bei mittlerer Hitze backen, immer eine Handvoll auf einmal, jede Sorte für sich. Wenn sie hell goldgelb gebacken sind, mit einem Schaumlöffel herausheben und auf Küchenpapier abtrocknen. Die Nüsse im Öl nicht dunkel werden lassen, weil sie an der Luft noch nachdunkeln.
Die gebackenen und abgetupften Nüsse mit den vermischten Gewürzen und Salz bestreuen. Wenn Sie einen säuerlichen Geschmack lieben, die Gewürzmischung *amchur* (getrocknete grüne Mango) zusetzen.
Die völlig erkalteten Nüsse luftdicht verschlossen aufheben.

# Pani puri

Wenn Ihnen diese köstlichen kleinen Leckerbissen im Staate Maharashtra begegnet sind, haben Sie sie wahrscheinlich unter dem Namen *pani puri* kennengelernt; im Panschab heißen sie *gol gappa*; und wenn Sie in Kalkutta gewesen sind, werden Sie sie als *pushka* wiedererkennen. Sie sind typisch für die indischen Snacks, die man so zwischen den Mahlzeiten knabbert. Die knusprigen Waffeln sind aufgebläht wie Liliput-Ballons und werden nach persönlichem Geschmack gefüllt. Sie sind so dünn und kroß, daß man mit dem Finger durch eine Seite stoßen und so eine nette kleine Höhlung machen kann, in die man zwei oder drei gekochte und gewürzte Kichererbsen fallen läßt, ein paar Kartoffelwürfel und einen Teelöffel pikanten Tamarindensaft. Es gibt Variationen zum Thema – so bevorzugen andere Versionen knusprig gebackene Linsen, frische Kokosnuß-Chips und frische Chutneys.

## Pani puri

Weizengrieß-Waffeln

Ergibt etwa 80 Stück

Zutaten:

125 ml mittelfeiner Weizengrieß
125 ml *roti*-Mehl oder gewöhnliches Mehl
2 TL *besan* (Kichererbsenmehl), nach Belieben
1/2 TL Salz
knapp 125 ml lauwarmes Wasser
Öl und *ghee* zum Ausbacken

Die trockenen Zutaten in eine Schüssel geben, das Wasser auf einmal zugießen und einen Teig daraus mischen. 10 Minuten tüchtig kneten – etwas Mehl zugeben, wenn der Teig zu weich, etwas Wasser, wenn er zu trocken ist. Verschiedene Mehlsorten absorbieren unterschiedlich viel Flüssigkeit, und deshalb ist es schwierig, eine genaue Wassermenge anzugeben. Der Teig soll die Konsistenz von Brotteig haben. Den Teig mit einer Schüssel oder Plastikfolie zudecken und wenigstens 30 Minuten ruhen lassen.

Kleine Teigstückchen zu Kügelchen von der Größe eines Haselnußkerns rollen. Auf bemehltem Brett mit einer bemehlten Teigrolle jedes zu einem Scheibchen von nicht mehr als 5 cm Durchmesser ausrollen. Auf ein Tablett legen und mit einem feuchten Küchentuch zudecken, damit sie nicht austrocknen. Die Teigstückchen 10 bis 15 Minuten ruhen lassen, ehe man mit dem Ausbacken anfängt. Wenn alle Scheibchen ausgerollt sind, Öl und *ghee* in einem *karahi* oder *wok* oder einer Bratpfanne von mindestens 5 cm Tiefe heiß werden lassen. Dem Öl mindestens 3 EL *ghee* als Würze zusetzen. In das rauchendheiße Öl nur zwei oder drei Teigscheibchen gleichzeitig einlegen und sofort anfangen, mit einem Löffel heißes Öl über sie zu schöpfen, damit sie sich aufblähen. Nicht zu viele Plätzchen gleichzeitig einlegen – die Temperatur des Öls würde zu stark herabgesetzt, und das Ergebnis wären mit Fett vollgesogene Waffeln. Außerdem ist es schwierig, zu viele Plätzchen gleichzeitig mit Öl zu überschöpfen, und gerade das ist so wichtig.

Sobald die Waffeln goldgelb gebacken sind, sie mit einem Schaumlöffel herausheben und auf Küchenpapier abtropfen lassen, das über ein Kuchengitter gelegt wurde. Auf diese Weise bleiben sie beim Abkühlen kroß.

Wenn die Waffeln nicht sofort serviert werden sollen, läßt man sie völlig kalt werden und hebt sie in luftdicht verschlossenen Dosen auf.

## Pakorhas

Pikante ausgebackene Gemüsebällchen

*Sie werden in Indien als Häppchen zum Tee gereicht. Versuchen Sie sie einmal als Beilage zu einer Mahlzeit anstelle von gekochtem Gemüse oder als Party-Snack. Verwenden Sie dazu kleine Stückchen von rohen Kartoffeln, Zwiebeln, Blumenkohl, Aubergine, Zucchini und grünen Paprikaschoten oder eine Kombination nach Ihrem eigenen Geschmack.*

Ergibt 24 bis 36 Stück

Zutaten:

375 ml *besan* (Kichererbsenmehl)
1 TL *garam masala*
2 TL Salz
1/2 TL Kurkuma, gemahlen
1/2 TL Chilipulver, nach Belieben
knapp 250 ml Wasser
1 Knoblauchzehe, zerdrückt
1 l gemischte, gehackte Gemüse
Öl zum Ausbacken

*Besan* zusammen mit *garam masala*, Salz, Kurkuma und Chilipulver (nach Belieben) in eine Schüssel sieben. Das Wasser allmählich zugeben und alles zu einem dicken Teig vermischen. Knoblauch einrühren, und den Teig gut abschlagen. 30 Minuten ruhen lassen, dann noch mal abschlagen.

Die Gemüse an den Teig geben und gründlich untermischen.

In einer Friteuse Öl heiß werden lassen. Mit einem Teelöffel Bällchen vom Teig abstechen und in das heiße Fett einlegen. Bei mäßiger Hitze auf beiden Seiten blaßgoldgelb ausbacken. Mit einem Schaumlöffel herausheben und auf Küchenpapier abtropfen lassen.

Kurz vor dem Auftragen das Öl noch einmal erhitzen. In das fast rauchendheiße Öl immer nur wenige *pakorhas* auf einmal einlegen und etwa 30 Sekunden auf beiden Seiten goldbraun backen.

Das zweite Ausbacken macht sie sehr knusprig. Auf Küchenpapier abtrocknen und sofort servieren.

Anmerkung: Wenn Sie den Teig leichter machen möchten, d.h. nicht soviel von dem schweren Kichererbsenmehl, verwenden Sie halb *besan* und halb mit Backpulver vermischtes Mehl. Sie nehmen sich damit eine kleine Freiheit, die Ihnen luftigere *pakorhas* einbringt, und die die Tadsch Mahal nicht umwerfen wird.

# Samoosa

Kleine pikante Krapfen

*Sie sind eine pikante Leckerei, die in Indien zum Nachmittagstee gereicht wird, die man aber auch sehr gut zu Aperitifs servieren kann.*

Ergibt 32 bis 36 Stück
Zutaten zum Teig:
375 ml Mehl
3/4 TL Salz
1 EL Öl oder *ghee*
125 ml warmes Wasser

Zutaten zur Füllung:
1 EL Öl oder *ghee*
1 Knoblauchzehe, fein gehackt
1 TL frischer Ingwer, fein gehackt
2 mittelgroße Zwiebeln, fein gehackt
2 TL Currypulver
1/2 TL Salz
1 EL Essig oder Zitronensaft
250 g gehacktes Rind- oder Lammfleisch
125 ml heißes Wasser
1 TL *garam masala*
2 EL gehackte frische Minze oder Koriandergrün
Öl zum Ausbacken

*Teig:* Mehl und Salz in eine Schüssel sieben. Öl und warmes Wasser zugeben und alles zu einem Teig vermengen. Wenn nötig, noch etwas Wasser zugeben. Etwa 10 Minuten kneten, bis der Teig elastisch ist. Mit Folie zudecken und ruhen lassen, während die Füllung vorbereitet wird.
*Füllung:* Knoblauch, Ingwer und die halbe Zwiebelmenge in heißem *ghee* braten, bis die Zwiebel weich ist. Currypulver, Salz und Essig gut untermischen. Das Hackfleisch zugeben und bei starker Hitze braten, bis es die Farbe gewechselt hat. Die Hitze vermindern, heißes Wasser angießen. Zugedeckt kochen, bis das Fleisch gar und alle Flüssigkeit aufgesogen ist. Gegen Ende der Kochzeit häufig umrühren, damit das Fleisch nicht am Topfboden ansetzt. Mit *garam masala* und den gehackten Kräutern bestreuen, vom Feuer nehmen und abkühlen lassen. Die restliche gehackte Zwiebel untermischen.
Kleine Teigkugeln auf einem leicht bemehlten Brett zu dünnen Scheiben von Untertassengröße ausrollen. Jede Scheibe halbieren. Einen Teelöffel Füllung auf die eine Seite eines solchen Halbkreises setzen, die Teigränder mit Wasser bepinseln. Den Teig über der Füllung zusammenschlagen und die Ränder fest zusammendrücken. Sie haben nun dreieckige *samoosas.*
Öl in einer Friteuse heiß werden lassen und immer nur wenige *samoosas* auf einmal auf beiden Seiten goldbraun ausbacken. Auf Küchenpapier abtropfen lassen und heiß servieren.
*Anmerkung:* Sowohl *samoosas* wie auch *singaras* können mit fertiggekauften Frühlingsrollen-Hüllen hergestellt werden.
Den Fertigteig der Länge nach in 6 cm lange Streifen schneiden. Auf ein Ende eines solchen Streifens einen Teelöffel Füllung geben, den Teig schräg darüberfalten, und so immer weiter diagonal falten, bis am Ende ein dreieckiges Gebäckstück zustande gekommen ist. Das Ende des Streifens mit Wasser oder Eiweiß anfeuchten und leicht andrücken.

# Singara

Pikante Krapfen

*Man macht sie genau wie* samoosas, *nur nimmt man diesmal eine Füllung aus gewürzten Kartoffeln.*

Zwei große Kartoffeln kochen, pellen und würfeln. Abkühlen lassen. Mit 1/2 TL Chilipulver, 1/2 TL *panch phora,* 1 TL gemahlenem Kreuzkümmel und 1 TL Salz bestreuen. Mit 2 EL Zitronensaft gut durchmischen.

# Alu lachche

Strohkartoffeln

Zutaten:
4 große Kartoffeln
eiskaltes Wasser
Öl zum Ausbacken
1 TL Salz
1/2 TL Chilipulver
1/2 TL Kreuzkümmel, gemahlen
1/2 TL *garam masala*

Kartoffeln schälen und in dünne Scheiben, diese dann in streichholzdünne Streifen schneiden. In eiskaltem Wasser einweichen, dann abgießen und mit Küchenpapier gründlich abtupfen.
In sehr heißem Öl immer eine Handvoll auf einmal schön kroß und goldgelb ausbacken. Mit einem Schaumlöffel herausheben und auf Küchenpapier abtropfen lassen. Am Ende alle mit Salz und den vermischten Gewürzen bestreuen.

# Soojee vadai

Weizengrieß-Krapfen

Ergibt etwa 10 Stück

Zutaten:

250 ml Weizengrieß
250 ml kochendes Wasser
1 kleine Zwiebel, fein gehackt
1 frische grüne Chili, fein gehackt
$^1/_2$ TL frischer Ingwer, fein geschabt
$^3/_4$ TL Salz
$^1/_2$ TL Kreuzkümmel, gemahlen
1 TL frisches Koriandergrün, fein gehackt
Öl zum Ausbacken

Den Weizengrieß in eine Schüssel geben, das kochende Wasser mit einem Holzlöffel einrühren. Alle Gewürze untermischen. Der Teig soll fest, aber nicht trocken sein.

Jeweils 1 EL Teig zu einer Scheibe von etwa 7,5 cm Durchmesser auseinanderdrücken. Mit dem Finger durch die Mitte ein Loch bohren (wie bei doughnuts).

In heißem Öl auf beiden Seiten goldgelb ausbacken.

Warm mit frischem Chutney servieren.

# Thosai

Südindische Pfannkuchen

Ergibt 10 bis 12 Stück

Zutaten:

250 ml ungekochten Reis
125 ml *urad dhal* (*blackgram dhal*)
$1^1/_2$ TL Trockenhefe
125 ml warmes Wasser
1 TL Zucker
$1^1/_2$ TL Salz
2 TL *ghee* oder Öl
$^1/_4$ TL Senfsamen
1 kleine Zwiebel, fein gehackt
1 frische grüne Chili, fein gehackt

Reis und *dhal* waschen und jedes für sich über Nacht oder wenigstens 8 Stunden in kaltem Wasser quellen lassen. Reis abtropfen lassen und im Elektromixer mahlen, dazu wenig Wasser zugeben. Durch ein feines Sieb passieren.

Wenn Sie nicht enthülste Linsen verwenden, die schwarze Hülse entfernen, und die Linsen abtropfen lassen. Mit frischem Wasser im Mixer zu einer sehr glatten Paste mahlen, diese gründlich mit dem Reis mischen.

Die Hefe in warmes Wasser einstreuen und 5 Minuten aufgehen lassen. Unter Umrühren auflösen, Zucker und Salz dazugeben, in die Reis-Linsen-Paste einrühren. Eine Stunde an warmem Ort stehenlassen, bis der Teig auf doppelten Umfang aufgegangen ist.

Die Senfsamen in heißem *ghee* oder Öl rösten, bis sie knistern. Die gehackte Zwiebel und Chili zugeben und unter Rühren braten, bis die Zwiebel goldbraun ist. Abkühlen lassen. Unter den Teig rühren. Der Teig soll dickflüssig sein, aber zu dicken Teig mit etwas Wasser oder Kokosmilch verdünnen.

Eine schwere Bratpfanne heiß werden lassen und ihren Boden mit sehr wenig *ghee* oder Öl einfetten. Nur so viel Teig einfüllen, daß der Boden der Pfanne eben bedeckt ist. Die Pfannkuchen sollten den Umfang eines kleinen Tellers haben. Auf beiden Seiten goldbraun backen.

Zu frischen Chutneys und Kartoffel-*bhaji* (S. 69) servieren.

# Thosai

Reispfannkuchen

Ergibt etwa 10 Stück

Zutaten:

375 ml Reismehl
375 ml weißes Mehl
2 EL Joghurt
625 ml Wasser
1 TL Salz, oder nach Geschmack

Beide Mehlsorten in eine Schüssel sieben. Joghurt mit Salz und Wasser vermischen und an das Mehl geben. Alles mit einem Holzlöffel zu einem dicken, glatten Teig schlagen. An einem warmen Ort über Nacht stehenlassen oder so lange, bis der Teig gärt.

Backen wie *thosai* (vorhergehendes Rezept).

Heiß mit Gemüsegerichten, frischen Chutneys und *sambals* servieren.

# Alu chat
Kartoffelscheiben

Zutaten:
6 bis 8 kleine Kartoffeln
1 TL Salz
1 TL Kreuzkümmel, gemahlen
$^1/_2$ TL Chilipulver
$^1/_2$ TL *garam masala*
1 EL Zitronensaft

Kartoffeln waschen und in der Schale nicht zu weich kochen. Abgießen, abkühlen lassen, schälen und in Scheiben schneiden. Mit Salz und den gemahlenen Gewürzen bestreuen, dann mit Zitronensaft beträufeln. Locker mischen.
Als Snack servieren.

# Zeera pani
Kreuzkümmel- und Tamarindenwasser

*Kreuzkümmel gilt als verdauungsfördernd. Dieses erfrischend säuerliche Getränk wird als Appetitanreger serviert, so wie in anderen Ländern Tomatensaft. Es wird auch zu festlichen und deshalb sehr üppigen Mahlzeiten gereicht.*
*Servieren Sie es eisgekühlt, mit Eiswürfeln, mit einem Zweiglein Minze und einer Zitronenscheibe als Garnitur.*

125 ml getrocknetes Tamarindenmark
500 ml heißes Wasser
3 TL frischer Ingwer, fein gerieben
2 TL Kreuzkümmel, gemahlen
1 Prise Chilipulver, nach Belieben
$^1/_2$ TL *garam masala*
3 TL Zucker, oder nach Geschmack
Salz nach Geschmack
geeistes Wasser und zerstoßenes Eis zum Servieren.
Minzenzweige und Zitronenscheiben zum Garnieren.

Das Tamarindenmark im heißen Wasser einweichen und über Nacht, wenigstens aber zwei Stunden stehenlassen. Das Mark von den Samen abpressen und auflösen. Durch ein Sieb filtern. Die übrigen Zutaten einrühren, noch einmal durch ein sehr feines Sieb oder durch Musselin filtern. Kalt stellen. Zum Servieren mit Eiswasser verdünnen, zerstoßenes Eis zugeben und garnieren.

# Sharbat gulab
Kaltes Getränk mit Rosenaroma

Zutaten:
750 ml weißer Zucker
500 ml Wasser
20 Tropfen Rosenessenz
1 TL flüssige rote Lebensmittelfarbe
1 TL *tulsi*-Samen (s. Fremdwörterverzeichnis)
geeistes Wasser und zerstoßenes Eis zum Servieren

Zucker und Wasser bei milder Hitze kochen, bis sich der Zucker aufgelöst hat. Abkühlen lassen. Das Rosenaroma und die rote Farbe zugeben. Die Farbe soll kräftig sein, denn sie wird mit sehr viel Wasser verdünnt.
Die *tulsi*-Samen in 250 ml kaltem Wasser quellen lassen. Nach einigen Minuten haben sie einen gelee-ähnlichen Überzug entwickelt. (Man kann die Samen im Einweichwasser eine Woche lang im Kühlschrank aufbewahren.) Man sagt, daß *tulsi*-Samen den Körper stark kühlen, deshalb werden sie fast jeder Art *sharbat*-Getränk zugesetzt.
Zum Servieren in jedes Glas 2 EL Sirup geben und mit Eiswasser und zerstoßenem Eis auffüllen. Man kann nach Geschmack mehr oder weniger Sirup nehmen. Einen Löffel voll gequollene Tulsi-Samen zugeben.

# Falooda

*Es gibt viele Versionen von* falooda, *diese ist eine der beliebtesten.* Falooda *ist ein süßes Getränk, das ideal zu Curries paßt. Sein Name kommt von den Stückchen Maismehl-Vermicelli, die in ihm schwimmen. Weil diese ohne Spezialgeräte sehr schwierig selbst herzustellen sind, werden sie oft durch winzige Geleestückchen oder Stückchen gekochte Tapioka ersetzt. Ein anderer einfacher Ersatz sind Cellophan-Nudeln (Nudeln aus Bohnenstärke). Sie werden eingeweicht, gekocht, bis sie weich und durchsichtig sind, dann in kurze Stückchen geschnitten.*
*Falooda kann sowohl als Dessert gereicht werden wie als erfrischendes Getränk. Dazu wird ein mit Rosenessenz parfümierter Sirup mit eiskalter Milch, zerstoßenem Eis und mit wie Edelsteine funkelnden Würfeln aus rotem und grünem Agar-Agar-Gelee in hohen Gläsern gemixt.*
*Agar-Agar ist in Pulverform grammweise in Apotheken erhältlich. In chinesischen Geschäften bekommt man es abgepackt als Pulver oder in Form von Fäden. In Asien wird es gern zur Herstellung von Gelees und Konfekt verwendet, weil es ohne Kühlung erstarrt.*

Zutaten:
Agar-Agar-Gelee, in Würfeln
Rosensirup wie in *charbat gulab*
eiskalte Milch nach Bedarf, etwa 250 ml pro Person
zerstoßenes Eis
gequollene *tulsi*-Samen, nach Belieben

Gelee:
750 ml Wasser
4 TL Agar-Agar-Pulver oder 250 ml gequollene Agar-Agar-Fäden
6 EL Zucker
12 Tropfen Rosen-Essenz
1 TL flüssige rote Lebensmittelfarbe
1 TL flüssige grüne Lebensmittelfarbe

Etwa je 2 EL Geleewürfel und Rosensirup in jedes hohe Glas geben, mit eiskalter Milch und zerstoßenem Eis auffüllen. Wer es mag, kann einige gequollene tulsi-Samen auf der Oberfläche schwimmen lassen.
*Gelee:* Das Wasser in einen Topf abmessen und Agar-Agar-Pulver darüberstreuen. Wenn Agar-Agar-Fäden verwendet werden, diese erst mindestens zwei Stunden in kaltem Wasser quellen lassen, abgießen, und dann, locker geschichtet, 250 ml abmessen. Zum Kochen bringen und unter Rühren simmern, bis sich das Agar-Agar aufgelöst hat. Pulver braucht dazu etwa 10 Minuten, Fäden etwas länger, ungefähr 25 bis 30 Minuten. Zucker zugeben und auflösen, vom Feuer nehmen, etwas abkühlen lassen, und die Rosenessenz einrühren. Den Sirup auf zwei große flache Schüsseln verteilen; die eine rot, die andere grün färben. Erstarren lassen. Das völlig erkaltete steife Gelee mit einem scharfen Messer in Würfel schneiden.

# Lassi

Joghurt-Getränk

Zutaten:
125 ml Joghurt
625 ml geeistes Wasser
Pfeffer und Salz nach Geschmack
Eiswürfel

Joghurt in einen tiefen Krug geben und mit einem Löffel glattschlagen. Allmählich das Wasser zugeben und gut vermischen. Mit Salz und Pfeffer nach Geschmack würzen und mit Eiswürfeln servieren.
Beliebter, besonders bei Kindern, ist eine gesüßte Version. Je Person 2 EL Joghurt mit 2 TL oder mehr Zucker in einem hohen Glas verquirlen. Nach und nach mit geeistem Sodawasser auffüllen. Das Getränk schäumt und sieht aus wie eine Milchshake. Es wird sogar von solchen Leuten gern getrunken, die sonst Joghurt allein nicht mögen.

# Seviyan
Süße Vermicelli

*Dieses traditionelle Moslem-Gericht wird beim Id-Fest aufgetragen. Zu solchen festlichen Anlässen wird es mit eßbarem Silberblatt und Pistazien garniert.*

4 bis 6 Portionen
Zutaten:
1½ EL *ghee*
125 g feine Vermicelli
375 ml heißes Wasser
¼ TL Safran
125 ml Zucker
2 EL Sultaninen, nach Belieben
2 EL blanchierte Mandelsplitter
⅛ TL Kardamom, gemahlen

Die Vermicelli in kleine Stücke brechen, die kürzer als 2,5 cm sind. Sie müssen nicht gleich lang sein, aber längere Stücke machen das Umrühren mühsam.
In einem schweren Topf *ghee* heiß werden lassen und die Vermicelli darin gleichmäßig goldbraun rösten. Heißes Wasser und Safran zugeben und zum Kochen bringen; dann die Hitze vermindern und zugedeckt leise brodeln lassen, bis die Vermicelli gar sind. Zucker und Sultaninen zugeben und offen alle Flüssigkeit einkochen. Kardamom und Mandeln gut einrühren.
Warm mit Sahne servieren.

# Kheer
Reispudding

4 bis 6 Portionen
Zutaten:
125 ml Kurz- oder Mittelkornreis
2 l Milch
4 Kardamomkapseln
310 ml Zucker
2 EL blanchierte Mandelsplitter, nach Belieben
¼ TL Kardamom, gemahlen
¼ TL Muskatnuß, frisch gemahlen
1 EL Rosenwasser oder einige Tropfen Rosenessenz

Den Reis waschen und 5 Minuten in Wasser kochen. Gut abtropfen lassen. Milch mit den Kardamomkapseln in einem großen Topf zum Kochen bringen, den Reis zugeben und unter gelegentlichem Rühren etwa 1 Stunde simmern, bis der Reis sehr weich und die Milch ziemlich eingedickt ist. Dabei muß man oft mit einem Holzlöffel umrühren und die eingedickte Milch von Boden und Wand des Topfes schaben. Zucker und Mandeln einrühren und weiterkochen, bis alles zu einem Brei eingedickt ist. Vom Feuer nehmen, die Kardamomkapseln entfernen. Man kann mit gemahlenem Kardamom nachwürzen. In den lauwarmen Brei das Rosenwasser einrühren.
Warm oder eisgekühlt in einer großen Schüssel oder in kleinen Schälchen servieren. Mit etwas geriebener Muskatnuß bestreuen.

# Soojee halwa
Weizengrießpudding

6 Portionen
Zutaten:
185 ml Zucker
310 ml Wasser
60 ml Milch
eine gute Prise echter Safran
125 g *ghee*
185 ml feiner Weizengrieß
2 EL Sultaninen
2 EL Mandelsplitter
1 TL Kardamom, gemahlen
zusätzliche Mandelstifte zum Garnieren

Zucker, Wasser, Milch und Safran unter Rühren (um den Zucker aufzulösen) zum Kochen bringen. Beiseite stellen. In einem großen Topf *ghee* schmelzen, den Grieß zugeben und bei schwacher Hitze unter ständigem Rühren goldgelb rösten. Den Sirup, Sultaninen, Mandeln und Kardamom zugeben und bei mittlerer Hitze garen. Mit einem Holzlöffel rühren, bis der Brei dick ist und sich vom Topf löst.
Auf eine gefettete Platte gießen, nach dem Erkalten in Rauten schneiden und mit Mandeln verzieren. Dieses *halwa* kann man warm oder kalt als Dessert servieren, mit oder ohne Sahne. In Indien ist es üblich, *halwa* zu *puris*, schwimmend in Fett ausgebackenen indischen Broten, zu reichen und, so ungewohnt das für Abendländer sein mag, zu Anfang eines Mahles und nicht als Abschluß.

# Perhas
Milchkonfekt

Ergibt 10 bis 12 Stück
Zutaten:
1250 ml Milch
1 TL *ghee*
125 ml Streuzucker
$^1/_4$ TL Kardamom, gemahlen, oder Muskatnuß, gerieben
einige Mandelstifte oder Pistazien, nach Belieben

Die Milch in eine große Bratpfanne mit schwerem Boden gießen und *khoa* herstellen (S. 16). In einem kleinen Aluminiumtopf *ghee* heiß werden lassen. Das abgekühlte *khoa* zerkrümeln, zum *ghee* geben und über schwacher Hitze rühren, bis es heiß ist. Unter Rühren mit einem Holzlöffel den Zucker darin auflösen. Vom Feuer nehmen und die Gewürze zugeben. Zu einer glatten Paste schlagen.
Zwischen den Handflächen kleine Kugeln rollen, leicht abflachen. Zum Abkühlen und Festwerden auf eine gebutterte Platte legen. Die Scheibchen werden nicht hart – sie sollen weich bleiben wie Karamellen. Sie können jedes Scheibchen mit ein paar Mandelstiften oder Pistazien verzieren.

# Nan khatai
Knusprige Mürbeteigplätzchen aus Weizengrieß

*Diese köstlichen kleinen Mürbeteigplätzchen mit* ghee *zergehen auf der Zunge.*

Ergibt etwa 24 Stück
Backzeit: etwa 30 Minuten bei 150–160°
Zutaten:
125 g *ghee*
125 ml Zucker
250 ml feiner Weizengrieß
60 ml Mehl
1 TL Kardamom, gemahlen

*Ghee* mit Zucker schaumig rühren. Grieß, Mehl und Kardamom dazusieben und gut vermischen. Den Teig 30 Minuten ruhen lassen. Jeweils knapp 1 EL vom Teig abstechen, zu Kugeln rollen, die man leicht abflacht. Die Plätzchen mit etwas Abstand auf ein ungefettetes Backblech legen.
Bei 150–160° langsam hell goldgelb backen. Backzeit ungefähr 30 Minuten. Auf einem Drahtgitter abkühlen lassen. Luftdicht verschlossen aufheben.

# Mysore pak
Konfekt aus Kichererbsenmehl

Ergibt 12 bis 15 Stück
Zutaten:
160 ml Zucker
60 ml Wasser
60 g *besan* (Kichererbsenmehl)
185 g *ghee*
$^1/_2$ TL Mandelessenz
$^1/_2$ TL Kardamom, gemahlen

Zucker bei schwacher Hitze im Wasser auflösen, dann 5 Minuten kochen. Beiseite stellen. *Besan* sieben. Zwei Drittel vom *ghee* in einem Topf mit schwerem Boden heiß werden lassen. *Besan* nach und nach zugeben und bei schwacher Hitze unter Rühren 5 Minuten rösten. Sirup zugeben, weitere 5 Minuten unter ständigem Rühren kochen. Allmählich das restliche *ghee* einrühren, entweder geschmolzenes *ghee* zugießen oder weiches, zimmerwarmes *ghee* löffelweise untermischen. Danach muß die Mischung noch weitere 7 bis 10 Minuten kochen, darf aber nicht braun werden.
Auf eine gefettete Platte gießen und vor dem Erstarren in Rauten schneiden.

# Barfi badam

Mandel-Sahne-Konfekt

Zutaten:
1 l Milch
185 ml Zucker
125 ml gemahlene Mandeln
eine Prise Kardamom, gemahlen
2 EL blanchierte Pistazien
eßbares Silberblatt, nach Belieben

In einem Topf mit schwerem Boden oder einer großen Bratpfanne die Milch bei ziemlich starker Hitze unter ständigem Rühren sehr dick einkochen. Den Zucker zugeben und 10 Minuten bei schwacher Hitze rühren. Die gemahlenen Mandeln zugeben und so lange kochen und rühren, bis sich die Masse als Klumpen vom Topf löst. Vom Feuer nehmen, den Kardamom darüberstreuen und gut vermischen.
Die Masse auf eine gefettete Platte geben und mit einem gebutterten Löffel glattstreichen. Leicht abkühlen lassen, mit einem Messer Rauten markieren und diese mit halbierten Pistazien und Silberblatt verzieren.
Ehe die Masse ganz erstarrt ist, mit einem scharfen Messer die Markierungslinien vertiefen, aber erst das völlig erkaltete Konfekt ganz zerteilen.

# Barfi pista

Pistazien-Sahne-Konfekt

Verfahren wie bei *barfi badam* (Rezept oben). Statt der Mandeln rohe (nicht geröstete) Pistazienkerne verwenden.
Die Pistazien 2 Minuten in kochendem Wasser blanchieren, abziehen und entweder im Mörser zu einem Brei zerstoßen, sehr fein hacken oder in der Nußmühle mahlen.

# Jalebi

Ausgebackenes Hefeteig-Konfekt

Jalebis *sind Spiralen aus knusprig ausgebackenem Hefeteig etwa von der Größe einer Untertasse, gefüllt mit nach Rosen duftendem Sirup. Wie der Sirup innen hineingekommen ist, bleibt ein Geheimnis, wenn man der Sache nicht auf den Grund geht. In den Basaren und Süßwarenläden türmen sich Pyramiden leuchtend orangefarbener* jalebis *bis zu Meterhöhe, die immer schnell wieder abgebaut sind – so beliebt ist dieses Gebäck.*

Ergibt etwa 25 Stück

Zutaten zum Teig:
500 ml Mehl
125 ml gemahlener Reis oder Reismehl
7 g frische gepreßte Hefe oder knapp $^1/_2$ TL Trockenhefe
125 ml lauwarmes Wasser
$^1/_4$ TL Safran
2 EL kochendes Wasser
1 EL Joghurt
Pflanzenöl zum Ausbacken

Zutaten zum Sirup:
750 ml Zucker
750 ml Wasser
1 EL leichter Mais-Sirup oder eine Prise Weinstein
Rosenessenz zum Parfümieren
$1^1/_2$ TL flüssig orange Lebensmittelfarbe

Mehl und gemahlenen Reis in eine große Schüssel sieben. In einer kleinen Schüssel Hefe in warmes Wasser einstreuen, 5 Minuten einweichen und dann auflösen. Safranfäden in einer Tasse mit dem kochenden Wasser übergießen, 10 Minuten quellen lassen. Die aufgelöste Hefe und den Safran samt Einweichwasser in einen Meßbecher gießen und mit lauwarmem Wasser auf 560 ml auffüllen. Mit einem Holzlöffel verrühren, die abgemessene Flüssigkeitsmenge an das Mehl geben und alles zu einem sehr glatten Teig schlagen. Joghurt zugeben und wieder durchschlagen. Den Teig eine Stunde ruhen lassen. Er wird anfangen zu schäumen. Noch einmal kräftig schlagen, ehe mit dem Ausbacken der *jalebis* begonnen wird. Während der Teig geht, den Sirup zubereiten und bis zu lauwarm abkühlen lassen.
Pflanzenöl in einer Ausbackpfanne erhitzen. Durch einen Trichter den Teig in das heiße Öl einlaufen lassen, dabei Kringel oder Achten formen. Auf beiden Seiten knusprig und goldgelb backen. Mit einem Schaumlöffel herausheben, das Öl ein paar Sekunden lang abtropfen lassen, dann das heiße Gebäck in den Sirup fallen und 1 bis 2 Minuten durchziehen lassen. Mit einem zweiten Sieblöffel aus dem Sirup heben und zum Abtropfen auf einen Teller geben.
Die *jalebis* möglichst bald, aber nicht mehr heiß, auf einem frischen Teller servieren, denn nach längerem Stehen sind sie nicht mehr kroß.

*Sirup*: Wasser mit Zucker bei schwacher Hitze rühren, bis sich der Zucker aufgelöst hat. Die Hitze verstärken und 8 Minuten sprudelnd einkochen lassen. Der Sirup soll Fäden ziehen. Vom Feuer nehmen, lauwarm werden lassen, mit Rosenessenz parfümieren (etwa $^1/_2$ TL einer guten Essenz genügt) und mit Lebensmittelfarbe kräftig orange färben.

# Gulab jamun

Rosenparfümiertes Konfekt in Sirup

Ergibt etwa 20 Stück
Zutaten:
8 EL Vollmilchpulver
3 EL Mehl-Backpulver-Mischung
$^1/_4$ TL Natron
$^1/_4$ TL Kardamom, gemahlen
1 EL weiche Butter oder *ghee*
ungefähr 3 EL Wasser
*ghee* oder Öl zum Ausbacken

Zutaten für den Sirup:
500 ml weißer Zucker
1 l Wasser
5 zerdrückte Kardamomkapseln
2 EL Rosenwasser oder einige Tropfen Rosenessenz

Milchpulver, Mehl, Natron und gemahlenen Kardamom in eine große Schüssel sieben. Butter oder *ghee* einarbeiten, dann so viel Wasser zugeben, daß ein fester, aber geschmeidiger Teig entsteht, der zu Kugeln wie große Murmeln oder zu kleinen Würstchen geformt werden kann.
Langsam in heißem *ghee* oder in mit *ghee* aromatisiertem Öl ausbacken, und zwar unbedingt bei milder Hitze, bis das Gebäck die Farbe nichtblanchierter Mandeln angenommen hat. Auf Küchenpapier abtropfen lassen.
Zuvor muß der Sirup hergestellt sein, indem man Zucker, Wasser und Kardamomkapseln erhitzt, bis sich der Zucker aufgelöst hat. Die gebackenen *gulab jamun* in diesem Sirup 30 Minuten simmern, bis sie zu fast doppeltem Umfang aufgegangen und weich und schwammig sind. Etwas abkühlen lassen, und dann das Rosenwasser zugeben. Die *gulab jamun* kalt oder leicht eisgekühlt servieren.
Anmerkung: Wenn der Kochtopf nicht groß genug ist, um allen Gebäckstückchen Platz zum Aufgehen zu lassen, ist es besser, sie in zwei Portionen zu simmern. Sollte der Sirup eingedickt sein, nachdem die erste Portion gekocht ist, mit etwas Zuckerwasser verdünnen und wieder zum Kochen bringen, ehe die zweite Portion eingelegt wird.

# Gajjar kheer

Karottenpudding

4 Portionen
Zutaten:
250 g Karotten
1 l Milch
eine Prise Safran
125 ml Zucker
2 EL gemahlene Mandeln, nach Belieben
$^1/_8$ TL gemahlener Kardamom

Die Karotten waschen, schaben und grob raffeln. In einem großen, schweren Topf Milch zum Kochen bringen, davon 2 EL abnehmen und die Safranfäden darin einweichen. Die geraffelten Karotten in die kochende Milch geben und so lange kochen, bis sie gar sind und der Brei eingedickt ist. Das dauert etwa 30 Minuten. Zucker, Mandeln, Kardamom und Safran samt Einweichmilch zugeben. Rühren, bis sich der Zucker aufgelöst hat, und unter gelegentlichem Rühren den Brei bis zur Konsistenz eines cremigen Reispuddings weiterkochen. Warm oder kalt servieren.

# Gajjar halwa

Karotten-Konfekt

Ergibt etwa 20 Stück
Zutaten:
60 g *ghee*
500 g Karotten
$^1/_4$ TL gemahlener Kardamom
310 ml Zucker
125 ml heißes Wasser
250 ml süße Sahne
4 EL Milchpulver oder *khoa*
2 EL blanchierte Mandelsplitter oder Pistazien
eßbares Silberblatt zum Garnieren, nach Belieben

*Ghee* in einem schweren Topf heiß werden lassen, die gewaschenen und geriebenen Karotten zugeben und offen unter Rühren bei mittlerer Hitze kochen. Dann zugedeckt bei sehr schwacher Hitze weiterkochen, bis die Karotten gar sind und fast alle Flüssigkeit verdampft ist. Während die Karotten kochen, einen Sirup aus Zucker und Wasser herstellen. Diesen Sirup zusammen mit Sahne und *khoa* oder Milchpulver an die Karotten geben. Kräftig rühren, um alle Zutaten gut zu vermischen, und unter ständigem Rühren weiterkochen, bis die Masse trocken ist und sich vom Topf löst.
Auf eine gefettete Platte streichen, abkühlen lassen. In Rauten oder Quadrate schneiden, mit Mandelstiften und Pistazien und nach Belieben mit Silberblatt verzieren.

# Boondi

*Diese beliebte Leckerei besteht aus Hunderten kleiner, kroß ausgebackener Teigkügelchen, die man in einem mit Safran gewürzten, mit Kardamom parfümierten und mit Pistazien angereicherten Sirup durchziehen läßt. Der Sirup trocknet ein und kristallisiert rund um die Teigkügelchen, so daß sie wie mit Zucker überzogene Erdnüsse aussehen. Ihr Geschmack ist aber unvergleichlich exotischer.*
*Man knabbert sie zwischen den Mahlzeiten oder zur Teezeit, aber nicht als Dessert.*

Zutaten zum Teig:
250 ml *besan* (Kichererbsenmehl) oder gewöhnliches Mehl und Reismehl gemischt
reichlich 60 ml Milch
60 ml Wasser
$^{1}/_{2}$ TL Safran
1 EL heißes Wasser
Pflanzenöl zum Ausbacken
3 EL *ghee*, um dem Öl Geschmack zu geben

Zutaten zum Sirup:
375 ml Wasser
375 ml Zucker

Gewürze:
$^{1}/_{4}$ TL gemahlener Kardamom
1 EL blanchierte und blättrig geschnittene Pistazien

*Teig: Besan* oder gewöhnliches Mehl und Reismehl zu gleichen Teilen in eine Schüssel sieben. Milch und Wasser mischen und lauwarm werden lassen; zusammen sollen es 150 ml Flüssigkeit sein. Die Safranfäden in einem Mörser zerreiben, in dem Eßlöffel heißen Wasser auflösen und die Hälfte davon an das Milch-Wasser-Gemisch geben. Diese Flüssigkeit in das Mehl einrühren und mit einem Holzlöffel zu einem dicken glatten Teig schlagen. 15 Minuten ruhen lassen. Währenddessen den Sirup herstellen.
*Sirup:* Zucker und Wasser in einem flachen Topf zum Kochen bringen und stetig sprudelnd kochen lassen, bis der Sirup nach etwa 8 Minuten zäh ist. Nun den Sirup heiß halten, aber nicht mehr kochen lassen. Als Würze die restliche Safranlösung und den gemahlenen Kardamom einrühren.

*Das Ausbacken der* boondi:
Öl und *ghee* in einer kleinen Ausbackpfanne rauchendheiß werden lassen. Einen Schaumlöffel mit kleinen runden Löchern über die Pfanne halten und einen Löffel voll Teig hineingießen. Mit dem Kochlöffel auf die Schöpfkelle klopfen, daß der Teig in kleinen Tropfen in das heiße Fett fällt. Die Teigtropfen einige Minuten goldgelb backen, mit einem zweiten Schaumlöffel herausheben, abtropfen lassen und in den Sirup legen. So mit dem ganzen Teig verfahren. Wenn alle *boondi* gebacken, abgetropft und in den Sirup gegeben sind, die Pistazien in den Sirup mischen.
Die Masse ganz abkühlen lassen, dabei gelegentlich mit dem Kochlöffel die Teigkügelchen voneinander trennen.
*Laddu boondi* sind eine andere Form desselben Konfekts. Man läßt die Masse nicht ganz kalt werden, sondern formt große Kugeln, solange sie noch warm und klebrig ist, und läßt diese auf einer gefetteten Platte trocknen und hart werden.

# Firni

Reisflammeri

4 Portionen
Zutaten:
750 ml Milch
3 EL gemahlener Reis
3 EL Zucker
$^{1}/_{2}$ TL gemahlener Kardamom
1 EL Rosenwasser oder 2 bis 3 Tropfen Rosenessenz
2 EL blanchierte Pistazien oder Mandeln

Den gemahlenen Reis mit etwas kalter Milch zu einem glatten Brei verrühren. Die restliche Milch unter Rühren mit einem Holzlöffel zum Kochen bringen, vom Feuer nehmen und den Reisbrei untermischen. Dann unter ständigem Rühren 3 Minuten kochen lassen, bis der Brei dick wird. Die Hälfte der Pistazien hacken und zusammen mit Kardamom und Rosenwasser oder -essenz einrühren. Auf kleine Dessertschüsseln verteilen. Mit Mandel- oder Pistazienstiften verzieren und warm oder eisgekühlt servieren.

# Ras gula

Käsecremebällchen in Sirup

Ras gula, *wörtlich »Saftbällchen«, gehört zu den beliebtesten indischen Konfekts. Walnußgroße Bällchen aus hausgemachtem Rahmkäse werden in Zuckersirup mit köstlichem Aroma gekocht.*

5 bis 6 Portionen
Zutaten:
$1\frac{1}{2}$ l Milch
3 bis 4 EL Zitronensaft, durchgeseiht
2 TL feiner Weizengrieß
10 bis 12 Stück Würfelzucker
500 ml Zucker
1 l Wasser
8 Kardamomkapseln, zerdrückt
2 EL Rosenwasser oder einige Tropfen Rosenessenz

Die Milch in einem großen Topf fast zum Kochen bringen. Wenn sie anfängt hochzusteigen, den Topf vom Feuer nehmen, den leicht angewärmten Zitronensaft zugeben und einmal umrühren. 5 Minuten stehenlassen, bis sich feste Quarkklumpen gebildet haben. Sollte die Milch nicht gerinnen (Zitronen haben unterschiedlichen Säuregehalt), noch mal wärmen und mehr Zitronensaft zugeben. Ein großes Sieb mit Musselin auslegen und den Quark 30 Minuten lang ablaufen lassen, bis alle Molke abgetropft ist. Man kann den Quark auch in den Musselin einschlagen und zwischen zwei Tellern so viel Molke wie möglich herauspressen.
Den Quark auf eine Marmorplatte oder einen Tisch mit beschichteter Oberfläche legen und 5 Minuten mit den Handballen kneten. Den Weizengrieß zugeben und weiterkneten, bis der Käse ganz glatt ist. Wenn Ihre Handflächen fettig werden, ist der Käse fertig zum Formen. 10 oder 12 walnußgroße Bällchen jeweils um ein Stück Würfelzucker formen.
In einem großen Topf Zucker und Wasser zusammen erhitzen, bis der Zucker sich aufgelöst hat. Dann zum Kochen bringen und 5 Minuten simmern. Die Hälfte des Sirups in einen Krug füllen. Die *ras gulas* und die zerdrückten Kardamomkapseln in den Sirup im Topf geben und bei sehr niedriger Hitze etwa 1 Stunde offen simmern, bis die Bällchen sich aufblähen und schwammig werden. Manchmal etwas von dem zurückgestellten Sirup nachgießen, damit der Sirup im Topf nicht zu dick wird. Abkühlen lassen, bis sie lauwarm sind, dann Rosenwasser oder -essenz zugeben.
Pro Person ein oder zwei *ras gulas* warm oder kalt servieren. Bitte nicht in den Kühlschrank stellen, denn Kühlen macht die *ras gulas* fest, sie sollen aber ihre schwammige Struktur behalten.

# Ras malai

Frische Rahmkäsebällchen in kondensierter Milch

Ras malai *gelten als das üppigste und köstlichste indische Dessert. Tatsächlich sind sie eine Kombination von zwei anderen Süßspeisen, nämlich von* ras gula *und* rabri.
*Dieses Rezept ergibt 6 Portionen.*

*Ras malai* werden nach dem obenstehenden Rezept für *ras gula* hergestellt. Aber statt 10 walnußgroße Bällchen zu formen, werden 18 gleich große Bällchen ohne Würfelzucker im Innern hergestellt. Wie oben in Sirup simmern, den Sirup nicht zu dick werden lassen. Wenn die Bällchen gar und schwammig sind, aus dem Sirup nehmen, abtropfen lassen und in 2 l frische Milch eintauchen. Ganz abkühlen lassen. Aus der Milch nehmen und beiseite stellen.
Aus dieser Milch wird nun *rabri* (S. 102) gekocht. Die Milch aber nicht auf ein Drittel, sondern nur auf die Hälfte ihres ursprünglichen Volumens einkochen, so daß sie nicht so konzentriert ist. Vom Feuer nehmen. 125 ml feinen Zucker, einige Tropfen *kewra* oder Rosenessenz und etwa $\frac{1}{2}$ TL Mandelessenz einrühren und den Zucker auflösen.
Die Käsebällchen in diese Milch geben, zugedeckt in den Kühlschrank stellen. Mit 2 EL feingehackten Pistazien bestreuen und eisgekühlt servieren.

# Shahi tukri
Toast für den Schah

6 Portionen
Zutaten:
- 6 Scheiben Weißbrot, dick geschnitten zum Toasten
- 4 bis 6 EL *ghee*
- 375 ml Milch
- 250 ml Sahne
- 1/4 TL Safran
- 250 ml Zucker
- 1/4 TL gemahlener Kardamom
- 1 EL Rosenwasser
- je 1 EL blanchierte, gesplitterte Mandeln und Pistazien

Die Brotkrusten abschneiden, große Scheiben halbieren. Das Brot in einer großen, schweren Bratpfanne in heißem *ghee* auf beiden Seiten goldbraun rösten. Es ist möglich, daß Sie mehr *ghee* dazu brauchen. Das geröstete Brot auf einen Teller legen.
2 EL Milch zurückhalten, die übrige Milch und die Sahne in die Pfanne geben, in der das Brot geröstet wurde. Zum Kochen bringen und den Zucker einrühren. In der Zwischenzeit die Safranfäden im Mörser zerreiben und in der aufbewahrten, heißgemachten Milch auflösen. Zu der kochenden Milch in der Pfanne geben und 10 Minuten unter ständigem Rühren sprudelnd kochen.
Die gerösteten Brotscheiben in einer Schicht einlegen und bei niedriger Hitze simmern, bis alle Milch aufgesogen ist, dabei die Brotscheiben einmal vorsichtig wenden.
Das Brot auf einer vorgewärmten Platte anrichten, mit Kardamom bestreuen, mit Rosenwasser beträufeln und mit Mandelstiften verzieren.
Heiß servieren.

# Koulfi
Gefrorenes Dessert

*Keine Eiscreme reicht ganz an* koulfi *heran, an seine kalte Glätte, die von Stückchen von Mandeln und Pistazien und kleinen Klümpchen Sahne unterbrochen wird.*
*Da ist die Erinnerung an den Straßenhändler mit seinen in Eis gepackten Blechtüten, aus denen er eine Portion der üppigen, köstlichen, sehr kalten Eiscreme schüttelte – wie sie aus der Form auf den Teller rutschte, den ich in der Hand hielt.*
*Aber das ist nicht nur verklärende Kindheitserinnerung.* Koulfi *ist wirklich kälter als handelsübliche Eiscreme. Weil es keine Gelatine enthält, und nicht geschlagen und mit Kohlensäure locker gemacht wird, friert es zu einem sehr kompakten Eis, und man muß es essen, ehe es schmilzt. Denn es ist ein Genuß, auf die Klümpchen dicker Sahne zu stoßen – es lohnt sich wirklich, es einmal mit* koulfi *zu versuchen, auch wenn es statt aus den traditionellen Blechtüten aus dem Gefrierschrank kommt.*

Zutaten:
- 1 1/2 l Milch
- 185 ml Zucker
- 2 EL Pfeilwurz-Stärkemehl oder Maismehl
- *khoa* aus 500 ml Milch
- 250 ml dicke Sahne
- 2 EL blanchierte, gehackte Pistazien
- 2 EL blanchierte, feingehackte Mandeln
- einige Tropfen Rosen- oder *kewra*-Essenz als Aroma

Ein wenig von der Milch mit Pfeilwurz oder Maismehl verrühren. Die übrige Milch unter ständigem Rühren mit einem Holzlöffel 10 Minuten kochen lassen. Vom Feuer nehmen, die Stärke einrühren (nachdem man sie vorher noch einmal aufgerührt hat). Die Milch bei schwacher Hitze und bei ständigem Rühren wieder zum Kochen bringen. Wenn sie anfängt, dick zu werden, den Zucker zugeben und völlig auflösen. Abkühlen lassen. Manchmal umrühren, damit sich keine Haut bilden kann.
Das für das Rezept verlangte *khoa* muß nicht völlig trocken sein. Die Milch dazu unter Rühren so lange kochen, bis sie ein dicker Teig ist. Abkühlen lassen, dann in den Milchbrei rühren. Die Sahne zugeben. Am besten eignet sich die Sahne, die man von der Oberfläche kochender Milch abnehmen kann. In einigen libanesischen Läden wird sie unter der Bezeichnung *ashtar* verkauft. Wenn sie nicht erhältlich ist, kann man die handelsübliche süße Sahne verwenden. Den Pudding mit einigen Tropfen Rosen- oder *kewra*-Essenz parfümieren – nicht zuviel davon nehmen. Mandeln und Pistazien einrühren. In Gefrierschalen füllen und frieren. Ein- oder zweimal während der Gefrierzeit umrühren, damit Nüsse und Sahne gleichmäßig in der Masse verteilt bleiben.
In kleine Würfel schneiden. Jeden mit einem Löffel Rosensirup (S. 93) und Agar-Agar-Gelee (S. 94) servieren.

# Rabri

Dessert aus kondensierter Milch

*Die Kondensmilch zu diesem Dessert kommt nicht aus der Dose. Sie wird hergestellt, indem man reine frische Milch so lange kocht, bis fast der ganze Wasseranteil verdampft ist. Das klingt nach einer Menge Mühe, aber das Ergebnis unterscheidet sich so grundlegend von dem jeder abgekürzten Methode, daß man es wenigstens einmal damit versuchen sollte.*

4 Portionen
Zutaten:
1½ l frische Milch
80 ml feiner Zucker
2 Tropfen *kewra-* oder Rosenessenz
1 EL gehackte blanchierte Mandeln
1 EL gehackte blanchierte Pistazien

Die Milch in einem Topf mit schwerem Boden unter Rühren zum Kochen bringen. Stetig kochen lassen, und dabei immer weiter umrühren, bis die Milch auf etwa 500 ml eingekocht und eingedickt ist. Die Hitze vermindern, den Zucker einrühren, bis er sich aufgelöst hat. Vom Feuer nehmen und gut durchrühren, dabei die getrocknete Milch von den Topfwänden abschaben und gut untermischen. In die lauwarme Kondensmilch die Aromen einrühren. In eine hübsche Schüssel gießen und mit den Nüssen bestreuen. Eisgekühlt servieren.

Anmerkung: Ungesalzene, nicht geröstete Pistazien verwenden. Eine Minute lang kochen, damit sie schön grün aussehen und sich leicht abziehen lassen.

# Kela halwa

Bananen-Konfekt

Ergibt etwa 24 Stück
Zutaten:
5 große reife Bananen
2½ EL *ghee*
310 ml Wasser
185 ml Zucker
¼ TL Rosenessenz
½ TL gemahlener Kardamom

Die Bananen schälen und in kleine Stücke schneiden. *Ghee* in einer schweren Bratpfanne heiß werden lassen und die Bananen etwa 5 Minuten weich braten; oft umrühren, damit sie nicht bräunen. Die Pfanne vom Feuer nehmen und die Bananen zerdrücken. 60 ml Wasser zugeben und bei schwacher Hitze unter Rühren 3 Minuten kochen. Das übrige Wasser und den Zucker einrühren – den Zucker auflösen – dann weiterkochen und weiterrühren, etwa 15 bis 20 Minuten lang, bis die Masse sehr dick ist. Wenn sie sich in einem Klumpen vom Topf löst, vom Feuer nehmen und Gewürz und Aroma untermischen.

Auf eine gebutterte Platte geben, überschüssiges *ghee* abgießen. Das abgekühlte *halwa* in kleine Quadrate schneiden. Dieses *halwa* kann man aber auch warm servieren.

Anmerkung: Weil dieses Rezept nur eine kleine Menge ergibt, benutze ich eine rechteckige Platte von 20 × 7,5 cm – das ergibt gerade die richtige Dicke für das *halwa*.

# Sri Lanka

Ich wurde auf dieser schönen tropischen Insel geboren, die wie ein Tropfen an der äußersten Südspitze Indiens hängt – Romantiker nennen sie die »Perle im Ohr Indiens« –, und ich habe den größten Teil meines Lebens auf ihr verbracht.
Sie hat schon viele Namen gehabt im Laufe der Zeiten, denn sie ist ein altes Land. Ihre aufgezeichnete Geschichte beginnt mit dem Jahr 483 v. Chr., als Fürst Vijaya aus dem Geschlecht der Löwen (Singhalesen) seinen Fuß auf die Insel setzte. Einige der Namen, unter denen sie während ihrer 2500jährigen Geschichte bekannt war, sind Taprobane, Simundu, Salike, Siladiva, Serendib, Zeilan und Ceylon.
Roloff Beny schreibt in seinem reizenden Buch »Insel: Ceylon«: »Im Singhalesischen, der Sprache der Mehrheit der Inselbewohner, heißt die Insel ehrerbietig Sri Lanka oder ›Glänzende Insel‹. Ich selbst aber ziehe den Namen vor, den ihr die ersten Reisenden aus China gegeben haben, übersetzt ›Land ohne Sorgen‹.«
Ich war eine Reihe von Jahren nicht dort gewesen; und als ich Sri Lanka kürzlich wieder besuchte, da tat mir fast das Herz weh, als ich es wiedersah und fühlte, wie

schön diese Insel ist. Man fährt die Küstenstraße entlang und ist umgeben von grünen, blauen und goldenen Farben: sich träge wiegenden Kokospalmen, dem Indischen Ozean, so unwahrscheinlich blau und grün und an manchen Stellen sogar purpur; sandigen Stränden, die sich Meile um Meile glatt und golden dehnen.
Meer und Luft sind beide so warm, daß kein kühler Luftzug vom Wasser kommt oder zu ihm weht. Es gibt keine Haie, denn die Insel ist von schützenden Korallenriffen umgeben – ein Paradies für Sporttaucher.
Weniger als 160 Kilometer beträgt die Entfernung von der Küste zum Hochland im Inneren, wo in 2000 m Höhe über dem Meer die Luft kühl und frisch ist, und wo zur natürlichen Vegetation Kiefern und andere Nadelhölzer gehören. Hier zogen englische und schottische Pflanzer den besten Tee der Welt und fühlten sich in dem kalten und nebligen Klima zu Hause. In den Küstenebenen dagegen ist die Jahresdurchschnitts-Temperatur 32 °C, und Stadtbewohner suchen den Komfort klimatisierter Häuser.
Trotz seiner Kleinheit bietet Sri Lanka eine erstaunliche Vielfalt von Speisen und Küchen. Die Insel hat eine reiche Tradition einheimischer Gerichte, und auch die Rezepte der einzelnen Landesteile unterscheiden sich sehr. Da gibt es zum Beispiel die Küche der Kandy-Singhalesen, die von den Gemüsen und Früchten des Hochlandes bestimmt ist; dann die Küche der Küstenregion, die das überreiche Angebot an Meerestieren verwertet, mit dem die Insel gesegnet ist; dann die Küche der Tamilen, eng verwandt mit der Südindiens; sie beherrscht das Feld im nördlichen Jaffna.
In Sri Lanka ist es wie in jedem anderen Land: die ganz typischen Gerichte werden von den Leuten auf dem Land gekocht, und deshalb ist es fast unmöglich, genaue Rezepte zu bekommen. Man kocht eben nicht nach einem Buch. Eine Prise von diesem, eine Handvoll von jenem, ein ordentlicher Schuß salziges Wasser, probieren, überlegen, abschmecken – das ist die Art, wie singhalesische Frauen kochen, und nicht zwei von ihnen kochen gleich. Selbst wenn sie die gleichen Zutaten verwenden, was dabei herauskommt, ist auf jeden Fall eine Eigenschöpfung. Fragen Sie doch einmal eine Köchin, wieviel von einer bestimmten Zutat sie verwendet; sie wird es Ihnen mit ihren Händen zeigen: »So viel.« Löffelmaße würden als Wichtigtuerei angesehen werden. Also steht man dabei, sieht zu, schreibt auf, und macht sich dann daran, durch eigene Versuche und Fehlschläge zum selben Ergebnis zu gelangen. Und erst wenn man endlich selbst das richtige Rezept gefunden hat, kann man es für die Nachwelt festhalten.
Zusätzlich zu regionalen Eigenheiten zeigen einige der beliebtesten Gerichte auch Einflüsse anderer Länder. Nach mehr als hundert Jahren spielt es keine Rolle mehr, ob diese oder jene Art zu kochen von Fremden mitgebracht wurde, die ins Land kamen und blieben, als Händler oder Eroberer – Inder, Araber, Malayen, Mauren, Portugiesen, Holländer und Briten. Die Rezepte, die sie mitbrachten, wurden den örtlichen Zutaten angepaßt, haben aber ihren ursprünglichen Charakter bewahrt. Sie gelten nicht als singhalesische Gerichte, aber man schätzt sie und genießt sie als Bestandteil der vielfältigen Küche der Insel.
Dem Einfluß der Moslems und Malayen ist der Gebrauch bestimmter Gewürze zu danken wie zum Beispiel Safran und Rosenwasser; von ihnen kommen auch die würzigen *korma, pilaus* und *birianis,* die sich die Singhalesen zu eigen machten.
Als die Portugiesen im sechzehnten und siebzehnten Jahrhundert Sri Lanka 150 Jahre lang regierten, hinterließen sie Wörter, die in die Landessprache eingingen, und Bräuche, die heute völlig Bestandteil dörflichen und städtischen Lebens sind. Viele Rezepte enden mit der Anweisung »to temper the dish«. Das kommt vom portugiesischen Wort »temperado«, das braten und würzen bedeutet. Die Portugiesen steuerten auch einige Arten von Konfekt bei, die bis auf den heutigen Tag populär geblieben sind. Sie werden bei Festlichkeiten aufgetischt – die Ceylonesen nehmen begeistert jede Gelegenheit zum Feiern wahr – und man ist ungeheuer stolz auf diese alten, eifersüchtig gehüteten Familienrezepte.
Dann kamen die Holländer, und obgleich ihr Regiment schon nach 138 Jahren zu Ende war, blieben ihre Nachkommen in diesem reichen Land. Auch sie brachten Rezepte mit, nach guter holländischer Tradition mit viel Butter und Eiern. Aber in der gewürzreichen neuen Heimat gaben Kardamom, Zimt, Nelken, Muskatnuß und Muskatblüte diesen Speisen ein neues Aroma. Dafür ist der traditionelle Weihnachtskuchen Ceylons ein gutes Beispiel: ein Früchtekuchen so aromatisch und gehaltvoll, daß ihm keiner gleichkommt.
Die Familie meines Vaters führt ihre Abstammung auf holländische Ansiedler zurück. Nie wieder habe ich erlebt, daß jemand aufs Kochen so viel Wert legte wie sie. Ich erinnere mich aus meiner Kinderzeit an meine Großmutter, eine majestätische, silberhaarige Gebieterin in ihrem Reich, wie sie vor einer riesigen goldglänzenden Messingpfanne stand und einmachte. Ihr Eingemachtes, ihre Chutneys und Gelees waren berühmt und gewannen regelmäßig Goldmedaillen bei den jährlichen Ausstellungen.
Ich erinnere mich auch an die Weihnachtsvorbereitungen. Sie bedeuteten immer eine Zeit, in der viel gekocht und viel genascht wurde. Eier wurden nicht dutzendweise, sondern nach Hunderten gekauft. Warum auch nicht? Allein für den Weihnachtskuchen wurden 50 Eigelb gebraucht, und für den *breudher* (holländischer Hefekuchen) waren noch mal zwanzig nötig. Die Ankunft des Eierhändlers war das Signal für die Hausbediensteten, große Becken mit Wasser auf die Veranda zu bringen. Dort saß Großmutter bereit, ihre Einkäufe zu tätigen. Der Händler mußte die Eier in das Wasser legen. Alle, die oben schwammen oder unsicher herumschwankten, wurden ausgeschieden. Nur die wurden gekauft, die langsam auf den Grund sanken und damit ihre Frische anzeigten. Die Zubereitung traditioneller Festessen war Sache der ganzen Familie; jeder hatte dabei seine Aufgabe. Zum Beispiel wurde mein jüngster Bruder dazu abgeordnet, den *breudher* zu schlagen, denn dazu war mehr Kraft nötig, als eine Frau hat.

So wurde die große Marmorplatte hervorgeholt. Er rollte seine Ärmel auf, und unter den wachsamen Augen seiner Schwester schleuderte er den Teig immer wieder auf die Platte – wie mir schien, eine Ewigkeit lang – während sie nach und nach die Eigelb daran gab, bis alle zwanzig eingearbeitet waren.
Ich mache *breudher* nicht mehr auf diese Art. Ich hatte mir vorgenommen, einen einfacheren Weg zu finden, und das ist mir mit Hilfe des Elektromixers auch gelungen. Und zwanzig Eigelb heute, in unserer cholesterinbewußten Zeit? Ganz sicher nicht. Statt dessen entwikkelte ich ein Rezept mit fünf Eiern, das zwei sehr große, leichte und wohlschmeckende Hefekuchen ergibt. Es mag sein, daß Großmutter mit dieser neumodischen Methode nicht einverstanden gewesen wäre, aber das Ergebnis hätte ihr sicher geschmeckt.

## Wie man eine ceylonesische Mahlzeit serviert und ißt

Reis ist die Hauptnahrung der Menschen in Sri Lanka und ist auch von allen Ländern, außer vielleicht den halsstarrigen Briten, übernommen worden. Wenn man in Sri Lanka jemanden fragt, ob er gegessen habe, so heißt die wörtliche Übersetzung der singhalesischen Frage: »Hast du Reis gegessen?« Auf der ganzen Insel besteht die Mittagsmahlzeit aus Reis und Curry nach singhalesischer Art.
Bei einer solchen Mahlzeit werden alle Schüsseln zugleich auf den Tisch gestellt – Reis, Fisch- und Fleischcurries, Suppe, Gemüse und Beilagen. Es ist völlig korrekt, von allem etwas auf dem Teller zu haben. Die Suppe kann über den Reis geschöpft oder während des Essens schlückchenweise aus einer Tasse getrunken werden. Sie ist aber nie der erste Gang.
Am besten schmeckt ein solches Mahl, wenn man es mit den Fingern ißt wie die Leute auf dem Land. Trotzdem hat man sich heute weitgehend an Löffel und Gabel gewöhnt; nur bei besonderen Anlässen, wie zum Beispiel dem singhalesischen Neujahrsfest, besinnt sich jedermann auf die Tradition und ißt mit den Fingern.
Außer bei festlichen Anlässen sind Desserts unbekannt. Die Mahlzeit endet üblicherweise mit einigen der süßen Früchte, die es auf der Insel im Überfluß gibt: mindestens ein Dutzend verschiedene Arten von Mangos; Papayas, die so süß sind, als wären sie mit Honig getränkt; Bananen in noch mehr Sorten als Mangos; Mangosteens und *rambutan,* je nach Jahreszeit; Avocados, die mit Sahne und Zucker serviert werden, aber nie als Salat wie in westlichen Ländern, und die riesige plumpe Jakfrucht, vom Umfang einer großen Wassermelone, außen stachlig grün, innen voller großer, fleischiger Samenkapseln von überwältigender Süße und apartem Aroma.
Curries, unausweichlich Teil jeder Mahlzeit, werden nicht immer nach ihrer Hauptzutat benannt, sondern nach ihren Gewürzen, nach der Zubereitungsart oder nach der Farbe, die dem Kundigen eine ganze Menge mehr verrät als nur, daß das Curry weiß, rot oder schwarz ist. Weiße Curries basieren auf Kokosmilch, sind gewöhnlich mild und so flüssig, daß man sie auch als Suppe essen kann. Rote Curries enthalten außer ein paar anderen Gewürzen eine große Menge Chilipulver oder zerriebene Chilis, die dem Curry seine lebhafte Farbe und seinen brennend scharfen Geschmack verleihen. In Sri Lanka ist es ganz normal, mit nicht weniger als dreißig großen getrockneten roten Chilis ein Gericht für nur sechs bis acht Leute zu würzen. Wenn Sie nicht an solche Gewürzmengen gewöhnt sind, seien Sie lieber vorsichtig. Nehmen Sie ein paar Chilis als Gewürz, und versuchen Sie die gewünschte rote Farbe lieber durch Paprika zu erzielen. Klugheit ist bei weitem der bessere Teil der Tapferkeit. Schwarze Curries sind besonders typisch für Sri Lanka. Ihre dunkle Farbe rührt daher, daß Koriander, Kreuzkümmel und Fenchel geröstet werden, bis sie kräftig kaffeebraun sind. Dieses Dunkelrösten bringt Aroma-Nuancen auf subtile und angenehme Art hervor und ist der Grund dafür, daß sich die Küche Sri Lankas so ausgesprochen von der seiner Nachbarn unterscheidet. Wenn Sie für Rezepte aus Sri Lanka Currypulver kaufen wollen, dann achten Sie bitte auf das Etikett »Ceylon Currypulver«. Wenn Sie das nicht bekommen können, das Originalaroma aber haben möchten, dann stellen Sie die Mischung selbst her nach dem Rezept auf S. 111. Wenn Sie die Gewürze zu einem Curry einzeln zusetzen, müssen Sie immer Koriander, Kreuzkümmel und Fenchel in einer trockenen Pfanne rösten, bis sie dunkelbraun sind, ehe Sie sie im Rezept verwenden.

## Küchengerät

Die Eingeborenen Sri Lankas kochen seit alters her auf Stein- oder Ziegelherden über Holzfeuer. Ich erinnere mich an Josie, eine freundliche, rundgesichtige, mütterliche Frau. Sie war so viele Jahre die Köchin unserer Familie, daß sie mich noch mit »baby« anredete, wie man das jüngste Familienmitglied zu nennen pflegt, als ich schon verheiratet war und eigene Kinder hatte. Josie regierte über die »große Küche« mit ihren riesigen Feuerherden, blies mit Hilfe eines Metallrohrs das Feuer an, um die Hitze zu steigern, rührte mit Löffeln aus Kokosnußschale in ihren *chatties* (Kochtöpfen aus Ton), und stellte so einige der besten Mahlzeiten her, die ich je zu essen bekam. Sie hatte nichts übrig für die »kleine Küche«, in der die Herrin des Hauses auf einem Gasherd kochte oder Kuchen im Backofen buk. Alles, was Josie kochen wollte, konnte sie zu ihrer vollen Zufriedenheit mit der primitiven Ausrüstung in der altehrwürdigen Weise zustande bringen.
Wie jede andere Köchin im Land stand sie vor Morgengrauen auf, um die Frühstücksspezialitäten zuzubereiten, und jeden Tag, ehe sie anfing zu kochen, zerrieb sie ihre Gewürze auf einem länglichen Mahlstein von der Größe eines Kissens mit einem zweiten keilförmigen Stein; das ist die urtümliche Standardausrüstung der meisten asiatischen Länder. In westlichen Küchen erledigt diese Arbeit ein starker Elektromixer.

Irgendwie schmeckt in Ton-*chatties* gekochtes Essen besonders, wenn man es auch nicht wirklich definieren kann, woran das liegt. Das gilt vor allem für Curries. Es ist, als söge der Ton die Würze der in ihm gegarten Speisen auf und gäbe sie dann wieder ab. Daher kommt es, daß sich eine Köchin nur schwer von einem bestimmten Topf, an den sie gewöhnt ist, trennen kann, selbst wenn er nur ein paar Pfennige gekostet hat. Die meisten Köchinnen haben eigene *chatties* für Fleisch, Fisch und Gemüse.

Natürlich eignet sich auch ein Set von Aluminiumtöpfen mit schweren Böden sehr gut zum Currykochen, und einer mit einem dicht schließenden Deckel für das Kochen von Reis. Anstelle der Löffel aus Kokosnußschale können Sie Holzlöffel verwenden; Löffel aus Metall eignen sich nicht zum Currykochen. Benutzen Sie diese speziellen Currylöffel wirklich nur für Ihre Curries, denn sie könnten anderen Gerichten die starken Aromen mitteilen, die sie aufgesogen haben.

Sie brauchen für die Rezepte dieses Kapitels keine besondere Ausrüstung, außer wenn Sie einen *appé* (Reispfannkuchen) versuchen wollen, und selbst dafür eignet sich recht gut eine gußeiserne Omelettpfanne, wenn Sie die Eisenpfanne mit dem runden Boden, die man für diese Reispfannkuchen braucht, nicht bekommen können. Ein *wok* ist ungeeignet, weil sein Metall zu dünn ist und zu heiß wird.

### Ihr Sri-Lanka-Gewürzbord

Aromatischer Ingwer, gemahlen
Koriander, gemahlen
Kreuzkümmel, gemahlen
Fenchel, gemahlen
Bockshornkleesamen
Zimtstangen
Kardamom, ganze Kapseln und gemahlen
Chilipulver und ganze getrocknete Chilis
Curryblätter, getrocknet
Nelken, ganz und gemahlen
Pfefferkörner, ganz
Kurkuma, gemahlen
Kokossahne, nach Belieben
Kokosflocken
Paprika
getrocknetes *rampé*-Blatt (Pandanus), nach Belieben
getrocknetes Zitronengras, nach Belieben
schwarze Senfsamen
getrocknetes Tamarindenmark
*ghee*
Pflanzenöl (am besten Kokosnußöl)

# Ghee-Reis

4 bis 5 Portionen
Zutaten:
500 ml Basmati- oder anderer Langkornreis
2½ EL *ghee*
1 große Zwiebel, fein geschnitten
4 ganze Nelken
6 Kardamomkapseln, zerdrückt
1 Zimtstange
875 ml Rindfleisch-, Hühner- oder Lammfleischbrühe oder Wasser mit löslicher Fleischbrühe
2½ TL Salz

Den Reis gründlich waschen und mindestens 30 Minuten trocknen lassen. In heißem *ghee* die Zwiebel goldgelb anbraten, Gewürze und den abgetrockneten Reis zugeben. 5 Minuten bei mäßiger Hitze anbraten, dabei mit einem geschlitzten Löffel rühren. Mit der heißen Fleischbrühe ablöschen und zum Kochen bringen.

Bei sehr niedriger Hitze im fest zugedeckten Topf 15 bis 20 Minuten garen, ohne den Deckel zu lüften. Dann 5 Minuten abdampfen lassen. Den Reis vorsichtig mit einer Gabel auflockern, die ungemahlenen Gewürze herausnehmen.

Den Reis in eine Schüssel füllen, wieder mit einem geschlitzten Löffel, um die Reiskörner nicht zu zerdrücken. Heiß servieren. Beilagen sind Fleisch- und Gemüsecurries, Pickles und *sambols*.

# Kaha bath

Gelber Reis

*Ein Gericht für besondere Anlässe. Der Reis ist in Kokosmilch gekocht und köstlich gewürzt.*

6 bis 8 Portionen

Zutaten:

750 ml Langkornreis
4 EL *ghee*
2 mittelgroße Zwiebeln, fein geschnitten
6 Nelken
20 schwarze Pfefferkörner
12 Kardamomkapseln, zerdrückt
1½ TL Kurkuma, gemahlen
3½ TL Salz
12 Curryblätter
1 Stengel getrocknetes Zitronengras, nach Belieben
4 Stück *daun pandan-* oder *rampé*-Blatt, nach Belieben
etwa 1250 ml Kokosmilch

Den Reis waschen und gründlich abtropfen lassen. Die Zwiebeln in einem großen Topf in heißem *ghee* eben goldbraun anbraten. Nelken, Pfefferkörner, Kardamomkapseln, Kurkuma, Salz, Curryblätter, Zitronengras, Pandanus- oder *rampé*-Blatt und den Reis zugeben und unter ständigem Rühren anbraten, bis die Reiskörner ganz mit *ghee* und Kurkuma überzogen sind. Mit der Kokosmilch ablöschen und zum Kochen bringen. Bei schwacher Hitze zugedeckt 20 bis 25 Minuten garen, ohne den Deckel zu lüften. Wenn der Reis gar ist, liegen die Gewürze und Blätter an der Oberfläche. Man entfernt sie und lockert den Reis vorsichtig mit einer Gabel auf.

Heiß servieren. Beilagen und Schweinefleisch-*badun* (S. 130) oder andere Curries und Beilagen.

# Koppé bath

Aus Tassen gestürzter Reis

8 Portionen

Zutaten:

gelber Reis (Rezept oben)
Kokosnuß-*sambol*
4 hartgekochte Eier, nach Belieben

Im Grunde genommen ist dies in eine Tasse gedrückter gelber Reis, mit einer Schicht Kokosnuß-*sambol* in der Mitte. Wenn man will, kann man ein halbes hartgekochtes Ei auf den Grund der Tasse legen, dann zur Hälfte mit dem warmen Reis auffüllen. Fest zusammendrücken. Mit einem EL Kokosnuß-*sambol* bedecken, weiter gelben Reis darüber verteilen, wieder fest zusammendrücken, dann auf eine Platte stürzen. Dies wiederholen, bis der Reis aufgebraucht ist.

Mit Curries und Beilagen servieren.

# Kiri bath

Milchreis

*Kiri bath, ein einfaches, in Kokosmilch gekochtes Reisgericht, gehört zu den traditionellen Speisen der Singhalesen. Es ist absolutes »Muß« am Neujahrstag, und am ersten Tag eines jeden Monats ist es allgemein übliches Frühstück. Gewöhnlich wird es mit heißen* sambols *aufgetragen, aber manche essen es lieber mit geriebenem Palmzucker. Wenn Sie Palmzucker nicht bekommen können, nehmen Sie nichtraffinierten braunen Zucker aus dem Reformhaus als Ersatz.*

4 bis 5 Portionen

Zutaten:

500 ml weißer Kurzkornreis
750 ml Wasser
500 ml dicke Kokosmilch
2 TL Salz
1 Stange Zimt, nach Belieben

Reis und Wasser zum Kochen bringen. Zugedeckt 15 Minuten garen. Kokosmilch, Salz und Zimt zugeben, mit dem Kochlöffelstiel gründlich durchrühren, zugedeckt bei schwacher Hitze weitere 10 bis 15 Minuten garen. Die Milch sollte nun aufgesogen sein. Den Zimt herausnehmen, Reis etwas abkühlen lassen, auf eine flache Platte geben.

In Rauten teilen und mit Kokosnuß-*sambol* servieren.

# Lampries

*So wie* biriani *die Krönung eines Festmahls in Indien ist, so gibt es in Sri Lanka zu besonderen Anlässen* lampries. *Wenn Sie als Gast in einer ceylonesischen Familie* lampries *vorgesetzt bekommen, so will man Sie damit besonders ehren.*
*Der Name kommt vom holländischen* »lomprijst«. *Was Ihnen da vorgesetzt wird, ist eine faszinierende Kombination von in Fleischbrühe gekochtem Reis, holländischen Hackfleischbällchen, singhalesischen Curries und* sambols *– das alles in Bananenblätter gehüllt und im Ofen gebacken.*

16 bis 18 Portionen
Garzeit: etwa 20 bis 25 Minuten
Backofentemperatur: 170 bis 190°

Große, breite Bananenblätter werden von den Mittelrippen gestreift und in Stücke von etwa 30 bis 40 cm Länge geschnitten. Waschen, mit einem trockenen Tuch abreiben und ein paar Sekunden über eine Gasflamme halten. Das macht die Blätter biegsam, sie lassen sich nun falten, ohne zu zerreißen. Wenn Sie auf einem Elektroherd kochen, legen Sie die Bananenblätter in ein großes Becken oder ins Spülbekken und übergießen sie mit kochendem Wasser. Wer keine Bananenblätter bekommen kann, schneidet Alufolie zu Quadraten von 40 cm Kantenlänge.
Die dreifache Rezeptmenge *ghee*-Reis (S. 106) zubereiten. Für 1500 ml Reis nimmt man 2400 ml Brühe. Auf jedes Stück Bananenblatt oder Alufolie eine Tasse festgedrückten *ghee*-Reis stürzen. Um diesen Reis herum werden angeordnet: 2 EL *lampries*-Curry (S. 130),2 Frikadellen (S. 139), 2 TL *vambotu pahi* (S. 142), 1 TL Chili-*sambol* (S. 145) und ein gehäufter TL Garnelen-*blachan* (S. 144). 2 EL dicke Kokosmilch (S. 9) über den Reis gießen. Die Blätter zusammenfalten und mit Bambusspießchen feststecken (im Kaufhaus erhältlich) oder die Alufolie zu einem länglichen Paket falten. Manche ziehen es vor, die Blätterpakete noch einmal in Alufolie einzuschlagen. Das macht sich bezahlt für den Fall, daß die Blätter beim Erhitzen oder Servieren reißen sollten.
Die *lampries* bei 170 bis 190° im Backofen ungefähr 20 bis 25 Minuten backen. Auf einem großen Tablett arrangieren. Ihren Gästen wird aus den geöffneten *lampries* ein unglaublich appetitanregender Duft entgegensteigen. Für jeden Gast rechnet man ein oder zwei *lampries*. Als Beilage wird eine Schüssel mit eisgekühltem Gurken-*sambol* gereicht, Rezept S. 146
Anmerkung: Es empfiehlt sich, viele *lampries* zuzubereiten, denn sie eignen sich ideal für Parties. Sie lassen sich gut einfrieren und können tiefgekühlt bis zu zwei Monate aufbewahrt werden. Gefrorene *lampries* bei 170 bis 190° 40 Minuten, vorher aufgetaute 20 Minuten erhitzen.

# Rotis

*Sie ähneln den indischen Flachbroten, nur enthält die Sri Lanka-Version geriebene frische Kokosnuß oder Kokosflocken. Mit Curries und* sambols *servieren. In Sri Lanka werden sie zum Frühstück gegessen.*

6 bis 8 Portionen
Zutaten:
500 ml *roti*-Mehl, Reismehl oder Mehl-Backpulver-Mischung
125 ml Kokosflocken
1 TL Salz
knapp 250 ml Wasser
*ghee* oder Öl zum Backen

In einer Schüssel Mehl, Kokosnuß und Salz mischen. So viel Wasser zugeben, daß man einen weichen Teig erhält. Den Teig kneten, bis er sich zu einer Kugel zusammenballt und nicht mehr an der Schüssel klebt. Etwa 30 Minuten ruhen lassen.
Aus dem Teig Kugeln etwa vom Umfang eines Golfballs formen. Jede Kugel zu einem Kreis von Untertassengröße auseinanderdrükken. Auf heißem Backblech oder in einer nur sehr dünn mit *ghee* oder Öl eingefetteten Bratpfanne backen. Heiß servieren.

# Leilas rotis

Ergibt etwa 12 Stück
Zutaten:
1 l Reismehl, roti-Mehl oder gewöhnliches Mehl
1 TL Backpulver
250 ml frisch geriebene Kokosnuß oder Kokosflocken
2 TL Salz
2 TL Butter oder Margarine
1 EL feingehackte Zwiebel
2 TL feingehackte frische rote oder grüne Chilis
1 Ei, verquirlt
etwa 500 ml Wasser
etwas *ghee* oder Öl zum Backen

In einer großen Rührschüssel Mehl, Backpulver, Kokosnuß und Salz mischen. Die Butter gleichmäßig einarbeiten, Zwiebel und Chilis in das Mehl einrühren, dann das Ei und so viel Wasser zugeben, daß man einen festen Teig erhält. Kneten, bis sich der Teig zu einer Kugel zusammenballt und nicht mehr an der Schüssel klebt. 30 Minuten ruhen lassen.
Ein zitronengroßes Stück Teig zwischen bemehlten Händen zu einem Kreis vom Umfang eines kleinen Tellers auseinanderklopfen. Auf heißem Backblech oder nur leicht eingefetteter Bratpfanne backen. Heiß mit *sambols* und Curries servieren.

# Appé
Hoppers

*Der Name kann Ihnen gar nichts sagen, wenn Sie nicht schon einmal in diesem Teil der Welt gewesen sind und* appé, appam oder hoppers, *wie sie auch genannt werden, gegessen haben. Das sind schalenförmige Pfannkuchen. Der Teig aus Reismehl, Hefe und Kokosmilch wird in halbkugelförmigen Pfannen herumschwenkt, die aussehen wie ein kleiner, aber stärker gekrümmter* wok, *und über Kohlenglut gebacken. Zusätzlich werden noch glühende Kohlen auf den Deckel gelegt.*
Hoppers *können aber mit gleichem Erfolg auf Gas- und Elektroherden gebacken werden. Die Pfannen bekommt man in Läden, die sich auf Waren aus Indien oder Sri Lanka spezialisieren. Ich habe* hoppers *auch schon in einer kleinen Omelettpfanne gebacken – die Form war zwar unorthodox, aber der Geschmack vollkommen.*
*In Sri Lanka werden die* hoppers *zum Frühstück gegessen; sie schmecken aber zu jeder anderen Tageszeit gut.*

Ergibt etwa 20 Stück
Zutaten:
15 g frische gepreßte Hefe oder 1 TL getrocknete Hefe
125 ml warmes Wasser
1½ TL Zucker
375 ml gemahlener Reis
375 ml Reismehl oder gewöhnliches weißes Mehl
2 TL Salz
500 ml Kokosflocken
625 ml heiße Milch
500 ml heißes Wasser

Die Hefe in warmes Wasser einstreuen; rühren, bis sie sich aufgelöst hat, Zucker zugeben und etwa 10 Minuten stehenlassen. Wenn die Hefe Blasen bildet, ist das der Beweis dafür, daß sie lebt, und Sie können mit dem Rezept fortfahren. Wenn sie aber keine Reaktion zeigt, müssen Sie noch einmal mit frischer Hefe von vorn anfangen, sonst werden Ihre *hoppers* kein Erfolg.
Den gemahlenen Reis, Reismehl und Salz in eine große Rührschüssel geben. Kokosmilch herstellen wie auf S. 9 beschrieben, dabei Milch anstelle von Wasser verwenden. Die erste Milch also mit Milch extrahieren, dann aus derselben Kokosnuß den zweiten Extrakt mit Wasser machen. Beide Extrakte getrennt aufbewahren. Die Hefe in den ersten Kokosmilchextrakt einrühren und mit den trockenen Zutaten zu einem glatten, dicken Teig verarbeiten. Über Nacht gehen lassen oder eine Stunde lang in einem warmen, abgeschalteten Backofen. Der Teig soll sein Volumen verdoppeln. Er soll dickflüssig sein, aber doch dünn genug, daß er die Wände der halbkugelförmigen Pfanne mit einer hauchdünnen, fast transparenten Schicht überzieht, wenn er darin herumgeschwenkt wird. Wahrscheinlich werden Sie noch etwas von dem zweiten Kokosmilchextrakt an den Teig geben müssen. Mit ein wenig Übung werden Sie bald wissen, wann der Teig die richtige Konsistenz erreicht hat. Es hängt so viel von der Aufnahmefähigkeit des Mehls ab, daß es nicht möglich ist, genaue Mengen anzugeben.
Die Pfanne bei schwacher Hitze heiß werden lassen. Die Innenseite mit einem zusammengefalteten, in Öl getauchten Stück Küchenpapier einfetten und einen kleinen Schöpflöffel Teig eingießen. Sofort mit Hilfe von Topflappen die Pfanne an beiden Henkeln hochheben und den Teig herumschwenken, daß er die Pfannenwände bis zu ²/₃ Höhe bedeckt. Die Pfanne dann mit irgendeinem passenden Deckel zudecken, und den *hopper* über sehr schwacher Hitze 5 Minuten backen. Den Deckel lüften und nachsehen. Wenn die oberen Ränder hell-toastfarben sind, ist der *hopper* fertig.
Wo der Teig von den Rändern zur Mitte zusammengelaufen ist, da ist der *hopper* dicker und porös wie Kuchen, während die aufgebogenen Ränder sehr dünn und kroß wie Waffeln sind. Mit Hilfe eines gebogenen geschlitzten Wenders oder biegsamen Metallspatels den *hopper* aus der Pfanne auf ein Drahtgitter gleiten lassen. Die Pfanne wieder mit geöltem Papier ausreiben und die Prozedur wiederholen.
Die *hopper* warm auftragen, zusammen mit *lunu miris sambol* (S. 146) oder jeder Art Fleisch-, Fisch- oder Geflügelcurry.

# Biththara appé
Ei-hoppers

Wie im Rezept für *hoppers* verfahren, aber, sobald die Pfanne mit Teig ausgekleidet ist, ein frisches Ei in die Mitte schlagen. Zudecken und wie zuvor garen. Während der *hopper* bäckt, wird das Ei gerade richtig weich, und es sieht sehr hübsch aus. Mit Salz und Pfeffer bestreuen.

# Miti kiri appé
Hoppers mit dicker Kokosmilch

Wer das lieber mag, kann *hoppers* auch mit süßen Beilagen essen, zum Beispiel mit frischer geraffelter Kokosnuß oder mit geraffeltem Palmzucker.
Dazu wird der *hopper* noch angereichert, indem man etwas dicke Kokosmilch in die Mitte gießt, ehe man den Deckel auflegt.

# Iddi appé
Fadenhoppers

*Ihr Name kommt daher, daß sie aus Teigfäden gemacht werden, die sogar noch dünner sind als Vermicelli. Man drückt den Teig durch eine Spritztülle und formt wie Spitzen aussehende Ringe vom Umfang einer Untertasse. Diese werden auf gewebten Untersetzern gedämpft, die übereinander gestapelt sind. Sie fühlen sich trocken an und sind leicht und flaumig.*
*Man rechnet zum Frühstück sechs bis acht Fadenhoppers pro Person. Dazu reicht man eine einfache Kokosmilchsuppe (siehe* kiri hodhi, *S. 140) und Kokosmuß-*sambol.
*Fadenhoppers werden aber auch sehr gern zu einem festlichen Lunch oder Dinner gereicht, und zu diesem Zweck werden sie in feine Stücke gebrochen und als* pilau *gekocht. Dazu gibt es* mulligatawny *(S. 140), Eier-*ruloung *(S. 138), Frikadellen (S. 139), Fleisch- oder Hühnercurry und Chili-*sambol *(S. 145).*
*Ich erwähne die Fadenhoppers, weil sie so typisch für ceylonesisches Essen sind. Da sie aber sehr mühsam herzustellen sind, verwendet das folgende Rezept als Ersatz chinesische Reisvermicelli. Ich habe es »falsches Fadenhopper-*pilau*« genannt.*

8 bis 10 Portionen

Zutaten:
500 g Reisvermicelli
5 EL *ghee*
3 große Zwiebeln, fein geschnitten
10 Curryblätter
1 Päckchen Safranpulver oder 1/2 TL Safranfäden
1 TL Kurkuma, gemahlen
1 TL Kardamom, gemahlen
Salz und Pfeffer nach Geschmack
4 bis 5 hartgekochte Eier
250 ml gekochte frische Erbsen
60 ml Cashew-Nüsse oder Mandeln, in Öl goldbraun geröstet

Die Reisvermicelli in reichlich kochendem, leicht gesalzenem Wasser nur 2 Minuten garen. Sofort durch ein großes Sieb abgießen.
In einem großen Topf *ghee* heiß werden lassen und Zwiebeln und Curryblätter anbraten, bis die Zwiebeln goldgelb sind. Safran, Kurkuma und Kardamom gut unterrühren. Die Reisvermicelli zugeben und alle Zutaten locker wenden, bis sie gut gemischt und von einheitlicher Farbe sind. Mit Salz und Pfeffer abschmecken.
Mit Eischeiben oder -vierteln, Erbsen und Nüssen garniert auftragen.
Anmerkung: Nach Belieben können die hartgekochten Eier zuvor in gemahlenem Kurkuma gewendet und in etwas heißem Öl goldgelb gebraten werden.

# Pittu

*Pittu ist eine Kombination aus Mehl und frischgeraffelter Kokosnuß, die in einem Bambuszylinder über Dampf gegart wird. Das Ergebnis ist eine Rolle, die ein bißchen wie ein weißer Nierenfettpudding aussieht, in ihrer Struktur aber sehr viel lockerer ist. Man serviert sie mit frischer Kokosmilch, heißen* sambols *und Curries und ißt sie besonders gern zum Frühstück.*
*Statt des Bambuszylinders können Sie eine hohe, schmale Konservendose, zum Beispiel eine Kaffeedose, nehmen. Sie schneiden den Boden heraus, machen etwa ein Dutzend kleine Löcher in den Deckel, drehen die Dose um, so daß der Deckel nun als Boden dient. Die Dose mit der Kokosnußmasse füllen. Wenn Sie keinen Dampftopf haben, nehmen Sie einen großen Kochtopf und stellen die Dose auf einen Dreifuß, damit sie über der Wasseroberfläche steht.*

Zutaten:
500 ml frische geraffelte Kokosnuß oder 500 ml Kokosflocken und 250 ml Wasser
250 ml gewöhnliches Mehl oder Reismehl
250 ml mittelfeiner Weizengrieß
1½ TL Salz

Kokosflocken müssen in einer großen Schüssel mit dem Wasser beträufelt und mit den Fingerspitzen durchgearbeitet werden, bis sie gleichmäßig angefeuchtet sind. Frische Kokosnuß braucht kein Wasser. Das gesiebte Mehl, Weizengrieß und Salz zur Kokosnuß in die Schüssel geben und sanft mit den Fingerspitzen verkneten. Die Masse soll feinkrümelig sein. Einen Bambus- oder Metallzylinder mit dieser Masse füllen, leicht zusammendrücken. In einem großen Topf über kochendem Wasser 10 bis 15 Minuten im Dampf garen. Etwas abkühlen lassen, aus der Form lösen.
Man serviert mit Kokosmilch zum Anfeuchten, *lunu miris sambol* (S. 146) oder einem scharfen Curry wie zum Beispiel einem Curry aus Kutteln (S. 132), das traditionsgemäß zu *pittu* gehört.
Man kann *pittu* auch mit süßen Beilagen wie Kokosmilch, geriebenem Palmzucker oder weißem Zucker reichen.

# Ceylon Currypulver

*Eines der Hauptcharakteristika der ceylonesischen Küche ist das Dunkelrösten der Gewürze. Das gibt ihnen ein Aroma, das völlig verschieden ist von dem indischer Curries. Deshalb müssen Sie darauf achten, »Ceylon Currypulver« zu verwenden. Für den Fall, daß Sie es nicht fertig kaufen können, hier ein einfaches Rezept:*

Zutaten:
250 ml Koriandersamen
125 ml Kreuzkümmelsamen
1 EL Fenchelsamen
1 TL Bockshornkleesamen
1 Stange Zimt, etwa 5 cm lang
1 TL ganze Nelken
1 TL Kardamomsamen
2 EL getrocknete Curryblätter
2 TL Chilipulver, nach Belieben
2 EL gemahlener Reis, nach Belieben

In einer trockenen Pfanne über schwacher Hitze *je für sich* Koriander, Kreuzkümmel, Fenchel und Bockshornklee rösten – ständig rühren, bis jede Sorte ziemlich dunkelbraun ist. Nicht anbrennen lassen. Zusammen mit der in Stücke gebrochenen Zimtstange, den Nelken, Kardamom und Curryblättern im Elektromixer auf höchster Schaltstufe fein pulverisieren. Mit Chilipulver und gemahlenem Reis vermischen, falls gewünscht. In einem Glas luftdicht verschlossen aufheben.

# Malu curry
Fischcurry

4 bis 6 Portionen
Zutaten:
4 große Fischsteaks (Makrele, Jewfisch oder Kabeljau)
1 TL schwarzer Pfeffer, gemahlen
1 TL Salz
1 TL Kurkuma, gemahlen
Öl zum Braten
2 mittelgroße Zwiebeln, fein gehackt
$^{1}/_{2}$ TL Bockshornkleesamen
2 Knoblauchzehen, fein geschnitten
1 TL frischer Ingwer, fein gehackt
1 kleine Stange Zimt
einige Stücke getrocknete *daun pandan-* oder *rampé*-Blätter
8 Curryblätter
$1^{1}/_{2}$ EL Ceylon-Currypulver
60 ml Tamarindensaft
500 ml Kokosmilch

Die Fischsteaks waschen, mit Küchenpapier abtrocknen. Jedes Steak gründlich mit einer Mischung aus Pfeffer, Salz und Kurkuma einreiben, etwa 1,75 cm hoch Öl in einer großen Bratpfanne erhitzen und den Fisch darin schnell goldgelb braten. Auf Küchenpapier abtropfen lassen, während die Soße zubereitet wird.
2 EL Öl in einem großen Topf heiß werden lassen und darin vorsichtig Zwiebeln, Bockshornkleesamen, Knoblauch und Ingwer anbraten, bis die Zwiebeln weich und goldgelb sind. Zimt, Pandanus- oder *rampé*-Blätter, Curryblätter und -pulver zugeben, 2 Minuten unter Rühren erhitzen. Tamarindensaft und Kokosmilch angießen, offen simmern, bis die Soße etwas eingekocht und eingedickt ist. Die Fischsteaks einlegen. Sehr große Steaks in Portionsstücke schneiden. Die Soße über den Fisch schöpfen und 10 Minuten simmern. Heiß mit gekochtem Reis und Gemüsecurries servieren.

# Thakkali malu
Fischcurry mit Tomate

4 bis 5 Portionen
Zutaten:
500 g Fischsteaks (zum Beispiel Thunfisch, Makrelen, Meeräschen)
1 TL Kurkuma, gemahlen
1 TL Salz
Öl zum Braten
1 große Zwiebel, grob gehackt
3 Knoblauchzehen
2 TL frischer Ingwer, fein gehackt
1 mittelgroße, reife Tomate, gehackt
2 EL Öl
1 EL Ceylon Currypulver
1 TL Chilipulver
Salz nach Geschmack
500 ml Kokosmilch

Den Fisch gründlich waschen und abtrocknen, auf allen Seiten mit Salz und Kurkuma einreiben. Jedes Steak in Portionsstücke schneiden. In heißem Öl auf beiden Seiten goldbraun braten. Abtupfen. Zwiebel, Knoblauch, Ingwer und Tomate im Elektromixer pürieren. In einem Topf Öl heiß werden lassen und die Gewürzpaste einige Minuten braten, bis das Öl sich abscheidet. Curry- und Chilipulver, etwa 1 TL Salz und die Kokosmilch zugeben und unter Rühren zum Kochen bringen. Einige Minuten simmern, den Fisch einlegen und weitere 10 Minuten simmern. Mit Reis und Beilagen servieren.

Abbildungen Seite 113 bis 116
Das Vorbereiten der Schoten für Mattar chilka kari – Erbsenschoten mit Curry (Rezept S. 63)
Taazi khumben alu mattar kari – Champignons, Kartoffeln und Erbsen mit Curry (Rezept S. 66)
Mattar panir – Erbsen mit Frischkäse (Rezept S. 65)
Dhal – Linsenpüree, oben (Rezept S. 62)
Brinjal bartha – Auberginenpüree, oben rechts (Rezept S. 68)
Khira raita – Gurke mit Joghurt, Mitte (Rezept S. 72)
Podina chatni – Minzenchutney, unten rechts (Rezept S. 82)
Elolu kiri hodhi – Gemüsecurry, unten links (Rezept S. 133)

## Ambul thiyal

Saures Fischcurry

*Speziell für dieses Gericht wird in Sri Lanka eine Säure verwendet, die* goraka *heißt. Es ist eine hellorangefarbene Frucht, die in Segmente geteilt und getrocknet wird. Die getrockneten Segmente sind fast schwarz. Sollten Sie diese Zutat bekommen können, so verwenden Sie bitte 4 Segmente und zermahlen sie zu einem Brei. Ich habe Tamarinde als Ersatz genommen, weil man sie ohne Mühe bekommen kann.*

6 Portionen
Zutaten:
500 g feste Fischfilets oder -steaks
1 gehäufter EL Tamarindenmark
60 ml Essig
1 mittelgroße Zwiebel, fein gehackt
3 Knoblauchzehen, fein gehackt
1 TL frischer Ingwer, fein gerieben
1 TL Salz
6 bis 8 Curryblätter
1 Stengel Zitronengras oder zwei Streifen Zitronenschale
2,5 cm Zimtstange
1/4 TL Bockshornkleesamen
1/4 TL schwarzer Pfeffer, gemahlen
1/4 TL Chilipulver, nach Belieben
375 ml Wasser
2 EL Öl

Den Fisch waschen und abtrocknen, in Portionsstücke schneiden. Das Tamarindenmark im Essig aufweichen. Sehr trockenes Mark mit dem Essig einige Minuten lang in einem emaillierten Topf erhitzen, etwas von dem Wasser zugeben. So weit abkühlen lassen, daß man das Mark in der Flüssigkeit zerdrücken und auflösen kann. Durch ein feines Nylonsieb seihen, Samen und Fasern wegwerfen.
Alle Zutaten in einen Topf geben, am besten in einen emaillierten Topf oder einen aus rostfreiem Stahl, und zum Kochen bringen. Bei niedriger Hitze offen simmern, bis der Fisch gar und die Soße eingedickt ist. Während der Kochzeit den Topf ein- oder zweimal rütteln oder die Fischstücke vorsichtig wenden. Mit weißem Reis servieren.

## Kiri malu

Weißes Fischcurry

6 Portionen
Zutaten:
500 g festfleischige weiße Fischsteaks oder -filets
1/2 TL Kurkuma, gemahlen
1 TL Salz
1 TL Bockshornkleesamen
1 mittelgroße Zwiebel, fein geschnitten
2 Knoblauchzehen, fein gehackt
8 Curryblätter
375 ml dünne Kokosmilch
125 ml dicke Kokosmilch
Zitronensaft nach Geschmack

Den Fisch waschen und mit Küchenpapier abtrocknen. Mit Kurkuma und 1/2 TL Salz einreiben. Die Bockshornkleesamen erst 30 Minuten in Wasser quellen lassen, dann mit Zwiebel, Knoblauch, Curryblättern, der dünnen Kokosmilch und 1/2 TL Salz leise simmern, bis die Zwiebel weich ist. Durchrühren, den Fisch einlegen und weitere 10 Minuten simmern. Die dicke Kokosmilch zugeben, noch einige Minuten weiterkochen, dann vom Feuer nehmen und nach Geschmack Zitronensaft einrühren. Mit Reis und *sambols* servieren.

Abbildungen Seite 117 bis 120
Akoori – Rührei nach Parsi-Art (Rezept S. 51)
Pani puri – Weizengrieß-Waffeln (Rezept S. 89/90)
Das Zubereiten von Samoosa und Singara, pikant gefülltem Gebäck (Rezept S. 91)
Sharbat gulab (links), Lassi (Mitte) und Falooda (rechts). (Rezepte S. 93/94)

# Siyambala malu curry

Fischcurry mit Tamarinde

6 Portionen
Zutaten:
500 g festfleischige Fischsteaks oder -filets
1 gehäufter EL Tamarindenmark
125 ml heißes Wasser
1½ EL Ceylon Currypulver
1 TL Salz
¼ TL Kurkuma, gemahlen
1 TL Chilipulver
3 EL Öl
6 Curryblätter
¼ TL Bockshornkleesamen
1 mittelgroße Zwiebel, fein gehackt
2 Knoblauchzehen, fein gehackt

Den Fisch waschen, abtrocknen und in Portionsstücke schneiden. Tamarindenmark in heißem Wasser aufweichen, abkühlen lassen, zerdrücken und auflösen. Durch ein feines Sieb gießen, Fasern und Samen wegwerfen. Den Tamarindensaft mit Currypulver, Salz, Kurkuma und Chilipulver vermischen und den Fisch 20 Minuten darin marinieren.
In heißem Öl Curryblätter und Bockshornkleesamen 2 Minuten rösten, dann Zwiebeln und Knoblauch zugeben und unter gelegentlichem Rühren bei mittlerer Hitze weiterrösten, bis die Zwiebeln goldgelb sind. Fisch samt Marinade zugeben. Zugedeckt bei schwacher Hitze 10 Minuten ziehen lassen. Weitete 10 Minuten offen kochen. Mit weißem Reis und Gemüsecurries servieren.

# Malu bola cutlis

Fisch-koftas

Ergibt etwa 60 Stück
Zutaten:
425 g Makrelen (aus der Dose)
500 g mehlige Kartoffeln
1 große Zwiebel, sehr fein gehackt
1 großes oder 2 kleine Eier, verquirlt
3 Scheiben Weißbrot
2 TL Salz
½ TL schwarzer Pfeffer, gemahlen
1 TL Ceylon Currypulver
1 TL getrockneter oder frischer Dill
2 TL frische rote oder grüne Chilis, entkernt und fein gehackt
Semmelbrösel oder Cornflake-Krümel zum Panieren
Öl zum Ausbacken

Den Fisch sehr gründlich in einem Sieb ablaufen lassen, mit einem Löffel so viel Flüssigkeit wie möglich herausdrücken. Die Kartoffeln kochen, heiß zerdrücken, davon ebensoviel abwiegen, wie der Fisch wiegt. In einer Schüssel Fisch, Kartoffeln, Zwiebel, Ei, zerkrümeltes Weißbrot (ohne Kruste), Gewürze, Dill und Chilis vermengen. Gründlich durchmischen und 60 kleine Kugeln formen. In den Semmelbröseln wälzen. Immer nur ein paar gleichzeitig bei mittlerer Hitze in Öl schwimmend ausbacken. Das Öl darf nicht zu heiß sein, sonst löst sich die Panade, und die *koftas* werden braun, ehe sie innen gar sind. Die braunen *koftas* mit einem Schaumlöffel herausheben und auf Küchenpapier abtropfen lassen.
Diese Fisch-*koftas* kann man auf Vorrat zubereiten, abgekühlt in einem Plastikbeutel einfrieren und bei mäßiger Hitze im Backofen aufwärmen.

# Malu roast

Würziger, gegrillter Fisch

4 Portionen
Zutaten:
4 ganze kleine Makrelen oder Meeräschen
2 EL Zitronensaft
1½ TL Salz
1 TL Kurkuma, gemahlen
¼ TL schwarzer Pfeffer, gemahlen
1 kleine Zwiebel, geschnitten
2 Knoblauchzehen, geschält
2 Scheiben frischer Ingwer
je ¼ TL gemahlener Zimt und gemahlene Nelken
½ TL getrocknete Curryblätter, zerkrümelt, nach Belieben
1 EL Koriander, gemahlen
1 TL Kreuzkümmel, gemahlen
1 TL Chilipulver, oder nach Geschmack
1 EL Öl
Alufolie zum Einwickeln

Den Fisch säubern und schuppen, den Kopf dranlassen. Das Innere der Fische mit in grobes Salz getauchtem Küchenpapier ausreiben, bis es ganz sauber ist. Die Kiemen mit der Küchenschere herausschneiden, Rückgrat und Flossen herausnehmen. Die Fische gründlich waschen, mit einem scharfen Messer das Fleisch in etwa 2,5 cm Abstand diagonal einschneiden. Die Fische mit etwas Zitronensaft, Salz, Kurkuma und Pfeffer einreiben. Die übrigen Zutaten im Elektromixer oder im Mörser zu einer glatten Paste zerkleinern. Die Fische damit bestreichen, auch die Schnitte und das Innere sorgfältig einreiben. Den Rest der Paste über die Fische verteilen. In dicke Alufolie sauber verpacken.
Über Kohlenglut oder unter dem vorgeheizten Elektrogrill 10 Minuten auf jeder Seite braten. In den letzten Minuten die Folie öffnen, damit überschüssige Flüssigkeit verdampfen kann. Heiß mit gekochtem Reis servieren.

# Rathu isso curry
Rotes Garnelencurry

6 Portionen
Zutaten:
750 g kleine rohe Garnelen oder Krabben
1 mittelgroße Zwiebel, fein gehackt
3 Knoblauchzehen, fein gehackt
1 TL frischer Ingwer, fein gerieben
1 kleine Stange Zimt
1/4 TL Bockshornkleesamen
einige Curryblätter
1 kleiner Stengel Zitronengras, zerdrückt, oder 2 Streifen Zitronenschale
1 Streifen *daun pandan*- oder *rampé*-Blatt
1/2 TL Kurkuma, gemahlen
1 1/2 TL Chilipulver
2 TL Paprika
1 TL Salz
500 ml Kokosmilch
Zitronensaft nach Geschmack

Die Garnelen waschen, die Köpfe abschneiden, die Schalen aber dranlassen (in Sri Lanka werden Garnelen des besseren Geschmacks wegen oft in den Schalen gegart). Alle Zutaten außer Zitronensaft langsam zum Simmern bringen. 20 Minuten offen simmern, bis die Zwiebeln weich sind. Zitronensaft einrühren. Mit Salz und Zitronensaft abschmecken.

# Isso thel dhala
Garnelencurry

*Hier muß wieder Paprika zu Hilfe kommen und dieses scharf gewürzte Garnelengericht so verlockend rot machen, wie es sich gehört. Wer es auf die richtige ceylonesische Art kochen will, muß mehr Chilipulver nehmen – aber sagen Sie nicht, ich hätte Sie nicht gewarnt!*

6 Portionen
Zutaten:
1 kg rohe Garnelen oder Krabben
3 EL Öl
2 große Zwiebeln, fein gehackt
2 Knoblauchzehen, fein gehackt
1/2 TL Chilipulver, oder nach Geschmack
2 TL Paprika
1/4 TL Kurkuma, gemahlen
2 TL zerstoßener getrockneter Thunfisch oder Pulver aus getrockneten Garnelen
125 ml Wasser
2 TL Zucker
1 EL Tomatenmark oder -soße

Die Garnelen von Schalen und Eingeweiden befreien. In einer schweren Bratpfanne Zwiebeln und Knoblauch über schwacher Hitze in heißem Öl weich und goldbraun rösten. Wenn sich das Öl an den Rändern abzuscheiden beginnt, Chilipulver, Paprika und Kurkuma einrühren und eine Minute mitrösten. Dann den getrockneten Thunfisch und die Garnelen zugeben, rühren und weitere 3 Minuten garen. Mit Wasser ablöschen, zugedeckt 5 Minuten simmern. Zucker und Tomatenmark einrühren, offen noch einige Minuten kochen, bis die Soße dunkelrotbraun und so dick und trocken ist, daß die Garnelen damit überzogen sind. Mit Reis servieren.
Diese scharfgewürzten Garnelen auf kleinen Toastbrot-Quadraten sind ein köstlicher Snack.

# Kakuluwo curry

Hummercurry

*In Sri Lanka, wo Hummerkrabben in Mengen, billig und immer lebend zu haben sind, ist dies ein besonders beliebtes Gericht. Man kann auch gekochte Hummerkrabben dafür verwenden, sie sind einfacher – und sicherer – zu verarbeiten.*

4 bis 6 Portionen
Zutaten:
2 große Hummerkrabben
3 mittelgroße Zwiebeln, fein gehackt
6 Knoblauchzehen, fein gehackt
2 TL frischer Ingwer, fein gerieben
1/2 TL Bockshornkleesamen
10 Curryblätter
8 cm Zimtstange
1 bis 2 TL Chilipulver
1 TL Kurkuma, gemahlen
3 TL Salz
1 l dünne Kokosmilch
2 EL Kokosflocken
1 EL gemahlener Reis
500 ml dicke Kokosmilch
3 EL Zitronensaft

Die großen Schalen der Krabben und das faserige Gewebe darunter entfernen. Jede Krabbe in 4 Portionen teilen, dazu jeden Körper in Hälften auseinanderbrechen, die großen Scheren abtrennen. Die Beine bleiben am Körper.
Zwiebel, Knoblauch, Ingwer, Bockshornkleesamen, Curryblätter, Zimt, Chilipulver, Kurkuma, Salz und die dünne Kokosmilch in einem großen Topf zugedeckt 30 Minuten leise simmern. Die Hummerkrabben zugeben; rohe Krabben 20 Minuten, gekochte Krabben nur 5 bis 7 Minuten kochen. Sie sollen während des Kochens mit Soße bedeckt sein, deshalb in zwei Portionen kochen, falls der Topf nicht groß genug ist.
Die Kokosflocken und den gemahlenen Reis jedes für sich in einer trockenen Pfanne bei mäßiger Hitze goldbraun rösten. Ständig rühren, damit sie nicht anbrennen. Beide im Elektromixer zusammen mit der Hälfte der dicken Kokosmilch eine Minute auf hoher Schaltstufe mixen. Zusammen mit dem Zitronensaft an das Curry geben. Mit der restlichen Kokosmilch den Mixbecher ausschwenken; auch diese an das Curry geben. Weitere 10 Minuten offen simmern. Mit gekochtem Reis servieren.
Anmerkung: Zwiebeln können von einem Land zum anderen und sogar von einem Jahr zum anderen sehr unterschiedlich sein. Große, zähe Zwiebeln müssen erst in 2 bis 3 EL Öl langsam weich gebraten werden, ehe man sie an das Rezept geben kann.

# Dhallo badun

Curry aus gebratenem Tintenfisch

4 bis 6 Portionen
Zutaten:
etwa 1 kg Tintenfisch
2 mittelgroße Zwiebeln, fein geschnitten
4 Knoblauchzehen, fein geschnitten
2 TL frischer Ingwer, fein gerieben
1 TL Kurkurma, gemahlen
1 TL Chilipulver, nach Belieben
2 EL Ceylon-Currypulver
1/2 TL ganze Bockshornkleesamen
1 Stange Zimt
1 Stengel Zitronengras oder 2 Streifen Zitronenschale
10 Curryblätter
3 EL Essig
750 ml Kokosmilch
1 1/2 TL *ghee* oder Öl zum Braten

Den Tintenfisch säubern, Tintensack und Kopf wegwerfen. In Ringe schneiden. In einen tiefen Topf mit allen Zutaten außer *ghee* geben, zum Kochen bringen. Etwa 1 Stunde simmern, bis der Tintenfisch weich und die Soße bis auf einen kleinen Rest eingedickt ist. Die Fischstücke herausnehmen, die Soße abtropfen lassen. In einer zweiten Pfanne den Tintenfisch in heißem *ghee* braten. Dann die Soße wieder an den gebratenen Fisch geben, noch ein oder zwei Minuten simmern. Mit weißem Reis und *sambols* servieren.

# Kakuluwo omlet curry

Hummer-Omelett-Curry

*Wenn Sie ein simples Omelett in Currysoße servieren, so ist das schon nichts Alltägliches mehr; wenn dieses Omelett aber ein Hummeromelett ist, dann ist es ein unvergeßliches Ereignis, und ich habe es auch nicht vergessen.*
*Mein Vater war nicht gerade das, was man ein Heimchen am Herd nennen würde, aber er bewies in einer Sache kulinarische Meisterschaft: er brachte ein Hummeromelett zustande, wie ich es nie wieder zu essen bekommen habe. Ich weiß nicht, ob es seiner eigenen Erfindungsgabe entstammte oder ob er das Rezept von einem guten Freund hatte, einem chinesischen Zahnarzt. Der hatte ein Restaurant aufgemacht, weil er dahintergekommen war, daß man mit dem Füllen von Mägen mehr Geld verdienen kann als mit dem Füllen von Zähnen. Papa pflegte selbst zum Markt zu gehen und den größten, schwersten, frischesten Hummer auszusuchen, den er nur auftreiben konnte. Den brachte er nach Hause, immer noch lebend und fluchtbereit. Ich glaube mich zu erinnern, daß mein Vater dann schleunigst verschwand und das Tier den nicht gerade sehr zartfühlenden Händen unserer Köchin überließ. Aber wenn nach dem Dämpfen das saftige, köstlich duftende Hummerfleisch sorgfältig aus Schalen und Scheren gelöst war, dann nahm mein Vater die Sache wieder in die Hände und schuf aus Eiern, Hummerfleisch, Frühlingszwiebeln und frischen Chilis ein Meisterwerk. Er hat sein Rezept nie aufgeschrieben. Es ist mir aber gelungen, etwas recht Ähnliches zu rekonstruieren.*
*Bitte, bemühen Sie sich, frisches Hummerfleisch zu bekommen – es schmeckt so sehr viel besser als tiefgekühltes oder Krabbenfleisch aus Dosen.*
*Als Omelett oder in Currysoße servieren.*

2 bis 4 Portionen
Zutaten:
4 Eier
Salz und Pfeffer
250 ml zerpflücktes Hummerfleisch
Zitronensaft nach Geschmack
1 EL Butter
3 Frühlingszwiebeln, fein geschnitten
1 frische grüne oder rote Chili, entkernt und fein gehackt
1 TL fein zerzupfter frischer Dill, nach Belieben
1 × Soße vom Gemüsecurry

Die Eier leicht verschlagen, mit 1/2 TL Salz und etwas frisch gemahlenem schwarzen Pfeffer würzen. Das Hummerfleisch mit Salz und Pfeffer und einigen Spritzern Zitronensaft nach Geschmack würzen.
In einer großen, schweren Omelettpfanne die Butter heiß werden lassen und unter Rühren langsam Frühlingszwiebeln und Chili weich braten. Die geschlagenen Eier darübergießen, den Dill einrühren und backen. Dabei die gestockten Ränder nach innen ziehen und die rohe Eimasse nach außen laufen lassen. Wenn das Omelett auf der Unterseite goldgelb, auf der Oberseite noch cremig ist, das heißgemachte Krabbenfleisch etwas unterhalb der Mitte auf das Omelett häufen und zusammenklappen. Zu Reis servieren.
Dieses Omelett-Curry kann man auch ohne Hummerfleisch zubereiten.

# Kukul mas curry

Hühnercurry

4 bis 5 Portionen
Zutaten:
1,5 kg Huhn oder Hühnerteile
3 EL *ghee* oder Öl
1/4 TL Bockshornkleesamen, nach Belieben
10 Curryblätter
2 große Zwiebeln, fein gehackt
4 bis 5 Knoblauchzehen, fein gehackt
2 TL frischer Ingwer, fein gerieben
1 TL Kurkuma, gemahlen
1 TL Chilipulver
1 EL Koriander, gemahlen
1 TL Kreuzkümmel, gemahlen
1/2 TL Fenchel, gemahlen
2 TL Paprika
2 TL Salz
2 EL Essig
2 Tomaten, geschält und gehackt
6 Kardamomkapseln, zerdrückt
1 Stange Zimt
1 Stengel Zitronengras oder 2 Streifen Zitronenschale
250 ml dicke Kokosmilch

Das Huhn in den Gelenken zerlegen. Brust und Keulen halbieren, Flügel und Unterschenkel ganz lassen.
In heißem *ghee* Bockshornklee und Curryblätter rösten, bis sie anfangen braun zu werden. Zwiebel, Knoblauch und Ingwer zugeben und langsam anbraten, bis die Zwiebeln weich und goldgelb sind. Kurkuma, Chilipulver, Koriander, Kreuzkümmel, Fenchel, Paprika, Salz und Essig darunterrühren. Bei mittlerer Hitze die Hühnerteile mit den Gewürzen rühren, bis sie von allen Seiten damit überzogen sind. Tomaten, Zitronengras und die ungemahlenen Gewürze zugeben. Bei niedriger Hitze zugedeckt 40 bis 50 Minuten garen. Die Koskosmilch einrühren, mit Salz und, wenn gewünscht, etwas Zitronensaft abschmecken. Nicht mehr zudecken, sobald die Kokosmilch eingerührt ist. Mit Reis und Beilagen servieren.
Anmerkung: In diesem Rezept wird die gewünschte rote Farbe durch Paprika erzielt. In Sri Lanka erhält man sie durch Zugabe von etwa 30 roten Chilis.

# Thara padré curry

Enten-Padré-Curry

*Der Name dieses Currys hat mich immer fasziniert. Warum es Padré-Curry heißt, ist nicht klar. Aber es enthält eine beträchtliche Menge Arrak oder Whisky, und vielleicht war es deshalb das Lieblingsgericht des Paters und die einzige Möglichkeit für ihn, Alkohol zu konsumieren.*

6 bis 8 Portionen
Zutaten:
2 Enten, in Stücke zerlegt
2 große Zwiebeln, gehackt
6 Knoblauchzehen, gehackt
1 1/2 EL Ingwer, fein gehackt
2 EL Ceylon Currypulver
1 Stange Zimt
8 Stücke getrocknetes *daun pandan-* oder *rampé*-Blatt
1 Stengel Zitronengras oder zwei Streifen Zitronenschale
750 ml Kokosmilch
2 TL Salz
60 ml Essig
60 ml Arrak oder Whisky
1 EL brauner Zucker
2 EL *ghee* oder Öl

Die Enten in Stücke zerlegen, zusammen mit allen Zutaten außer Arrak, Zucker und *ghee* in einem großen Topf zum Kochen bringen. Zugedeckt simmern, bis die Enten gar sind.
In einer Pfanne *ghee* heiß werden lassen und die Entenstücke darin braten. Die Soße angießen, Arrak und Zucker zugeben und weitere 10 Minuten simmern.
Servieren mit einfachem gekochten Reis oder *ghee*-Reis, *sambol* aus gebratenen Zwiebeln und Gurken*sambol*. Man kann das Curry auch mit braungebratenen Kartoffelscheiben garnieren.

# Kukul gujura curry

Curry aus Hühnermägen

6 Portionen
Zutaten:
750 g Hühnermägen
1 1/2 EL Koriander, gemahlen
3 TL Kreuzkümmel, gemahlen
4 EL Öl oder *ghee*
2 mittelgroße Zwiebeln, fein gehackt
5 Knoblauchzehen, fein gehackt
1 EL frischer Ingwer, fein gehackt
1 TL Chilipulver
1/2 TL Kurkuma, gemahlen
1/2 TL Bockshornkleesamen, gemahlen, nach Belieben
2 reife Tomaten, gehackt
1 1/2 TL Salz
2 EL gehacktes frisches Koriandergrün

Die Mägen gründlich säubern und waschen, in einem Sieb ablaufen lassen. Den gemahlenen Koriander in einer kleinen trockenen Pfanne bei schwacher Hitze rühren, bis er ziemlich dunkelbraun geröstet ist und angenehm duftet. Auf einen Teller geben. Den Kreuzkümmel auf dieselbe Weise rösten.
In einem großen, schweren Topf Zwiebeln, Knoblauch, Ingwer in heißem Öl unter Rühren anbraten, bis die Zwiebeln weich sind und anfangen, goldbraun zu werden. Chilipulver, Kurkuma, Bockshornklee und die zuvor gerösteten Koriander- und Kreuzkümmelsamen zugeben, eine Minute unter Rühren braten. Tomaten und Salz einrühren. Die Hühnermägen zugeben und so lange in der Gewürzmischung wenden, bis sie ganz damit überzogen sind. Mit heißem Wasser ablöschen, zugedeckt etwa 1 Stunde kochen. Das Koriandergrün einstreuen, umrühren, weitere 5 Minuten simmern. Heiß zu Reis servieren.

# Mas ismoru

Rinderschmorbraten

*Ein großes Stück Rindfleisch wird in gewürzter Kokosmilch gegart, wie Roastbeef in Scheiben geschnitten und in viel fetter, dicker Soße aufgetragen. Dazu reicht man gekochten Reis oder* rotis *(S. 108) und Zwiebel-*sambol *(S. 146).*

6 bis 8 Portionen
Zutaten:
1,5 kg Schmorbratenfleisch am Stück
2 mittelgroße Zwiebeln, fein gehackt
6 Knoblauchzehen, fein gehackt
1 EL frischer Ingwer, fein gehackt
1 Stange Zimt
10 Curryblätter
1 Stengel Zitronengras oder 2 Streifen Zitronenschale
3 EL Ceylon Currypulver
1/2 TL Bockshornkleesamen
125 ml Essig
1/2 eingesalzene, in Essig eingelegte Zitrone oder Limone oder 125 ml Tamarindensaft
500 ml dünne Kokosmilch
1 TL Kurkuma, gemahlen
2 TL Chilipulver, oder nach Geschmack
2 TL Salz, oder nach Geschmack
250 ml dicke Kokosmilch
2 1/2 EL *ghee*

Das Fleisch mit einem Spieß durchstechen und mit allen Zutaten außer der dicken Kokosmilch und *ghee* in eine große Kasserolle legen. Zugedeckt leise simmern lassen, bis das Fleisch gar ist, etwa 1 1/2 bis 2 Stunden. Die dicke Kokosmilch zugeben und offen noch weitere 15 Minuten garen.
Das Fleisch auf eine Platte legen. Sollte die Soße zu dünn sein, muß man sie schnell offen einkochen, dann in eine Schüssel gießen. Die Kasserolle sauber ausspülen, daß nichts von der Soße mehr zurückbleibt, und das Fleisch darin in heißem *ghee* von allen Seiten braten. Die Soße darübergeben und wieder heiß werden lassen.

# Jaggery satay

Fleisch mit Palmzucker

*Süß, sauer, salzig, scharf – das alles ist dieses Fleischgericht, obwohl keines der Currygewürze dazu verwendet wird. Man kann eine scharfe Soße dazu reichen, aber wirklich nötig ist das nicht. Natürlich läßt sich ohne Palmzucker* (jaggery), *der in westlichen Ländern nicht leicht zu bekommen ist, der authentische Geschmack nicht erzielen, aber man kann ihn durchaus durch schwarzen oder braunen Zucker ersetzen.*

6 Portionen
Zutaten:
750 g Rindernuß (Kugel), Bugschaufelstück (Blatt) oder anderes mageres Bratenfleisch
2 EL Tamarindenmark
250 ml heißes Wasser
2 TL Chilipulver, oder nach Geschmack
1/2 TL schwarzer Pfeffer, gemahlen
1/2 TL Salz, oder nach Geschmack
60 ml gehackter Palmzucker oder 2 EL schwarzer oder brauner Zucker
80 ml Öl

Das Fleisch in 2 cm lange Würfel schneiden. Das Tamarindenmark 10 Minuten in heißem Wasser einweichen, dann das Mark von den Samen abpressen. Sieben. Wenn noch zuviel Mark an den Samen klebt, dies mit zusätzlichem heißem Wasser ablösen. Noch einmal abgießen, am besten durch ein feines Sieb. Chilipulver, Pfeffer, Salz und Zucker in den Tamarindensaft einrühren, den Zucker auflösen.
Die Fleischwürfel in fünf oder sechs Portionen aufteilen. Diese Portionen einzeln in sehr heißem Öl leicht anbraten. Das dauert im allgemeinen nur eine Minute, wenn das Öl heiß genug ist und nicht zuviel Fleisch auf einmal eingelegt wird. Das Fleisch mit einem geschlitzten Wender aus der Pfanne heben und in einen Topf geben. Abwarten, bis das Öl aufhört zu spritzen, und dann die nächste Portion braten. Auf diese Weise alle Fleischwürfel anbraten.
Die Tamarinden-Gewürz-Mischung über die Fleischwürfel im Topf gießen, zum Kochen bringen. Zugedeckt simmern, bis das Fleisch weich und die Soße sehr stark eingekocht ist. Auf Spießchen stecken und mit weißem Reis servieren.

# Harak mas curry

Rindfleischcurry

8 bis 10 Portionen
Zutaten:
1,5 kg Rinderschmorbratenstück
3 EL *ghee* oder Öl
2 große Zwiebeln, fein gehackt
1 EL frischer Ingwer, fein gehackt
3 bis 4 Knoblauchzehen, fein gehackt
4 EL Ceylon Currypulver
1 TL Kurkuma, gemahlen
2 TL schwarze Senfsamen
2 TL Salz
1 EL Essig
2 frische rote Chilis, entkernt und gehackt
3 reife Tomaten, geschält und gehackt

Das Fleisch in Quadrate von 5 cm Kantenlänge schneiden. In heißem *ghee* Zwiebeln, Ingwer und Knoblauch anbraten, bis sie eben anfangen gelb zu werden. Currypulver, Kurkuma, Senfsamen zugeben und über schwacher Hitze 2 bis 3 Minuten rösten. Salz und Essig einrühren. Die Fleischstücke einlegen, unter Rühren braten, damit sie ganz von den Gewürzen überzogen werden. Chilis und Tomaten zugeben, zugedeckt über sehr schwacher Hitze etwa 2 Stunden simmern.
Mit Reis und anderen Beilagen servieren. Wenn nötig, muß die Soße offen über starker Hitze noch eingekocht werden.

# Satay curry
Rindfleischcurry auf Spießchen

*Gemahlener Koriander, Kreuzkümmel und Fenchel müssen zuvor trocken geröstet werden (beschrieben auf S. 127), damit sie ihr besonderes Aroma entwickeln können.*

6 Portionen
Zutaten:
750 g Rumpsteak
1/2 TL Kurkuma, gemahlen
1/2 TL schwarzer Pfeffer, gemahlen
1/2 TL Salz
dünne Scheiben frische Ingwerwurzel
dünne Scheibchen Knoblauch
3 EL *ghee* oder Öl
1/4 TL Bockshornkleesamen
8 Curryblätter
2 mittelgroße Zwiebeln, fein gehackt
3 Knoblauchzehen, fein gehackt
1 TL frischer Ingwer, fein gerieben
1 EL Koriander, gemahlen
2 TL Kreuzkümmel, gemahlen
1/2 TL Chilipulver
1/2 TL Fenchel, gemahlen
1/2 TL gemahlener aromatischer Ingwer *(inguru piyali)*
1/4 TL Kardamom, gemahlen
eine Prise gemahlene Nelken
1 TL Salz
625 ml Kokosmilch

Das Fleisch in mundgerechte Stücke schneiden, etwas Fett dranlassen. Mit Kurkuma, Pfeffer und Salz bestreuen; Fleisch und Gewürze mit den Händen vermengen. Die Fleischstücke abwechselnd mit Ingwer- und Knoblauchscheiben auf kleine Bambusspießchen stecken, etwa 3 oder 4 Stückchen Fleisch je Spieß (die Spieße mit der Baumschere auf 10 cm Länge zuschneiden). In einer schweren Pfanne *ghee* erhitzen und das Fleisch in drei oder vier Portionen bei starker Hitze braun braten. Auf einen Teller legen. In dem Fett in der Pfanne Bockshornkleesamen und Curryblätter etwa eine Minute rösten, dann Zwiebeln, Knoblauch und Ingwer zugeben und unter häufigem Rühren braten, bis die Zwiebeln weich und goldgelb sind.
Das nimmt recht viel Zeit in Anspruch, aber Sie sollten das Verfahren nicht abkürzen, denn gerade dieses sorgfältige Braten macht ein gutes Curry. Sobald sich von der bratenden Masse *ghee* abzuscheiden beginnt, gemahlenen Koriander, Kreuzkümmel und Fenchel zugeben und unter Rühren noch ein oder zwei Minuten weiterbraten. Dann die restlichen Zutaten zusammen mit der Kokosmilch einrühren und unter Rühren offen simmern, bis alles glatt und dick ist. Wenn erforderlich, noch Wasser oder Kokosmilch zugeben.
Die Fleischspießchen einlegen, die Soße über sie verteilen, und weitere 20 Minuten simmern, bis das Fleisch weich ist. Mit weißem Reis oder *ghee*-Reis und anderen Beilagen servieren.

# Kuruma iraichchi
Rindfleisch-Pfeffer-Curry

8 Portionen
Zutaten:
1 kg mageres Schmorbratenstück
2 TL Salz
2 bis 4 TL schwarzer Pfeffer, gemahlen
1 EL Koriander, gemahlen
2 TL Kreuzkümmel, gemahlen
1 TL Fenchel, gemahlen
1/2 TL Kurkuma, gemahlen
2 mittelgroße Zwiebeln, fein gehackt
3 Knoblauchzehen, fein gehackt
1 1/2 TL frischer Ingwer, fein gerieben
2 frische rote Chilis, entkernt und geschnitten
8 Curryblätter
2 Streifen *daun pandan*- oder *rampé*-Blatt
1 Stengel Zitronengras oder 2 Streifen Zitronenschale
2 EL Essig
500 ml dünne Kokosmilch
1 EL *ghee* oder Öl
250 ml dicke Kokosmilch

Das Fleisch in 5-cm-Quadrate schneiden und leicht mit einem Fleischklopfer klopfen. Salzen und pfeffern. In einer kleinen Pfanne je für sich Koriander, Kreuzkümmel und Fenchel rösten. Den Koriander an das Fleisch geben, Kreuzkümmel und Fenchel beiseite stellen. Das Fleisch zusammen mit allen Zutaten außer Kreuzkümmel, Fenchel, *ghee* und der dicken Kokosmilch in einen Topf geben. Langsam zum Kochen bringen, zugedeckt bei schwacher Hitze simmern, bis das Fleisch gar ist. Wenn die Soße zu schnell dick wird, noch etwas Wasser angießen. Die Soße in einen zweiten Topf abgießen. Das Fleisch in *ghee* oder Öl einige Minuten unter Rühren braten. Kreuzkümmel, Fenchel und die dicke Kokosmilch mit der Soße verrühren; diese dann wieder über das Fleisch gießen und weiter bei sehr schwacher Hitze offen simmern, bis die Soße dick ist und die Gewürzaromen sich vereinigt haben.
Mit Reis und anderen Beilagen servieren.

# Lampries curry

*Dieses Curry gehört zu dem traditionellen* lampries *(S. 108). Es wird aus vier verschiedenen Fleischsorten zubereitet und schmeckt vorzüglich.*

16 bis 18 Portionen

Zutaten:

500 g Rindfleisch (Kurzrippe = Zungenstück, Siegelstück)
500 g Hammelfleisch
5 TL Salz
8 Kardamomkapseln
20 schwarze Pfefferkörner
500 g Hühnerbrüste oder -schenkel
500 g Schweineschulter
1 EL *ghee*
2 EL Öl
4 mittelgroße Zwiebeln, fein gehackt
8 Knoblauchzehen, fein gehackt
1 EL frischer Ingwer, fein gehackt
2 TL Curryblätter, gemahlen
1/4 TL Bockshornkleesamen, nach Belieben
4 EL Ceylon-Currypulver
1 TL Kurkuma, gemahlen
2 TL Chilipulver
1 Stange Zimt
1 TL Kardamom, gemahlen
6 bis 8 Stück *daun pandan*- oder *rampé*-Blatt, nach Belieben
2 Stengel Zitronengras oder 4 Streifen Zitronenschale
2 EL Zitronensaft
625 ml dünne Kokosmilch
625 ml dicke Kokosmilch
Salz nach Geschmack

Rindfleisch und Hammelfleisch in einem großen Topf mit kaltem Wasser bedecken, 2 TL vom Salz und alle Kardamomkapseln und Pfefferkörner zugeben. Zugedeckt 30 Minuten simmern. Das Hühnerfleisch zugeben, weitere 15 Minuten simmern. Etwas abkühlen lassen, abgießen. Die Brühe zur Zubereitung von Reis verwenden. Das halbgare Fleisch und das Schweinefleisch in sehr kleine Würfel schneiden.

In einer großen Kasserolle Zwiebel, Knoblauch, Ingwer und Curryblätter in heißem *ghee* langsam anbraten, bis die Zwiebel weich ist und gelb wird. Bockshornkleesamen, falls verwendet, noch eine Minute mitbraten. Currypulver, Kurkuma, Chilipulver, Zimtstange, Kardamom, Pandanus- oder *rampé*-Blatt und Zitronengras oder -rinde zugeben, außerdem die restlichen 3 TL Salz, Zitronensaft, das gewürfelte Schweinefleisch und die Hälfte der Kokosmilch. Gut durchrühren. Zugedeckt bei niedriger Hitze unter gelegentlichem Rühren kochen. Das halbgare Fleisch und die restliche Kokosmilch zugeben und offen ungefähr 1 1/2 Stunden simmern, bis das Fleisch weich und die Soße sehr dick ist. Mit Salz abschmecken. Zimtstange, Pandanus- oder *rampé*-Blatt und das Zitronengras vor dem Anrichten herausnehmen.

# Ooroomas badun

Curry aus gebratenem Schweinefleisch

6 bis 8 Portionen

Zutaten:

1 kg Schweinefleisch
3 EL Öl
10 Curryblätter
1/4 TL Bockshornkleesamen, nach Belieben
2 mittelgroße Zwiebeln, fein gehackt
4 Knoblauchzehen, fein gehackt
1 1/2 TL frischer Ingwer, fein gerieben
3 EL Ceylon Currypulver
1 bis 2 TL Chilipulver
2 TL Salz
1 EL Essig
1 EL Tamarindenmark
375 ml heißes Wasser
5 cm Zimtstange
4 Kardamomkapseln
250 ml dicke Kokosmilch

Das Schweinefleisch in große Würfel schneiden. In einer großen Kasserolle Öl heiß werden lassen und Curryblätter und, falls verwendet, Bockshornkleesamen rösten, bis sie anfangen zu bräunen. Dann Zwiebel und Knoblauch mitrösten, bis die Zwiebel weich und goldgelb ist. Ingwer, Currypulver, Chilipulver, Salz, Essig und das Schweinefleisch zugeben. Bei starker Hitze braten; sorgfältig durchrühren, bis das Fleisch überall mit der Gewürzmischung überzogen ist. Das Tamarindenmark in heißes Wasser pressen, durchsieben, die Samen wegwerfen. Tamarindensaft, Zimt und Kardamom an das Fleisch geben, zugedeckt etwa eine Stunde bei schwacher Hitze garen. Die Kokosmilch zugeben und offen noch mindestens 10 Minuten weiterkochen.

Die Soße in einen zweiten Topf abgießen, das Fleisch wieder ans Feuer geben und im eigenen Fett braten. An zu mageres Fleisch noch 1 EL *ghee* oder Öl geben. Sobald das Fleisch schön braun ist, die Soße wieder in den Topf zurückgeben und offen dick einkochen.

Heiß mit gekochtem Reis servieren.

# Ooroomas rathu curry
Rotes Schweinefleischcurry

8 Portionen
Zutaten:
1 kg Schweinebauch
8 bis 10 große getrocknete Chilis
375 ml heißes Wasser
1 EL Tamarindenmark
1/2 TL Kurkuma, gemahlen
1 mittelgroße Zwiebel, grob gehackt
5 Knoblauchzehen
1 1/2 TL frischer Ingwer, gehackt
5 cm Zimtstange
2 TL Salz
1 Stengel Zitronengras oder 2 Streifen Zitronenschale
10 Curryblätter
1/4 TL Bockshornkleesamen
1 Streifen *daun pandan*- oder *rampé*-Blatt, nach Belieben
125 ml dicke Kokosmilch
1 EL Öl oder zerlassenes *ghee*
1 kleine Zwiebel, fein geschnitten
2 EL Zitronensaft

Das Schweinefleisch in 5 cm lange Stücke schneiden und in einen Topf geben. Stiele und Kerne der getrockneten Chilis entfernen, die Schoten in der Hälfte des heißen Wassers 10 Minuten einweichen. Im restlichen heißen Wasser das Tamarindenmark einweichen und auflösen.
Die Chilis samt Einweichwasser, Kurkuma, die grob gehackte Zwiebel, Knoblauch und Ingwer im Elektromixer pürieren. Über das Fleisch im Topf gießen, Zimt und den gesiebten Tamarindensaft zugeben, ebenso Salz und je die Hälfte von Zitronengras, Curryblättern, Bockshornkleesamen und Pandanus- oder *rampé*-Blatt. Zum Kochen bringen, dann bei niedriger Hitze zugedeckt simmern, bis das Fleisch gar ist.
In einer zweiten Pfanne Öl oder *ghee* heiß werden lassen und darin die Zwiebel und den Rest von Zitronengras, Curryblättern und Pandanus- oder *rampé*-Blatt anbraten. Sobald die Zwiebel goldbraun ist, die gekochte Fleisch-Gewürz-Mischung zugeben, den Zitronensaft einrühren und bei sehr schwacher Hitze etwa 5 Minuten simmern. Mit Reis und Beilagen servieren.

# Peegodu curry
Curry aus gewürfelter Leber

4 Portionen
Zutaten:
500 g Kalbsleber, in Scheiben geschnitten
10 schwarze Pfefferkörner
1 TL Salz
1 EL *ghee* oder Öl
1 mittelgroße Zwiebel, fein gehackt
3 Knoblauchzehen, fein gehackt
1 TL frischer Ingwer, fein gehackt
1 Stengel Zitronengras oder 2 Streifen Zitronenschale
1/4 TL Nelken, gemahlen
1/2 TL schwarzer Pfeffer, gemahlen
1/2 TL Zimt, gemahlen
8 Curryblätter
3 EL Essig
500 ml Kokosmilch
2 EL gehackter frischer Dill oder 1/2 TL getrockneter Dill

Die Leber waschen, in einem kleinen Topf mit Wasser bedecken, Pfefferkörner und Salz zugeben und ungefähr 15 Minuten kochen, bis sie fest ist. Abkühlen lassen. Die Leber in sehr kleine Würfel schneiden.
In heißem *ghee* oder Öl Zwiebel, Knoblauch und Ingwer weich braten. Alle Zutaten einschließlich Leber zugeben und offen bei niedriger Hitze garen, bis die Soße dick ist.

# Babath curry

Curry aus Kutteln

6 Portionen
Zutaten:
1 kg Kutteln
8 große, getrocknete Chilis
125 ml heißes Wasser
2 TL Kreuzkümmel, gemahlen
1/2 TL Kurkuma, gemahlen
1/2 TL Bockshornkleesamen
1/2 TL aromatischer Ingwer *(inguru piyali)*
8 Curryblätter
1 Stengel Zitronengras oder 2 Streifen Zitronenschale
1 Streifen getrocknetes *daun pandan-* oder *rampé-*Blatt
8 ganze Kardamomkapseln
4 ganze Nelken
1 kleine Stange Zimt
2 mittelgroße Zwiebeln, fein gehackt
4 Knoblauchzehen, fein gehackt
1 1/2 TL frischer Ingwer, fein gerieben
500 ml dünne Kokosmilch
1 1/2 TL Salz
250 ml dicke Kokosmilch
2 EL Zitronensaft

Die Kutteln gründlich waschen und in 5-cm-Quadrate schneiden. Die Chilis 10 Minuten im heißen Wasser einweichen, zuvor Stiele und Kerne entfernen. Im Elektromixer pulverisieren. Man kann sie auch durch 2 TL Chilipulver ersetzen.
Die Kutteln mit allen anderen Zutaten außer der dicken Kokosmilch und dem Zitronensaft in einem großen Topf zum Kochen bringen. Zugedeckt etwa 1 1/2 Stunden simmern, bis die Kutteln weich sind und die Soße glatt und dick ist. Die dicke Kokosmilch angießen und offen unter Rühren 10 Minuten simmern. Vom Feuer nehmen, Zitronensaft einrühren. Mit Reis oder *pittu* (S. 111) servieren.

# Karavadu vambotu curry

Curry aus gesalzenem Fisch und Auberginen

6 Portionen
Zutaten:
250 g getrockneter gesalzener Fisch
2 mittelgroße Auberginen, etwa 500 g
1 TL Kurkuma, gemahlen
1 TL Salz
12 große frische süße Paprikaschoten
Öl zum Braten
10 ganze Knoblauchzehen, geschält
1 große Zwiebel, fein geschnitten
750 ml Kokosmilch
3 EL Ceylon-Currypulver
1 kleine Stange Zimt
1 walnußgroßes Stück Tamarindenmark
60 ml Malzessig
1/2 TL Salz, oder nach Geschmack
1 bis 2 TL Zucker

Den getrockneten Fisch waschen, abtropfen lassen. In 5 cm lange Stücke schneiden. Die Auberginen in dicke Scheiben schneiden, jede Scheibe mit Kurkuma und Salz einreiben und 30 Minuten durchziehen lassen. Die Paprikaschoten waschen, aufschneiden und entkernen. Den aus den Auberginen ausgetretenen Saft abgießen und jede Scheibe mit Küchenpapier trockentupfen. Etwa 60 ml Öl in einer Bratpfanne heiß werden lassen und je für sich den getrockneten Fisch, die Paprikaschoten, Knoblauch, Zwiebel und Auberginen anbraten und dann auf einen Teller legen. Wahrscheinlich wird man Öl nachgießen müssen, denn Auberginen absorbieren ziemlich viel davon.
Die Kokosmilch zusammen mit den gemahlenen und ungemahlenen Gewürzen, dem in Essig aufgelösten Tamarindenmark und Salz unter Rühren zum Kochen bringen, die gebratenen Zutaten zugeben, weiterrühren, während die Mischung offen kocht. Sobald sie eingedickt ist, den Zucker darin auflösen, dann auftragen.

# Elolu kiri hodhi

Gemüsecurry

*Dies ist die einfache weiße Grund-Currysoße. In ihr kann man kochen: Bohnen, Kürbis, Okra, Paprika, Kartoffeln, Zucchini, Spargel oder andere Gemüse nach Wahl.*

4 bis 6 Portionen
Zutaten:
750 ml dünne Kokosmilch
1 mittelgroße Zwiebel, fein geschnitten
2 frische grüne Chilis, aufgeschlitzt und entkernt
$1/2$ TL Kurkuma, gemahlen
2 Knoblauchzehen, fein geschnitten
$1/2$ TL frischer Ingwer, fein gerieben
5 cm Zimtstange
4 Stück getrocknetes *daun pandan*- oder *rampé*-Blatt
1 Stengel Zitronengras oder 2 Streifen Zitronenschale, nach Belieben
8 Curryblätter
750 g Gemüse, kleingeschnitten
Salz nach Geschmack
250 ml dicke Kokosmilch

Alle Zutaten außer den kleingeschnittenen Gemüsen, Salz und der dicken Kokosmilch in einem großen Topf offen etwa 10 Minuten simmern. Dann die Gemüse und Salz zugeben und leise weiterkochen, bis die Gemüse eben weich sind. Die dicke Kokosmilch einrühren und wieder 5 Minuten simmern. Zu gekochtem Reis, anderen Curries und Beilagen servieren.

# Vatakolu curry

Curry aus gefurchtem Kürbis

*Diese gefurchten Kürbisse schmecken sehr süß und lecker. Manchmal bekommt man sie auf dem Markt oder in chinesischen Geschäften. Sie sind meistens um 45 cm lang. Man darf sie nicht mit dem Kürbis mit kurzen Furchen verwechseln, der bitter schmeckt.*

6 Portionen
Zutaten:
500 g gefurchter Kürbis
2 EL Öl
8 Curryblätter
1 mittelgroße Zwiebel, fein gehackt
2 frische grüne Chilis, geschnitten
1 TL Koriander, gemahlen
$1/2$ TL Kreuzkümmel, gemahlen
$1/4$ TL Kurkuma, gemahlen
$1/4$ TL Chilipulver, nach Belieben
375 ml Kokosmilch
1 TL Salz

Den Kürbis schälen. Mit einem Kartoffelschälmesser kann man gut die scharfen Furchen herausschneiden. Quer in Scheiben schneiden. In heißem Öl Curryblätter, Zwiebel und Chilis anbraten, bis die Zwiebel goldbraun ist. Die gemahlenen Gewürze ein paar Sekunden mitrühren. Den Kürbis zugeben, einige Minuten unter Rühren braten. Kokosmilch mit Salz angießen, zum Kochen bringen, von Zeit zu Zeit umrühren. Simmern, bis der Kürbis gar ist – dabei den Topf nicht zudecken, sonst könnte die Kokosmilch gerinnen.

# Vatakka curry

Curry aus gelbem Kürbis

6 Portionen
Zutaten:
500 g Kürbis
1 kleine Zwiebel, fein gehackt
2 Knoblauchzehen, fein gehackt
3 frische grüne Chilis, entkernt und gehackt
8 bis 10 Curryblätter
$^1/_2$ TL Bockshornkleesamen
$^1/_2$ TL Kurkuma, gemahlen
2 TL zerstoßener getrockneter Thunfisch oder getrocknete Garnelen
375 ml dünne Kokosmilch
1 TL Salz
125 ml dicke Kokosmilch
1 TL schwarze Senfsamen

Den Kürbis schälen und in große Würfel schneiden. Mit allen Zutaten außer der dicken Kokosmilch und den Senfsamen langsam zum Simmern bringen und leise offen kochen, bis der Kürbis fast weich ist. In der Zwischenzeit die Senfsamen im Mörser zerstoßen und mit der dicken Kokosmilch vermischen. An den simmernden Kürbis geben und noch einige Minuten bei sehr schwacher Hitze garen.

# Bandakka curry

Okrabohnencurry

4 Portionen
Zutaten:
250 g zarte junge Okras
$^1/_2$ TL Kurkuma, gemahlen
Öl zum Braten
1 kleine Zwiebel, fein gehackt
2 frische grüne Chilis, entkernt und geschnitten
6 Curryblätter
1 TL gerösteter gemahlener Koriander
$^1/_2$ TL gerösteter gemahlener Kreuzkümmel
1 TL zerstoßener getrockneter Thunfisch oder getrocknete Garnelen
1 kleines Stückchen Zimtstange
$^1/_2$ TL Salz
$^1/_4$ TL Chilipulver, nach Belieben
375 ml Kokosmilch

Die Okras waschen, die Enden abschneiden. Schräg in mundgerechte Stücke schneiden. Mit gemahlenem Kurkuma einreiben. In einer kleinen Ausbackpfanne die Okrastücke in heißem Öl schwimmend ausbacken. Abtupfen.
Alle anderen Zutaten etwa 10 Minuten offen simmern, bis die Zwiebeln weich sind. Die gebackenen Okrastücke zugeben, weich simmern. Vom Feuer nehmen. Zu Reis servieren.

# Sapattu mal curry

Hibiskus-Curry

*Die ungefüllte rote Hibiskus-Blüte wird in* sambols, *Curries und Erfrischungsgetränken verwendet – man schreibt ihr blutreinigende Wirkung zu.*

6 Portionen
Zutaten:
12 ungefüllte rote Hibiskus-Blüten *(Hibiscus rosa sinensis)*
250 ml Mehl
eine Prise Salz
1 Ei, verquirlt
Wasser
Öl zum Ausbacken
Zutaten zur Currysoße:
1 kleine Zwiebel, fein gehackt
2 frische grüne Chilis, entkernt und geschnitten
1/4 TL Kurkuma, gemahlen
2 TL zerriebener getrockneter Thunfisch oder getrocknete Garnelen
1 kleine Stange Zimt
500 ml dünne Kokosmilch
Salz nach Belieben
2 TL Essig oder Zitronensaft
125 ml dicke Kokosmilch

Die Blüten waschen, alles Wasser abschütteln oder mit Küchenpapier abtupfen. Kelch und Staubfäden herauszupfen. Aus gesiebtem Mehl, Salz, geschlagenem Ei und Wasser einen Ausbackteig zubereiten. In einer kleinen Ausbackpfanne Öl heiß werden lassen, jede Blüte in Teig tauchen und im Öl schwimmend goldgelb backen. Auf Küchenpapier abtropfen lassen.
Dann die Currysoße zubereiten. Zwiebel und Chilis in 1 EL heißem Öl langsam goldbraun braten. Kurkuma noch 1 Minute mitrühren, dann den getrockneten Thunfisch, Zimt und die dünne Kokosmilch zugeben. Mit Salz abschmecken. Zum Kochen bringen, die Hibiskusküchlein einlegen, über schwacher Hitze 5 Minuten simmern. Die dicke Kokosmilch eingießen und unter Rühren weitere 5 Minuten simmern. Vom Feuer nehmen und Essig oder Zitronensaft einrühren.

# Alu kehel curry

Curry aus grünen Bananen

*Die grünen Bananen für dieses Rezept müssen wirklich unreif sein, sonst sind sie für diese Art der Zubereitung zu weich.*

6 Portionen
Zutaten:
4 oder 5 unreife Bananen
1 TL Salz
1 TL Kurkuma, gemahlen
60 ml Öl
500 ml Kokosmilch
1 kleine Zwiebel, fein geschnitten
2 frische grüne Chilis, geschnitten
2 TL zerriebener getrockneter Thunfisch oder getrocknete Garnelen
1/4 TL Bockshornkleesamen
8 Curryblätter
1 kleine Stange Zimt

Die Hände mit Öl einreiben, dann erst unreife Bananen anfassen, sonst gibt es Flecken. Oder Gummihandschuhe anziehen.
Die Bananen schälen, quer halbieren und dann der Länge nach in Viertel oder Scheiben schneiden. Mit Salz und Kurkuma einreiben. In einer kleinen Bratpfanne immer nur wenige Bananenscheiben gleichzeitig in heißem Öl von beiden Seiten goldbraun braten. Beiseite stellen. Die übrigen Zutaten offen simmern, bis die Zwiebel weich ist. Die gebratenen Bananenscheiben zugeben und simmern, bis die Soße dick ist.

# Cadju curry

Curry aus Cashew-Nüssen

*Ein Curry aus frischen Cashew-Nüssen ist eine der besonderen Köstlichkeiten der singhalesischen Küche. Frische Cashew-Nüsse kann man nur im Ursprungsland bekommen. Man kann sie aber recht gut durch rohe Cashew-Nüsse ersetzen, die es in Reformhäusern und chinesischen Geschäften gibt, wenn man sie über Nacht in kaltem Wasser einweicht.*

Verfahren wie bei Gemüsecurry (S. 151), aber die Gemüse durch 250 g rohe Cashew-Nüsse ersetzen. Ungefähr 30 Minuten simmern, bis die Nüsse weich sind. Zu gekochtem Reis und weiteren Beilagen servieren.

# Paripoo

Linsen nach Sri-Lanka-Art

6 Portionen
Zutaten:
500 ml rote Linsen
500 ml dünne Kokosmilch
1 getrocknete rote Chili, in Stücke gebrochen
2 TL zerriebener getrockneter Thunfisch
1 TL Kurkuma, gemahlen
1 EL *ghee* oder Öl
6 Curryblätter
2 mittelgroße Zwiebeln, fein geschnitten
5 cm Streifen *daun pandan-* oder *rampé-*Blatt
5 cm Zimtstange
1 kleiner Stengel Zitronengras oder 1 Streifen Zitronenschale
125 ml dicke Kokosmilch
Salz nach Geschmack

Die Linsen gründlich waschen, bis das Waschwasser klar bleibt. Schwarze und auf der Wasseroberfläche schwimmende Linsen auslesen. Die gewaschenen Linsen zusammen mit der dünnen Kokosmilch, Chili, getrocknetem Thunfisch und Kurkuma zum Kochen bringen, zugedeckt langsam garen.
In einem zweiten Topf Curryblätter, Zwiebeln, *rampé*-Blatt, Zimt und Zitronengras in heißem Öl anbraten, bis die Zwiebeln braun sind. Die Hälfte der Zwiebeln zum Garnieren beiseite stellen. Die Linsen ebenfalls in den Topf schütten, die dicke Kokosmilch und Salz nach Geschmack zugeben, offen simmern. Die Linsen sollen sehr weich sein – das Ganze soll etwa die Konsistenz von flüssigem Porridge haben. Mit Reis und Curries servieren.

# Leeks mirisata

Lauch, mit Chili gebraten

6 Portionen
Zutaten:
4 mittelgroße Stangen Lauch
60 ml Öl
1/2 TL Kurkuma, gemahlen
1 TL Chilipulver, oder nach Geschmack
2 EL zerstoßener getrockneter Thunfisch oder getrocknete Garnelen
1 TL Salz

Den Lauch sehr gründlich waschen, sorgfältig allen Sand und Schmutz entfernen. Alle verwelkten und zähen Blätter wegwerfen, die grünen Teile aber verwenden. Mit einem scharfen Messer sehr dünne Ringe schneiden, dazu die Blätter zu einem festen Bündel zusammendrücken.
In einem großen Topf Öl erhitzen und den Lauch 5 Minuten unter Rühren darin braten, dann die restlichen Zutaten einrühren. Zugedeckt bei schwacher Hitze 30 Minuten kochen, dabei von Zeit zu Zeit umrühren. Der Lauch fällt sehr stark zusammen. Offen weiterkochen, bis die Flüssigkeit verdampft ist und der Lauch fettig glänzt. Als Beilage zu einer Reismahlzeit servieren.

# Mallung

Zerpflückte grüne Blätter mit Kokosnuß

*Ein* mallung *gehört als wesentlicher Bestandteil zur Kost von Sri Lanka. Am besten beschreibt man es als trockene Beilage zu Reisgerichten, die sehr schmackhaft ist. Ein oder zwei verschiedene* mallungs *werden zu jeder Mahlzeit angeboten. Sie sind für die Ernährung der Ceylonesen so sehr wichtig, weil sie mit Hilfe dieser grünen Beilagen ihre Vitamine bekommen. Man verwendet die Blätter vieler überall vorkommender Pflanzen; einige von ihnen wachsen auch in westlichen Ländern. Dazu gehört zum Beispiel die gelbblühende Kassia. Die Blüten werden getrocknet und daraus ein Aufguß für medizinische Zwecke hergestellt. Die Blätter werden von den Stielen gestreift und für* mallung *verwendet. Sie haben einen angenehm sauren Geschmack. Auch zarte Passionsfrucht-Blätter ergeben ein wohlschmeckendes* mallung. *Eine der meistverwendeten Grünpflanzen ist* »gotukolle«, *deren Blätter aussehen wie Veilchenblätter, die aber eine nahe am Wasser wachsende Kressenart ist. Als Ersatz eignet sich die überall erhältliche krause Petersilie.*

6 Portionen

Zutaten:

500 ml feinzerzupfte grüne Blätter
1 mittelgroße Zwiebel, fein gehackt
2 grüne Chilis, entkernt und gehackt, nach Belieben
1/2 TL Kurkuma, gemahlen
2 TL zerstoßener getrockneter Thunfisch oder Pulver aus getrockneten Garnelen
2 EL Zitronensaft
1 TL Salz
2 bis 3 EL frisch geriebene Kokosnuß oder Kokosflocken

Die Blätter mit allen Zutaten außer der Kokosnuß in einen Topf geben. Etwas Wasser darüberträufeln, wenn vom Waschen kein Wasser mehr an den Blättern hängengeblieben ist. Umrühren, zugedeckt über mittlerer Hitze etwa 6 Minuten dämpfen. Die Kokosnuß zugeben und bei schwacher Hitze die Blätter wenden und schütteln, damit die Kokosflocken alle Flüssigkeit aufsaugen können. Vom Feuer nehmen. Heiß oder kalt als eine Beilage zu Reis servieren.

# Gova mallung

Zerpflückter Kohl

6 Portionen

Zutaten:

250 g Weißkohl
1 mittelgroße Zwiebel, fein gehackt
2 frische grüne Chilis, entkernt und gehackt
1/4 TL Kurkuma, gemahlen
1/4 TL schwarzer Pfeffer, gemahlen
1/2 TL schwarze Senfsamen, gemahlen
1 TL Salz
2 TL zerstoßener getrockneter Thunfisch oder Pulver aus getrockneten Garnelen, nach Belieben
125 ml Kokosflocken oder frisch geriebene Kokosnuß

Den Kohl sehr fein zerpflücken. Gründlich waschen, abgießen, mit dem anhängenden Wasser in einen großen Topf geben. Alle Zutaten außer Kokosnuß zugeben. Den Kohl zugedeckt über schwacher Hitze nicht zu weich kochen, manchmal umrühren. Kokosnuß einrühren – wenn sie alle Flüssigkeit aufgesogen hat, ist das *mallung* fertig.

## Rabu kollé mallung

Zerpflückte Radieschenblätter

4 Portionen
Zutaten:
Die Blätter von einem Bund Radieschen
1 mittelgroße Zwiebel, fein gehackt
1/2 TL Kurkuma, gemahlen
2 TL getrockneter Thunfisch oder Pulver aus getrockneten Garnelen
1 EL Zitronensaft
1/2 TL Salz
1/4 TL Chilipulver
2 EL Kokosflocken

Die Blätter gründlich waschen, alle verwelkten und gelben wegwerfen. Fein hacken, mit dem anhängenden Wasser und allen Zutaten außer Kokosnuß zugedeckt bei mittlerer Hitze kochen. Die Blätter geben Feuchtigkeit ab. Wenn diese fast verdampft ist, die Kokosflokken zugeben und bei schwacher Hitze 3 Minuten rühren, bis sie alle Flüssigkeit aufgesogen haben. Ein *mallung* soll ziemlich trocken sein. Zu Reis und Curries servieren.

## Abba

Landsenf

*Er muß aus den winzigen schwarzen oder braunen Senfsamen zubereitet werden. In Sri Lanka gibt man ihn als Beilage zu Fleischgerichten, streicht ihn auf Sandwiches und setzt ihn bestimmten Stews und Curries zu. Zum Beispiel macht man aus übriggebliebenem Truthahn ein leckeres Stew, gibt einen Löffel voll von diesem Senf hinein, vielleicht noch ein paar Chilis dazu, und nennt das Ganze dann sehr treffend »Teufelstruthahn«. Dieser Senf hat erstaunlich viel Ähnlichkeit mit dem französischen, der wie er in Steinguttöpfen verkauft wird.*

Zutaten:
125 ml schwarze Senfsamen
Essig
1 Knoblauchzehe, nach Belieben
1 EL frischer Ingwer, fein gehackt
2 TL Zucker
Salz nach Geschmack

Die Senfsamen in einem Glas oder einer irdenen Schüssel mit Essig bedecken. Weißen oder Malzessig oder roten Weinessig verwenden, auch Kräuteressig seiner zusätzlichen Würze wegen. Stehenlassen. Am nächsten Tag Senfsamen und Essig mit Knoblauch und Ingwer im Elektromixer auf hoher Schaltstufe vermahlen. Zucker und Salz nach Geschmack zugeben. In einem sauberen, trockenen Gefäß aufheben.

## Ogu ruloung

Rührei mit Gewürzen

*Sie gehören zu den traditionellen Fadenhopper-Beilagen. Probieren Sie sie zum »Falschen Fadenhopper-*Pilau«

6 Portionen
Zutaten:
8 große Eier
1 TL feingehackter frischer Dill oder 1/2 TL getrockneter Dill
1 TL Salz
1/2 TL gemahlener schwarzer Pfeffer
6 Frühlingszwiebeln
2 EL *ghee* oder Öl
1 TL gemahlene getrocknete Curryblätter

Die Eier mit 2 EL kaltem Wasser schlagen wie für Omelett. Dill, Salz und Pfeffer einrühren. Die Frühlingszwiebeln in feine Scheiben schneiden und in *ghee* langsam blaßgelb rösten. Die gemahlenen Curryblätter noch eine weitere Minute mitrösten. Die Eier zugeben und bei schwacher Hitze rühren, bis sie stocken. Nicht zu trocken werden lassen; sie sollen feucht und weich bleiben.

# Bombili mirisata

»Bombay-ducks« mit Chilis

4 Portionen
Zutaten:
6 *Bombay-ducks* (siehe Glossar)
125 ml Öl
2 mittelgroße Zwiebeln, fein geschnitten
2 Knoblauchzehen, fein gehackt
3 getrocknete Chilis, entkernt und in Stücke gebrochen
Zitronensaft und Salz nach Geschmack

Die *Bombay-ducks* in 5 cm lange Stücke schneiden. In einem kleinen Topf in Öl schwimmend ausbacken, herausnehmen und abtupfen. Das Öl bis auf die Hälfte abgießen. Im Rest die Zwiebeln und Knoblauch braten, bis die Zwiebeln weich und goldgelb sind. Die Chilis noch 2 oder 3 Minuten mitbraten. Die *Bombay-duck*-Stückchen wieder zugeben und eine Minute pfannenrühren. Mit Zitronensaft und Salz nach Geschmack würzen. Heiß oder zimmerwarm servieren.

# Frikkadels

Holländische Hackfleischbällchen

Ergibt etwa 40 Stück
Zutaten:
1 EL Butter
1 kleine Zwiebel, fein gehackt
500 g Hackfleisch
125 ml weiche Weißbrotkrümel
1 1/2 TL Salz
1/2 TL schwarzer Pfeffer, gemahlen
2 TL gehackter frischer Dill oder 1/2 TL getrockneter Dill
1/4 TL Zimt, gemahlen
1/4 TL Nelken, gemahlen
1 Knoblauchzehe, zerdrückt
1/2 TL frischer Ingwer, fein gerieben
2 TL Worcestershire-Soße oder Zitronensaft
1 geschlagenes Ei
Semmelbrösel für die Panade
Öl oder *ghee* zum Ausbacken

Die Zwiebel in Butter weichbraten. Mit dem Hackfleisch, Weißbrot, Salz, Pfeffer, Dill, Zimt, Nelken, Knoblauch, Ingwer und Worcestershire-Soße zu einem Fleischteig verarbeiten. Kleine Bällchen von etwa 2,5 cm Durchmesser formen. In geschlagenem Ei und dann in Semmelbröseln wälzen. In heißem Öl goldbraun ausbacken. Auf Küchenkrepp abtropfen lassen.

# Thambung hodhi

Saure Suppe

4 Portionen
Zutaten:
2 EL Koriander, gemahlen
1 EL Kreuzkümmel, gemahlen
1 getrocknete Chili, nach Belieben
1/4 TL ganze schwarze Pfefferkörner
8 Curryblätter
1 l heißes Wasser
1 EL Tamarindenmark
1 mittelgroße Zwiebel, fein geschnitten
4 Knoblauchzehen

Koriander, Kreuzkümmel, Chili, Pfefferkörner und Curryblätter über mittlerer Hitze trocken rösten – die Pfanne schütteln oder fortwährend rühren, bis die Gewürze aromatisch duften. Wasser, Tamarindenmark, Zwiebel und Knoblauch zugeben. Zum Kochen bringen. 20 Minuten simmern, bis Zwiebel und Knoblauch weich sind. Man schlürft diese Suppe zwischendurch bei einer Reismahlzeit.

# Hühner-Mulligatawny

6 bis 8 Portionen
Zutaten:
1 Suppenhuhn
2 bis $2^1/_2$ l Wasser
2 TL Salz
$^1/_2$ TL ganze schwarze Pfefferkörner
etwas Selleriegrün
2 mittelgroße Zwiebeln
4 ganze Nelken
1 EL Koriander, gemahlen
1 TL Kreuzkümmel, gemahlen
1 TL Fenchel, gemahlen
$^1/_2$ TL Kurkuma, gemahlen
2 Knoblauchzehen, gehackt
1 TL frischer Ingwer, fein gerieben
1 Zimtstange, 5 cm
500 g reife Tomaten, gewürfelt
2 TL *ghee* oder Bratenfett
10 Curryblätter
250 ml dicke Kokosmilch
Zitronensaft nach Geschmack

Das Huhn zerlegen und in einem großen Topf mit Wasser bedeckt aufsetzen. Salz, Pfefferkörner, Selleriegrün und eine geschälte, mit den Nelken besteckte Zwiebel zugeben. Bei starker Hitze zum Kochen bringen, dann bei schwacher Hitze zugedeckt 30 Minuten simmern. Koriander, Kreuzkümmel, Fenchel, Kurkuma, Knoblauch, Ingwer, Zimt und Tomaten zugeben und weitersimmern, bis das Huhn weich ist.
Die Hühnerbrühe in eine große Schüssel abseihen. Die Hälfte vom Hühnerfleisch würfeln und wieder in die Brühe geben, den Rest anderweitig verwenden, zum Beispiel für Sandwiches.
Die zweite Zwiebel in Scheiben schneiden. Den Topf, in dem das Huhn gekocht wurde, auswaschen und austrocknen. *Ghee* oder Bratenfett darin erhitzen, Curryblätter und Zwiebelringe schön braun braten. Mit der Brühe ablöschen, zum Kochen bringen. Die Hitze vermindern, die Kokosmilch einrühren, und sobald die Suppe wieder anfängt zu simmern, den Topf vom Feuer nehmen. Mit Zitronensaft und Salz abschmecken. Heiß servieren. Man ißt sie entweder vor dem Hauptgericht oder trinkt sie in kleinen Schlückchen zwischendurch während der ganzen Mahlzeit. Man kann diese Suppe auch über Reis oder Fadenhopper gießen, wenn diese mit trockenen Beilagen serviert werden.

# Kiri hodhi

Kokosmilch-Soße

*Man gießt sie über den Reis oder trinkt gelegentlich einen Schluck davon während einer Reis- und Currymahlzeit. Wer die Suppe nicht so fett wünscht, ersetzt einen Teil der Kokosmilch durch entrahmte Kuhmilch.*

6 Portionen
Zutaten:
1 EL Bockshornkleesamen
1 große Zwiebel, fein gehackt
12 Curryblätter
1 kleine Stange Zimt
2 frische grüne Chilis, aufgeschlitzt und entkernt
$^1/_4$ TL Kurkuma, gemahlen
$^1/_2$ TL Salz
2 TL zerstoßener getrockneter Thunfisch oder Pulver aus getrockneten Garnelen, nach Belieben
625 ml dünne Kokosmilch
500 ml dicke Kokosmilch
Zitronensaft nach Geschmack

Die Bockshornkleesamen waschen und mindestens 30 Minuten in kaltem Wasser quellen lassen. Mit allen Zutaten außer der dicken Kokosmilch und Zitronensaft bei sehr schwacher Hitze simmern, bis die Zwiebeln zu Brei zerkocht sind und die Kokosmilch durch die Bockshornkleesamen angedickt ist. Gut durchrühren, die dicke Kokosmilch angießen. Heiß werden lassen, aber nicht mehr kochen. Mit Zitronensaft und Salz abschmecken.
Wer die Suppe dicker wünscht, gibt gleich zu Anfang ein paar Kartoffelscheiben zu.

# Thora malu moju

Fisch-Pickle

8 bis 10 Portionen
Zutaten:
500 g Fisch in Scheiben (Spanische Makrele)
Salz und Kurkuma
Öl zum Braten
1 EL Knoblauch, fein gehackt
1 EL Ingwer, fein gehackt
2 TL schwarze Senfsamen
250 ml Essig
125 ml Essig
125 ml Öl
10 Curryblätter
3 Streifen getrocknetes *daun pandan*- oder *rampé*-Blatt, nach Belieben
2 EL gemahlener Koriander
1 EL gemahlener Kreuzkümmel
1 TL gemahlener Fenchel, nach Belieben
1/2 TL Bockshornkleesamen
2 TL Chilipulver
1 TL Kurkuma
1 TL Salz
1 EL Zucker

Die Fischscheiben waschen, abtrocknen, mit Salz und Kurkuma einreiben und in heißem Öl braun und kroß braten. Auf einen Teller legen. Im Elektromixer Knoblauch, Ingwer, Senfsamen mit etwas Essig pürieren. In heißem Öl die Curryblätter und das Pandanus- oder *rampé*-Blatt rösten. Koriander, Kreuzkümmel, Fenchel und Bockshornkleesamen zugeben und unter Rühren rösten, bis die Gewürze dunkelbraun sind. Nicht anbrennen lassen. Chilipulver und Kurkuma noch ein paar Sekunden mitrösten. Das Senfpüree aus dem Mixer zugeben, noch einige Minuten weiterbraten. Mit dem restlichen Essig den Mixbecher ausspülen. Den Essig zusammen mit Salz und Zucker in den Topf gießen, zum Kochen bringen. Den Fisch einlegen. 30 Minuten bei niedriger Hitze simmern. Abkühlen lassen. In einem irdenen Gefäß aufbewahren oder in Flaschen abfüllen und luftdicht verschließen.
Zum Servieren die benötigte Menge Fischpickle in 2 EL *ghee* oder Öl heiß machen.

# Thora malu siyambala achcharu

Pickle aus Seerfisch mit Tamarinde

*Der beliebte Seerfisch Sri Lankas und Indiens heißt in Australien Spanische Makrele. Jeder feste, dunkelfleischige Fisch eignet sich für dieses Pickle.*

10 bis 12 Portionen
Zutaten:
500 g Fischsteaks
1 TL Salz
1/2 TL Kurkuma, gemahlen
60 ml Öl
125 ml Tamarindenmark
185 ml Essig
3 EL Koriander, gemahlen
1 1/2 EL Kreuzkümmel, gemahlen
3 TL Fenchel, gemahlen
1 EL Chilipulver
Salz und Zucker nach Geschmack

Den Fisch waschen und mit Küchenpapier gut abtrocknen. Die Steaks in Portionsstücke schneiden, mit Salz und Kurkuma einreiben und in heißem Öl rundherum tiefbraun und kroß braten. Das Öl abgießen. Das Tamarindenmark in Essig auflösen, mit den Fingern das Mark von den Samen abpressen. Durch ein feines Sieb drücken, wenn nötig, noch etwas Essig zugeben. Samen und Fasern wegwerfen.
In einer trockenen Pfanne Koriander, Kreuzkümmel und Fenchel getrennt einige Minuten lang rösten, bis sie etwas dunkler geworden sind und aromatisch duften. Mit dem Tamarindensaft und Chilipulver mischen, über die Fischstücke im Topf gießen und einige Minuten simmern. Salz nach Geschmack und nach Belieben etwas Zucker zugeben. In sauberen, trockenen Gläsern aufbewahren. Als Beilage zu Reis und Curries servieren.

# Vambotu pahi
Auberginen-Pickle

Zutaten:
2 große Auberginen
2 TL Salz
2 TL Kurkuma, gemahlen
Öl zum Braten
1 EL schwarze Senfsamen
125 ml Essig
1 mittelgroße Zwiebel, fein gehackt
4 Knoblauchzehen, geschnitten
1 EL frischer Ingwer, fein gehackt
1 EL Koriander, gemahlen
2 TL Kreuzkümmel, gemahlen
1 TL Fenchel, gemahlen
125 ml Tamarindenmark
185 ml heißes Wasser
3 frische grüne Chilis, entkernt und geschnitten
8 cm Zimtstange
1 TL Chilipulver, nach Belieben
2 TL Zucker
zusätzliches Salz nach Geschmack

Die Auberginen in dünne Scheiben schneiden, mit Salz und Kurkuma einreiben, in eine Schüssel legen und mindestens eine Stunde durchziehen lassen. Den Saft abgießen und die Auberginenscheiben mit Küchenpapier abtupfen. Etwa 2,5 cm hoch Öl in einer Bratpfanne erhitzen, und die Auberginen ganz langsam auf beiden Seiten braun braten. Mit einem geschlitzten Wender herausheben und in eine Schüssel legen. Das Öl aufheben. Senfsamen mit Essig im Elektromixer auf hoher Schaltstufe zermahlen. Zwiebel, Knoblauch, Ingwer zugeben, pürieren. Beiseite stellen.
Koriander, Kreuzkümmel und Fenchel in einer kleinen trockenen Pfanne sanft hellbraun rösten, dabei rühren oder die Pfanne schütteln. Man kann diese Gewürze auch durch 1 1/2 EL Ceylon Currypulver ersetzen.
Das Tamarindenmark in heißem Wasser zerdrücken, sieben; die Samen wegwerfen.
125 ml von dem aufbewahrten Öl erhitzen und das Senfpüree 5 Minuten anbraten. Die gerösteten Gewürze oder Currypulver, Chilis, Zimt, evtl. Chilipulver und Tamarindensaft zugeben. Die gebratenen Auberginenscheiben samt allem Öl, das sich in der Schüssel gesammelt hat, einlegen, gründlich durchrühren. Zugedeckt 15 Minuten simmern. Vom Feuer nehmen, den Zucker einrühren. Mit Salz abschmecken. Vollständig abkühlen lassen und in sauberen, trockenen Gläsern aufheben. Dieses Pickle hält sich wochenlang im Kühlschrank.

# Abba achcharu
Senf-Pickle

Zutaten:
125 ml schwarze Senfsamen
750 ml Essig
2 TL Salz
1 TL Kurkuma, gemahlen
250 ml geschälte Schalotten oder kleine Pickle-Zwiebeln
12 frische rote oder grüne Chilis
250 ml in Scheiben geschnittene unreife Papaya, nach Belieben
250 ml grüne Bohnen, geschnitten
250 ml Blumenkohlröschen
250 ml in Streifen geschnittene Karotten
1 bittere Melone, entkernt und in Streifen geschnitten
6 Knoblauchzehen
1 EL geraffelter frischer Ingwer
3 TL Zucker

Die Senfsamen mit Essig bedeckt über Nacht einweichen. Am nächsten Tag den restlichen Essig mit Salz, Kurkuma und den Zwiebeln in einem mittelgroßen emaillierten Topf zum Kochen bringen, eine Minute kochen. Die Zwiebeln mit einem Schaumlöffel herausheben und in einem Nylonsieb abtropfen und abkühlen lassen. Ebenso mit allen anderen Gemüsen verfahren. Bohnen, Karotten und Blumenkohl müssen etwas länger kochen – sie sollen gar sein, aber nicht zerkocht. Die abgetropften und abgekühlten Gemüse in ein sauberes, trockenes Glas oder ein irdenes Gefäß geben.
Im Elektromixer die eingeweichten Senfsamen mit allen übrigen Zutaten mixen. Den Essig aus dem Kochtopf dazumischen, unter Umständen noch mehr Essig zugeben, denn die Gemüse müssen bedeckt sein. Die Essigmischung über die Gemüse gießen. Sehr praktisch sind Gefäße mit Korkstopfen. Hat das Gefäß einen Metalldeckel, muß man das Pickle mit zwei Lagen Pergamentpapier abdecken. Dieses Pickle hält sich monatelang.

# Dehi achcharu
Eingelegte Zitronen

Zutaten:
Dünnschalige Zitronen
grobes Küchensalz
Malzessig

Die ganzen Zitronen mit kaltem Wasser zum Kochen aufsetzen und 10 Minuten kochen, bis jede Zitrone aufgeplatzt ist. Vom Feuer nehmen, das Wasser abgießen. Die Zitronen soweit abkühlen lassen, daß man sie anfassen kann. Dann den Schlitz fest mit Salz ausstopfen. Die Zitronen in ein irdenes Gefäß oder ein Einmachglas mit weiter Öffnung legen, mit Essig bedecken, luftdicht verschließen. Sechs Monate stehen lassen, ehe man sie verwendet. Die Zitronen halten sich unbegrenzt. Man verwendet sie als Zutat zu Rinderschmorbraten (S. 127), Limonen-Dattel-Chutney (S. 143) und zu *sambol* aus Essigzitronen (S. 144).

# Dehi lunu
Eingesalzene Limonen oder Zitronen

*Im Hause meiner Großmutter standen immer große irdene Krüge mit eingesalzenen Limonen, die schon vor so langer Zeit eingelegt worden waren, daß die Früchte durchsichtig braun aussahen, der Saft um sie herum sich in klares, bernsteinfarbenes Gelee verwandelt hatte. Wenn Zitronen- oder Limonenzeit ist, dann sollte man ein paar Gläser mit diesen Früchten füllen. Eingesalzen halten sie unbegrenzt. Man kann sie zu Chutneys, Pickles oder einfachen Curry-Beilagen verwenden.*

Zutaten:
25 bis 30 dünnschalige Zitronen oder Limonen
Steinsalz

Die Früchte gründlich waschen und abtrocknen. Jede Frucht vom Ende anfangend bis fast zum Stiel in Viertel schneiden, die Teile aber nicht auseinandertrennen. Die Schlitze etwas aufspreizen und in jeden ungefähr 1 EL Salz stopfen. Die gesalzenen Früchte in ein sauberes, trockenes Gefäß legen; am besten eignen sich Steingutgefäße oder Gläser mit Deckeln aus Kunststoff, nicht aus Metall. Dicht verschließen und die Gefäße drei Wochen lang täglich in die Sonne stellen. Nach dieser Zeit kann man sie im Kühlschrank oder im Keller sechs Monate oder länger aufbewahren.

# Dehi rata indi chutney
Chutney aus Limonen und Datteln

Zutaten:
500 g ganze Datteln
6 bis 8 Salz- oder Essiglimonen oder -zitronen
20 große rote getrocknete Chilis, für ein milder gewürztes Chutney weniger
1 EL schwarze Senfsamen
500 ml Essig
20 Knoblauchzehen, geschält
2 EL frischer Ingwer, fein gerieben
750 ml weißer Zucker
250 ml Sultaninen

Die Datteln halbieren und entkernen. Die Limonen achteln, dann jedes Achtel quer in feine Streifen schneiden. Die Stiele der getrockneten Chilis abschneiden, entkernen. Die Chilis mit den Senfsamen über Nacht in Essig einweichen. Am nächsten Tag zusammen mit Knoblauch und Ingwer im Elektromixer pürieren. Diese Paste mit dem Zucker in einem großen Topf zum Kochen bringen und so lange kochen, bis alles dick wie Tomatensoße ist. Die Datteln, Limonen oder Zitronen und die Sultaninen zugeben und wieder aufkochen lassen. Dann bei schwacher Hitze unter Rühren 15 bis 20 Minuten simmern. In sterilisierten Glasgefäßen aufbewahren.

# Dehi achcharu temperado
Limonen-Öl-Pickle

Zutaten:
8 gesalzene Limonen oder Zitronen
6 frische rote Chilis
6 frische grüne Chilis
2 EL schwarze Senfsamen
1 EL Kreuzkümmelsamen
2 TL Fenchelsamen
2 TL Schwarzkümmelsamen
2 TL Bockshornkleesamen
125 ml Senföl oder Erdnußöl
2 EL Sesamöl
ein pfefferkorngroßes Stück Stinkasant
6 Knoblauchzehen geschnitten
1 EL frischer Ingwer, fein gerieben
1 Stengel Zitronengras oder 2 Streifen Zitronenschale
1 Stange Zimt
125 ml Essig
1 TL Chilipulver

Die Limonen vierteln und jedes Viertel wieder in drei oder vier Stücke schneiden. Stiele und Kerne der Chilis entfernen, die Früchte je nach Größe halbieren oder vierteln.
In einer trockenen Pfanne die verschiedenen Gewürzsamen je für sich über mittlerer Hitze rösten, dabei ständig rühren, damit sie nicht anbrennen. Sobald sie aromatisch duften, zum Abkühlen auf einen Teller geben. Beide Sorten Öl in einem großen Topf erhitzen und den Stinkasant darin rösten, dann herausnehmen und wegwerfen. Knoblauch und Ingwer über niedriger Hitze goldgelb braten, die übrigen Zutaten zugeben, zum Kochen bringen und etwa 10 Minuten simmern, dabei ständig rühren. Zimtstange und Zitronengras herausnehmen. Abkühlen und in Gläser füllen.

# Dehi lunu sambola
Sambol aus eingesalzenen Limonen

Zutaten:
1 Salz- oder Essiglimone oder -zitrone
2 EL feingeschnittene Schalotten oder Zwiebeln
2 frische rote oder grüne Chilis, entkernt und geschnitten

Die Limone in kleine Stücke schneiden und mit den fein geschnittenen Schalotten und Chilis vermischen. In einer kleinen Schüssel anrichten, zu einer Mahlzeit aus Reis und Curry servieren. Man nimmt nur einen Teelöffel von diesem *sambol,* es ist nur als Geschmacksakzent gedacht.

# Garnelen-Blachan

*Dieses* blachan *ist ein Bestandteil von* lampries *(S. 108), dem in Bananenblättern verpackten Festessen.*

18 bis 20 Portionen
Zutaten:
250 ml Pulver aus getrockneten Garnelen
125 ml Kokosflocken
2 TL Chilipulver, oder nach Geschmack
2 mittelgroße Zwiebeln, gehackt
5 Knoblauchzehen, geschnitten
1 EL frischer Ingwer, fein gehackt
160 ml Zitronensaft
1 TL Salz, oder nach Geschmack

Das Garnelenpulver in einer trockenen Bratpfanne einige Minuten unter Rühren erhitzen. Auf einen großen Teller geben. Die Kokosflocken in der gleichen Pfanne unter Rühren rösten, bis sie schön braun sind. Zum Abkühlen auf einen Teller geben. Die übrigen Zutaten im Elektromixer pürieren. Garnelenpulver und Kokosflocken zugeben, noch einmal mixen; wenn nötig etwas Wasser zugeben, um die Bestandteile zu binden. Von Zeit zu Zeit die Masse von den Wänden des Mixbechers mit einem Spatel nach unten schaben. Die Paste auf einer Platte zu einem flachen, runden Kuchen formen. Zu Reis und Curries servieren.

# Koonee sambola
Shrimpsambol

*Die getrockneten Shrimps, die zu diesem köstlichen* sambol *verwendet werden, sind wirklich winzig, nicht dicker als ein Stück Bindfaden. Man bekommt sie in japanischen Geschäften, appetitlich in Cellophan verpackt.*

Zutaten:
1 kleine Zwiebel, fein gehackt
3 frische rote Chilis, fein gehackt
1 TL Bockshornkleesamen
1 EL Zitronensaft
1 1/2 TL Salz
1/2 TL Kurkuma, gemahlen
3 EL getrocknete Shrimps
125 ml Wasser
375 ml frisch geriebene Kokosnuß oder Kokosflocken

Alle Zutaten außer Kokosnuß zugedeckt kochen, bis die Zwiebel weich ist. Die Kokosnuß zugeben und locker wenden, bis sie alle Flüssigkeit aufgesogen hat. Abschmecken, evtl. noch Salz und Zitronensaft zugeben. Zu Reis und Curries servieren.

# Seeni sambola
Chili-sambol

*Chili-*sambol *ist eine beliebte Beilage zu Reis und Curry. Es gibt in chinesischen Geschäften in Dosen »Garnelen in Gewürzen«. Sie helfen, diese vereinfachte Abwandlung des Originalrezepts in einem Bruchteil der Zeit herzustellen, die man sonst hätte aufwenden müssen. Sie schmeckt aber genauso gut.*

Zutaten:
125 ml Öl
4 mittelgroße Zwiebeln, fein geschnitten
2 TL Chilipulver
1 170-g-Dose »Garnelen in Gewürzen« (Prawns in spices)
2 EL Essig
Salz nach Geschmack
2 TL Zucker

Die Zwiebeln in heißem Öl unter gelegentlichem Rühren sehr langsam weich und glasig braten. Es ist wichtig, Zwiebeln langsam zu braten – aller Saft aus den Zwiebeln muß verdampfen, wenn sich das *sambol* gut halten soll. Wenn die Zwiebeln goldbraun sind, Chilipulver, »Garnelen in Gewürzen« und Essig zugeben und gründlich durchrühren. Zugedeckt 10 Minuten simmern. Dann den Deckel abnehmen und offen weitersimmern, von Zeit zu Zeit umrühren, bis aller Saft verdampft ist und das Öl sich von den übrigen Zutaten abscheidet. Mit Salz abschmecken. Vom Feuer nehmen, den Zucker einrühren. Abkühlen lassen.
In einem sauberen, trockenen Gefäß aufbewahren. Nur in kleinen Portionen verwenden.
Anmerkung: Wer lieber ein schärferes *sambol* hat, muß mehr Chilipulver nehmen.

# Moong ata sambola
Bohnensprossen-sambol

Zutaten:
125 g frische Bohnensprossen
2 frische grüne Chilis, entkernt und geschnitten
1 kleine Zwiebel, fein geschnitten
3 EL frische geriebene Kokosnuß oder Kokosflocken
1 TL Salz
1 EL Zitronensaft, oder nach Geschmack

Die Bohnensprossen gründlich waschen, dabei möglichst viele der grünen Häutchen entfernen. Gut abtropfen lassen. Alle Zutaten gleichmäßig vermischen. Als Beilage zu Reis und Curries servieren.

# Lunu miris sambola

Sambol aus zerriebenen Zwiebeln und Chilis

*Dieses einfache* sambol *gehört so selbstverständlich zum ceylonesischen Essen wie Salz und Pfeffer zum westlichen. Sehr scharf, sehr sauer und deutlich salzig – oft ist es die einzige Beilage zu Reis, gekochten Jamswurzeln, Maniok oder Süßkartoffeln oder sonst einem der stärkehaltigen Lebensmittel, die Grundlage der Inselkost sind.*

Zutaten:
10 getrocknete Chilis
1 EL getrockneter Thunfisch oder getrocknete Garnelen
1 kleine Zwiebel, gehackt
Zitronensaft und Salz nach Geschmack

Die Stiele der Chilis abschneiden und, falls Sie lieber nicht ein so äußerst scharfes *sambol* möchten, die Kerne herausschütteln. Alle Zutaten im Mörser zerstampfen. In Sri Lanka zerstampft man sie im Mörser oder zerreibt sie auf dem Mahlstein. Man kann die Zutaten auch im Mixer pürieren; nur darf das Resultat nicht naß sein, sondern eine Paste.

# Badhapu lunu sambola

Sambol aus gebratenen Zwiebeln

Zutaten:
125 ml Öl
2 große Zwiebeln, fein geschnitten
6 getrocknete Chilis, in Stücke gebrochen
2 EL getrockneter Thunfisch oder Garnelenpulver
1 TL Salz, oder nach Geschmack
2 EL Zitronensaft

Die Zwiebeln langsam weich und glasig braten. Die Chilis und den Thunfisch zugeben, zugedeckt 10 bis 15 Minuten garen, bis das Öl sich von den anderen Zutaten abscheidet. Von Zeit zu Zeit umrühren. Salz und Zitronensaft einrühren und noch ein paar Minuten weiterkochen. Zu gekochtem Reis und Curries servieren.

# Badhapu vambotu sambola

Sambol aus gebratenen Auberginen

Zutaten:
2 Auberginen
2 TL Salz
2 TL Kurkuma, gemahlen
Öl zum Braten
3 frische rote oder grüne Chilis
2 kleine Zwiebeln
Zitronensaft
3 EL dicke Kokosmilch

Die Auberginenscheiben zubereiten wie für *vambotu pahi* (S. 142). In heißem Öl braten und auf Küchenpapier abtropfen lassen. Mit den entkernten und gehackten Chilis, feingeschnittenen Zwiebeln, Zitronensaft nach Geschmack und 3 EL dicker Kokosmilch vermengen.

# Pipinja sambola

Gurken-sambol

Zutaten:
1 große oder 2 kleine grüne Gurken
2 TL Salz
125 ml dicke Kokosmilch
1 frische rote Chili, entkernt und geschnitten
1 frische grüne Chili, entkernt und geschnitten
1 kleine Zwiebel, in papierdünne Scheiben geschnitten
2 EL Zitronensaft

Die Gurke schälen und in sehr dünne Scheiben schneiden, in eine Schüssel legen, mit Salz bestreuen und mindestens 30 Minuten durchziehen lassen. Allen Saft ausdrücken. Zu salzige Gurken mit kaltem Wasser abspülen. Abtropfen lassen. Mit den übrigen Zutaten vermischen und als Beilage zu einer Currymahlzeit servieren.

# Karavila sambola
Sambol aus bitterem Kürbis

4 bis 6 Portionen
Zutaten:
3 bittere Kürbisse
1/2 TL Kurkuma, gemahlen
1/2 TL Salz
Öl zum Braten
1 mittelgroße Zwiebel, in sehr dünne Ringe geschnitten
2 frische grüne Chilis, entkernt und kleingeschnitten
Zitronensaft nach Geschmack

Die bitteren Kürbisse waschen und quer in ziemlich dünne Scheiben schneiden. Mit Salz und Kurkuma einreiben und in Öl auf beiden Seiten goldbraun braten. Auf Küchenpapier abtropfen lassen. Mit Zwiebel und Chilis vermengen, mit Zitronensaft und Salz abschmekken.

# Pol sambola
Kokosnuß-sambol

Zutaten:
250 ml Kokosflocken
1 TL Salz
1 TL Chilipulver, oder nach Geschmack
2 TL Paprikapulver
2 TL getrockneter Thunfisch oder Garnelenpulver, nach Belieben
2 EL Zitronensaft, oder nach Geschmack
1 mittelgroße Zwiebel, fein gehackt
2 bis 3 EL heiße Milch

Kokosflocken, Salz, Chilipulver, Paprika und, wenn verwendet, getrockneten Thunfisch in einer Schüssel mit Zitronensaft beträufeln und mit den Zwiebelringen bestreuen. Die heiße Milch darübergeben. Mit den Händen vermengen, dabei die Zutaten so durcharbeiten, daß die Kokosflocken gleichmäßig angefeuchtet werden. In einer kleinen Schüssel anrichten.
Anmerkung: Wenn gewünscht, kann man an das *sambol* noch 1 bis 2 frische rote oder grüne Chilis geben, entkernt und fein gehackt.

# Kalupol sambola
Sambol aus gerösteten Kokosflocken

*In Sri Lanka wird dieses* sambol *aus frischer Kokosnuß zubereitet, die in der Herdasche dunkelbraun geröstet, dann auf einem großen Stein zermahlen wird. Die hier aufgeführte Abwandlung des Originalrezepts läßt sich wesentlich einfacher herstellen.*

Zutaten:
250 ml Kokosflocken
2 mittelgroße Zwiebeln, fein gehackt
1 TL Salz
2 TL getrockneter Thunfisch oder Garnelenpulver
ungefähr 60 ml Zitronensaft

Die Kokosflocken in einer schweren Bratpfanne unter ständigem Rühren gleichmäßig braun rösten. Sie sollen ziemlich dunkelbraun sein, dürfen aber nicht anbrennen. Auf einer großen Platte zum Abkühlen ausbreiten.
Alle Zutaten im Elektromixer auf hoher Schaltstufe zu einer glatten Paste pürieren. Wenn die Flüssigkeit dazu nicht ausreicht, muß man noch mehr gehackte Zwiebel oder Zitronensaft zugeben.
Zu einem runden, flachen Kuchen formen, auf der Oberseite mit Gabel oder Messerrücken ein Gittermuster einritzen. Zu Reis und Curry servieren.

# Avocado fool

4 bis 6 Portionen
Zutaten:
3 große, vollreife Avocados
feiner Zucker nach Geschmack
250 ml süße Sahne
ein Schuß Rum, nach Belieben

Die Avocados der Länge nach halbieren, die Samen herausnehmen und beiseite legen. Das Fruchtmark aus der Schale schaben und mit einer Gabel glatt zerdrücken. Zuckern nach Geschmack. Die Sahne einrühren. In eine Schüssel füllen, die Samen wieder an das Fruchtmark geben. Die Schüssel fest mit Folie zudecken und vor dem Servieren in den Kühlschrank stellen.
Man sagt, daß die Samen das Verfärben des Fruchtbreis verhindern. Trotzdem sollten Sie darauf achten, daß die Oberfläche durch Folie vor Luftzutritt geschützt ist. Sie können die Creme mit süßer Schlagsahne verzieren und mit einigen hauchdünnen Avocadoscheiben, die erst im letzten Moment geschnitten und mit Zitronensaft beträufelt werden.
Anmerkung: Manche sind für Rum als Aroma. Ich selbst habe es lieber, wenn der delikate Geschmack der Avodacos durch nichts überdeckt wird.

# Alla aluwa

Kartoffel-halva

*Nach einer üppigen Currymahlzeit können Sie dieses Konfekt mit schwarzem Kaffee reichen.*

Ergibt etwa 18 Stück
Zutaten:
375 ml Zucker
375 ml Milch
1 410-g-Dose gesüßte Kondensmilch
125 g *ghee* oder Butter
250 ml gekochte zerstampfte Kartoffeln
250 ml fein gehackte Cashew-Nüsse, nach Belieben
2 EL Rosenwasser
1 TL gemahlener Kardamom, nach Belieben

Zucker, Milch, Kondensmilch und *ghee* in einem großen, schweren Kochtopf (ein beschichteter Topf eignet sich ideal dafür) bei mittlerer Hitze unter ständigem Rühren kochen, bis die Masse eine Temperatur von 116°C, das »Weichkugel-Stadium« erreicht hat. Um dieses Stadium zu erkennen, lassen Sie etwas von der Masse in eine Tasse mit eiskaltem Wasser fallen. Wird die Masse so fest, daß man sie zu einer weichen Kugel formen kann, hat sie die erforderliche Temperatur erreicht.
Vom Feuer nehmen, die glatt zerdrückten Kartoffeln zugeben und mit dem Elektrorührer alle Klümpchen glattrühren. Wenn sie mit einem beschichteten Topf arbeiten, müssen sie die Masse vor dem Rühren in eine Schüssel geben, damit der Rührstab nicht die Beschichtung zerkratzt. Die Masse dann wieder ans Feuer geben und noch einmal leicht erhitzen. Vom Feuer nehmen; Nüsse, Rosenwasser und Kardamom zugeben und gut durchrühren.
Die Masse auf eine gebutterte Platte oder ein Backblech gießen. Mit einem Stück gebutterter Alufolie die Oberfläche glätten und flachdrücken. Abkühlen und erstarren lassen, dann in Rauten schneiden.

# Patties

*Auf jeder Geburtstagsparty – Geburtstage werden in Sri Lanka mit viel Begeisterung gefeiert – werden diese beliebten pikanten Pastetchen angeboten.* Lovecake *(S. 162) und* patties *sind ein »Muß« auf Parties. Der traditionelle Teig für* patties *ist wegen der Verwendung von Kokosmilch ziemlich ungewöhnlich. Ich bringe das Rezept für den Fall, daß Sie es ausprobieren möchten. Aber ich bringe auch das Rezept für einen sehr guten Pastetenteig, der einfacher zu machen ist. Trotzdem – der Originalteig schmeckt vorzüglich.*

Ergibt etwa 75 *patties*
Zutaten zum *patty*-Teig:
500 ml Mehl
1/2 TL Salz
3 EL Bratenfett oder Butter
60 ml dicke Kokosmilch
2 Eigelb, verquirlt
Öl zum Ausbacken

Zutaten zur Füllung:
500 g Hühnerfleisch
500 g Rind- oder Lammfleisch
250 g Schweinefleisch
125 g Schinkenspeck oder Schinken
1 EL *ghee*
1 mittelgroße Zwiebel, fein gehackt
8 Curryblätter
2 TL Ceylon Currypulver
1 TL Kurkuma, gemahlen
je 1/4 TL Nelken und Zimt, gemahlen
1/2 TL schwarzer Pfeffer, gemahlen
2 TL Salz
1 Stengel Zitronengras oder 2 Streifen Zitronenschale
125 ml dicke Kokosmilch
2 TL feingehackter frischer Dill
4 bis 6 hartgekochte Eier

Zutaten zum Pastetenteig:
500 ml Mehl
eine Prise Backpulver
1/2 TL Salz
1 TL feiner Zucker
60 g Bratenfett
60 g Butter oder Margarine
2 EL Zitronensaft
4 bis 5 EL Eiswasser

*Patty-Teig:* Mehl und Salz in eine Rührschüssel sieben, das Fett mit den Fingerspitzen einarbeiten. Die mit Eigelb vermischte Kokosmilch zugeben und alles mit leichter Hand zu einem Teig verkneten. Wenn nötig, noch etwas mehr Kokosmilch oder Mehl zugeben; weil die verschiedenen Mehlsorten unterschiedlich viel Flüssigkeit absorbieren, ist es unmöglich, ganz genaue Mengenangaben zu machen.
Den Teig in Pergamentpapier einschlagen und 30 Minuten in den Kühlschrank legen. Dann jeweils ein Viertel des Teiges auf einem leichtbemehlten Brett sehr dünn ausrollen. Runde Plätzchen von 8 cm Durchmesser ausstechen.
Einen Teelöffel Füllung und ein Stückchen hartgekochtes Ei auf den Teigscheiben häufen, die Ränder mit Eiweiß bepinseln, die Plätzchen zu einem Halbkreis zusammenklappen, die Bänder fest zusammenpressen, damit sie dicht schließen. In Sri Lanka werden die Ränder immer verziert, indem man mit einem Schlüssel oder den Zinken einer Gabel Ornamente hineindrückt.
Immer nur ein paar *patties* auf einmal in heißem Öl schwimmend ausbacken. In Sri Lanka nimmt man dazu Kokosöl; jedes gute Pflanzenöl, wie zum Beispiel Erdnußöl, kann es aber ersetzen. Auf Küchenpapier abtropfen lassen und warm servieren.

*Füllung:* Hühnerfleisch, Rind- und Schweinefleisch eben mit Wasser bedeckt zum Kochen aufsetzen. Zugedeckt 20 Minuten simmern. Abkühlen lassen. Das halbgare Hühnerfleisch von den Knochen lösen und ebenso wie Rind- und Schweinefleisch in kleine Würfel schneiden. Vom Speck die Schwarte abtrennen und ihn dann in kleine Quadrate schneiden. Zwiebel und Curryblätter in heißem *ghee* anbraten, bis die Zwiebel weich ist und anfängt zu bräunen. Currypulver, Kurkuma, Nelken, Zimt, Pfeffer und Salz einrühren. Mit etwa 375 ml Fleischbrühe ablöschen, die vom Kochen des Fleisches übriggeblieben ist. Zitronengras und das gewürfelte Fleisch zugeben. Gründlich durchmischen. Zugedeckt leise simmern, bis das Fleisch weich und die Flüssigkeit fast ganz verdampft ist. Kokosmilch und Dill zugeben, durchrühren; offen kochen, bis die Kokosmilch aufgesogen ist.
Vom Feuer nehmen. Aus dem abgekühlten Fleischteig das Zitronengras und die Curryblätter herausnehmen. Die hartgekochten Eier in Stückchen schneiden und vorsichtig unterheben. Achten Sie darauf, daß in der Füllung für jedes *patty* auch ein Stück Ei ist. Man kann aber auch ein oder zwei Eistückchen oben auf die Curryfüllung legen, ehe das *patty* zugedrückt wird.

*Pastetenteig:* Mehl, Backpulver, Salz und Zucker in eine Rührschüssel sieben und das Fett einarbeiten. Zitronensaft mit dem geeisten Wasser mischen und an das Mehl geben. Alles zu einem glatten Teig verkneten. Wenn nötig, noch etwas mehr Wasser zugeben. Den Teig in Pergamentpapier einschlagen und 30 Minuten kalt stellen, ehe man ihn ausrollt.

# Einfacher Grundteig

*Man kann diesen Teig besonders gut mit weiteren Zutaten wie Butter, Zucker und Eiern anreichern. Zusätzliches Klebereiweiß hilft dazu, daß der Teig aufgeht und die Form behält.*

Zutaten:
125 ml Milch
3 TL Zucker
2 TL Salz
90 g Butter
375 ml warmes Wasser
30 g frische Hefe oder 1 Päckchen Trockenhefe
1375 bis 1500 ml ungesiebtes Mehl
1 EL Glutenmehl (siehe Glossar)

Die Milch abkochen. Zucker, Salz und Butter einrühren. Lauwarm werden lassen. Das warme Wasser in eine große warme Rührschüssel geben, die Hefe darüberbröseln, umrühren, damit sie sich auflöst. Die lauwarme Milch und 750 ml Mehl, das mit dem Glutenmehl zusammengesiebt wurde, einrühren. Mit einem Holzlöffel zu einem glatten Teig schlagen. Soviel zusätzliches Mehl daruntermengen, daß man einen weichen Teig erhält. Diesen auf einem leichtbemehlten Brett etwa 10 Minuten kneten, bis er glatt und elastisch ist. Zu einer glatten Kugel formen, die man in einer eingefetteten Schüssel wälzt, um die Oberfläche mit Fett zu überziehen. Mit einem Tuch abdecken, an einem warmen, zugfreien Platz zu doppeltem Umfang aufgehen lassen. Das dauert etwa eine Stunde.

# Bolo de coco

Kokosnußkuchen

*In Sri Lanka wird das saftige, fette Fruchtfleisch der frisch gepflückten Kokosnüsse geraffelt, dann auf einer Steinplatte fein zerrieben. Das Resultat gleicht fein gemahlenen Mandeln, ist nur viel feuchter durch die fette Kokosmilch. Sollten Sie in einem Land leben, in dem frische Kokosnüsse zu haben sind, nehmen Sie zwei mittelgroße Nüsse. Wer jedoch nur Kokosflocken kaufen kann, verfährt damit nach dem folgenden Rezept. Auch auf diese Art erhält man einen köstlichen Kokosnuß-Kuchen.*

Backzeit: 1¼ bis 1½ Stunden
Backtemperatur: 160°C
ergibt einen quadratischen Kuchen von 25 cm Länge oder zwei Laibe

Zutaten:
750 ml Kokosflocken
750 ml Wasser
4 Eier, getrennt
500 ml weißer Zucker
500 ml Reismehl
250 ml Backmischung (Mehl und Backpulver)
2 TL Backpulver
½ TL Kardamom, gemahlen
¼ TL Nelken, gemahlen
¼ TL Zimt, gemahlen
1 EL Rosenwasser oder ½ TL Rosenessenz
125 g rohe Cashew-Nüsse oder blanchierte Mandeln, fein gehackt
zusätzlich 60 ml Zucker

Den Backofen auf 160° vorheizen. Eine quadratische Kastenform von 25 cm Kantenlänge oder zwei längliche Kastenformen mit Backtrennpapier auslegen.
Je 375 ml Kokosflocken und Wasser im Elektromixer auf hoher Schaltstufe etwa 1 Minute lang mixen, bis die Kokosflocken fein zermahlen sind. Den Mixbecher ausleeren, die Prozedur mit der zweiten Hälfte Kokosflocken und Wasser wiederholen.
In einer großen Rührschüssel die Eigelb mit 2 EL der Kokosmasse und dem Zucker zu einer luftigen Creme schlagen. Die übrigen Kokosflocken zugeben und tüchtig schlagen. Das Mehl zusammen mit Backpulver und den gemahlenen Gewürzen sieben und mit Rosenwasser oder -essenz und den Nüssen in die Kokosflockencreme rühren. Die Eiweiß zu Schnee schlagen, bis steife Spitzen stehenbleiben. Den Extra-Zucker zugeben und weiterschlagen, bis das Eiweiß dick und glänzend ist. Unter die Kokosmasse heben.
In die vorbereiteten Backformen füllen und bei 160° 1¼ bis 1½ Stunden goldbraun backen. Mit einer Stricknadel oder einem dünnen Spießchen in der Mitte einstechen. Die Nadel muß beim Herausziehen sauber sein. Den Kuchen halb in der Form abkühlen lassen, dann herausnehmen und auf einem Drahtgitter völlig auskühlen. Den flachen Kuchen in Quadrate schneiden.

# Foguete

Ausgebackene Krapfen mit süßer Füllung

*Der Name des Rezepts ist portugiesisch, die einstigen Eroberer Sri Lankas haben es hinterlassen. Übersetzt bedeutet der Name »Rakete« – dieses Gebäck sieht auch wirklich wie kleine Feuerwerkskörper aus. Kleine hohle Teigröhrchen werden ausgebacken und süß gefüllt, wenn sie ausgekühlt sind. Sehr oft werden sie dann noch in einen kristallisierenden Sirup getaucht. Dieser Überzug hält sie einige Tage lang knusprig, macht sie aber vor allem durch und durch süß. Ich fülle sie erst an dem Tag, an dem sie gegessen werden sollen, und verzichte auf den Sirupüberzug.*

Zutaten zum Teig:
500 ml Mehl
eine Prise Salz
60 g Butter
2 ganze Eier
2 Eigelb
1 EL Puderzucker
1 TL Vanille-Essenz
kaltes Wasser, wenn nötig
Öl zum Ausbacken
12 runde Holzpflöcke, 7,5 cm lang, 2 cm Durchmesser

Zutaten zur Füllung:
Ananas- oder Melonenmarmelade
250 ml gehackte rohe Cashew-Nüsse und
250 ml gehackte Rosinen, miteinander vermischt

Etwa zwölf 7,5 cm lange runde Holzpflöcke von 2 cm Durchmesser bereitlegen, rauhe Kanten mit Sandpapier glätten. Mit Butter einfetten.
*Teig:* Mehl und Salz in eine große Rührschüssel sieben, die Butter mit den Fingerspitzen einarbeiten, bis ein feinkrümeliger Teig entstanden ist. Ganze Eier und Eigelb zusammen schaumig rühren, Puderzucker, Vanille und ungefähr 2 EL kaltes Wasser zugeben. Bei großen Eiern kann die Zugabe von Wasser überflüssig sein. In die Mitte des Mehls eine Grube machen, die geschlagenen Eier hineingeben und alles etwa 10 Minuten lang zu einem glatten, glänzenden Teig verkneten. In Folie einschlagen und eine Stunde kalt stellen.
Auf einem leichtbemehlten Brett kleine Portionen Teig so dünn wie möglich ausrollen. Der Teig soll fein und gleichmäßig und fast pergamentdünn sein. In Streifen schneiden, die etwas weniger breit sein sollen, als die Holzpflöcke lang sind, also etwa 6,25 cm breit, und die lang genug sein müssen, daß man sie locker um die Holzrollen legen kann. Einen schmalen Streifen auf einer Seite mit Eiweiß bestreichen, die Ränder dieses Streifens zusammendrücken, daß eine Rille entsteht. Dasselbe auf der gegenüberliegenden Seite machen und noch einmal zwischen diesen beiden Rillen. Auf diese Weise soll erreicht werden, daß der Teig enger am Holz anliegt – er darf aber nicht festsitzen.
Öl oder *ghee* oder eine Mischung aus beiden in einer Ausbackpfanne heiß werden lassen. Das Öl muß so tief sein, daß die Teigröhrchen ganz eintauchen können. Immer nur ein paar Teigröhrchen gleichzeitig in das heiße Öl einlegen und bei mittlerer Hitze blaßgelb backen. Herausheben. Soweit abkühlen lassen, daß man sie anfassen kann, vorsichtig den Holzpflock herausschieben, die Röhrchen in das heiße Öl zurückgeben und fertigbacken. Die goldbraun gebackenen Teigstückchen mit einem Schaumlöffel herausheben und auf Küchenkrepp abtropfen lassen. Die Prozedur wiederholen, bis der ganze Teig aufgebraucht ist. Auf einem mit Küchenpapier belegten Kuchengitter völlig auskühlen lassen. Die Röhrchen in einer luftdicht schließenden Dose aufheben, bis man sie füllen will.

*Füllung:* Mit einem kleinen Tee- oder Kaffeelöffel die Röhrchen mit einer Füllung nach Ihrer Wahl füllen. Puderzucker darüber stäuben und auftragen.

# Mas paan
Mit Fleisch gefüllte Brötchen

*Mit Fleischcurry gefüllte Hefebrötchen werden glühheiß aus dem Backofen in fast jedem Teeladen verkauft und sind als Snack zu jeder Tageszeit sehr beliebt.*

Ergibt etwa 30 Stück
Zutaten:
1 × Rindfleischcurry
500 g Kartoffeln
1 × einfacher Grundteig (S. 150) oder 2 Pakete tiefgekühlter Hefeteig
1 Eigelb, mit 1 EL Wasser verquirlt

Das Curry zubereiten und die geschälten, gewürfelten Kartoffeln 30 Minuten vor Ende der Kochzeit zugeben. Das Curry kochen, bis es sehr trocken ist. Abkühlen lassen.
Den Teig zubereiten. Nach dem ersten Gehen wird er zusammengeklopft und in 30 gleiche Portionen geteilt. Jedes Teigstückchen zu einem Kreis auseinanderdrücken, einen Löffel voll von dem Fleisch-Kartoffel-Curry in die Mitte geben. Die Ränder aneinanderdrücken und zwischen den Händen formen, bis sie dicht schließen. Die Brötchen sollen auf der Oberseite schön rund sein und die Teigschicht auf der Unterseite nicht zu dick. Um das zu erreichen, muß man den Teig in der Mitte des Kreises dicker halten und zu den Rändern hin dünner.
Die Brötchen mit der Nahtstelle nach unten auf gefettete Backbleche so weit auseinander legen, daß sie Platz haben, aufzugehen und sich auszubreiten. Mit einem trockenen Tuch zudecken und an einem warmen Platz etwa 30 bis 40 Minuten gehen lassen, bis sie nahezu den doppelten Umfang haben. Mit Ei bepinseln und bei 200° im Backofen goldbraun backen. Heiß oder kalt servieren.

# Vattalappam
Würziger Kokosnuß-Pudding

*Dieser üppige Pudding – dem Ursprung nach malayisch – ist auf Ceylon sehr beliebt. Wer keinen Palmzucker bekommen kann, ersetzt ihn durch 125 ml festgepreßten schwarzen Zucker und 125 ml Ahornsirup.*

Backzeit: etwa 1¼ Stunden
Backtemperatur: 150–160°
6 bis 8 Portionen
Zutaten:
4 Eier
175 g Palmzucker *(jaggery)*
125 ml Wasser
375 ml dicke Kokosmilch (siehe unten)
185 ml Kondensmilch
½ TL gemahlener Kardamom
¼ TL gemahlene Muskatblüte
eine Prise gemahlene Nelken
1 EL Rosenwasser

Die Eier leicht schlagen, sie sollen nicht schaumig sein. Den Palmzukker bei schwacher Hitze in Wasser auflösen. Etwas abkühlen lassen. Den Palmzuckersirup oder den Sirup aus Ahorn und schwarzem Zucker zu den Eiern geben, ebenso die Kokosmilch. Umrühren, bis sich der Zucker gelöst hat. Durch ein feines Sieb in einen großen Krug gießen. Kondensmilch, Gewürze und Rosenwasser einrühren. Die Masse in kleine Formen oder Tassen verteilen. Diese Tassen werden in einen Bräter gestellt und so viel Wasser in den Bräter gefüllt, daß es bis zur halben Höhe der Tassen reicht. Im Backofen bei 150–160° stocken lassen. Das dauert etwa 1¼ Stunden.
Man kann die Tassen auch in eine elektrische Bratpfanne setzen, Wasser bis zur selben Höhe einfüllen, eine Temperatur von 120° einschalten, die Masse zugedeckt 1¼ Stunden stocken lassen.
Die Formen abkühlen lassen und vor dem Servieren im Kühlschrank kalt stellen.
Kokosmilch: Für diesen Pudding wird die Kokosmilch mit Kuhmilch statt mit Wasser hergestellt.
500 ml Kokosflocken in einen Topf geben, 625 ml Milch angießen und langsam zum Kochen bringen. Auf lauwarm abkühlen, dann die Kokosmilch extrahieren (S. 9). Für dieses Rezept nur den ersten Extrakt verwenden.

Abbildungen Seite 153 bis 156
Oben eine Platte mit Singara (Rezept S. 91)
Pakorhas (Rezept S. 90) und Samoosa (Rezept S. 91)
Das Getränk ist Falooda (Rezept S. 94); die Mürbeteigplätzchen sind Nan khatai (Rezept S. 96)
Eine Auswahl von Zutaten für die asiatische Küche.
Von oben nach unten: Gelber Reis (Rezept S. 107), Cashew-Nuß-Curry (Rezept S. 136), *sambol* aus gebratenen Zwiebeln (Rezept S. 146), Kokosnuß-*sambol* (Rezept S. 147), Pappadams (Rezept S. 86), *sambol* aus gebratenen Auberginen (Rezept S. 146), Rindfleisch-Curry (Rezept S. 128)
Kukul mas curry – Hühnercurry (Rezept S. 126)

# Traditioneller Weihnachtskuchen

(Bild S. 162)

Backtemperatur: 130 °C
Backzeit: 2 1/4 bis 2 1/2 Stunden
Zutaten:
250 g kernlose Rosinen
375 g Sultaninen
250 g gemischte kandierte Früchte
250 g eingelegter Ingwer
2 kleine Dosen Chow-Chow-Konserven
oder
500 g Melonen-Ingwer-Marmelade
125 g Zitronat und Orangeat, gemischt
250 g kandierte Kirschen
250 g rohe Cashew-Nüsse oder
blanchierte Mandeln
60 ml Kognak
375 g Butter
500 g feiner Zucker
12 Eigelb
2 TL geriebene Zitronenschale
1 1/2 TL Kardamom, gemahlen
1 TL Zimt, gemahlen
1 TL Muskatnuß, gerieben
3/4 TL Nelken, gemahlen
2 EL Vanille-Essenz
1 EL Mandelessenz
2 TL Rosenessenz
1 EL Honig
250 g feiner Weizengrieß
6 Eiweiß

Rosinen und Sultaninen hacken, die kandierten Früchte kleinschneiden (eine Mischung aus Ananas, Aprikosen und Quitten verwenden, aber keine Feigen). Den Sirup vom eingelegten Ingwer und von den Chow-Chow-Konserven abgießen, Ingwer und Früchte fein hacken. Zitronat und Orangeat hacken. Die Kirschen halbieren. Die Nüsse sehr fein hacken oder in der Nußmühle mahlen.

Alle Früchte und Nüsse in einer großen Schüssel mit dem Kognak beträufeln. Zugedeckt durchziehen lassen, während der Teig zubereitet wird. Man kann die Früchte auch am Vortag vorbereiten, desto länger können sie in dem Kognak einweichen.

Butter und Zucker schaumig rühren. Die Eigelb eines nach dem anderen zugeben und jedesmal gut verrühren. Geriebene Zitronenschale, Gewürze, Aromen und den Honig einrühren. Den Weizengrieß zugeben und alles zu einem Teig verarbeiten, dann die Früchte und Nüsse untermischen. Nehmen Sie Ihre größte Rührschüssel und mischen Sie die Früchte mit beiden Händen ein. Das geht viel leichter als mit dem Löffel, der Konditor macht es auch so. Die Eiweiß zu steifem Schnee schlagen und unter den Teig heben.

Den Teig in die vorbereitete Backform füllen und bei 130° 2 1/4 bis 2 1/2 Stunden backen. Nach der ersten Stunde den Kuchen mit Pergamentpapier abdecken, damit er nicht zu dunkel wird. Am Ende dieser Backzeit haben Sie einen sehr üppigen, feuchten Kuchen. Wer ihn lieber trockener und dunkler mag, muß ihn 4 1/2 bis 5 Stunden backen. Dann ist er immer noch nicht trocken, aber mit Sicherheit fester als nach der kürzeren Backzeit.

Völlig auskühlen, am besten über Nacht. Dann das Papier entfernen und den Kuchen in Folie einschlagen. Zuvor können noch 1 bis 2 EL Kognak über den kalten Kuchen geträufelt werden. Nach Belieben kann man den Kuchen mit Mandelpaste und Fondantglasur überziehen. Dieser Kuchen hält sich in einer luftdicht verschlossenen Dose ein Jahr oder länger.

Anmerkung: Chow-Chow-Konserven bekommt man in chinesischen Lebensmittelgeschäften oder in Delikatessengeschäften. Der beste Ersatz ist Melonen-Ingwer-Marmelade.

Abbildungen Seite 157 bis 160
Kakuluwo curry – Hummercurry (Rezept S. 124)
Mas ismoru – Rinderschmorbraten (Rezept S. 127)
Ooroomas badun – Curry aus gebratenem Schweinefleisch (Rezept S. 130)
Traditioneller Weihnachtskuchen (Rezept S. 161), Breudher (Rezept S. 162), Love cake (Rezept S. 162)

# Breudher

*Ein holländisches Rezept. Diesen schweren Hefekuchen gibt es traditionell zu Weihnachten und Neujahr.*

Backtemperatur: 170°C
Backzeit: 30 bis 35 Minuten
Ergibt 2 große Kuchen

Zutaten:
1 × einfacher Grundteig
315 g ungesalzene Butter
315 g feiner Zucker
5 Eier
2 TL Vanille
250 g Sultaninen

Den Grundteig (S. 150) gehen lassen. Butter und Zucker schaumig rühren. Den Teig in kleinen Portionen darunterschlagen, bis sich alles gut miteinander verbunden hat. Dafür ist ein elektrisches Rührgerät nützlich, wenn Sie nicht starke Armmuskeln haben. Die Eier eines nach dem anderen zugeben, danach jedesmal kräftig schlagen. Vanille und Sultaninen einarbeiten. Den Teig auf zwei gut gebutterte Backbleche verteilen. An einem warmen Platz, vor Zugluft geschützt, etwa 30 Minuten gehen lassen, bis er sein Volumen ungefähr verdoppelt hat. Bei 170° ungefähr 30 bis 35 Minuten backen – der Kuchen soll gut aufgehen und auf der Oberseite schön goldbraun sein. Wenn er zu schnell bräunt, mit Folie oder Pergamentpapier abdecken. Mit einer Stricknadel die Garprobe machen, sie muß beim Herausziehen trocken sein.
In der Form 10 Minuten abkühlen lassen, dann auf ein Kuchengitter legen. Erst den völlig erkalteten Kuchen anschneiden. Mit ungesalzener Butter bestreichen und feinem Zucker bestreuen. Wer das lieber mag, kann den Kuchen auch mit dünnen Scheiben von holländischem Edamer belegen.

# Love cake (1)

*Ein in Sri Lanka sehr beliebter Kuchen. Niemand weiß allerdings, warum er so heißt. Es gibt viele Rezepte. Manche verwenden Butter, andere nicht; einige bestehen darauf, daß nur Eigelb genommen wird, andere verwenden auch das Eiweiß. Dieses hier ist mein Lieblingsrezept.*

Backtemperatur: 150°C
Backzeit: etwa eine Stunde
Zutaten:
7 Eier, getrennt
500 g feiner Zucker
250 g Weizengrieß
375 g rohe Cashew-Nüsse, fein gehackt
2 EL Rosenwasser
2 EL Honig
1/2 TL fein geriebene Zitronenschale
1/2 TL geriebene Muskatblüte oder Muskatnuß
1/2 TL gemahlener Kardamom
1/2 TL Mandelessenz, nach Belieben

Eine quadratische Backform von 20 cm Kantenlänge einfetten, mit zwei Lagen Backtrennpapier auslegen und das innere Papier mit geschmolzener Butter einpinseln.
Eigelb und Zucker schaumig rühren. Weizengrieß, Cashew-Nüsse, Rosenwasser, Honig, Zitronenschale, Gewürze und Mandelessenz einrühren. Die Eiweiß zu Schnee schlagen, bis feste Spitzen stehenbleiben; unter die Masse heben. Den Teig in die vorbereitete Backform füllen. Bei 150° backen, bis die Oberfläche gleichmäßig goldbraun ist und der Kuchen sich fest anfühlt. Wenn der Kuchen zu schnell bräunt, mit Folie abdecken. Nach dem Garen sollte die Mitte des Kuchens noch etwas feucht sein, so daß die Stricknadelprobe sich nicht empfiehlt.
Aus dem Ofen nehmen und in der Form auskühlen lassen vor dem Anschneiden. Versuchen Sie nicht, den Kuchen zu wenden. In kleine Rechtecke schneiden und jedes einzeln auf eine Kuchenplatte legen.

# Love cake (2)

Backtemperatur: 150°C
Zutaten:
125 g Butter
250 g Weizengrieß
10 Eigelb
500 g feiner Zucker
185 g rohe Cashew-Nüsse, fein gehackt
je 2 EL Rosenwasser und Honig
je 1/4 TL geriebene Muskatnuß, Zitronenschale und gemahlener Zimt

Die weiche Butter mit dem Weizengrieß vermengen. Eigelb und Zucker schaumig rühren. Die Butter-Grieß-Mischung einrühren. Die gehackten Nüsse, Rosenwasser, Honig, Muskatnuß, Zitronenschale und Zimt zugeben und alles zu einem Teig verrühren.
Diesen Teig in eine flache, mit Backtrennpapier ausgekleidete Backform gießen und bei 150° schön braun backen.

# Bolo folhado
Schichtkuchen

*Eigentlich sieht er aus wie ein großer, üppiger dänischer Kuchen, aber er stammt aus der Zeit, als Sri Lanka den Portugiesen gehörte, und er ist seit dieser Zeit eine der beliebtesten Süßspeisen. Zwar wird er bei den Singhalesen nicht gebacken, aber die Nachfahren der Holländer und Portugiesen, die* burgher, *schätzen ihn sehr.*
*Die Füllung zwischen den Teigplatten kann ganz dünn gemacht werden.*

Backzeit: 50 bis 55 Minuten
Backtemperatur: 200 °C
Ergibt etwa 20 Portionen

Zutaten zum Teig:
750 ml Mehl
eine Prise Salz
125 g Butter
1 TL frische Hefe oder 1/2 TL Trockenhefe
60 ml lauwarmes Wasser
185 ml lauwarme Milch
1 TL Zucker
2 Eigelb
1 Ei, geschlagen

Zutaten zur Füllung:
500 ml Zucker
250 ml Wasser
375 g Cashew-Nüsse, sehr fein gehackt
1 EL Rosenwasser

Mehl und Salz in eine Rührschüssel sieben. 1/4 der Butter mit den Fingerspitzen einarbeiten, bis die Masse wie Brotkrümel aussieht. Die Hefe in Wasser auflösen, Milch, Zucker und die geschlagenen Eigelb zugeben. In die Mitte des Mehls eine Grube machen und diese Flüssigkeit hineingießen. Alles zu einem weichen Teig vermengen; dann auf einem bemehlten Brett kneten, bis der Teig keine Sprünge mehr hat. In Folie oder Pergamentpapier einschlagen und 30 Minuten kalt stellen. Es kann sein, daß Sie noch etwas mehr Mehl zugeben müssen, wenn der Teig zu weich ist.
Den Teig in vier Portionen aufteilen, eine soll etwas größer sein als die übrigen drei. Zu drei runden Platten von 28 cm und einer von 30 cm Durchmesser ausrollen. Ein Backblech oder eine Springform einfetten und bemehlen, die größte Teigplatte darauflegen. 1/3 der abgekühlten Füllung auf der Oberfläche verteilen, 2,5 cm Rand freilassen. Mit einer zweiten Teigplatte und einer weiteren Schicht Füllung bedecken. Mit den übrigen Teigplatten und der Füllung weiter so verfahren. Den überstehenden Rand der untersten Teigplatte mit Eiweiß bestreichen, dann diesen Rand über die folgenden Schichten klappen und über die Kante falteln oder mit einer Gabel festdrücken. Die Oberseite des Kuchens verzieren mit Blättern oder anderen Formen, die man aus Teigresten ausschneidet. Mit dem geschlagenen Ei bepinseln.
15 Minuten bei 200° backen, dann die Backhitze auf 170° zurückschalten und den Kuchen in 35 bis 40 Minuten schön braun backen. Auskühlen lassen. In schmale Tortenstücke schneiden.
Füllung: Zucker und Wasser in einem schweren Topf zum Kochen bringen und 5 Minuten kochen, bis sich dicker Sirup gebildet hat. Die Cashew-Nüsse einrühren. Über schwacher Hitze zu einer dicken, aber nicht steifen Masse einkochen. Etwas abkühlen lassen, Rosenwasser zugeben. Völlig erkaltet verwenden.

# Thala guli
Konfekt aus Sesamkörnern und Palmzucker

*Dieses Konfekt ist eines von den bekanntesten in Sri Lanka. Dorfschöne verkaufen es zusammen mit jungen Kokosnüssen zum Austrinken an der Straße nach Kandy, der alten Hauptstadt in den Bergen, die heute ein beliebter Touristenort ist.*

Zutaten:
500 ml Sesamkörner
500 g Palmzucker oder Ersatz
eine großzügige Prise Salz

In einem Mörser die Sesamkörner in kleinen Portionen zerstoßen. Die Samen müssen ganz zerrieben und ölig sein. In eine Schüssel geben. Den Palmzucker reiben und mit dem Salz zu den Sesamkörnern geben. Mit den Händen vermengen. Durch die Wärme der Hände und kräftiges Kneten schmilzt der Palmzucker teilweise, und nach einiger Zeit klebt die Masse zusammen. Kugeln vom Umfang einer großen Murmel formen.
Man wickelt sie in rechteckige Stückchen Wachs- oder Pergamentpapier, das an den Enden in Fransen geschnitten wird. So sehen sie aus wie Miniatur-Christbaumschmuck.
Als Abschluß einer Currymahlzeit anbieten oder als Leckerei zwischen den Mahlzeiten.

# Indonesien

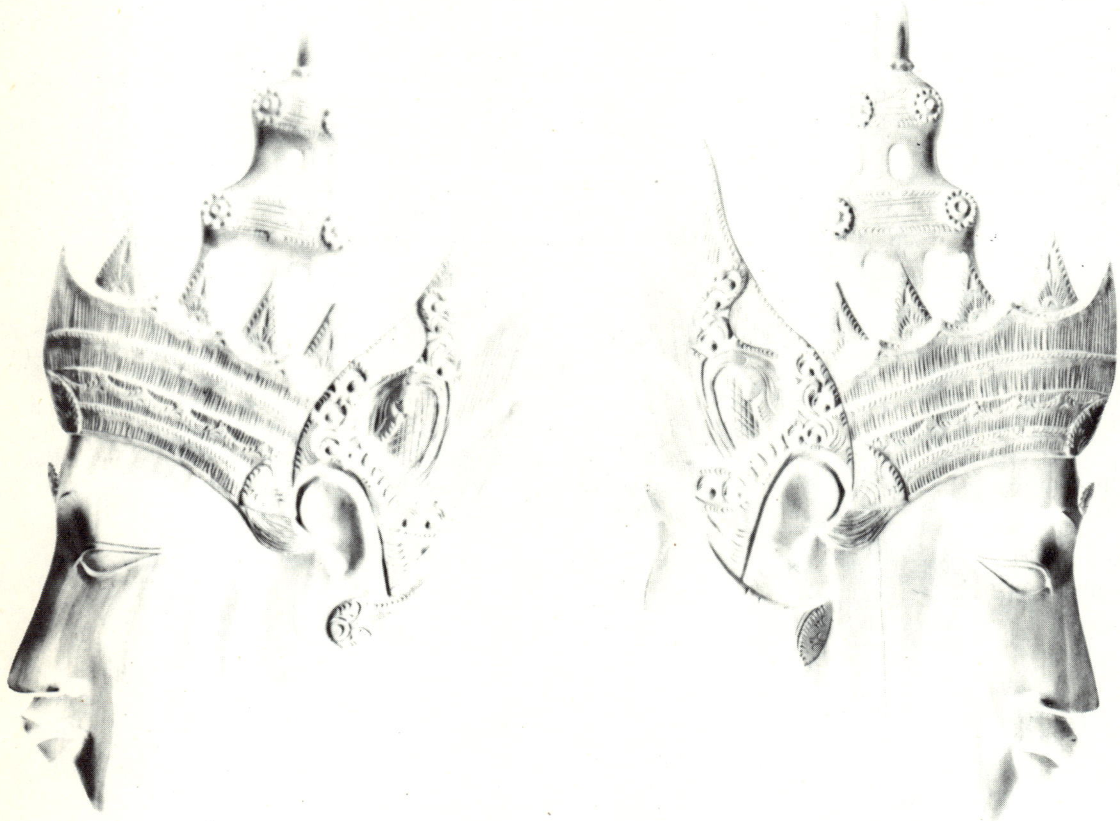

Aus der Luft betrachtet, gleicht die indonesische Inselwelt einer wunderschönen Halskette aus Aquamarinen, Saphiren und Smaragden, aufgereiht zwischen Australien und dem südostasiatischen Festland. Von ihren mehr als 13000 Inseln sind nur die Hälfte groß genug, um überhaupt einen Namen zu haben, und weniger als tausend von ihnen sind bewohnt. Trotzdem gehören zu diesem Archipel einige der größten Inseln der Welt, Heimat für mehr als 120 Millionen Menschen. Damit ist Indonesien der Einwohnerzahl nach die fünftgrößte Nation der Erde.

Wer diese Inseln betritt, glaubt sich in ein riesiges Gewächshaus versetzt, nichts als Grün und wieder Grün und üppiges Wachstum ringsherum, dazu die feuchte Hitze der Niederungen. Dieser Eindruck verschwindet erst vor den frostigen Berggipfeln und hohen Vulkanen, die sich durch die meisten der größeren Inseln ziehen.

Indonesien war im Lauf seiner Geschichte nacheinander dem Animismus, Buddhismus, Hinduismus und Islam untertan. Es wurde beeinflußt oder erobert von den Chinesen, Indern, Portugiesen, Holländern und Briten. Schon Jahrhunderte, ehe Europas große gotische Kathedralen erbaut wurden, hatte Indonesien gewaltige, prächtige Tempel. Sein Kunsthandwerk und sein Theater, Batik und die berühmten *wayang kulit*, die Schattenspiele, sind heute so lebendig wie vor tausend Jahren.

Diese an Ereignissen reiche Geschichte hat, zusammen mit vielen unterschiedlichen Traditionen und Sprachen, unausweichlich eine ebenso reichhaltige und vielgestaltige Küche hervorgebracht, die dem abenteuerlustigen Feinschmecker viel zu bieten hat.

Ohne Zweifel gehören indonesische Speisen zu den köstlichsten der Welt. Sie sind nicht besonders subtil – aber welch ein Erwachen für Ihre Geschmacksknospen! Das heißt nicht, jedes Gericht müsse nun scharf oder beißend sein, immer wird süß, sauer und salzig kombiniert. Unerwartet milde Kokosmilchsoßen, die nach Zitronengras und anderen Kräutern duften, knusprige Beilagen, scharfe *sambals*, die man nur in winzigen Mengen ißt, bringen zum Bewußtsein, daß das, was Sie da essen, nicht nur Energiezufuhr für den Körper sein soll, sondern kulinarische Meisterschaft ausdrückt.

In einem Gartenrestaurant in Djakarta habe ich einmal ein ganz einfaches, gar nicht raffiniertes Abendessen erlebt. In der Nähe des Eingangs waren Tische aufgestellt, die mit riesigen Pyramiden zarter Kokosnüsse und stachliger, stark duftender *durian* beladen waren. Von den Deckenbalken der kleinen, strohgedeckten Hütte hingen Kränze purpurfarbener Mangostanenfrüchte; Mangos, *rambutan* und andere exotische Früchte waren überall in verschwenderischer Fülle aufgebaut.

Die Spezialität dieses Restaurants war Fisch. Und Fisch gab es in dieser Gegend überall. Die Wege schlängelten sich zwischen Teichen hindurch, die gut besetzt waren mit Fischarten, die man in Indonesien als Delikatesse betrachtet. Das Wasser in den Teichen wurde durch Fontänen in Bewegung gehalten. Nach allen Seiten offene Pavillons waren über das Gelände verstreut, und man saß dort an blanken Tischen.

Ehe wir uns setzten, suchte sich jeder seinen Fisch aus, zeigte ihn den Männern, die dann mit dem Netz in der Hand in den Teich wateten, um unser Abendessen zu fangen.

Dieses Abendessen erwies sich dann als ganz schlichtes Mahl. Jeder bekam einen ganzen Fisch – einige waren in Fett schwimmend ausgebacken, andere über Holzkohlenfeuer gegrillt. Dazu gab es ein Körbchen voll dampfenden, weißen Reis. Vor jedem Gast stand eine Schale mit sehr leichter, klarer Suppe von ungewöhnlichem Aroma – sauer von Tamarinde, süß von der natürlichen Süße von Mais und Kürbis. Man nimmt davon hie und da ein Schlückchen während des Essens, stürzt sie nicht herunter als einleitenden Gang. Es gab einen Salat aus Gurkenstreifen und anderen Gemüsen und frischen grünen Blättern, die noch viel einladender aussahen als Kopfsalat; selbst zarte *Papaya*-Blätter waren darunter. Jeder von uns bekam eine kleine steinerne Schale mit frisch geriebenem Chili-*sambal* und darin einen Löffel aus Stein, der wie ein Stößel geformt war. Dieses *sambal* war wie Dynamit, brachte Feuer in die ganze Mahlzeit und ließ uns nicht vergessen, daß wir in Indonesien speisten.

Der Fisch war köstlich, gleich ob gebraten oder gegrillt. Das Fleisch war saftig und zart, die kleinen Gräten so mürbe gebraten, daß sie auf der Zunge zergingen. Und es gab zahlreiche freundliche, wohlgenährte Katzen, die sich der großen Gräten annahmen. Es war ganz in Ordnung, die Gräten der Katzenkundschaft vorzuwerfen. Als Trinkgefäße gab es junge Kokosnüsse, deren Spitzen man abgeschnitten hatte. Das Wasser darin war mit einem Schuß Orangensirup und zerstoßenem Eis versetzt. Zum Nachtisch wurden wir mit grünhäutigen Zitrusfrüchten von erstaunlicher Süße verwöhnt und mit einem ganzen Kranz Mangostanen. Ein sanfter Druck zwischen den Handflächen läßt die dicke purpurfarbene Schale aufbrechen und legt eine Anzahl milchweißer Segmente offen wie die in einer Mandarine, aber ohne Deckhäutchen und ohne Kerne. Ihr süßsaurer, leicht adstringierender, erfrischender Geschmack verführt den Gast dazu, immer noch eine und noch eine zu essen, bis sich ein verräterischer Berg purpurner Schalen vor ihm häuft.

Indonesische Süßspeisen sind meist aus Klebreis hergestellt, aber keineswegs verächtlich als Reisbrei abzutun; dem ähneln sie nicht im geringsten. Der Reis kann zum Beispiel in winzigen, aus frischen Blättern geflochtenen Körbchen gedämpft sein, mit Palmzucker gesüßt, mit duftenden Blättern und Blüten parfümiert. Manchmal ist er auch gemahlen und wird mit Kokosmilch zu einer glatten Paste gekocht. Diese wird mit Aromen gewürzt und in unglaublich dünnen weißen, grünen, pinkfarbenen, gelben oder schokoladefarbigen Schichten übereinander gegossen. Meine Lieblings-Süßspeise bestand aus weißen und mit Pandanus-Blättern gewürzten grünen Schichten.

## Wie man eine indonesische Mahlzeit serviert

Was immer an Speisen aufgetragen wird, Reis ist die Grundlage jeder indonesischen Mahlzeit. Sie sollten den Reis nach der Absorptionsmethode oder durch Dämpfen garen; er schmeckt so viel besser als Reis, der in Wasser gekocht und abgegossen wurde, und er bekommt auf diese Weise auch die richtige körnige Struktur und das perlengleiche Aussehen.

Es ist üblich, zum Reis ein Fischcurry und ein Geflügel- oder Fleischcurry anzubieten, auch beides zugleich. Außerdem reicht man dazu ein oder mehrere Gemüse, einmal ein *sayur* mit viel Soße und dann noch mindestens ein weiteres Gemüsegericht, pfannengerührt, gekocht oder als Salat. Beilagen wie *krupuk* und Würzen auf Chilibasis sind wesentlicher Bestandteil der Mahlzeit.

Das Wort *sambal* besagt, daß da irgend etwas zusammen mit einer Menge Chilis gebraten wurde. Es umschließt nicht nur sehr kräftige Würzen wie *sambal ulek* oder *sambal bajak*, Pasten aus gemahlenen Chilis und anderen Gewürzzutaten; es bezeichnet auch Hauptgerichte, die man unter dem Namen *sambal sambalan* zusammenfaßt. Dazu gehören Garnelen-*sambals*, Geflügel-*sambals*, Rindfleisch-*sambals*. Sie können sich also zu Ihrem Reis eine großzügige Portion *sambal cumi-cumi pedis* (Rezept S. 176) auf den Teller legen und dazu, nur als Akzent, eine winzige Menge *sambal bajak* (Rezept S. 204).

Die bekanntesten indonesischen *sambal*-Pasten oder -Würzen gibt es in westlichen Ländern zu kaufen. Wer sie selbst zubereiten will, muß das Arbeiten mit großen Mengen frischer Chilis in Kauf nehmen, und das kann zu einer unvergeßlichen Erfahrung werden, wenn man sich nur die kleinste Unvorsichtigkeit zuschulden kommen läßt. Ich empfehle, diese *sambals* in Flaschen zu kaufen. Sie werden in solch winzigen Mengen gegessen oder in Rezepten verwendet, daß es den Aufwand nicht lohnt, sie selbst zu machen. Wenn man die angebrochenen Flaschen im Kühlschrank aufbewahrt und immer einen trockenen Löffel benutzt, halten sie sich gut. Ich bringe einige Rezepte für den Fall, daß Sie diese *sambals* nicht auftreiben können.

Weil man in der indonesischen Küche ohne frische Chilis nie sehr weit kommt, ist es ratsam, sich einen Vorrat von Wegwerf-Handschuhen bereitzulegen und sie zum Anfassen jeglicher Art von Chilis zu benützen. Sollten Sie das einmal vergessen und die Chilis mit der bloßen Hand berührt haben, lassen Sie Ihre Hände ja nicht an Augen und Gesicht und schon ja nicht an Ihr Baby kommen. Mit Wasser und Seife gründlich waschen. Trotzdem dürfen Sie sich nicht wundern, wenn die beißenden Chilis ein Kribbeln und Brennen verursachen, das Stunden andauern kann.

Wer ein indonesisches Essen plant, kann die Curries schon ein bis zwei Tage vorher zubereiten und in den Kühlschrank stellen. Im allgemeinen entwickelt sich beim Lagern das Aroma erst richtig. Auch die Beilagen können schon am Morgen vorbereitet und kühlgestellt oder erst im letzten Augenblick heißgemacht werden. Auch Suppen und *sayur* kann man im voraus zubereiten; man darf das Gericht aber nur kurz kochen, damit die Gemüse beim Aufwärmen nicht zerkochen.

Für eine Reismahlzeit wird die Tafel mit Teller, Löffel, Gabel und einer Schale für die Suppe gedeckt. Alle Speisen werden gleichzeitig auf den Tisch gebracht, nur Süßspeisen und Früchte reicht man später.

Zuerst nimmt man vom Reis und umlegt ihn mit kleinen Portionen der Curries und anderen Beilagen. Entweder mischt man sie einzeln oder alle zusammen mit dem Reis.

Es entspricht durchaus guten Tischsitten, ein indonesisches Mahl mit den Fingern zu essen, wie die meisten Indonesier das tun. Nur sollte man das zuvor für sich allein zu Hause üben. Es ist nämlich eine Kunst, das Essen mit den Fingern manierlich zustande zu bringen. Man ißt nur mit den Fingerspitzen der rechten Hand. Gibt es auch Suppe und ein *sayur*, so ist es doch ratsam, einen Löffel zu Hilfe zu nehmen.

Fingerschalen mit Zitronen- oder Limonenscheiben in heißem Wasser werden auf den Tisch gestellt.

## Küchengeräte

Alle Ihre Töpfe, Messer und Löffel in der Küche eignen sich zum Kochen von indonesischem Essen – es gibt aber einen Topf, der alles viel leichter machen kann. Das ist ein halbrunder Topf aus Metall, der aussieht wie eine flache Schüssel und der in Indonesien *kuali* oder *wajan* heißt, aber viel besser unter seinem chinesischen Namen *Wok* bekannt ist. Woks bekommt man in westlichen Städten ohne weiteres, und sie sind nicht teuer. Näheres über den Wok auf S. 372.

In den meisten indonesischen Küchen gehören Mahlsteine zur Grundausstattung, ebenso ein steinerner Mörser, in dem man kleine Gewürzmengen zerreiben kann. Man kann ihn in der Apotheke kaufen. Als Ersatz für den Mahlstein aber braucht man einen starken Elektromixer. Ich möchte behaupten, daß nicht alle Mixer gleich gut arbeiten. Wenn Sie nicht schon einen haben, so sollten Sie nach einem Modell suchen, das einen Glasbecher und einen starken Motor hat. Die Form des Bechers sollte es möglich machen, kleine Mengen ebensogut und gründlich zu zerkleinern wie große. Mein Mixer wird ständig eingesetzt, er mahlt Gewürze, zerkleinert Zwiebeln, Chilis, Knoblauch und Ingwer, stellt Kokosmilch her und erledigt noch eine Menge anderer Aufgaben.

In asiatischen Küchen trifft man oft ein spezielles Gerät an, das zum Reiben von frischer Kokosnuß dient (siehe Abbildung S. 11); anstatt einer normalen Reibe benutzen Sie besser einen Elektromixer zum Zerkleinern der Kokosnuß. Entfernen Sie vorher die dunkelbraune äußere Haut.

Noch ein Wort zu den Reiben: ich habe oft empfohlen, Ingwer oder Knoblauch zu reiben. Damit erzielt man ein Resultat, das dem gemahlenen Ingredienz so nahe wie möglich kommt. Leider können die meisten Mixer erst mit einem Dutzend Knoblauchzehen und mehr als einem Bröckchen Ingwer befriedigend arbeiten. Nehmen Sie aber bitte die richtige Reibe, nicht die, mit der man Käse reibt, und nicht die gröbere Raffel, sondern eine feinere Version. Sie ermöglicht ein sehr zufriedenstellendes Ergebnis.

## Ihr indonesisches Gewürzbord

Hier eine Liste von Gewürzen, Kräutern, Soßen, *sambals* und anderen Würzzutaten, die sich gut halten. Frische Zutaten sind nicht aufgeführt.

Koriander, gemahlen
Kokossahne
Kreuzkümmel, gemahlen
Kokosflocken
*daun pandan* (getrocknete Pandanus-Blätter)
*daun salam*
*gula jawa* (Palmzucker), oder als Ersatz schwarzer oder brauner Zucker aus dem Reformhaus
*laos*-Pulver
*kencur*-Pulver
Kemiri-Nüsse (Lichtnüsse)
Erdnußöl
*petis* oder Shrimp-Soße
*sambal ulek*
Sesamöl
Sojasoße
süße Sojasoße *(kecap manis)*
Tamarinde, getrocknet oder als instant-Pulver
*sereh*-Pulver (getrocknetes Zitronengras)
*trasi* (Paste aus getrockneten Shrimps)
Kurkuma, gemahlen

## Nasi putih

Weißer Reis

6 Portionen
Zutaten:
500 g Kurzkornreis
625 ml Wasser
2 TL Salz, nach Belieben

Den Reis in einem Topf mit festschließendem Deckel mit Wasser und Salz zum Kochen aufsetzen. Sobald er kocht, die Hitze sehr stark herunterschalten; den Reis fest zugedeckt 15 Minuten dämpfen lassen. Das Ergebnis ist ein sehr körniger Reis, der heiß gegessen oder abgekühlt zu *nasi goreng* weiterverarbeitet wird. Es ist sehr wichtig, daß der Deckel aufgelegt wird, sobald der Reis kocht, und daß dieser Deckel dicht genug schließt, um den Dampf im Topf zu halten; dann wird der Reis gar und bleibt trotzdem körnig.

Man kann auch Wasser und Salz zum Kochen bringen, dann erst den Reis einschütten und, sobald das Wasser wieder kocht, den Deckel auflegen und dämpfen. Wer etwas weicheren Reis bevorzugt, dessen Körner aber trotzdem nicht aneinanderkleben und matschig sind, der sollte die Wassermenge auf 750 ml erhöhen.

Langkornreis braucht 1 l Wasser auf 500 g Reis, denn er absorbiert etwa doppelt soviel Wasser wie Mittel- oder Kurzkornreis. Die gleiche Kochmethode anwenden: Wasser und Reis zum Kochen bringen, dann die Hitze so vermindern, daß der Reis leise weiterkocht, mit einem dichtschließenden Deckel zudecken. Die Kochzeit auf 20 Minuten erhöhen.

Beim Reiskochen ist es außerordentlich wichtig, daß der Deckel während des Kochvorgangs nicht gelüftet wird. Sonst geht Dampf verloren, das Resultat wird verändert. Außerdem: Reis wird während dieser ersten 15 bis 20 Minuten *niemals* umgerührt.

## Nasi uduk

In Kokosmilch und Gewürzen gekochter Reis

6 Portionen
Zutaten:
500 g Langkornreis
1125 ml Kokosmilch
2 1/2 TL Salz
1 Zwiebel, fein gehackt
2 Knoblauchzehen, gehackt
1 TL Kurkuma, gemahlen
1 TL Kreuzkümmel, gemahlen
2 TL Koriander, gemahlen
1/2 TL getrocknete Shrimp-Paste *(trasi)*
1/4 TL *kencur*-Pulver
1 TL feingehackte Zitronenschale oder 1 Stengel Zitronengras

Den Reis gründlich waschen und abtropfen lassen. Alle Zutaten außer dem Reis in einen Topf mit dichtschließendem Deckel geben, offen langsam zum Kochen kommen lassen, dabei oft umrühren. Den Reis einlaufen lassen, umrühren, wieder zum Kochen bringen. Die Hitze so weit wie möglich herunterschalten, den Topf fest zudecken und 20 Minuten dämpfen. Den Deckel abnehmen, mit einer Gabel den Reis vorsichtig von den Topfwänden abstreifen und dabei alle nicht absorbierte Kokosmilch untermischen. Weitere 5 Minuten zugedeckt dämpfen.

Heiß mit *ayam goreng jawa* (S. 178) und *sambals* servieren.

## Nasi gurih

Duftender Reis

6 Portionen
Zutaten:
1125 ml Kokosmilch
1/2 TL schwarzer Pfeffer, gemahlen
1 TL feingeriebene Zitronenschale oder 1 Stengel frisches Zitronengras
1/2 TL Muskatnuß oder Muskatblüte, gemahlen
1/4 TL Nelken, gemahlen
1 *daun salam* oder 3 Curryblätter
2 1/2 TL Salz
500 g Langkornreis

Die Kokosmilch mit allen Aromen, Gewürzen und Salz in einen großen Topf mit festschließendem Deckel geben und offen langsam zum Kochen bringen. Den Reis einrühren, wieder zum Kochen kommen lassen, die Hitze sehr stark vermindern, zugedeckt 20 Minuten dämpfen. Den Deckel abnehmen, den Reis mit einer Gabel von den Topfwänden ablösen, alle nicht absorbierte Kokosmilch untermischen, weitere 5 Minuten zugedeckt dämpfen. Heiß mit gebratenem Huhn oder Curries und heißen *sambals* servieren.

# Nasi kuning lengkap

Festlicher gelber Reis

8 bis 10 Portionen
Zutaten:
1 kg Langkornreis
4 EL Öl
2 große Zwiebeln, fein geschnitten
3 Knoblauchzehen, fein gehackt
2 l Kokosmilch
4 TL Salz
2 TL Kurkuma, gemahlen
3 *daun salam* oder 6 Curryblätter
2 Streifen Pandanusblatt, nach Belieben
Bananen- oder Bambusblätter zum Servieren

Garnitur:
Marmorierte Eier
2 grüne Gurken
3 frische rote Chilis
3 frische grüne Chilis

Wenn nötig, den Reis zuerst waschen und mindestens eine Stunde abtropfen lassen.
In einem großen Topf mit dichtschließendem Deckel Öl erhitzen. Zwiebeln und Knoblauch anbraten, bis die Zwiebeln weich und goldgelb sind; dabei häufig umrühren, damit sie nicht anbrennen. Den Reis zugeben und 1 bis 2 Minuten rösten, dann die Kokosmilch samt Salz, Kurkuma und den aromatischen Blättern angießen. Zum Kochen bringen, mit einem langstieligen Löffel rühren. Sobald die Milch kocht, die Hitze sehr stark vermindern, fest zudecken und 20 Minuten dämpfen. Dann den Deckel abnehmen, schnell alle nicht aufgesogene Kokosmilch am Topfrand mit einer Gabel untermischen, zugedeckt bei der gleichen schwachen Wärme weitere 3 Minuten ziehen lassen. Die Blätter herausnehmen, den Reis vorsichtig mit einer Gabel auf eine große Platte häufen, die zuvor mit gründlich gewaschenen Bananen- oder Bambusblättern ausgelegt wurde. Mit allen schon im voraus zubereiteten Beilagen umlegen. Garnieren.

Das Garnieren:
Die marmorierten Eier schälen und der Länge nach halbieren. Die Schale der Gurke mit einer Gabel einstechen, die Gurke in dünne Scheiben schneiden. Aus einer der roten Chilis eine Blume formen; alle anderen Chilis schräg in dünne Scheiben schneiden. Mit der Spitze eines kleinen Messers die Kerne herausschnippen. Um die Chiliblume zu machen, das Stielende der Chilischote abschneiden. Mit der Spitze eines scharfen Messers mehrmals von 2,5 cm unterhalb der Spitze bis zum Schnitt am Stielende einschneiden. Wenn man die Chilischote nun in Eiswasser legt, rollen sich die Streifen auf. Mit dieser Blume die Spitze des Reiskegels verzieren, die Chilischeiben über die Seiten streuen, und mit den Gurkenscheiben und marmorierten Eiern die Basis des Kegels umlegen.
Sie können zu diesem festlichen Reis so viele Beilagen reichen, wie Sie wollen. Ich führe einige an, die im Geschmack und der Struktur einen Kontrast zum Reis bringen und die schon im vorhinein zubereitet werden können:
*ayam ungkap* (gebratenes Huhn), oder *ayam goreng jawa* (gebratenes Huhn auf javanische Art); *sambal goreng udang (sambal* aus gebratenen Garnelen); *rempah-rempah* (Patties aus Fleisch und Kokosnuß); *serundeng* (knusprig geröstete gewürzte Kokosnuß); *acar kuning* (Gemüse-Pickle); *krupuk udang* (Garnelen-Chips); *rempeyek kacang* (Erdnußwaffeln).

# Nasi goreng

Gebratener Reis

6 bis 8 Portionen
Zutaten:
3 Eier
Salz und Pfeffer
Öl zum Braten
250 g rohe Garnelen
500 g Schweinefleisch oder mageres Rindfleisch
2 mittelgroße Zwiebeln
2 Knoblauchzehen, zerdrückt
1/2 TL getrocknete Shrimp-Paste *(trasi)*
1 l kalter gekochter Reis
6 Frühlingszwiebeln, dünn geschnitten
2 EL helle Sojasoße
3 EL Zwiebelflocken
1 grüne Gurke, dünn geschnitten

Die Eier mit Salz und Pfeffer nach Geschmack schlagen. Ganz wenig Öl in einer Bratpfanne erhitzen und aus der Hälfte der Eier ein Omelett machen. Zum Auskühlen auf einen Teller legen, aber nicht zusammenfalten. Ebenso mit den restlichen Eiern verfahren. Die kalten Omelettes aufeinanderlegen, zusammenrollen und in dünne Streifen schneiden. Die Garnelen auslösen, die Innereien entfernen. Rind- oder Schweinefleisch in feine Streifen schneiden. Die Zwiebeln grob hacken und mit Knoblauch und *trasi* im Mixer pürieren. Wer keinen Mixer hat, hackt die Zwiebeln fein und zerdrückt den Knoblauch, löst *trasi* in etwas heißem Wasser auf und vermengt alles miteinander.
In einem Wok oder einer großen Bratpfanne 3 EL Öl erhitzen und diese vermischten Zutaten braten, bis sie gar sind. Garnelen und Fleisch zugeben und ebenfalls unter ständigem Rühren gar braten. Noch einmal 2 EL Öl zugeben, heiß werden lassen, dann den Reis und die Frühlingszwiebeln unterheben und alles gründlich mischen. Wenn das Gericht sehr heiß geworden ist, die Sojasoße darüberträufeln und gleichmäßig untermischen.
Den gebratenen Reis mit den Omelettestreifen, den Zwiebelflocken und den Gurkenscheiben garnieren.

# Mie goreng

Gebratene Nudeln

4 Portionen
Zutaten: 250 g feine Eiernudeln
1 großes Schweinekotelett
250 g Garnelen, roh oder gekocht
4 EL Erdnußöl
1 Zwiebel, fein gehackt
3 Knoblauchzehen, fein gehackt
1 frische rote Chili, entkernt und geschnitten
1/2 TL getrocknete Shrimp-Paste *(trasi)*
2 Stengel Sellerie, fein geschnitten
1 kleiner Keil Weißkohl, fein geraffelt
1 TL Salz
1/2 TL Pfeffer
1 bis 2 EL helle Sojasoße

Garnitur:
gebratene Zwiebelflocken
4 Frühlingszwiebeln
dünne Gurkenscheiben

Die Nudeln in heißem Wasser einweichen. Währenddessen einen großen Topf Wasser zum Kochen bringen. Die Nudeln abgießen und in das kochende Wasser schütten, aufkochen lassen und, je nach Sorte der Nudeln, in etwa 1 bis 3 Minuten gar ziehen lassen.
Einige Nudeln sind schneller gar, andere brauchen etwas länger. Probieren Sie etwa alle halbe Minute eine Nudel, denn sie sollen nicht zu weich werden. Wie gute Spaghetti sollen sie zwar gar, aber noch fest im Biß sein. Sobald sie soweit sind, werden die Nudeln in ein Sieb geschüttet und zum Abkühlen mit kaltem Wasser abgespült, damit sie nicht in der eigenen Hitze weitergaren. Gründlich abtropfen lassen.
Vom Schweinekotelett Schwarte und Knochen abschneiden. Das Fleisch klein würfeln. Die Garnelen aus der Schale lösen und die Innereien wegwerfen. In einem Wok oder einem großen Ausbacktopf Zwiebeln, Knoblauch und Chili in heißem Erdnußöl anbraten, bis die Zwiebel weich ist und anfängt, gelb zu werden. *Trasi* zugeben. Schweinefleisch und Garnelen einlegen und pfannenrühren, bis sie gar sind. Sellerie, Kohl, Salz und Pfeffer werden unter Rühren noch ungefähr 1 Minute mitgebraten, bis sie eben weich sind. Die Gemüse sollen »knackig« bleiben. Dann die Nudeln einfüllen und alles solange wenden und mischen, bis das Gericht durch und durch heiß ist. Mit Sojasoße nach Geschmack würzen.
In einer Schüssel anrichten und mit den Zwiebelflocken bestreuen. Die Frühlingszwiebeln mitsamt dem Grün hacken und ebenfalls darüber streuen. Das Gericht mit den Gurkenscheiben umlegen. Heiß servieren.

# Sambalan
Grundwürze für sambals

*Diese Würze ermöglicht es Ihnen, die Unzahl von Gerichten, die eine indonesische Mahlzeit erst vollständig machen, auf schnelle und bequeme Art zuzubereiten. Wer scharfe Speisen liebt, wird es nützlich finden, die Grundgewürze fertig gekocht und in größerer Menge als Vorrat im Kühlschrank zu haben, um sie dann den unterschiedlichsten Speisen zusetzen zu können, wie zum Beispiel gekochten oder gebratenen Kartoffeln, Brotfrucht, Yamswurzeln und anderen stärkehaltigen Gemüsen, hartgekochten Eiern, in Würfel oder Streifen geschnittenem gebratenen Bohnenquark, frischem oder getrocknetem gebratenen Fisch, gebratenen Garnelen und anderen Krustentieren, kroßgebratenen Streifen von Fleisch oder Leber. Die Variationen zu diesem Thema sind ohne Ende.*

Zutaten:
15 bis 20 große getrocknete Chilis
3 große Zwiebeln, grob gehackt
8 Knoblauchzehen
2 TL getrocknete Shrimp-Paste *(trasi)*
125 ml Erdnußöl, wenn nötig auch mehr
250 ml Tamarindensaft
3 TL Salz
2 EL Palmzucker oder Ersatz

Die Chilis 20 Minuten in heißem Wasser einweichen. Im Elektromixer Chilis, Zwiebeln, Knoblauch, *trasi* mit genügend Öl pürieren, damit die Messer die festen Zutaten nach unten ziehen können. Es ist möglich, daß man dafür mehr als die Hälfte des Öls nehmen muß; das hängt von Größe und Form des Mixbechers ab. Das restliche Öl in einem Wok oder einem anderen Topf erhitzen und die Paste aus dem Mixer darin über mittlerer Hitze unter ständigem Rühren braten, bis sie gar und braun ist und das Öl sich am Rand abscheidet. Den Mixbecher mit Tamarindensaft ausspülen, diesen zusammen mit Salz und Zucker in den Topf gießen und noch einige Minuten unter Rühren simmern. Völlig erkalten lassen und in Gläser füllen. Im Kühlschrank aufbewahren. Wenn die Würzmischung im Wok gekocht wurde, sollte man sie in einer irdenen oder Glasschüssel auskühlen lassen.

Wie man *sambalan* verwendet:
Die erforderliche Menge – ungefähr 1 TL *sambalan* auf je 250 g der Hauptzutat – erhitzen und die bereits vorgegarte Hauptzutat kurz darin pfannenrühren. Wenn Soße verlangt ist, 125 bis 250 ml dicke Kokosmilch angießen und unter Rühren zum Simmern bringen.

# Tauco ikan
Fisch in brauner Bohnensoße mit pfannengerührten Gemüsen

6 Portionen
Zutaten:
750 g Fischsteaks (Thunfisch, Makrele, Jewfisch, Walfleisch oder irgendein anderer Fisch mit festem Fleisch)
Salz
2 kleine Zwiebeln
6 süße Chilipfeffer oder eine rote Paprikaschote
125 g frische grüne Bohnen
250 g in Scheiben geschnittene Bambusschößlinge aus der Dose
2 Knoblauchzehen, fein gehackt
1½ TL frischer Ingwer, fein gerieben
2 EL Bohnensoße *(tauco)*
4 EL Erdnußöl
1 TL getrocknete Shrimp-Paste *(trasi)*, nach Belieben
1 EL helle Sojasoße
160 ml Wasser

Den Fisch in Portionsstücke schneiden, mit Salz bestreuen und durchziehen lassen, während die übrigen Zutaten vorbereitet werden. Die Zwiebeln schälen. Eine der Länge nach achteln, dann jedes Segment quer halbieren und die Schichten der Zwiebel voneinander trennen. Samen und Membranen aus den süßen Pfefferschoten oder der roten Paprikaschote entfernen; die Schoten der Länge nach in Streifen schneiden und diese quer halbieren. Die Bohnen schräg in dünne Scheiben schneiden. Jedes Gemüse für sich beiseite stellen. Die zweite Zwiebel sehr fein hacken und mit Knoblauch, Ingwer und Bohnensoße vermischen.

Den Fisch mit Küchenpapier abtrocknen. Erdnußöl in einem Wok oder in einer Bratpfanne heiß werden lassen und die Fischstücke bei starker Hitze auf beiden Seiten braun braten. Aus der Pfanne nehmen. Bis auf 2 EL alles Öl abgießen. Zwiebel, Ingwer, Knoblauch und die Bohnensoße unter ständigem Rühren bei mittlerer Hitze braten, bis die Zwiebel weich ist. *Trasi* jetzt zugeben, falls es verwendet wird. Die Bohnen zugeben und 2 Minuten pfannenrühren. Pfefferschoten und Zwiebel zugeben und 1 Minute pfannenrühren. Bambusschößlinge, Sojasoße und Wasser einrühren und zugedeckt 3 Minuten simmern. Den Fisch einlegen und heiß werden lassen. Mit weißem Reis servieren.

Anmerkung: Zu diesem Rezept gibt es eine Version, bei der der Fisch nicht in Öl gebraten wird. Die rohen Fischstücke werden zugegeben, nachdem das Wasser angegossen ist. Man läßt zugedeckt simmern, bis der Fisch gar ist, etwa 6 bis 8 Minuten je nach Dicke der Fischstücke. Bei dieser Methode braucht man nur 2 EL Öl.

# Ikan panggang (1)

In Bananenblättern gegrillter Fisch

4 Portionen
Zutaten:
4 kleine ganze Fische oder 4 Fischsteaks
2 Knoblauchzehen, zerdrückt
3 TL Palmzucker oder Ersatz
2 frische rote Chilis, entkernt und gehackt
125 ml dunkle Sojasoße
3 EL Zitronensaft
1/4 TL *kencur*-Pulver
1/2 TL *sereh*-Pulver
Bananenblätter und Folie zum Einwickeln
2 Zitronen, in dünnen Scheiben

Fisch gesäubert und geschuppt, aber mit Kopf kaufen. Innen mit in grobes Salz getauchtem feuchtem Küchenpapier ausreiben, bis alles Blut weggewischt ist. Den Fisch waschen und auf jeder Seite diagonal einschneiden. Wenn Sie Fischsteaks verwenden, diese waschen und gut abtrocknen.
Knoblauch mit etwas von dem abgemessenen Zucker zerdrücken. Knoblauch, Zucker, Chilis, Sojasoße, Zitronensaft, *kencur* und *sereh* mischen, in einer flachen Schüssel über den Fisch gießen, 30 Minuten marinieren. Dann die Marinade abgießen, jeden Fisch (oder jedes Fischsteak) auf ein quadratisch zugeschnittenes, gewaschenes Stück Bananenblatt legen, das mit dicker Alufolie unterlegt wurde. Einen Löffel Marinade in und über den Fisch gießen. Ein paar Zitronenscheiben etwas überlappend auf den Fisch legen. Ein ordentliches Päckchen machen, dabei auf der Oberseite zusammenfalten, damit der Fisch beim Öffnen richtig liegt.
Den Fisch über Kohlenglut oder unter einem vorgeheizten Elektrogrill 10 Minuten auf jeder Seite grillen. Die Marinade 2 bis 3 Minuten simmern; wenn nötig noch Sojasoße und Wasser zugeben. Den Fisch im Päckchen servieren, die Marinade als Soße dazu reichen. Beilagen sind Reis, Gemüse und *sambals*.

# Ikan panggang (2)

Gegrillter Fisch mit Gewürzen

6 Portionen
Zutaten:
500 g Fischsteaks (frischer Thunfisch oder sonst ein festfleischiger Fisch)
1 Zwiebel, grob gehackt
1 frische rote Chili oder 1/2 TL *sambal ulek*
1 Knoblauchzehe
1/2 TL getrocknete Shrimp-Paste *(trasi)*
1/2 TL *kencur*-Pulver
1 TL Salz
375 ml dicke Kokosmilch
1 Stengel Zitronengras oder 2 Streifen Zitronenschale
2 EL gehacktes frisches Basilikum
Pflanzenöl
Zitronensaft und Salz nach Geschmack

Die Fischsteaks waschen, abtrocknen und nebeneinander in eine Glasschüssel legen. Im Elektromixer Zwiebeln, Chili, Knoblauch, *trasi, kencur* und Salz mit 125 ml Kokosmilch pürieren. Wer keinen Mixer hat, schabt Zwiebel und Knoblauch fein und verwendet *sambal ulek* oder Chilipulver anstelle von frischer Chili. *Trasi* zerdrücken, und alle Zutaten mit der Kokosmilch vermischen.
Den Fisch eine Stunde lang in der Gewürzmischung marinieren, dabei die Scheiben einmal wenden. Den Grill vorheizen, den Rost mit Folie auslegen. Die Marinade in einen kleinen Topf abschöpfen, nur das übriglassen, was am Fisch hängt. Die Marinade mit der restlichen Kokosmilch, Zitronengras oder Zitronenschale und dem gehackten Basilikum über schwacher Hitze simmern, dabei oft umrühren, damit sie nicht gerinnt. Nicht zudecken. Den Fisch mit Öl bepinseln, in 10 cm Abstand vom Grillstab grillen, bis er gar und auf einer Seite leicht gebräunt ist. Die Fischsteaks umdrehen, wieder mit Öl bepinseln und auf der anderen Seite grillen. Große Steaks in Portionsstücke zerteilen, dabei die große Mittelgräte entfernen. Den Fisch auf einer Platte anrichten. Die Soße mit Salz und Zitronensaft abschmecken und über den Fisch gießen.

# Ikan Bali

Fisch auf balinesische Art

6 Portionen
Zutaten:
1 kg Fischsteaks
2 mittelgroße Zwiebeln, fein gehackt
2 Knoblauchzehen, fein gehackt
1 1/2 TL frischer Ingwer, fein gerieben
1 1/2 TL *sambal ulek*
1 TL Zitronenschale, fein gerieben
1 TL *laos*-Pulver
2 EL Zitronensaft
2 EL Palmzucker oder Ersatz
2 EL dunkle Sojasoße
1/2 TL Salz
Erdnußöl zum Braten

Fisch waschen, mit Küchenpapier abtupfen und in Portionsstücke schneiden. Etwa 2 EL Öl in einem kleinen Topf erhitzen und die Zwiebeln darin weichbraten. Knoblauch und Ingwer zugeben und bei Mittelhitze rühren, bis sie goldbraun sind. *Sambal ulek*, Zitronenschale, *laos*, Zitronensaft, Zucker, Sojasoße und Salz zugeben und 2 bis 3 Minuten simmern. Beiseite stellen.
Den Fisch in heißem Erdnußöl auf beiden Seiten goldbraun ausbakken. Abtropfen lassen. Auf einer Platte anrichten, die Soße darüber verteilen.

# Gulai ikan

Fisch in Kokosmilch und Gewürzen

6 Portionen
Zutaten:
750 g feste dunkle Fischsteaks (Thunfisch, Makrele)
Salz nach Geschmack
Saft einer halben Zitrone
2 Zwiebeln, fein gehackt
3 Knoblauchzehen, zerdrückt
2 TL frischer Ingwer, fein gerieben
1 TL Kurkuma, gemahlen
1/2 TL getrocknete Shrimp-Paste *(trasi)*
1 TL *sambal ulek* oder Chilipulver
1 Stengel Zitronengras oder 2 Streifen Zitronenschale
1 TL Salz
375 ml dünne Kokosmilch
2 EL gehacktes frisches Basilikum
60 ml Tamarindensaft
250 ml dicke Kokosmilch

Fisch waschen, mit etwas Salz und Zitronensaft einreiben und beiseite stellen. Zwiebeln, Knoblauch, Ingwer, Kurkuma, *trasi, sambal ulek*, Zitronengras und Salz in einem Topf mit der dünnen Kokosmilch vermischen. Offen simmern, bis die Zwiebeln weich sind und die Flüssigkeit angedickt ist. Fisch, Basilikum und Tamarindensaft zugeben und simmern, bis der Fisch gar ist. Die dicke Kokosmilch einrühren, heiß werden lassen, aber nicht mehr kochen. Dabei ständig rühren, damit die Kokosmilch nicht gerinnt. Mit weißem Reis, Gemüsen und *sambals* servieren.

# Ikan panggang pedis

Gegrillter Fisch mit Chilis

*Dieses sehr einfache Rezept hat mir ein indonesischer Fischhändler verraten. Wenn Sie scharfe Chilis als Beilage zu Fisch mögen, wird es Ihnen schmecken.*
4 bis 6 Portionen
Zutaten:
1,5 kg Thunfisch oder Spanische Makrele in einem Stück
*sambal ulek* oder frische zerriebene rote Chilis
Salz und Zitronensaft nach Belieben

Kaufen Sie möglichst ein Schwanzstück vom Fisch, weil das Stück mit der Bauchhöhle weniger geeignet ist. Legen Sie den Fisch nicht zu dicht über die Kohlenglut oder unter den vorgeheizten Grill und braten Sie ihn recht langsam, bis die Haut sehr braun und der Fisch bis zur Mittelgräte durchgegart ist. Reichen Sie als Beilage *sambal ulek* oder frische Chilis, die im Mörser zu einem Brei zerrieben wurden. Wer die Soße nicht so feurig-scharf wünscht, entfernt die Kerne. Etwas Salz und Zitronensaft an die Chilis geben. Von dieser Paste winzige Häppchen zum Fisch essen.
Zum Servieren den Fisch der Länge nach in Spalten schneiden, dabei der natürlichen Unterteilung durch die Mittelgräte folgen.

# Ikan bandeng

Im Ofen gebackener Fisch

*Vielleicht können Sie ein paar große Bananenblätter bekommen, um den Fisch darin einzuschlagen. Sie verleihen dem Fisch einen subtilen, anregenden Duft und ein exotisches Aussehen.*

4 bis 6 Portionen
Zutaten:
1 mittelgroßer Snapper oder Jewfisch, etwa 1,5 kg schwer (Ersatz Rotbarsch)
1 mittelgroße Zwiebel, gehackt
2 Knoblauchzehen
1 TL frischer Ingwer, fein gehackt
2 EL Tamarindensaft
1 EL dunkle Sojasoße
1 EL Öl
1 TL *sambal ulek*, nach Belieben
1 TL Salz
1 TL Kurkuma, gemahlen
3 EL feingehacktes frisches Koriandergrün

Garzeit: 35 bis 40 Minuten
Backofentemperatur: 170–190 °C

Fisch waschen und mit Küchenpapier gut abtrocknen. Das Fleisch auf jeder Seite diagonal einschneiden.
Zwiebel, Knoblauch, Ingwer, Tamarindensaft, Sojasoße, Öl, *sambal ulek* (wenn verwendet), Salz und Kurkuma im Mixer pürieren. Mit dieser Paste den Fisch auf beiden Seiten gründlich einreiben, den Rest in der Bauchhöhle verteilen. Den Fisch auf zwei oder drei große Stücke Bananenblatt in einem Bräter legen, mit Koriandergrün bestreuen, dann die Bananenblätter so zusammenfalten, daß der Fisch ganz eingehüllt ist. Mit Bambusspießchen feststecken.
Bei 170–190 ° etwa 35 bis 40 Minuten backen, bis der Fisch gar ist. Man prüft mit einer Gabel, ob der Fisch durchgebacken ist – das Fleisch soll dann milchigweiß sein und blättrig zerfallen. Nach der Garprobe die Bananenblätter wieder schließen, den Fisch auf eine Platte legen, und die Blätter erst bei Tisch öffnen.

# Ikan bumbu santan

Gebratener Fisch mit würziger Kokosmilch

4 bis 6 Portionen
Zutaten:
2 ganze Fische, je etwa 500 g schwer (Meeräsche, Makrele oder ein anderer fetter Fisch)
Öl zum Braten
2 mittelgroße Zwiebeln, fein gehackt
2 Knoblauchzehen, zerdrückt
1 1/2 TL frischer Ingwer, fein gerieben
3 oder 4 frische rote Chilis, zerrieben, oder 1 TL *sambal ulek*
2 EL gesalzene gelbe Bohnen aus der Dose oder Bohnensoße
1 TL Palmzucker oder Ersatz
250 ml Kokosmilch
1 frische rote Chili als Garnitur, nach Belieben
einige Zweiglein frisches Basilikum

Bitten Sie den Fischhändler, die Fische zu säubern, die Köpfe abzuschneiden, dann jeden Fisch dem Rückgrat entlang aufzuschneiden und flach auszubreiten, ohne ihn auseinanderzuteilen. Wenn er sehr nett ist und nicht allzuviel zu tun hat, können Sie ihn vielleicht dazu bringen, die Mittelgräte für Sie herauszulösen und Ihnen damit einen »Fischschmetterling« zu übergeben. Zu Hause schneiden Sie dann mit einer Küchenschere Flossen und Gräten ab. Nehmen Sie die großen Gräten heraus, die den Brustkorb des Fisches bilden.
Den Fisch waschen, alle schwarzen Membranen mit in grobes Salz getauchtem, feuchtem Küchenpapier wegwischen. Den Fisch gründlich mit Küchenpapier abtrocknen.
2 EL Öl in einem kleinen Topf erhitzen und Zwiebeln, Knoblauch, Ingwer und Chilis über mittlerer Hitze unter häufigem Rühren rösten, bis die Zwiebeln weich und glasig sind. Wenn sie anfangen, braun zu werden, die gelben Bohnen zugeben, die zuvor in einem kleinen Sieb mit kaltem Wasser abgespült, abgetropft und mit einer Gabel zerdrückt wurden. 2 Minuten rühren. Zucker und Kokosmilch zugeben und weiterrühren, während die Masse simmert und eindickt. Warm stellen, bis der Fisch gebraten ist.
In einer großen Bratpfanne so viel Öl erhitzen, daß der Pfannenboden 12 mm hoch bedeckt ist. Erst einen der Fische mit der Hautseite nach unten braun braten, dann wenden und die andere Seite ebenso braten. Auf Küchenpapier abtropfen lassen. Den zweiten Fisch auf die gleiche Weise braten. Beide Fische mit der Hautseite nach unten auf einer Platte anrichten. Die Soße darüber verteilen, mit der entkernten und in Scheiben geschnittenen roten Chili und grob gehacktem Basilikum garnieren. Sofort zu Reis servieren.

# Ikan kecap
Fisch in Sojasoße

4 Portionen
Zutaten:
500 g Fischsteaks
2 EL Erdnußöl
1 mittelgroße Zwiebel, fein gehackt
2 oder 3 frische scharfe Chilis, entkernt und gehackt, oder 1 TL *sambal ulek*
2 Knoblauchzehen, fein gehackt
1 TL frischer Ingwer, fein gerieben
1/2 TL schwarzer Pfeffer, gemahlen
1/2 TL *kencur*-Pulver
1 TL *laos*-Pulver
1/2 TL Muskatnuß, gemahlen
3 EL Tamarindensaft
2 EL dunkle Sojasoße
2 TL Palmzucker oder Ersatz

Die Fischsteaks waschen und mit Küchenpapier abtrocknen. Große Stücke halbieren oder vierteln.
In einer große Pfanne Zwiebeln, Chilis, Knoblauch und Ingwer bei schwacher Hitze etwa 5 Minuten anbraten, bis die Zwiebeln weich sind und anfangen, Farbe anzunehmen. Manchmal umrühren. Pfeffer, *kencur, laos* und Muskatnuß einrühren, dann den Fisch einlegen und 2 bis 3 Minuten auf jeder Seite braten. Tamarindensaft, Sojasoße und Zucker zugeben. Zugedeckt 6 bis 10 Minuten, je nach Dicke der Fischstücke, leise simmern. Der Fisch soll gar sein, darf aber nicht zerfallen. Nach 5 Minuten nachsehen. Sollte der Saft eintrocknen, 2 oder 3 EL heißes Wasser nachgießen. Die Soße soll eindicken, aber nicht ganz einkochen. Den Fisch mit dieser würzigen Sojasoße servieren. Beilagen sind weißer Reis, Gemüsegerichte, ein *sayur* und ein *sambal*.

# Ikan kacang
Fisch mit Erdnußsoße

4 bis 6 Portionen
Zutaten:
2 große Fischsteaks
Zitronensaft
Salz
schwarzer Pfeffer
Öl zum Braten
2 EL helle Sojasoße
2 EL Erdnußsoße
125 ml dicke Kokosmilch
1 EL Tamarindensaft oder Essig
1 EL gehacktes frisches Koriandergrün

Fisch waschen, von allen Seiten mit Zitronensaft einreiben und mit reichlich Pfeffer und Salz würzen. 15 Minuten durchziehen lassen, dann mit Küchenpapier abtrocknen.
Die Fischsteaks in heißem Öl auf beiden Seiten braun braten. Dann das Öl bis auf 1 EL abgießen, alle übrigen miteinander vermischten Zutaten außer dem frischen Koriander in die Pfanne geben, über den Fisch schöpfen. Koriandergrün darüberstreuen. Zugedeckt 5 Minuten simmern. Mit Reis servieren.

# Sambal goreng udang asam
Pikantes Sambal aus gebratenen Garnelen

6 Portionen
Zutaten:
500 g ausgelöste rohe Garnelen
2 EL Erdnußöl
1 Zwiebel, fein gehackt
3 Knoblauchzehen, fein gehackt
1/2 TL frischer Ingwer, fein gerieben
2 TL *sambal ulek* oder 4 frische rote Chilis
1/2 TL *laos*-Pulver
2 Streifen dünn geschälte Zitronenschale
85 ml Tamarindensaft
1 TL Salz
1 TL Palmzucker oder Ersatz

Die Garnelen in erdnußgroße Stückchen hacken. In einer Bratpfanne Öl erhitzen und Zwiebel, Knoblauch und Ingwer anbraten, bis die Zwiebel weich ist und anfängt, gelb zu werden. *Sambal ulek, laos*-Pulver, Zitronenschale und die gehackten Garnelen zugeben und unter ständigem Rühren braten, bis die Garnelen die Farbe wechseln. Den Tamarindensaft angießen und bei schwacher Hitze simmern, bis die Soße dick ist und das Öl sich abzuscheiden beginnt. Die Zitronenschale herausnehmen. Salz und Zucker einrühren. Abschmecken. Als Beilage zu Reis und Curries servieren.

# Sambal kepala udang

Scharf-saures sambal aus Garnelenköpfen

---

*Dieses* sambal *wird zwar aus einem Nebenprodukt zubereitet, aber die Köpfe sind der schmackhafteste Teil der Garnelen. Sie enthalten das meiste Fett und damit auch das meiste Aroma. Es ist allerdings nicht einfach, sie herunterzuschlucken – deshalb kaut man sie eine Zeitlang und legt sie dann artig ab. Es lohnt sich trotzdem, auf diese Weise die köstliche Kombination der verschiedenen Aromen dieses* sambals *zu genießen.*

4 Portionen
Zutaten:
Köpfe von 500 g rohen Garnelen
2 EL Erdnußöl
5 oder 6 Curryblätter
1 Zwiebel, fein gehackt
1 große Knoblauchzehe, zerdrückt
1/2 TL frischer Ingwer, fein gerieben
1 TL *sambal ulek* oder 2 frische rote Chilis, entkernt und gehackt
1 TL getrocknete Shrimp-Paste *(trasi)*
1 TL Koriander, gemahlen
1/2 TL Kreuzkümmel, gemahlen
3 EL Tamarindensaft
1/2 TL Salz

Die Garnelenköpfe gründlich waschen und die harten, panzerähnlichen Schalen, die langen, dünnen Fühler und die Augen entfernen. Erst in einem Sieb und dann auf Küchenpapier abtrocknen lassen. In einer kleinen Pfanne oder einem Wok die Curryblätter in heißem Öl ein paar Sekunden rösten. Zwiebel, Knoblauch und Ingwer zugeben und unter gelegentlichem Rühren langsam anbraten, bis die Zwiebel weich ist und anfängt, braun zu werden. *Sambal ulek* oder frische Chilis zugeben, ebenso *trasi*, das man an den Pfannenwänden zerdrückt. Alles 3 Minuten unter Rühren braten, dann noch Koriander und Kreuzkümmel eine weitere Minute mitbraten. Die Garnelenköpfe einfüllen und unter häufigem Wenden 2 oder 3 Minuten braten. Tamarindensaft mit Salz angießen, bei ganz schwacher Hitze offen simmern, bis alle Flüssigkeit völlig verdampft ist und die Garnelenköpfe im Öl brutzeln. Das dauert etwa 10 bis 15 Minuten.
Als schmackhafte Beilage zu Reis und Curries servieren.

# Sambal goreng udang

Gebratene Garnelen in Kokosmilch

---

4 Portionen
Zutaten:
500 g rohe Garnelen
2 EL Erdnußöl
6 Curryblätter oder 1 *daun salam*
1 Zwiebel, fein gehackt
2 frische rote Chilis, entkernt und gehackt
3 Knoblauchzehen, fein gehackt
1/2 bis 1 TL *sambal ulek*
1/2 TL *laos*-Pulver
125 ml Garnelenbrühe
30 g sahnig geschlagene, geriebene Kokosnuß
3/4 TL Salz
1/2 TL Palmzucker oder Ersatz

Die Garnelen aus der Schale lösen, die Innereien entfernen. Aus Köpfen und Schalen wird die Brühe gekocht. Curryblätter, Zwiebel, Chilis und Knoblauch bei schwacher Hitze 5 Minuten in heißem Öl anbraten, bis die Zwiebeln weich und gelb sind. Manchmal umrühren. *Sambal ulek* und *laos*-Pulver ein paar Sekunden mitrösten, dann die Garnelen zugeben und pfannenrühren, bis sie die Farbe wechseln. Brühe, sahnige Kokosnuß, Salz und Zucker einrühren. Offen bei schwacher Hitze simmern, bis die Soße dick wird und das Öl sich an den Rändern abscheidet.
Als Beilage zu Reis und Curries servieren.
Garnelenbrühe:
Garnelenköpfe und -schalen waschen und gründlich abtrocknen lassen. In 1 EL sehr heißes Öl Köpfe und Schalen geben und pfannenrühren, bis sie hellrosa sind. Dann 500 ml heißes Wasser angießen und simmern, bis die Flüssigkeit auf weniger als 250 ml reduziert ist. Vor dem Weiterverarbeiten durch ein Sieb gießen.
Anmerkung: Wer die Garnelen geschält gekauft hat, nimmt statt der Brühe 125 ml Milch.
Man kann die sahnig geschlagene Kokosnuß durch 170 ml dicke Kokosmilch ersetzen.

# Saté udang
Gegrillte Garnelenspießchen

4 Portionen
Zutaten:
750 g rohe Garnelen
3 EL Zitronensaft
125 ml dicke Kokosmilch
1/2 TL *sambal ulek*
1/2 TL getrocknete Shrimp-Paste *(trasi)*
1 EL dunkle Sojasoße
1 TL Palmzucker oder Ersatz
feingeriebene Schale einer Zitrone
2 kleine Knoblauchzehen
1 TL Salz
Pflanzenöl

Die Garnelen aus der Schale lösen, die Innereien wegwerfen. Zitronensaft, Kokosmilch, *sambal ulek, trasi,* Sojasoße, Zucker, Zitronenschale und den mit Salz zerdrückten Knoblauch in eine Schüssel geben und rühren, bis der Zucker sich aufgelöst hat. Die Garnelen einrühren; mindestens 15 Minuten marinieren. Wenn sie länger als eine Stunde stehen müssen, sollte man sie zugedeckt in den Kühlschrank stellen.

Je 3 oder 4 Garnelen auf Bambusspießchen stecken, die zuvor einige Stunden lang in Wasser eingeweicht wurden. Die Garnelen dünn mit Öl bepinseln und über Kohlenglut oder unter dem vorgeheizten Grill hellbraun grillen. In der Zwischenzeit die restliche Marinade kurz simmern, dabei ständig rühren. Nach Geschmack noch Kokosmilch oder Sojasoße zugeben und als Soße reichen.

# Gulai cumi-cumi
Tintenfisch-Curry

6 Portionen
Zutaten:
500 g frischer Tintenfisch
1 mittelgroße Zwiebel, fein gehackt
2 Knoblauchzehen, zerdrückt
1 TL frischer Ingwer, fein gerieben
1 TL Salz
1 TL Chilipulver
1/2 TL getrocknete Shrimp-Paste *(trasi)*
430 ml Kokosmilch
4 Kemiri-Nüsse oder Brasilnüsse, gerieben
1 Stengel Zitronengras, fein geschnitten, oder 1 TL geriebene Zitronenschale
1 TL Palmzucker oder Ersatz
4 EL Tamarindensaft oder Zitronensaft nach Geschmack

Tintenfisch säubern, Kopf und Tintensack wegwerfen. Innen und außen gründlich waschen und die gefleckte Haut vom Körper abreiben. Jeden Tintenfisch der Länge nach halbieren, dann in mundgerechte Stücke schneiden. Alle übrigen Zutaten außer Tamarinden- oder Zitronensaft in einem Topf unter Rühren zum Simmern bringen und bis zum Eindicken offen leise kochen. Manchmal umrühren. Tintenfisch zugeben, 5 bis 6 Minuten simmern. Zucker und Tamarinden- oder Zitronensaft zugeben, mit Salz abschmecken. Heiß zu Reis und Gemüsen servieren.

# Sambal cumi-cumi pedis
Mit Chilis gebratener Tintenfisch

6 Portionen
Zutaten:
250 g frischer Tintenfisch
4 große, getrocknete Chilis
1 kleine Zwiebel, grob gehackt
3 Knoblauchzehen
1/2 TL getrocknete Shrimp-Paste *(trasi)*
1/2 TL Salz
4 EL Erdnußöl
60 ml Tamarindensaft
12 rote Vogelpfeffer-Chilis
2 TL Palmzucker oder Ersatz

Tintenfisch säubern, Kopf und Tintensack wegwerfen; gründlich waschen. Die Fangarme abschneiden und zurücklegen. Mit einem scharfen Messer den Tintenfisch in schmale Ringe schneiden. Die Chilis 20 Minuten in heißem Wasser einweichen, dann zusammen mit Zwiebel, Knoblauch, *trasi*, Salz im Mixer pürieren, wenn nötig etwas von dem Einweichwasser zugeben. Diese Paste in heißem Öl über mittlerer Hitze unter ständigem Rühren braten, bis sie eine dunkel braunrote Farbe angenommen hat.

Tintenfisch, Tamarindensaft und die Vogelpfeffer-Chilis zugeben und offen 4 bis 5 Minuten simmern, manchmal umrühren. Den Zukker einrühren. Zu Reis und Curries servieren.

Anmerkung: Vogelpfeffer-Chilis sind das Schärfste vom Schärfsten! Essen Sie sie nur, wenn Sie wissen, was da auf Sie zukommt. Nicht vor dem Kochen zerdrücken! Denken Sie daran, Ihre Gäste zu warnen, ehe sie in einen Vogelpfeffer-Chili beißen.

# Opor ayam

Huhn in Kokosmilch

4 bis 6 Portionen
Zutaten:
1,5 kg Brathuhn oder Hühnerteile
3 Knoblauchzehen, zerdrückt
1 TL Salz
1/2 TL schwarzer Pfeffer, gemahlen
1 1/2 TL frischer Ingwer, fein gerieben
3 Kemiri- oder Brasilnüsse, fein gerieben
3 TL Koriander, gemahlen
1 TL Kreuzkümmel, gemahlen
1/2 TL Fenchel, gemahlen
1/2 TL *laos*-Pulver
4 EL Öl
2 mittelgroße Zwiebeln, fein geschnitten
500 ml dünne Kokosmilch
2 *daun salam* oder 6 Curryblätter
1 Stengel Zitronengras oder 3 Streifen dünngeschälte Zitronenrinde
ein 5-cm-Stück Zimtstange
375 ml dicke Kokosmilch
1 EL Zitronen- oder Tamarindensaft
zusätzliches Salz nach Geschmack

Das Huhn in Portionsstücke teilen. In eine kleine Schüssel gibt man Knoblauch, Salz, Pfeffer, Ingwer, Nüsse, Koriander, Kreuzkümmel, Fenchel und *laos*-Pulver, falls verwendet. Alles im Mixer, notfalls mit Hilfe von etwas Öl, zu einer glatten Paste zerkleinern. Mit dieser Paste die Hühnerteile sorgfältig einreiben. Eine Stunde stehen lassen.
2 EL Öl in einer Bratpfanne heiß werden lassen und die Zwiebelringe langsam goldbraun braten. Die Zwiebeln herausnehmen und beiseite stellen, das Öl abtropfen lassen und wieder in die Pfanne geben. Nun die gewürzten Hühnerteile behutsam braten, bis sie eben anfangen zu bräunen. Die dünne Kokosmilch, *daun salam*, Zitronengras oder Zitronenschale und die Zimtstange zugeben. Unter Rühren zum Kochen bringen und offen etwa 30 Minuten garen. Die dicke Kokosmilch einrühren, weitere 15 Minuten offen kochen. Vom Feuer nehmen, Zitronensaft einrühren und mit Salz abschmecken. Die ungemahlenen Gewürze herausnehmen. Mit gebratenen Zwiebeln garnieren. Mit weißem Reis, Gemüsen und *sambals* servieren.

# Ayam panggang

Gewürztes Brathuhn

*Über Kohlenglut gegrillt schmeckt dieses Huhn am besten; man kann es aber auch im Ofen braten.*

4 Portionen
Zutaten:
1,5 kg Brathuhn
2 EL dunkle Sojasoße
1 EL Zitronensaft
1 mittelgroße Zwiebel, grob gehackt
2 Knoblauchzehen
1/2 TL *sambal ulek*
1/2 TL schwarzer Pfeffer, gemahlen
1/2 TL getrocknete Shrimp-Paste *(trasi)*
125 ml Wasser oder Kokosmilch

Das Huhn der Länge nach halbieren oder am Brustbein entlang auseinanderschneiden und flach ausbreiten. Gründlich waschen und mit Küchenkrepp abtupfen. Sojasoße, Zitronensaft, Zwiebel und Knoblauch im Elektromixer pürieren. Wer keinen Mixer hat, reibt Zwiebel und Knoblauch fein und mischt mit Sojasoße und Zitronensaft. *Sambal ulek*, Pfeffer und zerdrücktes *trasi* an die Zwiebelmasse geben. Das Huhn mit dieser Paste auf allen Seiten einreiben. Mindestens 30 Minuten einziehen lassen. Den Mixbecher mit dem Wasser oder der Kokosmilch ausspülen. Diese Flüssigkeit in eine große Bratpfanne oder einen Wok gießen und das Huhn darin, Hautseite nach oben, 10 Minuten bei mittlerer Hitze kochen. Nicht zudecken, mit der Marinade und dem Saft in der Pfanne begießen. In der Zwischenzeit den Backofen auf 190° vorheizen. Das Huhn mit der Hautseite nach oben auf einen Rost über einer Bratpfanne legen, die 12 mm hoch mit Wasser gefüllt ist. Die Marinade über das Huhn verteilen. Etwa 30 Minuten braten, bis die Haut kroß und braun ist. Dann wenden, auf der anderen Seite ebenfalls 20 bis 25 Minuten braten. Heiß servieren.
Soll das Huhn über Kohlenglut gegrillt werden, den Rost 10 bis 13 cm über der Glut befestigen, damit es durchgebraten ist, ehe die Haut zu sehr bräunt.

# Singgang ayam

Würziges gegrilltes Huhn

*Für dieses Rezept wird das Huhn am Brustbein entlang aufgeschnitten und flach auseinandergebreitet. Dann wird es mariniert, in Kokosmilch gesimmert und schließlich über Holzkohlenglut oder unter dem Elektrogrill gebraten. Sie können es aber auch einfach halbieren, wenn Ihre Pfanne nicht groß genug ist für ein auseinandergeklapptes Huhn.*

6 bis 8 Portionen
Zutaten:
1,5 kg Brathuhn
1 große Zwiebel, grob gehackt
3 Knoblauchzehen
3 frische rote Chilis oder 1 1/2 TL *sambal ulek*
2 TL frischer Ingwer, gehackt
2 Streifen Zitronenschale oder 1 Stengel Zitronengras
1/2 TL Kurkuma, gemahlen
1 TL schwarzer Pfeffer, gemahlen
2 TL Koriander, gemahlen
1 1/2 TL Salz
2 *daun salam* oder 4 Curryblätter
2 Limonen- oder Zitronenblätter, nach Belieben
750 ml Kokosmilch

Das Huhn aufschneiden und flach ausbreiten. Zwiebel, Knoblauch, Chilis, Ingwer und Zitronenschale mit 2 oder 3 EL der Kokosmilch im Elektromixer pürieren. Kurkuma, Pfeffer, Koriander, Salz und eventuell einen weiteren Löffel Kokosmilch zugeben und noch einmal ein paar Sekunden mixen.
Das Huhn innen und außen mit einem Teil dieser Gewürzpaste bestreichen, mindestens eine halbe Stunde einziehen lassen. Die restliche Gewürzpaste zusammen mit den Blättern und der Kokosmilch (den Mixbecher mit etwas Kokosmilch auswaschen) in einen Wok oder einen großen Topf geben, unter ständigem Rühren langsam zum Simmern bringen. Das Huhn in diese Soße legen, weitersimmern, dabei rühren und die Soße von Zeit zu Zeit über das Huhn schöpfen. Das Huhn nach 10 Minuten wenden und weiter kochen, bis es gar ist. Dann aus dem Topf nehmen, über Kohlenglut oder unter einem vorgeheizten Grill in ziemlichem Abstand von der Hitzequelle grillen, bis es leicht braun ist. In der Zwischenzeit die Soße weiter simmern, manchmal umrühren, bis sie eingedickt ist. Ein wenig von dieser Soße über das auf einer Platte angerichtete Huhn verteilen, den Rest separat servieren.

# Ayam goreng Jawa

Javanisches Backhuhn

4 bis 6 Portionen
Zutaten:
1,5 kg Brathuhn
1 mittelgroße Zwiebel, gehackt
2 Knoblauchzehen, zerdrückt
1 TL frischer Ingwer, gehackt
3 frische rote Chilis oder 1 TL *sambal ulek*
2 Kemiri- oder Brasilnüsse
185 ml Kokosmilch
1 EL Kokosflocken oder frisch geriebene Kokosnuß
2 TL Koriander, gemahlen
1 TL *laos*-Pulver, nach Belieben
1/2 TL Kurkuma, gemahlen
1 1/2 TL Salz
1 Stengel Zitronengras oder 3 Streifen dünngeschälte Zitronenrinde
2 *daun salam* oder 6 Curryblätter
Öl zum Ausbacken

Das Huhn in den Gelenken zerlegen; Unter- und Oberschenkel voneinander, die Flügel von der Brust abtrennen, die Brust der Länge nach halbieren. Den Rücken in drei Teile schneiden. Für dieses Gericht kann man gut Hühnerteile verwenden, am besten Brüste und Flügel. Große Hühnerbrüste vierteln und Flügel halbieren.
Zwiebel, Knoblauch, Ingwer, Chilis und Nüsse mit der Hälfte der Kokosmilch und den Kokosflocken im Mixer bei hoher Schaltstufe pürieren. Die Paste zusammen mit den Hühnerteilen in einen Topf geben. Den Mixbecher mit der restlichen Kokosmilch ausschwenken und diese Milch ebenfalls in den Topf gießen. Alle übrigen Zutaten zugeben, langsam unter Rühren zum Kochen bringen. Offen kochen, bis das Huhn gar und der Fond dick und fast trocken ist.
Die Hühnerteile herausheben und in heißem Öl braun ausbacken. Manchmal wenden. Am besten eignen sich dazu ein Wok oder ein tiefer Ausbacktopf. Mit weißem Reis oder *nasi goreng*, einem *sayur* oder einem Curry mit viel Soße servieren.

# Ayam Bali

Balinesisches Brathuhn

4 Portionen
Zutaten:
1 Zwiebel, grob gehackt
2 Knoblauchzehen
1 TL frischer Ingwer, gehackt
3 frische rote Chilis, entkernt und grob gehackt
4 Kemiri-Nüsse
1 EL dunkle Sojasoße
1,25 kg Brathuhn
Erdnußöl
2 TL Palmzucker oder Ersatz
2 EL Zitronensaft
1/2 TL Salz
250 ml Kokosmilch

Zwiebel, Knoblauch, Ingwer, Chilis, Kemiri-Nüsse und Sojasoße im Elektromixer pürieren. Das Huhn vierteln. Mit Küchenpapier gut abtrocknen. 125 ml Erdnußöl in einem Wok heiß werden lassen, die Hühnerteile schnell braun braten. Herausnehmen und auf Küchenpapier abtropfen lassen. Das Öl bis auf 1 EL abgießen; die Gewürzpaste einige Minuten unter ständigem Rühren braten. Zucker, Zitronensaft, Salz und Kokosmilch zugeben und weiterrühren, bis die Soße kocht. Die Hühnerteile wieder einlegen und offen etwa 25 Minuten simmern, bis das Huhn gar und die Soße dick ist. Mit einfachem weißem Reis oder *nasi gurih,* Gemüsegerichten und anderen Beilagen servieren.

# Ayam goreng asam

Pikantes gebratenes Huhn

6 bis 8 Portionen
Zutaten:
1,5 kg Brathuhn
3 Knoblauchzehen
1 1/2 TL Salz
1 TL schwarzer Pfeffer, gemahlen
1 TL Palmzucker oder Ersatz
2 TL Koriander, gemahlen
1 TL Kreuzkümmel, gemahlen
1/2 TL Kurkuma, gemahlen
80 ml Tamarindensaft
Öl zum Braten

Das Huhn in kleine Portionsstücke wie für Curry zerteilen. Knoblauch mit Salz zu einer glatten Paste zerdrücken; mit Pfeffer, Zucker, Koriander, Kreuzkümmel, Kurkuma und Tamarindensaft mischen. Die Hühnerteile damit einreiben, 1 Stunde einziehen lassen oder zugedeckt über Nacht im Kühlschrank marinieren. In einer großen, schweren Bratpfanne so viel Öl erhitzen, daß es den Pfannenboden bedeckt. Die Hühnerstücke aus der Marinade nehmen und auf Küchenpapier abtropfen lassen. Bei mittlerer Hitze 2 Minuten auf jeder Seite goldbraun braten, mit einer Küchenzange wenden. Die Hitze vermindern, die Pfanne zudecken und noch weitere 10 bis 12 Minuten garen, einmal wenden. Auf Küchenpapier abtropfen lassen. Warm servieren.

# Ayam panggang pedis

Gegrilltes Huhn mit scharfen Gewürzen

6 Portionen
Zutaten:
1,5 kg Brathuhn
2 TL Salz
3 TL schwarzer Pfeffer, gemahlen
3 TL *sambal ulek* oder 1 zermahlene frische rote Chili
2 EL fein geriebene Zwiebel
2 Knoblauchzehen, zerdrückt
2 EL dunkle Sojasoße
2 TL Palmzucker oder Ersatz
2 EL Zitronensaft
2 EL Erdnußöl

Das Huhn in Portionsstücke teilen und durch die Haut bis ins Fleisch mehrfach einschneiden, damit die Gewürze besser einziehen können. Alle Zutaten vermischen, das Huhn mit dieser Marinade einreiben, zugedeckt eine Stunde stehen lassen, im Kühlschrank auch länger. Grill vorheizen oder Holzkohlenglut vorbereiten. Damit die Hühnerstücke durchgebraten sind, ehe die Haut zu stark bräunt, sollte man sie in reichlichem Abstand von der Hitzequelle grillen. Mit Marinade oder zusätzlichem Öl bepinseln, die Stücke immer wieder wenden. Garprobe machen, indem man das Gelenk einer Keule mit einem scharfen Messer ansticht. Austretender Saft muß klar, nicht mehr rötlich sein.

# Saté ayam
Auf Spießchen gegrilltes Huhn

6 Portionen
Zutaten:
750 g Hühnerbrüste
2 rote Chilis oder $^1/_2$ TL *sambal ulek*
2 mittelgroße Zwiebeln, grob gehackt
3 TL frischer Ingwer, fein gehackt
2 EL Zitronensaft
$1^1/_2$ TL Salz
2 EL helle Sojasoße
2 EL dunkle Sojasoße
2 EL Sesamöl
2 EL Palmzucker oder Ersatz
125 ml dicke Kokosmilch

Das Huhn entbeinen und die Haut abziehen. In kleine Würfel schneiden. Im Elektromixer die entkernten und grob gehackten Chilis, Zwiebeln, Ingwer, Zitronensaft, Salz und Sojasoße pürieren. In eine Schüssel gießen, Öl und Zucker einrühren. Die Hühnerwürfel zugeben und in der Marinade wenden, bis sie ganz damit überzogen sind. Zugedeckt eine Stunde oder über Nacht im Kühlschrank marinieren. Das Rezept ergibt eine reichliche Menge Marinade, Basis für eine Soße, die zu dem *satay* gereicht wird.
Die Hühnerwürfel auf Bambusspießchen stecken, die zuvor ein bis zwei Stunden in kaltem Wasser eingeweicht wurden. Mindestens die Hälfte des Spießchens am stumpfen Ende soll frei bleiben. Über Kohlenglut oder unter vorgeheiztem Grill, 5 cm von der Hitzequelle entfernt, etwa 5 bis 8 Minuten grillen, bis die Hühnerstücke kroß und braun sind. Während des Grillens einmal auf jeder Seite mit zusätzlichem Öl bepinseln.
Die übrige Marinade in einen kleinen Topf gießen, die dicke Kokosmilch zugeben, bei schwacher Hitze unter ständigem Rühren simmern, bis sie glatt und eingedickt ist. In einer kleinen Schüssel zu dem *satay* servieren.

# Ayam petis
Huhn mit Shrimpsoße

6 Portionen
Zutaten:
1,5 kg Huhn
3 EL Erdnußöl
1 große Zwiebel, fein gehackt
3 bis 4 Knoblauchzehen, fein gehackt
1 TL frischer Ingwer, fein gehackt
3 frische rote Chilis, entkernt und gehackt
1 TL Kurkuma, gemahlen
1 TL schwarzer Pfeffer, gemahlen
$^1/_2$ TL getrocknete Shrimp-Paste *(trasi)*
$^1/_2$ TL *laos*-Pulver
1 Stengel Zitronengras oder 2 dünngeschälte Streifen Zitronenrinde
2 TL *petis* oder chinesische Shrimpsoße
$1^1/_2$ TL Salz
375 ml Kokosmilch
1 EL Palmzucker oder Ersatz
2 EL Zitronensaft

Das Huhn in Currystücke schneiden. In heißem Erdnußöl Zwiebeln, Knoblauch und Ingwer anbraten, bis die Zwiebel weich ist. Chilis, Kurkuma, Pfeffer, *trasi* und *laos* zugeben und unter Rühren eine weitere Minute mitbraten. Zitronengras oder -schale, *petis*, Salz und die Hühnerstückchen zugeben, über mittlerer Hitze pfannenrühren, bis sie von allen Seiten mit der Gewürzmischung überzogen sind. Die Kokosmilch mitsamt dem Zucker angießen, bei schwacher Hitze offen unter Rühren zum Simmern bringen. Die Hitze vermindern, etwa 30 Minuten simmern, bis das Huhn gar und der Fond eingedickt ist. Wenn nötig, weitere 15 Minuten unter häufigem Rühren kochen. Wenn dann die Soße immer noch nicht dick genug ist, die Hühnerstücke in eine Schüssel legen und die Soße bei starker Hitze unter ständigem Rühren reduzieren. Zitronensaft einrühren, die Soße über die Hühnerstücke gießen. Mit Reis und *sambals* servieren.

# Pindang telur

Eier in Sojasoße

4 bis 6 Portionen
Zutaten:
2 EL Erdnußöl
1 kleine Zwiebel, fein geschnitten
1 frische rote Chili, entkernt und geschnitten
1 Knoblauchzehe, zerdrückt
1/2 TL frischer Ingwer, fein gerieben
1/2 TL getrocknete Shrimp-Paste *(trasi)*
1 große reife Tomate, gewürfelt
1 EL Essig
1/2 TL Salz
1 EL Palmzucker oder Ersatz
3 EL helle Sojasoße
125 ml Wasser
4 bis 6 hartgekochte und geschälte Eier

Bei schwacher Hitze Zwiebel, Chili, Knoblauch und Ingwer in heißem Erdnußöl anbraten, bis die Zwiebel weich ist und Farbe annimmt. *Trasi* zugeben, mit dem Löffel zerdrücken, mitbraten. Die Tomate zugeben und unter Rühren zu Püree zerkochen. Essig, Salz, Zucker, Sojasoße und Wasser einrühren. Zugedeckt simmern, bis die Soße glatt und eingedickt ist. Die Eihälften einlegen und heiß werden lassen.

# Sambal goreng telur

Eier in Chilisoße

*Dieses Gericht ist sehr scharf. Es ist als* sambal *oder als Beilage gedacht. Deshalb genügt ein halbes hartgekochtes Ei pro Person.*

6 Portionen
Zutaten:
3 Eier
3 EL Erdnußöl
1 mittelgroße Zwiebel, fein gehackt
1 Knoblauchzehe, zerdrückt
1/2 TL getrocknete Shrimp-Paste *(trasi)*
3 TL *sambal ulek* oder Chilipulver
1/2 TL *laos*-Pulver
3 Kemiri- oder Paranüsse, fein gerieben
1/2 TL Salz
2 TL Palmzucker oder Ersatz
125 ml Kokosmilch
Zitronensaft nach Geschmack

Die Eier hart kochen; während der ersten drei oder vier Kochminuten behutsam rühren, damit die Eidotter in der Mitte bleiben. Zwiebel und Knoblauch in heißem Öl anbraten, bis die Zwiebel weich und gelb ist. *Trasi, sambal ulek, laos* und die geriebenen Nüsse zugeben, ein paar Sekunden mitbraten; *trasi* dabei mit dem Kochlöffel zerdrücken. Kokosmilch und Zitronensaft samt Salz und Zucker angießen, unter ständigem Rühren leise simmern, bis die Soße dick und ölig aussieht. Die geschälten, halbierten Eier einlegen, die Soße darüber verteilen. Heiß oder bei Zimmertemperatur servieren.

# Tahu telur
Bohnenquark-Omelettes

4 Portionen
Zutaten:
3 Würfel frischer Bohnenquark
3 Eier, geschlagen
1/2 TL Salz
1/4 TL schwarzer Pfeffer, gemahlen
6 Frühlingszwiebeln, fein gehackt
Erdnußöl zum Backen

Zutaten zur Soße:
1 EL Öl
eine kleine Zwiebel, sehr fein gehackt
2 Knoblauchzehen, fein gehackt
1 feste reife Tomate, fein gehackt
2 EL dunkle Sojasoße
2 EL Wasser
1 EL Zucker

Den Bohnenquark in kleine Stückchen hacken oder mit einer Gabel grob zerdrücken. Mit den Eiern verrühren, salzen und pfeffern, die Frühlingszwiebeln zugeben. Eine große flache Bratpfanne heiß werden lassen, den Boden dünn mit Öl einfetten; die Eimasse zu runden kleinen Omelettes von nicht mehr als Untertassengröße backen. Die fertigen Omelettes auf einer heißen Platte warm halten, bis der ganze Teig gebacken ist. Die zuvor zubereitete Soße darübergießen und sofort auftragen. Wer möchte, kann mit dünnen schräggeschnittenen Ringen vom Grün der Frühlingszwiebeln garnieren.
*Soße:* In einem kleinen Topf Zwiebel und Knoblauch in heißem Öl bei schwacher Hitze anbraten, bis die Zwiebel weich ist; das dauert etwa 5 Minuten. Tomate zugeben, unter Rühren etwa 3 bis 4 Minuten zu Brei zerkochen. Sojasoße, Wasser samt Zucker angießen, zum Kochen bringen. Im voraus zubereitete Soße vor dem Anrichten aufwärmen.

# Singgang daging
Rippspeer Spezial (aus Rinderrippenstück)

4 bis 6 Portionen
Zutaten:
1,5 kg Rippenstück vom Rind
3 Knoblauchzehen, fein gehackt
1 TL frischer Ingwer, fein gerieben
1 TL Salz
3 EL Erdnußöl
60 ml dunkle Sojasoße
125 ml Wasser
2 EL trockener Sherry
1/2 TL Fünf-Gewürze-Pulver
1/4 TL schwarzer Pfeffer, gemahlen
1 EL Palmzucker (oder Ersatz) oder Honig

Das Rippenstück vom Fleischer in die einzelnen Rippen und diese wieder in Stücke hacken lassen. So kann man sie leichter kochen und auch essen. Die Stücke mit Knoblauch, Ingwer und Salz einreiben. Öl in einem Wok erhitzen und 5 oder 6 Minuten das Fleisch pfannenrühren, bis es braun ist. Alle anderen Zutaten mischen und über die Rippen gießen. Zum Kochen bringen, dann zugedeckt bei schwacher Hitze simmern, bis das Fleisch an den Rippen sehr weich und die Brühe reduziert ist. Honig oder Zucker in der heißen Brühe auflösen. Heiß servieren. Man kann die Rippchen auch noch ein paar Minuten im vorgeheizten Backofen bei mäßiger Hitze (etwa 190°) glasieren und dunkler bräunen.

# Lapis daging semarang
Semaranger Rindfleisch-Scheiben

4 Portionen
Zutaten:
500 g magerer Rinderbraten
1 Zwiebel, grob gehackt
4 Knoblauchzehen
1 TL schwarzer Pfeffer, grob gemahlen
3 EL dunkle Sojasoße
2 EL Palmzucker oder Ersatz
2 EL Erdnußöl
2 reife Tomaten, gehackt

Kaufen Sie für dieses Gericht Filet, Rumpsteak, flaches Roastbeef oder Blume am Stück und schneiden Sie es in dünne, runde Scheiben. Diese Scheiben mit dem Fleischklopfer dünn klopfen. Zwiebel, Knoblauch, Pfeffer, Sojasoße und Zucker im Elektromixer pürieren. Das Fleisch in dieser Gewürzpaste eine Stunde lang marinieren (im Kühlschrank länger).
Öl in einem Wok oder in einer Bratpfanne erhitzen, das Fleisch aus der Marinade nehmen, abtropfen lassen und bei starker Hitze auf beiden Seiten braun braten. Die restliche Marinade mit den Tomaten darangeben und bei mittlerer Hitze unter häufigem Umrühren kochen, etwa 12 Minuten, bis das Fleisch gar und die Soße dick und glatt ist.

# Abon daging

Kroßgebackene Fleischfasern

*Jemandem, dem asiatische Speisen nicht vertraut sind, wird diese Art Zubereitung seltsam vorkommen, aber sie ist typisch für jene starkgewürzten Gerichte, mit denen man Reis appetitanregend anrichtet. Hauptbestandteil solcher Beilagen können Fisch, Garnelen oder, wie in diesem Fall, Fleisch sein. Das Fleisch wird zuerst gar gekocht, dann kroß gebacken. Danach kann es in Gläsern wochenlang aufbewahrt werden. Man gibt es über einfachen weißen Reis, um ihm ein einladendes Aussehen zu geben. Als ich zum ersten Mal* abon *kochte, hatte ich mich schon fast eine Stunde lang bemüht, das Fleisch mit einem Fleischklopfer zu zerfasern, als mein Auge auf den Elektromixer fiel. Da beschloß ich, es auf einfachere Art zu versuchen, und ich fand heraus, daß man mühelos Fleisch mit dem Mixer zerfasern kann, wenn man auf niedriger Schaltstufe immer nur 2 EL Fleisch auf einmal nicht länger als 4 bis 5 Sekunden zerkleinert, sonst wird aus den Fasern Fleischpüree. Also Vorsicht!*

Zutaten:
750 g Nuß oder flaches Roastbeef
$2^1/_2$ TL Salz
3 Knoblauchzehen
1 TL *petis* oder chinesische Shrimp-Paste
2 EL Tamarinden- oder Zitronensaft
$^1/_2$ TL schwarzer Pfeffer, gemahlen
1 TL Chilipulver, nach Belieben
2 TL Koriander, gemahlen
1 TL Kreuzkümmel, gemahlen
125 ml Erdnußöl
4 getrocknete Chilis
4 EL getrocknete Zwiebelflocken
2 TL getrockneter geriebener Knoblauch

Das Fleisch und 2 TL Salz in einem großen Topf mit Wasser bedeckt zum Kochen aufsetzen. Zugedeckt etwa $1^1/_2$ bis 2 Stunden simmern, bis das Fleisch so weich ist, daß man es mit einem Löffel auseinanderteilen kann. Aus der Brühe nehmen (die Fleischbrühe für Suppe oder *sayur* verwenden) und in einem Sieb abtropfen lassen, bis es trocken und kalt ist. Dann das Fleisch in kleine Stücke zerteilen und mit einem Fleischklopfer oder wie oben beschrieben in einem Elektromixer sehr fein zerfasern.

Den Knoblauch mit dem restlichen halben TL Salz zerdrücken, *petis* im Tamarindensaft auflösen, mit Pfeffer, Chilipulver, Koriander und Kreuzkümmel verrühren. Diese Gewürze an das Fleisch geben und gut miteinander vermischen.

In einem Wok oder einer Bratpfanne Öl erhitzen und die ganzen Chilis ein paar Sekunden braten, auf Küchenpapier abtropfen und abkühlen lassen. Die Zwiebelflocken in einem Drahtsieb einige Sekunden in das heiße Öl tauchen, bis sie goldgelb sind. Auf Küchenpapier abtropfen lassen. Im gleichen Drahtsieb den getrockneten Knoblauch 2 bis 3 Sekunden rösten, ebenfalls auf Küchenpapier abtropfen und auskühlen lassen.

Nun das Fleisch in das Öl geben und unter ständigem Rühren schön braun, aber nicht zu weich braten; bei mittlerer Hitze etwa 3 bis 4 Minuten. Auf Küchenpapier abtropfen und abkühlen lassen.

Die Stiele und Kerne der Chilis entfernen und die mürbe gebratene Schote zerkrümeln oder hacken. Das kalte Fleisch mit ein wenig Salz nach Geschmack bestreuen und Chilis, Zwiebel und Knoblauch untermischen. Nach Belieben kann auch 1 TL Zucker eingerührt werden. In luftdicht verschlossenem Glas aufheben.

# Daging masak bali

Balinesische Rindfleischstreifen

6 Portionen
Zutaten:
750 g Rindfleisch aus der Keule
1 mittelgroße Zwiebel, grob gehackt
3 Knoblauchzehen
1 EL frischer Ingwer, gehackt
4 bis 6 frische rote Chilis, entkernt
$^1/_2$ TL getrocknete Shrimp-Paste *(trasi)*
3 EL Erdnußöl
250 ml Wasser
2 EL Tamarindensaft
2 EL dunkle Sojasoße
2 TL Palmzucker oder Ersatz
Salz nach Geschmack

Rindfleisch in feine Streifen schneiden. Zwiebel, Knoblauch, Ingwer, Chilis und *trasi* im Elektromixer pürieren. In einem Wok oder einem Topf diese Gewürzpaste in heißem Öl unter ständigem Rühren etwa 5 Minuten braten, bis sie nicht mehr am Topfboden klebt und das Öl sich abscheidet. Die Rindfleischstreifen einlegen und weiterrühren, bis sie die Farbe gewechselt haben. Wasser, Tamarindensaft und Sojasoße angießen, zugedeckt leise simmern, bis das Fleisch gar ist. Dann offen weiterkochen, bis die Flüssigkeit fast ganz verdampft ist. Mit Salz abschmecken. Mit gekochtem Reis, Gemüsen und *sambals* servieren.

# Rendang

Trockenes Rindfleischcurry

8 Portionen
Zutaten:
1 kg Rind- oder Hammelfleisch
2 mittelgroße Zwiebeln
2 Knoblauchzehen
1 EL gehackter frischer Ingwer
3 EL Erdnußöl
1 kleine Stange Zimt
4 oder 5 ganze Nelken
3 TL Koriander, gemahlen
1 TL Kreuzkümmel, gemahlen
1 TL schwarzer Pfeffer, gemahlen
1 TL Chilipulver, oder nach Geschmack
1/2 TL Fenchel, gemahlen
1/2 TL *kencur* (aromatischer Ingwer), gemahlen
3 EL Kokosflocken, geröstet
1 l dünne Kokosmilch
2 TL Salz
60 ml Tamarindensaft
250 ml dicke Kokosmilch

Das Fleisch in große Würfel schneiden. Eine Zwiebel fein schneiden und beiseite stellen. Die andere Zwiebel grob hacken und mit Knoblauch und Ingwer im Elektromixer pürieren oder fein reiben. Wenn nötig, 2 EL der dünnen Kokosmilch in den Mixbecher geben. Das Fleisch in einer Schüssel mit der Gewürzpaste gründlich mischen und beiseite stellen.

Das Öl in einem großen Topf erhitzen und die Zwiebelringe mit den ungemahlenen Gewürzen unter gelegentlichem Rühren rösten, bis die Zwiebel weich und goldgelb ist. Das Fleisch zugeben und braten, bis es die Farbe wechselt. Die gemahlenen Gewürze, Kokosflocken, dünne Kokosmilch und Salz zugeben. Unter Rühren zum Kochen bringen und etwa 10 Minuten weiterrühren. Offen simmern, bis das Fleisch fast gar ist. Tamarindensaft einrühren, weitersimmern, bis der Fond fast eingetrocknet ist. Die dicke Kokosmilch zugießen, unter Rühren weitersimmern, bis sich das Öl abscheidet und das Curry sehr trocken ist.

# Rendang daging

Trockengebratenes Rindfleischcurry

*Es lohnt sich, von diesem Curry einen großen Topfvoll zu kochen, weil es sich so gut hält und von Tag zu Tag schmackhafter wird.*

8 Portionen
Zutaten:
1,5 kg Rostbraten
2 mittelgroße Zwiebeln, grob gehackt
6 Knoblauchzehen
1 EL frischer Ingwer, gehackt
6 frische rote Chilis, entkernt
500 ml dicke Kokosmilch
1 1/2 TL Salz
1 TL Kurkuma, gemahlen
3 TL Chilipulver, nach Belieben
2 TL Koriander, gemahlen
2 *daun salam* oder 6 Curryblätter
1 Stengel frisches Zitronengras oder 3 Streifen dünn geschälte Zitronenrinde
1 TL *laos*-Pulver
125 ml Tamarindensaft
2 TL Zucker

Das Rindfleisch in 2,5 cm breite und 5 cm lange Streifen schneiden. Zwiebel, Knoblauch, Ingwer und Chilis mit 125 ml Kokosmilch im Elektromixer pürieren. In einen großen Topf gießen, den Mixbecher mit der restlichen Kokosmilch ausspülen. Auch diese mit allen übrigen Zutaten außer Tamarindensaft und Zucker in den Topf geben. Gut durchrühren, das Fleisch einfüllen und schnell zum Kochen bringen.

Die Hitze etwas reduzieren, den Tamarindensaft zugießen und offen unter gelegentlichem Rühren weiterkochen, bis der Fond eingedickt ist. Über schwacher Hitze weiterkochen, bis alle Flüssigkeit fast verdampft ist; dabei häufig umrühren, damit die Soße nicht anbrennt. Nach ungefähr 2 1/2 Stunden, sobald sich das Öl abscheidet, den Zucker zugeben und nun ständig rühren. Das Fleisch in der öligen Soße dunkelbraun braten. Mit weißem Reis, ein oder zwei Gemüsegerichten, *sambals* und Erdnußwaffeln servieren.

# Dendeng ragi

Trockengebratenes Rindfleischcurry mit Kokosnuß

6 Portionen
Zutaten:
500 g flaches Roastbeef oder Nuß
250 ml Kokosflocken
1 Zwiebel, gerieben
2 Knoblauchzehen, zerdrückt
1 1/2 TL Salz
1 TL schwarzer Pfeffer, gemahlen
3 TL Koriander, gemahlen
1 TL Kreuzkümmel, gemahlen
1 TL *sambal ulek* oder 2 frische rote Chilis, fein gehackt
125 ml Tamarindensaft
60 ml Wasser
2 TL Palmzucker oder Ersatz
85 ml Erdnußöl

Das Fleisch in sehr dünne Streifen schneiden, nachdem alles Fett abgetrennt ist. Alle übrigen Zutaten außer dem Öl in einem mittelgroßen Topf mit dem Fleisch mischen und zugedeckt bei schwacher Hitze kochen, bis das Fleisch die Farbe wechselt. Dann offen weiterkochen, manchmal durchrühren. Sobald der Fond einzutrocknen beginnt, ständig rühren, bis alle Flüssigkeit aufgesogen ist. Darauf achten, daß die Kokosflocken nicht am Topfboden ansetzen.
Öl in einem Wok oder einer Bratpfanne erhitzen und das Curry darin unter Rühren dunkelbraun und kroß braten. Sollte es sehr ölig sein, muß man es auf Küchenpapier abtropfen lassen. Meistens gibt es aber kein überschüssiges Öl am Ende der Garzeit. Als Beilage zu Reis und Gemüsegerichten servieren.

# Dendeng

Trockengebratenes gewürztes Rindfleisch

*Auf die folgende Art zubereitet, kann Fleisch lange Zeit aufbewahrt werden, ohne zu verderben. Verwenden Sie rohes Fleisch oder erinnern Sie sich an dieses Rezept, wenn ein großer Braten sich als enttäuschend und zäh herausgestellt hat. Dieses Rezept bietet eine gute Möglichkeit, ihn schmackhaft weiterzuverwerten.* Dendeng *kann als Beilage zu einer Reismahlzeit mit Gemüsen und* sambal *gereicht werden.*

Zutaten
1 kg Nuß oder Rostbraten
5 EL Erdnußöl
2 Knoblauchzehen, zerdrückt
1/2 TL frischer Ingwer, fein gerieben
2 TL Koriander, gemahlen
1 TL Kreuzkümmel, gemahlen
1 TL *petis* oder getrocknete Shrimp-Paste *(trasi)*
1 1/2 TL Salz
1 TL *sambal ulek*
6 EL dunkle Sojasoße
2 EL Tamarindensaft
3 TL Palmzucker oder Ersatz

Das Fleisch in 5 cm dicke Scheiben schneiden. In einem großen Topf Öl heiß werden lassen und Knoblauch, Ingwer, Koriander, Kreuzkümmel und *petis* oder *trasi* ein oder zwei Minuten darin anbraten; dann Salz, *sambal ulek*, Sojasoße und Tamarindensaft zugeben. Das Fleisch einlegen und unter Rühren braten, bis es ganz mit der Gewürzmischung überzogen ist. Dann zugedeckt bei sehr schwacher Wärme 30 bis 35 Minuten dünsten, manchmal umrühren. Am Ende dieser Zeit soll der Fond fast eingetrocknet sein. Den Zucker einrühren und auflösen. Das Fleisch in diesem Fond bei mittlerer Hitze ständig wenden, bis alle Flüssigkeit im Topf verdampft ist. Nicht anbrennen lassen. Dann den Topf vom Feuer nehmen.
Die Scheiben Fleisch nebeneinander auf ein Bratblech legen und bei 125°C im Backofen 30 Minuten weiterbraten. Wenden und noch einmal 20 bis 30 Minuten im Backofen lassen. Das Fleisch soll nun sehr dunkelbraun, aber nicht angebrannt sein. Das Öl soll aus dem Fleisch austreten und am Rand der Pfanne zu sehen sein. Auskühlen lassen und luftdicht verschlossen aufbewahren.

# Rendang ginjal

Trockengebratenes Nierencurry

6 Portionen
Zutaten:
750 g Ochsennieren
1 TL frischer Ingwer, fein gerieben
2 Knoblauchzehen, zerdrückt
1 TL Salz
3 EL Erdnußöl
2 Zwiebeln, fein gehackt oder geschnitten
1 TL Kurkuma, gemahlen
2 TL Koriander, gemahlen
1 TL Kreuzkümmel, gemahlen
1/2 TL Fenchel, gemahlen
1/2 TL schwarzer Pfeffer, gemahlen
1 TL Chilipulver oder 2 frische rote Chilis, entkernt und gehackt
3 Kemiri-Nüsse, fein gerieben
500 ml Kokosmilch
1 kleine Stange Zimt
2 EL Tamarindensaft
2 TL Palmzucker oder Ersatz

Die Nieren waschen, aufschneiden und die Röhren entfernen und wegwerfen. In kleine Würfel schneiden. Mit Ingwer und in Salz zerdrücktem Knoblauch einreiben, beiseite stellen. Die Zwiebeln in heißem Öl unter Rühren weich und hellgelb braten; Kurkuma, Koriander, Kreuzkümmel, Fenchel und Pfeffer zugeben und eine Minute pfannenrühren. Die Chilis, Kemiri-Nüsse und die Nieren zugeben, unter ständigem Rühren weiterbraten, bis die Nieren die Farbe wechseln. Kokosmilch und Zimt zugeben und offen leise simmern, bis die Soße eingekocht und dick ist. Das dauert ungefähr 2 Stunden. Manchmal umrühren, um so öfter, je dicker die Soße wird. Tamarindensaft mit Zucker einrühren, noch ein paar Minuten weiterkochen. Heiß servieren.

# Pergedel goreng Jawa

Ausgebackene Fleischbällchen aus Java

*Sie sind den holländischen Frikadellen frei nachempfunden, scharfe Chilis und Gewürze geben ihnen den Geschmack des Fernen Ostens. Heiß als Snack oder kalt auf Picknicks servieren.*

Ergibt etwa 60 bis 70 Fleischbällchen
Zutaten:
500 g mageres Rinderschabefleisch
2 mittelgroße Zwiebeln, fein gehackt
2 Knoblauchzehen
1 TL Salz
2 frische rote Chilis oder 1 TL *sambal ulek*
500 g mehlige Kartoffeln
1 EL dunkle Sojasoße
1 EL Zitronensaft
2 TL Palmzucker oder Ersatz
1/2 TL getrocknete Shrimp-Paste *(trasi)*
3 TL Koriander, gemahlen
2 TL Kreuzkümmel, gemahlen
1 TL Muskatnuß oder Muskatblüte, gemahlen
1 Ei, geschlagen
Erdnußöl zum Ausbacken

Das Schabefleisch in eine große Schüssel geben. Die Zwiebeln, den mit Salz zerdrückten Knoblauch und die sehr fein gehackten, besser noch im Mörser zerriebenen Chilis zugeben. Die Kartoffeln kochen, abgießen, im Topf trocknen lassen. Dann glatt zerdrücken und zum Hackfleisch geben.

In der Sojasoße und dem Zitronensaft den braunen Zucker und *trasi* auflösen; Koriander, Kreuzkümmel und Muskatnuß einrühren. Zusammen mit dem geschlagenen Ei zu den Zutaten in der Schüssel gießen. Alles gründlich mit den Händen durchkneten, kleine Fleischbällchen formen. Eine Stunde stehen lassen. In einem Wok oder einem Ausbacktopf Öl erhitzen und die Fleischbällchen schwimmend ausbacken. Nicht mehr als 6 oder 8 gleichzeitig in das heiße Öl einlegen; bei mittlerer Hitze braun ausbacken, etwa 3 bis 4 Minuten lang. Auf Küchenpapier abtropfen lassen.

# Rempah-rempah

Patties aus Fleisch und Kokosnuß

*Ergibt 30 flache Frikadellen oder 60 kleine Fleischbällchen.*

Zutaten:
250 g Kokosflocken
6 bis 7 EL heißes Wasser
500 g Rinderschabefleisch
1/2 TL getrocknete Shrimp-Paste *(trasi)*
2 Knoblauchzehen
1 1/2 TL Salz
1/2 TL schwarzer Pfeffer, gemahlen
1 1/2 TL Koriander, gemahlen
1 TL Kreuzkümmel, gemahlen
1/2 TL *kencur* (aromatischer Ingwer), gemahlen
2 Eier, geschlagen
Erdnußöl zum Ausbacken

Die Kokosflocken in einer Schüssel mit dem heißen Wasser beträufeln und mischen, bis sie durch und durch angefeuchtet sind. Zusammen mit dem Schabefleisch in eine große Schüssel geben. *Trasi* mit dem Kochlöffelrücken zerdrücken und in 1 EL heißem Wasser auflösen. Knoblauch mit Salz zu einer glatten Paste zerdrücken. Alle Gewürze, Knoblauch und *trasi* mit den geschlagenen Eiern vermischen und über Hackfleisch und Kokosflocken gießen. Mit den Händen einen glatten Fleischteig kneten, in dem die Gewürze gleichmäßig verteilt sind. Flache Frikadellen oder kleine Bällchen formen. Die Frikadellen in der Pfanne braten oder die Fleischbällchen kroß und goldbraun ausbacken. Auf Küchenpapier abtropfen lassen.
Als Beilage zu Reis oder als Snack für sich allein servieren. Zum Picknick werden sie kalt gereicht. Wenn man die Bällchen besonders klein macht, kann man sie sehr gut zu Drinks anbieten.

# Semur daging

In Sojasoße gekochtes Rindfleisch

*Dieses einfache Gericht ist bei Kindern und Erwachsenen gleichermaßen beliebt, denn es ist zugleich würzig, süß und salzig.*

4 bis 6 Portionen
Zutaten:
500 g Kurzrippe oder Nuß
2 EL Erdnußöl
1 große Zwiebel, fein gehackt
2 Knoblauchzehen, zerdrückt
1/2 TL Salz
1 TL frischer Ingwer, fein gerieben
1/2 TL schwarzer Pfeffer, geschrotet
je 1/4 TL Kardamom, Zimt und Muskatnuß, gemahlen
1/8 TL gemahlene Nelken
3 EL dunkle Sojasoße
1 EL Palmzucker oder Ersatz
2 EL Tamarindensaft
250 ml heißes Wasser

Das Fleisch in kleine Würfel schneiden. Die Zwiebel in heißem Öl weich und glasig braten. Den mit Salz zerdrückten Knoblauch und Ingwer zugeben, unter Rühren weiterbraten, bis die Zwiebel Farbe annimmt. Das Fleisch zugeben, rühren, bis es nicht mehr rot ist. Sojasoße, Tamarindensaft und Wasser zusammen mit den Gewürzen und Zucker angießen, zum Kochen bringen. Dann bei niedriger Hitze zugedeckt simmern, bis das Fleisch weich und der Fond eingedickt ist. Nach 1 1/4 Stunden den Deckel abnehmen, damit die Flüssigkeit schneller verdampfen kann. Mit weißem Reis und Gemüsen servieren.

# Empal Jawa

Rindfleisch in Sojasoße mit Chilis

6 Portionen
Zutaten:
500 g Rostbraten, Nuß oder Rumpsteak
3 EL Erdnußöl
1 Zwiebel, fein gehackt
3 Knoblauchzehen, zerdrückt
1 1/2 TL *sambal ulek* oder 2 frische rote Chilis, entkernt und fein gehackt
1/2 TL getrocknete Shrimp-Paste *(trasi)*
1/2 TL *laos*-Pulver
1 TL feingehackte Zitronenschale oder 1/2 TL *sereh*-Pulver
2 EL dunkle Sojasoße
60 ml Fleischbrühe
1 TL Palmzucker oder Ersatz

Das Fleisch, von dem alles Fett abgeschnitten wurde, in einem mittelgroßen Topf eben mit Wasser bedeckt zum Kochen aufsetzen. 15 Minuten simmern. In der Fleischbrühe lauwarm werden lassen. Dann das Fleisch in dünne Streifen schneiden.
In einem Wok oder einer Bratpfanne die Zwiebeln in heißem Erdnußöl weich und glasig braten. Sobald sie anfangen, gelb zu werden, Knoblauch, Chilis, *trasi, laos* und Zitronenschale zugeben. *Trasi* mit dem Kochlöffelrücken zerdrücken und 1 Minute pfannenrühren. Das Fleisch zugeben und bei Mittelhitze 3 oder 4 Minuten pfannenrühren. Sojasoße und Fleischbrühe samt Zucker einrühren und unter Rühren bei schwacher Hitze kochen, bis fast alle Flüssigkeit verdampft ist und das Öl sich abscheidet. Es soll von den Chilis rötlich gefärbt sein. Heiß zu weißem Reis und Gemüsegerichten servieren.

# Asam babi goreng

Gebratenes Schweinefleisch mit Tamarinde (Bali)

4 bis 6 Portionen
Zutaten:
500 g Kotelettstück vom Schwein
1 Zwiebel, grob gehackt
2 Knoblauchzehen
2 TL frischer Ingwer, gehackt
2 EL dunke Sojasoße
1 TL *sambal ulek* oder 2 frische rote Chilis, entkernt
1 EL Öl
4 EL Tamarindensaft
1/2 TL Salz
2 TL Palmzucker oder Ersatz

Das Fleisch in etwa 5 cm lange Stücke hacken. Zwiebel, Knoblauch, Ingwer, Sojasoße und *sambal ulek* oder Chilis im Elektromixer pürieren. Öl in einem Wok oder einer Pfanne erhitzen und das Schweinefleisch bei starker Hitze pfannenrühren, bis es auf allen Seiten braun ist. Überschüssiges Fett abgießen. Die Gewürzpaste zugeben und 4 oder 5 Minuten bei Mittelhitze pfannenrühren. Den Tamarindensaft und etwa 60 ml heißes Wasser mit dem Salz angießen, die Hitze reduzieren, zugedeckt 25 bis 30 Minuten simmern. Den Zucker einrühren und unter Rühren offen weiterkochen, bis der Fond dunkel und fast trocken ist. Heiß servieren.

# Saté kambing Madura

Lamm-satay aus Madura

4 bis 6 Portionen
Zutaten:
500 g ausgelöstes Lammfleisch aus der Keule
1 kleine Zwiebel, gerieben
2 Knoblauchzehen, zerdrückt
1/2 TL Salz
1 TL *sambal ulek* oder 2 frische rote Chilis, entkernt und zerdrückt
1/2 TL getrocknete Shrimp-Paste *(trasi)*
1 EL Tamarindensaft
1 EL dunkle Sojasoße
2 EL frisch geriebene Kokosnuß oder Kokosflocken

Das Lammfleisch in kleine Würfel schneiden. Die geriebene Zwiebel mit allen übrigen Zutaten mischen. Die Kokosflocken zuvor mit einem EL heißem Wasser anfeuchten. Das Fleisch mit dieser Marinade gründlich vermengen, zugedeckt 2 Stunden bei Zimmertemperatur oder länger im Kühlschrank durchziehen lassen.
Die Fleischwürfel auf Bambusspießchen stecken und grillen. Häufig wenden und darauf achten, daß die Kokosnuß nicht anbrennt. Mit Reis und *satay*-Soße (S. 189) servieren.

# Saté manis
Süßes satay

4 bis 6 Portionen
Zutaten:
750 g Rinderfilet, Rumpsteak oder Schweinefilet
1 EL Palmzucker oder Ersatz
1 Knoblauchzehe, zerdrückt
1/2 TL Salz
2 EL dunkle Sojasoße
1 EL Öl
1 TL gemahlener Kreuzkümmel

Zutaten zur *satay*-Soße:
125 ml Erdnußsoße
2 EL Tamarinden- oder Zitronensaft
2 TL *sambal bajak*
3 bis 4 EL Wasser

Rindfleisch oder Schweinefleisch in 2-cm-Würfel schneiden. Je 4 bis 5 Würfel auf ein Bambusspießchen stecken, etwas Zwischenraum zwischen den Fleischstückchen lassen. Man muß die Bambusspießchen zuvor etwa eine Stunde in kaltem Wasser einweichen, damit sie beim Grillen nicht verbrennen. Zucker mit Salz, Knoblauch, Sojasoße, Öl und Kreuzkümmel mischen; rühren, bis der Zucker aufgelöst ist. Diese Marinade in eine längliche, flache Schüssel gießen und das *satay* einlegen. Jedes Spießchen wenden, bis das Fleisch ganz von der Marinade überzogen ist. Zugedeckt einige Stunden in den Kühlschrank stellen.
Über Holzkohlenglut oder unter dem heißen Grill etwa 15 Minuten grillen; nicht zu nahe an der Hitzequelle, denn Schweinefleisch muß gut durchgebraten sein. Auch Rindfleisch darf für ein *satay* nicht mehr rosa sein. Die Spießchen alle 5 Minuten drehen und mit Marinade bepinseln. Heiß mit *satay*-Soße servieren.

Satay-Soße: Alle Zutaten mischen und in einer Schüssel servieren. Die Soße wird zum Essen über das *satay* gegossen.

# Saté bumbu
Scharfgewürztes satay

4 bis 5 Portionen
Zutaten:
500 g Rinderbraten, Nuß oder Keule
2 EL dunkle Sojasoße
2 EL Tamarindensaft
1 mittelgroße Zwiebel, grob gehackt
2 Knoblauchzehen
1/2 TL *laos*-Pulver
1/2 TL *sambal ulek*
1/2 TL schwarzer Pfeffer, gemahlen
1/2 TL getrocknete Shrimp-Paste *(trasi)*
2 EL Erdnußöl
125 ml Kokosmilch
1 *daun salam* oder 3 Curryblätter
1 Stengel Zitronengras oder 2 Streifen Zitronenschale
2 TL Palmzucker oder Ersatz

Fett abschneiden; das Fleisch in lange, etwa 2 bis 2,5 cm breite und etwa 6 mm dicke Streifen schneiden. Sojasoße, Tamarindensaft, Zwiebel und Knoblauch im Elektromixer pürieren, oder Zwiebel und Knoblauch feinreiben und mit den flüssigen Zutaten mischen. *Laos*, *sambal ulek*, Pfeffer und zerdrücktes *trasi* unterrühren.
In einem Wok oder einer Bratpfanne die Gewürzpaste unter ständigem Rühren braten, bis sie braun ist und sich von der Topfwand löst. Das Fleisch zugeben und unter Rühren kurz braten, bis es die Farbe gewechselt hat. Kokosmilch, Curryblätter, Zitronengras und Zucker einrühren. Die Hitze reduzieren, offen simmern, bis der Fond sehr dick und fast trocken ist.
Das Fleisch auf Bambusspießchen stecken, und zwar einen Streifen Fleisch je Spießchen. Man wickelt ihn spiralenförmig wie ein Band um die angespitzte Hälfte des Spießes, die andere Hälfte bleibt frei zum Anfassen. Es ist ratsam, dieses freie Ende mit Folie zu umwickeln. Unter einem vorgeheizten Grill oder über Kohlenglut grillen, bis das Fleisch zart gebräunt ist. Die restliche Soße aus dem Topf über das *satay* verteilen und servieren.

# Saté babi

Schweinefleisch-satay

*Die Bambusspießchen vor dem Grillen einige Stunden lang in kaltes Wasser legen; dadurch verhindert man, daß die Enden beim Grillen anbrennen.*

6 Portionen
Zutaten:
1 kg Schweinefilet oder ausgelöstes Kotelett
1 mittelgroße Zwiebel, grob gehackt
1 Knoblauchzehe
1 TL frischer Ingwer, gehackt
3 EL Tamarinden- oder Zitronensaft
2 EL dunkle Sojasoße
1 TL *sambal ulek* oder 2 frische rote Chilis, entkernt und gehackt
1/2 TL Salz
1 TL Palmzucker oder Ersatz
2 EL Erdnußöl

Das Fleisch in kleine Würfel von etwa 2 cm Kantenlänge schneiden. Zwiebel, Knoblauch, Ingwer, Tamarindensaft, Sojasoße, *sambal ulek* oder Chilis, Salz und Zucker im Mixer pürieren. Diese Paste in einer Schüssel mit dem Öl verrühren, dann das gewürfelte Fleisch einlegen und in der Marinade wenden, bis es ganz damit überzogen ist. Wenigstens eine Stunde oder auch länger im Kühlschrank durchziehen lassen. Die Fleischwürfel auf Spießchen stecken, je Spieß 5 oder 6 Stück. Ein paar Zentimeter zum Anfassen frei lassen. Die Fleischwürfel sollen etwas Abstand voneinander haben. Sie werden so gleichmäßiger durchgebraten, und das ist bei Schweinefleisch unbedingt notwendig.
Unter einem vorgeheizten Grill oder über Holzkohlenglut etwa 6 bis 7 Minuten auf jeder Seite grillen, bis das Fleisch durchgebraten und auf allen Seiten schön braun ist. Nicht zu nahe an der Hitzequelle grillen, sonst ist das Fleisch braun, ehe es gar ist.

# Sayur lodeh

Gemüse in Kokosnuß-Soße

*Dazu kann man alle Gemüse verwenden, die gerade auf dem Markt sind: grüne Bohnen, Kohl, Blumenkohl, Broccoli, Zucchini, Kürbis und Winterbambus-Schößlinge sind eine ausgezeichnete Zusammenstellung.*

6 Portionen
Zutaten:
500 bis 750 g verschiedene Gemüse
2 EL Erdnußöl
1 Zwiebel, fein gehackt
2 Knoblauchzehen, zerdrückt
1 TL *sambal ulek* oder 1 frische rote Chili, entkernt und gehackt
1 TL *trasi* (getrocknete Shrimp-Paste)
1 Stengel Zitronengras oder 2 Streifen Zitronenschale oder 1/2 TL *sereh*-Pulver
1 große reife Tomate
500 ml Gemüse-, Hühner- oder Fleischbrühe
375 ml Kokosmilch
3 TL Erdnußsoße oder Erdnußbutter
2 TL Salz oder nach Geschmack

Die Gemüse in kleine Stücke schneiden. Blumenkohl und Broccoli brechen bzw. in Röschen zerteilen, Bohnen sehr dünn schneiden, Kohl grob zerpflücken und die Blattstücke noch ein- oder zweimal durchschneiden, denn zu große Blattstücke stören beim Essen. Zucchini und Kürbis kann man in dünne Scheiben schneiden oder würfeln. Winterbambus-Schößlinge, die viel zarter sind als die übliche Art, in kurze Streifen schneiden, oder der Länge nach halbieren und in halbmondförmige Scheiben teilen.
Öl in einem mittelgroßen Topf erhitzen und die Zwiebel darin weich und blaßgelb braten, dann Knoblauch, *sambal ulek* und *trasi* zugeben, bei schwacher Hitze 2 Minuten rühren, dabei *trasi* mit dem Löffelrücken zerdrücken. Zitronengras oder Ersatz und die geschälte, entkernte und gehackte Tomate zugeben. Unter Rühren zu Brei zerkochen.
Brühe und Kokosmilch angießen und offen zum Simmern bringen. Die Gemüse der Reihe nach je nach der benötigten Garzeit zugeben. Sie sollen gar sein, aber nicht zerkocht. In der vorgeschlagenen Zusammenstellung müßten Sie zuerst die Bohnen zugeben, 4 Minuten simmern; dann Blumenkohl und Broccoli, weitere 3 Minuten simmern; dann Weißkohl, Zucchini, Kürbis und Bambusschößlinge und noch einmal 3 Minuten kochen. Die Erdnußsoße und Salz nach Geschmack einrühren. Wer mag, kann noch mit einem Spritzer Zitronensaft abschmecken.

# Gulai manis kangkung

Wasserkresse in süßer Soße

Kangkung *ist ein grünes Blattgemüse, das in asiatischen Ländern viel verwendet und wegen seines Vitamingehalts hochgeschätzt wird. Ersetzen Sie es durch Wasserkresse, Spinat oder Chicoree. Chicoree ist zwar bitter, da dieses Rezept aber Zucker enthält, ergibt sich eine faszinierende bitter-süße Kombination.*

6 Portionen

Zutaten:

500 g *kangkung* oder Ersatz
4 EL getrocknete Shrimps
375 ml Kokosmilch
1 große Zwiebel, fein gehackt
1 kleine Knoblauchzehe, zerdrückt
1 TL Salz
1 TL frischer Ingwer, fein gerieben
1 frische rote Chili, entkernt und geschnitten
2 EL Palmzucker oder Ersatz
1/2 TL *laos*-Pulver

Das Blattgemüse gründlich mehrmals in frischem Wasser waschen, abtropfen lassen. Grob schneiden. 125 ml heißes Wasser über die Shrimps gießen und 25 Minuten einweichen. Die Kokosmilch mit allen übrigen Zutaten in einem großen Topf offen zum Kochen bringen. Die eingeweichten Shrimps samt Einweichwasser und das Blattgemüse zugeben. Zugedeckt bei schwacher Hitze etwa 20 Minuten simmern, bis das Gemüse gar ist. Heiß zu Reis und anderen Beilagen servieren.

# Pecal terung

Auberginen-petjal

6 Portionen

Zutaten:

2 große feste Auberginen
1 1/2 EL Erdnußöl
5 Kemiri-Nüsse
1 TL getrocknete Shrimp-Paste *(trasi)*
1/2 TL *laos*-Pulver
1/2 TL *sambal ulek*
1 EL Tamarindensaft
1 EL dunkle Sojasoße
1 TL Palmzucker oder Ersatz
125 ml dicke Kokosmilch

Die Auberginen schälen und in Würfel schneiden. In schwachgesalzenes kochendes Wasser geben, oder im Dampf garen. Abtropfen lassen. In einem Wok oder einer kleinen Bratpfanne Öl erhitzen und die Kemirinüsse und das *trasi* bei schwacher Hitze rösten, dabei ständig rühren und das *trasi* im Öl zerdrücken. *Laos, sambal ulek,* Tamarindensaft, Sojasoße, Zucker und Kokosmilch zugeben. Leise simmern. Die Soße vor dem Auftragen über die Auberginen gießen.

# Sayur kol

Würziger Kohl in Kokosmilch

Zutaten:

500 g Kohl
2 Zwiebeln, gehackt
2 Knoblauchzehen
2 frische rote Chilis, entkernt und gehackt, oder 1 TL Chilipulver
1 TL getrocknete Shrimp-Paste *(trasi)*
1 *daun salam* oder 3 Curryblätter
2 EL Erdnußöl
2 Streifen Zitronenschale
375 ml dicke Kokosmilch
1 TL Salz
3 EL Tamarindensaft

Den Kohl waschen und grob zerpflücken. Die gehackten Zwiebeln, Knoblauch und Chilis im Elektromixer pürieren, oder Zwiebeln und Knoblauch reiben und die Chilis feinhacken oder durch Chilipulver ersetzen. *Trasi* in ein Stück Folie einwickeln und 5 Minuten unter den Grill legen, nach der Hälfte der Zeit einmal wenden.
In einem Wok oder einem großen Topf den Kohl eine Minute in heißem Öl anbraten, die Gewürzpaste und *trasi* zugeben und unter Rühren braten, bis die Masse dunkler wird. Ständig rühren, damit sie nicht am Topfboden ansetzt. Zitronenschale, Kokosmilch und Salz einrühren und unter Rühren zum Simmern bringen. Den Kohl einfüllen und offen einige Minuten simmern; er soll gar werden, aber fest bleiben. Den Tamarindensaft einrühren. Auftragen.

# Sayur tumis
Pfannengerührte Gemüse

*Dazu läßt sich jedes Gemüse verwenden, oder auch eine Mischung verschiedener Gemüsesorten: grob zerpflückter Kohl, in mundgerechte Stückchen gebrochene Wasserkresse, schräg geschnittene Bohnen, geschälte und in Scheiben geschnittene* chokos, *Bohnensprossen, in Scheiben geschnittener Sellerie und so fort.*

Zutaten:
750 ml vorbereitetes Gemüse
2 EL Pflanzenöl
1 Knoblauchzehe, zerdrückt
1 kleine Zwiebel, fein gehackt
2 *daun salam* oder Curryblätter
1/4 TL getrocknete Shrimp-Paste *(trasi)*
1/2 TL Salz, oder nach Geschmack
1 EL helle Sojasoße, oder nach Geschmack

Die Gemüse gründlich waschen und abtropfen lassen. In einem Wok oder einer großen Bratpfanne Knoblauch, Zwiebel, Curryblätter und *trasi* in heißem Öl bei mittlerer Hitze anbraten, bis die Zwiebel weich ist. *Trasi* mit dem Löffel zerdrücken. Die Gemüse einfüllen und pfannenrühren, bis sie eben gar, aber noch fest sind. Wenn eine Mischung von verschiedenen Gemüsen verwendet wird, zuerst die mit der längsten Garzeit zugeben. Salz und Sojasoße nach Geschmack einrühren und sofort servieren.

# Sayur buncis
Bohnen-sayur

6 Portionen
Zutaten:
2 EL Erdnußöl
1 Zwiebel, fein gehackt
2 Knoblauchzehen, zerdrückt
2 frische rote Chilis, entkernt und gehackt
1 TL getrocknete Shrimp-Paste, *(trasi)*
1 TL feingeriebene Zitronenschale
2 TL Koriander, gemahlen
1 TL Kreuzkümmel, gemahlen
1/2 TL *laos*-Pulver
1 TL Salz
2 TL Tamarinden- oder Zitronensaft
1 *daun salam* oder 3 Curryblätter
750 ml Hühnerbrühe
500 g frische grüne Bohnen, in schräge Scheiben geschnitten
1 gekochte Hühnerbrust ohne Haut und Knochen, gewürfelt
375 ml Kokosmilch

Zwiebel, Knoblauch, Chilis und *trasi* 5 Minuten in heißem Öl bei Mittelhitze anbraten; dabei rühren und *trasi* mit dem Kochlöffel zerdrücken. Zitronenschale und die gemahlenen Gewürze eine weitere Minute mitbraten. Salz, Tamarindensaft, *daun salam* oder Curryblätter, Brühe und Bohnen zugeben. Zum Kochen bringen, weitere 8 Minuten simmern. Hühnerfleisch und Kokosmilch einrühren und 5 Minuten simmern. Auftragen.
Anmerkung: Wenn dieser *sayur* als Hauptgericht gedacht ist, kann man es mit Reis-Vermicelli (Fadennudeln) kochen. 125 g Reis-Vermicelli in sehr heißem Wasser 10 Minuten einweichen, gut abtropfen lassen. An das *sayur* geben und 2 Minuten mitkochen.

Abbildungen Seite 193 bis 196
Nasi kuning lengkap – Festlicher gelber Reis (Rezept S. 168)
Ikan panggang – in Bananenblättern gegrillter Fisch (Rezept S. 171)
Rempeyek kacang – Erdnußwaffeln (Rezept S. 212)
 Opor ayam, Huhn in Kokosmilch, oben (Rezept S. 177), Sambal goreng telur, Eier in Chilisoße (Rezept S. 181)

# Sayur kari
In Kokosmilch gekochte Gemüse mit Currygewürzen

6 Portionen
Zutaten:
2 EL Erdnußöl
2 mittelgroße Zwiebeln, fein gehackt
2 frische rote Chilis, entkernt und geschnitten
4 Knoblauchzehen, fein gehackt
2 TL frischer Ingwer, fein gerieben
2 TL Koriander, gemahlen
1 TL Kreuzkümmel, gemahlen
1 TL Kurkuma, gemahlen
1 TL schwarzer Pfeffer, gemahlen
1/2 TL *laos*-Pulver
2 Stengel Zitronengras oder 1 TL feingehackte Zitronenschale
1/2 TL getrocknete Shrimp-Paste *(trasi)*
125 g kleingewürfeltes Rindfleisch
1 l Rindfleischbrühe
500 ml dicke Kokosmilch
2 1/2 TL Salz
2 *daun salam,* nach Belieben
2 große Kartoffeln, geschält und gewürfelt
250 g grüne Bohnen, fein geschnitten
500 g Weißkohl, grob zerpflückt
125 g Reis-Vermicelli, in heißem Wasser eingeweicht
Zitronensaft nach Geschmack

In einem großen Topf Erdnußöl erhitzen, Zwiebeln und Chilis unter Rühren bei Mittelhitze anbraten, etwa 4 bis 5 Minuten, bis die Zwiebeln weich sind und Farbe annehmen. Knoblauch und Ingwer eine weitere Minute unter Rühren mitbraten, dann alle gemahlenen Gewürze, Zitronengras und *trasi* unter ständigem Rühren noch eine Minute braten. Die Rindfleischwürfel zugeben und etwa 3 bis 4 Minuten rühren, bis das Fleisch die Farbe gewechselt hat. Brühe und Kokosmilch mit Salz und *daun salam* zugießen, langsam zum Kochen bringen, manchmal umrühren. Die Kartoffeln einfüllen, 10 Minuten offen simmern; dann die Bohnen zugeben und weitere 5 Minuten simmern. Das *sayur* darf während der gesamten Kochzeit nie zugedeckt werden. Den Kohl zugeben, wieder zum Kochen bringen; dann die eingeweichten und abgetropften Vermicelli einstreuen und 2 bis 3 Minuten simmern. Vom Feuer nehmen, Zitronensaft nach Geschmack einrühren und sofort auftragen.

# Gado-gado
Gemüse mit Erdnußsoße

6 bis 8 Portionen
Zutaten:
3 große gekochte Kartoffeln
250 g frische Bohnensprossen
500 g grüne Bohnen
3 Karotten
1/2 kleiner Kohlkopf
1 grüne Gurke
1 kleines Bündel Wasserkresse
3 hartgekochte Eier
Erdnußsoße

Die Kartoffeln schälen und in Scheiben schneiden. Die Bohnensprossen waschen, alle braunen Enden abknipsen. Kochendes Wasser über die Bohnensprossen gießen, dann unter dem Wasserhahn mit kaltem Wasser überbrausen. Abtropfen lassen. Die Bohnen abziehen und in schräge Scheiben oder mundgerechte Stücke schneiden und in schwach gesalzenem Wasser eben gar kochen. Sie sollen »Biß« behalten. Abgießen. Den Kohl schneiden, den Strunk wegwerfen. In kochendem Salzwasser 1 oder 2 Minuten blanchieren; er soll gar, aber nicht zu weich sein. Abgießen, mit kaltem Wasser abschrecken. Die Karotten bürsten, in dünne Streifen schneiden, weich kochen. Die Schale der Gurke mit einer Gabel einstechen und die Gurke in sehr dünne Scheiben schneiden. Die Wasserkresse waschen, das Grün abzupfen, die zähen Stengel wegwerfen. Kühl stellen, damit sie wieder frisch wird. Die Wasserkresse auf einer großen Platte verteilen, die verschiedenen Gemüse darauf einzeln anrichten. Mit Gurkenscheiben umlegen und mit Eivierteln in der Mitte krönen.
Kalt servieren. Erdnußsoße dazu reichen, die auf dem Teller über das Gemüse gegossen wird.

Abbildungen Seite 197 bis 200
Rendang daging – Trockengebratenes Rindfleischcurry (Rezept S. 184)
Rempah-rempah – Patties aus Fleisch und Kokosnuß (Rezept S. 187)
Zutaten zum Sayur lodeh – Gemüse in Kokosnußsoße (Rezept S. 190)
Sayur kari – In Kokosmilch gekochte Gemüse mit Currygewürzen (Rezept S. 201)

# Tahu goreng kacang

Gebackener Bohnenquark mit Erdnüssen

4 Portionen
Zutaten:
5 Kuchen harter gelber Bohnenquark
Erdnußöl zum Backen
125 ml rohe Erdnüsse
1 große Knoblauchzehe, zerdrückt
1/2 TL getrocknete Shrimp-Paste *(trasi)*
125 ml zerdrückte geröstete Erdnüsse oder grobe Erdnußbutter
2 EL dunkle Sojasoße
2 EL Tamarindensaft
1/2 TL *sambal ulek*
1 TL Palmzucker oder Ersatz
125 ml Kokosmilch
250 ml zerpflückter Kohl
250 ml frische Bohnensprossen
4 Frühlingszwiebeln, fein geschnitten, zum Garnieren

Den Bohnenquark mit Küchenpapier sorgfältig abreiben. Jedes Stück Bohnenquark in 9 Würfel schneiden. In einem Wok oder einer Bratpfanne Öl erhitzen und die Quarkwürfel von allen Seiten goldbraun backen, dabei darauf achten, daß die Würfel nicht zerfallen. Auf Küchenpapier abtropfen lassen. Im gleichen Öl die Erdnüsse 3 oder 4 Minuten rösten, abtropfen lassen; die Haut abreiben. Beiseite stellen.
Dann die Soße zubereiten. Dazu alles Öl bis auf 1 EL abgießen. Knoblauch und *trasi* bei schwacher Hitze unter ständigem Rühren anbraten, *trasi* dabei mit dem Löffelrücken zerdrücken. Die zerkleinerten Erdnüsse, Sojasoße, Tamarindensaft, *sambal ulek* und Zukker einrühren, alles gut vermischen. Vom Feuer nehmen. Die Kokosmilch nach und nach einrühren, bis die Soße dickflüssig ist.
Die Bohnenquarkwürfel auf einer Platte anrichten, mit dem zerzupften Kohl und dann mit den Bohnensprossen bedecken. Die Soße darübergießen und mit Frühlingszwiebeln und den gerösteten Erdnüssen garnieren.

# Tahu goreng kecap

Gebackener Bohnenquark mit Sojasoße

6 Portionen
Zutaten:
4 Kuchen harter gelber Bohnenquark
Öl zum Ausbacken
125 g frische Bohnensprossen
4 Frühlingszwiebeln, fein geschnitten
60 ml dunkle Sojasoße
1 EL Palmzucker oder Ersatz
1 Zwiebel, grob gehackt
1 TL *sambal ulek* oder 1 frische Chili, entkernt und gehackt
1 Knoblauchzehe

Den Bohnenquark gründlich mit Küchenpapier abreiben. Jedes Stück Bohnenquark in 9 Würfel schneiden und in Öl schwimmend auf allen Seiten schön braun ausbacken. Dabei darauf achten, daß die Würfel nicht zerfallen. Auf Küchenpapier abtropfen lassen, dann auf einer Platte anrichten. Die gewaschenen und abgetropften Bohnensprossen darüber verteilen, mit den Frühlingszwiebeln garnieren. Die Soße darübergießen und servieren.
Soße: Im Elektromixer Sojasoße, Zucker, Zwiebel, Chili oder *sambal ulek* pürieren. Wer lieber eine weniger scharfe Soße mag, nimmt sie aus dem Rezept für Bohnenquark-Omelettes

# Pacari

Ananas-Kokosnuß-Curry

6 Portionen
Zutaten:
1 kleine, nicht allzu reife Ananas
1 EL Öl
1 kleine Zwiebel, fein gehackt
1 Knoblauchzehe, fein gehackt
1 kleine Stange Zimt
3 ganze Nelken
3 Kardamomkapseln, zerdrückt
3 TL Koriander, gemahlen
1 ½ TL Kreuzkümmel, gemahlen
½ TL Chilipulver oder 1 frische Chili, entkernt und geschnitten
1 TL Salz
250 ml dicke Kokosmilch
1 TL Palmzucker oder Ersatz

Die Ananas mit einem scharfen Messer schälen und die Augen entfernen, wie auf S. 12 beschrieben. Der Länge nach vierteln und das harte Mittelstück herausschneiden. Nun jedes Viertel der Länge nach halbieren und dann quer in dicke Scheiben schneiden.
In heißem Öl Zwiebel, Knoblauch und die ungemahlenen Gewürze über mittlerer Hitze anbraten, bis die Zwiebel weich ist. Dabei häufig rühren. Koriander, Kreuzkümmel, Chili und Salz zugeben und einige Minuten rühren, bis die Gewürze braun sind. Die Ananasstücke in den Gewürzen wenden, um sie von allen Seiten damit zu überziehen. Die Kokosmilch mit Zucker angießen, unter ständigem Rühren zum Simmern bringen. Nicht zudecken. 3 oder 4 Minuten simmern, bis die Ananas eben gar, aber noch nicht sehr weich ist.

# Urap

Gemüse mit Kokosnuß

4 bis 6 Portionen
Zutaten:
250 g frische grüne Bohnen
4 Karotten
250 g Bohnensprossen
½ kleiner Kohlkopf
1 Bambusschößling aus der Dose
250 ml frische geriebene Kokosnuß oder Kokosflocken
2 EL heiße Milch oder heißes Wasser (für die Kokosflocken)
1 kleine Zwiebel, fein gehackt
½ TL *sambal ulek* oder Chilipulver
1 TL Salz
2 EL Zitronensaft
½ TL getrocknete Shrimp-Paste *(trasi)*

Bohnen, Karotten, Bohnensprossen und Kohl wie für *gado-gado* (S. 201) vorbereiten. Den Bambusschößling in Streifen schneiden, die ebenso lang sind wie die Bohnenstücke. Die Kokosnuß in eine Schüssel geben – Kokosflocken mit Milch oder Wasser beträufeln und mit den Fingerspitzen durchmischen, um sie gleichmäßig anzufeuchten. *Trasi* in Folie einschlagen und 5 Minuten grillen, oder in einer trockenen Pfanne rösten. Zwiebel, *sambal ulek* oder Chilipulver, Salz, Zitronensaft und *trasi* zu den Kokosflocken in die Schüssel geben und alles gründlich miteinander vermischen. Diese Kokosmischung über die Gemüse streuen, etwas davon zum Garnieren zurückbehalten. Die Gemüse in einem Dämpfer 5 bis 8 Minuten im Dampf garen. Auf einer Platte anrichten und mit Kokosnuß bestreuen. Als Beilage zu einer Reismahlzeit oder als Salat verwenden.

# Sambal buncis

Sambal aus grünen Bohnen

6 Portionen
Zutaten:
250 g frische grüne Bohnen
1 EL Erdnußöl
½ TL Knoblauchpulver
½ TL *sambal ulek*
½ TL Salz, oder nach Geschmack
1 kleine Zwiebel, in dünne Ringe geschnitten

Die Bohnen abziehen und in dünne schräge Scheiben schneiden. In einem Wok oder in einer Bratpfanne Öl erhitzen und die Bohnen über starker Hitze schütteln, etwa 2 Minuten lang. Dann Knoblauch zugeben und 1 Minute mitbraten; *sambal ulek* und Salz zugeben, noch 1 Minute braten. Die Bohnen sollen gar sein, aber noch »Biß« haben. Vom Feuer nehmen, die Zwiebelringe unterheben. Als Beigericht zu einer Reis- und Currymahlzeit servieren.

# Sambal ulek

Scharfe Chili-Paste

Zutaten:
25 frische rote Chilis
Essig oder Tamarindensaft
2 TL Salz

Die ganzen Chilis, mit den Samen, im Elektromixer pürieren, mit so viel Essig oder Tamarindensaft, daß die Messer nicht steckenbleiben. Salz einrühren. In sterilisierten Gläsern im Kühlschrank aufbewahren.

# Sambal bajak

Sambal aus gebratenen Chilis

*Wenn man dieses* sambal *nach dem Abkühlen in einem Glas luftdicht verschließt, hält es sich im Kühlschrank wochenlang. Bei Tisch mit einem Teelöffel davon anbieten. Machen Sie Ihre Gäste darauf aufmerksam, daß sie es nicht für sich allein essen dürfen, nur in winzigen Portionen mit Reis vermischt.*
*Wenn man sich aber erst einmal an dieses brennend scharfe* sambal *gewöhnt hat, dann genießt man es auf knusprigen Crackers, auf Sandwiches, auf Steaks; tatsächlich gibt es nichts, wozu ein* sambal-*Fan es nicht essen könnte.*

Ergibt etwa 250 ml *sambal*

Zutaten:
6 große, frische rote Chilis, grob gehackt
1 große Zwiebel
6 Knoblauchzehen
8 Kemiri-Nüsse, fein gerieben
3 EL Erdnußöl
1/2 TL *laos*-Pulver
1 EL getrocknete Shrimp-Paste *(trasi)*
1 TL Salz
5 EL Tamarindensaft
2 EL Palmzucker oder Ersatz

Chilis, Zwiebel und Knoblauch im Elektromixer pürieren. Bei kleinen Mixern in mehreren Portionen arbeiten. Evtl. muß man den Motor mehrmals abstellen und wieder starten, um die Zwiebel und Chilis zu den Messern hinunterzuziehen. Wenn alle Chilis zu einer glatten Paste verarbeitet sind, in einer kleinen Pfanne oder einem kleinen Topf das Öl heiß werden lassen und die Paste bei schwacher Hitze unter Rühren etwa 5 Minuten durchbraten. Sie darf aber nicht braun werden. Die Kemirinüsse, *laos, trasi* und Salz zugeben. *Trasi* am Pfannenrand zerdrücken. Unter Rühren weiterbraten, bis alle Zutaten sich miteinander verbunden haben. Den Tamarindensaft samt Zucker angießen, rühren und simmern, bis alles durchgebraten und rötlich-braun gefärbt ist und bis das Öl aus der Masse austritt. Kalt werden lassen. Dieses *sambal* wird nicht heiß gegessen.
Anmerkung: Wer keinen Elektromixer hat, entkernt die Chilis und hackt sie sehr fein. Die Zwiebel schälen und fein hacken, Knoblauch mit Salz zerdrücken. Weiter verfahren wie oben angegeben.
*Sambal bajak* und *sambal ulek* kann man fertig in Asien-Geschäften kaufen.

# Bawang goreng

Gebackene Zwiebelflocken

*Wichtig zum Garnieren wie zum Würzen vieler indonesischer Speisen.*

Am einfachsten ist es, die fertig käuflichen getrockneten Zwiebelflokken zu verwenden. Sie sind in Sekunden gebacken. Man schüttet sie in ein Drahtsieb, das in nicht zu heißes Öl getaucht wird. Nach einigen Sekunden sind die Zwiebelflocken goldbraun. Sofort herausheben und auf Küchenpapier abtropfen lassen. Die ausgekühlten Flocken luftdicht verschlossen aufbewahren.
Mit frischen Zwiebeln dauert das Backen länger. Man muß sie sehr dünn schneiden und darauf achten, daß die Ringe nicht nur papierdünn, sondern auch alle gleichmäßig fein sind, damit nicht einige schon schwarz werden, während die anderen noch nicht gar sind. In heißem Öl schwimmend dunkelbraun rösten, aber nicht schwarz werden lassen. Es ist wichtig, die Zwiebeln langsam zu rösten, damit der ganze Saft Zeit hat auszubraten. Herausnehmen. Abtropfen lassen. Die ausgekühlten Zwiebeln in einem Glas aufheben.

# Saus kacang (1)

Erdnußsoße mit Bröckchen

*Es gibt eine Menge Rezepte für Erdnußsoße, aber das folgende ist mein Lieblingsrezept. Ohne Zugabe von Flüssigkeit hält sich die Soße, luftdicht verschlossen, wochenlang. Wenn Sie davon brauchen, geben Sie 3 Teile Kokosmilch oder Wasser auf 1 Teil Soße und wärmen das auf. Herstellung von Kokosmilch S. 9. Ohne diese zusätzliche Flüssigkeit zu verwenden als Sandwichbelag, als Würze zu kaltem oder gegrilltem Fleisch, als schmackhafter Dip oder zu Cocktail-Canapées.*

Zutaten:
7 EL Erdnußöl
1 TL getrocknete Knoblauchflocken
2 EL getrocknete Zwiebelflocken
2 große getrocknete Chilis
1 TL getrocknete Shrimp-Paste *(trasi)*
1 EL Zitronensaft
1 EL dunkle Sojasoße
375 g grobe Erdnußbutter
1 1/2 EL Palmzucker oder Ersatz

Öl in einem kleinen Wok oder einer kleinen Bratpfanne erhitzen und die Knoblauchflocken einige Sekunden goldbraun rösten, indem man sie in ein feines Haarsieb gibt und in das nicht zu heiße Öl taucht; mit dem Sieb schnell herausheben, sobald sie die Farbe gewechselt haben, damit sie nicht schwarz werden. Auf Küchenpapier abtropfen lassen. Die Zwiebelflocken auf die gleiche Art rösten; wieder darauf achten, daß sie nicht verbrennen. Abtropfen und abkühlen lassen. Dann die ganzen Chilis braten, bis sie aufgebläht und kroß sind; das dauert nicht einmal eine Minute. Die Chilis herausnehmen, ablaufen und auskühlen lassen. Dann Stiele und Samen entfernen, die Schoten zerkrümeln oder kleinhacken. Zusammen mit Zwiebeln und Knoblauch beiseite stellen.

In dem restlichen Öl *trasi* mit dem Löffelrücken zerdrücken und rösten. Zitronensaft und Sojasoße zugeben. Vom Feuer nehmen, Erdnußbutter zugeben und alles miteinander verrühren, bis sich eine glatte Paste gebildet hat. Abkühlen. An die völlig erkaltete Paste die kroßgebratenen Zwiebel- und Knoblauchflocken, die zerkrümelten Chilis und den Zucker geben. Gründlich durchmischen, in einem Glas mit Schraubdeckelverschluß aufheben.

Als Paste verwenden oder, nach Zugabe von Kokosmilch oder Wasser, als Soße. Salzen erst bei Gebrauch.

Anmerkung: Anstelle von Knoblauch- und Zwiebelflocken kann man frische Zwiebel und Knoblauch verwenden.

6 Knoblauchzehen schälen und in dünne Scheiben schneiden. 1 mittelgroße Zwiebel schälen und hauchdünn schneiden. Getrennt bei schwacher Hitze braten. Vom Feuer nehmen, sobald sie goldbraun sind. Auf Küchenpapier trocknen und Auskühlen lassen. Die krossen Knoblauchscheibchen zerkrümeln, ehe man sie der Soße zusetzt.

# Saus kacang (2)

Milde Erdnußsoße

*Diese Soße ist ideal für Eilige, sie läßt sich in wenigen Minuten mixen. Gerade dann, wenn Sie nicht sicher sind, wie viele Gewürze Ihre Gäste vertragen, sollten Sie diese milde Soße servieren.*

Zutaten:
6 EL Erdnußbutter (glatt oder grob)
250 ml Wasser
3/4 TL Knoblauchsalz
2 TL Palmzucker oder Ersatz
2 EL dunkle Sojasoße
Zitronensaft nach Geschmack
1/2 TL Shrimp-Paste oder Anchovis-Essenz, nach Belieben
Kokosmilch oder Wasser zum Verdünnen

Erdnußbutter und Wasser bei schwacher Hitze rühren, bis sich beide untereinander verbunden haben. Vom Feuer nehmen und alle übrigen Zutaten unterrühren. Wahrscheinlich wird man mit etwas Kokosmilch oder Wasser die Paste dickflüssig machen müssen. Danach noch einmal mit Salz und Zitronensaft abschmecken.

# Saus kacang pedis
Scharfe Erdnußsoße (Schnellmethode)

Zutaten:
60 ml Erdnußöl
1 EL getrocknete Zwiebelflocken
1 Knoblauchzehe, zerdrückt
¼ TL getrocknete Shrimp-Paste *(trasi)*
4 frische rote Chilis, entkernt und gehackt, oder 2 TL *sambal ulek*
4 EL Erdnußbutter
185 ml Wasser
½ TL Salz
1 EL dunkle Sojasoße
2 TL Palmzucker oder Ersatz
1 EL Tamarinden- oder Zitronensaft

In einem Wok oder einer kleinen Bratpfanne Öl erhitzen und die Zwiebelflocken kurz goldgelb rösten, herausnehmen und auf Küchenpapier abtropfen lassen. Etwa 2 EL Öl in der Pfanne lassen, Knoblauch, *trasi* und Chilis eine Minute bei schwacher Hitze rösten, dabei *trasi* mit dem Löffelrücken zerquetschen. Erdnußbutter und Wasser zugeben und so lange rühren, bis sich alle Zutaten verbunden haben. Vom Feuer nehmen; Salz, Sojasoße, Zucker und Tamarindensaft einrühren. Wenn nötig, noch so viel Wasser zugeben, daß die Paste dickflüssig wird. In die abgekühlte Soße die zerkrümelten Zwiebelflocken einrühren. Zimmerwarm servieren.

# Serundeng (1)
Knusprig geröstete gewürzte Kokosflocken mit Erdnüssen

Zutaten:
250 ml Kokosflocken
1 kleine Zwiebel, sehr fein gehackt
1 Knoblauchzehe, zerdrückt
1 TL frischer Ingwer, fein gerieben
½ TL getrocknete Shrimp-Paste *(trasi)*
2 EL Erdnußöl
1 TL Koriander, gemahlen
1 TL Kreuzkümmel, gemahlen
1 TL Salz
1 EL Tamarinden- oder Zitronensaft
250 ml geröstete ungesalzene Erdnüsse

Kokosflocken, Zwiebel, Knoblauch und Ingwer in einer Schüssel vermischen. Erdnußöl in einem Wok oder einer Bratpfanne erhitzen und das *trasi* ein oder zwei Minuten über schwacher Hitze rösten und dabei mit dem Kochlöffel zerdrücken. Die Kokosflockenmischung zugeben und bei schwacher bis mittlerer Hitze unter ständigem Rühren goldbraun rösten. Koriander, Kreuzkümmel, Salz und Tamarinden- oder Zitronensaft zugeben und so lange bei ganz schwacher Hitze weiterrühren, bis die Kokosflocken trocken und knusprig sind. Das dauert seine Zeit und kann durch Erhöhen der Temperatur nicht beschleunigt werden. Abkühlen lassen, dann die Erdnüsse untermischen. Als Beilage zu einer Reismahlzeit reichen oder als Garnitur über Speisen streuen.

# Serundeng (2)
Knusprig geröstete gewürzte Kokosflocken mit Erdnüssen (Schnellmethode)

Zutaten:
125 ml Kokosflocken
½ TL getrockneter Knoblauch
2 EL getrocknete Zwiebelflocken
½ TL Koriander, gemahlen
½ TL Kreuzkümmel, gemahlen
½ TL Salz
125 ml geröstete ungesalzene Erdnüsse

In einer trockenen Bratpfanne die Kokosflocken über schwacher bis mittlerer Hitze goldgelb rösten. Den getrockneten Knoblauch und die zerkrümelten Zwiebelflocken zugeben. Am Feuer weiterrühren, bis Knoblauch und Zwiebeln geröstet und die Kokosflocken tief golden sind. Koriander, Kreuzkümmel und Salz einrühren, dann vom Feuer nehmen. Unter die abgekühlten Flocken die Erdnüsse mischen. Man kann die gerösteten Kokosflocken wochenlang in einem verschlossenen Glas aufheben.

# Pisang goreng
Gebratene Bananen

*Diese gebratenen Bananen werden als Beilage zu Reis und Curries serviert.*

6 Portionen

Zutaten:

6 mittelgroße oder 3 große reife, aber ganz feste Bananen
Öl zum Braten

Die Bananen schälen. Kleinere Bananen der Länge nach, große noch zusätzlich quer halbieren. Etwas Öl in einer Bratpfanne erhitzen und die Bananen bei mittelstarker Hitze von allen Seiten braun braten. Vorsichtig wenden, denn heiße Bananen brechen leicht auseinander. Auf einem kleinen Teller anrichten, mit Salz bestreuen.

# Rujak buah-buah pedis
Würziger Fruchtsalat

6 bis 8 Portionen

Zutaten:

1 Grapefruit oder Pomelo
1 Orange oder Mandarine
2 säuerliche grüne Äpfel
1 Gurke
1 kleine Ananas
1/2 TL getrocknete Shrimp-Paste *(trasi)*
1/2 TL *sambal ulek*
1 EL Palmzucker oder Ersatz
1 EL dunkle Sojasoße
2 EL Zitronensaft

Grapefruit und Orange mit einem scharfen Messer schälen, die weiße Haut entfernen. Zwischen den Membranen einschneiden und die Segmente herauslösen. Über einer Schüssel arbeiten, um den Saft aufzufangen. Die Kerne herausholen. Die Äpfel schälen und in dünne Scheiben schneiden. Die Gurke schälen und würfeln. Die Ananas schälen, die harte Mitte herausschneiden und das Fruchtfleisch würfeln. *Trasi* in ein Stück Folie einschlagen und 5 Minuten grillen, einmal wenden. Dann *trasi, sambal ulek* und Zucker in Sojasoße und Zitronensaft auflösen. Dieses Salatdressing über die Früchte gießen und alles gut vermengen. Einige Minuten durchziehen lassen, dann servieren.

# Krupuk udang
Garnelen-Cracker oder Shrimp-Waffeln

*Es gibt sie in verschiedenen Formen, Größen und Farben; am schmackhaftesten sind die großen, lachsfarbenen, die etwa so lang sind wie eine Hand und halb so breit. Sie sind teurer als andere Sorten, aber wegen ihres ausgesprochenen Shrimpgeschmacks machen sie die Ausgabe mehr als wett. Eine andere beliebte Sorte ist vielfarbig, sie sehen auf dem Tisch lustig aus und sind die ganz besonderen Lieblingswaffeln der Kinder.* Krupuk *wird aus einem Stärkemehl und gemahlenen Shrimps hergestellt. Man muß die dünnen Scheiben in Öl schwimmend ausbacken, damit sie luftig, kroß und kernig werden und sich zu mehr als doppeltem Umfang aufblähen. Manchmal werden sie auf Grund klimatischer Gegebenheiten feucht und gehen beim Ausbacken nicht so auf, wie sie es sollten. Deshalb sollte man sie vorsichtshalber in einem schwach geheizten, offenen Backofen 10 bis 15 Minuten vortrocknen, in einer Lage auf einem Backblech ausgebreitet. Abkühlen lassen, dann absolut luftdicht verschlossen aufbewahren. Man kann sie auch unmittelbar vor dem Ausbacken im Backofen vortrocknen.*

In einem Wok oder einem Ausbacktopf Öl heiß werden lassen und die größeren Waffeln einzeln ausbacken, während des Backens mit Öl begießen. Das Öl muß so heiß sein, daß sie nach dem Einlegen innerhalb von 2 oder 3 Sekunden aufgehen. Zuerst mit einem kleinen Stückchen Waffel eine Probe machen. Ist das Öl nicht heiß genug, so werden die Waffeln nicht kroß und zart, sondern zäh und ledrig. Ist das Öl aber zu heiß, so bräunen sie zu schnell. Mit etwas Übung lernt man es, die Temperatur des Öls richtig einzustellen. Die Waffeln mit Küchenzangen oder einem Schaumlöffel herausheben und auf Küchenkrepp abtropfen lassen. Völlig auskühlen, ehe man sie luftdicht verschließt. Die kleineren Waffeln können zu mehreren gleichzeitig in der gleichen Weise wie die großen ausgebacken werden.

# Krupuk emping

Ausgebackene Melindjonuß-Waffeln

*Die gewalzten Kerne der Melindjonuß werden abgepackt verkauft. Man muß sie nur wenige Sekunden in heißem Öl ausbacken.*

Prüfen Sie mit einem kleinen Stück Waffel, daß das Öl heiß, aber nicht zu heiß ist. Braune Waffeln schmecken bitter. Nur wenige Waffeln gleichzeitig in das heiße Öl einlegen. Während des Backens, das weniger als eine Minute lang dauern soll, ständig Öl über die Waffeln schöpfen. Schnell mit einem Schaumlöffel herausheben und auf Küchenkrepp abtropfen lassen. Dünn mit Salz bestreuen. Als Beilage zu einer Reismahlzeit oder zum Knabbern mit Drinks servieren.

# Telur berwarna

Marmorierte Eier

*Die Liebe Südostasiens zu bunten Farben kommt in dieser beliebten Garnitur für ein Festmahl zum Ausdruck. Die Indonesier übernahmen die chinesische Methode, marmorierte Tee-Eier oder Sojasoßeneier herzustellen, nur marmorieren sie ihre hartgekochten Eier leuchtend rot, grün oder gelb.*

Zutaten:
6 Eier
Wasser
Salz
rote, grüne und gelbe Lebensmittelfarbe

Die Eier aus dem Kühlschrank nehmen und erst zimmerwarm werden lassen. Vorsichtig in einen Topf legen, mit kaltem Salzwasser bedecken und bei niedriger Hitze zum Simmern bringen. Während der ersten 5 Minuten mit einem Kochlöffelstiel behutsam rühren, damit die Dotter in der Mitte bleiben. Die Eier 7 Minuten kochen, dann mit kaltem Wasser abschrecken. In der Zwischenzeit in drei kleinen Töpfen Wasser mit Lebensmittelfarbe kräftig rot, grün und gelb anfärben und zum Kochen bringen.

Durch Klopfen an eine harte Fläche die Eierschalen rundherum brechen, aber kein Stückchen davon entfernen. In jedes Farbtöpfchen 2 Eier legen und weitere 5 Minuten leise kochen. Vom Feuer nehmen und wenigstens 2 Stunden im Farbbad liegen lassen.

Wenn die Eier geschält sind, sieht man auf dem Eiweiß ein leuchtendes Marmormuster. Die Eier der Länge nach halbieren und zum Verzieren von *nasi kuning* oder anderen festlichen Gerichten verwenden.

# Terung lodeh

Suppe aus Garnelen und Auberginen

4 Portionen
Zutaten:
1 EL getrocknete oder 125 g frische Garnelen
2 EL Erdnußöl
1 Zwiebel, fein gehackt
2 Knoblauchzehen, fein gehackt
2 frische rote Chilis, entkernt und gehackt
1 reife Tomate, geschält und gehackt
2 *daun salam*
500 ml Hühnerbrühe (aus Brühwürfeln)
1 mittelgroße Aubergine
250 ml Kokosmilch
1/2 TL brauner Zucker, nach Belieben
1 TL Salz, oder nach Geschmack

Die getrockneten Garnelen 10 Minuten in 125 ml heißem Wasser einweichen. Frische Garnelen aus der Schale lösen, die Innereien entfernen, in kleine Stücke hacken.

In einem großen Topf Zwiebel, Knoblauch und Chilis in heißem Öl rösten, bis die Zwiebel weich ist und gelb wird. Tomate und *daun salam*-Blätter zugeben, 5 Minuten braten, dabei die Tomate zu Brei zerdrücken. Mit der Hühnerbrühe ablöschen, zum Kochen bringen und leise simmern, während die Aubergine geschält und gewürfelt wird. Die Auberginenwürfel in den Topf geben, etwa 10 bis 15 Minuten eben gar kochen. Kokosmilch, Zucker und Salz zugeben und ständig rühren, bis die Suppe wieder heiß ist. Mit Salz abschmecken. Zu Reis und Curries servieren.

# Soto ayam (1)

Hühnersuppe (fein im Geschmack)

6 Portionen
Zutaten:
1 Huhn, etwa 1,5 kg
2 TL Salz
einige ganze Pfefferkörner
1 Stangensellerie oder etwas Selleriegrün
1 kleine Zwiebel
2 Scheiben frischer Ingwer, zerdrückt
2 Knoblauchzehen, zerdrückt
60 g Cellophan-Nudeln
375 ml frische Bohnensprossen

Garnitur:
2 hartgekochte Eier, gehackt
2 oder 3 Frühlingszwiebeln, fein gehackt

Das Huhn zerteilen, in einem großen Topf mit kaltem Wasser bedeckt aufsetzen; Salz, Pfefferkörner, Sellerie, Zwiebel, Ingwer und Knoblauch zugeben. Zum Kochen bringen, dann die Hitze reduzieren und zugedeckt 35 bis 45 Minuten leise simmern. Lauwarm werden lassen, durchsieben. Das Hühnerfleisch von den Knochen lösen, die Haut abziehen, das Fleisch kleinwürfeln. Während das Huhn kocht, die Cellophan-Nudeln in heißem Wasser einweichen, abgießen, 8 bis 10 Minuten in kochendes Wasser legen. Im Sieb ablaufen lassen, in kleine Stücke schneiden. Mit den Fleischwürfeln in die durchgeseihte Brühe geben. Abschmecken. Die Bohnensprossen in die Suppenterrine geben und die kochendheiße Brühe darübergießen. Mit den gehackten Eiern und Frühlingszwiebeln garnieren und sofort auftragen.

# Soto ayam (2)

Hühnersuppe, sehr scharf gewürzt

6 Portionen
Zutaten:
1 Huhn, etwa 1,5 kg
2 l kaltes Wasser
3 TL Salz
1/2 TL ganze schwarze Pfefferkörner
einige Sellerieblätter
2 Zwiebeln
2 EL Erdnußöl
2 frische rote Chilis, entkernt und gehackt
2 *daun salam* oder 6 Curryblätter
2 Knoblauchzehen, zerdrückt
1 TL frischer Ingwer, fein gerieben
1 TL getrocknete Shrimp-Paste *(trasi)*
1 TL Kurkuma, gemahlen
1 1/2 EL Koriander, gemahlen
2 TL Kreuzkümmel, gemahlen
1/2 TL Fenchel, gemahlen
1/2 TL schwarzer Pfeffer, gemahlen
1/2 TL Muskatnuß, gemahlen
Zitronensaft nach Geschmack
2 kleine Bündel Eiernudeln

Garnitur:
3 hartgekochte Eier, gehackt
6 Knoblauchzehen, kleingeschnitten und gebraten
8 Frühlingszwiebeln, in Ringe geschnitten
geröstete Zwiebelflocken
geröstete getrocknete Chilis
zerkrümelte Kartoffelchips
*sambal bajak* oder *sambal ulek*

Das Huhn zerteilen und in einem großen Topf mit Wasser bedeckt aufsetzen; Salz, Pfefferkörner, Selleriegrün und eine Zwiebel zugeben. Schnell zum Kochen bringen, dann die Hitze reduzieren und zugedeckt etwa 35 bis 40 Minuten langsam gar kochen. Lauwarm werden lassen, die Brühe in eine Schüssel sieben.
Alle Knochen und die Haut entfernen und das Hühnerfleisch würfeln. Beiseite stellen. Die zweite Zwiebel in feine Scheiben schneiden. In einem großen Topf das Erdnußöl heiß werden lassen und Zwiebel, Chilis und *daun salam* braten, bis die Zwiebel weich ist und anfängt zu bräunen. Knoblauch, Ingwer und *trasi* zugeben, das *trasi* mit dem Kochlöffel zerdrücken. Die gemahlenen Gewürze einstreuen und unter Rühren noch ein paar Sekunden mitbraten. Mit der durchgesiebten Brühe ablöschen, zum Kochen bringen, dann bei schwacher Hitze zugedeckt 10 Minuten simmern. Zitronensaft einrühren.
Die Eiernudeln in heißem Wasser einweichen. In einem zweiten Topf ungefähr 1 1/2 l Wasser zum Kochen bringen. Die Nudeln abgießen und in das kochende Wasser einlegen, 3 Minuten kochen. Abgießen, zusammen mit dem Hühnerfleisch in die Suppe geben. In eine Suppenterrine füllen. Mit den gehackten Eiern, dem gerösteten Knoblauch, den Frühlingszwiebeln und gerösteten Zwiebelflocken garnieren. Die getrockneten Chilis, Kartoffelchips und *sambals* in Extraschüsselchen anbieten, damit jeder sich nach Geschmack davon bedienen kann. Die *sambals* sollten nur in winzigen Mengen genommen werden, nicht mehr als 1/4 TL am Anfang, und auch nur von denen, die wissen, was sie erwartet, und die ihr *soto* brennend scharf wünschen.
Anmerkung: Um den Knoblauch zu braten, die Zehen schälen und in gleich dicke Scheiben schneiden. Bei schwacher Hitze in Öl schwimmend eben hellgelb ausbacken. Schnell herausnehmen und auf Küchenpapier abtropfen lassen. Den Knoblauch nicht im Öl braun werden lassen, sonst schmeckt er bitter. Zwiebelflocken taucht man in einem Drahtsieb nur ein paar Sekunden in das heiße Öl und trocknet sie dann auf Küchenpapier. Auch die getrockneten Chilis müssen nur ein paar Sekunden gebraten werden.

# Sup kembang kol

Blumenkohlsuppe

6 Portionen
Zutaten:
2 l kräftige Rindfleischbrühe
$^1/_4$ TL schwarzer Pfeffer, gemahlen
$^1/_4$ TL Muskatblüte, gemahlen
2 TL Koriander, gemahlen
1 TL Kreuzkümmel, gemahlen
1 Zwiebel, fein gehackt
1 Knoblauchzehe, zerdrückt
500 g Blumenkohl, grob gehackt
2 kleine Bündel feine Eiernudeln

Sollten Sie die Rindfleischbrühe für diese Suppe extra kochen, so setzen Sie ihr 3 oder 4 ganze Nelken, 10 Pfefferkörner, einige Blättchen Muskatblüte, 1 EL Koriandersamen und $^1/_2$ EL Kreuzkümmelsamen zu. Damit fallen die oben aufgeführten gemahlenen Gewürze weg. Wenn die Fleischbrühe jedoch Nebenprodukt eines anderen Gerichts war und ohne Zugabe ungemahlener Gewürze gekocht wurde, müssen Sie die oben aufgeführten gemahlenen Gewürze, Zwiebel und Knoblauch zugeben und 10 Minuten simmern. Den Blumenkohl zugeben, wieder zum Kochen kommen lassen. 4 Minuten simmern. In der Zwischenzeit die Nudeln einige Minuten in heißem Wasser einweichen, bis sie auseinanderfallen. Abgießen, in die kochende Suppe geben. Weitere 3 Minuten kochen. Sofort auftragen, damit Blumenkohl und Nudeln nicht zu weich werden. Wer möchte, kann mit gerösteten Zwiebelflocken garnieren.

# Pergedel jagung

Maispfannkuchen

Ergibt 12 bis 14 Stück
Zutaten:
375 g ganze Maiskörner (frisch, tiefgekühlt oder aus der Dose)
125 ml Weizenmehl
125 ml gemahlener Reis
$^1/_4$ TL Backpulver
$^1/_2$ TL Salz
1 TL Koriander, gemahlen
$^1/_2$ TL Kreuzkümmel, gemahlen
$^1/_4$ TL *laos*-Pulver, nach Belieben
$^1/_2$ TL Chilipulver, nach Belieben
1 mittelgroße Zwiebel
1 Knoblauchzehe
eine Prise Salz
1 Stangensellerie
knapp 125 ml Wasser
1 Ei, geschlagen
$^1/_2$ TL getrocknete Shrimp-Paste *(trasi)*, nach Belieben
ein Spritzer Zitronensaft
Öl zum Backen

Die Maiskörner mit einem scharfen Messer vom Kolben trennen; Maiskörner aus der Dose abgießen; tiefgefrorene auftauen. In eine Schüssel Mehl, gemahlenen Reis, Backpulver, Salz, Koriander, Kreuzkümmel, *laos*- und Chilipulver sieben. Die Zwiebel vierteln und in hauchdünne Scheiben schneiden. Den Knoblauch mit etwas Salz zu einer glatten Paste zerdrücken. Den Sellerie in feine Würfel hacken.

Wasser, geschlagenes Ei, *trasi* und Zitronensaft mischen und zum Mehl geben, zu einem glatten Teig verrühren. Maiskörner, Knoblauch, Zwiebel und Sellerie einrühren. In einer Bratpfanne 12 mm hoch Pflanzenöl heiß werden lassen. In das heiße Öl gehäufte Eßlöffel Teig geben, mit dem Löffelrücken zu runden Plätzchen von etwa 7,5 cm Durchmesser auseinanderstreichen. Die Unterseite der Pfannkuchen goldbraun backen, dann mit einer Zange wenden und die andere Seite ebenso backen. Auf einem mit Küchenpapier belegten Drahtgitter abtropfen lassen. Das hält die Pfannkuchen kroß.

Anmerkung: Ohne Chilipulver und Shrimp-Paste schmecken die Pfannkuchen milder. Aber sicher möchten Sie exotisch gewürzte Plätzchen, darum sollten Sie auf beides nicht verzichten. Den gemahlenen Reis kann man durch Weizenmehl ersetzen. Reis macht die Pfannkuchen allerdings knuspriger.

# Lemper

Reisrollen mit gewürzter Füllung

*Es ist eine in Südostasien sehr beliebte Methode, Speisen zum Garen und Servieren in Bananenblätter einzupacken. Wer Bananenblätter bekommen kann, trennt mit einem scharfen Messer das Blatt von der dicken Mittelrippe. Die Blätter spalten sich dabei leicht, aber das macht nichts, man muß sie sowieso in passende Stücke schneiden. Die Blätter abwaschen, dann kochendes Wasser darübergießen. Das macht sie so biegsam, daß man sie ohne Einreißen falten kann.* Ti-*Blätter oder Bambusblätter (aus China-Geschäften) können die Bananenblätter ersetzen, aber dicke Alufolie ist dafür genauso gut geeignet, wenn auch nicht so dekorativ.*
*Diese Reisrollen eignen sich besonders gut für Picknicks oder kalte Büfetts.*

Zutaten
500 g ketan (Klebreis)
500 ml Wasser
250 ml dicke Kokosmilch
250 g gehacktes Schweinefleisch oder feingehacktes Hühnerfleisch
1/2 TL Salz
1/2 TL schwarzer Pfeffer, gemahlen
2 EL Öl
2 Knoblauchzehen, zerdrückt
2 *daun salam* oder Curryblätter
2 TL Koriander, gemahlen
1 TL Kreuzkümmel, gemahlen
1/2 TL Kurkuma, gemahlen
1/2 TL getrocknete Shrimp-Paste
ein Spritzer Zitronensaft
quadratisch geschnittene Bananenblätter oder Alufolie

Den Reis waschen und abtropfen lassen. Mit dem Wasser zum Kochen aufsetzen, dann bei sehr schwacher Hitze fest zugedeckt 15 Minuten garen. 185 ml der Kokosmilch mit 125 ml Wasser in einem kleinen Topf verrühren und erhitzen, ohne zu kochen. Die heiße Flüssigkeit behutsam mit einer Gabel in den Reis einrühren, zugedeckt weitere 5 bis 10 Minuten dämpfen, bis die Kokosmilch absorbiert ist. Auskühlen lassen.
Schweine- oder Hühnerfleisch mit Salz und Pfeffer würzen. In einem Wok oder einem mittelgroßen Topf Öl erhitzen, Knoblauch und *daun salam* eine Minute rösten. Die gemahlenen Gewürze und *trasi* zugeben und unter Rühren eine weitere Minute rösten, die Krabbenpaste dabei mit dem Löffel zerdrücken. Schweine- oder Hühnerfleisch zugeben und braten, bis es die Farbe wechselt und nicht mehr roh aussieht. Die letzten 60 ml Kokosmilch dazugießen, offen bei schwacher Hitze simmern, bis das Fleisch gar und ziemlich trocken ist. Zitronensaft nach Geschmack einrühren, mit Pfeffer und Salz abschmecken. Kalt werden lassen.
So wird *lemper* zubereitet:
Einen gehäuften EL Reis auf einem Stück Bananenblatt etwa 12 mm dick ausbreiten. Einen gehäuften TL Füllung in die Mitte geben und den Reis darüber zu einem Zylinder formen. Das Bananenblatt zusammenrollen und mit Zahnstochern zusammenstecken oder in der Folie zu einem Päckchen einrollen. Diese Päckchen können über Kohlenglut gegrillt oder 15 Minuten im Dampf gegart werden. Man läßt sie abkühlen und ißt sie warm als Snack.

# Rempeyek kacang

Erdnußwaffeln

*Diese krossen, herzhaften Waffeln schmecken köstlich als Beilage zu festlichen Reistafeln, für sich allein als Snack oder als Gebäck zu Drinks. Dafür sollte man sie allerdings etwas kleiner machen.*

Zutaten:
125 ml Reismehl
2 EL gemahlener Reis
1 TL Koriander, gemahlen
1/2 TL Kreuzkümmel, gemahlen
1/4 TL Kurkuma, gemahlen
1/8 TL *kencur*-Pulver (aromatischer Ingwer), nach Belieben
3/4 TL Salz
250 ml Kokosmilch
1 Knoblauchzehe, zerdrückt
1 kleine Zwiebel, fein gehackt
125 geröstete, ungesalzene Erdnüsse
Öl zum Backen

Alle trockenen Zutaten in eine Schüssel sieben. Mit der Kokosmilch zu einem glatten, dünnen Teig verrühren. Knoblauch, Zwiebel und Erdnüsse dazugeben. Der Knoblauch muß zu einer Paste zerdrückt sein. Solange rühren, bis alle Zutaten im Teig gleichmäßig verteilt sind.

In einer Bratpfanne 12 mm hoch Öl sehr heiß, aber nicht rauchendheiß werden lassen. Den Teig eßlöffelweise in das Öl laufen lassen. Der Teig muß so dünnflüssig sein, daß er sich zu einem löcherigen Plätzchen ausbreitet. Wenn er mit dem Löffel auseinandergedrückt werden muß, dann ist er zu dick und muß mit Kokosmilch verdünnt werden, bis er die richtige Konsistenz erreicht hat. Die Unterseite goldbraun backen, dann wenden und die andere Seite backen. Abtropfen lassen auf einem mit Küchenpapier belegten Drahtgitter, durch das die Luft zirkulieren kann. Auf diese Weise bleiben die Plätzchen ein paar Stunden knusprig. Abkühlen lassen. In einem Behälter luftdicht verschlossen aufheben.

Anmerkung: Manche verwenden für dieses Rezept rohe Erdnüsse. Ich finde aber, daß dann die Erdnüsse für meinen Geschmack immer noch zu roh sind, wenn der Teig schon goldgelb und knusprig ist. Man sollte also für dieses Rezept rohe Erdnüsse in einem mäßig heißen Backofen 30 bis 35 Minuten rösten und dann die Haut abreiben. Man kann eine größere Menge als hier erforderlich rösten und luftdicht verpackt für spätere Verwendung aufbewahren. Man kann natürlich auch nur diese kleine Menge rösten.

# Rempeyek udang

Garnelenplätzchen

Ergibt 18 bis 22 Stück
Zutaten:
250 g ausgelöste rohe Garnelen
2 Eier, geschlagen
1 EL Wasser
1 EL Reismehl
2 EL gemahlener Reis
1 kleine Knoblauchzehe, zerdrückt
3/4 TL Salz
1/4 TL schwarzer Pfeffer, gemahlen
1/4 TL *kencur*-Pulcer (aromatischer Ingwer)
1/4 TL *sereh*-Pulver
1 frische rote Chili, entkernt und geschnitten
1 kleine Zwiebel, geviertelt und in Scheiben geschnitten
Erdnußöl zum Ausbacken

Die Garnelen ausnehmen und grob hacken. Aus Eiern, Wasser, Reismehl, gemahlenem Reis, Knoblauch, Aromen und Gewürzen einen Teig rühren, Chili, Zwiebel, Garnelen unterheben. Jeweils 1/2 EL Teig in sehr heißes Erdnußöl laufen lassen, etwa 3 bis 4 Plätzchen gleichzeitig backen. Bei mittlerer Hitze auf beiden Seiten goldgelb werden lassen, auf Küchekrepp abtropfen und heiß servieren.

# Rempeyek kelapa

Kokosnuß-Waffeln

Nach dem Rezept für Erdnuß-Waffeln verfahren, nur anstelle der Erdnüsse 185 ml Kokosflocken oder frisch geriebene Kokosnuß zugeben.

# Pilus

Ausgebackene Bällchen aus süßen Kartoffeln

Zutaten:
500 g süße Kartoffeln
1 EL Palmzucker oder Ersatz
1 bis 2 EL gemahlener Reis
Öl zum Ausbacken

Die süßen Kartoffeln schälen und sofort in kaltes Wasser legen, damit sie sich nicht verfärben. In gleichmäßige Stücke schneiden und kochen, bis sie gar, aber nicht musig sind. Abgießen, im Topf abdampfen lassen und zu einem glatten Püree zerstampfen. Den Zucker und so viel gemahlenen Reis untermischen, daß ein formbarer Teig entsteht. Zu kleinen Bällchen von Murmelgröße rollen. Bei mittlerer Hitze in Öl schwimmend rundherum tiefgoldbraun ausbacken. Für sich allein oder mit Zuckersirup und frisch geriebener Kokosnuß servieren.

# Malaysia

Malaysia mit seiner üppigen grünen Vegetation ist typisch für die Monsunländer Südostasiens.
Dieses Land bietet dem unternehmungslustigen Gourmet viel – ein reichhaltiges Nahrungsmittelangebot trifft zusammen mit einer Vielzahl von Küchentraditionen; denn Malaien, Indonesier, Inder, Chinesen und Ceylonesen haben sich hier niedergelassen. Die malaysische Küche ist der indonesischen in vielem sehr ähnlich, so wie die Sprachen beider Länder fast identisch sind.
Im vorwiegend moslemischen Malaysia wird fett und mit scharfen Gewürzen gekocht. Man verwendet viele Arten Fisch und Fleisch, niemals aber Schweinefleisch, das als unrein angesehen wird. Es bedeutet einen schweren Fauxpas, einem Moslem Schweinefleisch anzubieten. Dagegen verwenden es die Chinesen, sie bevorzugen es sogar. Die Hindus wiederum essen kein Rindfleisch, weil sie Rinder für heilig halten. Abgesehen von diesen Einschränkungen aber ißt das malaysische Volk alles.
Ein wirklich faszinierendes Essen erlebte ich in Kuala Lumpur, in einem *makan malam*. Das ist eines der Gartenrestaurants, in denen teils in Hütten, teils im Freien gespeist wird und die erst nach Sonnenuntergang zum Leben erwachen. Dann werden bewegliche Speisehütten aufgeschlagen, von denen sich jede auf ein ganz bestimmtes Gericht spezialisiert.
Zwei reizende Malaiinnen hatten mich eingeladen, und zusammen probierten wir Hühner-*satay*, kleine Hühnerfleischstücke an Bambusspießchen. Sie kamen frisch und heiß vom Holzkohlenfeuer, über dem sie ein paar Schritte von uns entfernt gegrillt worden waren. Sie schmeckten nach Gewürzen und frischem Zitronengras. Dazu gab es Erdnußsoße und *ketupat*, gepreßte Reiskuchen, die man in aus Kokospalmwedeln geflochtenen Körbchen kocht. Die Soße war unerwartet mild. Man hatte sie stark gesüßt, um die scharfen Gewürze auszugleichen.
Dann bestellten wir *kari laksa kerang*, eine würzige Nudelsuppe mit Herzmuscheln. Dann gab es *sotong kangkong*, eine fette rote Soße mit Tintenfisch *(sotong)* und *kangkong*, dem in Südostasien so beliebten grünen Gemüse, einer Wasserwendenart, die überall auf den Inseln wächst. Der nächste Gang war *poh pia*, eine Art ungebratene Frühlingsrolle (S. 254 im Kapitel Singapur). Die hier servierten Frühlingsrollen enthielten als Füllung nicht Schweinefleisch, sondern eine Kombination von Krebsfleisch mit Bohnensprossen, feingeschnittenem chinesischem Kohl, grünen Bohnen und gebratenem Knoblauch. *Sambal kacang*, ein scharfgewürztes Erdnuß-*sambal*, gab dem Menü den scharfen Akzent.
Darauf folgten dann einige ungewöhnliche Süßspeisen. Eis *kacang* kam in hohen Gläsern, halb gefüllt mit dünnen Schichten Eis, übergossen mit einem süßen roten Sirup, bestreut mit gekochten und gezuckerten Maiskörnern und roten Bohnen. Darüber wurde Milch gegossen, die sich durch den roten Sirup rosa färbte und das Ganze mehr zu einem Getränk als einer Süßspeise machte. Trotzdem mußte man es der Maiskörner und Bohnen wegen mit dem Löffel essen. Das zweite exotische Dessert war *lengchee kang*, in einer Schüssel serviert. Es bestand hauptsächlich aus einem mit frischen *daun pandan*-Blättern aromatisierten Zuckersirup, der noch andere Zutaten wie zum Beispiel gezuckerte Lotosnüsse, verschieden gekochte Früchte und ein winziges hartgekochtes Kiebitzei enthielt.
Ebenso verlockend wie das Essen selbst war die Art, wie man es bestellen mußte. Wir hatten uns kaum an den Tisch gesetzt, als wir schon umringt waren von einem halben Dutzend junger Burschen, die als Kellner für die zahlreichen Stände rund um das Gartenrestaurant fungierten. Jeder von ihnen vertrat einen anderen Küchenchef. Es gab keine gedruckte Speisekarte; die Jungen riefen in ihrem Singsang die Speisen aus, die man von ihrem jeweiligen Chef bekommen konnte.
Das unterscheidet sich nun wirklich völlig von allem, was eine westliche Stadt an Restaurants zu bieten hat, aber es erhöht den fremdartigen Reiz dieses gastfreundlichen Landes.
Ein andermal speiste ich in einem malaysischen Restaurant, das zwar auf landeseigene Gerichte spezialisiert war, das aber in einer förmlicheren und westlichen Sitten angeglichenen Weise geführt wurde. Die Speisen waren auf vielen Tischen aufgebaut wie ein Smörgåsbord. Wieder gab es keine Speisekarte. Die Gäste konnten essen, was und wieviel sie wollten, alles zu einem festen Preis. Es gab so viele verschiedene Gerichte, daß ich zu meinem größten Bedauern nicht imstande war, von allem zu probieren. Aber was ich gegessen habe, war ausgezeichnet: *rendang, biriani*, mit frischen Bohnensprossen gefüllte Bohnenquark-Kuchen, viele Curries und *sambals*, gefolgt von *cendol*, einem Bohnenmehl-Flammeri in Form von kleinen Tropfen, die in gezuckerter und mit Pandanus-Blatt gewürzter Kokosmilch schwammen. Dann gab es noch gekochte und mit Palmzucker gesüßte grüne Mung-Bohnen und den berühmten *gula melaka*-Pudding aus Sago und Palmzucker, der mit dicker Kokosmilch aufgetragen wird.
In die Reihe dieser kulinarischen Entdeckungen gehörte auch ein frühmorgendlicher Besuch auf einem Markt unter freiem Himmel. Welch ein Bild! Die Körbe voller hochgetürmter frischer, glänzender Chilis aller Formen und Größen und aller Farben vom leuchtenden Grün oder Gelb und Orange bis zum lebhaften Scharlachrot; die Bündel von grünem und weißem Zitronengras und anderen Kräutern; die gebündelten dunkelgrünen eßbaren Farnwedel; die Auberginen in erstaunlicher Vielfalt – grüne, purpurrote, weiße, große, kleine, runde oder längliche, eine Art nur so groß wie eine Erbse. Alles sah so lecker, so frisch und verführerisch aus, daß ich mich beherrschen mußte, nicht einem Anfall ungezügelter Kauflust nachzugeben. Ich kapitulierte jedoch vor großen Büscheln frischer *ramburan*, diesen leuchtendroten, ovalen Früchten von der Größe eines Junghenneneis. Sie sind mit fleischigen Borsten bedeckt, die ihnen ein bizarres Aussehen geben. Man muß die Haut entfernen, die so dünn und weich ist, daß man sie mit dem Daumennagel abziehen kann, um an den durchsichtigen weißen Kern zu kom-

men, der aussieht wie eine Litschi-Frucht. Er ist von erfrischend süß-saurem Geschmack und deshalb bei Einheimischen und Touristen sehr beliebt.
Ich habe auch die beste Sternfrucht meines Lebens in Malaysia gegessen. Das ist eine längliche, tiefgefurchte, wächsern aussehende Frucht, deren Querschnitt wie ein Stern aussieht und die im allgemeinen ziemlich wäßrig und nur sehr schwach süß-sauer schmeckt. Aber eines Nachmittags beim Friseur bot mir eine der Friseusen ein Stück Sternfrucht an. Das war so dunkel goldgelb und so schmackhaft, daß ich meine Meinung über Sternfrüchte ändern mußte, die ich bis dahin nur für Durstlöscher und Tafeldekorationen gehalten hatte.

### Wie man eine malaysische Mahlzeit serviert und ißt

Um Platz zu sparen, möchte ich Sie auf das Kapitel Indonesien verweisen, denn alles, was da über indonesisches Essen geschrieben steht, gilt in vollem Umfang auch für originale malaiische Speisen. Außerdem sind malaysische Köche stolz auf ihre *kormas* und *birianis*, die von indischen Ansiedlern ins Land gebracht wurden und die malaysische Küche bereichern.
Nach der Überlieferung ißt man mit den Fingern. Heutzutage hält man es aber für wohlerzogener, Löffel und Gabel zu benutzen. Bei Familienfesten und sonstigen feierlichen Anlässen nehmen die Menschen aber die alte Sitte wieder auf.
In den meisten Ländern Asiens ist es im allgemeinen nicht üblich, eine Mahlzeit mit einer Nachspeise zu beschließen. Im Gegensatz dazu lieben die Malaien üppige süße Desserts, die auf Sago, Mung-Bohnen, Bohnenmehl oder Klebreis basieren. Zum Süßen nimmt man Palmzucker, Kokosmilch macht sie üppig, und das Pandanusblatt, das asiatische Gegenstück der Vanilleschote, gibt ihnen ihr Aroma. In einigen Rezepten finden sich auch die süßen Gewürze Kardamom, Zimt und Nelken.

### Küchengeräte

Die malaiische Version des Wok ist der *kuali*, der die gleiche Form hat, aber im allgemeinen dicker und schwerer ist. Allmählich weichen die Holzfeuerstellen den Elektro- und Gasherden. Wo es keine irdenen Kochgeschirre, die *blangah*, gibt, die sich am besten zum Currykochen eignen, werden Aluminium- oder Emailletöpfe empfohlen. Das gilt besonders für Gerichte mit viel Kokosmilch, die sich in einem eisernen *kuali* verfärben würden. Die Kochlöffel aus Kokosnußschale ersetzt man durch hölzerne. Eine Ausbackpfanne ist von Nutzen.
Den Mahlstein *(batu giling)* wollen wir die Gewürze in Malaysia mahlen lassen, in westlichen Küchen kann diese Arbeit der Elektromixer erledigen.

### Ihr malaysisches Gewürzbord

Es entspricht der indonesischen Gewürzliste auf S. 166.

# Nasi kunyit

Gelber Klebreis

6 Portionen
Zutaten:
500 g *pulot* (Klebreis)
500 ml Wasser
2 TL Salz
1 Knoblauchzehe, zerdrückt
1 TL Kurkuma, gemahlen
1/2 TL schwarzer Pfeffer, gemahlen
1 *daun pandan*
500 ml heiße Kokosmilch
kroß gebackene Zwiebelflocken

Den Reis waschen und abtropfen lassen. In einem Topf mit Wasser, Salz, Knoblauch, Kurkuma, Pfeffer und Pandanusblatt als Aroma zum Kochen aufsetzen. Sobald er kocht, die Hitze reduzieren, 10 Minuten fest zugedeckt dämpfen. Die sehr heiße Kokosmilch zugießen und mit einer langzinkigen Gabel behutsam unter den Reis rühren. Weitere 10 Minuten zugedeckt kochen. Mit Zwiebelflocken garnieren und zusammen mit weiteren Gerichten servieren.

# Ketupat

Gepreßte Reiskuchen

*Diese festen Reiskuchen werden gewöhnlich in Körbchen gekocht, die aus Kokospalmwedeln geflochten worden sind. Der Reis geht beim Kochen auf, füllt die Körbchen schließlich ganz aus und wird auf diese Weise fest zusammengepreßt. Ich zeige Ihnen hier einen einfachen und praktischeren Weg, ein ähnliches Resultat auch in einer westlichen Küche zu erzielen.*

6 Portionen
Zutaten:
500 g Kurz- oder Mittelkornreis
1 l Wasser
Bananenblatt oder Alufolie

Wasser und Reis zum Kochen bringen. Fest zudecken, die Hitze stark reduzieren und 35 bis 40 Minuten kochen, bis alles Wasser absorbiert ist. Mit dem Kochlöffel kräftig durchrühren, dann den Reis 2,5 cm hoch in eine Kuchenform oder Schüssel drücken, mit eingefettetem Bananenblatt oder gefetteter Alufolie zudecken. Darüber einen Teller legen und fest zusammenpressen. Mit einem Gewicht beschwert einige Stunden bei Zimmertemperatur stehenlassen, bis der Reis sehr fest geworden ist. Gewicht, Teller und Folie abnehmen und den Reis mit einem nassen Messer in 5-cm-Quadrate schneiden.

# Ikan briani

Gewürzter Fisch und Reis in Schichten

6 Portionen
Zutaten:
750 g feste weiße Fischfilets oder -steaks
Zitronensaft
Salz, Pfeffer, gemahlener Kurkuma
Öl zum Braten
2 Zwiebeln, fein gehackt
3 Knoblauchzehen, zerdrückt
1 TL frischer Ingwer, fein gerieben
3 TL Koriander, gemahlen
2 TL Kreuzkümmel, gemahlen
1 große reife Tomate, geschält und gehackt
125 ml Wasser
60 ml dicke Kokosmilch

Zutaten zum gewürzten Reis:
2 EL *ghee*
1 Zwiebel, in feine Ringe geschnitten
5 ganze Kardamomkapseln, zerdrückt
4 ganze Nelken
ein kleines Stück Zimtstange
500 g Langkornreis
1 l heiße Fleischbrühe oder heißes Wasser
2 TL Salz

Die Fischfilets waschen und jedes in 2 oder 3 Stücke teilen. Leicht mit Zitronensaft beträufeln, mit Kurkuma bestreuen, pfeffern und salzen. 15 Minuten durchziehen lassen. Dann den Fisch mit Küchenpapier abtrocknen und in etwa 12 mm heißem Öl bei mittlerer Hitze auf beiden Seiten hellbraun braten. Auf einen Teller legen. Überschüssiges Öl bis auf etwa 2 EL abgießen. In diesem Öl Zwiebeln, Knoblauch und Ingwer anbraten, bis die Zwiebeln weich und glasig sind. Oft rühren. Koriander, Kreuzkümmel und 1/2 TL Kurkuma zugeben und noch eine Minute rühren. Die Tomate einrühren, Wasser samt 3/4 TL Salz zugeben, zugedeckt simmern, bis die Tomate zu Püree zerkocht ist. Die Kokosmilch zugießen, offen weitersimmern, bis die Soße glatt und sehr dick ist. Die Fischstücke einlegen, mit Soße begießen, noch einmal 3 oder 4 Minuten simmern. Vom Feuer nehmen und ziehen lassen, während man den Reis zubereitet.

Gewürzter Reis:
1 TL vom *ghee* zurücklassen, im Rest die Zwiebelringe goldgelb rösten. Die ungemahlenen Gewürze und den Reis zugeben und unter ständigem Rühren braten, bis die Reiskörner ganz mit *ghee* überzogen sind. Mit der heißen Fleischbrühe ablöschen, zum Kochen bringen. Salz einrühren, bei sehr schwacher Hitze 15 Minuten zugedeckt kochen. Vom Feuer nehmen und 5 Minuten zugedeckt ziehen lassen, dann die Gewürze herausnehmen. Eine Backform mit dem restlichen TL *ghee* einfetten und etwa ein Drittel der Reismenge als unterste Schicht einfüllen. Darüber die Hälfte des Fischgerichts ausbreiten, dann eine weitere Schicht Reis, darüber den restlichen Fisch und als Abschluß wieder Reis. Zugedeckt im Ofen bei 160° 25 Minuten backen. Heiß servieren.
Man kann dieses Gericht am Tage zuvor zubereiten und kühl stellen, ohne es zu backen. Vor dem Auftragen zimmerwarm werden lassen und dann im Backofen 35 bis 40 Minuten erhitzen. Etwas Milch oder Wasser über die Oberfläche träufeln, damit die Reiskörner beim Backen nicht austrocknen, dann mit Deckel oder Folie abdecken. Mit Gurken- und Tomatenscheiben garnieren oder einen Salat dazu reichen.

# Char kway teow

Gebratene Reisnudeln

6 bis 8 Portionen
Zutaten:
1 kg *kway teow* (frische Reisnudeln)
125 g gegrilltes Schweinefleisch
250 g kleine rohe Garnelen
250 g kleiner Tintenfisch, nach Belieben
2 *lap cheong* (chinesische Würste)
250 ml frische Bohnensprossen
4 EL Schweineschmalz oder Öl
2 Knoblauchzehen, fein gehackt
4 kleine Zwiebeln, in Scheiben geschnitten
4 frische rote Chilis, entkernt und gehackt
2 EL dunkle Sojasoße
2 EL helle Sojasoße
1 EL Austernsoße
3 Eier, geschlagen
4 Frühlingszwiebeln, gehackt
Pfeffer und Salz nach Geschmack

Die Reisnudeln in Stücke, das gegrillte Schweinefleisch in dünne Scheiben schneiden. Die Garnelen aus der Schale lösen und ausnehmen. Den Tintenfisch gründlich säubern und dünn aufschneiden. Die *lap cheong* 10 Minuten dämpfen und dann in sehr feine schräge Scheiben schneiden. Die abstehenden Enden der Bohnensprossen abknipsen.

In einem Wok 2 EL Schweineschmalz oder Öl erhitzen und darin bei mittlerer Hitze unter Rühren Knoblauch, Zwiebeln und Chilis weich braten. Schweinefleisch, Garnelen, Tintenfisch und *lap cheong* zugeben und etwa 2 bis 3 Minuten braten, bis die Seetiere gar sind. Die Bohnensprossen zugeben, einige Male wenden; dann den ganzen Topfinhalt auf einen Teller geben. Das restliche Schmalz oder Öl sehr heiß werden lassen, die Reisnudeln einfüllen und pfannenrühren, bis sie durch und durch heiß sind. Die Würzsoßen zugeben und gut untermischen. Die geschlagenen Eier einrühren und stocken lassen. Die gebratene Fleisch- und Fischmischung wieder in den Wok geben und untermischen. Mit Frühlingszwiebeln garnieren und heiß auftragen.

Anmerkung: Frische Reisnudeln bekommt man in China-Geschäften unter dem Namen *sa hor fun*.

# Ikan kukus (Nonya)

Gedünsteter Fisch, nach Art der Chinesen

4 Portionen
Zutaten:
4 getrocknete chinesische Pilze
1 ganzer Fisch, etwa 750 g schwer, oder 500 g Fischfilets
Salz und gemahlener schwarzer Pfeffer
einige Tropfen Sesamöl
3 EL konservierte chinesische Gemüse, fein geschnitten
1 frische rote Chili, fein geschnitten
2 TL helle Sojasoße
1 oder 2 Frühlingszwiebeln, fein geschnitten
2 EL frisches Koriandergrün
1 zerzupftes Salatblatt

Die getrockneten Pilze 30 Minuten in heißem Wasser einweichen, dann die Stiele abschneiden und die Hüte in feine Scheiben schneiden. Während die Pilze quellen, den Fisch zubereiten. Den ganzen Fisch gründlich säubern, schuppen, waschen, Schwanz und Flossen abschneiden. Fischfilets waschen und mit Küchenpapier abtrocknen. Salzen und pfeffern. Den Fisch in eine mit Sesamöl dünn eingefettete Form legen, mit den Pilzscheiben, dem Konservengemüse und den Chilischeiben bestreuen. Sojasoße darüberträufeln. Mit einem Deckel oder mit Folie abdecken und 20 Minuten dünsten. Mit Frühlingszwiebeln und frischem Koriandergrün garnieren, mit Salat umlegen. Zu weißem Reis servieren.

# Ikan kelapa

Fisch mit gewürzten Kokosflocken

4 Portionen
Zutaten:
500 g Fischfilets
125 ml Kokosflocken
185 ml heißes Wasser
1 Knoblauchzehe
1 12-mm-Stück frischer Ingwer
$^1/_4$ TL *kencur*-Pulver (aromatischer Ingwer)
1 TL Kreuzkümmel, gemahlen
1 TL Koriander, gemahlen
1 TL *garam masala*
1 TL Salz
1 $^1/_2$ EL Zitronensaft
1 EL gehacktes frisches Koriandergrün
Bananenblätter oder Alufolie

Die Fischfilets säubern, waschen, schuppen und in Stücke von etwa 10 cm Länge schneiden. Im Elektromixer auf hoher Schaltstufe Kokosflocken, heißes Wasser, Knoblauch, Ingwer, *kencur*, Kreuzkümmel, Koriander, *garam masala* und Salz pürieren, bis die Kokosflocken ganz fein gemahlen sind. Zitronensaft und Koriandergrün untermischen. Auf je ein quadratisches Stück Folie ein Stück Bananenblatt legen, darauf eine etwa einem Filet entsprechende Anzahl Fischstücke geben, 2 bis 3 TL der Kokosnußpaste darüber verteilen. Das Blatt darüberschlagen, in die Folie einpacken, 15 Minuten dünsten. Heiß servieren.

# Gulai ikan

Fischcurry

4 bis 6 Portionen
Zutaten:
500 g feste Fischsteaks
2 mittelgroße Zwiebeln, grob gehackt
2 Knoblauchzehen
2 TL frischer Ingwer, gehackt
1 TL *sambal ulek* oder Chilipulver
250 ml dünne Kokosmilch
1 EL Koriander, gemahlen
1 TL Kreuzkümmel, gemahlen
$^1/_2$ TL Fenchel, gemahlen
$^1/_2$ TL Kurkuma, gemahlen
2 Streifen dünngeschälte Zitronenrinde
6 Curryblätter
2 EL Zitronen- oder Tamarindensaft
1 TL Salz
125 ml dicke Kokosmilch

Die Fischsteaks in Portionsstücke schneiden. Zwiebeln, Knoblauch, Ingwer, *sambal ulek* im Mixer pürieren; wenn nötig, 1 EL dünne Kokosmilch zugeben. Die Paste in einen Topf schaben, den Mixer mit der dünnen Kokosmilch ausschwenken und auch diese zusammen mit den gemahlenen Gewürzen, Zitronenschale und Curryblättern in den Topf geben. Zum Kochen bringen, dann bei schwacher Hitze etwa 8 Minuten simmern. Den Fisch, Tamarinden- oder Zitronensaft und Salz zugeben, 5 Minuten simmern. Die dicke Kokosmilch dazugießen und so lange rühren, bis das Curry wieder simmert. Mit Reis servieren.

# Ikan goreng tauceo

Gebratener Fisch mit gesalzenen Sojabohnen

4 Portionen
Zutaten:
500 g Fischsteaks
Öl zum Braten
2 Zwiebeln, in feine Scheiben geschnitten
2 Knoblauchzehen, fein gehackt
1 TL frischer Ingwer, fein gerieben
2 TL gesalzene Sojabohnenpaste *(tauceo)*
3 frische rote Chilis, in Scheiben
1 TL helle Sojasoße
185 ml Wasser
Zitronensaft nach Geschmack

Die Fischsteaks waschen und abtrocknen. In einer Bratpfanne in reichlich Öl auf beiden Seiten goldbraun braten. Auf Küchenpapier abtropfen lassen. Alles Öl bis auf 2 EL abgießen und die Zwiebeln weich und glasig braten, Knoblauch und Ingwer zugeben und weiterbraten, bis sie goldbraun sind. Die gesalzene Sojabohnenpaste eine weitere Minute mitbraten, dann Chilis, Sojasoße und Wasser zugeben. Simmern, bis die Soße leicht angedickt ist, dann den Fisch einlegen. 5 Minuten kochen, nach der Hälfte dieser Zeit wenden. Mit Zitronensaft nach Geschmack würzen. Mit weißem Reis servieren.
Anmerkung: *Tauceo* bekommt man in chinesischen Lebensmittelgeschäften unter der Bezeichnung »Bohnensoße«.

# Acar ikan

Mit Essig gewürzter Fisch

6 Portionen
Zutaten:
500 g Fischsteaks (Thunfisch, Makrele, Spanische Makrele)
Saft einer halben Zitrone
Salz
1 kleine Zwiebel, grob gehackt
2 Knoblauchzehen
1 TL frischer Ingwer, gehackt
3 Lichtnüsse *(buah keras)*
2 frische rote Chilis oder 1 TL *sambal ulek*
125 ml Wasser
3 EL Erdnußöl
1 mittelgroße Zwiebel, in dünne Scheiben geschnitten
1/2 TL Salz
2 EL Essig

Die Fischsteaks in Portionsstücke schneiden, mit Zitronensaft und etwas Salz einreiben. Durchziehen lassen, während die übrigen Zutaten vorbereitet werden. Die gehackte Zwiebel, Knoblauch, Ingwer, Lichtnüsse und die entkernten Chilis im Elektromixer mit 2 EL Wasser pürieren. In einem Wok oder einer Bratpfanne Erdnußöl erhitzen und den mit Küchenkrepp trockengetupften Fisch bei mittlerer Hitze auf beiden Seiten braun braten. Auf eine Platte legen. In dem restlichen Öl die Zwiebelringe goldbraun braten. Die Paste aus dem Mixer zugeben und unter Rühren 3 bis 4 Minuten braten, bis sie dunkler gefärbt und gar ist. Den Mixer mit dem abgemessenen Wasser ausspülen, in die Pfanne gießen. Salzen. 5 Minuten simmern lassen, dann den Essig zugeben, wieder zum Kochen bringen. Den Fisch einlegen und heiß werden lassen. Mit weißem Reis, Gemüsegerichten und *sambals* servieren.

# Sambal goreng ikan

Sambal aus gebackenem Fisch

6 Portionen
Zutaten:
500 g frische Sprotten (5–7,5 cm lang)
1 Zwiebel, grob gehackt
2 Lichtnüsse *(buah keras)*
2 Streifen Zitronenschale
2 TL Chilipulver
1 TL *laos*-Pulver
1/2 getrocknete Shrimp-Paste *(blacan)*
3 EL Tamarindensaft (siehe Glossar)
Erdnußöl zum Ausbacken
125 ml dicke Kokosmilch
2 *daun salam* oder Curryblätter
3/4 TL Salz, oder nach Geschmack
Weizenmehl

Die Fische gründlich waschen, Köpfe und Magensäcke entfernen. Noch einmal mit kaltem Wasser abspülen, erst in einem Sieb, dann auf Küchenpapier abtropfen lassen.
Dann die scharfe Soße zubereiten: Zwiebel, Lichtnüsse, Zitronenschale, Chili, *laos* und *blacan* im Elektromixer pürieren. Sollte die Mischung zu trocken sein, noch 1 oder 2 EL Tamarindensaft zugeben. Diese Paste in 3 EL Erdnußöl unter ständigem Rühren braten, bis sie dick und dunkel ist und nicht mehr am Topf haftet. Den restlichen Tamarindensaft, die Kokosmilch, die *daun salam*-Blätter und Salz zugeben, offen simmern, bis alles dick ist und das Öl sich auf der Oberfläche abscheidet. Vom Feuer nehmen und stehenlassen, bis die Fische ausgebacken worden sind.
Die Fische in Mehl wälzen, um sie dünn damit zu überziehen; überschüssiges Mehl abklopfen. Dann in einem Wok oder einem kleinen Ausbacktopf in sehr heißem Öl schwimmend ausbacken, immer eine Handvoll auf einmal. Sie brauchen etwa 4 oder 5 Minuten, um braun und knusprig zu werden. Auf Küchenkrepp abtropfen lassen. Die fertiggebackenen Fische sanft, aber gründlich mit der Gewürzpaste mischen. Sofort servieren, solange die Fische noch kroß sind. Wenn Sie das *sambal* im voraus zubereiten, Fische und Gewürzpaste erst in der letzten Minute miteinander mischen.
Anmerkung: Wenn Ihnen ein solches *sambal* zu scharf ist, sollten Sie einen Teil des Chilipulvers durch Paprikapulver ersetzen. Es färbt das *sambal* schön rot, ohne ihm die beißende Schärfe zu geben.

# Sambal goreng sotong

Tintenfisch-sambal

4 bis 6 Portionen
Zutaten:
500 g kleine Tintenfische
2 Zwiebeln, grob gehackt
2 Knoblauchzehen
1/2 TL getrocknete Shrimp-Paste *(blacan)*
2 Streifen Zitronenschale
5 frische rote Chilis oder
3 TL *sambal ulek*
3 EL Erdnußöl
60 ml Tamarindensaft (siehe Glossar)
2 TL Palmzucker oder Ersatz
1 bis 2 TL Paprika

Tintenfisch säubern, den Kopf, das durchsichtige Rückgrat und alle Innereien wegwerfen. Die wie Blumen aussehenden Tentakeln knapp unterhalb des »Schnabels« mit einem scharfen Messer abtrennen und aufheben. Mit Küchenpapier die gefleckte Haut abrubbeln. Tintenfisch gründlich waschen, abtupfen, dann in Scheiben schneiden. Zwiebel, Knoblauch, *blacan*, Zitronenschale und Chilis im Elektromixer pürieren; etwas Erdnußöl zugeben, damit sie von den Messern heruntergezogen werden können. Das restliche Öl in einem Wok oder einer Bratpfanne erhitzen und die Paste darin unter Rühren braten, bis sie dunkel ist und das Öl sich an den Rändern abscheidet. Tamarindensaft, Zucker und Paprikapulver (der schönen roten Farbe wegen) zugeben und die Tintenfischringe einrühren. Offen unter Rühren kochen, bis der Tintenfisch gar und das *sambal* eingedickt ist und von Öl glänzt. Mit Reis servieren.
Anmerkung: In Malaysia würde man viel mehr rote Chilis verwenden, um dem *sambal* Farbe zu geben. Die Zugabe von Paprika würde sich damit erübrigen.

# Kari ayam kelapa

Hühnercurry mit gerösteten Kokosflocken

6 Portionen
Zutaten:
1,5 kg Brathuhn
4 bis 6 frische rote Chilis
125 ml Kokosflocken
500 ml dicke Kokosmilch
2 Zwiebeln, grob gehackt
3 Knoblauchzehen
1 TL getrocknete Shrimp-Paste *(blacan)*
1 TL Kurkuma, gemahlen
1 EL Koriander, gemahlen
2 TL Kreuzkümmel, gemahlen
1 Stengel frisches Zitronengras oder
2 Streifen Zitronenschale
3 EL Erdnußöl
2 TL Salz
4 *daun salam* oder 6 Curryblätter
2 TL *laos*-Pulver

Das Huhn zerlegen. Die ganzen Chilis in wenig Wasser 2 Minuten kochen. Abgießen. Die Samen entfernen, wenn Sie das Curry nicht so sehr scharf wünschen.
Die Kokosflocken in einer schweren Bratpfanne bei Mittelhitze unter ständigem Rühren schön dunkelbraun rösten. Sofort auf einen Teller schütten, denn in der Pfanne gelassen, würden sie anbrennen. Die etwas abgekühlten Flocken im Elektromixer fein mahlen, dann etwa 125 ml Kokosmilch zugeben und auf hoher Schaltstufe eine weitere Minute mixen. In Asien röstet man frische Kokosnuß über Kohlenglut und zerreibt sie dann auf dem Mahlstein zu einer Paste. Für westliche Küchen muß man eben eine andere Methode finden. Die Kokosnußpaste in einer Schüssel beiseite stellen. Den Mixbecher nicht auswaschen, sondern sofort Chilis, Zwiebeln, Knoblauch, *blacan*, Kurkuma, Koriander, Kreuzkümmel und das kleingeschnittene Zitronengras oder die Zitronenschale darin pürieren. Der Wassergehalt der Zwiebeln muß zum Zerkleinern genügen, notfalls einen EL vom Erdnußöl zugeben.
Das restliche Öl in einem großen Topf erhitzen und die Zwiebelpaste bei schwacher Hitze unter ständigem Rühren braten, bis alle Flüssigkeit verdampft ist und das Öl sich an den Rändern absetzt. Die gemahlenen Kokosflocken, Kokosmilch, Salz, *daun salam* und *laos*-Pulver zugeben und gut durchrühren. Die Hühnerteile einlegen und sanft rühren, während das Curry zum Simmern kommt. Offen etwa eine Stunde simmern, manchmal umrühren, bis das Huhn gar ist. Mit Reis und weiteren Beilagen servieren.

# Rendang ayam
Huhn in Kokosmilch

6 Portionen
Zutaten:
1,5 kg Brathuhn
2 mittelgroße Zwiebeln, grob gehackt
4 Knoblauchzehen, kleingeschnitten
2 TL frischer Ingwer, gehackt
2 Stengel frisches Zitronengras, kleingeschnitten, oder 4 Streifen Zitronenschale
4 frische rote Chilis
500 ml Kokosmilch
1 TL *laos*-Pulver
1 TL Koriander, gemahlen
1 TL Kurkuma, gemahlen
2 *daun salam* oder 6 Curryblätter
1/2 TL schwarzer Pfeffer, gemahlen
1 1/2 TL Salz

Das Huhn zerlegen und große Stücke, wie Keulen und Brust, halbieren. Im Elektromixer Zwiebeln, Knoblauch, Ingwer, das Zitronengras und die Chilis mit etwa 125 ml von der Kokosmilch pürieren. Das Püree in einen Topf geben. Den Mixbecher mit der restlichen Kokosmilch ausschwenken, in den Topf gießen. *Laos*, Koriander, Kurkuma, *daun salam* oder Curryblätter, Pfeffer und Salz zugeben. Unter gelegentlichem Rühren langsam zum Kochen bringen. Den Topf nicht zudecken, sonst gerinnt die Kokosmilch. Die Hühnerteile einlegen, wieder zum Kochen kommen lassen und sanft offen simmern, bis das Huhn weich ist. Mit weißem Reis servieren.
Anmerkung: Dieses Gericht soll kochen, bis die Flüssigkeit des Fonds fast völlig absorbiert ist. Deshalb sollten Sie versuchen, ein älteres und ein bißchen zäheres Huhn zu bekommen. Andernfalls fällt das Fleisch von den Knochen, ehe der Fond trocken ist. Ein zartes Brathuhn kann man natürlich servieren, sobald es gar und mit den Gewürzen des Fonds gesättigt ist, auch wenn dieser nicht völlig absorbiert wurde.

# Ayam lemak
Huhn mit gewürzter Kokosmilchsoße

6 Portionen
Zutaten:
1,5 kg Brathuhn
2 1/2 TL frischer Ingwer, fein gerieben
2 mittelgroße Zwiebeln, gehackt
3 Stengel Zitronengras oder die Schale einer Zitrone
6 frische rote Chilis, entkernt, oder 2 TL *sambal ulek*
1 TL Kurkuma, gemahlen
3 EL Öl
750 ml dicke Kokosmilch
3 fingerlange Streifen *daun pandan* oder einige frische Basilikumblätter
2 TL Salz

Das Huhn in Stücke schneiden. Ingwer, Zwiebeln, Zitronengras oder Zitronenschale und die Chilis im Mörser zerstoßen oder mit Hilfe von etwas Öl im Elektromixer pürieren.
Die Hühnerfleischstücke von allen Seiten mit Kurkuma einreiben. In einem schweren Topf Öl erhitzen und die gemahlenen Zutaten unter ständigem Rühren bei schwacher Hitze in etwa 15 Minuten weich und goldgelb braten. Das Hühnerfleisch zugeben und weitere 10 Minuten braten. Die Kokosmilch samt Pandanus- oder Basilikumblättern und Salz zufügen; offen simmern, bis das Fleisch gar ist. Mit weißem Reis oder *nasi lemak* servieren.

# Gulai ayam rebong
Curry aus Huhn und Bambusschößlingen

6 bis 8 Portionen
Zutaten:
1,5 kg Brathuhn
1 Dose Bambusschößlinge
2 mittelgroße Zwiebeln
4 EL Kokosnuß- oder Erdnußöl
1 1/2 EL Koriander, gemahlen
1 TL getrocknete Shrimp-Paste *(blacan)*
1 TL *laos*-Pulver
1 TL Chilipulver
2 TL Salz
500 ml dünne Kokosmilch
250 ml dicke Kokosmilch

Das Huhn in Stücke teilen. Die Bambusschößlinge abgießen; erst vierteln, dann in Scheiben schneiden. Die Zwiebeln fein hacken. Das Öl in einem großen Topf erhitzen und bei Mittelhitze unter Rühren die Zwiebeln weich und goldgelb braten. Koriander, *blacan*, *laos*-Pulver, Chilipulver und Salz zugeben und unter Rühren einige Minuten braten, bis die Gewürze braun sind. Die Fleischstücke zugeben und so lange mit den Gewürzen verrühren, bis sie ganz damit überzogen sind. Dann die dünne Kokosmilch zugießen und zum Kochen kommen lassen. 20 bis 25 Minuten simmern. Die Bambusschößlinge einrühren, weiter etwa 20 Minuten garen, bis das Hühnerfleisch weich ist. Die dicke Kokosmilch zugießen und offen weiterkochen, dabei vorsichtig rühren. Mit Salz abschmecken. Weitersimmern, bis sich das Öl an der Oberfläche abscheidet. Mit Reis, Gemüsen und *sambal* servieren.

# Gulai ayam

Im Ganzen gekochtes Curryhuhn

*Für dieses Rezept brauchen Sie tatsächlich ein zähes Suppenhuhn, denn je länger es kocht, desto besser wird der Geschmack. Für ein Brathuhn müssen Sie die Kochzeit abkürzen, damit das Huhn nicht zerfällt. Die Soße dann für sich reduzieren, wie am Ende des Rezepts beschrieben.*

6 bis 8 Portionen

Zutaten:

1 Suppenhuhn, etwa 2 kg schwer

750 bis 1000 ml Kokosmilch

3 TL Chilipulver, oder nach Geschmack

2 TL Kreuzkümmel, gemahlen

1/2 TL Kurkuma, gemahlen

1/4 TL Bockshornkleesamen

2 TL Salz

1 Zwiebel, in feine Scheiben geschnitten

3 Knoblauchzehen, fein gehackt

2 TL frischer Ingwer, fein gehackt

1 Stengel Zitronengras oder 2 Streifen Zitronenschale

1 kleine Stange Zimt

1 Streifen *daun pandan*, nach Belieben

1 1/2 TL Fenchel, gemahlen

2 EL Zitronensaft

1 EL *ghee*

Das Huhn wie ein Brathuhn dressieren und in einem großen Topf mit so viel Kokosmilch aufsetzen, daß sie 2/3 des Vogels bedeckt. Alle Zutaten außer Fenchel, Zitronensaft und *ghee* zugeben. Zum Kochen bringen, dann 30 Minuten simmern. Fenchel und Zitronensaft zugeben, das Huhn umdrehen und weitersimmern, bis es weich ist. Unter Umständen muß man noch heißes Wasser oder heiße Kokosmilch angießen, wenn die Flüssigkeit zu schnell verdampft.

Die Soße in eine Schüssel gießen, das Huhn im Topf lassen. *Ghee* zugeben und den Vogel von allen Seiten schön goldbraun braten. Die Soße in den Topf zurückgießen und simmern, bis sie eingedickt ist. Ein zartes Brathuhn nach dem Bräunen aus dem Topf nehmen, die Soße hineingießen und einkochen, dann das Huhn wieder einlegen und nur noch heiß werden lassen. Mit Salz und Zitronensaft abschmecken. Mit Reis, weiteren Curries und Beilagen servieren.

# Semur ati

Würzige geschmorte Leber

4 Portionen

Zutaten:

500 g Kalbsleber oder Hühnerlebern

3 EL Öl

1 mittelgroße Zwiebel, fein geschnitten

2 Knoblauchzehen, fein gehackt

1 TL frischer Ingwer, fein gerieben

1 1/2 TL Koriander, gemahlen

1/2 TL Kreuzkümmel, gemahlen

1/2 TL Salz

1/4 TL schwarzer Pfeffer, gemahlen

2 EL dunkle Sojasoße

80 ml Wasser

Leber in sehr dünne Scheiben schneiden, waschen, auf Küchenpapier abtropfen lassen und beiseite stellen. Von Hühnerlebern die Röhren und alle verfärbten Stellen abschneiden, jede halbieren.

In einer großen, schweren Bratpfanne Öl heiß werden lassen und Zwiebel, Knoblauch und Ingwer bei Mittelhitze unter kräftigem Rühren 5 Minuten goldgelb rösten. Die Leberscheiben nebeneinander einlegen; Koriander, Kreuzkümmel, Salz und Pfeffer darüberstreuen. Die Scheiben wenden und auf der anderen Seite 2 Minuten braten, dann Sojasoße und Wasser zugeben und zugedeckt etwa 5 Minuten simmern, je nachdem, wie dick die Scheiben sind. Nicht zu lange kochen. Die Leber soll zwar innen nicht mehr rosa sein, aber nicht hart und trocken werden. Sofort servieren.

# Satay daging

Malaiisches Rindfleisch-*satay*

6 Portionen
Zutaten:
750 g Rumpsteak
2 TL Kurkuma, gemahlen
2 TL Kreuzkümmel, gemahlen
2 TL Fenchel, gemahlen
feingeriebene Schale einer halben Zitrone
$1\frac{1}{2}$ TL Salz
1 EL Zucker
4 EL dicke Kokosmilch

Das Rindfleisch in kleine Würfel von etwa 2 cm Kantenlänge schneiden. Fett abtrennen, nur auf einigen Würfeln eine dünne Schicht davon lassen. Das abgeschnittene Fett in kleine Scheiben schneiden. Kurkuma, Kreuzkümmel, Fenchel, Zitronenschale, Salz, Zucker und Kokosmilch in einer Schüssel mischen und rühren, bis der Zucker sich aufgelöst hat. Die Fleischwürfel untermischen, zugedeckt mindestens eine Stunde marinieren. Je länger das Fleisch steht, desto besser ziehen die Gewürze ein. Die Würfel auf Bambusspießchen stecken, die zuvor einige Stunden lang in kaltem Wasser eingeweicht wurden. Etwa 5 Fleischwürfel auf das eine Ende jedes Spießchens stecken, das andere Ende zum Anfassen frei lassen. Wo es nötig ist, zwischen die Fleischwürfel Fettscheibchen stecken, die das Fleisch saftig halten. Unter einem vorgeheizten Grill oder über offenem Feuer grillen, bis das Fleisch durchgebraten und auf allen Seiten schön braun und knusprig ist. Sofort mit *ketupat* (S. 217) und Chili-Erdnußsoße (S. 227) servieren.

# Gulai kambing

Scharfgewürztes Hammelcurry

6 Portionen
Zutaten:
750 g Hammelfleisch
4 EL Kokosflocken
60 ml Tamarindensaft
2 große Zwiebeln, grob gehackt
4 Knoblauchzehen
1 EL frischer Ingwer, grob gehackt
2 TL Koriander, gemahlen
je 1 TL Kurkuma und Kreuzkümmel, gemahlen
je $\frac{1}{2}$ TL Zimt, Fenchel, Muskatnuß und schwarzer Pfeffer, gemahlen
je $\frac{1}{4}$ TL Nelken und Kardamom, gemahlen
4 Lichtnüsse *(buah keras)*
4 bis 8 getrocknete rote Chilis, oder nach Geschmack
1 Stengel Zitronengras oder 1 TL feingehackte Zitronenschale
2 EL Erdnußöl
2 reife Tomaten, gehackt
375 ml Kokosmilch
$1\frac{1}{2}$ TL Salz

Das Hammelfleisch in kleine Würfel schneiden. Die Kokosflocken in einer trockenen Bratpfanne unter ständigem Rühren bei schwacher bis mittlerer Hitze etwa 4 oder 5 Minuten rösten, bis sie schön goldbraun sind. Beiseite stellen. 60 ml sehr heißes Wasser über ein walnußgroßes Stück Tamarindenmark gießen, 5 Minuten stehenlassen. Dann das Mark im Wasser zerdrücken und auflösen. Durch ein feines Sieb gießen.

Tamarindensaft und Zwiebeln im Elektromixer zu einer glatten, dikken Flüssigkeit mischen. Knoblauch und Ingwer zugeben und weitermixen. Gewürze, Lichtnüsse, die getrockneten Chilis und zuletzt die gerösteten Kokosflocken einfüllen und alles zusammen pürieren. Zitronenschale kann auch mit zerkleinert werden; sollten Sie aber Zitronengras bekommen haben, so geben Sie es erst später zu.

In einem großen Topf das Öl erhitzen und die Gewürzpaste 5 Minuten braten, dabei am Anfang oft und gegen Ende ständig rühren. Dann das Fleisch 3 Minuten mitbraten und dabei gründlich durchrühren, damit jedes Stück von den Gewürzen überzogen wird. Die Tomate zugeben und weitere 3 Minuten braten. Dann die Kokosmilch samt Salz und Zitronengras angießen und langsam zum Kochen bringen. Bei ganz schwacher Hitze offen simmern, bis das Fleisch weich ist. Von Zeit zu Zeit umrühren. Das kann $1\frac{1}{2}$ bis 2 Stunden dauern. Mit weißem Reis servieren.

# Shami kebab
Frikadellen aus Hammelfleisch und Linsen

4 Portionen
Zutaten:
250 g mageres Fleisch
125 g rote Linsen oder gelbe Erbsen
2 mittelgroße Zwiebeln, fein gehackt
1/4 TL Zimt, gemahlen
1/4 TL Kardamom, gemahlen
1/8 TL Nelken, gemahlen
1 TL Salz
1/2 TL schwarzer Pfeffer, gemahlen
1 Ei, geschlagen
2 EL feingehackte Minze
Öl zum Braten

Mageres Hammel- oder Lammfleisch oder mageres Rindfleisch verwenden. Vom Fleischer durchdrehen lassen oder selbst zu Hause fein durchdrehen. Die roten Linsen oder gelben Erbsen gründlich waschen, mit 500 ml Wasser zum Kochen aufsetzen. Sobald sie kochen, Fleisch und Zwiebeln zugeben, bei mittlerer Hitze kochen, bis die Linsen weich sind, dabei gelegentlich umrühren. Sowie die Linsen anfangen trockenzukochen, ständig rühren, bis alle Flüssigkeit aufgesogen ist. Den Brei in eine Schüssel füllen und so weit abkühlen lassen, daß man ihn mit der Hand weiterverarbeiten kann. Gewürze und Aromen, Ei und Minze gründlich einarbeiten. Flache runde Frikadellen formen, in heißem Öl auf beiden Seiten goldbraun braten. Abtupfen und heiß servieren.

# Sayur masak lemak
Gemüsecurry

als Beilage für 6 Portionen ausreichend
Zutaten:
1 Zwiebel, in feine Scheiben geschnitten
1 Knoblauchzehe, fein gehackt
2 frische rote oder grüne Chilis, entkernt und geschnitten
1/2 TL getrocknete Shrimp-Paste *(blacan)*
1/2 TL Kurkuma, gemahlen
250 ml dünne Kokosmilch
1 große Kartoffel, geschält und gewürfelt
750 ml grob zerschnittener Kohl
1 TL Salz
250 ml dicke Kokosmilch
Zitronensaft nach Geschmack

Zwiebel, Knoblauch, Chilis, *blacan*, Kurkuma und dünne Kokosmilch zum Simmern bringen, die Kartoffel zugeben und in etwa 10 Minuten halb gar kochen. Kohl und Salz zugeben, 3 Minuten kochen; dann die dicke Kokosmilch zugießen und sanft rühren, bis der Kohl gar ist. Vom Feuer nehmen und Zitronensaft nach Geschmack einrühren.

# Sambal goreng kembang
Mit Chilis gebratener Blumenkohl

6 Portionen
Zutaten:
3 EL Erdnußöl
4 frische rote Chilis oder 2 TL *sambal ulek*
1 große Zwiebel, fein gehackt
2 Knoblauchzehen, fein gehackt
1 TL getrocknete Shrimp-Paste *(blacan)*
1 TL Salz
500 g kleingeschnittener Blumenkohl
2 EL heißes Wasser

In einem Wok oder einer Bratpfanne das Öl erhitzen und Chilis, Zwiebel und Knoblauch bei schwacher Hitze und unter häufigem Umrühren anbraten, bis die Zwiebel weich und goldgelb ist. *Blacan* zugeben und mit dem Löffelrücken zerdrücken, eine weitere Minute mitbraten. Salzen, dann den Blumenkohl zugeben, ständig rühren und wenden und so mit der gebratenen Chili-Zwiebel-Mischung gründlich vermengen. Mit dem heißen Wasser beträufeln, zugedeckt 10 Minuten garen. Heiß servieren.

# Taukwa tauceo

Bohnenquark in gesalzener Sojabohnenpaste

6 Portionen
Zutaten:
3 quadratische Kuchen gelber
Bohnenquark *(taukwa)*
2 Knoblauchzehen
3 frische rote Chilis
2 TL gesalzene Sojabohnenpaste *(tauceo)*
250 g rohe Garnelen oder
125 ml Krabbenfleisch
2 EL Erdnußöl
60 ml Wasser
1 EL helle Sojasoße
Salz nach Geschmack
2 EL gehackte Sellerieblätter
2 EL gehackte Frühlingszwiebeln

Den Bohnenquark würfeln, Knoblauch fein reiben, Chilis entkernen und zerkleinern. Die gesalzenen Sojabohnen zerdrücken. Die Garnelen hacken, Krabbenfleisch zerpflücken. Öl erhitzen und Knoblauch und Chilis anbraten, bis der Knoblauch anfängt zu bräunen, dann unter Rühren die gesalzenen Sojabohnen eine weitere Minute mitbraten. Garnelen oder Krabbenfleisch zugeben und unter Rühren garen, dann den Bohnenquark unter Rühren braten. Wasser und Sojasoße angießen, trockenkochen. Mit Salz abschmecken. Vom Feuer nehmen, Selleriegrün und Frühlingszwiebeln untermischen und servieren.

# Taukwa dan taugeh

Bohnenquark und Bohnensprossen

6 Portionen
Zutaten:
2 quadratische Kuchen gelber
Bohnenquark *(taukwa)*
250 g frische Bohnensprossen *(taugeh)*
2 Knoblauchzehen, zerdrückt
2 EL Öl
Salz und Pfeffer nach Geschmack
Sojasoße nach Geschmack

Den Bohnenquark in Scheiben schneiden. Die Bohnensprossen waschen und abtropfen lassen, alle braunen Enden abknipsen. Den Knoblauch in Öl goldgelb braten, Bohnenquark und Bohnensprossen zugeben und 3 bis 4 Minuten pfannenrühren. Nach Geschmack würzen und sofort servieren.

# Acar kuning

Gemüse-Pickle

Zutaten:
250 ml Karotten
250 ml grüne Bohnen
10 frische rote und grüne Chilis
1 grüne Gurke
2 EL Erdnußöl
2 Knoblauchzehen, fein gerieben
2 TL frischer Ingwer, fein gerieben
3 Licht- oder Brasilnüsse, gerieben
1 TL Kurkuma, gemahlen
125 ml weißer Essig
125 ml Wasser
2 TL Zucker
1 TL Salz
250 ml Blumenkohlröschen

Karotten und Bohnen in gleich lange, feine Streifen schneiden, dann jedes Stück der Länge nach halbieren. Sehr junge zarte Bohnen brauchen nicht zerschnitten zu werden. Die Chilis ganz lassen, nur die Stiele entfernen. Die Gurke schälen und der Länge nach halbieren, die Kerne herausschaben, dann in ebenso große Stücke wie Bohnen und Karotten schneiden.
In heißem Öl Knoblauch und Ingwer über schwacher Hitze eine Minute anbraten, dann die geriebenen Nüsse und Kurkuma noch einige weitere Sekunden mitrösten. Essig, Wasser, Zucker und Salz zugeben und zum Kochen bringen. Karotten, Bohnen, Chilis und Blumenkohlröschen einfüllen, wieder zum Kochen kommen lassen, 3 Minuten garen. Die Gurke zugeben und noch eine weitere Minute kochen.
In einer irdenen oder gläsernen Schüssel auskühlen lassen. Sofort verwenden oder fest verschlossen ein bis zwei Wochen im Kühlschrank aufbewahren.

# Sambal kelapa
Kokosnuß-sambal

Zutaten:
250 ml frische geriebene Kokosnuß oder Kokosflocken
1 TL Salz
1/2 bis 1 TL Chilipulver oder 1 frische rote Chili, entkernt und gehackt
1/4 TL getrocknete Shrimp-Paste *(blacan)*
2 EL Zwiebel, fein gehackt
1 kleine Knoblauchzehe, zerdrückt
Saft einer halben Zitrone

Kokosflocken mit 2 EL heißem Wasser oder heißer Milch beträufeln und zum Anfeuchten gründlich durchmischen. Alle übrigen Zutaten zugeben, nachdem man das *blacan* zuvor in Folie eingewickelt und 5 Minuten gegrillt oder in einer trockenen Pfanne erhitzt hat. Mit der Hand alles gründlich vermengen. Als Beilage zu Reis und Curries servieren.

# Saus kacang
Chili-Erdnuß-Soße

Zutaten:
Öl zum Ausbacken
250 ml rohe Erdnüsse
10 große getrocknete rote Chilis
1 mittelgroße Zwiebel, grob gehackt
6 Knoblauchzehen, geschält
1/2 TL getrocknete Shrimp-Paste *(blacan)*
3 EL Kokosnuß- oder Erdnußöl
3 EL Tamarindensaft (siehe Glossar)
1 TL Salz
250 ml dicke Kokosmilch
1 EL Palmzucker oder Ersatz

In einem Wok oder einer Bratpfanne Öl erhitzen und die rohen Erdnüsse bei Mittelhitze rösten, dabei ständig umrühren und die Nüsse sofort herausnehmen, sobald sie Spuren einer Gelbfärbung zeigen. Sie garen in der eigenen Hitze noch weiter, darum darf man sie im Öl nicht braun werden lassen. Sie rösten sonst zu stark und schmecken dann bitter. Auf Küchenpapier trocknen und auskühlen lassen, dann die Häutchen abrubbeln und die Nüsse zerklopfen, zerdrücken oder im Mixer grob mahlen. Nicht zu einer glatten Paste zermahlen; sie sollen grob sein und noch knusprige Bröckchen enthalten.
Die getrockneten Chilis in einer Schüssel mit sehr heißem Wasser bedecken und mindestens 20 Minuten einweichen.
Im Elektromixer die eingeweichten Chilis samt 2 EL des Einweichwassers, Zwiebel, Knoblauch und *blacan* pürieren. Dieses Püree in 3 EL heißem Öl bei Mittelhitze unter ständigem Rühren braten, bis es dunkler wird und Zwiebeln und Knoblauch duften. Vom Feuer nehmen. Tamarindensaft, Salz, Kokosmilch und Zucker einrühren und zum Abkühlen in eine Schüssel gießen. Erst in die kalte Soße die Erdnüsse einrühren, damit sie knusprig bleiben.
Diese scharfe Soße zu Malaiischem Rindfleisch-*satay* (S. 224) und *ketupat* (S. 217) servieren. Das *ketupat* mit Gurkenscheiben garnieren; das sieht nicht nur hübsch aus, sondern die Gurke eignet sich auch hervorragend dazu, die von der scharfen Soße gereizte Zunge zu kühlen. Ist Ihren Gästen die asiatische Küche fremd, so reduzieren Sie die Zahl der Chilis besser auf 3 oder 4.

# Soto ayam
Würzige Hühnersuppe

6 Portionen
Zutaten:
1 Huhn, etwa 1,5 kg schwer
2 l kaltes Wasser
3 TL Salz
1/2 TL ganze schwarze Pfefferkörner
einige Sellerieblätter
1 große braune Zwiebel, geschnitten
2 EL Erdnußöl
2 *daun salam* oder 6 Curryblätter
2 Knoblauchzehen, fein gerieben
1/2 TL frischer Ingwer, fein gerieben
1/2 TL getrocknete Shrimp-Paste *(blacan)*
1/2 TL Kurkuma, gemahlen
2 TL Koriander, gemahlen
1 TL Kreuzkümmel, gemahlen
4 Lichtnüsse *(buah keras)*, fein gerieben
125 g Reis-Vermicelli
2 große Kartoffeln, gekocht und gewürfelt
Zitronensaft nach Geschmack

Garnitur:
8 Frühlingszwiebeln, in feine Scheiben geschnitten
2 hartgekochte Eier, fein gehackt
zerkrümelte Kartoffelchips

Das Huhn zerlegen und in einem großen Topf mit dem kalten Wasser bedeckt aufsetzen. Salz, Pfefferkörner, Selleriegrün und die halbe Zwiebel zugeben. Schnell zum Kochen bringen, dann bei schwacher Hitze zugedeckt etwa 30 Minuten simmern, bis das Huhn weich ist. In der Brühe abkühlen lassen; nimmt man das Huhn heiß aus der Brühe, so trocknet das Fleisch aus. Die Brühe in eine Schüssel sieben. Haut und Knochen entfernen. Mit einem scharfen Messer das Fleisch in Würfel oder Streifen schneiden. Beiseite stellen.
Im Topf nun das Erdnußöl sehr heiß werden lassen und darin *daun salam* und Zwiebel braten, bis die Zwiebel goldbraun ist. Knoblauch, Ingwer und *blacan* zugeben und bei Mittelhitze rühren, das *blacan* dabei mit dem Löffelrücken zerdrücken. Kurkuma, Koriander, Kreuzkümmel und die Lichtnüsse unter Rühren noch einige Sekunden mitrösten. Mit der abgeseihten Brühe ablöschen, zum Kochen bringen, dann bei schwacher Hitze zugedeckt 10 Minuten simmern. In der Zwischenzeit die Reisnudeln 10 Minuten in heißem Wasser einweichen, abgießen und in kurze Stücke schneiden. In die simmernde Suppe geben, wieder zum Kochen kommen lassen, 1 Minute kochen. Hühnerfleisch, Kartoffeln und Zitronensaft zugeben, heiß werden lassen. In eine große Terrine gießen und mit Frühlingszwiebeln und Eiern garnieren.
Die Kartoffelchips dazu anbieten, damit jeder sich etwas davon auf seinen Teller streuen kann.

# Sayur udang bayam
Suppe aus Garnelen und Spinat

6 Portionen
Zutaten:
250 g rohe Garnelen
3 EL Erdnußöl
1 kleines Bündel Spinat oder Silberrübchen
1 Zwiebel, in feine Scheiben geschnitten
1 oder 2 frische rote Chilis, entkernt und geschnitten
1 Knoblauchzehe, zerdrückt
1/2 TL Kurkuma, gemahlen
1 TL Salz
500 ml Garnelenbrühe (siehe Rezept)
500 ml dünne Kokosmilch
125 ml dicke Kokosmilch

Die Garnelen waschen, aus den Schalen lösen und ausnehmen. Aus den Köpfen und Schalen Brühe kochen. Dazu erhitzt man 1 EL Öl in einem Topf und legt die Köpfe und Schalen hinein. Unter Rühren anbraten, bis sie die Farbe wechseln. 1 l heißes Wasser mit 1 TL Salz dazugießen, zum Kochen bringen und 20 bis 30 Minuten simmern, bis die Brühe auf die Hälfte reduziert ist. Beiseite stellen.
Spinat oder Silberrübchen gründlich waschen. Die Blätter von den Stielen zupfen und beides grob hacken. Die restlichen 2 EL Öl in einem großen Topf erhitzen, Chilis und Zwiebel anbraten, bis die Zwiebel weich und goldgelb ist. Knoblauch und Kurkuma zugeben und eine weitere Minute braten. Die Spinatstiele zugeben, unter Rühren einige Minuten braten. Die durchgeseihte Garnelenbrühe und die dünne Kokosmilch samt Salz angießen, zum Kochen bringen und bei schwacher Hitze 5 Minuten simmern. Die Spinatblätter 3 Minuten leise mitkochen, dann die feingehackten Garnelen und die dicke Kokosmilch zugeben. Die Suppe langsam wieder zum Kochen kommen lassen, nicht mehr länger als 2 oder 3 Minuten simmern, sonst werden die Garnelen zäh. Sofort auftragen.

# Sothi
Kokosmilchsuppe

*Diese Suppe wird über gekochten Reis gegossen und nicht etwa als erster Gang für sich allein serviert.*

6 Portionen
Zutaten:
500 ml dünne Kokosmilch
2 mittelgroße Zwiebeln, geschnitten
6 Curryblätter
2 frische rote oder grüne Chilis, entkernt
1/2 TL Kurkuma, gemahlen
1 1/2 TL Salz
2 EL Garnelenpulver
375 ml dicke Kokosmilch
2 EL Zitronensaft

Die dünne Kokosmilch zusammen mit allen übrigen Zutaten außer der dicken Kokosmilch und dem Zitronensaft in einem Topf zum Kochen bringen und 15 Minuten simmern. Die dicke Kokosmilch zugießen, sanft erhitzen; dabei rühren, damit die Suppe nicht gerinnt. Vom Feuer nehmen, Zitronensaft einrühren.
Als Beilage zu gekochtem Reis und zu einem trockenen Curry servieren.

# Roti jala
Löcherige Pfannkuchen

*Diese Pfannkuchen werden mit* gulai kambing *oder anderen fetten, trockenen Curries serviert und sind so ein sättigender Snack, fast eine vollständige Mahlzeit.*

ergibt etwa 12 Pfannkuchen
Zutaten:
2 Eier
685 ml Kokosmilch oder frische Kuhmilch
500 ml gesiebtes Weizenmehl
1/2 TL Salz
2 EL Öl zum Backen

Die Eier schlagen, die Milch untermischen. Mehl und Salz in eine große Rührschüssel sieben, die Eiermilch stetig in die Mitte des Mehls gießen und dabei mit einem Holzlöffel rühren. Die Milch anfangs nicht zu langsam einrühren, sonst bilden sich Klumpen, die man nur noch schwer glatt bekommen kann. Wenn die ganze Milch zugegeben ist, den Teig sämig rühren.
Eine schwere Omelette- oder Pfannkuchenpfanne erhitzen, mit einem in Öl getauchten Stück Küchenpapier dünn einfetten. Etwas Teig in die Pfanne gießen, dabei den Schöpflöffel hin und her bewegen, damit der Pfannkuchen löcherig wird. Backen, bis er auf der Unterseite fest und hell goldgelb ist, dann wenden und auf der anderen Seite backen. So mit dem ganzen Teig verfahren. Wenn der Teig beim Stehen nachdickt, etwas Wasser einrühren.

# Serikaya dengan agar-agar
Kokosmilch-Gelee

6 bis 8 Portionen
Zutaten:
7 g Agar-Agar-Fäden oder
  5 TL Agar-Agar-Pulver
1,5 l Wasser
3 Kardamomkapseln, zerdrückt
1 kleine Stange Zimt
625 ml Palmzucker oder Ersatz
500 ml dicke Kokosmilch
eine Prise Salz

Die Agar-Agar-Fäden über Nacht in kaltem Wasser quellen lassen. Abgießen. Wenn sie abgetropft sind, sollen sie ein Volumen von etwa 750 ml haben, lose geschichtet. Die Agar-Agar-Fäden in einem Topf mit 1,5 l frischem kaltem Wasser, Kardamom und Zimt zum Kochen bringen und 30 Minuten sanft simmern, bis die Fäden sich aufgelöst haben. Manchmal umrühren. Den Zucker einrühren und auflösen. Kokosmilch und Salz zugeben und ständig rühren, bis die Flüssigkeit eben anfängt zu simmern.
Wenn Sie Agar-Agar-Pulver verwenden, dürfen Sie nur 5 bis 10 statt 30 Minuten simmern, ehe Sie die übrigen Zutaten einrühren. Durch ein feines Sieb gießen, in eine mit Wasser ausgespülte Form geben und kalt werden lassen, dann bis zum Servieren in den Kühlschrank stellen.
Anmerkung: Agar-Agar-Pulver muß gleichmäßig auf die Wasseroberfläche gestreut werden, damit es nicht klumpt.

# Gula melaka
Sagopudding

*Sagopudding wird zu einer ganz neuen Entdeckung, wenn man ihn mit Palmzucker und Kokosmilch zubereitet. Wer Palmzucker nicht bekommen kann, nimmt »schwarzen« oder braunen Zucker und dazu etwas Ahornsirup oder Ahornaroma, um dem Originalgeschmack von* gula melaka *oder, wie es früher genannt wurde,* gula malacca *möglichst nahe zu kommen. In Malaysia allerdings kocht man Sago niemals mit Palmzucker. Ich finde aber, daß das hier vorgelegte Rezept westlichen Zungen im allgemeinen mehr zusagt.*

4 bis 6 Portionen
Zutaten:
250 ml Sago
500 ml Wasser
1 kleine Stange Zimt
155 g Palmzucker oder Ersatz
250 ml dicke Kokosmilch
1 Prise Salz

Zum Servieren:
zusätzlich 250 ml dicke Kokosmilch
zusätzlich 250 ml *gula-melaka*-Sirup

Den Sago waschen und in einem Topf in 500 ml Wasser samt der Zimtstange quellen lassen. Den Palmzucker zerschlagen und bei sehr schwacher Hitze in 125 ml Wasser auflösen. Durch ein feines Sieb gießen. Kokosmilch zubereiten, wie auf S. 9 beschrieben.
Den Sago zum Kochen aufsetzen und simmern, bis er klar und eingedickt ist. Den *gula malacca*-Sirup, 250 ml Kokosmilch und eine Prise Salz zugeben. Unter ständigem Rühren weiterkochen, bis der Pudding sehr dick ist. In eine mit Wasser ausgespülte Form gießen und zum Erstarren in den Kühlschrank stellen. Der Pudding wird zwar auch ohne Kühlen fest, schmeckt kalt aber besser.
Stürzen. Dicke Kokosmilch mit etwas Salz und ein Kännchen Palmzuckersirup zum Darübergießen dazu reichen.

# Singapur

Singapur ist der Wirklichkeit gewordene Traum eines Gourmets. Was immer man auch essen möchte, westliche oder östliche Speisen, in dieser kosmopolitischen Stadt ist alles in Vollendung zu haben. Ich habe einige der besten chinesischen Mahlzeiten meines Lebens in Singapur gegessen, in exklusiven Restaurants wie in Straßenbuden, gar nicht zu reden von malaiischen, indischen und japanischen Gerichten, die so hervorragend waren, daß ich mich ihretwegen schon auf meinen nächsten Besuch in Singapur freue.
Am interessantesten, weil am typischsten für Singapur, ist die Nonya-Küche, sie komponiert aus chinesischen Zutaten und malaiischen Gewürzen Gerichte, die eine perfekte Mischung dieser beiden Kulturen sind. Diese Küchentradition entstand auf natürliche Weise, als im vorigen Jahrhundert Arbeitskräfte für Singapur in China angeworben wurden. Es war nur Männern erlaubt, China zu verlassen und in die Niederlassungen an den Straßen von Penang, Malakka und Singapur zu gehen. Sie nahmen sich malaiische Frauen, und dadurch entwickelte sich eine einzigartige Kochtradition, die sich von der einheimischen deutlich unterscheidet. Die »Nonyas« sind stolz auf ihre Küche und wollen sie nicht aufgeben.
»Nonyas« sind an der Malakkastraße geborene Chinesen. Die Frauen nennt man »Nonyas«, die Männer »Babas«, alle miteinander sind als »Peranakan« bekannt.
Ich hatte das Glück, Mrs. Lee Chin Koon kennenzulernen. Sie ist die Autorin des umfassendsten Buches über die Nonya-Küche und selbst eine leidenschaftliche Köchin. Sie unterrichtet Kochen und veröffentlicht ihre Rezepte mit dem Ziel, die Nonya-Küche vor dem Vergessen zu bewahren, da sie sieht, daß die jüngere Generation an der Kunst der Haushaltführung nicht mehr besonders interessiert ist, je karrierebewußter die Frauen werden. Sie geben ihre Einladungen in Restaurants, und je schnellebiger die Zeit wird, und je mehr sich die Frauen des Ostens ihrer neuen Freiheit bewußt werden, desto weniger sind junge Ehefrauen dazu bereit, mit den älteren Frauen des Haushalts Stunden in der Küche zu verbringen, ihnen zur Hand zu gehen, ih-

nen zuzusehen und dabei zu lernen.
Abgesehen von ihren eigenen Leistungen auf kulinarischem Gebiet ist diese lebendige, energische siebzigjährige Dame die Mutter des populären und mächtigen Premierministers von Singapur, Lee Kuan Yew, und wird liebevoll »Mama Lee« genannt. Mrs. Lee schreibt: »Wir hängen sehr an unserer Nonya-Küche, und wir ziehen sie auch allen anderen Kochtraditionen vor. Sie ist ganz anders als die chinesische Küche, obwohl wir einige chinesische Zutaten verwenden, wie zum Beispiel Schweinefleisch, das die moslemischen Malaien weder berühren noch essen dürfen. Zutaten aus malaiischen, indonesischen und chinesischen Küchen kann man auch in unseren Küchen finden, dennoch finden sich nicht alle unsere Zutaten in typischen chinesischen Küchen.«
Gewöhnlich sind Nonya-Rezepte scharf und würzig. Man verwendet dazu Kräuter und Gewürze, die chinesische Rezepte nicht kennen. Meistens basieren sie auf einer *rempah*, einer Paste aus verschiedenen Gewürzen, unter anderem scharfen Chilis, Frühlingszwiebeln, Zitronengras, Lichtnüssen, *lengkuas*, Kurkuma und *blacan*. Das alles wird bis zum genau richtigen Grad in einem steinernen Mörser zerstoßen, eine Kunst, die man erst lernen muß. Reibt man zu wenig, so wird die Paste nicht glatt genug, reibt man zu viel, so wird sie zu flüssig. Ich verstand vollkommen, was Mama Lee meinte, als sie feststellte, daß die Rezepte in ihrem Buch sechs Generationen alt wären, daß das Buch selbst aber das Ergebnis siebenjähriger Arbeit sei. So viel Zeit hatte es in Anspruch genommen, auch nur das »agak«, die Mengenangaben nach Gefühl, in exakte Maße und Gewichte, in Tassen- und Löffelmaße zu übersetzen. Ich habe dieses Problem beim Niederschreiben asiatischer Rezepte selbst kennengelernt. Auch bei Rezepten, die seit Jahren in einer Familie überliefert wurden, stellt man fest, daß sie nach Instinkt gekocht und fast wie durch Osmose weitergegeben wurden. Die jungen Köchinnen lernen von ihren Müttern, Großmüttern, Tanten und, nach der Hochzeit, von der allmächtigen Schwiegermutter. Es gibt keine geschriebenen Rezepte oder exakten Maße. Erfahrene Köchinnen wissen einfach, wieviel von dieser oder jener Zutat zu verwenden ist, wobei die Menge sich auch danach richtet, wie kräftig schmeckend und wie frisch Ingwer und Knoblauch sind, wie scharf die Chilis, wie groß oder klein die Frühlingszwiebeln oder die Stengel Zitronengras. Wenn man nun diese Rezepte weitergeben will, vor allem an Köchinnen, die vielleicht zum ersten Mal ein solches Gericht nachkochen und nicht wissen können, wie scharf oder sauer oder salzig es sein soll, wird einem die äußerste Disziplin abverlangt, jedes Rezept immer wieder zu kochen, bis man alle Zutaten nach Maß und Gewicht festgehalten, alle Abweichungen ausgeglichen und den Arbeitsgang bis ins Detail genau aufgezeichnet hat.
Mrs. Lees Einstellung, was das Weitergeben von Rezepten angeht, hebt sich erfreulich ab von der ablehnenden Haltung der meisten Asiatinnen, die sich einen Ruf als gute Köchinnen erworben haben und nun ihre Rezepte eifersüchtig hüten. Es kann passieren, daß die Bitte um ein Rezept strikt abgelehnt wird. Es kommt auch vor, daß man zwar das Rezept bekommt, eine wichtige Zutat oder ein Schritt in der Herstellung aber verschwiegen wird, so daß man bei dem Versuch, das Gericht nachzukochen, scheitern muß. Mrs. Lee findet diese Einstellung lächerlich. Ihr Wunsch ist es, daß die gute Nonya-Küche weiterleben soll. »An einem guten Rezept sollen andere teilhaben«, stellt sie fest, und damit konnte ich nur von Herzen einverstanden sein.
Ich erinnere mich nicht mehr an jedes Essen in der Gartenstadt von Singapur; einige aber waren so hervorragend, daß man sie nicht vergessen kann. Da war zum Beispiel ein Kaschmiri-Essen im »Omar Khayyam«, das Mr. Wadhu Sakrani besitzt und leitet, ein charmanter Gastgeber, den kennenzulernen sich lohnt.
Der exquisite Dekor, Originalgemälde eines indischen Künstlers, die Vergrößerungen sehr alter Miniaturen darstellten; die kleinen, von einfachen Öllämpchen erhellten Alkoven an den Wänden stimmten die Gäste auf das zu erwartende Mahl ein. Und als es dann kam, war es in jedem Detail perfekt. Ich habe weder in Indien noch irgendwo anders besseres indisches Essen bekommen. Für ein Kaschmiri-Essen ist es typisch, daß es keine scharfen Gewürze gibt, die fast den Kopf zersprengen, sondern erlesene Aromen und feine Würzen.
Als Mr. Sakranis Gast war ich eingeladen, eine viel größere Zahl von Gerichten zu probieren, als man für gewöhnlich zu einer Mahlzeit essen kann. *Tandoori*-Huhn, mit einer Gewürzmarinade eingerieben und im glühendheißen, in die Erde eingegrabenen Lehmofen gebacken, kommt zart, knusprig-goldbraun auf den Tisch und ist von einem Geschmack, der sich einfach nicht beschreiben läßt. Garnelencurry nach Kaschmiri-Art, kräftig rot, aber nicht scharf; *Koftas* aus fein durchgedrehtem, zartem Lammfleisch, mit Gewürzen und Soße; in Gewürzen, Zwiebeln, Kräutern und Ingwer gedünstete Hühnerlebern; Huhn, in Butter mit Kräutern und Tomaten gesimmert. Dann ein *raita*, zart, üppig und sahnig, dem man mit Pistazien eine ganz spezielle, extravagante Note gegeben hatte; persisches *pilau*, feine, lange Reiskörner, mit Safran, Orangenschale und Mandeln gekocht; *Biriani nentara*, ein Gericht aus Reis und Gemüsen; *Khayyam naan*, eines der in Indien so beliebten großen Flachbrote; *Tan-*

Abbildungen Seite 233 bis 236
Rujak buah-buah pedis – Würziger Fruchtsalat (Rezept S. 207)
Beilagen im Uhrzeigersinn von oben: Pisang goreng – gebratene Bananen (Rezept S. 207) und Sambal Buncis – Sambal aus grünen Bohnen (Rezept S. 203); Serundeng – knusprige gewürzte Kokosflocken mit Erdnüssen (Rezept S. 206)
Krupuk udang – Garnelen-Cracker (Rezept S. 207); Sambal goreng undang asam – Pikantes aus gebratenen Garnelen (Rezept S. 174)
Char Kway teow – Gebratene Reisnudeln (Rezept S. 218)
Sambal goreng sotong – Tintenfisch-*sambal* (Rezept S. 221)

*door roti*, eine weitere Brotsorte, im *tandoor* gebacken. Und als Abschluß dieses Festmahls *koulfi*, die Eiscreme Kaschmirs, die nicht die geringste Ähnlichkeit mit den lockeren, mit Gelatine versetzten Eiscremes Amerikas hat (S. 101), sowie *ras malai*, Königin der indischen Desserts aus hausgemachtem Sahnequark, Rosen- und Kardamom-Aroma und üppigen Sahneklümpchen (S. 100).
Ein weiteres erinnerungswürdiges Mahl war ein Bankett im Szetschuan-Stil im Golden Phoenix-Restaurant des Hotels Äquatorial, das wegen seiner Szetschuan-Spezialitäten berühmt ist. Kalte Horsd'œuvres mit marinierter Ente und Jellyfisch-Streifen; ausgebackene Garnelen mit Chilis; pfannengerührtes Huhn mit Gemüsen; Szetschuan-Suppe, eine säuerliche Suppe, leicht scharf, mit so viel zerfasertem Schweinefleisch, Shrimps, Bohnenquark und chinesischen Pilzen als Einlage, daß eine kleine Schale davon sättigte. Als Dessert gab es einen Szetschuan-Pfannkuchen, der für mich ganz neu war – eine ganz dünne Crêpe, mit süßem Bohnenpüree gefüllt und darüber zusammengeschlagen, dann von außen goldgelb und kroß gebacken und mit gerösteten Sesamkörnern bestreut. Sogar zusammengefaltet füllte er eine große chinesische Platte – wie groß mußte er wohl vorher gewesen sein! Er wurde in der ursprünglichen Form, aber sorgfältig in mundgerechte Streifen geschnitten auf den Tisch gebracht.
Diese Essen wurden von Experten gekocht und mit Raffinesse angeboten, dagegen verbrachten wir eine andere Mahlzeit auf dem Orchard-Road-Parkplatz mit Spaß und in Zwanglosigkeit. Tagsüber ist das wirklich ein Parkplatz, abends aber verwandelt er sich in eines von jenen Gartenrestaurants, für die Singapur berühmt ist. Hier gibt es keine schneeweißen Tischdecken und keinen eleganten Dekor. Statt dessen wandert man herum und beobachtet die einzelnen Küchenchefs bei der Zubereitung ihrer Spezialität. Dabei überlegt man sich, was man bestellen möchte. Man kann unter einem Dutzend verschiedener Nudelgerichte wählen, unter Curries und *rotis* nach indischer oder malaiischer Art. Da gibt es gebratenen Reis, *chap chye*, Chilikrabben, *satays* und Soßen, *poh pia* (Eierteigrollen mit einer Auswahl von Füllungen), tatsächlich fast jedes chinesische, indische, indonesische oder malaiische Gericht, das Ihnen nur in den Sinn kommen kann. Und zum Schluß krönen Sie Ihr Mahl mit einer der Süßspeisen des Landes oder mit einem Glas frisch gepreßten Orangensaft. Orangen- und Zuckerrohrsaft wetteifern um den ersten Platz. Dieses Mal wählte ich schaumigen, blaßgrünen, frisch gepreßten Zuckerrohrsaft. Er gehört zu den erfrischendsten Getränken, nicht zu süß, sehr rein schmeckend. Es fehlt ihm zwar das herbe Aroma der Orange oder Limone, dafür hat kein anderes Getränk einen so feinen Wohlgeschmack. Zuckerrohrsaft aus der Dose ist nur ein unzulänglicher Ersatz, er schmeckt fade und erfrischt nicht. Wäre nicht das Etikett auf der Dose, würde man ihn, verglichen mit dem frischen Produkt, als Zuckerrohrsaft gar nicht erkennen. Deshalb ist es am besten, Sie warten, bis Sie frischen Saft trinken können, andernfalls lassen Sie es lieber bleiben.

## Wie man eine Nonya-Mahlzeit serviert und ißt

Zwar ist Singapur vorherrschend chinesisch, doch habe ich für dieses Kapitel die Nonya-Küche gewählt, denn sie ist hier entstanden und gleichbedeutend mit Singapur. Bei einer Nonya-Mahlzeit werden, wie bei fast allen asiatischen Essen, alle Gerichte gleichzeitig serviert. Reis oder Nudeln, Curries, *sambal*, Suppe, Gemüsegerichte werden alle auf den Tisch gebracht, und jedermann wählt daraus nach eigenem Geschmack.
Man ißt von Tellern. Wer sich an die Tradition hält, mischt und ißt die würzigen Speisen mit den Fingern; moderne Sitten legen allerdings Wert auf den Gebrauch von Löffel und Gabel. Diese Art von Essen heißt *lauk pering*, auf einem Teller serviertes Essen. Enthält das Menü aber eine Suppe wie *laksa* oder *meehoon*, so wird sie in chinesischen Schalen serviert.
Als Abschluß der Mahlzeit sind Süßspeisen aus Klebreis und Kokosmilch beliebt. Zu diesen Essen wird kein Wein gereicht, und anstelle von chinesischem Tee bevorzugen die meisten Nonyas malaiischen Kaffee.

## Küchengeräte

Die überlieferte Küche mit ihrer Holzfeuerstelle gehört fast der Vergangenheit an. In den modernen, mehrstöckigen Wohnhäusern, die an die Stelle des *kampong* getreten sind, einer Gruppe kleiner Hütten, die sich in einem gemeinsamen Garten aneinanderlehnen, werden moderne Gasherde benutzt. Und selbst, wo sich die *kampongs* noch gehalten haben, wurden die wellblech- oder strohgedeckten Hütten von sauberen Holzhäusern verdrängt, deren Küchen ebenfalls moderner geworden sind.
Das traditionelle Gefäß zum Currykochen ist der irdene *chatty*, der in ganz Südostasien so populär ist. Erfahrene Köche halten ihre speziellen irdenen Töpfe ebenso in Ehren wie die französischen Köche ihre Omelettepfannen.
Für die chinesische oder Nonya-Küche eignet sich am besten ein Wok oder *kuali*; außerdem braucht man ein scharfes chinesisches Hackmesser und ein schweres hölzernes Hackbrett. Ein schwerer Mörser ist von unschätzbarem Wert für das Zerstoßen der Gewürze, und die meisten Köche schwören auf ihren Mahlstein, aber in einer westlichen Küche kann ein starker Elektromixer diese beiden so unentbehrlichen Geräte ersetzen. Auch eine Kokosnußreibe ist für eine asiatische Küche

Abbildungen Seite 237 bis 240
Satay daging – Malaiisches Rindfleisch-*satay* (Rezept S. 224)
Garnelen in Chili-Bohnen-Soße (Rezept S. 246)
Gebratene Chili-Krabben (Rezept S. 246)
Zutaten zu den »Gebratenen Nudeln« (Rezept S. 243)

unerläßlich, obwohl man neuerdings auch frisch geriebene Kokosnuß auf dem Markt kaufen kann. Zum Herstellen von Kokosmilch kann man den Elektromixer auch einsetzen.
Gute Kochtöpfe, eine Ausbackpfanne, hölzerne Kochlöffel und die üblichen Bratenwender, die sich in jeder vernünftig ausgestatteten Küche finden, reichen für die Rezepte in diesem Kapitel aus.

**Ihr Singapur-Gewürzbord**

Schwarze Bohnen in Dosen
schwarzer Pfeffer, gemahlen
Lichtnüsse *(buala keras)*
Chilis, getrocknet
Chilipulver
Chilisoße
chinesische Bohnensoße
chinesische Pilze, getrocknet
chinesischer Wein oder trockener Sherry
Zimt, gemahlen
Kokosnußsahne oder Kokosflocken
Koriander, gemahlen
Kreuzkümmel, gemahlen
getrocknete Shrimp-Paste *(blacan)*
Eiernudeln
Fenchel, gemahlen
Fünf-Gewürze-Pulver
*laos*-Pulver
Austernsoße
Erdnüsse, ungesalzen
Erdnußöl
Reis-Fadennudeln (Vermicelli)
Sesamöl
Sojasoße
Tamarindenmark oder Instant-Tamarinde
Kurkuma, gemahlen
Wildpilze (Wolkenohrpilze), getrocknet

Außer den hier aufgeführten Zutaten, die sich im Regal lange halten, sind frische Ingwerwurzel und Knoblauch, Frühlingszwiebeln, Zitronengras oder Zitronenschale und frisches Koriandergrün die wesentlichsten Geschmackszutaten vieler südostasiatischer Gerichte.

# Nasi lemak
Reis in Kokosmilch

4 bis 5 Portionen
Zutaten:
500 g Mittel- oder Langkornreis
310 ml Kokosmilch
2 1/2 TL Salz

Den Reis über Nacht in kaltem Wasser quellen lassen. Abgießen, im oberen Teil eines Dämpfers ausbreiten und über sprudelnd kochendem Wasser 30 Minuten dämpfen. Nach der Hälfte dieser Zeit den Reis durchrühren, damit die unterste Schicht nun nach oben kommt. In einem großen Topf die Kokosmilch mit dem Salz unter Rühren sanft erhitzen, nicht kochen lassen. Den gedämpften Reis einrühren, fest zudecken und weitere 30 Minuten ziehen lassen. Nach dieser Zeit soll die Kokosmilch völlig aufgesogen sein. Den Reis dann wieder im Dämpfeinsatz ausbreiten und noch einmal 30 Minuten über kochendem Wasser dämpfen, dazu über starker Hitze beginnen und allmählich herunterschalten, bis das Wasser am Schluß nur noch simmert. Heiß mit scharfen und milden Fleisch-, Geflügel-, Fisch- oder Gemüsegerichten servieren.

# Chee cheong fun
Snack aus frischen Reisnudeln

2 bis 3 Portionen
Zutaten:
1 Paket doppelte Reisnudeln
1 EL chinesische Barbecuesoße
1 EL helle Sojasoße
1 TL Sesamöl
1 TL süße Chilisoße
1 EL geröstete Sesamkerne

Die Reisnudeln in Stücke schneiden, in eine Schüssel geben und mit kochendem Wasser übergießen. Zugedeckt 5 Minuten stehenlassen, abgießen. Oder die geschnittenen Reisnudeln in einem Sieb einige Minuten über Dampf garen. Die Nudeln in einer Schüssel mit allen übrigen Zutaten locker mischen.

# Gebratene Nudeln, Singapur-Art

*Dieses Rezept kann man mit frischen Reisnudeln* (kway teow) *oder mit frischen gelben Weizenmehlnudeln* (Hokkien mee) *zubereiten.*

8 bis 10 Portionen
Zutaten:
1 kg frische Nudeln
500 g gekochtes Schweinefleisch
500 g kleine rohe Garnelen
250 g frische Bohnensprossen
6 Knoblauchzehen
1 EL gesalzene schwarze Bohnen aus der Dose oder Bohnensoße
60 ml Wasser oder Fleischbrühe
1 TL Salz, oder nach Geschmack
125 ml Öl
3 Stangen Sellerie, fein gehackt

Zum Garnieren:
4 Eier
Pfeffer und Salz nach Geschmack
8 Frühlingszwiebeln
3 oder 4 frische rote Chilis
einige Zweiglein frisches Koriandergrün
10 Knoblauchzehen

Die frischen Reisnudeln in Stücke schneiden und mit kochendem Wasser übergießen, damit sie weich werden und die Schichten sich voneinander lösen. In einem Sieb abtropfen lassen. *Hokkien mee* (dicke gelbe Nudeln) mit heißem Wasser abspülen und abtropfen lassen.
Das Schweinefleisch erst in dünne Scheiben, dann in schmale Streifen schneiden. Die Garnelen aus der Schale lösen und ausnehmen; wenn Sie keine kleinen Garnelen bekommen können, müssen Sie große in Stücke schneiden. Die Bohnensprossen waschen, die Häutchen wegspülen, abstehende Enden abknipsen. Den Knoblauch zerdrücken, die gesalzenen Bohnen abspülen und mit einer Gabel zerdrücken oder fein hacken. Bohnensoße kann verwendet werden, wie sie aus der Dose kommt.
Wenn es Zeit zum Essen ist, einen Wok heiß werden lassen, Öl hineingießen und in dem heißen Öl den Knoblauch bei schwacher Hitze pfannenrühren, bis er eben Farbe anzunehmen beginnt. Bohnen oder Bohnensoße zugeben und 30 Sekunden pfannenrühren. Starke Hitze einstellen, das Fleisch zugeben und eine Minute braten, dann die Garnelen zugeben und weitere 2 Minuten pfannenrühren. Mit Wasser oder Brühe ablöschen, zum Kochen bringen, salzen. Eine Minute offen sprudelnd kochen, dann Sellerie und Bohnensprossen zugeben und eine weitere Minute über der Hitze locker wenden. Die Nudeln zugeben und weiter wenden, bis alle Zutaten gleichmäßig gemischt und die Nudeln heiß sind.
Auf einer großen Platte anrichten, mit der vorbereiteten Garnitur bestreuen. Sofort auftragen. Wer mag, reicht eine Schüssel *rojak* dazu; das ist ein Salat, den man üblicherweise zu den gebratenen Nudeln serviert (Rezept S. 251).
*Die Garnitur:* Die Eier schlagen, pfeffern und salzen. Eine Bratpfanne erhitzen und dünn mit Öl einpinseln. Aus den geschlagenen Eiern mehrere kleine, dünne Omeletts backen. Nicht zusammenklappen, sondern zum Abkühlen auf einen Teller legen. Die kalten Omeletts dann aufrollen und in feine Streifen schneiden.
Die Frühlingszwiebeln samt den grünen Teilen in 5 cm lange Stücke schneiden. Die Chilis entkernen und in feine Scheiben schneiden. Das frische Koriandergrün waschen, Blätter und Stiele hacken. Knoblauch hacken, mit kaltem Wasser abspülen, in Küchenpapier ausdrücken und bei schwacher Hitze goldgelb rösten. Abtupfen und zerkrümeln.

# Frische Nudeln, gebraten

4 bis 6 Portionen
Zutaten:
500 g frische Weizenmehlnudeln
3 Scheiben Frühstücksspeck oder 3 Scheiben gekochtes Schweinefleisch
250 g mageres Rindfleisch
250 g kleine Garnelen
3 EL Öl
2 TL gesalzene Sojabohnenpaste *(tauceo)*
2 Knoblauchzehen, zerdrückt
1/2 TL frischer Ingwer, fein gerieben
500 ml in Streifen geschnittener weißer Chinakohl
4 Frühlingszwiebeln, in 5 cm lange Stücke geschnitten
185 bis 250 ml heißes Wasser
2 EL helle Sojasoße

Die Nudeln in einem Sieb über kochendem Wasser 15 Minuten garen. In der Zwischenzeit den Speck von der Schwarte befreien und in feine Streifen schneiden. Das Rindfleisch erst in papierdünne Scheiben schneiden, dann zerfasern. Die Garnelen aus den Schalen lösen und ausnehmen. Einen Wok erhitzen und den Speck in heißem Öl eine Minute anbraten. Rindfleisch, Garnelen, *tauceo*, Knoblauch und Ingwer zugeben und pfannenrühren, bis das Fleisch die Farbe wechselt. Kohl und Frühlingszwiebeln eine weitere Minute mitrühren, dann die Nudeln, das heiße Wasser und die Sojasoße zugeben. Zugedeckt bei sehr schwacher Hitze 5 bis 8 Minuten simmern, dabei alle paar Minuten die Nudeln wenden, damit sie nicht am Topfboden ansetzen. Das Gericht ist fertig, sobald die Nudeln alle Flüssigkeit absorbiert haben und weich, aber nicht zu weich sind. Heiß servieren.

# Fisch mit Krabbensoße

5 bis 6 Portionen
Zutaten:
1 kg weiße Fischfilets
1/2 TL frischer Ingwer, fein gerieben
1 TL Salz
2 TL Maisstärke
Öl zum Ausbacken

Zutaten zur Soße:
2 EL Erdnußöl
6 Frühlingszwiebeln, gehackt
1/2 TL frischer Ingwer, fein gerieben
8 EL Hühner- oder Fischbrühe
185 g Krabbenfleisch
eine Prise Pfeffer
2 1/2 TL Maisstärke
1 EL kaltes Wasser

Mit einem scharfen Messer die Haut von den Fischfilets abziehen. Dann die Filets waschen und trockentupfen, auf ein Holzbrett legen und mit dem geriebenen Ingwer einreiben. Der Länge nach halbieren und dann in mundgerechte Stücke schneiden. In einer Mischung aus Maisstärke und Salz wälzen.
In einer kleinen tiefen Pfanne oder in einem Wok Ernußöl erhitzen und den Fisch, nicht zu viele Stücke auf einmal, in einer Minute bei Mittelhitze schnell ausbacken. Auf Küchenpapier abtropfen lassen und warm stellen, während die Soße zubereitet wird. Den Fisch auf einer Platte anrichten, die Soße darüber verteilen. Sofort servieren.
*Soße:* Frühlingszwiebeln und Ingwer in heißem Öl behutsam einige Sekunden unter Rühren anbraten, mit der Brühe ablöschen, zugedeckt 3 bis 4 Minuten simmern. Das Krabbenfleisch zugeben, nicht länger als eine Minute erhitzen. Mit Pfeffer würzen. Maisstärke mit kaltem Wasser glattrühren und mit der Soße mischen. Bei Mittelhitze weiterrühren, bis die Soße aufkocht. Mit Salz abschmecken.

# Ausgebackener Fisch mit Gemüsen

4 bis 6 Portionen
Zutaten:
750 g weiße Fischfilets
1 EL Eiweiß
1 TL Salz
1/2 TL Fünf-Gewürze-Pulver
1 EL Maisstärke
6 EL Öl
1 Knoblauchzehe, zerdrückt
1/2 TL frischer Ingwer, fein gerieben
500 ml in Streifen geschnittener weißer Chinakohl
6 Frühlingszwiebeln, in 5 cm lange Stücke geschnitten
1 EL helle Sojasoße
1 EL Austernsoße
125 ml Wasser
1 TL Maisstärke, zusätzlich

Die Fischfilets in fingerlange Stücke schneiden, in Eiweiß tauchen und dann in einer Mischung aus Salz, Fünf-Gewürze-Pulver und Maisstärke wenden. Überschüssiges Mehl abklopfen. In einem Wok Öl erhitzen und die Fischstäbchen bei starker Hitze ausbacken, je ein Viertel der Menge gleichzeitig. Sie sollen eben durchgebacken sein. Das dauert je nach Dicke der Fischstäbchen mindestens eine, höchstens 2 Minuten. Auf Küchenpapier abtropfen lassen und warm stellen. Bis auf 1 EL alles Öl abgießen; Knoblauch, Ingwer und den Kohl eine Minute pfannenrühren. Die Frühlingszwiebeln zugeben und eine weitere Minute pfannenrühren. Die Soßen und Wasser angießen, zum Kochen bringen, die mit wenig kaltem Wasser verrührte zusätzliche Maisstärke einrühren und weiterrühren, bis die Soße aufkocht und andickt.
Das Gemüse auf einer Platte anrichten, die Fischstäbchen darüber verteilen. Sofort mit Reis oder Nudeln servieren.

# Pfannengerührte Shrimps mit Bohnensprossen und Zuckererbsen

4 bis 6 Portionen
Zutaten:
2 EL getrocknete Wolkenohrpilze
250 g Shrimps oder kleine rohe Garnelen
250 g frische Bohnensprossen
12 bis 18 Zuckererbsen
2 Stangen Sellerie
2 EL Öl
1 Knoblauchzehe, zerdrückt
1/2 TL frischer Ingwer, fein gerieben
2 TL Maisstärke
1 TL Zucker
1 EL helle Sojasoße
1 EL chinesischer Wein oder trockener Sherry

Die Wolkenohrpilze 10 Minuten in heißem Wasser einweichen. Sie quellen auf und werden weich. Alle sandigen Stellen ausschneiden. Die Garnelen aus der Schale lösen, die Innereien entfernen. Die Bohnensprossen waschen und abtropfen lassen. Lange, abstehende Enden abknipsen. Von den Zuckererbsen die Stiele abschneiden, Fäden abziehen. Den Sellerie in dünne schräge Scheiben schneiden. In einem Wok Öl erhitzen. Knoblauch und Ingwer 10 Sekunden pfannenrühren, dann den geschnittenen Sellerie zugeben und bei starker Hitze 2 Minuten pfannenrühren. Die Bohnensprossen zugeben und noch etwa eine Minute braten, bis die Gemüse weich, aber noch knackig sind. Aus dem Topf nehmen.
Noch ein wenig mehr Öl in den Wok geben und die Shrimps pfannenrühren, bis sie rosa sind. Die Zuckererbsen zugeben und 30 bis 40 Sekunden rühren. Die übrigen Gemüse wieder einfüllen, heiß werden lassen, dann zur Seite schieben, die Soße mit der mit Zucker, Sojasoße und Wein verrührten Maisstärke andicken. Sofort servieren.

# Ausgebackene Garnelen in süß-saurer Soße

4 Portionen
Zutaten:
500 g mittelgroße rohe Garnelen
750 ml kaltes Wasser
Salz
1/2 TL frischer Ingwer, fein gerieben
2 Eiweiß
2 1/2 EL Maisstärke
Erdnußöl zum Ausbacken
1 kleine grüne Gurke, in dünnen Scheiben
5 Frühlingszwiebeln, die Enden zu Ringeln geschnitten

Zutaten zur Soße:
60 ml weißer Essig
185 ml Ananas- oder Orangensaft
3 EL Zucker
1/2 TL Salz
eine Prise rote Lebensmittelfarbe
1 EL Arrowroot (Pfeilwurzmehl)
1 EL kaltes Wasser

Die Garnelen aus der Schale nehmen, die Innereien entfernen, das letzte Segment der Schale und den Schwanz aber dranlassen. Waschen, dann in mit 1/2 TL Salz versetztem Wasser 30 Minuten weichen. In einem Sieb gut abtropfen lassen, auf Küchenpapier abtupfen. Die Garnelen in einer trockenen Schüssel mit einem weiteren halben TL Salz bestreuen, den Ingwer zugeben und mit der Hand durchmischen. Eiweiß und Maisstärke zugeben und wieder mischen, bis die Garnelen von allen Seiten damit überzogen sind. Zugedeckt mindestens 4 Stunden oder über Nacht in den Kühlschrank stellen.
Kurz vor dem Essen die Soße zubereiten und warm stellen. Dann Öl zum Ausbacken erhitzen, mindestens 750 ml Öl in einem Wok. In das heiße Öl die Hälfte der Garnelen einlegen und etwa eine Minute backen, bis die Garnelen eben undurchsichtig und rosa werden. Läßt man sie länger backen, so sind sie nicht mehr saftig und werden zäh. Mit einem Drahtlöffel herausheben und auf Küchenpapier abtropfen lassen. Das Öl wieder heiß werden lassen und die übrigen Garnelen ausbacken. Die abgetropften Garnelen auf einer Platte anrichten und mit der Soße begießen. Mit Gurkenscheiben und gelockten Frühlingszwiebeln garnieren und sofort auftragen.

*Soße:* Essig, Fruchtsaft, Zucker, Salz und so viel rote Farbe mischen, daß die Flüssigkeit leuchtend rosa gefärbt ist. Zum Kochen bringen, dann vom Feuer nehmen und das mit kaltem Wasser glattgerührte Pfeilwurzmehl (arrowroot) unterrühren. Wieder ans Feuer geben und rühren, bis die Soße aufkocht und andickt.
Anmerkung: Um gelockte Frühlingszwiebeln zu bekommen, die Zwiebeln in 10 cm lange Stücke schneiden, dazu sowohl den weißen Teil wie die grünen Blätter verwenden. Mit einem scharfen, spitzen Messer jeweils ein Ende in feine Streifen schneiden. In Eiswasser legen, bis sich diese Streifen nach außen ringeln.

# Garnelen in Chili-Bohnen-Soße

2 bis 3 Portionen
Zutaten:
12 große rohe Garnelen
1 Knoblauchzehe, zerdrückt
$1/2$ TL Salz
$1/2$ TL frischer Ingwer, fein gerieben
2 TL chinesischer Wein oder trockener Sherry
1 rote Paprikaschote
1 grüne Paprikaschote
1 EL gesalzene schwarze Bohnen (Dose)
1 bis 2 TL chinesische Chilisoße
2 TL Hoisin-Soße
2 EL Erdnußöl
Frühlingszwiebel-Pinsel und Chili-Blumen zum Garnieren

Die Garnelen aus der Schale lösen, die Innereien entfernen. In einer Schüssel mit dem mit Salz zerdrückten Knoblauch mischen. Ingwer und Wein zugeben, durchziehen lassen, währenddessen die übrigen Zutaten vorbereiten.
Die Paprikaschoten in kleine Quadrate schneiden. Die schwarzen Bohnen mit Wasser abspülen, ablaufen lassen, dann zerdrücken oder fein hacken und mit Hoisin-Soße oder Chilisoße mischen. In einen erhitzten Wok Öl gießen, die Paprikastückchen 2 Minuten pfannenrühren, dann zur Seite schieben und die Garnelen in das Öl geben. Etwa 2 Minuten bei starker Hitze braten, bis sie rosa werden. Die Garnelen ebenfalls zur Seite schieben und noch etwa $1/2$ EL Öl zugeben. Nun die schwarze Bohnen-Soßen-Mischung ins Öl geben und 30 Sekunden bei Hitze rühren. Dann Garnelen und Paprika in die Soße mischen und einige Sekunden kochen, bis alles mit der Bohnensoße überzogen ist. Garnieren und schnell auftragen.

# Ausgebackene Garnelen mit Chilis

4 Portionen
Zutaten:
500 g rohe Garnelen
3 frische rote Chilis
1 Knoblauchzehe
2 TL frischer Ingwer, fein gerieben
1 EL Zucker
1 EL helle Sojasoße
1 EL chinesischer Wein oder trockener Sherry
Öl zum Ausbacken

Die Garnelen schälen und ausnehmen, abspülen und mit Küchenpapier abtrocknen. Die Chilis aufschlitzen, entkernen, fein hacken. Den Knoblauch mit ein wenig von dem Zucker zerdrücken und mit Chilis und Ingwer vermengen.
Etwa 125 ml Öl in einem Wok sehr heiß werden lassen und immer nur einige Garnelen gleichzeitig ungefähr 2 oder 3 Minuten ausbakken, bis sie eben die Farbe wechseln. Nicht zu lange backen. Aus dem Öl heben und auf Küchenpapier abtropfen lassen. Das Öl bis auf etwa 1 EL abgießen. Chilis, Knoblauch und Ingwer unter Rühren bei schwacher Hitze anbraten. Den restlichen Zucker, Sojasoße und Wein zugeben, dann die Garnelen einlegen und nur so lange rühren, bis die Garnelen wieder heiß sind. Sofort mit Reis oder Nudeln servieren.

# Gebratene Chili-Krabben

4 Portionen
Zutaten:
2 mittelgroße Hummerkrabben
125 ml Erdnußöl
2 TL frischer Ingwer, fein gerieben
3 Knoblauchzehen, fein gehackt
3 frische rote Chilis, entkernt und gehackt
60 ml Tomatensoße
60 ml Chilisoße
1 EL Zucker
1 EL helle Sojasoße
1 TL Salz

Die Hummerkrabben gründlich waschen und alle moosigen Stellen auf den Schalen abscheuern. Die harte oberste Schale entfernen, außerdem den Magensack und faseriges Gewebe. Mit dem Hackmesser jede Krabbe in 4 bis 6 Stücke hacken.
Einen Wok erhitzen, Öl hineingeben und im sehr heißen Öl die Hummerstücke braten, bis sie die Farbe wechseln; dabei wenden, damit sie von allen Seiten gar werden. Auf einen Teller legen. Bei schwacher Hitze Ingwer, Knoblauch und die roten Chilis unter ständigem Rühren anbraten, bis sie zwar gar, aber noch nicht gebräunt sind. Die Soßen, Zucker, Sojasoße und Salz zugeben, zum Kochen bringen, dann die Hummerkrabbenstücke einlegen und 3 Minuten in der Soße simmern lassen. Wenn die Soße zu stark einkocht, ganz wenig Wasser zugeben. Mit weißem Reis servieren.

# Abalone in Austernsoße

4 bis 5 Portionen
Zutaten:
500 g Abalone (Dose)
4 chinesische Pilze, getrocknet
12 Zuckererbsen oder 4 Blätter Senfkohl
4 Frühlingszwiebeln
Soße:
1 EL Austernsoße
1 TL helle Sojasoße
1 EL chinesischer Wein oder trockener Sherry
185 ml Wasser
2 TL Maisstärke

Abalone abgießen, in papierdünne Scheiben schneiden. Die Pilze 30 Minuten in heißem Wasser einweichen, die Stiele abschneiden und wegwerfen, die Hüte vierteln. Die Fäden von den Zuckererbsen abziehen oder den Kohl in mundgerechte Stücke schneiden, ebenso die Frühlingszwiebeln.

*Soße:*

Austernsoße, Sojasoße und Wein mischen, die Maisstärke damit glattrühren, zusammen mit dem Wasser in einem kleinen Topf unter ständigem Rühren zum Kochen bringen. Pilze, Erbsen oder Senfkohl und Frühlingszwiebeln zugeben und unter Rühren etwa 2 Minuten kochen, bis die Gemüse zwar gar, aber noch knackig sind. Abalonescheiben einlegen, nur eben warm werden lassen. Abalone nicht zu heiß werden lassen und nicht länger als nötig erwärmen, sonst wird sie zäh.

# »Country Captain«

6 Portionen
Zutaten:
1,5 kg Huhn oder Hühnerteile
2 Knoblauchzehen, zerdrückt
2 TL Salz
1 TL Kurkuma, gemahlen
1/2 TL schwarzer Pfeffer, gemahlen
4 EL Öl
4 große Zwiebeln, in feine Ringe geschnitten
2 frische rote Chilis, entkernt und geschnitten
125 ml Wasser

Das Huhn in Portionsstücke schneiden. Knoblauch, Salz, Kurkuma, Pfeffer mischen und die Hühnerteile damit einreiben. In einer großen Kasserolle Öl heiß werden lassen, die Hälfte der Zwiebelringe vorsichtig darin braten, bis sie braun sind. Die Zwiebeln aus dem Topf nehmen und beiseite stellen.

Die übrigen Zwiebelringe und die Chilis anbraten, bis sie eben Farbe annehmen, dann die Hühnerstücke zugeben und von allen Seiten goldgelb braten. Das Wasser zugießen. Zugedeckt sanft simmern, bis das Fleisch weich ist. Offen weitersimmern und alle restliche Flüssigkeit im Topf verdampfen lassen. Mit den gebratenen Zwiebelringen garnieren. Heiß mit Bratkartoffeln oder *ghee*-Reis (S. 60) servieren.

# Brathuhn mit Satay-Gewürzen

4 bis 5 Portionen
Garzeit: 1 1/2 bis 1 3/4 Stunden
Backofentemperatur: 170–190 °C
Zutaten:
1,5 kg Brathuhn
1 mittelgroße Zwiebel, grob gehackt
1 Knoblauchzehe
2 frische rote Chilis, entkernt und gehackt
500 ml Kokosmilch
2 TL Koriander, gemahlen
1 1/2 TL Kreuzkümmel, gemahlen
1/2 TL Fenchel, gemahlen
1/2 TL Kurkuma, gemahlen
1/2 TL *laos*-Pulver, nach Belieben
1/2 TL feingeriebene Zitronenschale
2 Lichtnüsse oder Brasilnüsse, fein gerieben
1 1/2 TL Salz
1 EL Zitronensaft
2 EL Öl oder *ghee*

Das Huhn gründlich waschen, innen und außen mit Küchenkrepp abtrocknen. Zwiebel, Knoblauch und Chilis im Elektromixer pürieren, wenn nötig, mit Hilfe von 2 EL Kokosmilch. Die gemahlenen Gewürze, Zitronenschale und geriebene Nüsse einmischen.

In heißem Öl diese Zutaten unter ständigem Rühren braten, bis sie dunkel werden und das Öl sich abscheidet. Die Masse muß gar sein und sich völlig vom Topf lösen. Vom Feuer nehmen, Salz und Zitronensaft einrühren.

Das Huhn von innen und außen mit dieser Gewürzpaste einreiben, dressieren und mit der Brust nach oben in einen Bräter legen. Die Kokosmilch um das Huhn gießen. Im vorgeheizten Backofen bei 170–190° braten, nach 15 Minuten begießen. Das Huhn nach weiteren 15 Minuten wenden, wieder begießen und weiterbraten, bis es weich ist. Alle 20 Minuten begießen. Sollte die Kokosmilch verkochen, noch etwa 125 bis 250 ml Kokosmilch zugeben. Das Huhn noch einmal mit der Brust nach oben 15 Minuten schön goldbraun braten. Zerlegen, mit der dicken Kokosmilchsoße übergießen. Mit Reis und Beilagen servieren.

# Knusprig gebratenes Huhn

*An diesem Rezept habe ich jahrelang probiert, aber erst jetzt bin ich mit dem Ergebnis völlig zufrieden. Es gibt dazu viele Versionen, und es sollte mich gar nicht wundern, wenn ich sie in meinem Streben nach Perfektion alle durchprobiert hätte.*
*Wenn Sie zwischen Planen und Essen ein paar Stunden Zeit haben, könnten Sie dieses Rezept vielleicht einmal versuchen. Ich bin überzeugt, daß Ihnen das Ergebnis so gut gefallen wird wie mir.*

4 Portionen
Zutaten:
1 kleines Brathuhn, etwa 1 kg schwer
Salz
Fünf-Gewürze-Pulver
1 TL Cayennepfeffer
2 TL Zimt, gemahlen
1 EL Honig
1 Zitrone
Öl zum Ausbacken

Das Huhn waschen, Hals und Innereien entfernen. Innen und außen mit Küchenpapier abwischen. 1 TL Salz mit 1/4 TL Fünf-Gewürze-Pulver mischen und das Huhn von innen damit einreiben.
In einem Topf 1,5 l Wasser mit Cayennepfeffer, Zimt und 2 TL Fünf-Gewürze-Pulver zum Kochen bringen, über das Huhn in einer Schüssel gießen. Das Huhn darin liegenlassen, während man noch 1 l Wasser mit dem Honig zum Kochen bringt. Die in Scheiben geschnittene Zitrone zugeben. Das Huhn aus der Schüssel nehmen, in ein Sieb legen, das Honigwasser darübergießen und dabei darauf achten, daß das Huhn überall damit benetzt wird. Dann legt man es auf ein Kuchengitter ans offene Fenster oder einen anderen luftigen Platz zum Trocknen. Am besten trocknet es in der Sonne, nur muß man es fliegensicher stehenlassen können. 5 Stunden trocknen lassen.
Zur Essenszeit 2 l Öl in einem Wok erhitzen, aber nicht zu heiß werden lassen. Die Beine des Huhns zusammenbinden, an überstehender Schnur festhalten und das Huhn in das heiße Öl tauchen. Mit einem Schöpflöffel das Huhn während des Backens mit Öl begießen und dabei hin und her wenden, damit es von allen Seiten schön braun wird. Bei Mittelhitze müßte das Huhn nach 12 bis 15 Minuten durchgebacken sein. Mit einer Stricknadel zwischen Keule und Rumpf einstechen: ist der austretende Saft klar, so ist das Huhn gar, ist er aber noch rötlich gefärbt, muß es noch weiterbacken.
Das Huhn mit einem Schaumlöffel aus dem Öl heben und auf ein Hackbrett legen, dann mit einem schweren Hackmesser der Länge nach halbieren. Jede Hälfte mit der Schnittseite nach unten auf das Brett legen und in 2,5 cm breite Streifen hacken. Den Vogel dann auf einer Platte wieder zusammensetzen. Salz, Fünf-Gewürze-Pulver (S. 428) und Zitronenspalten dazu reichen. Nach Belieben mit frischem Koriandergrün garnieren und sofort auftragen. Am Tisch nimmt jeder selbst Gewürz und Zitronensaft dazu.

# Fernöstliche Kroketten

Ergibt etwa 18 Stück
Zutaten:
2 EL Öl
1 mittelgroße Zwiebel, fein gehackt
2 Knoblauchzehen, fein gehackt
1/2 TL frischer Ingwer, fein gerieben
2 frische grüne Chilis, entkernt und gehackt
2 TL Koriander, gemahlen
1 TL Kreuzkümmel, gemahlen
500 g durchgedrehtes Rindfleisch
1 1/2 TL Salz
1/2 TL schwarzer Pfeffer, gemahlen
2 EL feingehacktes frisches Koriandergrün
6 Frühlingszwiebeln, fein gehackt
1 kg Kartoffeln
zusätzlich Salz und Pfeffer nach Geschmack
1 Ei, geschlagen
feine Semmelbrösel zur Panade
Öl zum Ausbacken

Zwiebel, Knoblauch, Ingwer und Chilis in heißem Öl behutsam anbraten, bis sie weich sind. Koriander, Kreuzkümmel und Hackfleisch zugeben und unter Rühren braten, bis das Fleisch grau ist. Salzen und pfeffern, das Fleisch zugedeckt gar dünsten. (Es soll keine Flüssigkeit mehr im Topf sein.) Das Koriandergrün einrühren, abkühlen lassen. Unter das erkaltete Fleisch die Frühlingszwiebeln mischen.
Die Kartoffeln in Salzwasser kochen. Abgießen, zu einem glatten Püree zerdrücken. Pfeffern und salzen nach Geschmack. 2 EL des Pürees in eine Hand nehmen, leicht flachdrücken, 1 EL Fleisch in die Mitte geben, die Kartoffelmasse darüber zu einer länglichen Krokette formen. Die Kroketten erst in geschlagenem Ei, dann in Semmelbröseln wälzen und in heißem Öl goldbraun ausbacken. Auf Küchenpapier abtropfen lassen. Heiß mit Chilisoße (S. 252) servieren.

# Rind- oder Schweinefleisch-Satay

6 Portionen
Zutaten:
500 g Schweinefilet oder Rumpsteak
1 Streifen Zitronenschale
2 mittelgroße Zwiebeln, grob gehackt
1 EL helle Sojasoße
1 bis 2 EL Öl
2 TL Koriander, gemahlen
1 TL Kreuzkümmel, gemahlen
1 TL Kurkuma, gemahlen
1/4 TL Zimt, gemahlen
1 TL Salz
1 TL Zucker
2 EL geröstete Erdnüsse

Das Schweine- oder Rindfleisch in kleine, etwa kleinfingerdicke Würfel schneiden. Zitronenschale, Zwiebeln, Sojasoße und 1 EL Öl im Elektromixer pürieren, dann die restlichen Zutaten einmixen. Unter Umständen muß man noch einen zweiten EL Öl zugeben, damit die Messer den Becherinhalt zu sich herunterziehen können. Diese Marinade über das Fleisch gießen, gut durchmischen und mindestens eine Stunde durchziehen lassen.
Die Fleischwürfel auf Bambusspießchen stecken, etwa 6 je Spieß. Gut die Hälfte des Spießchens muß frei bleiben. Unter einem vorgeheizten Grill oder über Kohlenglut grillen, bis das Fleisch durchgebraten ist. Mit Erdnußsoße, weißem Reis oder *nasi lemak* (S. 242) und einem Salat servieren; wer will, kann statt der Erdnußsoße eine satay-Soße (S. 251) dazu reichen.

# Gebratenes Schweinefleisch mit Meehoon

4 Portionen
Zutaten:
250 g *meehoon* (feine Reis-Vermicelli)
250 g Schweinebauch
4 EL Erdnußöl
250 ml gewürfelte rohe Kartoffeln
2 mittelgroße Zwiebeln, in sehr dünne Scheiben geschnitten
2 bis 3 Knoblauchzehen, fein gehackt
2 EL helle Sojasoße
125 ml Wasser
gemahlener schwarzer Pfeffer nach Geschmack
1/4 TL Salz
3 TL Zucker

Die *meehoon* in einer großen Schüssel mit warmem Wasser bedecken und 5 Minuten einweichen, dann in ein Sieb gießen. Das Schweinefleisch von der Schwarte befreien, in sehr kleine Würfel schneiden. Einen Wok erhitzen, Öl rauchendheiß werden lassen und die Kartoffelwürfel darin 2 Minuten bei starker Hitze braten, dann bei mittlerer Hitze schön goldbraun braten. Mit einem Schaumlöffel herausnehmen, dann Zwiebeln und Knoblauch 2 Minuten bei mäßiger Hitze unter Rühren braten, die Schweinefleischwürfel zugeben, etwa 5 Minuten rühren, bis das Fleisch durchgebraten und goldbraun ist. Die abgetropften *meehoon* und die Hälfte der mit dem Wasser vermischten Sojasoße zugeben, rühren und wenden, bis alles Wasser absorbiert ist, dann die restliche Sojasoße mit Wasser zugießen. Pfeffer, Salz und Zucker zugeben und weiterrühren, bis die Flüssigkeit wieder fast aufgesogen ist. Darauf achten, daß nichts am Topfboden ansetzt. Die Kartoffelwürfel untermischen und heiß werden lassen. Sofort servieren.

# Schweinefleisch mit Szetschuan-Gemüse

3 bis 4 Portionen
Zutaten:
125 g Reis-Vermicelli
250 g Schweinefleisch
2 EL Öl
5 Knoblauchzehen, fein gehackt
2 TL frischer Ingwer, fein gerieben
1 Stück Szetschuan-Gemüse aus der Dose, gehackt (etwa 3 EL)
5 Chinakohlblätter, in Streifen geschnitten
1 TL helle Sojasoße
185 ml Schweinefleischbrühe oder Wasser

Die Reis-Vermicelli 10 Minuten in heißem Wasser quellen lassen, abgießen. Das Fleisch in sehr kleine Würfel schneiden. In einem Wok oder einer Bratpfanne Öl sehr heiß werden lassen und das Fleisch darin pfannenrühren, bis es braun und kroß ist. Aus der Pfanne nehmen und auf Küchenkrepp abtropfen lassen. Bis auf 1 EL alles Öl abgießen. Bei mäßiger Hitze Knoblauch, Ingwer und das Szetschuan-Gemüse anbraten, bis Knoblauch und Ingwer weich und goldgelb sind. Die Kohlbätter 2 Minuten pfannenrühren. Sojasoße und Brühe angießen, zum Kochen bringen, dann die Reis-Vermicelli einlegen und kochen, bis alle Flüssigkeit aufgesogen ist. Heiß servieren.

# Barbecue-gewürztes Schweinefleisch mit schwarzen Bohnen

6 Portionen
Zutaten:
750 g Schweinelende
3 Knoblauchzehen
1/2 TL Salz
1/2 Tasse frischer Ingwer, fein gerieben
1 EL Honig
1 EL chinesischer Wein oder trockener Sherry
1/2 TL Fünf-Gewürze-Pulver
1 EL schwarze Bohnen, gehackt
1 EL dunkle Sojasoße
1 EL Barbecue-Soße (siehe Glossar)
1 EL Erdnußöl

Das Schweinefleisch in 5 cm lange und 2,5 cm breite Streifen schneiden. Knoblauch mit Salz zerdrücken und mit allen übrigen Zutaten außer dem Öl vermengen. Diese Marinade über das Fleisch verteilen, mindestens 15 Minuten einziehen lassen.
Einen Wok erhitzen, Öl hineingeben und darin schwenken, um die Topfwand mit Öl zu überziehen. Die Fleischwürfel einlegen, die Marinade aufbewahren. Das Fleisch pfannenrühren, bis es braun ist. Dann die Marinade zugießen, die Schüssel mit 125 ml heißem Wasser ausschwenken und auch das in den Wok gießen. Bei schwacher Hitze zugedeckt 30 bis 40 Minuten simmern, bis das Fleisch weich ist. Manchmal umrühren und noch heißes Wasser angießen, sobald das Fleisch anfängt trockenzukochen. Darauf achten, daß die süße Marinade nicht anbrennt. Während der gesamten Kochzeit muß die Hitze sehr schwach gehalten werden.
Vom Feuer nehmen. Sollte das Fleisch nicht sofort serviert werden, kann man es zu späterem Verbrauch aufwärmen. Mit einfachem weißem Reis servieren.
Anmerkung: Man kann nach diesem Rezept Schweinefleisch auf Vorrat zubereiten, einen Teil davon im Kühlschrank aufbewahren und nach Bedarf anderen Gerichten zusetzen.

# Gewürzte Rippchen

*Ein sehr beliebtes Rezept, es schmeckt besonders gut und ist leicht zuzubereiten, auch gut schon am Vortag vorzukochen. In diesem Fall muß man die Rippchen vor dem Auftragen von beiden Seiten kurz grillen, bis sie durch und durch heiß sind. Am besten ißt man sie mit den Fingern.*

6 Portionen
Zutaten:
1,5 kg Schweinerippchen
4 Knoblauchzehen
1 1/2 TL Salz
1/2 TL schwarzer Pfeffer, gemahlen
1/2 TL Fünf-Gewürze-Pulver
1 EL Honig
1 EL Sesamöl
3 EL helle Sojasoße
125 ml heißes Wasser
Bratzeit: 1 Stunde
Backofentemperatur: 170–190°C

Die Rippchen mit einem scharfen Messer zerteilen oder den Fleischer darum bitten. Knoblauch mit Salz zerdrücken, mit Pfeffer, Fünf-Gewürze-Pulver, Honig, Sesamöl und Sojasoße mischen. Die Rippchen gründlich damit einreiben, in einen Bräter legen und bei 170–190° im Backofen braten. Nach 30 Minuten wenden, das heiße Wasser angießen und weitere 30 Minuten braten, dabei alle 10 Minuten mit dem Bratensaft begießen.
Man kann statt dessen auch 1 bis 2 EL Erdnußöl in einer großen, schweren Bratpfanne erhitzen und die Rippchen darin braten, bis sie braun sind. Dann das Wasser angießen und die Rippchen in 30 bis 35 Minuten zugedeckt weich simmern. Heiß mit gekochtem Reis und Pflaumensoße servieren.

# Sambal babi

In Kokosmilch gekochtes Schweinefleisch mit scharfen Gewürzen

6 bis 8 Portionen
Zutaten:
750 g Schweinebauch
375 ml Kokosmilch
Schale einer Zitrone, fein gerieben,
oder 1 Stengel Zitronengras, zerdrückt
$1^1/_2$ TL *laos*-Pulver
2 TL frischer Ingwer, fein gerieben
2 kleine Zwiebeln, fein gehackt
4 Knoblauchzehen, zerdrückt
1 bis 2 TL Chilipulver
1 TL getrocknete Shrimp-Paste *(blacan)*
1 TL Koriander, gemahlen
1 TL Kreuzkümmel, gemahlen
1 bis 2 TL Zucker nach Geschmack
1 TL Salz

Das Fleisch samt Schwarte in kleine Würfel schneiden. Wie auf S. 9 beschrieben, die Kokosmilch zubereiten, für dieses Gericht nur den ersten Extrakt verwenden. Schweinefleisch, Kokosmilch und alle übrigen Zutaten langsam zum Kochen bringen und dabei ständig rühren, damit die Milch nicht gerinnt. Über schwacher Hitze simmern, bis das Fleisch weich und die Milch fast völlig absorbiert ist. Häufig umrühren. Das dauert etwa eine Stunde.
Zu weißem Reis und weiteren Beilagen servieren, wie zum Beispiel zu kühlenden Salaten, da ein solches *sambal* sehr scharf ist. Wenn Sie es nicht so brennend scharf mögen, nehmen Sie weniger Chilipulver.

# Satay-Soße

*Diese Soße reicht aus für etwa 750 g Fleisch oder Geflügel.*

Zutaten:
4 EL Öl
1 Stengel Zitronengras, in Stücke geschnitten und zerdrückt, oder 3 Streifen feingehackte Zitronenschale
1 mittelgroße Zwiebel, fein gehackt
3 Knoblauchzehen, fein gehackt
2 TL getrocknete Shrimp-Paste *(blacan)*
185 g geröstete, abgezogene Erdnüsse
$1^1/_2$ EL getrocknetes Tamarindenmark
250 ml heißes Wasser
1 TL Chilipulver
$1^1/_2$ TL *laos*-Pulver
2 EL Zucker
1 TL Salz

2 EL Öl in den Mixbecher füllen, Zitronengras oder Zitronenschale, Zwiebel, Knoblauch und *blacan* zugeben und pürieren. Den Mixbecher ausschaben und dann die Erdnüsse darin fein mahlen. Beiseite stellen. Das Tamarindenmark in heißem Wasser quellen lassen, pressen, bis es sich aufgelöst hat, durch ein Sieb gießen.
Das restliche Öl in einem Wok erhitzen und die Gewürzpaste bei Mittelhitze pfannenrühren, bis sie gar ist. Dann Chilipulver, *laos*-Pulver, Tamarindensaft, Zucker, Salz und Erdnüsse zugeben. Etwa 8 Minuten lang unter Rühren simmern, bis die Soße dick ist.

# Rojak

8 bis 10 Portionen
Zutaten:
1 große oder 2 kleine Gurken
1 kleine, nicht allzu reife Ananas
3 frische rote oder grüne Chilis
Dressing:
3 EL chinesischer Essig oder ein anderer milder Essig
2 EL Zucker
2 TL *sambal ulek* oder zerdrückte frische Chilis
1 TL getrocknete Shrimp-Paste *(blacan)*, oder nach Geschmack
Salz und Zitronensaft nach Geschmack

Die Gurken schälen, der Länge nach durchschneiden, die Kerne herausschaben, dann die Gurken in streichholzdünne Streifen schneiden. Die Ananas schälen, alle »Augen« ausschneiden (siehe Illustration S. 12). Die Ananas der Länge nach in Spalten schneiden, das harte Mittelstück herausschälen, das Fleisch würfeln. Die Chilis entkernen und fein aufschneiden. Gurken-, Ananas- und Chilistückchen in einer Schüssel mischen und dünn mit Salz bestreuen.

*Dressing: Blacan* in Folie einwickeln, auf jeder Seite 5 Minuten grillen. In Essig auflösen. Zucker, Chilipulver, Salz und Zitronensaft nach Geschmack zugeben. Das Dressing mit den Salatzutaten locker mischen. Man kann es aber auch gesondert dazu reichen.

# Chilisoße

Zutaten:
125 ml Chilipulver
750 ml Zucker
1 × 740-ml-Flasche weißer Essig
375 g Sultaninen
8 Knoblauchzehen, zerdrückt
3 TL Salz
1 1/2 TL frischer Ingwer, fein gerieben

Alle Zutaten in einem Topf aus Emaille oder rostfreiem Stahl zum Kochen bringen. Sanft simmern, bis die Sultaninen sehr weich sind. Abkühlen lassen. In einem Mixer glattrühren oder durch ein Sieb streichen. In sterilisierten Flaschen luftdicht verschließen.
Anmerkung: Dieses Rezept ergibt eine süß-scharfe Chilisoße. Wenn man sie mit käuflicher Tomatensoße mischt, wird der Geschmack milder. Je nach Menge der zugegebenen Tomatensoße kann man die gewünschte Schärfe selbst bestimmen.

# Laksa

Laksa aus gemischten Meerestieren

Laksa *bedeutet ein Gericht aus Reisnudeln (frisch oder getrocknet) in einer kräftigen, würzigen Suppe aus Kokosmilch. Meistens gibt man Bohnensprossen, kleingeschnittene Gurken und grüne Blattgemüse zu. Als Begleitung kann man ein scharfes* sambal *reichen. Man kann dieses Rezept für 4 Personen halbieren; in den angegebenen Mengen eignet es sich jedoch hervorragend für ein Büfett.*

8 bis 10 Personen
Zutaten:
500 g rohe Garnelen
500 g Fischfilets
1/4 TL Pfeffer
1 TL Salz
125 g Krabbenfleisch oder 2 gekochte Hummerkrabben, in Stücke geschnitten
5 EL Öl
2 l Wasser
2 TL Salz
500 g Reis-Vermicelli
500 g frische Bohnensprossen
1 große Gurke, geschält und grob geraffelt
8 Frühlingszwiebeln
125 ml frische Minze, fest gepackt

Für die Suppe:
2 mittelgroße Zwiebeln, geviertelt, fein geschnitten
2 Knoblauchzehen, fein gehackt
2 TL Zitronenschale, fein gerieben
2 TL *laos*-Pulver
8 Lichtnüsse, fein gerieben
6 getrocknete Chilis, entkernt
2 TL getrocknete Shrimp-Paste *(blacan)*
2 TL Kurkuma, gemahlen
4 TL Koriander, gemahlen
Garnelenbrühe mit Meerestieren (siehe oben)
2 l Kokosmilch
2 TL Zucker
2 1/2 TL Salz, oder nach Geschmack

Die Garnelen aus der Schale lösen, ausnehmen. Schalen und Köpfe aufbewahren und gründlich abtropfen lassen. Die Fischfilets häuten, Gräten entfernen. Die Filets mit einem Hackmesser sehr fein hacken. Salzen und pfeffern, kleine Bällchen formen oder eine wurstförmige Rolle und diese in fingerdicke Scheiben schneiden. Das Krabbenfleisch zerpflücken, horniges Gewebe entfernen. Die Hummerkrabben in Stücke hacken, nachdem die oberste Schale und faseriges Gewebe entfernt wurden.
In 2 EL sehr heißem Öl die Garnelenköpfe und -schalen rösten, bis sie hellrot sind. 2 l Wasser mit 2 TL Salz zugießen, zugedeckt 20 bis 30 Minuten simmern, dann durch ein Sieb abgießen. Schalen und Köpfe wegwerfen. Die Brühe wieder aufs Feuer geben, die Fischbällchen oder -scheiben und die Garnelen einlegen. Große Garnelen zerteilen. Wieder zum Kochen bringen, 3 bis 4 Minuten bei schwacher Hitze simmern. Warm stellen.
Die Reis-Vermicelli mit kochendem Wasser überbrühen, dann in einem Sieb ablaufen lassen. Oder 5 bis 10 Minuten in warmem Wasser einweichen, gut abtropfen lassen. Die Bohnensprossen mit kochendem Wasser überbrühen, mit kaltem Wasser abspülen, lose Häutchen abwaschen. Abstehende braune Enden abknipsen. Die Frühlingszwiebeln in feine Scheiben schneiden, die Minze grob hakken. Jede Zutat für sich bis zur Essenszeit beiseite stellen.

Das Zubereiten der Suppe:
In den restlichen 3 EL Öl Zwiebeln, Knoblauch und Zitronenschale anbraten, bis die Zwiebeln goldgelb sind. *Laos*-Pulver, Lichtnüsse, Chilis, *blacan*, Kurkuma und Koriander einrühren. Die Garnelenbrühe dazugießen. Sobald die Suppe kocht, Kokosmilch, Zucker und Salz einrühren. Bei schwacher Hitze offen 10 bis 15 Minuten simmern, dabei ständig rühren, damit die Kokosmilch nicht gerinnt.
Jede Suppenschale zu zwei Dritteln mit Reis-Vermicelli füllen, eine Handvoll Bohnensprossen, je 1 EL Gurke und Frühlingszwiebelringe zugeben, ebenso eine gute Prise Minze. Die kochende Suppe darübergießen und sofort auftragen. Dazu kann man nach Belieben ein scharfes *sambal* essen.

# Mah mee
Nudelsuppe

5 bis 6 Portionen
Zutaten:
500 g rohe Garnelen
1 EL Erdnußöl
1 l Wasser
$1^1/_2$ TL Salz
500 ml Hühnerbrühe
250 g barbecuegewürztes Schweinefleisch
250 g Bohnensprossen
1 EL Sesamöl
3 Knoblauchzehen, fein gerieben
$^1/_2$ TL frischer Ingwer, fein gerieben
125 g feine Eiernudeln
1 TL Fünf-Gewürze-Pulver
90-g-Dose Krabbenfleisch
125 ml Frühlingszwiebeln, fein gehackt
1 kleine Gurke, geschält und gewürfelt

Die Garnelen auslösen und ausnehmen. Die Garnelenschalen und -köpfe gründlich waschen und abtropfen lassen. In einem Topf Erdnußöl erhitzen, Schalen und Köpfe bei starker Hitze rösten, bis sie rosa sind. Wasser und Salz zugeben, zugedeckt 20 Minuten kochen. Durch ein Sieb gießen. Man kann die Garnelenköpfe dann mit ein wenig Brühe im Mixer zerkleinern, durch ein feines Sieb passieren und diese Flüssigkeit an die Garnelenbrühe geben. Die Suppe bekommt dadurch mehr Geschmack. Garnelen- und Hühnerbrühe mischen.
Das barbecuegewürzte Schweinefleisch in dünne Scheiben schneiden. Die Bohnensprossen waschen und abtropfen lassen. Knoblauch und Ingwer in heißem Sesamöl behutsam anbraten, bis sie anfangen zu bräunen, mit der Brühe ablöschen, die Garnelen zugeben. Zum Kochen bringen, 5 Minuten kochen. Die Nudeln zugeben, weitere 5 Minuten kochen. Schweinefleisch, Bohnensprossen, Fünf-Gewürze-Pulver zugeben, 2 Minuten simmern. In einer großen Schüssel servieren, mit Krabbenfleisch, Frühlingszwiebeln und Gurkenwürfeln garnieren.

# Hokkien mee-Suppe

*6 Portionen als Hauptgericht, 8 bis 10 Portionen als Teil einer Mahlzeit mit mehreren Gerichten.*

Zutaten:
500 g kleine gekochte Garnelen
500 g *Hokkien mee* (dicke gelbe Nudeln)
125 g Reis-Vermicelli
500 g frische Bohnensprossen
12 Spinatblätter

Zum Garnieren:
125 g Schweinespeck
4 EL getrocknete Zwiebelflocken
4 getrocknete Chilis, nach Belieben
Sojasoße
Öl zum Braten

Zutaten zur Suppe:
2 l Schweinefleisch- oder Hühnerbrühe
2 getrocknete Chilis, entkernt
1 EL Öl
Zucker, Sojasoße und Salz nach Geschmack
125 ml gekochtes Schweinefleisch, in kleine Streifen geschnitten, nach Belieben

Die Garnelen aus der Schale lösen. Reichlich leicht gesalzenes Wasser in einem Topf oder Wok zum Kochen bringen, die frischen Nudeln darin halb gar kochen. In einem Sieb mit kaltem Wasser abspülen, um den Garprozeß zu unterbrechen. Die Reis-Vermicelli in einer Schüssel mit heißem Wasser bedecken, 10 Minuten einweichen, abgießen. Die frischen Bohnensprossen in einem Sieb blanchieren, dann mit kaltem Wasser abkühlen. Den Spinat von den Stielen zupfen, in etwas Wasser halb gar kochen, abgießen, in kurze Streifen schneiden. Alle diese Zutaten in einzelnen Schüsseln bereitstellen.
Garnitur:
In einem Wok etwa 1 EL Öl erhitzen, den in sehr kleine Würfel geschnittenen Speck darin kroß ausbraten. Aus dem Topf nehmen und auf Küchenpapier legen. 3 oder 4 EL Öl in den Wok geben und bei schwacher Hitze die Zwiebelflocken braten; dabei sehr sorgfältig aufpassen, denn sie können innerhalb weniger Sekunden schwarz und bitter werden. Am besten legt man Zwiebel- und Knoblauchflocken zum Braten in ein feines Sieb und taucht sie langsam in das heiße Öl, läßt sie im Sieb braten und kann sie dann alle gleichzeitig wieder herausheben. Auf Küchenpapier abtrocknen lassen. Von den Chilis die Spitzen abschneiden, die Kerne herausschütteln. Die Chilis braten, bis sie dunkel werden. Abtropfen lassen. Die erkalteten Schoten dann zerkrümeln. Alles getrennt in kleinen Schüsseln bereitstellen, dazu ein Schälchen mit Sojasoße, mit der jeder seinen Teller Suppe selbst würzen kann.
Suppe:
Die Brühe zum Kochen bringen. In einem zweiten Topf 1 EL Öl erhitzen (das kann übriggebliebenes Öl vom Braten der Garnitur sein) und die beiden getrockneten, entkernten Chilis darin braten. Wenn sie dunkel geworden sind, die heiße Brühe, Zucker, Sojasoße und Salz zugeben und 5 Minuten simmern.
In jede große Suppenschale je eine Portion Hokkien-Nudeln, Reis-Vermicelli, Bohnensprossen, Garnelen und Spinatblätter geben. Die kochende Suppe darübergießen, auftragen. Die Schüsselchen mit den Zutaten zum Garnieren sollen auf dem Tisch bereitstehen, damit jeder nach Belieben davon nehmen kann.

# Poh pia

*Dieser beliebte Snack chinesischen Ursprungs ist in Singapur und Malaysia als* poh pia *bekannt, als* kau pyan *in Burma. Auch auf den Philippinen kennt man unter dem Namen* lumpia *etwas sehr Ähnliches.*
Poh pia *ist eine frische, also nicht gebackene Frühlingsrolle, in die sich jeder Gast nach Belieben von den Zutaten füllt, die das Geschmackspotpourri in der Eierteigrolle ergeben. Deshalb eignet sie sich so hervorragend für Parties, bei denen sich jedermann nach Gusto bedient.*
Poh pia *besteht aus drei Teilen: 1. der Hülle, 2. der gebratenen Füllung, 3. Beilagen zum Garnieren, die einzeln gereicht werden und von denen man nach Geschmack nimmt.*

Ergibt etwa 25 Stück
Zutaten zu der Eierteighülle:
5 Eier
375 ml kaltes Wasser
1/2 TL Salz
2 EL Öl
250 ml Weizenmehl

Zutaten zur Füllung:
4 EL Öl
2 Kuchen gelber Bohnenquark, in Streifen geschnitten
500 g Schweinebauch, gekocht und gewürfelt
6 Knoblauchzehen, fein gehackt
3 EL gesalzene Sojabohnen, zerdrückt, oder Bohnensoße
250 g Garnelen
eine 800-g-Dose Bambusschößlinge, abgetropft, in streichholzdünne Streifen geschnitten
250 g chinesische süße weiße Rübe *(bangkwang)*, geschält, in streichholzdünne Streifen geschnitten
1/2 TL Salz, oder nach Geschmack

Zutaten zum Garnieren:
1 großer Kopf Salat
185 g Krabbenfleisch, tiefgekühlt oder aus der Dose
1 kleine Gurke
250 g Bohnensprossen
6 *lap cheong* (chinesische Würste)
3 Eier
10 bis 15 Knoblauchzehen
ein kleines Bündel frisches Koriandergrün
Chilisoße
dunkle Sojasoße, gesüßt, oder *kecap manis*

*Eierteighüllen:*
Eier und Wasser mit dem Elektrorührer verschlagen, bis sie gut vermischt, aber nicht besonders schaumig sind. Salz, Öl und Mehl zugeben und zu einem glatten Teig rühren. 30 Minuten ruhen lassen; in dieser Zeit die Füllung zubereiten. Man kann den Teig auch im Mixer herstellen: zuerst die flüssigen Zutaten einfüllen, dann das Mehl. Ein paar Sekunden mixen, dann den Motor stoppen und den Becherinhalt von der Wand nach unten schaben, weiter ein paar Sekunden rühren. Der auf diese Weise hergestellte Teig muß etwas länger ruhen. Sollte sich Schaum auf der Oberfläche bilden, muß man ihn mit einem Löffel abnehmen, ehe man mit dem Backen anfängt.
Eine schwere Bratpfanne oder Pfannkuchenpfanne dünn einfetten, indem man ein Stück Küchenpapier in Öl taucht und die heiße Pfanne damit auswischt. Einen kleinen Schöpflöffel voll Teig einfüllen, die Pfanne schnell herumschwenken, damit er den Pfannenboden nur hauchdünn überzieht. Überschüssigen Teig in die Rührschüssel zurückgießen. Bei schwacher Hitze backen, bis die Unterseite fest und nur ganz blaßgelb ist. Dann wenden, die andere Seite ebenfalls nur ein paar Sekunden backen. Diese Hüllen darf man nicht braun werden lassen. Die fertigen Hüllen auf einem flachen Teller stapeln.

*Füllung:*
Das Öl in einem Wok erhitzen und darin die Bohnenquark-Streifen von allen Seiten goldbraun rösten. Auf Küchenkrepp abtropfen lassen. In kleine Würfel schneiden.
Das Öl bis auf 1 EL abgießen, dann das gewürfelte Schweinefleisch unter Rühren rösten, bis das Fett ausbrät. Knoblauch und die zerdrückten Sojabohnen zugeben und weiterrühren, bis der Knoblauch gar riecht. Die geschälten, ausgenommenen, gehackten Garnelen zugeben und im Fett wenden, bis sie die Farbe wechseln. Bambusschößlinge und Rübe unter lockerem Wenden und Rühren mitbraten, bis sie gar, aber noch knackig sind. Dann den Bohnenquark zugeben. Mit Salz abschmecken. Bei schwacher Hitze offen fast trockenkochen. Die Füllung auf eine Platte geben, eine kleine Schüssel darüberstülpen, damit Flüssigkeit und Öl unter dem Schüsselrand heraussickern können.

*Beilagen zum Garnieren:*
Den Salat gründlich waschen, die Blätter abtrennen. Mit einem Messer die Blattrippen herausschneiden, dann jedes Blatt der Länge nach in 3 oder 4 Stücke zerteilen. Abtropfen lassen oder auf Küchenpapier behutsam abtupfen, dann auf einem Teller anrichten. Das Krabbenfleisch zerpflücken, alle hornigen Stellen entfernen. In eine kleine Schale geben. Von den Bohnensprossen die abstehenden Enden abknipsen, gründlich waschen, mit kochendem Wasser blanchieren, dann mit kaltem Wasser abspülen. Trocknen lassen, in eine Schüssel häufen. Die *lap cheong* in einem Sieb 10 Minuten dämpfen, dann in dünne Scheiben schneiden. In eine Schüssel legen und warm stellen. Die Eier schlagen, salzen und pfeffern; in einer leicht eingeölten Bratpfanne 4 oder 5 sehr dünne Omeletts backen. Nicht zusammenklappen, sondern flach übereinanderlegen. Die kalten Omeletts in feine Streifen schneiden. In einer Schüssel anrichten.
Den Knoblauch fein hacken oder im Mörser zerreiben. In kaltem Wasser spülen, durch ein feines Sieb abgießen, dann in Küchenpapier einschlagen und sanft möglichst viel Feuchtigkeit auspressen. Etwa 4 EL Öl in einem Wok erhitzen und den Knoblauch bei schwacher Hitze unter Rühren rösten, bis er anfängt, goldgelb zu werden. Die Pfanne sofort vom Feuer nehmen und den Knoblauch in der im Öl gespeicherten Hitze fertigbraten lassen. Abgekühlt aus dem Öl nehmen und auf Küchenpapier abtropfen lassen. In eine kleine Schüssel geben.

Die frischen Korianderblätter gründlich waschen, auf Küchenpapier trocknen, dann recht fein hacken. In ein Schüsselchen geben. Weitere Schüsselchen mit Chilisoße (hausgemachte, Rezept S. 252, oder die süße Art, die in Singapur oder Malaysia hergestellt wird und die man in Chinageschäften bekommen kann) und mit dunkler Sojasoße füllen, die mit etwas Zucker gesüßt wird.
Alle diese Beilagen sollten Sie vorbereitet haben, ehe Sie die Eierteighüllen und die Füllung herstellen.

*So wird poh pia serviert:*
Es macht Spaß, aus all diesen Beilagen sich eine ganz individuelle *poh pia*-Rolle zusammenzustellen. Jeder Gast legt eine Teighülle auf seinen Teller, darauf ein Salatblatt, das mit Chilisoße bestrichen oder mit gesüßter Sojasoße beträufelt wird. Dann gibt man einen Löffel Füllung auf das Blatt und vervollständigt das Ganze mit einer Garnitur nach Geschmack. Die Hülle wird aufgerollt, dabei die Seitenkanten nach innen geschlagen, damit die Füllung ganz eingeschlossen ist. *Poh pia* muß sofort gegessen werden, sonst weicht die Hülle durch.

# Frühlingsrollen

*Seitdem man Frühlingsrollen-Hüllen, auch »Häute« oder »Schalen« genannt, tiefgekühlt in chinesischen Lebensmittelgeschäften bekommen kann, ist es für eine Hausfrau nicht mehr schwer, diesen beliebten Snack zuzubereiten. In jedem Päckchen sind etwa 20 Hüllen. Man muß sie auftauen, ehe man versuchen kann, die zarten Teigquadrate voneinander zu lösen.*

Ergibt 20 Stück
Zutaten:
6 getrocknete chinesische Pilze
3 EL Erdnußöl
1 EL Sesamöl
1 Knoblauchzehe, fein gerieben
1/2 TL frischer Ingwer, fein gerieben
250 g Schweinefleisch, fein gehackt
250 g rohe Garnelen, ausgenommen und gehackt
500 ml in Streifen geschnittener Chinakohl
250 ml kleingeschnittener Rettich
12 Wasserkastanien, gehackt
250 ml Bambusschößlinge, gehackt
125 g Bohnensprossen
6 Frühlingszwiebeln, fein gehackt
1 EL helle Sojasoße
1 EL Austernsoße
1 TL Salz
3 TL Maisstärke
1 Paket tiefgekühlte Frühlingsrollen-Hüllen
Öl zum Ausbacken

Die Pilze mit heißem Wasser bedeckt 10 Minuten einweichen. Die Stiele wegwerfen, die Hüte hacken. In einem Wok Erdnuß- und Sesamöl erhitzen und darin Knoblauch und Ingwer ein paar Sekunden anbraten. Das Schweinefleisch zugeben und bei starker Hitze pfannenrühren, bis es die Farbe wechselt. Die Garnelen zugeben und weiter pfannenrühren, bis sie gar sind. Die vorbereiteten Gemüse, Sojasoße, Austernsoße und Salz gründlich untermischen. Dann alles zur Seite schieben und den Wok kippen, damit sich die Flüssigkeit auf der anderen Seite sammelt. Die mit etwas kaltem Wasser glattgerührte Maisstärke untermischen und unter Rühren kochen, bis sie andickt. Den Wok vom Feuer nehmen, die angedickte Soße mit der Fleischfüllung vermischen. Völlig abkühlen lassen.
2 EL dieser Füllung auf ein Ende der Hülle häufen und dann aufrollen, dabei die Seitenkanten nach innen schlagen, damit die Füllung ganz eingeschlossen ist. Die Ränder mit Wasser oder mit in Wasser angerührter Maisstärke anfeuchten und fest zusammenpressen.
Jeweils eine oder zwei Rollen in heißem Öl schwimmend goldbraun ausbacken. Auf Küchenpapier abtropfen lassen und sofort servieren, zum Beispiel mit Chilisoße.

# Murtaba

Rotis mit pikanter Füllung

*Dieses Rezept ist dem Ursprung nach indisch, man verbindet es aber meistens mit Singapur und seinen Gartenrestaurants. Auch in Sri Lanka sind diese* rotis *sehr beliebt, und der* »godamba roti«*-Mann geht zur Essenszeit durch die Vorstadtstraßen, schiebt seine fahrbare Küche vor sich her und lockt mit seiner Schelle Käufer an, an denen es auch nicht mangelt. Seine Küche ist weiter nichts als ein kleiner Karren mit einem Dach und darunter einem großen, von einem Kohlenfeuer beheizten Stahlblech. Auf einer Seite liegen wie ein Haufen großer Eier die Teigbällchen, und in einem Topf dampft das dazugehörige Curry. Niemand, der zugesehen hat, wie* murtaba *gemacht wird, kann sich wohl vorstellen, daß das auch zu Hause gelingen könnte. Denn diese Männer, die ihr Leben lang nichts anderes gemacht haben, als diese papierdünnen* rotis *herzustellen, gehen so vor: Sie schleudern eine Handvoll Teig in immer größer werdenden Kreisen, bis aus einem eigroßen Ball innerhalb einer Minute eine große Teigplatte entstanden ist. Sie wird auf dem Backblech gebacken und mit pikantem Fleisch oder gewürzten, geschlagenen Eiern gefüllt. Zu Hause werden Sie keine so eindrucksvolle Vorstellung geben wollen; Sie können auch auf schlichtere Art hauchdünne Teigplatten bekommen. Legen Sie die Kugeln aus gut durchgeknetetem Teig mindestens eine Stunde lang in Öl und ziehen Sie den Teig dann mit den Händen aus, als ob Sie ein Leintuch glattziehen wollten. Arbeiten Sie auf einer glatten Oberfläche, am besten einer beschichteten Arbeitsplatte. Dann tragen Sie die dünne Teigplatte über der Teigrolle hängend zum Backblech, damit Ihre Finger nicht versehentlich Löcher hineinbohren können. Die Ränder werden etwas dicker ausfallen als die Mitte, aber das macht nichts. Das eigentliche Problem in der Küche zu Hause ist, ein genügend großes Backblech für* murtaba *zu finden; andererseits steht nirgendwo geschrieben, daß* murtaba *eine bestimmte Größe haben muß. Kleine Pfannkuchen schmecken genausogut.*

Ergibt 10 bis 12 Stück
Zutaten: 750 ml *roti*-Mehl oder gewöhnliches Weizenmehl; 1 TL Salz, 1 EL *ghee* oder Öl, 250 ml lauwarmes Wasser, 125 ml Öl
Zutaten zur Füllung: Verwenden Sie das Rezept für *keema mattar* auf S. 69, aber ohne Joghurt und Erbsen
2 geschlagene Eier, nach Belieben
Pfeffer und Salz
1 Zwiebel, in feine Ringe geschnitten

Mehl und Salz in eine große Rührschüssel sieben, *ghee* oder Öl einarbeiten, dann das ganze Wasser auf einmal zugeben und alles zu einem ziemlich weichen Teig verarbeiten. Mindestens 10 Minuten kneten. In gleich große Kugeln aufteilen und in eine kleine Schüssel mit Öl legen. Das Öl muß die Teigkugeln bedecken. Mindestens eine Stunde stehenlassen.

Die Füllung sollte bereitstehen. Sie soll ganz trockengekocht sein. Die Eier kräftig pfeffern und salzen. Man kann eine Auswahl an Füllungen anbieten, auch Fleisch zusammen mit Rührei.

Auf einer sehr glatten Oberfläche etwas Öl aus der Schüssel verteilen und eine Teigkugel mit der Teigrolle oder mit der Hand flachdrücken. Den Teig dünn wie Strudelteig ausziehen. Das Backblech vorheizen. Dünn mit *ghee* oder Öl einfetten. Den *roti* über die Teigrolle hängen und so auf das Backblech bringen. Man legt ihn auf das heiße Blech, wie man den Teigdeckel auf einen Pie legen würde. Er backt sehr schnell. Etwas geschlagenes Ei auf den Teig gießen und mit dem Löffelrücken über die Mitte verstreichen. Darauf etwas Fleisch streuen, schließlich einige Zwiebelringe darüber verteilen. Die Ränder des *roti* wie einen Briefumschlag falten und die Füllung fest einschließen. Nun mit einer Bratschaufel wenden, vorher noch etwas Öl oder *ghee* auf dem Blech verteilen, und den *roti* auf der anderen Seite backen. Er soll auf beiden Seiten goldgelb und knusprig sein.

Heiß servieren.

Manchmal backt man *murtabas* ohne jede Füllung und reicht ein Curry dazu. Dann werden sie wie *chapatis* oder *parathas* gebrochen und eingetunkt.

# Weiße Wildpilze in süßer Suppe

6 Portionen
Zutaten:
3 EL weiße Wildpilze (Silberpilze – siehe Glossar)
500 ml Wasser
185 ml Stangenzucker oder weißer Zucker
1 Dose Longans oder Lichees
12 Eiswürfel

Die Silberpilze waschen und in heißem Wasser einweichen, bis sie gequollen und weich sind. Abgießen. In einem Topf mit dem Zucker zum Kochen bringen; dabei rühren, bis der Zucker sich aufgelöst hat. Zugedeckt 10 Minuten simmern. Abkühlen lassen, in den Kühlschrank stellen.
Die Pilze in einer hübschen Schüssel mit den Früchten und dem Fruchtsirup mischen, die Eiswürfel dazugeben. In Schälchen mit Porzellanlöffeln servieren. Man kann das Dessert auch warm reichen, dann die Eiswürfel weglassen.

# Toffee-Äpfel

*Chinesische Toffee-Äpfel sind nicht die glasierten roten Äpfel auf Hölzchen, die in westlichen Ländern unter diesem Namen bekannt sind. Es sind im Teigmantel ausgebackene dicke Apfelscheiben. Man taucht sie dann in eine Zuckerglasur mit schwarzen Sesamkernen, die in Eiswasser schnell hart wird, und ißt sie mit Stäbchen. Das macht großen Spaß, besonders, wenn Sie zwei Rechauds auf den Tisch stellen können – die Gäste können sich dann betätigen und ihre Äpfel selbst glasieren.*

Ergibt 24 Stück
Zutaten:
3 mittelgroße Kochäpfel
1 Ei
160 ml kaltes Wasser
250 ml Weizenmehl
Erdnußöl zum Ausbacken

Glasur:
375 ml Zucker
125 ml kaltes Wasser
2 TL schwarze Sesamkerne

Die Äpfel vierteln, schälen, die Kerngehäuse ausschneiden. Jedes Viertel in zwei dicke Scheiben schneiden, in drei, wenn die Äpfel groß sind. Beiseite stellen. In einer mittelgroßen Schüssel das Ei schlagen, dann das Wasser zugießen und zusammen weiterschlagen, das Mehl auf einmal zugeben und alles mit dem Rührstab zu einem glatten Teig rühren. Wenn das Öl rauchendheiß ist, die Apfelstücke im Teig wenden, bis sie ganz damit bedeckt sind, dann immer ein Stück mit Stäbchen, einer Fonduegabel oder den Fingern in das heiße Öl tauchen. Nicht zu viele gleichzeitig einlegen. Die Küchlein goldgelb ausbacken, mit einem Schaumlöffel herausheben und gleich in den Topf mit der Glasur fallen lassen. Darin wenden, bis sie ganz überzogen sind, herausheben und in eine Schüssel legen, die kaltes Wasser mit Eiswürfeln enthält. Die Glasur wird fast augenblicklich hart und spröde. Die Äpfel schnell herausheben und auf einer dünn eingeölten Platte anrichten. Möglichst bald servieren. Zu langes Stehen macht den Teig ledern und läßt die Glasur schmelzen.

*Glasur:*
Zucker und Wasser in einem kleinen Topf bei Mittelhitze zum Kochen aufsetzen. Es ist wichtig, daß auf keinen Fall umgerührt wird, sonst kristallisiert der Zucker aus, und die Glasur wird nicht klar. Den Sirup kochen lassen, bis er am Topfrand leicht gelb wird. Die Sesamkerne einrühren und die Hitze so schwach wie nur möglich einstellen oder den Topf vom Feuer nehmen und ihn nur von Zeit zu Zeit wieder an die Wärme geben, wenn die Glasur anfängt hart zu werden, ehe alle Äpfel eingetaucht worden sind.

# Mandelbiskuits

Ergibt etwa 16 Stück
Backzeit: 25 bis 30 Minuten
Backofentemperatur: 150–160 °C
Zutaten:
125 g Schweineschmalz
125 ml feiner Zucker
1 TL Mandelessenz
einige Tropfen gelbe Lebensmittelfarbe, nach Belieben
375 ml Weizenmehl
8 blanchierte Mandeln
1 Eigelb
1 EL Wasser

Das Schweineschmalz bei Raumtemperatur weich werden lassen, dann zusammen mit Zucker sahnig rühren. Mandelessenz und nach Belieben etwas gelbe Farbe einrühren. Das ungesiebte Mehl nach und nach zugeben, alles gut vermengen. Wenn alles Mehl zugegeben ist, den Teig weiter mit der Hand durcharbeiten; trotzdem bleibt er krümelig.

Gestrichene Eßlöffel Teig zu flachen, runden Plätzchen von etwa 5 cm Durchmesser formen. Die Ränder haben kleine Sprünge. Auf ein gut eingefettetes Backblech legen. Die Mandeln in einem kleinen Topf mit etwas kaltem Wasser zum Kochen kommen lassen, abgießen, dann halbieren. In die Mitte jedes Biskuits eine Mandelhälfte drücken. Das Eigelb mit Wasser schlagen, die Oberseite der Biskuits damit bestreichen.

Bei 150–160° im Backofen etwa 30 Minuten blaßgelb backen. Auf dem Blech etwas abkühlen lassen, dann mit einem Spatel zum Auskühlen auf ein Kuchengitter legen. Luftdicht verschlossen aufbewahren.

# Agar-Agar-Gelee

6 Portionen
Zutaten:
1,5 l Wasser
4 TL Agar-Agar-Pulver
250 ml Zucker
einige Tropfen rote Lebensmittelfarbe
3 oder 4 Tropfen Rosenessenz
1/2 TL Vanille-Essenz
einige Tropfen grüne Lebensmittelfarbe
3 oder 4 Tropfen Mandelessenz

Das Wasser in einen Topf gießen, das Agar-Agar-Pulver darüberstreuen, langsam zum Kochen bringen. Etwa 5 bis 10 Minuten kochen, bis das Agar-Agar sich aufgelöst hat. Auch den Zucker einrühren und über der Hitze auflösen. Vom Feuer nehmen. 500 ml des Gelees in eine Schüssel gießen, mit roter Farbe rosa färben und mit Rosenessenz aromatisieren. In eine mit kaltem Wasser ausgespülte Glasschüssel gießen. Das restliche Gelee im Wasserbad warm halten. Das rosa Gelee in den Kühlschrank stellen. Nach einigen Minuten ist diese erste Schicht erstarrt.

Nun weitere 500 ml Gelee in die Schüssel geben und mit Vanille würzen. Vorsichtig auf die erste Schicht gießen, kühl stellen. Das restliche Gelee blaßgrün färben, mit Mandelessenz aromatisieren und auf die zweite Schicht geben. Bis zum Auftragen kühl stellen, in der Schüssel servieren.

Das Gelee schmeckt gekühlt besonders gut. Es erstarrt aber schon bei 27 °C, und das ist in heißen Ländern, wo meistens kein Kühlschrank zur Verfügung steht, von besonderem Vorteil.

# Burma

Ich war noch zu klein bei meinem ersten Besuch im Hause meiner Großmutter in Rangoon, Burma, als daß ich mich später daran hätte erinnern können. Der zweite Besuch dagegen, der ein Jahr dauerte, hat ein kunterbuntes Mischmasch von Erinnerungen hinterlassen. Ich erinnere mich an das zweistöckige Haus, zurückgesetzt in den Park, kühl gehalten durch Ventilatoren an den Decken und hölzerne Stabjalousien vor den Fenstern. Ich erinnere mich an die Treppe aus poliertem dunklem Holz, die mir so hoch vorkam, daß ich nie wagte, die Balustrade hinunterzurutschen, an die weiten Räume, die so typisch sind für Häuser in den Tropen, und an die ruhige Ordnung unter dem strengen, aber liebevollen Regiment meiner Großmutter.

Am lebendigsten sind meine Erinnerungen an funkelnde goldene Pagoden und an leckeres Essen. Ich sparte mein Taschengeld zusammen, um Snacks von den Händlern kaufen zu können, die durch die Vorstadtstraßen zogen und ihre Waren ausriefen. Abends besuchten wir oft das Basargebiet, wo sich an den Straßenrändern Buden mit allen möglichen Delikatessen aneinanderreihten. Snacks, Süßigkeiten, kühle Getränke, vollständige Mahlzeiten – jede Bude war auf etwas Bestimmtes spezialisiert. Am liebsten mochte ich frischen Zuckerrohrsaft. Zuckerrohr wurde zwischen glänzenden Stahlwalzen zerdrückt, der Saft ausgepreßt und über Eiswürfel in hohe Gläser gegossen.

Meine Mutter war in Mandalay geboren, hatte Burma aber als junge Frau verlassen, um in Sri Lanka zu leben. So war Burma für mich neu und faszinierend. Bei diesem zweiten Besuch lernte ich Tante Connie kennen, Mutters jüngste Schwester. Sie machte auf mich mindestens einen ebenso nachhaltigen Eindruck wie meine Lieblingsspeisen, denn ich war überwältigt von ihrer Schönheit und Lebhaftigkeit, und ich fragte mich, welcher ihrer vielen Verehrer wohl das Glück haben würde, sie zu heiraten. Das nächste Mal trafen wir uns in England, wohin ich zur Vervollständigung meiner Erziehung geschickt worden war. Glücklicherweise verbrachte auch Connie ein Jahr in England, und ich wohnte mit ihr und ihrer reizenden Familie in einem herrlichen Landhaus – eine der glücklichsten Zeiten meines Lebens.

Weil sie so viele Jahre in Burma gelebt hatte und köstliche burmesische Speisen kocht, selbst wenn sie Tausende von Meilen von jenem Land entfernt ist, erbat ich ihre Hilfe, um mit ihr zusammen dieses Kapitel zur bestmöglichen Informationsquelle über burmesisches Essen zu machen. Und was ich zu den von Mutter und Großmutter übernommenen Rezepten dazugelernt

habe, das verdanke ich meiner wunderbaren Tante Constance Hancock und Mrs. Ida Htoon Phay.
»Kochen sollte keine Last sein«, schreibt Connie, »deshalb sollte die vielbeschäftigte Hausfrau ihren Verstand einsetzen und versuchen, sich das Leben etwas zu erleichtern, wenn sie sich an das Kochen exotischer Gerichte machen will. Zum Beispiel sollte sie wissen, daß man Zwiebeln, Knoblauch und andere Curryzutaten in größeren Mengen anbraten und in Gläsern oder tiefgekühlt aufbewahren kann. Das erspart es ihr, jedesmal, sobald sie starkriechendes Essen kocht, ein Vermögen für Raumsprays ausgeben zu müssen. Denn es sind die ersten Arbeitsgänge bei der Kocherei, welche die ausdauerndsten Gerüche verbreiten.
Wenn ich die Grundzutaten für Curries (S. 268) angebraten habe, gebe ich sie in Margarinebecher, verschließe sie mit Gefrierbeuteln und friere sie ein. Ein Becher Curryzutaten (etwa 1/4 kg) genügt für ein dreipfündiges Huhn oder 750 g Rindfleisch, Lamm- oder Schweinefleisch. Da Fisch- und Fleischcurries mit den gleichen Grundzutaten gekocht werden, ergibt sich da kein Problem. Zu diesen Grundzutaten gebe ich, je nach Rezept, weitere Gewürze und Kräuter, die dem Gericht dann seinen charakteristischen Geschmack geben.
Unangemeldeter Besuch ist immer erstaunt, daß ich ganz ohne Vorbereitungen eine ganze Mahlzeit in weniger als einer Stunde auf den Tisch bringen kann. Was am längsten zum Garen braucht, wird zuerst aufgesetzt, und so fort. Ich habe immer einen Vorrat an kroßgebratenen braunen Zwiebeln und Knoblauch, von zerriebenen getrockneten Garnelen und *balachaung* im Hause. Sie halten sich gut in luftdicht verschlossenen Gläsern, ebenso scharfe Mango-Pickles und Chutneys. Und in meiner Gefriertruhe sind solche Schätze wie gehacktes Koriandergrün, kleingeschnittene rote und grüne Pfefferschoten; ich muß mir nur herausholen, was ich brauche.«

## Wie man eine burmesische Mahlzeit serviert und ißt

Der Grundpfeiler einer burmesischen Mahlzeit ist, wie überall in Asien, eine Schüssel voll perfekt gekochtem, dampfend heißem, lockerem Reis. Er wird auf den Tisch gestellt, wenn sich die Gäste eben setzen, damit er heiß ist. Auch die Suppe ist immer kochendheiß. Dagegen werden die Schüsseln mit den übrigen Beilagen schon vorher auf den Tisch gestellt, viele Beilagen werden zimmerwarm serviert.
Ein gedeckter Tisch ist ein farbenprächtiges Bild. Die braunen, grünen, roten und gelben Farben der Curries, Gemüse und Beigerichte spielen dabei die Hauptrolle. Alle diese verschiedenen Gerichte sollten sich entweder geschmacklich ergänzen oder kontrastieren: einfache Suppen zu reichhaltigen, ölglänzenden Curries, kräftige Suppen zu milden Gerichten. Immer gehört eine Chiliwürze dazu, ein Salat aus rohen Blättern, Früchten oder Gemüsen, eine Suppe, ein, zwei oder drei Curries aus Fleisch, Fisch, Garnelen oder Eiern. Dazu gibt es noch etwa eine Schüssel Linsen, ein hausgemachtes Pickle, und fast immer die burmesische Spezialität *balachaung*. Es gibt keine feste Regel, welche Gerichte zusammengestellt werden sollen, deshalb ist eine unbegrenzte Zahl von Kombinationen möglich.
Der Tisch wird mit Tellern für den Reis, Schalen und Porzellanlöffeln für die Suppe gedeckt. Es ist üblich, burmesische Gerichte mit den Fingern zu essen; heute verwendet man aber auch Gabel und Löffel. Trotzdem gibt es einige Gerichte, die man mit den Fingern essen *muß* – lesen Sie das Rezept für *lethoke* auf S. 262. Für solche Fälle stellt man auf einem Nebentischchen eine Schüssel mit heißem Wasser, Seife und Handtuch fürs Händewaschen vor dem Essen bereit.
Der wohlerzogene Gast beginnt mit kleinen Portionen. Nur ein wenig Reis zum Anfang, ein kleines Stück von einem der anderen Gerichte, um es mit dem Reis zu vermischen und zu probieren. Dann probiert man von einer anderen Schüssel und so fort. So kostet man von allem Angebotenen, und dann entscheidet man sich für ein bestimmtes Gericht oder für eine Kombination unterschiedlich schmeckender Speisen. Der Reis wird noch ein zweites und drittes Mal herumgereicht. Man darf selbstverständlich um eine Schüssel bitten, die außer Reichweite ist. Von der Suppe nimmt man ab und zu einen Löffel voll zwischen Reis und Curries.
Nach dem Essen wäscht man sich wieder die Hände – in Burma bringt ein Diener heißes Wasser, Seife und Handtuch. Dann folgen Früchte, eine kühlende Süßspeise und Tassen mit dampfend heißem Tee.

## Die Do-it-yourself-Methode

Es gibt einige burmesische Essen, die aus einem einzigen speziellen Hauptgericht bestehen. Dazu gehören *moh hin gha, kaukswe, kyazan* und *htamin lethoke*. Das sind Do-it-yourself-Spezialitäten, bei denen zu Reis oder Nudeln eine Vielzahl schmackhafter Beilagen angeboten werden, aus denen sich jeder Gast sein eigenes Meisterwerk zusammenstellt.
Wenn Sie an einem solchen Essen teilnehmen, gibt es keine Gewähr, daß die Speisen auf Ihrem Teller so schmecken wie die auf dem Teller Ihres Tischnachbarn. Tatsächlich ist das sogar äußerst unwahrscheinlich. Sie nehmen zwar aus den gleichen Schüsseln, von da ab aber wird es unbeschränkte Improvisation. Möchten Sie ein mildgewürztes Essen? Oder ziehen Sie Speisen vor, deren Schärfe Ihnen die Tränen in die Augen treibt? Sind es beißendscharfe Kräuter und Knoblauch, die Sie in den siebten Himmel befördern? Bei einer burmesischen Mahlzeit dieser Art können Sie es haben, wie Sie wollen. Sie können ein bißchen von diesem, reichlich von jenem nehmen. Da gibt es gehacktes frisches Koriandergrün, goldgelb und knusprig gebackene Knoblauchscheiben, pikanten Tamarindensaft, scharfes Chilipulver oder ganze gebratene Chilis, leuchtendrotes Chiliöl, sattbraun gebratene Zwiebeln, in Scheiben geschnittene Frühlingszwiebeln, geröstetes

Kichererbsenpulver mit Nußgeschmack. Je nach den Proportionen, in denen Sie sich von diesen Zutaten nehmen, schaffen Sie sich ein Geschmackserlebnis ganz nach Ihren eigenen Wünschen.
Solche Essen machen Spaß. Und wenn Sie glauben, Sie brauchten Hilfe – es ist durchaus üblich, Ihren Tischnachbarn zu fragen, ob Sie das Essen auf seinem Teller mal probieren dürfen, oder umgekehrt ihn zu bitten, Ihres zu kosten und Ihnen zu raten oder sogar Ihre Portion für Sie zu mixen. Das alles ist so angenehm zwanglos.

### Küchengeräte

Die Küche eines burmesischen Haushalts ist wie alle asiatischen Küchen einfach ausgestattet. Eine aus Ziegeln aufgemauerte Feuerstelle für Kohlen- oder Holzfeuer, oder eine tragbare Holzkohlenpfanne; eine Auswahl von Töpfen und Pfannen – nichts ist dabei, das nicht durch ein Gerät westlicher Art zu ersetzen wäre außer vielleicht dem »*dare-oh*«, einem halbkugelförmigen tiefen Topf aus schwerem Eisen mit zwei Griffen, ähnlich dem chinesischen Wok. Dann gibt es den großen, flachen Mahlstein, einen steinernen Mörser und die üblichen Durchschläge, Siebe, Spatel aus Holz und Bambus, Fleischspieße und Schöpflöffel, scharfe Hackbeile und Messer. Jedes Rezept in diesem Kapitel kann ohne besondere Ausrüstung nachgekocht werden, nur ein Wok ist fast unentbehrlich. Und wie ich schon in anderen Kapiteln gesagt habe, beim Umgang mit Zutaten, die im Ursprungsland auf dem Mahlstein bearbeitet werden würden, ist des Kochs bester Freund ein starker und leistungsfähiger Elektromixer.

### Ihr burmesisches Gewürzbord

Sie werden erstaunt sein, mit wie wenigen Gewürzen Sie in der burmesischen Küche auskommen. In burmesischen Curries wird Currypulver nicht verwendet. Sie basieren auf Zwiebeln, Knoblauch, Ingwer und Chilis, und was Sie brauchen, sind große Mengen dieser Zutaten und das allgegenwärtige *ngapi* oder *blachan*, wie es meist genannt wird, eine getrocknete Garnelenpaste. Ohne sie ist burmesisches Essen nicht authentisch. Charakteristisch für die Speisen des Landes sind kleine Mengen davon, an die konzentrierteren Formen, *ngapi htaung* oder *ngapi chet*, muß man sich erst gewöhnen.

*besan* (Kichererbsenmehl)
Kardamom, gemahlen
Nelken, gemahlen
getrocknete chinesische Pilze
Cellophan-Nudeln *(kyazan)*
Kokosnußsahne, nach Belieben
Maisöl oder Erdnußöl
Chilipulver
Kokosflocken
Eiernudeln
*ngapi* (getrocknete Shrimp-Paste)
*ngan pya ye* (Fischsoße)
Paprika
geröstete Kichererbsen (aus griechischen Delikatessengeschäften)
Reis-Vermicelli
Sesamöl
Sesamkerne
Sojasoße
Kurkuma, gemahlen

Frisches Korianderkraut oder chinesische Petersilie, wie es manchmal genannt wird, ist ein »Muß«, wenn Ihre Gerichte den echten burmesischen Geschmack bekommen sollen. Eine große Samenfirma bietet die Samen an, und ich habe das Kraut schon aus Samen gezogen, die ich eigentlich zum Kochen gekauft hatte. Lesen Sie im Glossar weitere Einzelheiten.

# Htamin

Reis

Reis wird zu allen Hauptmahlzeiten serviert, außer wenn Nudelgerichte Hauptgang sind. Meistens ist es einfacher gekochter Reis. Es spielt gar keine Rolle, wie aufwendig und teuer die übrigen Speisen auf dem Tisch sind, am wichtigsten ist, daß der Reis leicht und locker ist, zwar gar, aber niemals breiig oder klumpig. Zu besonderen Anlässen gibt es noch andere Reisarten, zum Beispiel Kokosnußreis (S. 262), goldener Reis (S. 291), *kitcheree* und *dhan bauk htamin*, der einem *pilau* ähnelt und aus Ente, Huhn oder Hammelfleisch, kombiniert mit Reis, besteht.

*Gekochter Reis*

Für burmesische Gerichte immer Langkornreis verwenden. Man rechnet 250 ml rohen Reis für je zwei oder drei Personen.
Zum Kochen auf 250 ml Langkornreis 500 ml Wasser nehmen. Für jede zusätzliche 250 ml Reis 375 ml Wasser rechnen.

250 ml Reis : 500 ml Wasser
500 ml Reis : 875 ml Wasser
750 ml Reis : 1250 ml Wasser

und so weiter. Diese Maße bringen perfekte Ergebnisse.
Burmesische Köche waschen ihren Reis gründlich. Unseren abgepackten Reis muß man nicht unbedingt waschen. Einige Reissorten absorbieren weniger Wasser als andere. Es hängt viel ab von der Reissorte, aber auch vom Alter des Reiskorns. Es ist möglich, daß die Ernte dieses Jahres etwas weniger Wasser aufnimmt als die des letzten Jahres. Je älter der Reis ist, desto höher wird er in asiatischen Ländern geschätzt, denn er wird beim Kochen trockener und lockerer als neuer Reis.

# Ohn htamin
Kokosnußreis

---

6 Portionen
Zutaten:
625 ml Langkornreis
1250 ml Kokosmilch
2½ TL Salz

Reis, Kokosmilch und Salz zum Kochen bringen. Die Kochhitze stark vermindern, einmal gut durchrühren, den Deckel auflegen und 20 Minuten kochen. Während dieser Zeit den Deckel nicht abnehmen und nicht umrühren. Wenn dann nicht alle Kokosmilch aufgesogen ist, mit einer Gabel ganz leicht am Topfrand entlang rühren, um die Milch unterzumischen. Den Deckel wieder auflegen und bei schwacher Hitze noch einmal 5 bis 10 Minuten kochen.
Heiß mit burmesischen Curries, gebratenen Garnelen oder Schweinefleisch, Öl-Pickles und *ngapi htaung* (S. 282) servieren.

# Htamin lethoke
»Mit den Fingern gemischter Reis«

---

*Die wörtliche Übersetzung des burmesischen Namens gibt schon einen Hinweis auf die Art dieses Gerichts. Jedermann nimmt sich selbst von einer oder mehreren der Hauptzutaten und ein wenig von allen Beigerichten. Um diese Art Essen richtig genießen zu können, muß man die Finger zum Mischen und Essen benutzen. Es macht Spaß, und obwohl zahlreiche Zutaten dazu gehören, ist nur wenig Kocharbeit mit diesem Essen verbunden. Wenn Sie einen Vorrat der Grundzutaten in der Speisekammer haben, kann so eine* lethoke*-Mahlzeit in kürzester Zeit auf den Tisch gebracht werden.*

6 Portionen
Zutaten:
250 ml Langkornreis
2 frische rote Chilis oder 1 TL Chilipulver
2 EL Öl
2 EL Wasser
125 g Reis-Vermicelli
60 g Cellophan-Nudeln
125 g feine Eiernudeln
3 große Kartoffeln
60 g *kyauk pwint* (getrockneter Seetang), nach Belieben
250 g Bohnensprossen

Beilagen:
3 Eier
10 mittelgroße Zwiebeln
20 Knoblauchzehen
250 ml Öl
250 ml pulverisierte getrocknete Garnelen
250 ml geröstetes Kichererbsenpulver
2 EL Chilipulver
125 ml Fischsoße *(ngan pya ye)*
125 ml getrocknetes Tamarindenmark

Den Reis kochen, wie auf S. 261 beschrieben. Er soll trocken und lokker sein. Die Chilis zu einer Paste zerreiben und mit Öl und Wasser bei schwacher Hitze kochen. Wenn diese Paste gar riecht, mit dem Reis vermischen, beiseite stellen.
Die Reis-Vermicelli 2 Minuten eben weich kochen. Abtropfen lassen und beiseite stellen. Die Eiernudeln eben weich kochen. Abgießen, mit kaltem Wasser überbrausen, damit die Nudeln nicht zusammenkleben. Gut abtropfen lassen. Die Kartoffeln kochen, abziehen, in Scheiben schneiden. Den Tang 10 Minuten in kochendem Wasser quellen lassen, abgießen. Die Bohnensprossen mit kochendem Wasser blanchieren, 10 Minuten stehenlassen, abgießen.
Das sind die Hauptzutaten zu *lethoke*, man reicht sie kalt. Reis, die verschiedenen Nudeln, Kartoffeln, Tang und Bohnensprossen getrennt auf eine große Platte oder auf ein Tablett häufen. Die Beilagen in ihren gesonderten Schälchen werden auf den Tisch gestellt.

*Beilagen:*
Die Eier schlagen und als Omelette backen. Abkühlen lassen, in feine Streifen schneiden und beiseite stellen.
Die Hälfte der Zwiebeln in feine Ringe schneiden, in kaltem Wasser waschen, abtropfen lassen, in eine Schale geben. Die restlichen Zwiebeln klein schneiden, zusammen mit 10 Knoblauchzehen in Öl hellbraun rösten, in eine Schale geben. Knoblauch und Zwiebeln bleiben im Öl, das als Bestandteil des Gerichts mit serviert wird. Die restlichen Knoblauchzehen werden in einem Schälchen für unerschrockene Knoblauchfans roh angeboten.
Die pulverisierten getrockneten Garnelen, das Kichererbsenpulver und das Chilipulver, Fischsoße und Tamarindensaft in gesonderten Schälchen auf den Tisch bringen.
Um Tamarindensaft herzustellen, das Mark in 375 ml heißem Wasser einweichen. Abkühlen lassen, dann das Mark zerdrücken, bis es sich aufgelöst hat. Durch ein feines Sieb gießen. Samen und Fasern wegwerfen.
Anmerkung: Geröstete Kichererbsen bekommt man in griechischen oder anderen spezialisierten Delikatessengeschäften. Statt *kyauk pwint* kann man auch *hijiki*-Tang aus japanischen Geschäften verwenden.

# See htamin
Öl-Reis

4 bis 6 Portionen
Zutaten:
500 ml Klebreis
3 große Zwiebeln
1 1/2 TL Kurkuma
6 EL Öl
1 l heißes Wasser
2 TL Salz
4 EL geröstete Sesamkerne

Den Reis gründlich waschen, abtropfen und trocknen lassen. Die Zwiebeln in gleichmäßig feine Scheiben schneiden, mit Kurkuma bestreuen und locker durchmischen. In einem mittelgroßen Topf Öl heiß werden lassen und die Zwiebeln braun rösten. Zwei Drittel der Zwiebeln zum Garnieren beiseite stellen. Den Reis in den Topf schütten und mit dem Öl verrühren. Wasser mit Salz angießen, durchrühren, zum Kochen bringen. Bei sehr schwacher Hitze fest zugedeckt 20 Minuten kochen. Dann muß der Reis gar und das Wasser völlig aufgesogen sein. Wer gern eine Kruste auf dem Reis hat, muß ihn weitere 5 bis 10 Minuten bei schwacher Hitze ziehen lassen, bis man ein feines Knistern hören kann. Mit den gebratenen Zwiebeln garnieren und heiß auftragen. Die etwas zerdrückten und mit ein wenig Salz vermischten Sesamkerne werden dazu gereicht.
Im allgemeinen sieht man dieses Gericht als volle Mahlzeit an und gibt keine Curries dazu.

# Kyazan
Cellophan-Nudeln

*Die Hauptzutat zu* kyazan *sind Cellophan-Nudeln. Sie sind dünn, durchsichtig und ohne Eigengeschmack. Der Geschmack der Mahlzeit richtet sich also danach, welche Beilagen zu den Nudeln gegessen werden. Man reicht* panthé kaukswé-*Curry und passende Beilagen dazu.*

6 bis 8 Portionen
Zutaten:
375 g Cellophan-Nudeln

Einen großen Topf gesalzenes Wasser zum Kochen bringen, die Nudeln einlegen und 20 Minuten kochen. Abgießen. In einer großen Schüssel servieren. Man sollte die Nudeln mit einem scharfen Messer in kleinere Stücke schneiden, um das Vorlegen zu erleichtern.
Jeder nimmt von den Nudeln in seine Schale, schöpft *panthé kaukswé*-Curry oder eine Suppe darüber und legt nach Belieben von den Beilagen dazu. Alles wird miteinander vermischt und darüber eine Zitronenspalte ausgepreßt, um das Essen pikant zu machen. Als scharfe Zugabe nimmt man zwischendurch die kroß gebratenen Chilis am Stiel und beißt hinein – bitte mit Vorsicht, wenn Sie es zum ersten Male tun.

Beilagen zu *kyazan, panthé kaukswé, moh hin gha* und *kaukswé kyaw* sind zum Beispiel:
feingeschnittene Frühlingszwiebeln, sowohl die grünen als auch die weißen Teile
gehacktes frisches Koriandergrün
feingeschnittene weiße Zwiebeln
geröstete Kichererbsen, im Mixer fein gemahlen oder im Mörser zerrieben
knusprig gebratene Nudeln, in kleine Stücke gebrochen
gebratene Zwiebelflocken
dünne Knoblauchscheiben, in Öl goldgelb gebacken
Zitronenspalten
getrocknete Chilis, 3 bis 4 Sekunden in Öl gebraten
Chilipulver
Anmerkung: Geröstete Kichererbsen bekommt man in griechischen Delikatessengeschäften

# Moh hin gha

Reis-Vermicelli mit Fischsuppe

*Dies ist das Nationalgericht Burmas; es bedeutet den Burmesen soviel wie die Zwiebelsuppe den Franzosen. Schüsseln mit* moh hin gha *werden als beliebter Snack in Straßenbuden oder von fliegenden Händlern verkauft, die ihr Kochgerät von Haus zu Haus an einer Bambusstange über einer Schulter tragen. An einem Ende hängt die tragbare Feuerstelle, am anderen das Zubehör. Wenn man viele Gäste zu bewirten hat, greift man gern zu diesem Gericht, das nur aus einem Gang besteht. Kein Jahrmarkt und kein Fest im Freien ist komplett ohne die* moh hin gha-*Verkäufer. Die Reis-Vermicelli dazu werden jeden Tag frisch gemacht aus leicht fermentiertem Reismehl. Nur wenige Hausfrauen machen sie selbst, die meisten kaufen sie frisch von den* moh-*Händlern (*moh *ist die Bezeichnung für Mehl und für alles, was aus Weizen- oder Reismehl hergestellt ist). Anstelle burmesischer Reis-Vermicelli kann man auch chinesische Reis-Vermicelli oder feine italienische Fadennudeln verwenden. Die Basis dieses Gerichts ist eine currygewürzte Fischsuppe. Eine notwendige Zutat aber ist das zarte Mark der Bananenstaude, in Burma so häufig wie Gras, in Australien aber nur schwer zu bekommen. Davon ließ sich allerdings meine Großmutter nicht beirren, die in Burma geboren war und den größten Teil ihres Lebens dort verbracht hatte. Als sie nach Australien kam, war sie schon eine Siebzigerin. Eines Tages beschloß sie, daß* moh hin gha *auf dem Speiseplan stehen sollte, ging in den Garten und hackte selbst eine Bananenstaude um. Das Festmahl, das sie daraus zubereitete, weckte Erinnerungen an das Land der goldenen Pagoden.*
*Sollten Sie also Hand an eine überzählige Bananenstaude legen können und entschlossen sein, dieses Gericht auf die ganz echte burmesische Art zu kochen, so sollten Sie Ihre Hände mit Handschuhen schützen und Ihre ältesten Sachen anziehen, denn der Saft der Bananenstaude macht Flecken, die den besten Fleckentfernern widerstehen. Verwenden Sie ein etwa 30 cm langes Stück des zarten Baummarks. Die äußeren Schichten abschälen und wegwerfen. Das Innere quer in dünne Scheiben schneiden. Mehrere Stunden in einem großen Becken mit Salzwasser einweichen. Der klebrige Saft zieht lange, kräftige haarähnliche Fäden. Diese Fäden abziehen und wegwerfen.*
*Da ich mir bewußt bin, daß für die meisten westlichen Leser die Vorstellung, für dieses Rezept eine Bananenstaude auftreiben zu müssen, die ganze Sache in weite Ferne rückt, schlage ich vor, statt dessen in feine Scheiben geschnittene Bambusschößlinge aus der Dose zu verwenden. Das hat mir zwar den Zorn vieler Burmesen eingetragen, aber dieses Gericht schmeckt so gut, daß es sicher besser ist, es mit dieser ohne weiteres erhältlichen Zutat zu kochen als überhaupt nicht.*
*Und wenn Sie dann mit Ihren Gästen um die Schüsseln mit der dampfenden Fischsuppe und den Nudeln sitzen und Sie mit all den Beilagen, die für* moh hin gha *so wesentlich sind, Ihr ganz individuell schmeckendes Mahl komponieren, so glaube ich nicht, daß der Genuß daran durch das Fehlen des Bananenmarks leiden wird.*

6 bis 8 Portionen
Zutaten:
500 g Filets von einem kräftig schmeckenden Fisch oder 2 Dosen Heringe in Tomatensoße
4 mittelgroße Zwiebeln, grob gehackt
6 Knoblauchzehen, geschält
2 TL frischer Ingwer, fein gehackt
1 TL Kurkuma, gemahlen
1/2 TL Chilipulver
2 EL Sesamöl
4 EL Erdnußöl
2 frische Chilis, entkernt und gehackt
1 l dünne Kokosmilch
Bananenbaummark oder eine 225-g-Dose Bambusschößlinge
1 TL getrocknete Shrimp-Paste *(ngapi)*
1 EL Fischsoße *(ngan pya ye)*
3 EL Kichererbsenmehl *(besan)*
500 ml dicke Kokosmilch
2 EL Zitronensaft
Salz nach Geschmack
500 g feine Eiernudeln oder Reis-Vermicelli
Beilagen (siehe S. 263)

Frischen Fisch waschen und schuppen, mit Wasser eben bedecken und 5 Minuten simmern. Die Brühe aufheben.
Zwiebeln, Knoblauch, Ingwer, Kurkuma und Chilipulver im Elektromixer pürieren. Beide Ölsorten in einem großen Topf erhitzen und die Paste samt den Chilis braten, wie in dem Absatz über die Grundzutaten für Curries (S. 268) beschrieben. Wenn sie goldbraun ist und anfängt, am Topfboden zu haften, die Fischbrühe, die dünne Kokosmilch und das vorbereitete Bananenbaummark zugeben. Zum Kochen bringen, dann bei schwacher Hitze simmern, bis die Bananenmarkscheiben weich sind. Die getrocknete Shrimp-Paste in der Fischsoße auflösen und in die Suppe geben. Das Kichererbsenmehl mit etwas kaltem Wasser oder ein wenig von der dicken Kokosmilch glattrühren und in den Topf geben. Unter ständigem Rühren wieder zum Kochen kommen lassen. 5 Minuten simmern, dann den Fisch zugeben, bei Dosenfisch auch den Saft aus der Dose. Die dicke Kokosmilch und Zitronensaft zugießen, unter Rühren zum Simmern kommen lassen. Mit Salz abschmecken.
Die Nudeln in Salzwasser eben weich kochen. Gut abtropfen lassen, in einer großen Schüssel zur Suppe servieren. Schüsselchen mit den Beilagen dazustellen.
*Moh hin gha* in einer Terrine oder einem anderen großen Behälter auftragen und tiefe Schalen oder altmodische Suppenteller decken. Zuerst bietet man die Nudeln an, die Suppe wird darübergeschöpft. *Moh hin gha* muß kochendheiß serviert werden. Die Gäste wählen selbst unter den Beilagen.

# Kaukswé kyaw

Gemischte gebratene Nudeln

6 Portionen
Zutaten:
500 g Eiernudeln
125 ml Öl
500 g Hühnerfleisch
1 Hühnerleber
1 Hühnermagen, angekocht
5 mittelgroße Zwiebeln, gehackt
5 Knoblauchzehen, gehackt
2 EL Sojasoße
1/4 Kopf Weißkohl, in Streifen geschnitten
2 Stangensellerie, kleingeschnitten
1/4 weißer Chinakohl, in Streifen geschnitten
4 oder 5 getrocknete chinesische Pilze, eingeweicht und in Scheiben geschnitten
6 Frühlingszwiebeln, fein geschnitten
4 Eier, geschlagen
Salz und Pfeffer, nach Geschmack

Die Nudeln in warmem Wasser einweichen und in einem großen Topf Wasser zum Kochen bringen. Die Nudeln abgießen und dann eben weichkochen. Abtropfen lassen, auf einer großen Platte oder einem Tablett ausbreiten. 2 EL Öl gleichmäßig über die Nudeln verteilen, vorsichtig mischen. Das Öl gibt den Nudeln Glanz und verhindert, daß sie aneinanderkleben.
Hühnerfleisch, Leber und Magen in dünne Scheiben schneiden. In einem Wok Öl erhitzen, Zwiebeln und Knoblauch weich braten. Fleisch, Leber, Magen zugeben und braten. Sojasoße zugeben. Zugedeckt sanft simmern, bis das Fleisch weich ist. Die kleingeschnittenen Gemüse zugeben, wenden und braten, bis sie gar sind. Dann alles aus dem Wok nehmen und beiseite stellen. Die Nudeln im Wok 3 Minuten über der Hitze vorsichtig wenden, herausnehmen. Im gleichen Wok die Eier verrühren, wenn nötig, etwas Öl zugeben. Salzen und pfeffern.
Zum Servieren erst die Nudeln auf einer Platte ausbreiten, dann mit Fleisch und Gemüsen bedecken. Mit dem Rührei garnieren. Heiß oder kalt auftragen.

# Panthé kaukswé

Hühnercurry mit Nudeln

*Dieses milde Curry mit viel Soße ist ein beliebtes burmesisches Gericht, das auch Menschen aus dem Westen anspricht. Es wird über eine Schale Eiernudeln geschöpft oder über* kyazan *(S. 263). Man reicht dazu eine Anzahl von Beigerichten mit kontrastierendem Geschmack.*

6 bis 8 Portionen
Zutaten:
1,5 kg Huhn oder Hühnerteile
5 Knoblauchzehen, gehackt
3 mittelgroße Zwiebeln, gehackt
1 EL frischer Ingwer, fein gehackt
1 TL getrocknete Shrimp-Paste *(ngapi)*
2 EL Erdnußöl
1 EL Sesamöl
1 bis 2 TL Chilipulver
2 TL Salz
500 ml dünne Kokosmilch
500 ml dicke Kokosmilch
2 EL Kichererbsenmehl *(besan)*
500 g dünne Eiernudeln oder Cellophan-Nudeln
Beilagen (S. 263)

Das Huhn in Portionsstücke schneiden. Knoblauch, Zwiebeln, Ingwer und die getrocknete Shrimp-Paste mit 1 EL Erdnußöl im Elektromixer pürieren. In dem restlichen Öl diese Paste 5 Minuten braten. Das Hühnerfleisch zugeben und unter ständigem Rühren weiterbraten, dann Chilipulver, Salz und die dünne Kokosmilch zugeben. Simmern, bis das Fleisch weich ist; etwas heißes Wasser angießen, wenn das Curry zu trocken wird. Die dicke Kokosmilch zugeben, langsam wieder zum Kochen kommen lassen und dabei ständig rühren, damit die Milch nicht gerinnt. Das Kichererbsenmehl mit etwas Wasser glattrühren, an das Curry geben und weitere 5 Minuten offen kochen. Das Curry soll reichlich Soße haben.
Kurz vor dem Essen die Nudeln in reichlich gesalzenem Wasser eben weich kochen, etwa 6 Minuten. Kaltes Wasser zugießen, um den Kochprozeß zu unterbrechen, dann in ein Sieb gießen.
Die Nudeln und das Curry in Schüsseln für sich servieren. Jeder nimmt sich von den Nudeln, schöpft reichlich Curry dazu und streut verschiedene Beilagen darüber.

# Kyazangyi kaukswé

Große Reisnudeln mit Curry

6 bis 8 Portionen
Zutaten:
1,5 kg Brathuhn
1 TL Kurkuma, gemahlen
2 TL Salz
60 ml Fischsoße
376 ml dicke Kokosmilch
3 große Zwiebeln, fein geschnitten
3 Knoblauchzehen, zerdrückt
125 ml *besan* (Kichererbsenmehl)
500 ml dünne Kokosmilch
4 hartgekochte Eier
500 g Reisnudeln, getrocknet, oder 1 kg frische Reisnudeln
2 TL Chili-Öl (siehe Glossar)

Das Huhn zerlegen; in einem Topf knapp mit Wasser bedecken und mit Kurkuma, Salz und Fischsoße zum Kochen aufsetzen. Dann zugedeckt bei schwacher Hitze simmern, bis das Huhn weich ist. Abkühlen lassen, die Knochen auslösen und das Fleisch in kleine Stückchen schneiden. In einem Topf die dicke Kokosmilch unter ständigem Rühren kochen, bis sie andickt und das Öl an die Oberfläche kommt. Weiter kochen, bis sie sehr ölig ist, dann die Hälfte der Zwiebeln und den ganzen Knoblauch zugeben und unter Rühren braten, bis sie Farbe annehmen. Die restlichen Zwiebeln werden bei Tisch roh gereicht.

Das Hühnerfleisch zu den bratenden Zwiebeln geben und einige Minuten unter Rühren mitbraten. Beiseite stellen. *Besan* mit kaltem Wasser glattrühren. Die dünne Kokosmilch in den Topf gießen, zum Kochen bringen, das angerührte *besan* untermischen. Unter ständigem Rühren kochen, bis die Milch dick wird; dabei darauf achten, daß sich keine Klümpchen bilden oder die Milch am Topfboden ansetzt. Nach und nach soviel durchgeseihte Hühnerbrühe einrühren, daß die Soße etwa die Konsistenz von Stew-Soße bekommt. Das Hühnerfleisch mit den Zwiebeln zugeben.

Sollten Sie die frischen Reisnudeln in Form großer Blätter gekauft haben (*sa hor fun*, in chinesischen Lebensmittelgeschäften erhältlich), müssen Sie sie in schmale Streifen schneiden und in einem Sieb kochendes Wasser darübergießen oder die Nudeln einige Minuten im Dampf heiß machen.

Das Hühnercurry zum Simmern bringen, das Chiliöl einrühren, vom Feuer nehmen. In einer großen Schüssel auftragen. Die Nudeln, die in Scheiben geschnittenen hartgekochten Eier und die rohen Zwiebeln für sich servieren.

Anmerkung: Getrocknete Reisnudeln müssen 2 Stunden in kaltem Wasser eingeweicht werden. Dann abgießen und in reichlich Wasser gar kochen. Nicht zu weich werden lassen. Gut abtropfen lassen.

# Nga baung doke (1)

In Blättern gedämpfter Fisch

*Diese in Blätter gehüllten Fischpäckchen sind ein in Burma sehr beliebtes Gericht. Sie sind nicht schwer zu machen; statt der Bananenblätter kann man Alufolie nehmen.*

4 Portionen
Zutaten:
750 g festfleischige Fischfilets
1 TL Salz
1/4 TL schwarzer Pfeffer, gemahlen
1/2 TL Kurkuma, gemahlen
2 mittelgroße Zwiebeln
4 Knoblauchzehen
1 TL frischer Ingwer, fein gerieben
1/4 TL Chilipulver, nach Belieben
1 EL dicke Kokosmilch
1 EL gemahlener Reis
2 TL Sesamöl
8 Blätter von chinesischem Senfkohl
große Stücke Bananenblatt oder Alufolie
einige Zweiglein frisches Koriandergrün

Den Fisch in 8 gleichgroße Stücke schneiden, waschen und gründlich abtrocknen, dann mit der halben Menge Salz, Pfeffer und Kurkuma bestreuen. Durchziehen lassen, währenddessen die übrigen Zutaten vorbereiten. Eine Zwiebel in Scheiben schneiden und beiseite stellen. Die zweite Zwiebel hacken und zusammen mit Knoblauch, Ingwer, Chilipulver und Kokosmilch pürieren. Dieses Püree mit dem restlichen Salz, Pfeffer, Kurkuma, gemahlenen Reis und Sesamöl mischen. Die Fischstücke in diese Soße einlegen, alles gut vermengen.

Aus den Senfkohlblättern die dicke Mittelrippe heraustrennen, für ein anderes Gericht verwenden (anstelle von Senfkohl kann man auch Salat- oder Spinatblätter nehmen). Die Bananenblätter in so große Stücke schneiden, daß man die Fischportionen darin einwickeln kann. Die Blätter überbrühen oder über Hitze halten, um sie biegsam zu machen. Auf jedes Stück Bananenblatt ein Senfkohlblatt legen, darauf dann ein Stück Fisch und etwas von der Currysoße. Mit ein wenig Koriandergrün und einigen Zwiebelringen abschließen. Den Fisch erst in das Senfkohlblatt einschlagen, dann mit dem Bananenblatt ein Päckchen daraus machen und mit kurzen Bambusspießchen oder hölzernen Zahnstochern feststecken. Ersatzweise in Alufolie verpakken. In einem Dämpfer über leise kochendem Wasser 20 bis 25 Minuten dämpfen. In den Blättern servieren. Die Gäste öffnen die Päckchen erst auf ihrem Teller. Dazu eine Schüssel mit weißem Reis und weitere Beilagen wie z. B. *balachaung* (S. 282) reichen.

# Nga baung doke (2)

In Blättern gedämpfter Fisch mit Sesam und Kokosnuß

6 Portionen
Zutaten:
1 kg Fischfilets
250 ml Kokosflocken
125 ml heißes Wasser
2 Knoblauchzehen
1 EL frischer Ingwer, fein gerieben
2 EL geröstete Sesamkerne
2 TL Salz
1 TL Kurkuma, gemahlen
1 TL schwarzer Pfeffer, gemahlen
Saft einer halben Zitrone
2 EL Reismehl
3 EL gehacktes frisches Koriandergrün
Bananen- oder Bambusblätter und Folie zum Einpacken

Die Fischfilets waschen und abtrocknen. Die nachfolgenden vier Zutaten im Mixer zerkleinern, bis die Kokosflocken ganz fein gemahlen sind. In einer Schüssel mit den übrigen Gewürzen vermischen. Die in Portionsstücke geschnittenen Fischfilets auf Bananen- oder Bambusblätter legen, je 3 TL der Kokosnußpaste darüber verteilen. Zuerst in die Blätter, dann in Alufolie einschlagen, 15 Minuten im Dampf garen.

# Nga tha lauk paung

Eingelegter Fisch

*Für dieses Gericht nimmt man in Burma* hilsa, *einen sehr fett- und grätenreichen Fisch. Ersetzen Sie ihn durch Hering, Makrele oder ähnlichen Fisch.*

4 Portionen
Zutaten:
500 g gesäuberter ganzer Fisch, je nach Größe einer oder mehrere
1 mittelgroße Zwiebel, der Länge nach in Scheiben geschnitten
4 Knoblauchzehen, der Länge nach in Scheiben geschnitten
1 TL feingeschnittener frischer Ingwer
5 ganze schwarze Pfefferkörner
$^1/_2$ TL Salz, oder nach Geschmack
1 frische grüne Chili
Essig nach Bedarf

Lassen Sie den Fisch säubern und schuppen, Kopf, Flossen und Schwanz abschneiden. Den Fisch waschen, in eine Kasserolle mit Deckel legen. Zwiebel, Knoblauch, Ingwer, Pfefferkörner und Salz darüberstreuen. Die Chilischote obendrauf legen und den Fisch eben mit Essig bedecken. Den Deckel auf die Kasserolle legen, mit einem dicken Brei aus Mehl und Wasser abdichten, damit der Dampf nicht entweichen kann. Bei 112°C im Backofen 6 Stunden lang garen. Diese Kochmethode läßt die Gräten mürbe werden.

# Pazoon kyaw (1)

Gebratene Garnelen

Als Vorspeise 4 Portionen
Zutaten:
16 große Garnelen, aus der Schale genommen
je 1 TL Salz, gemahlener Kurkuma und Chilipulver
2 EL Sesamöl
2 EL Erdnußöl
dünne Bambusspießchen

Die Garnelen mit einer Mischung aus Salz, Kurkuma und Chilipulver bestäuben. Zu einem Halbkreis biegen und, um diese Form zu bewahren, durch Kopf und Schwanz Spieße stecken, 4 Garnelen auf jeden Spieß. Goldbraun braten, sofort servieren.

# Pazoon kyaw (2)

Pfannengerührte Garnelen mit Gemüsen

4 Portionen
Zutaten:
250 g Bohnensprossen oder 500 ml kleingeschnittener Kohl
500 g Garnelen, geschält; große Garnelen halbiert
1 EL Öl
1 mittelgroße Zwiebel, in dünne Scheiben geschnitten
Salz und schwarzer Pfeffer
2 TL Sojasoße, nach Belieben

Gemüse und Garnelen vorbereiten. Die Zwiebel in heißem Öl einige Sekunden pfannenrühren, Garnelen und Gemüse bei starker Hitze 3 Minuten pfannenrühren. Salz, Pfeffer und Sojasoße zugeben. Zudecken und vom Feuer nehmen.
Sofort servieren.

# Burmesische Curries

Die Grundzutaten sind für alle burmesischen Curries immer die gleichen: Zwiebel, Knoblauch, Ingwer, Chili und Kurkuma. Chilis kann man in Pulverform zugeben oder ganze getrocknete Chilis mit den übrigen Zutaten zermahlen, sie werden aber sparsam verwendet und können auch ganz weggelassen werden, wenn das Curry nicht scharf sein soll. Die übrigen Zutaten steuern genug Aroma bei.

Je mehr Zwiebeln man nimmt, desto dicker wird die »Soße«. Ich nenne Ihnen eine gut abgestimmte Mischung für ein Curry aus 750 g Fleisch, Fisch oder Geflügel für vier Personen: 1 große Zwiebel, 2 oder 3 Knoblauchzehen, 1 TL feingeriebener frischer Ingwer, 1/2 TL gemahlener Kurkuma und 1/4 TL Chilipulver, dazu 2 bis 3 EL Öl zum Rösten.

Tierisches Fett gleich welcher Art wird nie verwendet. Um den echten Burma-Geschmack zu erzielen, ist helles Sesamöl am besten geeignet. Wenn Sie statt dessen Mais-, Erdnuß-, Sonnenblumen- oder ein anderes Pflanzenöl verwenden, empfiehlt sich die Zugabe von ein wenig dunklem Sesamöl chinesischer Art, etwa im Verhältnis von 1 TL Sesamöl zu 1 EL Pflanzenöl.

*Die Zubereitung der Grundzutaten:*

Um einen ausgewogenen Geschmack zu erzielen, bei dem nicht eine einzelne Zutat vorschmeckt, gibt es nur eine Zubereitungsart:

Zwiebel, Knoblauch und Ingwer pürieren. Am besten geschieht das, da wir ja den asiatischen Mahlstein nicht haben, mit Hilfe des Elektromixers. Zuvor muß man die Zutaten grob hacken. Wahrscheinlich muß der Motor oft gestoppt und der Inhalt des Mixbechers von der Becherwand nach unten geschabt werden. Zu einigen Maschinen gehört noch ein kleinerer Mixbecher, diesen schüttelt man am besten von Zeit zu Zeit, um den Inhalt aufzulockern. In das glatte Püree dann Kurkuma und Chilipulver mischen.

In einem Topf 3 EL Öl rauchend heiß werden lassen. Seien Sie vorsichtig, wenn Sie die Gewürzpaste in das heiße Öl geben, es spritzt heftig. Bei schwacher Hitze rühren, um die Paste mit dem Öl zu vermengen. Dann den Deckel auflegen und die Mischung simmern. Man muß den Deckel oft abnehmen, die Paste umrühren und mit einem Holzlöffel vom Topfboden schaben. Dieses Anbraten dauert mindestens 15 Minuten. Wenn die Paste zu schnell brät und am Topfboden haftet, ehe der Duft milder geworden ist und die Zwiebeln glasig sind, von Zeit zu Zeit ganz wenig Wasser zugeben und gut durchrühren. Wenn der Saft aus den Zwiebeln verdampft ist, die Masse kräftig rotbraun aussieht und das Öl sich am Rand abscheidet, ist der erste und wichtigste Teil des Curry-Kochprozesses abgeschlossen.

Ein burmesischer Ausdruck beschreibt diesen Zustand: »*see byan*«, das heißt »das Öl ist wieder da«. Wenn alle Flüssigkeit verdampft ist, bleibt eben wieder das reine Öl übrig. Wenn man sich nicht an die oben beschriebene Prozedur hält, bekommen die Grundzutaten nicht den richtigen Geschmack. An diese Paste geben dann Fleisch, Fisch oder Geflügel ihren eigenen Saft ab, wenn sie im geschlossenen Topf langsam gegart werden. Ein Brathuhn ist fertig, sobald sein eigener Saft verdampft ist. An Suppenhuhn, Ente, bestimmte Stücke Rind- und Schweinefleisch muß man während der Kochzeit ab und zu etwas Wasser geben, bis sie weich sind. Fisch und Garnelen sind zwar sehr schnell gar, es gibt aber doch einige Sorten, die etwas zusätzliche Flüssigkeit brauchen – Fischbrühe, Wasser oder Kokosmilch. Gemüsen muß man fast nie Flüssigkeit zusetzen. Wer sie aber etwas feuchter liebt, gibt Wasser oder Kokosmilch zu.

# Nga soke lone hin

Curry aus Fisch-koftas

*Von meiner Großmutter habe ich die Zubereitung dieses köstlichsten aller Fischcurries gelernt. Es hat keinen Sinn, vorzugeben, dies sei ein schnelles und einfaches Rezept. Es gibt aber keine schmackhaftere Art, Fisch auf den Tisch zu bringen. Es gibt auch eine mildere Version dieses Gerichts, wenn man die Fisch-*koftas *in simmerndem Wasser gar ziehen läßt und als Fischsuppe zu gekochtem Reis serviert.*

6 Portionen

Zutaten:

1 kg Jewfisch oder Kabeljaufilets
2 1/2 TL Salz
1/2 TL Pfeffer
1 mittelgroße Zwiebel, fein gehackt
1 große Knoblauchzehe, zerdrückt
1 1/2 TL frischer Ingwer, fein gerieben
2 EL durchgeseihter Zitronensaft
1 EL feingehacktes frisches Koriandergrün oder Dill
2 Scheiben Weißbrot, in heißem Wasser eingeweicht und ausgedrückt
1 TL Anchovispaste oder -soße, nach Belieben

Curry:

60 ml Sesamöl
3 mittelgroße Zwiebeln, fein gehackt
6 Knoblauchzehen, fein gehackt
1 EL frischer Ingwer, fein gehackt
1 TL Kurkuma, gemahlen
1 bis 2 TL Chilipulver, nach Belieben
1 TL Paprika, nach Belieben
2 Tomaten, geschält und gehackt
1 1/2 TL Salz
1 TL getrocknete Shrimp-Paste *(ngapi)*
Alufolie
375 ml heißes Wasser
2 EL gehacktes frisches Koriandergrün
2 EL Zitronensaft

Den Fisch mit einem scharfen Messer häuten. Fein durchdrehen, vorher die Gräten sorgfältig entfernen. Wenn man dazu keinen Fleischwolf verwendet, die Filets erst der Länge nach in dünne Scheiben schneiden und dann quer fein hacken. Den gehackten Fisch zusammen mit den übrigen Zutaten in eine große Schüssel geben, mit den Händen alles gründlich vermengen. Aus dem Teig etwa 24 walnußgroße Bällchen *(koftas)* formen.

*Curry:*
In einem großen Topf Öl heiß werden lassen und Zwiebel, Knoblauch und Ingwer darin weich und goldgelb anbraten. Kurkuma zugeben, vom Feuer nehmen, dann Chili- und Paprikapulver (falls gewünscht), Tomaten und Salz zugeben. (In der burmesischen Küche gibt man soviel Chilipulver zu, daß die Soße davon rot gefärbt wird. Ich schlage vor, einen Teil davon durch Paprika zu ersetzen und die Menge Chilipulver ausschließlich nach dem Geschmack zu dosieren.)
Die getrocknete Shrimp-Paste in Alufolie wickeln und auf jeder Seite ein paar Minuten grillen. Auspacken, in heißem Wasser auflösen, an die Soße geben. Kochen, bis die Tomate zu einem Püree zerkocht ist. Sollte die Soße zu stark eingekocht sein, etwas Wasser zugeben. Sie muß ausreichen, die *koftas* fast zu bedecken.
Die Fisch-*koftas* vorsichtig in die Soße einlegen und bei milder Hitze etwa 20 Minuten gar ziehen lassen. Den Topf von Zeit zu Zeit sanft rütteln. *Nicht umrühren,* ehe der Fisch gar und fest ist, sonst können die *koftas* auseinanderfallen. Das gehackte Koriandergrün und Zitronensaft einrühren, weitere 5 Minuten kochen. Mit weißem Reis und *balachaung* (S. 282) auftragen.

# Nga see byan

Fischcurry ohne Soße

4 bis 6 Portionen
Zutaten:
1 kg festfleischiger weißer Fisch
$^1/_4$ TL getrocknete Shrimp-Paste *(ngapi)*
oder
2 TL Fischsoße *(ngan pya ye)*
2 mittelgroße Zwiebeln
3 Knoblauchzehen
1 TL frischer Ingwer, fein gehackt
1 Stengel Zitronengras oder 2 Streifen Zitronenschale
3 EL Pflanzenöl
1 TL Salz oder nach Geschmack
1 TL Kurkuma, gemahlen
1 grüne Chili, aufgeschlitzt und entkernt, nach Belieben frisches gehacktes Koriandergrün zum Garnieren

Den Fisch in Portionsstücke zerteilen. Die getrocknete Shrimp-Paste in 1 EL heißem Wasser auflösen. Den Fisch in dieser Lösung oder in Fischsoße marinieren.
Die Currygrundzutaten vorbereiten und kochen, wie auf S. 268 beschrieben, dazu einen Topf mit breitem Boden verwenden. Sobald die Zutaten gar sind und noch brutzeln, die Fischstücke in den Topf geben und 3 bis 4 Minuten erst auf einer Seite, dann ebenso auf der anderen Seite braten. Mit Koriandergrün bestreuen, warm servieren.

# Pazoon hin

Garnelencurry mit Soße

4 Portionen
Zutaten:
500 g geschälte Garnelen
1 große Zwiebel
3 Knoblauchzehen
1 TL frischer Ingwer, fein gerieben
$^1/_2$ TL Kurkuma, gemahlen
$^1/_2$ TL Chilipulver
3 EL helles Sesam- oder Maisöl
je eine Prise Nelken, Kardamom und Fenchel, gemahlen
1 große Kartoffel, gewürfelt
2 reife Tomaten, gehackt
125 ml dünne Kokosmilch
125 ml dicke Kokosmilch
1 EL gehacktes Koriandergrün
2 EL gehackte Frühlingszwiebeln
Salz nach Geschmack

Die Garnelen ausnehmen. Die Curry-Grundzutaten wie auf S. 268 beschrieben vorbereiten und kochen. Gemahlene Nelken, Kardamom und Fenchel, Kartoffel und Tomaten einrühren, zugedeckt 10 Minuten kochen. Die dünne Kokosmilch dazugießen, 10 Minuten offen sanft simmern. Dann die Garnelen und die dicke Kokosmilch zugeben, unter häufigem Umrühren etwa 3 Minuten simmern, bis die Garnelen weich sind. Das Koriandergrün zugeben, weitere 3 Minuten kochen, dann vom Feuer nehmen und die Frühlingszwiebeln einrühren. Mit Salz abschmecken. Heiß mit weißem Reis und Beilagen (S. 282 bis 286) servieren.

# Pazoon see byan hin

Trockenes Garnelencurry

4 Portionen
Zutaten:
500 g geschälte Garnelen
1 große Zwiebel
3 bis 4 Knoblauchzehen
1 TL frischer Ingwer, fein gerieben
$^1/_2$ TL Kurkuma, gemahlen
$^1/_4$ TL Chilipulver
3 EL helles Sesamöl oder Maisöl
1 EL gehacktes frisches Koriandergrün
1 TL Salz, oder nach Geschmack
2 EL gehacktes Frühlingszwiebelgrün

Die Garnelen ausnehmen, abspülen und abtropfen lassen. Die Curry-Grundzutaten vorbereiten und kochen, wie auf S. 273 beschrieben. In das gare, brutzelnde Curry die Garnelen einrühren. Mit dem frischen Koriandergrün bestreuen; die Garnelen zugedeckt 3 bis 4 Minuten garen. Vom Feuer nehmen, die Frühlingszwiebeln einrühren. Heiß mit weißem Reis und ausgewählten Beilagen (S. 282 bis 286) servieren.

# Kyetha see byan

Hühnercurry ohne Soße

4 bis 6 Portionen
Zutaten:
1,5 kg Huhn
2 mittelgroße Zwiebeln
3 Knoblauchzehen
1 TL frischer Ingwer, fein gerieben
1 Stengel Zitronengras oder 2 Streifen Zitronenschale
3 EL Pflanzenöl
1 1/2 TL Salz, oder nach Geschmack
1 TL Kurkuma, gemahlen
1/2 TL Chilipulver, nach Belieben
1/4 TL Kardamom, gemahlen
1 EL gehacktes frisches Koriandergrün

Das Huhn in Currystücke schneiden. Zwiebeln schälen, grob hacken, zusammen mit Knoblauch, Ingwer, dem zerschnittenen Zitronengras oder Zitronenschale mit Hilfe von ein wenig Öl im Elektromixer pürieren.
Das restliche Öl sehr heiß werden lassen und dieses Püree samt Salz, Kurkuma und Chilipulver (falls verwendet) über Mittelhitze braten, dabei mit einem Holzlöffel rühren. Einige Tropfen Wasser zugeben, falls die Masse am Topfboden anzusetzen beginnt. Bei schwacher Hitze simmern, bis der Saft aus den Zwiebeln verdampft ist und die Masse schön rotbraun aussieht. In diesem Stadium fängt sie an, am Topfboden anzusetzen, deshalb ständig rühren. Die Hühnerfleischstücke zugeben und in der Masse wenden, bis sie damit überzogen sind. Zugedeckt 35 bis 45 Minuten simmern, bis das Fleisch weich ist. Der Fleischsaft reicht als Kochflüssigkeit für dieses Curry aus, deshalb kein Wasser oder andere Flüssigkeit zugeben. Gegen Ende der Kochzeit gelegentlich umrühren, um Anbrennen zu verhindern. Kardamom und Koriandergrün zugeben, schnell durchrühren und den Deckel noch einmal für einige Sekunden auflegen, damit das Aroma nicht entweichen kann. Mit weißem Reis und Beilagen (S. 282–286) servieren.

# Kyetha hin

Hühnercurry mit Soße

4 bis 6 Portionen
Zutaten:
1,5 kg Huhn
2 mittelgroße Zwiebeln
3 Knoblauchzehen
1 TL frischer Ingwer, fein gerieben
1 Stengel Zitronengras oder 2 Streifen Zitronenschale
3 EL Pflanzenöl
2 TL Salz, oder nach Geschmack
1 TL Kurkuma
1 TL Chilipulver, nach Belieben
250 ml Wasser
1 große reife Tomate, gehackt
2 große Kartoffeln, geschält und gewürfelt, oder 500 ml Blumenkohlröschen
1 EL Fischsoße *(ngan pya ye)*
1 EL Tamarinden- oder Zitronensaft
1 EL gehacktes frisches Koriandergrün
1/4 TL gemahlener Kardamom

Verfahren nach dem Rezept für *kyetha see byan* (vorhergehendes Rezept). Wenn das Huhn halbgar ist, Wasser, Tomate, Kartoffeln, Fischsoße und Tamarinden- oder Zitronensaft zugeben. Unter gelegentlichem Umrühren kochen, bis die Kartoffeln weich sind. Sollten Sie statt Kartoffeln Blumenkohl verwenden, diesen erst zugeben, wenn das Huhn fast weich ist. Zum Schluß Koriandergrün und Kardamom einrühren und servieren.

# Wetha see byan
Trockenes Schweinefleisch-Curry

4 Portionen
Zutaten:
500 g Schweinefleisch
1 große Zwiebel
3 Knoblauchzehen
1 TL frischer Ingwer, fein gerieben
1/2 TL Chilipulver
1/2 TL Kurkuma, gemahlen
3 EL helles Sesamöl oder Maisöl
1 Stengel Zitronengras oder 2 Streifen Zitronenschale
2 EL Tamarindensaft
1 EL Fischsoße *(ngan pya ye)*

Das Schweinefleisch in 5-cm-Stücke schneiden. Überschüssiges Fett abtrennen, damit das Curry nicht zu fett wird; allerdings sollte man dem Fleisch eine dünne Fettschicht belassen.
Zwiebel, Knoblauch, Ingwer, Chilipulver und Kurkuma pürieren und braten, wie auf S. 268 beschrieben. Zu der durchgebratenen Paste das Schweinefleisch geben und im eigenen Saft sanft garen. Das zerdrückte oder feingehackte Zitronengras oder Zitronenschale, Tamarindensaft und Fischsoße zugeben, gut durchrühren. Kochen, bis alle Flüssigkeit verdampft ist und das Öl sich abscheidet.
Man kann den Geschmack des Currys abändern, indem man zum Beispiel zusätzliches Chilipulver oder ein Stück scharfes indisches Mango-Pickle einrührt. Wer will, kann zum Schluß mit Zitronenscheiben, gehacktem frischem Koriandergrün oder gehackten Frühlingszwiebeln garnieren.

# Wethani kyet
Schweinefleisch-Curry

*Wenn Sie einen Blick auf die Liste der Zutaten werfen, glauben Sie sicher, daß die Mengenangaben für Knoblauch und Ingwer falsch sein müssen, das stimmt aber nicht. Dieses in Burma so beliebte Gericht schmeckt köstlich. Man sagt, auf diese Weise gekochtes Schweinefleisch hielte sich ohne Kühlung monatelang. Diese Theorie habe ich allerdings nie nachprüfen können, denn bei uns zu Hause wird es dafür immer viel zu schnell aufgegessen.*

8 bis 10 Portionen
Zutaten:
2 kg Schweinelende oder -keule
2 große oder 4 mittelgroße Zwiebeln, grob gehackt
20 Knoblauchzehen
250 ml geschälter, grobgehackter frischer Ingwer
2 TL Salz
2 EL Essig
1 bis 2 TL Chilipulver
185 ml Erdnußöl
60 ml Sesamöl
1 TL Kurkuma, gemahlen

Alle Knochen aus dem Schweinefleisch auslösen, die Schwarte abtrennen, Fleisch und Fett in 2,5-cm-Würfel schneiden. Zwiebeln, Knoblauch und Ingwer im Mixer zerkleinern; wenn nötig, den Motor immer wieder stoppen und starten, bis alles püriert ist. Ein Sieb über eine Schüssel legen und den Mixerinhalt darin mit dem Löffelrücken rühren, um möglichst viel Flüssigkeit auszupressen. Diese Flüssigkeit in einen großen Topf gießen. Fleisch, Salz, Essig, Chilipulver und die Hälfte des Erdnußöls zugeben. Zum Kochen bringen, zugedeckt bei schwacher Hitze 1 bis 1 1/2 Stunden simmern, bis das Fleisch fast weich ist.
In einem zweiten Topf mit schwerem Boden das restliche Erdnußöl und das Sesamöl erhitzen. In das sehr heiße Öl Zwiebeln, Knoblauch und Ingwer aus dem Sieb geben, Kurkuma zufügen, unter Rühren bei schwacher Hitze braten, wie auf S. 268 beschrieben, bis die Masse gar riecht und das Öl sich abscheidet. Ich halte es für notwendig, von Zeit zu Zeit 1 EL Wasser zuzugeben und oft umzurühren, damit die Masse nicht am Topfboden ansetzt. Bei dieser großen Menge dauert es etwa 25 Minuten, bis das richtige Stadium erreicht ist. Nach der Hälfte dieser Zeit etwas von dem Öl abnehmen, das sich über dem Schweinefleisch zeigt, und zu der Zwiebelmasse geben.
Sobald die Zwiebelmasse rötlichbraun geworden ist, den Inhalt des ersten Topfes zugeben und offen weiterkochen, bis sich das Öl wieder abscheidet und die Flüssigkeit fast ganz verdampft ist. Häufig umrühren, damit das Curry nicht anbrennt. Mit weißem Reis und Beilagen servieren.

Abbildungen Seite 273 bis 276
Poh pia (Rezept S. 254)
Panthé kaukswé – Hühner curry mit Nudeln (Rezept S. 265)
Zutaten zu Moh hin gha – Reis-Vermicelli mit currygewürzter Fischsuppe (Rezept S. 264)
Von oben nach unten: Weißer Reis (Rezept S. 261), Pazoon see byan hin – Trockenes Garnelencurry (Rezept S. 270)
Hin cho – Milde Suppe (Rezept S. 287), Balachaung – Würze aus getrockneten Garnelen (Rezept S. 282)

# Amé hnat
Sehr trockenes Rindfleisch-Curry

4 bis 6 Portionen
Zutaten:
750 g Rinderschmorfleisch
2 große Zwiebeln
5 große Knoblauchzehen
2 TL frischer Ingwer, gehackt
1 TL Kurkuma, gemahlen
1 TL Chilipulver
6 EL helles Sesamöl oder Maisöl
$^1/_4$ TL schwarzer Pfeffer, gemahlen
2 zarte Stengel Zitronengras, fein gehackt, oder 4 Streifen Zitronenschale
250 ml heißes Wasser
$1^1/_2$ TL Salz
2 große Zwiebeln, in dünne Ringe geschnitten und knusprig braun gebraten

Das Rindfleisch in 5-cm-Quadrate schneiden. Die Grundzutaten zubereiten, wie auf S. 268 beschrieben. An die fertiggekochte, brutzelnde Masse Fleisch Pfeffer und Zitronengras oder -schale geben. Langsam weiterbraten, bis aller Fleischsaft vollständig verdampft und das Fleisch braun ist. Wasser samt Salz angießen, zugedeckt simmern, bis das Fleisch weich ist; notfalls noch mehr Wasser zugeben. Dann den Deckel abnehmen, bei stärkerer Hitze das Curry offen schnell einkochen, bis das Fleisch ölig-trocken und mit dem Fond überzogen ist. Mit den gebratenen Zwiebelringen garnieren und mit weißem Reis und Beilagen (S. 282–286) servieren.

# Amétha net aloo hin
Curry aus Rindfleisch und Kartoffeln

4 bis 6 Portionen
Zutaten:
750 g Rindfleisch
375 g Kartoffeln
2 große Zwiebeln
5 große Knoblauchzehen
2 TL frischer Ingwer, gehackt
1 TL Kurkuma, gemahlen
1 TL Chilipulver
8 EL helles Sesamöl oder Maisöl
$^1/_2$ TL Kreuzkümmel, gemahlen
$^1/_2$ TL Koriander, gemahlen
$1^1/_2$ TL Salz, oder nach Geschmack
500 ml Wasser

Das Rindfleisch in große Quadrate schneiden. Die Kartoffeln schälen und vierteln. Die Grundzutaten braten, wie auf S. 268 beschrieben. Zu diesen fertiggegarten, brutzelnden Zutaten Kreuzkümmel und Koriander geben, dann das Fleisch, und unter Rühren einige Minuten braten. Etwa 500 ml Wasser mit Salz angießen, die Kartoffeln zugeben und langsam simmern, bis Fleisch und Kartoffeln weich sind.
Anmerkung: Manche Köche ziehen es vor, Kreuzkümmel, Koriander und Salz in das rohe Fleisch einzureiben.

# Amétha net shwephayone thee hin
Curry aus Rindfleisch und Kürbis

4 bis 6 Portionen
Zutaten:
750 g Rindfleisch
500 g Kürbis
2 große Zwiebeln
5 große Knoblauchzehen
2 TL frischer Ingwer, gehackt
1 TL Kurkuma, gemahlen
1 TL Chilipulver
8 EL helles Sesamöl oder Maisöl
250 ml Wasser
$1^1/_2$ TL Salz, oder nach Geschmack

Das Rindfleisch in große Quadrate schneiden. Den Kürbis schälen und in 5-cm-Quadrate schneiden. Die Grundzutaten zubereiten, wie auf S. 268 beschrieben. Zu der brutzelnden Masse das Fleisch geben und unter Rühren einige Minuten langsam braten. Das Wasser angießen, zugedeckt langsam kochen, bis das Fleisch fast weich ist. Salz und Kürbis zugeben, weiterkochen, bis Fleisch und Kürbis weich sind.
Anmerkung: Anstelle von Kürbis können die folgenden Gemüse verwendet werden:
Tomaten, grüne und gelbe Buschbohnen, Kartoffeln, Auberginen, Erbsen, gelbe Erbsen, Okraschoten, Blumenkohl, Kohlrabi, grüne Bohnenkerne (Flageolets), Stangenbohnen, Rettich.

Abbildungen Seite 277 bis 280
Kyauk kyaw – Seetang Gelee (Rezept S. 290)
Kai song krueng – Ausgebackene Eier, mit Schweinefleisch und Meerestieren gefüllt (Rezept S. 306)
Khao phat prik – Mit Chilis gebratener Reis (Rezept S. 296)
Zutaten zu den Currypasten (Rezepte S. 298–300)

# Beilagen

*»Tolee molee«*, dieser Ausdruck aus der burmesischen Umgangssprache, der »Häppchen und Stückchen« bedeutet, umfaßt alle die verschiedenen Würzen, die zu jedem burmesischen Essen auf den Tisch kommen. Er gilt für scharfe und süße Pickles, *thanhat* oder Salate, knusprig gebackene Gerichte wie *peeya kyaw* oder *nga baung kyaw* (Pfannkuchen aus gelben Erbsen oder gebratene Gemüse), kleine Schälchen mit gehackten grünen Kräutern, rohe Salate und so weiter. Ich glaube, von allen diesen Beilagen ist *balachaung* die beliebteste, und es lohnt sich, sie einmal zu versuchen. Es gibt zwei Arten davon, eine trocken und kroß, die andere mehr ölig. Beide halten sich in luftdicht verschlossenen Gläsern gut, wenn sorgfältig alle Feuchtigkeit aus den Zwiebeln ausgebraten wurde.

## Nga chauk

Salzfisch

Flacher, grätenreicher Salzfisch wird meistens für *hin gha*-Suppen oder saure Curries verwendet. Dicker, fleischiger Salzfisch wird in Würfel geschnitten und entweder gebraten oder getoastet und mit einfachem gekochtem Reis und *hin cho* (S. 287) und anderen milden Gerichten serviert.

## Ngapi htaung

Zerstoßene Garnelenpaste

*Wird in sehr kleinen Mengen zu Reis gegessen.*

Zutaten:
2 EL Garnelenpulver
2 EL getrocknete Shrimp-Paste *(ngapi)*
2 mittelgroße Zwiebeln
4 Knoblauchzehen
2 TL Chilipulver, nach Belieben
1 TL Salz
Saft einer halben Zitrone

Die getrocknete Shrimp-Paste zu einem flachen Kuchen zusammenpressen, in Folie einwickeln und 15 Minuten grillen; dabei einmal wenden, um beide Seiten zu garen. Auch Zwiebeln und Knoblauch in Folie einschlagen und mit der Shrimp-Paste grillen. Dann werden diese Zutaten zusammen im Mörser zerrieben und mit den übrigen Zutaten vermengt.

Man kann auch die zerkrümelte getrocknete Shrimp-Paste, die geschälten Zwiebeln und Knoblauchzehen mit Zitronensaft im Elektromixer pürieren und dann mit den übrigen Zutaten mischen.

## Balachaung (1)

Öliges balachaung

Balachaung *ist eine Zubereitung aus gerösteten getrockneten Garnelen und wird als Beilage zu Reis serviert. Es ist das beliebteste aller burmesischen Beigerichte und hält sich wochenlang.*

Zutaten:
20 Knoblauchzehen
4 mittelgroße Zwiebeln, in feine Ringe geschnitten
500 ml Erdnußöl
1 × 250-g-Päckchen Garnelenpulver
2 TL Chilipulver, nach Belieben
2 TL Salz
1 TL getrocknete Shrimp-Paste *(ngapi)*
125 ml Essig

Zwiebeln und Knoblauch schälen, in dünne Scheiben schneiden. Getrennt in heißem Öl bei schwacher Hitze goldgelb rösten. Sofort aus dem Öl nehmen und beiseite stellen. Sie werden während des Abkühlens noch dunkler und knusprig.

Im gleichen Öl das Garnelenpulver 5 Minuten rösten. Chilipulver mit Salz und Essig mischen, einrühren und weiter rösten, bis die Garnelenpaste knusprig ist. Vollständig kalt werden lassen. Gebratene Zwiebeln und Knoblauch gleichmäßig untermischen. Luftdicht verschlossen aufbewahren.

# Balachaung (2)
Trockenes balachaung

Nach dem vorhergehenden Rezept verfahren. Sobald aber Zwiebeln und Knoblauch geröstet sind, das Öl bis auf etwa 250 ml aus dem Topf gießen, beiseite stellen. Nun das Garnelenpulver bei schwacher Hitze rösten. Es soll durch und durch mit Öl angefeuchtet sein. Falls das Öl dazu nicht ausreicht, von dem zurückgestellten Öl noch ein oder zwei Löffel voll zugeben. Langsam ganz kroß braten. Völlig erkalten lassen, dann Zwiebeln und Knoblauch untermischen.

# Pazoon ngabaung kyaw
In Teig ausgebackene Garnelen

Zutaten:
500 g kleine Garnelen oder Shrimps
125 ml Kichererbsenmehl *(besan)*
125 ml Mehl mit etwas Backpulver
1 TL Salz
1 Knoblauchzehe, zerdrückt
1/2 TL frischer Ingwer, fein gerieben
1/4 TL Kurkuma, gemahlen
125 ml Wasser
Öl zum Ausbacken

Die Köpfe der Garnelen abschneiden. Wenn sie so klein sind, wie sie sein sollten, muß man sie nicht schälen und ausnehmen.
Die übrigen Zutaten zu einem flüssigen Teig verarbeiten, die Garnelen einrühren. Teelöffelweise den Teig in das heiße Öl gleiten lassen, goldbraun und knusprig ausbacken. Immer nur wenige Löffel voll Teig gleichzeitig backen. Man verhindert das Aneinanderkleben, indem man jedes Teigstückchen mit Öl begießt, sobald es eingelegt ist. Auf Küchenpapier abtropfen lassen und warm servieren.

# Wetha, nga, pazoon lone kyaw
Gebratene Schweinefleisch-, Fisch- oder Garnelenbällchen

Zutaten:
500 g mageres Schweinefleisch oder grätenfreie Fischfilets oder geschälte Garnelen
1 bis 2 mittelgroße Zwiebeln
1 grüne Chili
1/4 TL Kurkuma-Pulver
1 EL gehacktes frisches Koriandergrün
Weizenmehl
Salz nach Geschmack
Öl zum Braten

Schweinefleisch, Fisch oder Garnelen durch die feine Scheibe des Fleischwolfs drehen. Zwiebeln, Chili und Koriandergrün sehr fein hacken und mit allen übrigen Zutaten vermischen. Kleine Bällchen formen, in Mehl wälzen. In einer Bratpfanne Öl heiß werden lassen, die Bällchen darin goldgelb braten.

# Boothi ngabaung kyaw
Weißer Markkürbis, in Teig ausgebacken

*Ein Snack zwischen den Mahlzeiten oder Gemüsebeilage zu einem Essen und eine beliebte Art der Gemüsezubereitung. Versuchen Sie das Rezept auch mit zarten Chokos.*

Zutaten:
500 bis 750 ml in Scheiben geschnittener Markkürbis
Öl zum Ausbacken
Teig wie für *pazoon ngabaung kyaw*

Den Kürbis schälen, die Samen herausschaben. In etwa fingerdicke Scheiben schneiden. In einer großen Bratpfanne oder einem Wok Öl heiß werden lassen. Sobald sich feiner Rauch zeigt, die Kürbisscheiben in den Teig tauchen und einzeln in das Öl gleiten lassen. Versuchen Sie nicht, mehr als sechs oder acht Stück gleichzeitig zu backen. Die goldgelb gebackenen Krapfen aus dem Öl heben, auf Küchenpapier abtropfen lassen und sofort servieren. Man kann als Dip *ngan ye chet* (S. 284) dazu reichen.

# Ngapi chet

Shrimp-Paste sauté

Zutaten:
125 ml Pflanzenöl
1 Zwiebel, gehackt
6 Knoblauchzehen, gehackt
1/4 TL Kurkuma
1 EL getrocknete Shrimp-Paste *(ngapi)*
3 bis 4 Tomaten, geviertelt
250 ml getrocknetes Garnelenpulver
2 grüne Chilis, in Scheiben
1 EL Tamarindensaft
1/2 TL Salz, oder nach Geschmack

Öl sehr heiß werden lassen, dann bei Mittelhitze Zwiebel, Knoblauch und Kurkuma dunkel goldgelb braten, bis sie fast am Topfboden ansetzen. Die getrocknete Shrimp-Paste, Tomaten, Garnelenpulver, grüne Chilis und Tamarindensaft zugeben. Unter Rühren kochen, bis alle Flüssigkeit verdampft ist und das Öl sich von der Masse abscheidet. Salzen nach Geschmack.

# Ngan pya ye chet

Fischsoße sauté

Zutaten:
1 TL Öl
1 große Zwiebel, fein gehackt
250 ml Fischsoße *(ngan pya ye)*
1 Stengel Zitronengras, quer fein geschnitten, oder 2 Streifen Zitronenschale, fein gehackt
6 Knoblauchzehen, fein gehackt
2 Frühlingszwiebeln, fein gehackt
1/2 TL Chilipulver

Die gehackte Zwiebel in Öl einige Sekunden anbraten, die Fischsoße zugießen, zum Kochen bringen. Vom Feuer nehmen und sofort Zitronengras, Knoblauch, Frühlingszwiebeln und Chilipulver einrühren. Abkühlen lassen.

# Pe thee pin pauk ngabaung kyaw

In Teig ausgebackene Bohnensprossen

Zutaten:
250 g frische Bohnensprossen
Öl zum Ausbacken
Teig wie für *pazoon ngabaung kyaw*

Die Bohnensprossen waschen, gut abtropfen lassen, die Enden abknipsen. Teig anrühren, die Bohnensprossen unterheben. In sehr heißem Öl den Teig löffelweise goldbraun und knusprig ausbacken. Auf Küchenpapier abtropfen lassen. Heiß servieren.

# Tha hnat

Gurken-Pickle

6 Portionen
Zutaten:
2 große grüne Gurken
125 ml Malzessig
500 ml Wasser
1 TL Salz
60 ml Erdnußöl
2 EL Sesamöl
8 Knoblauchzehen, in Scheiben geschnitten
1 mittelgroße Zwiebel, in dünne Scheiben geschnitten, oder 2 EL getrocknete Zwiebelflocken
2 EL Sesamkerne

Die Gurken schälen, der Länge nach halbieren, die Samen herausschaben. In fingerdicke Streifen, dann diese in 5 cm lange Stücke schneiden. Essig, Wasser und Salz zum Kochen bringen, die Gurkenstückchen dazugeben und kochen, bis sie glasig sind. Nicht zu weich werden lassen. Sofort abgießen und auskühlen lassen.

Beide Ölsorten zusammen erhitzen und den Knoblauch darin hellgelb anbraten. Abtropfen lassen. Die Zwiebel goldbraun rösten. Die Sesamkerne in einer trockenen Pfanne unter ständigem Rühren gleichmäßig goldbraun rösten. Auf einen Teller zum Abkühlen geben. Wenn das Öl kalt geworden ist, die Gurken mit 3 EL davon anmachen, mit den Fingern gründlich durchmischen. In einer kleinen Schüssel mit Zwiebel, Knoblauch und Sesamkernen locker mischen.

# Beya kyaw

Küchlein aus gelben Erbsen

Zutaten:
250 ml getrocknete gelbe Erbsen
2 mittelgroße Zwiebeln, fein gehackt
2 frische rote Chilis, fein gehackt, oder 1/4 TL Chilipulver
1/2 TL Kurkuma, gemahlen
1/2 TL Salz
Öl zum Ausbacken
Zwiebelringe und Zitronenspalten zum Garnieren

Die gelben Erbsen über Nacht mit Wasser bedeckt quellen lassen. Abgießen. Im Mixer pürieren oder zweimal durch die feine Scheibe des Fleischwolfs drehen. Alle übrigen Zutaten außer dem Öl damit vermengen. Kleine Bällchen formen, auf 12 mm Dicke abflachen. In einer Ausbackpfanne Öl erhitzen, die Erbsenküchlein einzeln einlegen und goldbraun backen. Auf Küchenpapier abtropfen lassen. Mit rohen Zwiebelringen und Zitronenspalten garniert servieren.

# Hmo kyaw kyet

Pilze mit Hühnerfleisch

6 Portionen
Zutaten:
500 g frische Pilze
500 g Hühnerfleisch
3 EL Öl
1 große Zwiebel, fein geschnitten
3 Knoblauchzehen, fein gehackt
1 EL helle Sojasoße
Salz nach Geschmack

Die Pilze nicht waschen, sondern mit feuchtem Küchenpapier abreiben. Große Pilze halbieren oder vierteln. Das Hühnerfleisch in schmale Streifen schneiden.
Öl in einem Wok erhitzen, Zwiebel und Knoblauch goldbraun braten. Das Hühnerfleisch zugeben und 2 Minuten bei starker Hitze pfannenrühren, dann zugedeckt 3 Minuten bei Mittelhitze dünsten. Die Sojasoße und Salz nach Geschmack, dann die Pilze zugeben. Zugedeckt 3 bis 4 Minuten simmern, dann die Hitze verstärken und offen alle Flüssigkeit einkochen. Heiß mit weißem Reis servieren.

# Thanatsone

Salat aus gemischten Gemüsen

*Sie können jede beliebige Kombination aus den folgenden Gemüsen innerhalb der erforderlichen Menge zusammenstellen: Bohnen, Kohl, Blumenkohl, Okra, Karotten, Bambusschößlinge, Frühlingszwiebeln, Bohnensprossen, Gurken oder Zucchini.*

6 Portionen
Zutaten:
750 ml kleingeschnittene Gemüse
Salz
125 ml Pflanzenöl
1 EL Sesamöl
1/2 TL Kurkuma, gemahlen
2 große Zwiebeln, in dünne Scheiben geschnitten
4 Knoblauchzehen, fein geschnitten
3 EL Sesamkerne
2 EL weißer Essig

Die Gemüse in mundgerechte Streifen schneiden und nur ein bis zwei Minuten in leicht gesalzenem Wasser kochen, bis sie eben weich, aber noch knackig sind. Abgießen und mit kaltem Wasser abspülen, um den Garprozeß zu unterbrechen. Abtropfen lassen.
Die beiden Ölsorten in einer kleinen Ausbackpfanne erhitzen. Kurkuma, Zwiebeln und Knoblauch darin unter ständigem Rühren über Mittelhitze rösten, bis Zwiebeln und Knoblauch anfangen zu bräunen. Die Pfanne vom Feuer nehmen und weiterrühren, bis sie braun und kroß sind. Kalt werden lassen. Dann etwas von dem Öl über die Gemüse geben, Zwiebeln und Knoblauch locker untermischen, mit Salz und Essig abschmecken.
Die Sesamkerne in einer trockenen Pfanne bei Mittelhitze goldbraun rösten. Zum Auskühlen auf einen Teller geben, dann über die Gemüse streuen. Als Beilage zu Reis und Curries servieren.

# Hin thee hin ywet

Gemüse

Dieser burmesische Name umfaßt alle Gemüse, Früchte und eßbare Blätter, und diese spielen in der burmesischen Ernährung eine wesentliche Rolle. Sie werden in Suppen, Curries und Pfannengerichten verwendet oder als frische, knackige, rohe Salate serviert. In den verschiedenen Landstrichen Burmas wachsen sowohl tropische Gemüse als auch die der gemäßigten Zone, je nach den klimatischen Bedingungen der Region und der Jahreszeit.

Tante Connie hat mir erzählt, daß die burmesische Hausfrau »ihre Zwiebeln kennt« in des Wortes wahrer Bedeutung. Zum Beispiel werden Zwiebeln nicht einfach irgendwie gehackt. Für bestimmte Gerichte werden sie der Länge nach geschnitten, für andere in Ringe und für Curries auf einem Stein zerrieben oder zu einer Paste zerstoßen. Kohl wird für Pfannengerichte der Länge nach und für Suppen quer geschnitten. Grüngemüse, das schnell gar wird, wie Spinat und Chinakohl, wird quer in Streifen geschnitten. Gemüse müssen eben auch richtig *aussehen*, wenn sie auf den Tisch kommen.

Außer für Suppen und Curries mit viel Soße wird Wasser zum Gemüsekochen kaum je verwendet. Wie die Chinesen ziehen es die Burmesen vor, Gemüse pfannenzurühren.

# Akyaw

Zutaten:
- 2 TL Sesam- oder Maisöl
- 1 oder 2 Zwiebeln, der Länge nach fein geschnitten
- 2 Knoblauchzehen, der Länge nach geschnitten
- Salz und Pfeffer
- Fischsoße, nach Belieben

Das Öl rauchendheiß werden lassen, Zwiebeln und Knoblauch hineingeben, sofort die Hitze reduzieren. 750 bis 1000 ml gewaschene und vorbereitete Gemüse einfüllen und pfannenrühren, bis sie weich sind, aber noch »Biß« haben. Salzen und pfeffern nach Geschmack, nach Belieben mit Fischsoße beträufeln. Gemüse auf diese Art erst kurz vor dem Auftragen garen, durch längeres Stehen werden sie schlaff.

Gemüse zum Pfannenrühren auf folgende Art vorbereiten:

Okraschoten: Auf beiden Seiten die Enden abschneiden, in dünne Scheiben schneiden;
Auberginen: in dünne Scheiben oder kleine Würfel schneiden;
Markkürbis, Kürbis: schälen, entkernen, in Streifen schneiden;
Zucchini: in feine Scheiben schneiden;
Rettich: in Streifen schneiden;
Bittermelone: in dünne Scheiben schneiden, mit Salz bestreuen, dann abspülen;
Grüne Bohnen: in mundgerechte Stücke schneiden;
Zuckererbsen: Fäden abziehen, ganz lassen;
Karotten: schrappen, sehr fein schneiden;
Gurken: der Länge nach halbieren, die Samen herausschaben, in dicke Scheiben schneiden;
Kohl: der Länge nach in Streifen schneiden;
Spinat: zerpflücken;
Bohnensprossen: ganz verwenden; wenn nötig, die Enden abknipsen;
Bambusschößlinge: frische Bambusschößlinge müssen zuerst weich gekocht, dann in Scheiben oder streichholzdünne Streifen geschnitten werden;
Sellerie: in schräge Scheiben schneiden;
Zwiebeln: der Länge nach in Scheiben schneiden;
Frühlingszwiebeln: in mundgerechte Stückchen schneiden.

# Hin

Burmesische Suppen

Man serviert zu beiden Hauptmahlzeiten des Tages eine kochendheiße leichte Suppe. Das kann eine milde klare Suppe sein oder eine saure, scharfgepfefferte, je nach Wetter oder den übrigen Bestandteilen der Mahlzeit.

Man kocht Schweineknochen, Fischköpfe oder Garnelenköpfe aus und verwendet die Brühen für Suppen. Es ist aber nicht unbedingt nötig, solche Brühen zur Hand zu haben, man kann auch mit getrockneten Garnelen oder *ngapi* (einer Paste aus gesalzenen Garnelen und Shrimps) Wasser kräftigen Geschmack geben.

Man kennt auch kräftige Currysuppen, wie zum Beispiel *moh hin gha* und *panthe kaukswe*, die mit Nudeln serviert werden. Das sind Eintopfgerichte.

Die nun folgenden Suppenrezepte sind als Beigabe zur täglichen Mahlzeit gedacht, man nimmt sie schlückchenweise während des Essens.

# Hin cho
Milde Suppe

*Für diese Suppe eignet sich jedes beliebige der folgenden Gemüse:*
*Markkürbis, geschält und in feine Streifen geschnitten,*
*Zucchini, fein gewürfelt, Kürbis, gewürfelt,*
*Okra, von den Enden befreit, in schräge Scheiben geschnitten,*
*Blumenkohl, jedes Röschen der Länge nach durchgeschnitten,*
*Kohl, in feine Streifen geschnitten,*
*Chinakohl oder ein anderes Blattgemüse, quer in Streifen geschnitten.*

4 bis 6 Portionen

Zutaten:
1 bis 1½ l Brühe oder Wasser
2 mittelgroße Zwiebeln, geschält und in feine Scheiben geschnitten
1 EL Pulver aus getrockneten Garnelen oder 3 ganze frische Garnelen
3 Pfefferkörner
¼ TL getrocknete Shrimp-Paste *(ngapi)* nach Belieben
500 bis 750 ml Gemüse

Brühe oder Wasser zum Kochen bringen. Zwiebeln, Garnelenpulver, Pfefferkörner und die getrocknete Shrimp-Paste 5 Minuten kochen. Zuletzt 125 ml Gemüse Ihrer Wahl auf je 250 ml Brühe oder Wasser zugeben. Kürbis und Blumenkohl brauchen zum Garwerden etwa 5 Minuten, die übrigen Gemüse sollten nach 3 Minuten fertig sein. Mit Salz abschmecken.

# Hin gha
Kräftige Suppe

Nach dem vorausgehenden Rezept verfahren, aber zugleich mit den Zwiebeln und anderen Zutaten 4 kleingeschnittene Knoblauchzehen und ¼ TL gemahlenen schwarzen Pfeffer zugeben.

# Chin hin
Saure Suppe

*Die Brühe für diese Suppe wird aus sauerschmeckenden grünen Blättern gekocht, zum Beispiel aus zarten jungen Tamarindenblättern (als Ersatz grüne Tomaten oder Rhabarberstengel). Rhabarberstiele müssen in kurze Stücke geschnitten, gekocht und die Brühe durch ein Sieb gegossen werden. Diese Brühe dann mit Spinat oder anderen grünen Blättern weiterverarbeiten.*

4 bis 6 Portionen

Zutaten:
2 TL Sesam- oder Maisöl
1 Zwiebel, der Länge nach fein geschnitten
2 Knoblauchzehen, zerdrückt
¼ TL Kurkuma, gemahlen
2 oder 3 grüne Tomaten, gehackt
250 ml zerpflückter Spinat oder sonstiges grünes Blattgemüse
1 bis 1½ l Rhabarber- oder Fischbrühe oder kochendes Wasser
¼ TL getrocknete Shrimp-Paste *(ngapi)*
Salz nach Geschmack

Zwiebel, Knoblauch und Kurkuma in sehr heißem Öl 30 Sekunden unter Rühren braten. Tomaten und Spinat einrühren, dann Brühe oder Wasser zugießen, zum Kochen bringen. Garnelenpaste zugeben und zugedeckt simmern, bis die Gemüse weich sind. Mit Salz abschmecken. Zu Reis servieren.

# Kyazan hin cho

Milde Suppe mit Cellophan-Nudeln

*Es ist schwierig, eine kleine Menge Cellophan-Nudeln abzumessen. Sie sind zu leicht, als daß man sie wiegen, und zu sperrig, als daß man ihr Volumen messen könnte. Meine Mitarbeiterin an diesem Kapitel, meine Tante Constance Hancock, rät, für die Suppe so viele 10 cm lange Nudeln zu nehmen, als die gekrümmten Finger halten können.*

4 Portionen

Zutaten:

ein kleines Bündel Cellophan-Nudeln, wie oben beschrieben
1250 ml Hühner- oder Schweineknochenbrühe
1 Zwiebel, in feine Scheiben geschnitten
2 Knoblauchzehen, fein geschnitten
6 Champignons, in Scheiben geschnitten
1 EL helle Sojasoße
125 g frische Shrimps oder Garnelen
1 Zucchini, in kleine Würfel geschnitten
Salz und Pfeffer nach Geschmack

Die Nudeln in heißem Wasser quellen lassen, dann in kurze Stücke schneiden. Die Brühe zum Kochen bringen, Zwiebel und Knoblauch zugeben. Die abgetropften Nudeln einlegen und kochen, bis sie weich und aufgegangen sind. Pilze, Sojasoße, Garnelen und Zucchini zugeben, kochen, bis die Garnelen eben gar sind. Salzen und pfeffern nach Geschmack. Heiß servieren.

# Kyazan hin gha

Cellophan-Nudel-Suppe mit Pfeffer

4 bis 6 Portionen

Zutaten:

1 kleines Bündel Cellophan-Nudeln wie für *kyazan hin cho* (oben)
1/2 kleines Huhn
1 EL Fischsoße *(ngan pya ye)*
6 getrocknete chinesische Pilze
1 EL Öl
2 mittelgroße Zwiebeln, der Länge nach geschnitten
6 Knoblauchzehen, der Länge nach geschnitten
1/2 TL schwarzer Pfeffer, gemahlen
Salz nach Geschmack
3 EL gehacktes frisches Koriandergrün
3 Frühlingszwiebeln, fein geschnitten
zum Servieren Chilipulver und Zitronenspalten

Die Nudeln in heißem Wasser einweichen, dann in kurze Stücke schneiden. Das Huhn zerlegen, in einem Topf mit reichlich Wasser bedeckt zum Kochen aufsetzen, Fischsoße zugeben und simmern, bis das Huhn weich ist.

Dann abkühlen lassen, bis es lauwarm ist, das Fleisch von den Knochen lösen, in kleine Stücke schneiden und dann mit den Fingern zerfasern. Die Hühnerbrühe aufheben.

Die Pilze 20 bis 30 Minuten in heißem Wasser einweichen; die Stiele abschneiden und wegwerfen, die Hüte in feine Scheiben schneiden.

In einem Topf Öl erhitzen und Zwiebeln und Knoblauch darin anbraten, bis die Zwiebeln fast weich sind. Pfeffer, die Hühnerbrühe, Nudeln und Pilze zugeben, zum Kochen bringen, dann 10 Minuten bei schwacher Hitze simmern. Das Hühnerfleisch in die Suppe geben und heiß werden lassen. Mit Salz und zusätzlicher Fischsoße abschmecken. Vom Feuer nehmen, mit Koriandergrün und Frühlingszwiebeln bestreuen und heiß servieren. Ein Schälchen Chilipulver und die Zitronenspalten dazu reichen, damit jedermann nach eigenem Geschmack damit würzen kann.

# Goorakathee kyawjet hin

Chokosuppe

4 bis 6 Portionen

Zutaten: 2 Chokos
1 EL Öl
1 große Zwiebel, der Länge nach geschnitten
2 Knoblauchzehen, der Länge nach geschnitten
1 EL getrocknete Garnelen
1/2 TL getrocknete Shrimp-Paste *(ngapi)*
1/4 TL Kurkuma, gemahlen
1 bis 1 1/2 l Wasser

Die Chokos schälen, der Länge nach halbieren und in feine Scheiben schneiden. In einem Topf Öl erhitzen, Zwiebel, Knoblauch, Chokos, getrocknete Garnelen, Garnelenpaste und Kurkuma zugeben. Bei Mittelhitze einige Minuten lang locker miteinander vermengen, dann zugedeckt 10 Minuten bei schwacher Hitze dünsten. Das Wasser abgießen, 10 Minuten simmern. Mit Salz abschmecken. Heiß zu Reis und Curries servieren.

# Wet che dauk hincho

Suppe aus Schweinefüßen

4 Portionen
Zutaten:
1 Schweinefuß (am besten Vorderfuß)
1 EL helle Sojasoße
3 mittelgroße Zwiebeln
6 Knoblauchzehen
4 EL feingehacktes frisches Koriandergrün oder Selleriegrün
Pfeffer und Salz nach Geschmack

Den Schweinefuß waschen und säubern. In vier Teile hacken. Mit Sojasoße einreiben. In einem Topf mit 1 l Wasser, wenn nötig auch mehr, zum Kochen aufsetzen. Schaum von der Oberfläche abnehmen. Sobald das Fleisch weich ist, die Knochen auslösen und wegwerfen. Zwiebeln und Knoblauch zugeben und noch weitere 10 Minuten kochen. Mit Koriander- oder Selleriegrün bestreuen. Salzen und pfeffern nach Geschmack. Heiß zu Reis servieren.

# Set hnit myo hincho

Zwölf-Sorten-Suppe

6 Portionen
Zutaten:
125 g Hühner-, Enten- oder Schweinefleisch
2 EL Öl
2 Zwiebeln, in Scheiben geschnitten
2 Knoblauchzehen, in Scheiben geschnitten
6 Scheiben gekochte Schweineleber
1 EL Sojasoße
1 kleine Choko
60 ml Bohnensprossen
60 ml kleingeschnittener Kohl
60 ml kleingeschnittener Blumenkohl
60 ml in Stücke geschnittene grüne Bohnen
60 ml Trockenpilze, eingeweicht
60 ml getrocknete Wolkenohrpilze, eingeweicht
1 Zweig zartes Selleriegrün
2 Frühlingszwiebeln
2 Eier
Pfeffer und Salz nach Geschmack

Das Geflügel- oder Schweinefleisch in dünne Scheiben schneiden. In einem Wok Öl erhitzen, Zwiebeln und Knoblauch anbraten. Fleisch und Schweineleber zugeben und gut durchrühren. Sojasoße einrühren. Zugedeckt 5 Minuten sanft kochen. Alle Gemüse einfüllen, zugedeckt kurz kochen. Sobald die Gemüse etwas welk geworden sind, alles in einen größeren Topf geben, 1 l Wasser zugießen und schnell zum Kochen bringen. Kurz vor dem Auftragen die ungeschlagenen Eier in die sprudelnd kochende Suppe einrühren. Dann erst salzen und pfeffern nach Geschmack.

# Burmesische Süßspeisen

Desserts sind in Burma unbekannt, wenn auch frisches Obst je nach Jahreszeit zum Abschluß eines Essens angeboten wird. Dagegen werden zwischen den Mahlzeiten Süßigkeiten genascht oder in Form eines kühlenden Getränks genommen, wie zum Beispiel *moh let saung* (S. 291). Dann gibt es die Durian-Konserve. Sie riecht ebenso stark wie die frische Frucht und hat deshalb auch ebenso viele Gegner wie Freunde wie diese. Außerdem kennt man Mango-Konserven, in Palmzuckersirup eingekochte wilde Pflaumen und Palmzucker-Toffee.

Viele Gelees basieren auf Agar-Agar. Sie sind im allgemeinen viel fester als Gelees in westlichen Ländern. Ich erinnere mich, wie meine Großmutter riesige Kessel mit Seetang-Gelee kochte und ihn die ganze Nacht durch ein Tuch tropfen ließ. Hätte sie versucht, diese Stufe der Zubereitung abzukürzen, wäre das Gelee trüb geworden. Das erstarrte Gelee wurde in große Rauten geschnitten, die so klar und golden waren wie Topas. Ich habe nie wieder etwas von gleichem Geschmack gegessen. Auch die Struktur war neu, nicht weich und auf der Zunge zergehend wie Gelatine-Gelees, sondern fest, den Zähnen Widerstand bietend.

Es gibt auch eine Reihe von Kuchen, Pfannkuchen, Krapfen und in Dampf gegarten Schwammpudding aus fein ausgemahlenem Reismehl und Palmzucker. Man kann diese Süßigkeiten mit Palmzuckersirup servieren oder mit frisch geriebener Kokosnuß und gerösteten Sesamkernen. Nicht selten nimmt man eine Prise Salz dazu, und dieser Kontrast ist überraschend angenehm. Anders als das indische Konfekt sind die burmesischen Spezialitäten nur leicht gesüßt.

Meistens werden sie von Zuckerbäckern zubereitet und verkauft, und jeder von ihnen spezialisiert sich auf nur eine bestimmte Sorte. Wollte man dieses Gebäck zu Hause selbst machen, so müßte man dazu besondere Geräte haben und Stunden für die Zubereitung aufwenden. Allein die Erwähnung von *moh sein boung*, einem Schwammpudding, läßt einem im Ausland lebenden Burmesen die Augen feucht werden. Es ist ein köstlich lockerer Reismehl-Schwammpudding, der aus einer weißen und einer braunen Schicht besteht und in einer großen Form gedämpft wird. Die braune Schicht hat ihre Farbe vom Palmzucker. Zur Frühstückszeit wird er in den Straßen verkauft. Man ißt ihn von Bananenblättern, bestreut ihn mit geriebener Kokosnuß und zerdrückten gerösteten Sesamkernen mit Salz. Er ist nicht besonders süß oder fett, trotzdem sehr sättigend.

# Moh loung ye baw

Der Kuchen zum ersten Zahn

*Das ist der berühmte Kuchen, den man backt und Nachbarn und Freunden schickt oder den Armen gibt, wenn ein Baby seinen ersten Zahn bekommen hat. Es sind kleine Teigklöße, die in Kokosmilch gekocht werden.*

Zutaten:
250 ml Weizenmehl
250 ml Reismehl
eine Prise Salz
$^{1}/_{2}$ TL Natron
1 EL helles Sesamöl oder Maisöl
knapp 160 ml Wasser
250 ml frisch geriebene Kokosnuß
125 ml geriebener Palmzucker oder Ersatz
1 l Kokosmilch zum Simmern
1 EL Zucker oder mehr

Die beiden Mehlsorten, Salz und Natron in eine Rührschüssel sieben, gründlich vermengen, das Öl einarbeiten. Mit Wasser zu einer festen Paste verrühren, dann zu einem glatten Teig verkneten. Geriebene Kokosnuß und Palmzucker mischen. Kleine Teigklümpchen zu Kugeln rollen, flachdrücken, ganz wenig von der Kokosnuß-Palmzuckermischung in die Mitte geben. Den Teig darüber dicht schließen und wieder zu einer schönen Kugel rollen.
Die Kokosmilch mit dem Zucker in einem großen Topf zum Kochen aufsetzen. Sobald sie sprudelnd kocht, die Teigkugeln einlegen. Sie sinken zuerst unter, steigen dann aber während des Garens langsam an die Oberfläche. Vorsichtig umrühren, damit keine am Topfboden haftenbleibt. Vom Hochsteigen der ersten Teigkugeln an noch mindestens 10 Minuten simmern, bis alle an der Oberfläche schwimmen. Heiß oder kalt servieren, etwas von der Kokosmilch darübergießen.

# Kyauk kyaw (1)

Seetang-Gelee

*Dieses Gelee wird aus durchsichtigen, raffinierten Seetangfäden zubereitet, die wie zerknitterte Cellophanstreifen aussehen. Sie werden als Agar-Agar-Raffinade in chinesischen Lebensmittelgeschäften verkauft. Es gibt Agar-Agar auch abgepackt als Pulver, ebenfalls in China-Läden und in Apotheken.*

Ergibt etwa 18 Stück
Zutaten:
7 g Agar-Agar-Fäden oder 4 TL Agar-Agar-Pulver
1 l Kokosmilch
125 ml Zucker
einige Tropfen Rosenaroma

Die Agar-Agar-Fäden über Nacht oder doch mindestens eine Stunde in kaltem Wasser quellen lassen. Abgießen und abmessen. Man braucht 375 ml Agar-Agar, lose geschichtet. Die Agar-Agar-Fäden mit der Kokosmilch unter ständigem Rühren zum Kochen bringen. Den Zucker zugeben, unter Rühren 15 bis 20 Minuten simmern, bis alle Fäden vollständig aufgelöst sind.
Agar-Agar-Pulver auf die Kokosmilch streuen, zum Kochen bringen, dann unter Rühren 10 Minuten simmern. Aroma nach Geschmack zugeben. Eine Schüssel mit kaltem Wasser ausspülen, das Gelee hineingießen und erstarren lassen. In Quadrate schneiden. Dieses Gelee ist sehr fest und kann mit den Fingern gegessen werden.

# Kyauk kyaw (2)

Geeistes Gelee-Getränk

*Unter dem gleichen Namen gibt es auch ein Getränk aus Agar-Agar oder Seetang-Gelee, das in Burma so beliebt ist, daß es an jeder Straßenecke verkauft wird.*

Zutaten:
Sirup aus Palmzucker oder in China-Geschäften erhältlichem Plattenzucker
Rosenessenz
geeistes Wasser
zerdrücktes Eis
1 Dose Seetang-Gelee (grass jelly – siehe Glossar)

Aus Zucker und Wasser einen Sirup kochen, wenn er erkaltet, leicht mit Rosenessenz parfümieren. Das Gras-Gelee fein schnitzeln. Je 1 EL Gelee in Gläser geben, einige Löffel voll Sirup dazugeben, mit geeistem Wasser und zerdrücktem Eis auffüllen. Durchrühren. Für eine andere Version dieses Getränks nimmt man Kokosmilch statt Wasser. Auch dieses Getränk schmeckt kühl und köstlich an einem heißen Tag.
Anmerkung: Statt Gras-Gelee aus der Dose kann man auch gehacktes Agar-Agar-Gelee verwenden.

# Shwé htamin

Goldener Reis

2 bis 3 Portionen
Zutaten:
250 ml Langkornreis
1 EL Öl
500 ml Kokosmilch
1/4 TL Kurkuma, gemahlen
1/4 TL Salz
2 EL Zucker
250 ml frische geriebene Kokosnuß
2 EL geröstete Sesamkerne

Wenn nötig, den Reis gründlich waschen und abtropfen lassen. In einem mittelgroßen Topf Öl erhitzen und den Reis 3 Minuten anbraten, dabei mit einem Metallöffel rühren und umwenden. Die Kokosmilch samt Kurkuma, Salz und Zucker zugießen und zum Kochen bringen. Sobald die Speise dick ist (nach höchstens 1 bis 2 Minuten), die Hitze stark vermindern, zugedeckt 15 Minuten ziehen lassen, bis alle Flüssigkeit aufgesogen ist. Den heißen Reis mit einer Gabel auflockern und die geriebene Kokosnuß untermischen. Dann den Reis in eine gefettete, feuerfeste Form füllen, die Oberfläche glattstreichen. Fest zusammendrücken. Mit Sesamkernen bestreuen. 20 Minuten im Backofen bei niedriger Hitze backen.
In Rauten schneiden. Mit zusätzlicher geriebener Kokosnuß und gerösteten, leicht zerdrückten und mit etwas Salz gemischten Sesamkernen servieren.

# Sanwin makin

Weizengrießauflauf

*Dies ist ein üppiger Pudding, denn er enthält durch Kokosmilch,* ghee *und Sesamkerne reichlich Fett. Man schneidet und serviert ihn wie einen Kuchen.*

Zutaten:
250 ml feiner Weizengrieß
750 ml dicke Kokosmilch
250 ml Zucker
125 g *ghee* oder Butter
eine Prise Salz
1/4 TL Kardamom, gemahlen
3 Eier, getrennt
2 bis 3 EL Sesamkerne

Den Weizengrieß in einen großen, schweren Topf geben, nach und nach die Kokosmilch so einrühren, daß sich keine Klümpchen bilden. Den Zucker zugeben, bei Mittelhitze unter ständigem Rühren zum Kochen bringen. Dem kochenden und eindickenden Brei Butter oder *ghee* in kleinen Portionen zusetzen und so lange weiterkochen, bis der Brei sehr dick ist und sich vom Topf löst. Salz und gemahlenen Kardamom einrühren.
Die Eigelb einzeln verquirlen, die Eiweiß zu steifem Schnee schlagen, beides unterziehen. Den Brei in eine gebutterte 22-cm-Backform oder in eine feuerfeste Auflaufform geben, die Oberfläche glattstreichen. Die Sesamkerne in einer trockenen Pfanne bei Mittelhitze unter ständigem Rühren goldgelb rösten. Freigebig über den Grießbrei streuen.
Im Backofen bei 160°C 45 bis 60 Minuten backen, bis der Auflauf schön aufgegangen und goldbraun ist. In der Form erkalten lassen, dann in große Rauten schneiden.
Als süßen Snack oder als Dessert servieren.

# Moh-let-saung

Geeiste Kokosmilch mit Sago

*Ein kühlendes Getränk aus Sago, Kokosmilch und Palmzucker, das als Dessert serviert werden kann.*

Zutaten:
250 ml Sago
1 l Wasser
185 ml gehackter Palmzucker
Eiswürfel
1 l Kokosmilch

Sago waschen, etwa eine Stunde quellen lassen, abgießen. In einem großen Topf mit 750 ml Wasser zum Kochen aufsetzen. Über mäßiger Hitze simmern, bis die Sagokörner durchsichtig sind. Abkühlen lassen, dann in den Kühlschrank stellen. Mit dem restlichen Wasser den Palmzucker in einem kleinen Topf unter Erwärmen auflösen. Abkühlen lassen. Den Sirup durch ein Sieb gießen.
In jedes hohe Glas etwa 4 EL eiskalten Sago geben, mit 3 oder mehr EL Sirup mischen. 2 oder 3 Eiswürfel zugeben, mit Kokosmilch auffüllen. Umrühren, sofort servieren.

# Gin thoke

Ingwer-Mix

*Die Burmesen sind ein Volk, das Streß nicht kennt. Sie sitzen nach dem Essen noch lange im Gespräch zusammen und knabbern dabei Snacks statt süßer Desserts.*
*Bieten Sie jedem Gast ein Schälchen voll Ingwer-Mix an. Gegessen wird mit den Fingern.*

Zutaten:
125 g sehr zarter frischer Ingwer
4 bis 6 EL Zitronensaft
2 EL Erdnußöl
1 EL Sesamöl
12 Knoblauchzehen, in Scheiben geschnitten
2 bis 3 EL Sesamkerne
Salz nach Geschmack

Eigentlich sollte die Ingwerwurzel so jung sein, daß sie noch eine fast durchsichtige Schale und rosa Wurzelspitzen hat. Haben Sie älteren Ingwer gekauft, so verwenden Sie am besten nur die kleinen Knollen, die aus der Hauptwurzel wachsen. (Den Rest können Sie schälen, in einem Glas mit trockenem Sherry bedeckt aufbewahren und zum Kochen verwenden.) Die Schale mit einem scharfen Messer abschaben, den Ingwer erst in sehr dünne Scheiben, dann diese in feine Schnitzel schneiden. Mindestens eine Stunde in Zitronensaft marinieren; der Ingwer wird dabei rosa.
In der Zwischenzeit den Knoblauch in einer kleinen Pfanne in Erdnuß- und Sesamöl langsam goldgelb rösten. Sofort herausnehmen, da er leicht anbrennt, und auf Küchenpapier ablaufen lassen. Abkühlen und kroß werden lassen. Die Sesamkerne in einer trockenen Pfanne über mäßiger Hitze rühren, bis sie goldbraun sind. Zum Abkühlen sofort auf einen Teller geben.
Zum Servieren den Ingwer aus dem Zitronensaft nehmen und in eine Schüssel geben. Nach Geschmack salzen, Knoblauch und Sesam darüberstreuen. Locker mischen.

# Ngapyaw kyaw

Bananen-Snacks

*Lange grüne Bananen, kurze gelbe Bananen, dreieckige, große rote, kleine saure, süße butterweiche Bananen – alle wachsen sie in Burma und alle sind sie das ganze Jahr über zu haben.*

Süße, aromatische Arten werden gegessen wie sie sind. Andere Sorten aber sind Basis für eine Reihe süßer Snacks. Man kann sie in Scheiben schneiden, in Mehl wälzen und backen; in Kokosmilch kochen; mit Ei und etwas Weizenmehl zu einem dicken Teig zerdrücken und in der Pfanne braten. Diese Snacks werden oft mit Palmzuckersirup serviert.

# Thailand

In der Thai-Küche wird genau wie überall in Südostasien nach Gefühl gekocht, abgeschmeckt, dann noch ein wenig von diesem und ein wenig von jenem zugegeben. Was dabei herauskommt, ist zwar vorzüglich, es ist aber sehr schwer, dafür ein exaktes Rezept zu bekommen, da die meisten Thai-Köchinnen gar keines benützen. Am besten ist es, der Köchin genau zuzusehen, sich jeden Schritt zu merken und alles sorgfältig und detailliert aufzuschreiben.

Während eines sehr angenehmen Aufenthalts in Thailand hatte ich das Glück, einige besonders gute Thai-Köchinnen kennenzulernen und einige ihrer Rezepte zu bekommen. Eine von ihnen ist Mom Luang Terb Xoomsai, eine charmante und weltoffene Vertreterin des Thai-Adels, die für ihre exzellente Küche berühmt ist. Sie ist viel im Ausland, um dort Thailand bei kulinarischen Festlichkeiten und Lebensmittelausstellungen zu vertreten, und findet dazwischen noch Zeit, zu Hause eine Menü-Service-Firma und die SEATO-Kantine zu leiten.

Ich aß als ihr Gast in der Kantine zu Mittag und nahm die Gelegenheit wahr, statt der ebenfalls angebotenen europäischen Gerichte die Thai-Speisen zu probieren. Nach dem Lunch saßen wir noch zusammen und plauderten, dann nahm sie mich in die Küche mit, um mir alles zu zeigen, was mich interessierte. Alles in allem habe ich selten einen so lehrreichen Nachmittag erlebt. Sie erklärte mir, daß es in Thailand, wie in jedem anderen Land, eine klassische und eine ländliche Küche gäbe. Sie kocht nach beiden, je nach Anlaß. Die Mahlzeiten in der Kantine sind, wie sie sagt, Bauernstil (aber einfach köstlich). Wenn sie aber das Essen für Parties liefert, wird meistens etwas Großartigeres verlangt.

In der Küche wurde gerade für eine besondere Party am nächsten Tage ein Beispiel dafür zubereitet – lug chup, das heißt »kleines Wunder«, und so sah es auch aus.

Ich sah winzige künstliche Früchte, die aussahen, als seien sie aus Marzipan gemacht, nur noch feiner. Ihr glänzender Überzug hätte eine harte, durchsichtige Zuckerglasur sein können. Aber die Früchte waren nicht aus Marzipan, sondern aus *Mung*bohnenpaste, die mit Zucker gesüßt wird und deren Geschmack und Farbe von frischen Früchten und Gemüsen herrührt. »Ich würde sie nicht essen, wenn ihre Farbe und ihr Aroma künstlich wären«, schwor Terb Xoomsai. Die Glasur war auch nicht aus Zucker (in Thailands feuchtem Klima würde eine Zuckerglasur schmelzen); man hatte die Früchte in eine Agar-Agar-Lösung getaucht und ihnen damit einen durchsichtigen, niemals klebrig werdenden Überzug gegeben. Sie waren in natürliche Fruchtkelche gesteckt worden und sahen zart und wunderschön aus.

Ich lernte auch Miki Pichit kennen, den Küchenchef des Hotels Oriental, eines der ältesten und berühmtesten Hotels von Bangkok. Seine Darbietung von Thai-Gerichten auf dem verschwenderischen Bankett am Loy Krathong-Fest, dem größten Fest des Jahres, hat auf mich einen überwältigenden Eindruck gemacht. Dieses Fest wird zum zwölften Vollmond des Jahres gefeiert und versinnbildlicht das Scheiden des alten und den Anfang des neuen Mondjahres. Wie Lotosblüten geformte *krathongs*, Flöße aus Blumen, Blättern, buntem Papier und, Zutat der modernen Zeit, aus Schaumstoff, der sie über Wasser hält, läßt man den Chao Phraya-Fluß hinabschwimmen, jedes mit brennenden Kerzen und Räucherstäbchen besteckt. Die Flämmchen auf dem Wasser sehen hübsch aus. Sie leuchten allerdings nicht lange, denn nur wenige Meter flußabwärts warten eine Menge kleiner Jungen in ihren Booten darauf, sie aus dem Wasser zu fischen und sich die *baht*-Münzen zu schnappen, die die Gläubigen hineingesteckt haben, um sich die Götter gnädig zu stimmen.

Weil das Hotel direkt am Fluß liegt, wird dort jedes Jahr ein eindrucksvolles Fest gefeiert, an dem Touristen und die einheimische Gesellschaft gleichermaßen teilnehmen. Lebende Bilder auf einer Freilichtbühne erzählen von Glanz und Größe des alten Siam. Schöne Mädchen in atemberaubenden Kostümen tanzen alte Tänze. Überall Musik und Gesang; ein Dolmetscher mit Mikrofon übersetzt für die *farangs*, die Ausländer.

Um wieder von dem Bankett zu erzählen, da war aufgebaut, was das Herz sich nur wünschen konnte, so-

wohl im westlichen wie im Thai-Stil. Räucherlachs und Schinken wetteiferten mit *kaeng* jeder Art und einer solchen Auswahl an *krueng kieng*, daß man alle Zurückhaltung und Diätvorschriften in den Wind schlagen mußte. Eines der köstlichsten und fremdartigsten Gerichte war ein zu einer feinen Paste zerriebener Fisch, gewürzt mit der allgegenwärtigen Thai-Würzkombination aus zerriebenen Korianderwurzeln, Pfefferkörnern und Knoblauch. Diese Paste hatte man in Bananenblättern gedämpft, die zu einer Blüte geschnitten und gebogen waren. Dieses Gericht begegnete mir wieder in einem sehr exklusiven Thai-Restaurant, wo es in Form kleiner Fische gedämpft war, jeder nicht größer als ein Daumen. Sie waren auf Salatblättern so arrangiert, als würden sie in der Schüssel herumschwimmen. Das Arrangement des Konfekts jeder Form und Farbe und jeder Geschmacksrichtung blendete das Auge wohl ebenso wie das Feuerwerk über dem Fluß. Wie viele Arbeitsstunden mußten allein dafür aufgewendet worden sein, Hunderte von winzigen Körbchen aus Pandanusblättern *(bai toey)* zu flechten, von denen jedes nur wenige Stückchen Konfekt enthielt, die meist aus Klebreis, Yamswurzeln, Agar-Agar-Gelee, Mungbohnenpaste, Mungbohnenmehl und natürlich fetter Kokosmilch und süßem Palmzucker hergestellt waren. Ich für meine Person genoß vor allem die Eiscreme aus frischer Kokosmilch. Leicht gesüßt, eiskalt, sahnig, aber dennoch nicht zu fett, war sie der vollendete Abschluß eines vollendeten Essens. Neben der altmodischen Eismaschine stand ein Koch und schöpfte Eisportionen für die Gäste, die noch Platz dafür gelassen hatten.
Verständlicherweise hatte Küchenchef Miki am nächsten Tag frei, aber einige Tage darauf unterhielt ich mich mit ihm über Thai-Speisen, wie er sie kocht. Ich werde seine Rezepte in Ehren halten und oft verwenden.
Bei meinen Besuchen in den Hotelküchen lernte ich auch Küchenchef Silaprachai kennen, einen Spezialisten im Modellieren von Früchten. Wenn Sie noch nie Früchte gesehen haben, wie die Thais sie modellieren, können Sie sich keine Vorstellung machen von der Wirkung riesiger Pyramiden von Melonen, Papayas, *lamoots*, Mandarinen, Pomelos, *champoos* und *rambutans*, die alle mit dem Messer so bearbeitet werden, daß sie wie Blumen aussehen. Vor allem den Melonen, die ja groß genug sind, daß man sie in aufwendiger Manier dekorieren kann, hatte man klassische Muster in die Schalen geschnitten. Aus einigen hatte man sogar Vögel geschnitzt, jede Feder einzeln und vollendet.
Der Besucher Thailands ist immer wieder erstaunt darüber, welche Sorgfalt die Thais sogar für das kleinste Detail aufwenden. Auch die *krathongs*, die nur wenige Stunden bewundert werden und dann den Fluß hinunterschwimmen, waren mit dieser Geschicklichkeit und Detailgenauigkeit geschaffen worden. Jedes »Blütenblatt« des wie eine Lotosblüte aussehenden *krathongs*, etwa eine Handbreit lang, war aus Hunderten winziger roter Rosenblätter gebildet, jedes einzeln zu einem sich nach außen öffnenden Kegel gerollt und in symmetrischen Reihen angeordnet. Der Rand dieser »Blütenblätter« war mit den dichten weißen Knospen einer jasminähnlichen Blüte besteckt.

## Wie man ein Thai-Essen kocht und serviert

Wie im übrigen Südostasien ist auch in Thailand Hauptnahrungsmittel der Reis. Die Bezeichnungen für »Reis« und »Essen« sind synonym; alles übrige heißt »zum Reis«.
Thailand ist eines der wichtigsten Reiserzeugerländer der Erde, und die Exporterlöse für Reis machen ungefähr die Hälfte der gesamten Exporterlöse des Landes aus. Mit dem Ausbringen und Ernten der Reispflanzen verbinden sich in Thailand ebenso viele zeremonielle Rituale wie in den übrigen Ländern Asiens, wo Reis ein Sinnbild für Leben ist und als solches auch verehrt wird.
Um Reis nach Thai-Art zu kochen, sollten Sie polierten weißen Langkornreis verwenden. Thai-Köchinnen waschen den Reis mehrere Male; das ist aber überflüssig, wenn der Reis sauber ist, denn durch das Waschen werden lösliche Nährstoffe ausgeschwemmt. Dann wird der Reis nach der Absorptionsmethode gekocht.
Nach einer anderen Methode läßt man den Reis über Nacht quellen, gießt ihn dann ab und gart ihn im Dampf. Das dauert viel länger, als ihn direkt in Wasser zu kochen, ergibt aber besonders lockeren und körnigen Reis. Er muß allerdings sofort aufgetragen werden, denn durch längeres Stehen wird er hart und trocken. Klebreis wird fast immer nach dieser Methode gegart – eine Reissorte, die in Nordthailand, Laos und anderen Ländern Südostasiens sehr geschätzt wird. Außer in Laos wird er aber nur zur Zubereitung von Süßspeisen verwendet.
Die Grundlage eines Thai-Essens ist der Reis; Anzahl und Art der Beigerichte wird aber nur durch das Können der Köchin, ihre Phantasie, ihre Ausdauer und ihren Geldbeutel begrenzt. Es ist üblich, eine Suppe, zwei oder mehrere *kaengs* (Gerichte mit einer Soße) und möglichst viele *krueng kieng* (Beilagen) zum Reis anzubieten. Man kann sie im voraus zubereiten und zimmerwarm servieren. In Thailand ist es nicht wie in westlichen Ländern obligatorisch, alle Speisen kochendheiß auf den Tisch zu bringen. Nur der Reis soll erst im letzten Augenblick gekocht werden, damit er frisch und dampfendheiß gereicht werden kann – dann ist alles in Ordnung.
Moderne Thai essen fast immer mit Löffel und Gabel, obwohl diejenigen, die noch nach der alten Methode mit den Fingern essen, behaupten, es schmecke so einfach besser. Alle Gerichte werden zusammen auf den Tisch gebracht, die Tischgäste bedienen sich aus den Schüsseln nach eigenem Geschmack, mischen die Speisen oder lassen jede für sich vor dem milden Reis als Hintergrund zur Geltung kommen. In Thailand wird der Reis nie mit Salz gekocht. Später zugegebene Würzen und Soßen machen das Salzen überflüssig, da die Soßen selbst kräftig und salzig schmecken.
Malee (das bedeutet Jasmin) ist ein junges Thai-Mädchen, das einige Zeit in meiner Küche mit mir zusam-

men gekocht und Rezepte ausgetauscht hat. Sie erklärte mir, sie könne den Geschmack von *kapi*, der siamesischen Shrimp-Paste, nicht ausstehen und lasse sie deshalb weg, obwohl sie sonst ein Hauptbestandteil der Thai-Gewürzkombination ist. Trotzdem kocht sie sehr wohlschmeckendes Essen. Also fassen Sie Mut – jedes Rezept läßt sich an Ihren persönlichen Geschmack anpassen.

### Küchengeräte

Um Thai-Gerichte kochen zu können, brauchen Sie keinerlei besondere Ausrüstung. Natürlich verwenden die Thais wie viele Asiaten gemahlene Gewürze und Kräuter, und da ist ein Elektromixer eine große Hilfe. Für kleine Gewürzmengen ist ein Mörser besser geeignet.
Und wieder ist der *Wok* der klassische Topf für die Technik des Pfannenrührens, die in vielen Rezepten vorgeschrieben ist. Wenn Sie also Spaß daran finden, chinesische, siamesische, indonesische oder sonstige asiatische Gerichte zu kochen, ist ein Wok eine empfehlenswerte Anschaffung.

### Ihr Thai-Gewürzbord

Mungbohnenmehl
Klebreis
Langkornreis
Fischsoße *(nam pla)*
getrocknete Shrimp-Paste *(kapi)*
Palmzucker, ersatzweise roher, schwarzer oder brauner Zucker
getrocknetes Zitronengras oder *sereh*-Pulver
getrocknete Shrimps
getrocknete aromatische Pilze (chinesische Pilze)
getrockneter Bohnenquark blattförmig, nach Belieben
*laos*-Pulver
*kencur*-Pulver
getrocknete Chilis
Chilipulver
Chilisoße
ganze schwarze Pfefferkörner
Cellophan-Nudeln
helle Sojasoße
dunkle Sojasoße
Erdnuß- oder ein anderes Pflanzenöl
Kreuzkümmel, gemahlen
Koriander, gemahlen
Kurkuma, gemahlen
Paprikapulver
ganze Zimtstangen oder gemahlener Zimt
ganze oder gemahlene Nelken
ganze Kardamom-Kapseln
geschälter, gemahlener Kardamom
Kokosnußsahne
Kokosflocken
Reis-Vermicelli
Tamarinde
rohe Erdnüsse
roter Ingwer
Tomatenmark
getrocknete Wolkenohrpilze

Nicht allgemein bekannte Zutaten sind im Glossar beschrieben. Korianderkraut, das man die chinesische Petersilie nennt, ist für die Thai-Küche so unersetzlich, daß Sie es aus Samen ziehen müssen, falls es in Ihrer Heimat nicht erhältlich ist. Es ist die Seele der Thai-Gerichte.

# Khao kluk kapi

Reis mit kapi

---

6 Portionen
Zutaten:
1 EL getrocknete Shrimps
4 oder 5 gr. Knoblauchzehen, fein gehackt
2 frische Vogelpfeffer (sehr scharfe, sehr kleine Chilis)
2 Eier, geschlagen
Pfeffer und Salz nach Geschmack
1 EL getrocknete Shrimp-Paste *(kapi)*
4 EL Schweineschmalz oder Öl
125 ml kleingewürfeltes, gekochtes Schweinefleisch
1 l heißer, gekochter Reis
2 bis 3 EL Fischsoße
4 EL gehacktes frisches Koriandergrün

Die Shrimps 10 Minuten in heißem Wasser einweichen, dann abgießen. Ausnehmen, hacken. Die Chilis entkernen und hacken. Die Eier verquirlen, salzen und pfeffern. In einer dünn mit Öl eingefetteten Bratpfanne 2 oder 3 dünne Omelettes daraus backen, in feine Streifen schneiden. Die getrocknete Shrimp-Paste in Alufolie einwickeln und 5 Minuten grillen.
In einem Wok Öl erhitzen, Knoblauch und Chilis bei schwacher Hitze goldgelb braten. Das Öl darf nicht zu heiß sein, damit der Knoblauch nicht zu schnell braun wird. Shrimps und getrocknete Shrimp-Paste zugeben und unter ständigem Rühren 2 oder 3 Minuten braten. Das Schweinefleisch zugeben, eine Minute braten. Den Reis zugeben und mit den übrigen Zutaten locker mischen, bis er heiß ist. Mit Fischsoße nach Geschmack würzen, auf einer Platte anrichten, mit Omelettestreifen und Koriandergrün garnieren. Man kann auch mit weiteren scharfen Chilis garnieren.

# Khao suey
Gedämpfter Reis

6 bis 8 Portionen
Zutaten:
500 g Langkornreis
750 ml Wasser

Wenn nötig, den Reis gründlich waschen, in einem Sieb abtropfen lassen. Mit den 750 ml Wasser zum Kochen aufsetzen. Dann bei Mittelhitze offen kochen, bis alles Wasser aufgesogen ist und sich an der Oberfläche Löcher bilden. Vom Feuer nehmen. Den Reis in einem Dämpfaufsatz oder einem Sieb über sprudelnd kochendem Wasser 25 bis 30 Minuten dämpfen. Er ist dann körnig und locker.

# Khao phat
Gebratener Reis nach Thai-Art

4 Portionen
Zutaten:
1 l kalter gedämpfter Reis
3 EL Erdnußöl
2 mittelgroße Zwiebeln, fein gehackt
1 großes Schweinekotelett, in kleinen Würfeln
250 g rohe Garnelen, geschält und ausgenommen
185 g Krabbenfleisch aus der Dose
3 Eier, geschlagen
Salz und Pfeffer nach Geschmack
2 EL Fischsoße
1 EL Chilisoße, nach Belieben
2 EL Tomatenpüree
250 ml gehackte Frühlingszwiebeln
3 EL gehacktes frisches Koriandergrün

Den Reis nach der Dämpfmethode kochen (siehe oben), ausbreiten, abkühlen lassen. In einem Wok oder einer großen Bratpfanne Öl erhitzen und die Zwiebeln unter ständigem Rühren vorsichtig weich und glasig anbraten. Dann die Hitze kräftig steigern. Das Schweinefleisch drei Minuten braten. Garnelen und Krabbenfleisch zugeben und etwa 3 Minuten braten, bis sie gar sind. In die Mitte des Wok die geschlagenen, mit Salz und Pfeffer gewürzten Eier gießen und rühren, bis sie eben anfangen zu stocken. Dann den Reis einrühren. Weiter rühren und umwenden, bis der Reis durch und durch heiß ist. Fischsoße darüberträufeln, untermischen; dann Chilisoße und Tomatenpüree zugeben, mischen, bis der Reis rötlich aussieht.
Vom Feuer nehmen, die Frühlingszwiebeln untermischen, auf einer Platte anrichten. Mit Koriandergrün bestreuen und auftragen.

# Khao phat prik
Gebratener Reis mit Chilis

4 Portionen
Zutaten:
1 l kalter, gedämpfter Reis
3 EL Erdnußöl
1 große Zwiebel, fein gehackt
1 frische rote und 1 frische grüne Chili, entkernt und in Scheiben geschnitten
1 EL rote Currypaste
1 Schweinekotelett, in kleine Würfel geschnitten
500 g rohe Garnelen, geschält und ausgenommen
2 Eier, geschlagen
Pfeffer und Salz nach Geschmack
3 EL Fischsoße oder helle Sojasoße
250 ml gehackte Frühlingszwiebeln, einschließlich der grünen Teile
125 ml gehacktes frisches Koriandergrün

Den Reis nach der Dämpfmethode garen (oben). Abkühlen lassen. In einem Wok Öl erhitzen und Zwiebeln und Chilischeibchen weich braten. Die Currypaste zugeben und braten, bis das Öl sich von der Masse abscheidet. Das Schweinefleisch zugeben und weich braten, dann die Garnelen zugeben. Große Garnelen zuvor in Stücke hacken. Noch etwa 1 oder 2 Minuten weiterbraten, bis die Garnelen rosa sind, dann den Reis untermischen und so lange umwenden und rühren, bis er mit der Currymischung überzogen und durch und durch heiß ist. Den Reis zur Seite schieben und in die Mitte des Wok die gesalzenen und gepfefferten geschlagenen Eier gießen. Rühren, bis sie anfangen zu stocken, dann unter den Reis mischen, bei starker Hitze wenden, bis die Eier fest sind. Die Fischsoße gleichmäßig über den Reis träufeln und unterrühren.
Vom Feuer nehmen. Die Frühlingszwiebeln untermischen. Mit Koriandergrün garnieren und auftragen.

# Phat wun sen

Mit Fleisch und Garnelen gebratene Vermicelli

*Ein köstliches Pfannengericht, dessen Zubereitung nur einige Minuten erfordert. Man kann die Mengen gut verdoppeln, wenn eine genügend große Bratpfanne oder am besten ein Wok von 43 cm Durchmesser zum Mischen der Zutaten zur Verfügung steht.*

4 Portionen

Zutaten:

250 g Reis-Vermicelli
10 getrocknete chinesische Pilze
185 g Schweinefilet
250 g rohe Garnelen
2 Stangen Lauch oder
6 Frühlingszwiebeln
1 Bambusschößling aus der Dose
2 zarte junge Karotten
3 große Knoblauchzehen
2 frische rote Chilis, nach Belieben
2 EL Erdnußöl
2 EL Fischsoße
1 EL weißer Essig
1 TL Salz
2 TL Zucker
$^1/_2$ TL schwarzer Pfeffer
gebratene Zwiebelflocken, nach Belieben
3 EL gehacktes frisches Koriandergrün

Die Vermicelli in heißem, aber nicht kochendem Wasser 10 Minuten einweichen, dann in einem Sieb abtropfen lassen. Die Pilze 20 Minuten in heißem Wasser quellen lassen; dann das Wasser ausdrücken, die Hüte in dünne Scheiben schneiden, die Stiele wegwerfen. Das Schweinefleisch fein zerfasern. Die Garnelen schälen, ausnehmen; große Garnelen in Stücke schneiden. Den Lauch gründlich waschen, allen Sand sorgfältig entfernen. Den weißen Teil und etwa 5 cm von den grünen Blättern verwenden. In sehr dünne Ringe schneiden. Auch die Frühlingszwiebeln in Ringe schneiden. Bambusschößlinge und Karotten in feine Streifen schneiden. Den Knoblauch feinhakken; die Chilis in schräge Scheiben schneiden, dabei die Samen mit der Messerspitze herausholen.

In einem großen Wok oder einer großen Bratpfanne Öl erhitzen, Knoblauch und Chilis bei milder Hitze weich braten. Zur Seite schieben, die Hitze steigern, das Schweinefleisch zugeben, 3 oder 4 Minuten pfannenrühren, bis es weich ist. Alle Würzen mischen und zugeben, eine Minute simmern. Dann die Vermicelli zugeben; umwenden, bis alles gut gemischt und gleichmäßig heiß ist.

Auf einer langen Platte anrichten, mit feingehacktem Koriandergrün und, nach Belieben, mit kroßgebratenen Zwiebelflocken garnieren.

# Mee krob

Kroßgebackene Vermicelli

6 bis 8 Portionen

Zutaten:

12 getrocknete chinesische Pilze
125 ml getrocknete Wolkenohrpilze
500 g Schweinefilet
1 ganze Hühnerbrust
500 g rohe Garnelen
12 Frühlingszwiebeln
12 grüne Bohnen (Buschbohnen, Prinzeßbohnen)
Öl zum Braten
3 Knoblauchzehen, fein gehackt
1 Zwiebel, fein gehackt
4 EL Sojasoße
1 EL Zucker
4 EL Essig
3 EL Fischsoße
1 TL gemahlene Chilis oder *sambal ulek*
4 EL gehacktes Koriandergrün
250 g Reis-Vermicelli

Die getrockneten China-Pilze und die Wolkenohrpilze getrennt 20 Minuten in heißem Wasser einweichen. Dann das Wasser auspressen, die Stiele abschneiden und wegwerfen, die Hüte in Scheiben schneiden. Die Wolkenohrpilze sorgfältig waschen, dabei allen Sand entfernen. In mundgerechte Stücke schneiden. Das Schweinefleisch fein zerfasern. Die Hühnerbrust häuten und zerfasern, den Knochen wegwerfen. Die Garnelen schälen und ausnehmen, in große Stücke schneiden. Die Frühlingszwiebeln in 5 cm lange Stücke schneiden. Die Fäden von den Bohnen abziehen und die Bohnen in schräge, dünne Scheiben schneiden.

3 EL Öl in einem Wok erhitzen, Knoblauch und Zwiebel 3 Minuten braten. Wenn sie anfangen gelb zu werden, Schweinefleisch und Pilze zugeben, 8 Minuten unter ständigem Rühren braten. Hühnerfleisch und Garnelen zugeben, weiter pfannenrühren, bis sie die Farbe gewechselt haben und gar sind. Schalotten, Bohnen und Wolkenohrpilze eine weitere Minute mitbraten. Sojasoße, Zucker, Essig, Fischsoße und Chilis vermischen, in den Topf geben, 2 Minuten rühren. Vom Feuer nehmen.

In einem zweiten Wok reichlich Öl erhitzen und die Reis-Vermicelli backen, immer eine Handvoll auf einmal. Nicht einweichen. Unmittelbar aus der Packung in das Öl geben. Das Öl muß sehr heiß sein, damit die Vermicelli sich sofort aufblähen. Wenn sie das nicht tun, werden sie zäh und ungenießbar, deshalb sollte man mit einer kleinen Nudel die Hitze des Öls zuerst prüfen. Die Vermicelli auf beiden Seiten backen, herausnehmen und auf Küchenkrepp abtropfen lassen. Einige der knusprigen Vermicelli zum Garnieren aufheben, die übrigen zu den Zutaten in der Pfanne geben, alles gut vermengen und mit gehacktem Koriandergrün bestreuen. Sofort auftragen.

# Krüng kaeng khieu wan

Grüne Currypaste

Zutaten:

4 große frische grüne Chilis
1 TL schwarze Pfefferkörner
1 kleine braune Zwiebel, gehackt
1 EL Knoblauch, gehackt
2 EL gehackte frische Korianderpflanze, einschließlich der Wurzel
2 TL gehackte Zitronenschale
1 TL Salz
2 TL Koriander, gemahlen
1 TL Kreuzkümmel, gemahlen
1 TL *serai*-Pulver
1 TL *laos*-Pulver
2 TL getrocknete Shrimp-Paste *(kapi)*
1 TL Kurkuma, gemahlen
1 EL Öl

Die Stiele der Chilis abschneiden, die Samenm in den Schoten lassen, wenn Sie die Paste sehr scharf mögen. Die Chilis grobhacken und zusammen mit allen übrigen Zutaten im Elektromixer pürieren. Wenn nötig, müssen Sie den Motor öfter abstellen, mit einem Spatel den Becherinhalt von der Wand nach unten schaben und nach Bedarf etwas zusätzliches Öl oder 1 EL Wasser zugeben.

# Krüng kaeng masaman

Currypaste nach Moslem-Art

*Man kann diese Currypaste nach zwei Methoden zubereiten – entweder die ungemahlenen Gewürze verwenden, sie rösten und zermahlen (dafür brauchen Sie einen stabilen Mörser), oder die Paste aus gemahlenen Gewürzen herstellen. Es gibt Gegenden, in denen man leichter die ungemahlenen Gewürze bekommt, in anderen sind nur die gemahlenen erhältlich. Ich habe dieses Rezept auf beide Arten ausprobiert. Das Ergebnis ist jedesmal dasselbe, und gemahlene Gewürze sparen jedenfalls eine Menge Mühe.*

Zutaten:

7 bis 10 getrocknete Chilis oder 2 TL Chilipulver
2 EL Koriandersamen oder gemahlener Koriander
1 TL Kreuzkümmel- oder Fenchelsamen oder gemahlener Fenchel
2 TL *laos*-Pulver, nach Belieben
1 TL kleingeschnittenes Zitronengras oder dünngeschälte Zitronenschale
5 ganze oder 1/4 TL gemahlene Nelken
1 Stange oder 1 TL gemahlener Zimt
5 Kardamom-Kapseln oder 1/2 TL gemahlener Kardamom
1 Blatt oder 1/2 TL gemahlene Muskatblüte
2 EL Öl
2 mittelgroße Zwiebeln, in dünne Scheiben geschnitten
5 Knoblauchzehen, geschält und fein geschnitten
1/2 TL getrocknete Shrimp-Paste *(kapi)*

Die Chilis aufschlitzen, die Kerne herausschütteln; die Schoten in einer trockenen Pfanne ein wenig anrösten. Im Mörser zerstoßen. Die Koriandersamen rösten, bis sie dunkelbraun sind und aromatisch duften, dabei die Pfanne häufig schütteln oder rühren. Die Samen im Mörser zu einem feinen Pulver zerreiben. Das geht leicht, wenn die Samen noch heiß sind. Die Kreuzkümmelsamen rösten, bis sie knistern und anfangen zu puffen, dann zu Pulver zermahlen. Ich habe nicht vorgeschlagen, diese Gewürze im Mixer zu mahlen, weil die Mengen dafür zu gering sind.

*Laos*-Pulver und Zitronenschale zu den gemahlenen Gewürzen geben. Nelken, Zimtstange, Kardamomkapseln und Muskatblüte in einer trockenen Pfanne über niedriger Hitze rösten; die Pfanne dabei schütteln. Die Schichten der Zimtstange zuvor voneinander trennen, sie dörrt so schneller. Auch diese Gewürze im Mörser zu einem feinen Pulver zerreiben und mit den übrigen Gewürzen vermischen. Beiseite stellen.

In einer Bratpfanne das Öl heiß werden lassen und bei schwacher Hitze die Zwiebelringe und den Knoblauch weich und goldbraun anbraten, gelegentlich umrühren. Die getrocknete Shrimp-Paste eine weitere Minute mitbraten, mit dem Löffelrücken im Öl zerdrücken. Etwas abkühlen lassen, zusammen mit der Zitronenschale im Elektromixer pürieren. Wenn nötig, ein wenig Kokosmilch oder Wasser zugeben. In einer Schüssel mit den trockenen gemahlenen Gewürzen vermengen. Die Currypaste ist nun gebrauchsfertig.

Wenn Sie schon gemahlene Gewürze verwenden wollen, müssen Sie gemahlenen Koriander und Fenchel bei niedriger Hitze unter ständigem Rühren trockenrösten, bis sie dunkelbraun sind und aromatisch duften. Nicht anbrennen lassen. Chilipulver und die übrigen Gewürze muß man nicht rösten.

Wer keinen Mixer zur Verfügung hat, zerquetscht Zwiebeln und Knoblauch nach dem Anbraten, so gut es geht, mischt sie mit den restlichen Gewürzen und verwendet sie dann genauso.

# Krüng kaeng phed

Rote Currypaste

Zutaten:
4 bis 6 getrocknete rote Chilis
2 kleine braune Zwiebeln, gehackt
1 TL schwarze Pfefferkörner
2 TL gemahlener Kreuzkümmel
1 EL gemahlener Koriander
2 EL gehackte frische Korianderpflanzen, einschließlich der Wurzeln
1 TL Salz
2 TL gehackte Zitronenschale
1 TL *serai*-Pulver
1 TL *laos*-Pulver
1 EL gehackter Knoblauch
2 TL getrocknete Shrimp-Paste *(kapi)*
1 EL Öl
1 TL Kurkuma
2 TL Paprikapulver

Die Stiele von den Chilis abschneiden, die Samen aber belassen, wenn Sie die Currypaste so scharf haben möchten, wie sie in Thailand zubereitet wird. Die Chilis in Stücke brechen, mit allen übrigen Zutaten im Mixer pürieren, dabei den Motor oft abstellen und wieder starten und den Becherinhalt zu den Messern hinunterstoßen. Unter Umständen muß man einen Eßlöffel Wasser oder etwas Öl dazugeben.

# Kaeng phet kung

Rotes Garnelencurry

4 Portionen
Zutaten:
500 g rohe Garnelen
500 ml Kokosmilch
2 EL rote Currypaste (siehe oben)
1 bis 2 EL Fischsoße oder 1 TL Salz
1 frische rote Chili, entkernt

Die Garnelen aus der Schale lösen und die Innereien entfernen. Die Köpfe aber nicht wegwerfen, sondern gründlich waschen. Nur die harte oberste Schale entfernen. Die Kokosmilch zusammen mit Currypaste, Fischsoße oder Salz und der frischen Chili langsam unter Rühren zum Simmern bringen. Garnelen und Köpfe zugeben, offen bei schwacher Hitze unter häufigem Umrühren kochen, bis die Garnelen gar sind und der Geschmack des Currys sich gemildert hat. Dieses Curry schmeckt aufgewärmt am besten.
Heiß zu weißem Reis und weiteren Beilagen servieren. Die Garnelenköpfe haben ein besonders gutes Aroma und können mitgegessen werden.

# Kaeng khieu wan pla

Grünes Fischcurry

4 Portionen
Zutaten:
500 g Fischsteaks
625 ml Kokosmilch
2 EL grüne Currypaste
2 Reiser Citrusblätter
1 TL Salz
1 EL Fischsoße
1 oder 2 kleine grüne Chilis, entkernt und gehackt
2 EL feingehacktes frisches Basilikum

Den Fisch gründlich waschen, das Rückgrat und große Gräten abtrennen. Die Kokosmilch zusammen mit der Currypaste unter ständigem Rühren zum Kochen bringen. Den Fisch einlegen, die Hitze reduzieren, mit den Citrusblättern, Salz und Fischsoße etwa 15 Minuten simmern, bis der Fisch gar ist. Chilis und frisches Basilikumgrün zugeben, noch einige weitere Minuten simmern. Zu weißem Reis servieren.

# Kaeng khieu wan kai

Grünes Hühnercurry

*Die grüne Farbe des Currys rührt von den feingehackten Chilis und Kräutern her, die während der letzten Kochminuten zugesetzt werden. Diese beiden Zutaten geben dem Curry nicht nur die Farbe, sondern auch den spezifischen Geschmack, der Thai-Gerichte von anderen Gerichten mit Kokosmilchsoßen deutlich unterscheidet. Diese Kokosmilch-Gerichte heißen alle mangels einer genaueren Bezeichnung* »kaeng«.

6 Portionen
Zutaten:
1 Brathuhn, 1,5 kg schwer
875 bis 1000 ml Kokosmilch
3 EL grüne Currypaste
2 Reiser zarte Citrusblätter
1 TL Salz
2 EL Fischsoße
2 EL feingehackte frische grüne Chilis, entkernt
4 EL feingehacktes frisches Basilikum- oder Koriandergrün

Das Huhn zerlegen. Kokosmilch herstellen, wie auf S. 9 beschrieben. Den ersten Extrakt, die dicke Milch, in den Kühlschrank oder an einen anderen kühlen Platz stellen, bis sich die Sahne an der Oberfläche gesammelt hat. Diese Sahne in eine Tasse abschöpfen und in einem großen, schweren Topf unter ständigem Rühren zum Kochen bringen. Dann die Hitze reduzieren und weiterkochen, gelegentlich umrühren, bis die Sahne dick wird und das Öl am Rand Blasen wirft. Zu diesem Zeitpunkt sollte die Sahne auf ein Viertel der ursprünglichen Menge eingekocht sein. Die Currypaste zugeben und die fette, ölglänzende Sahne etwa 5 Minuten unter ständigem Rühren braten, bis die Currypaste gar riecht und das Öl sich abscheidet. Die Hühnerteile einlegen und bei schwacher Mittelhitze 15 Minuten unter häufigem Rühren und Wenden kochen, bis das Fleisch die Farbe wechselt. Die restliche Kokosmilch, Citrusblätter, Salz und Fischsoße zugeben und rühren, bis die Kokosmilch zum Kochen kommt. Bei schwacher Hitze offen 35 bis 45 Minuten simmern, bis das Hühnerfleisch weich und die Soße fett und ölglänzend ist. (Bei Thai-Curries wird es nicht angestrebt, die Flüssigkeit bis auf einen dicken, fast trockenen Fond einzukochen). Die gehackten frischen Chilis und Kräuter einrühren, noch weitere 5 Minuten simmern, dann in einer Schüssel anrichten. Zu weißem Reis servieren.

# Kaeng khieu wan pet

Grünes Entencurry

Mit einer mittelgroßen Bratente nach dem vorhergehenden Rezept für grünes Hühnercurry verfahren.

# Kaeng masaman

Curry nach Moslem-Art

*Zu diesem sehr würzigen Curry kann man Geflügel- oder Rindfleisch verwenden.*

6 bis 8 Portionen
Zutaten:
1 kg Rindfleisch oder 1 Brathuhn, etwa 1,75 kg schwer
1 l Kokosmilch
250 ml geröstete, ungesalzene Erdnüsse
2 EL Fischsoße
15 Kardamomkapseln
1 Zimtstange, etwa 5 cm lang
1 × Currypaste nach Moslem-Art
3 EL Tamarindensaft
2 EL Limonen- oder Zitronensaft
1 bis 2 EL Palmzucker oder Ersatz
zusätzliche Fischsoße, wenn nötig

Das Huhn in Currystücke, das Rindfleisch in große Würfel schneiden. In einem $3^1/_2$-l-Topf mit Kokosmilch, Erdnüssen, Fischsoße, Kardamomkapseln und Zimt aufsetzen. Langsam zum Simmern kommen lassen, dabei mit einem Holzlöffel rühren. Bei schwacher Hitze offen simmern, bis das Fleisch weich ist. Das dauert bei Rindfleisch etwa eine Stunde, bei einem Brathuhn etwa 35 bis 40 Minuten. (Ein Suppenhuhn eignet sich ebenfalls ausgezeichnet für dieses Curry, nur muß man dann 1125 bis 1250 ml Kokosmilch nehmen, weil das Huhn ungefähr 2 Stunden simmern muß.)
Während der gesamten Kochzeit den Topf nie zudecken, damit die Kokosmilch nicht gerinnt. Gelegentlich durchrühren.
In der Zwischenzeit die Currypaste zubereiten. Das Fleisch herausnehmen, sobald es eben weich ist; die Kokosmilch aber noch ein wenig weitersimmern, bis sie um etwa ein Drittel eingekocht ist. Sollte sie allerdings beträchtlich reduziert sein, kann auf dieses Einkochen verzichtet werden. Die Currypaste, Tamarindensaft, Zitronensaft und Zucker einrühren. Das Fleisch wieder in den Topf zurückgeben und noch einmal simmern, bis die Soße etwas eingedickt ist. Mit Fischsoße abschmecken. Zu weißem Reis servieren.

# Kaeng phed nuer

Rotes Rindfleischcurry

6 Portionen
Zutaten:
1 kg Suppenfleisch
500 ml dicke Kokosmilch
3 EL rote Currypaste
500 ml dünne Kokosmilch
2 Reiser junge Citrusblätter
1 TL Salz
2 EL Fischsoße
2 frische rote Chilis, entkernt und in Ringe geschnitten

Das Fleisch vom Fett befreien und in Würfel schneiden. Kokosmilch herstellen (S. 9); den ersten Extrakt im Kühlschrank stehenlassen, bis sich die Sahne an der Oberfläche gesammelt hat, dann mit einem Löffel abnehmen und eine Tasse damit füllen. Diese Kokossahne in einem großen Topf unter ständigem Rühren langsam zum Kochen bringen, dann bei niedriger Hitze weiterkochen, bis die Sahne dick wird und das Öl sich an den Rändern abscheidet. Die Currypaste zugeben und das Ganze unter stetigem Rühren etwa 5 Minuten braten. Die Paste ist fertig, sobald sie aromatisch riecht und das Öl sich wieder abscheidet. Nun das Rindfleisch einrühren, dann beide Kokosmilchextrakte und alle übrigen Zutaten zugeben. Unter Rühren zum Kochen bringen, dann das Fleisch bei schwacher Hitze weich simmern. Sollte die Soße trockenkochen, ehe das Fleisch gar ist, noch etwas Kokosmilch oder Wasser einrühren. Es wird reichlich Soße von rotem und fettglänzendem Aussehen angestrebt. Zu weißem Reis und *krueng kieng* servieren.

# Tom kha kai

Huhn mit Kokosmilch und *laos*-Gewürz

*Sollten Sie in einem Lande leben, wo Sie frische* laos-*Wurzel* (kha) *und frisches Zitronengras bekommen können, verwenden Sie auf jeden Fall eine in Scheiben geschnittene* laos-*Wurzel und 2 Stengel Zitronengras anstelle der getrockneten Wurzel oder des* laos-*Pulvers und der Zitronenschale.*

5 Portionen
Zutaten:
6 Stück getrocknete *laos*-Wurzel oder 4 TL *laos*-Pulver
1 Brathuhn, etwa 1,25 kg schwer
625 ml dünne Kokosmilch
250 ml dicke Kokosmilch
1/2 TL schwarzer Pfeffer
2 bis 3 frische Korianderwurzeln, zerdrückt
6 Streifen dünngeschälte Zitronenrinde
3 frische grüne Chilis
1 1/2 TL Salz
3 frische Blätter vom Zitronen- oder einem anderen Citrusbaum
1 EL Fischsoße
Zitronensaft nach Geschmack
3 EL feingehacktes frisches Koriandergrün

Getrocknete *laos*-Wurzel 30 Minuten in heißem Wasser einweichen. Das Huhn in Portionsstücke zerlegen und mit der dünnen Kokosmilch, *laos*, Pfeffer, Korianderwurzeln, Zitronenschale, den ganzen Chilis, Salz und Citrusblättern in einen Topf geben, langsam zum Kochen bringen. Unter gelegentlichem Rühren offen simmern, bis das Huhn weich ist. Die dicke Kokosmilch zugießen, unter ständigem Rühren wieder zum Kochen kommen lassen. Vom Feuer nehmen, Fischsoße und Zitronensaft einrühren. In einer Schüssel anrichten, mit Koriandergrün bestreuen. Zu weißem Reis servieren.

# Kung tom yam
Garnelensuppe

6 Portionen
Zutaten:
1 kg rohe Garnelen
1 EL Öl
2 l heißes Wasser
$1^{1}/_{2}$ TL Salz
2 Stengel Zitronengras oder 4 Streifen Zitronenschale, dünn geschält
4 Zitronen- oder andere Citrusblätter
2 oder 3 frische ganze Chilis
1 EL Fischsoße
2 EL Zitronensaft, oder nach Geschmack
1 frische rote Chili, entkernt und in Ringe geschnitten
2 EL gehacktes Koriandergrün
4 Frühlingszwiebeln mitsamt den grünen Teilen, gehackt

Die Garnelen aus der Schale nehmen, die Innereien entfernen. Die Köpfe gründlich waschen und abtropfen lassen. In heißem Öl Köpfe und Schalen rösten, bis sie rosa sind. Mit dem heißen Wasser ablöschen. Salz, Zitronengras oder -schale, Citrusblätter und ganze Chilis zugeben und zum Kochen kommen lassen. Zugedeckt 20 Minuten simmern. Die Brühe durchseihen, wieder zum Kochen bringen, die Garnelen einlegen und etwa 3 bis 4 Minuten simmern, bis sie weich sind. Mit Fischsoße und Zitronensaft abschmecken. Diese Suppe soll ausgesprochen sauer schmecken, deshalb ausreichend Zitronensaft zugeben. In einer großen Terrine oder in Suppentellern servieren, mit Chiliringen, Koriandergrün und Frühlingszwiebeln bestreuen.

# Kaeng chüd dok mai chin
Garnelensuppe mit Lilienknospen

*Eine der köstlichsten Suppen, die Sie sich vorstellen können, kräftig mit Knoblauch und frischem Koriander gewürzt.*

6 bis 8 Portionen
Zutaten:
90 g Cellophan-Nudeln
30 getrocknete Lilienknospen
8 getrocknete chinesische Pilze
4 oder 5 Knoblauchzehen
3 ganze frische Korianderpflanzen, einschließlich der Wurzeln
500 g kleine rohe Garnelen
3 EL Erdnußöl
1 mittelgroße Zwiebel, in dünne Scheiben geschnitten
2 l Wasser
6 Frühlingszwiebeln, schräg geschnitten
4 EL Fischsoße
1 EL helle Sojasoße
1 TL Zucker
2 Eier

Die Cellophan-Nudeln in einer Schüssel mit warmem Wasser übergießen. In einer weiteren Schüssel die Lilienknospen und die getrockneten Pilze in heißem Wasser 30 Minuten einweichen. Die harten Enden der Lilienknospen abknipsen und, wenn Sie Zeit und Geduld dafür aufbringen, in jede einen Knoten machen, wie es die Thais und die Chinesen tun. Andernfalls die Lilienknospen in mundgerechte Stücke schneiden. Die zähen Stiele der Pilze abschneiden und wegwerfen, die Hüte in dünne Scheiben schneiden. Die Cellophan-Nudeln in höchstens 5 cm lange Stücke schneiden.
Knoblauch schälen, die Korianderpflanzen sehr gründlich waschen, die Blätter einer Pflanze zum Garnieren zurücklegen. Die übrigen Pflanzen samt Wurzeln grob hacken und zusammen mit dem Knoblauch im Elektromixer mit Hilfe von 2 EL Wasser pürieren. Wer keinen Mixer hat, zerreibt Koriander und Knoblauch im Mörser. Die Garnelen schälen, die Innereien entfernen. Schalen und Köpfe nicht wegwerfen, sondern gründlich waschen und abtropfen lassen, dann Brühe daraus kochen. Dazu 1 EL Öl in einem großen Topf erhitzen und die gut abgetrockneten Schalen und Köpfe bei starker Hitze einige Minuten rösten, bis die Schalen leuchtend rosa sind. Mit 2 l Wasser ablöschen, zugedeckt 20 Minuten simmern, dann die Brühe durchseihen und die Schalen wegwerfen.
Den Topf auswaschen und austrocknen, die restlichen 2 EL Öl erhitzen. Die Zwiebel weich und glasig braten, manchmal umrühren. Die Knoblauch-Koriander-Paste zugeben, bei Mittelhitze ständig rühren, bis das Öl sich von der Masse abscheidet. Die Garnelen etwa 3 Minuten mitbraten, bis sie die Farbe wechseln. Mit der heißen Brühe ablöschen; Lilienknospen, Pilze und Cellophan-Nudeln einrühren, die Suppe zum Kochen bringen. Bei schwacher Hitze 5 Minuten sanft simmern. Frühlingszwiebeln, Fischsoße, Sojasoße und Zucker einrühren; wenn nötig, mit ein wenig Salz abschmecken. Die Eier leicht schlagen und unter Rühren in die kochende Suppe einlaufen lassen. Sofort vom Feuer nehmen. Mit feingehacktem frischem Koriandergrün servieren.

# Kaeng chud mu kai

Suppe aus Schweinefleisch und Huhn

6 Portionen
Zutaten:
500 g Schweinelende
$1^1/_2$ l Wasser
125 ml Fischsoße
125 ml Palmzucker oder Ersatz
ein halbes kleines Huhn
oder 2 Hühnerschenkel
1 TL Pfefferkörner
1 ganze Korianderpflanze, einschließlich der Wurzel
$^1/_2$ TL Salz
5 getrocknete chinesische Pilze
90 g Cellophan-Nudeln
3 EL gehackte Frühlingszwiebeln, einschließlich der grünen Teile
3 EL gehacktes frisches Koriandergrün
1 rote Chili, entkernt und in Ringe geschnitten, nach Belieben

Das Schweinefleisch kochen nach dem Rezept für »Süßes Schweinefleisch« (S. 306). In der Brühe abkühlen lassen, in den Kühlschrank stellen. Die Fettschicht von der Oberfläche der Fleischbrühe abnehmen.
Die Hühnerteile mit $1^1/_2$ l Wasser, Pfefferkörnern, Salz und der gründlich gewaschenen Korianderpflanze zum Kochen aufsetzen, dann zugedeckt simmern, bis das Fleisch weich ist. Die Pilze 20 Minuten in heißem Wasser einweichen, die Stiele abschneiden und als Geschmackszutat in die simmernde Fleischbrühe geben. Die Hüte in dünne Scheiben schneiden und beiseite stellen. Die Cellophan-Nudeln 15 Minuten in heißem Wasser einweichen, abgießen, in 5 cm lange Stücke schneiden.
Die Hühnerbrühe vom Feuer nehmen, das Hühnerfleisch in der Brühe abkühlen lassen, dann herausnehmen. Haut und Knochen entfernen, das Fleisch in kleine Würfel schneiden. Die Brühe durchseihen. Sie sollten etwa 1 l Hühnerbrühe gewinnen. Die Hälfte vom Schweinefleisch würfeln, den Rest zur Weiterverwendung in einem anderen Gericht aufheben oder als süßes Schweinefleisch für sich servieren. Von der Schweinefleischbrühe 500 ml abmessen und zu der Hühnerbrühe geben, zum Kochen bringen, Cellophan-Nudeln und Pilze einrühren, 10 Minuten simmern. Fleischwürfel, gehackte Frühlingszwiebeln und Koriandergrün einrühren, sofort vom Feuer ziehen. Nach Belieben mit Chiliringen garnieren. Sofort auftragen.

# Pla tod

Gebratener Fisch mit Tamarinde

4 bis 6 Portionen
Zutaten:
ein ganzer Fisch, etwa 1 kg schwer
Schweineschmalz zum Braten
3 Knoblauchzehen, zerrieben
3 EL Sojasoße
1 EL Palmzucker oder Ersatz
2 EL Fischsoße
4 EL Tamarindensaft
1 EL kleingeschnitzelter frischer Ingwer
3 Frühlingszwiebeln, in mundgerechte Stücke geschnitten
3 EL gehacktes frisches Koriandergrün
3 frische rote Chilis, in Ringe geschnitten

Den Fisch ausgenommen und geschuppt, aber mit Kopf kaufen. Flossen und Schwanz abschneiden, die Bauchöffnung mit in grobes Salz getauchtem Küchenpapier auswischen, waschen und abtrocknen. Dann den Fisch in heißem Schmalz auf beiden Seiten braun braten, aber nicht zu weich werden lassen. Auf Küchenpapier abtropfen lassen, mit Folie zudecken und warm stellen.
Das Schmalz bis auf 1 EL abgießen, bei schwacher Hitze den Knoblauch anbraten, bis er anfängt braun zu werden. Sofort Sojasoße, Zucker, Fischsoße und Tamarindensaft zugeben, zum Kochen bringen. Ingwer und Frühlingszwiebeln 1 Minute mitkochen. Diese Soße über den Fisch verteilen, mit Koriandergrün und Chiliringen garnieren. Zu weißem Reis servieren.

# Pla nam

Fisch in roter Soße

4 bis 6 Portionen
Zutaten:
750 g Fischfilets
4 EL Öl
2 Zwiebeln, fein gehackt
4 reife Tomaten, geschält und gehackt
2 EL Essig
Salz und Pfeffer
2 oder 3 frische Chilis, entkernt und gehackt
3 bis 4 EL gehacktes frisches Koriandergrün

Die Zwiebeln bei mäßiger Hitze in heißem Öl weich und goldbraun braten. Tomaten, Essig, Salz und Pfeffer nach Geschmack und die Chilis zugeben. Zugedeckt etwa 20 Minuten simmern, bis die Tomaten zu einem Brei zerkocht sind und die Soße dick geworden ist. Die Fischfilets einlegen, zugedeckt garen. Mit gehacktem Koriandergrün bestreuen. Heiß servieren.

# Pla cian

Gebratener Fisch nach Thai-Art

Zutaten:
1 kg ganzer Snapper oder Brassen oder 750 g Fischfilets
125 ml Erdnußöl
6 Frühlingszwiebeln, in 2,5 cm lange Stücke geschnitten
4 Knoblauchzehen, zerrieben
3 EL frischer Ingwer, fein gerieben
2 EL helle Sojasoße
1 EL Palmzucker oder Ersatz
1 EL Tamarinden- oder Zitronensaft
1 EL Fischsoße
1/4 TL schwarzer Pfeffer, gemahlen
2 EL gehacktes frisches Koriandergrün
1 frische rote Chili, entkernt und in Ringe geschnitten

Den Fisch waschen und trockentupfen. In heißem Öl auf beiden Seiten braten, bis er leicht gebräunt und gar ist. Auf eine Platte legen und warm halten. Das Öl etwas abkühlen lassen, dann die Frühlingszwiebeln weich braten, Knoblauch und Ingwer zugeben, bei schwacher Hitze unter Rühren weich und goldgelb braten. Sojasoße, Zukker, Tamarindensaft und Fischsoße zugeben, eine Minute simmern. Die Soße über den Fisch gießen, mit Koriandergrün und Chiliringen garnieren. Sofort mit weißem Reis servieren.

# Pla prio wan

Im ganzen gebratener Fisch mit Ingwersoße

*Eine einfache und dennoch köstliche Art, Fisch zu servieren. Die Soße zubereiten, ehe der Fisch gebacken wird. Die Soße kann dann simmern, während der Fisch ausgebacken wird. Auf diese Weise kann man das Gericht sofort auftragen, sobald der Fisch aus dem Fettbad kommt, denn dann schmeckt er am besten.*

2 bis 3 Portionen als Hauptgericht, als Beilage mehr
Zutaten:
ein ganzer Fisch, etwa 1 kg schwer (Snapper, Brassen, Jewfisch, Makrele)
Mehl, nach Geschmack mit Salz gemischt
Öl zum Ausbacken

Ingwersoße:
8 getrocknete chinesische Pilze
6 EL Essig
6 EL Zucker
185 ml Wasser
2 EL Sojasoße
2 EL feingehackte Frühlingszwiebeln
1 EL Maisstärke
1 EL kaltes Waser
5 EL gehackter roter Ingwer (siehe Glossar)

Den Fisch ausgenommen und geschuppt, aber mit Kopf kaufen. Flossen und Schwanz mit der Küchenschere abschneiden, die Bauchöffnung mit in grobes Salz getauchtem Küchenkrepp auswischen. Gründlich waschen und abtrocknen. Den Fisch mit einem scharfen Messer auf beiden Seiten diagonal tief bis fast zum Rückgrat einschneiden, das Fleisch auf diese Weise rautenförmig einkerbend. Dann den Fisch im gesalzenen Mehl wälzen, überschüssiges Mehl abklopfen. In heißem Öl schwimmend goldbraun backen, auf Küchenkrepp abtropfen lassen. Vorsichtig auf eine Platte legen, die Soße darüber verteilen. Sofort servieren.

Ingwersoße:
Die Pilze 30 Minuten in heißem Wasser quellen lassen. Die Hüte fein schneiden, die zähen Stiele wegwerfen. Pilze, Essig, Zucker, Wasser und Sojasoße in einem kleinen Topf 5 Minuten kochen. Die Frühlingszwiebel zugeben, auch das meiste der grünen Teile verwenden. Die Maisstärke mit kaltem Wasser glattrühren und an die Soße geben. Unter Rühren kochen, bis die Soße durchsichtig und angedickt ist. Vom Feuer nehmen, den Ingwer einrühren. Die Soße über den Fisch gießen. Nach Belieben mit einem Zweig Koriandergrün garnieren.

# Pla nerng
Gedünsteter Fisch

6 Portionen
Zutaten:
500 g Fischfilets
2 getrocknete Chilis
1 TL Salz
1 kleine Zwiebel, gehackt
3 Knoblauchzehen, gehackt
1/2 TL gehackte Zitronenschale
1/2 TL Kurkuma, gemahlen
1/4 TL schwarzer Pfeffer, gemahlen
2 EL Fischsoße
250 ml dicke Kokosmilch
1 Ei, geschlagen
1 TL Reismehl, nach Belieben
3 EL feingehackte Frühlingszwiebeln, einschließlich der grünen Teile
2 EL gehacktes frisches Koriandergrün

Den Fisch häuten, entgräten, in dünne Scheiben schneiden. Chilis, Salz, Zwiebel, Knoblauch, Zitronenschale, Kurkuma, Pfeffer und Fischsoße im Elektromixer pürieren. Wenn nötig, 1 EL von der Kokosmilch zugeben.
Diese Paste in eine große Schüssel umfüllen, den Fisch, die Hälfte der Kokosmilch und das Ei zugeben. So lange mischen, bis der Fisch den größten Teil der Flüssigkeit absorbiert hat. Eine feuerfeste Form mit einem großen Kohlblatt auslegen, den Fisch darauflegen. Reismehl mit den restlichen 125 ml Kokosmilch verrühren und über dem Fisch verteilen. Mit Frühlingszwiebeln und Koriandergrün bestreuen. Zugedeckt 30 Minuten dünsten. Etwas abkühlen und fest werden lassen. Als Beilage zu Reis servieren.

# Kai tod taucheo
Ausgebackenes Huhn mit gelber Bohnensoße

3 Portionen
Zutaten:
1 große Hühnerbrust
1 EL Eiweiß
2 TL Wasserkastanien- oder Maismehl
Öl zum Ausbacken
1 EL Schweineschmalz
1 EL gelbe Bohnenpaste
1 TL Zucker
2 EL chinesischer Wein oder Sherry
1/2 TL Sesamöl

Die Hühnerbrust häuten und entknöcheln, das Fleisch in kleine Würfel schneiden. Das Eiweiß leicht schlagen und zusammen mit dem Wasserkastanien- oder Maismehl unter das Hühnerfleisch mischen. Öl erhitzen und das Hühnerfleisch, immer nur einige Stücke gleichzeitig, einige Sekunden backen, bis sie die Farbe ändern. Auf Küchenpapier abtropfen lassen.
Die Bohnenpaste in heißem Schmalz einige Sekunden anbraten. Zucker, Wein oder Sherry oder Sesamöl einrühren, das Hühnerfleisch zugeben, heiß werden lassen. Sofort zu weißem Reis servieren.

# Kai yang
Knoblauch-Huhn

*Der Name mag nach einer Menge Knoblauch und Pfeffer klingen, das Resultat ist aber so ungewöhnlich und köstlich, daß ich das Rezept ungern abändern möchte. Die grob zerriebenen Pfefferkörner sind nicht so scharf wie die gleiche Menge feingemahlener Pfeffer.*

4 bis 5 Portionen
Zutaten:
1,5 kg Brathuhn oder 1 kg Hühnerbrüste
6 Knoblauchzehen
2 TL Salz
2 EL schwarze Pfefferkörner
4 ganze frische Korianderpflanzen mitsamt den Wurzeln
2 EL Zitronensaft

Das Huhn in Portionsstücke schneiden, Hühnerbrüste halbieren. Den Knoblauch mit Salz zerreiben, die Pfefferkörner im Mixer oder Mörser grob zermahlen. Den gründlich gewaschenen Koriander fein hacken, Wurzeln, Stiele und Blätter. Alle diese Gewürze vermengen und die Hühnerstücke damit einreiben. Zugedeckt wenigstens eine Stunde oder über Nacht im Kühlschrank durchziehen lassen.
Die Hühnerteile auf den Grillrost legen und etwa in 15 cm Abstand vom Grill braten, bis sie weich und knusprig sind. Dabei alle 5 Minuten wenden. Am besten wäre es, das Fleisch auf einem Barbecue-Rost über Holzkohlenglut zu grillen. Zu weißem Reis und frischen, mit etwas Chilipulver, Salz und Zitronensaft gewürzten Tomatenscheiben oder dünnen Zwiebelringen servieren.

# Kai phat khing

Huhn mit Ingwerschnitzeln

2 Portionen als Hauptgericht,
4 bis 5 Portionen als Beigericht
Zutaten:
1 große Hühnerbrust
125 ml getrocknete Wolkenohrpilze
2 EL frischer Ingwer, fein geschnitzelt
1 kleine Zwiebel, in dünne Ringe geschnitten
1 EL Schweineschmalz oder Öl
3 Knoblauchzehen, fein gehackt
1 EL helle Sojasoße
1 EL Fischsoße
1 EL Essig
1 bis 2 TL Zucker
3 Frühlingszwiebeln, fein gehackt
2 EL gehacktes frisches Koriandergrün

Die Hühnerbrust häuten und entknöcheln, das Fleisch in kleine Würfel schneiden. Die Wolkenohrpilze 10 Minuten in heißem Wasser einweichen, gründlich waschen, unansehnliche Stellen ausschneiden, in mundgerechte Stücke zerteilen. Ingwer 10 Minuten in schwach gesalzenem Wasser einweichen, dann die Flüssigkeit auspressen. Das nimmt ihm den beißenden Geschmack. Dann den Ingwer schnitzeln: die braune Schale dünn abschälen, die Wurzel in dünne Scheiben und diese in lange, fadendünne Streifen schneiden.
Die Zwiebel in heißem Schmalz oder Öl über niedriger Hitze weich und glasig braten, den Knoblauch darunterrühren, bis er anfängt gelb zu werden. Hühnerfleisch und Ingwer zugeben, pfannenrühren, bis das Fleisch die Farbe wechselt, dann die Soßen, Essig und Zucker untermischen. Zum Kochen bringen, die Hitze reduzieren, zugedeckt 3 Minuten simmern. Nicht zerkochen. Frühlingszwiebeln und Koriandergrün einrühren, sofort servieren.

# Kai kwam

Mit Schweinefleisch und Meerestieren gefüllte, in Teig ausgebackene Eier

8 Portionen
Zutaten:
4 große Eier
125 ml gehackte rohe Garnelen
125 ml gekochtes Krabbenfleisch
125 ml gehacktes gekochtes Schweinefleisch
1 TL gehacktes frisches Koriandergrün
1/8 TL gemahlener schwarzer Pfeffer
1/2 TL Salz
1 EL Fischsoße
1 bis 2 EL dicke Kokosmilch

Zutaten zum Teig:
125 ml Weizenmehl
125 ml lauwarmes Wasser
2 TL Öl
1/4 TL Salz

Die Eier in einem Topf mit kaltem Wasser langsam zum Kochen bringen, dabei oft mit einem Holzlöffel rühren und darauf achten, die Schalen nicht anzubrechen. Rühren, bis die Eier 3 Minuten gesimmert haben. Dadurch erreicht man, daß die Eigelb in der Mitte fest werden, mit einer gleichmäßig dicken Schicht Eiweiß rundherum. So kann man die Eier gut füllen. In 12 Minuten hart kochen, mit kaltem Wasser abschrecken. Schälen, der Länge nach halbieren.
Die Eigelb mit einem Löffel herausholen, in einer mittelgroßen Schüssel mit einer Gabel gleichmäßig zerdrücken. Garnelen, Krabbenfleisch, Schweinefleisch, Koriandergrün, Pfeffer, Salz und Fischsoße untermischen, dann so viel Kokosmilch zugeben, wie die Masse aufnehmen kann, ohne zu feucht zu werden.
Die Eigelbmasse in 8 gleiche Portionen teilen, die Eihälften damit füllen und so formen, daß sie wie ganze Eier aussehen. In den Teig tauchen und in heißem Öl in etwa 3 Minuten goldbraun ausbacken. Mit der Füllung nach unten backen. Auf Küchenpapier ablaufen lassen. Warm oder kalt servieren.
Teig:
Mehl, Wasser, Öl und Salz vermengen und mit einem Holzlöffel zu einem glatten Teig schlagen.

# Mu wan

Süßes Schweinefleisch

*Auf die folgende Art zubereitetes Schweinefleisch wird meist als Zutat zu den verschiedensten Gerichten verwendet. Es schmeckt aber auch köstlich mit einer scharfen Chilisoße als Beilage zu Reis.*

Zutaten:
500 g oder mehr Schweinelende
125 ml Palmzucker oder Ersatz
125 ml Fischsoße

Die Schwarte abtrennen, das Fleisch in dünne Scheiben schneiden. Fleisch und Schwarte mit etwa 750 ml Wasser, Zucker und Fischsoße zum Kochen aufsetzen, abschäumen. Bei niedriger Hitze 30 bis 40 Minuten simmern. Dann offen weiterkochen, bis das Fleisch weich und das Fett durchsichtig ist. Die Schwarte muß sehr weich sein. In der Soße kalt werden lassen.

# Tod man nuer

Gebratene Fleischbällchen

Ergibt etwa 30 kleine Bällchen
Zutaten:
125 g durchgedrehtes Rindfleisch
125 g durchgedrehtes Schweinefleisch
1/4 TL gemahlener schwarzer Pfeffer
knapp 1/2 TL gemahlene Muskatnuß
2 EL feingehacktes frisches Koriandergrün
4 Knoblauchzehen, zerdrückt
1/2 TL Salz
1 Frühlingszwiebel, fein gehackt
2 TL Fischsoße
1 EL verquirltes Ei
Weizenmehl
Schweineschmalz zum Braten

Rinder- und Schweinehackfleisch mischen. Zu sehr magerem Schweinefleisch 1 EL kleingewürfeltes Schweinefett geben. Mit allen übrigen Zutaten außer Mehl und Schmalz vermengen. Kleine Bällchen von Haselnußgröße formen. Im Mehl wälzen und 5 Minuten in heißem Schweinefett bei niedriger Hitze goldbraun braten. Auf Küchenkrepp abtropfen lassen.

# Si-klok

Wurst aus Schweine- und Krabbenfleisch

*Bevor Sie sich an dieses Rezept wagen, sollten Sie lieber überlegen. Sie brauchen nämlich unbedingt eines von zwei Dingen – eine Menge Geduld oder eine leistungsfähige Maschine zur Wurstherstellung. Ich zum Beispiel habe keines von beiden, und ich war schon mittendrin im Wurstmachen, als ich begriff, daß es ohne eines von beiden nicht geht.*
*Die Wurst ist köstlich, und Sie werden lange Zeit keine gewöhnliche Wurst mehr ansehen, aber es kostet Zeit und Ausdauer, die Wursthaut zu füllen. Als mir die Geduld ausging, machte ich aus der restlichen Wurstmasse kleine Kugeln, briet sie in wenig Öl gut durch: sie schmeckten großartig.*

4 bis 6 Portionen
Zutaten:
185 g fein durchgedrehtes Schweinefleisch
125 g Krabbenfleisch
2 EL feingehackte Zwiebeln
2 EL feingehacktes frisches Koriandergrün
2 EL geröstete Erdnüsse, grob gemahlen
2 TL rote Currypaste
1/2 TL Salz
2 TL Fischsoße
2 EL dicke Kokosmilch
Wursthaut

Alle Zutaten für die Füllung in eine Schüssel geben und mit der Hand gründlich vermengen, dabei die Kokosmilch zuletzt zugeben und so lange kneten, bis sie von den übrigen Zutaten aufgenommen ist. Um gleichmäßige Verteilung der Gewürze zu erreichen, Currypaste und Salz zuvor in der Kokosmilch auflösen.
Mit Hilfe eines Trichters die Füllung in die Wursthaut stopfen und beide Enden mit Knoten fest verschließen. Die Wurst mehrfach mit einem feinen Bambusspießchen anstechen. Zu einer flachen Spirale aufrollen.
Die Wurst möglichst weit entfernt vom vorgeheizten Grill einschieben, damit sie Zeit hat durchzubraten. Mindestens 25 Minuten grillen, einmal umwenden.
In Thailand grillt man die Wurst über Holzkohlenglut. Kurz vor Ende der Bratzeit streut man etwas von der Kokosnuß, aus der man zuvor die Milch extrahiert hat, in die Glut; der Rauch gibt der Wurst ein besonderes Aroma. Warm oder kalt servieren.
Anmerkung: Wursthaut bekommen Sie bei Ihrem Fleischer. Vor dem Füllen kaltes Wasser durch die Haut laufen lassen.

# Yam nang mu

Salat aus Schweineschwarte

Zutaten:
125 ml in feine Scheiben geschnittene gekochte Schweineschwarte
125 ml feingehacktes gekochtes mageres Schweinefleisch
250 ml frische Minze
1/2 TL geriebene Zitronenschale
3 EL getrocknetes Garnelenpulver
1 EL gehacktes frisches Koriandergrün
1 EL gehackte Frühlingszwiebeln
2 bis 3 EL Kokossahne
1 EL *nam prik*
1 EL Limonensaft
1 EL Fischsoße
1 bis 2 TL Zucker

Sie brauchen für diesen Salat gekochtes Schweinefleisch. Besonders gut eignet sich das Süße Schweinefleisch (Rezept S. 306), da es besonders schmackhaft ist. Alles Fett von der Schwarte abtrennen, nur die gallertartige eigentliche Schwarte verwenden.
Alle Zutaten erst kurz vor dem Servieren vermengen, mit Koriandergrün und Frühlingszwiebeln bestreuen.

# Yam tang kwa

Gurkensalat

Zutaten:
2 grüne Salatgurken
1 kleine Zwiebel
2 EL Garnelenpulver
1 oder 2 frische rote Chilis, entkernt und gehackt
2 EL Fischsoße
Zitronensaft nach Geschmack

Die Gurken schälen, entkernen und grob raffeln. Die Zwiebel schälen und reiben. Alle Zutaten vermengen und servieren.

# Yam krachup

Salat aus Wasserkastanien

*Wenn möglich, frische Wasserkastanien verwenden. Der Salat läßt sich aber auch aus Dosenkastanien zubereiten.*

Zutaten:
250 g frische Wasserkastanien oder eine kleine Dose, abgetropft
1 kleine Zwiebel, fein gehackt
2 TL Knoblauch, gehackt
1 EL Schweineschmalz oder Öl
2 EL Fischsoße
2 EL Zitronensaft
1 EL Zucker
60 ml gewürfeltes gekochtes Schweinefleisch
60 ml gehackte gekochte Garnelen
60 ml zerpflücktes Krabbenfleisch
2 EL gehacktes frisches Koriandergrün
3 oder 4 sehr zarte Citrusblätter, gehackt
2 frische rote Chilis, entkernt und gehackt

Frische Wasserkastanien waschen und schälen; erst in Scheiben, dann in Stifte schneiden. Kastanien aus der Dose abtropfen lassen, dann ebenso aufschneiden. Zwiebel und Knoblauch bei Mittelhitze in heißem Fett braten, nicht anbrennen lassen. Aus Fischsoße, Zitronensaft, Zucker, Zwiebel und Knoblauch ein Salatdressing mixen. Wasserkastanien, Schweinefleisch, Garnelen, Krabbenfleisch in einer Schüssel mischen, das Dressing darübergießen. Locker mischen, in einer Schale anrichten, mit den gehackten Blättern und Chilis garnieren.

# Yam ma muang

Salat aus grünen Mangos oder Äpfeln

*In Thailand macht man diesen Salat aus grünen Mangos; saure grüne Äpfel können als Ersatz verwendet werden.*

6 Portionen
Zutaten:
3 grüne Kochäpfel oder grüne Mangos
1 TL Salz
1 EL Erdnußöl
4 Knoblauchzehen, dünn geschnitten
6 Frühlingszwiebeln, in Ringe geschnitten
250 g Schweinefleisch, zerfasert
1 EL Garnelenpulver
1 EL Fischsoße
2 EL grob gehackte geröstete Erdnüsse
1 TL Palmzucker oder Ersatz
Pfeffer nach Geschmack
feingehackte rote Chilis, nach Belieben

Die Äpfel schälen und in dünne Scheiben schneiden, in einer großen Schüssel mit Salz bestreuen. Knoblauch und Frühlingszwiebeln getrennt in heißem Öl braten, beiseite stellen. In derselben Pfanne das Schweinefleisch schnell durchbraten; Garnelenpulver, Fischsoße, Erdnüsse und Zucker zugeben. Vom Feuer nehmen. Erst kurz vor dem Auftragen alle Zutaten vermengen, nach Geschmack pfeffern und nach Belieben mit feingehackten roten Chilis bestreuen.

# Nam prik

Shrimpsoße nach Thai-Art

*Das ist die Lieblingssoße eines soßenbegeisterten Volkes. Mit* nam prik *in allen seinen verschiedenen Versionen würzen die Thais so ziemlich jedes Essen. Versuchen Sie die Soße als Dip für rohes oder angekochtes Gemüse, für gekochte Shrimps oder Garnelen, gebratene Fischstücke, geviertelte hartgekochte Eier. Nehmen Sie weißen Reis als neutralen Hintergrund für die beißend scharfe Soße.*

Zutaten:
2 EL getrocknete Shrimps
1 TL getrocknete Shrimp-Paste *(kapi)*
4 Knoblauchzehen
2 TL gemahlene Chilis *(sambal ulek)* oder 2 frische rote Chilis
2 TL Palmzucker oder Ersatz
2 EL Zitronensaft
1 1/2 EL Sojasoße
3 EL Wasser

Die Shrimps waschen und 20 Minuten in heißem Wasser einweichen. Gründlich abspülen. Die getrocknete Shrimp-Paste in Alufolie einwickeln, 3 Minuten auf jeder Seite grillen. Die abgetropften Shrimps, Shrimp-Paste, Knoblauch, Chilis, Zucker, Zitronensaft, Sojasoße und Wasser im Mixer pürieren. In einer Schüssel servieren, die übrigen Beigerichte um die Soße herum anordnen.
Wenn Sie keinen Mixer haben, zerreiben Sie Shrimps und Knoblauch am besten in einem Mörser. *Sambal ulek* anstelle der Chilis verwenden. Die getrocknete Shrimp-Paste nach dem Grillen in den flüssigen Zutaten auflösen, dann alles vermischen.

# Nam som kratiem

Knoblauch- und Essigsoße

Zutaten:
2 oder 3 frische rote Chilis
3 Knoblauchzehen
2 EL Zucker
4 EL Essig
Salz nach Geschmack

Chilis und Knoblauch zusammen zerreiben. Zucker, Essig und Salz einrühren. Das kann in einem Mixer geschehen, wobei man alle Zutaten auf einmal einfüllt. Da die Soße im Mixer aber schaumig wird, muß man sie vor dem Servieren einige Stunden stehenlassen. Arbeitet man mit dem Mörser, nimmt man am besten statt der Chilis *sambal ulek*, zerreibt den Knoblauch und mischt dann alle Zutaten.

# Kapi pla

Sambal aus Shrimp-Paste

*Schärfer und beißender als dieses* sambal *kann wohl kaum eine Beilage sein. Die Burmesen und Thais lieben sie zu ihren Menüs. Sicher handelt es sich dabei um eine anerzogene Vorliebe, die nicht jedermanns Sache ist, aber dieses* sambal *gehört nun einmal dazu, wenn Sie den unverfälschten Geschmack dieser Länder kennenlernen wollen.*

Zutaten:
3 EL getrocknete Shrimp-Paste *(kapi)*
2 EL feingehackte Zwiebel
1 EL feingehackter Knoblauch
2 EL Garnelenpulver
60 ml Limonen- oder Zitronensaft
1 EL Palmzucker oder Ersatz
Fischsoße nach Geschmack
1 TL feingeschnitzelte Limonen- oder Zitronenschale
gehackte frische Chilis zum Garnieren

Aus der getrockneten Shrimp-Paste einen flachen Kuchen formen, vollständig in Alufolie einwickeln. Auf jeder Seite 4 oder 5 Minuten grillen. Abkühlen lassen. Im Mörser Zwiebel und Knoblauch, getrocknete Shrimp-Paste und Garnelenpulver zerreiben, nach und nach den Limonensaft zugeben und alles zu einer Paste verarbeiten. In eine kleine Schale drücken oder zu einer Halbkugel formen, mit Schnitzeln von Citrusschale oder gehackten Chilis garnieren.

# Hae kün

Garnelen-Rollen

4 Portionen
Zutaten:
2 große Blätter getrocknete Bohnenquarkhüllen
250 g rohe Garnelen
1 EL Maisstärke
2 EL Schweinefett, in kleinen Würfeln
1 Knoblauchzehe, zerrieben
1/2 TL Salz
1/2 TL feingeriebener frischer Ingwer
1/4 TL gemahlener schwarzer Pfeffer

Die Bohnenquarkhüllen in warmem Wasser einweichen; stehenlassen, bis sie weich sind. Die Garnelen aus der Schale lösen, die Innereien entfernen, fein hacken. Garnelen, Maisstärke, Schweinefett, zerriebenen Knoblauch, Salz, Ingwer und Pfeffer gut miteinander mischen. In zwei gleiche Portionen aufteilen, aus jeder eine Rolle formen. Jede Rolle auf eine Bohnenquarkhülle legen und aufrollen. 10 Minuten im Dampf garen. Ganz kalt werden lassen, dann in schräge Scheiben schneiden und diese in heißem Öl braun braten. Wer mag, kann die Scheiben zuvor in Teig eintauchen.
Mit süß-saurer Soße (S. 428) servieren.

# Ma uon

»Fat Horses«

*Die Füllung erinnert etwas an eine* dim-sum-*Füllung, ist aber anders gewürzt. Diese Kombination aus Schweinefleisch, Huhn und Krabbenfleisch wird in winzigen Tassen gedämpft statt in Teig. Dafür eignen sich Sake- oder chinesische Weintassen – notfalls müssen Sie sich von einem kleinen Mädchen Puppentassen ausleihen.*
*Ergibt 12 bis 16 Stück, je nach Größe der Tassen*

Zutaten:
125 g Schweinefleisch, fettes und mageres gemischt
125 g Hühnerfleisch ohne Knochen
125 g gekochtes Krabbenfleisch
2 EL gehackte ganze Korianderpflanze, einschließlich Wurzel
1/4 TL gemahlener schwarzer Pfeffer
5 Knoblauchzehen, zerrieben
1 EL feingehackte Frühlingszwiebel
2 EL Fischsoße
2 EL Kokosnußsahne
1/2 TL Palmzucker oder Ersatz
1 großes oder 2 kleine Eier

Das Schweinefleisch von Knochen und Schwarte befreien, sehr fein hacken. Ebenso das Hühnerfleisch hacken. Krabbenfleisch zerpflükken, alle hornigen Stellen entfernen, fein hacken. Alle Fleischsorten mit Koriander, Pfeffer, Knoblauch, Frühlingszwiebel, Fischsoße, Kokosnußsahne und Zucker mischen.
Eigelb und Eiweiß trennen, das Eigelb in der Schale mit einem kleinen Löffel oder Stäbchen verrühren, die Hälfte davon zu dem Eiweiß geben, schaumig schlagen. Unter die Fleischmasse mengen. Die kleinen Tassen füllen, die Masse fest hineindrücken. Das restliche Eigelb darüberpinseln. 20 Minuten im Dampf garen. Abkühlen, stürzen.

# Ma ho

»Galloping Horses«

*Hier wird eine pikante Fleischmischung als Füllung oder Belag mit frischen Früchten kombiniert; ein sehr reizvoller Kontrast.*

Zutaten:
250 g Schweinefleisch, mageres und fettes gemischt, oder durchgedrehtes Schweinefleisch
5 Knoblauchzehen
4 frische Korianderwurzeln
2 EL Schweineschmalz oder Öl
3 EL geröstete Erdnüsse, grob gemahlen
$1^1/_2$ EL Fischsoße
$^1/_8$ TL gemahlener schwarzer Pfeffer
4 EL Palmzucker oder Ersatz
1 frische Chili, entkernt und gehackt
2 EL gehacktes frisches Koriandergrün
Mandarinen, Ananasscheiben oder Rambutans

Das Schweinefleisch sehr fein hacken, Schwarte und Knochen entfernen. Knoblauch und Korianderwurzeln zerreiben und bei schwacher Hitze in Schmalz oder Öl braten. Sobald der Knoblauch gelb wird, Schweinefleisch, Erdnüsse, Fischsoße, Pfeffer, Zucker, Chili und Koriandergrün zugeben und pfannenrühren, bis die Masse durchgegart, dunkelbraun und ganz trocken ist.
Dann die Früchte vorbereiten: Mandarinen schälen, das weiße Mark restlos abziehen. In Segmente teilen und jedes Segment von der Außenseite her aufschneiden, flach mit der Hautseite nach unten auf eine Platte legen. Ananasscheiben kann man in mundgerechte Stücke schneiden. Rambutans muß man schälen, die Kerne entfernen. Als Ersatz eignen sich am besten Lychees aus der Dose; gründlich abtropfen lassen.
Die Fleischmasse auf die Mandarinensegmente oder Ananasstückchen häufen oder in die Höhlung der Rambutans oder Lychees füllen. Mit Reis oder als ungewöhnliches Horsd'œuvre servieren.

# Pratad lom

Bällchen aus Schweine- und Krabbenfleisch

Ergibt 12 bis 14 Stück
Zutaten:
250 g Schweinefilet
60 g Schweinefett
185 g Krabbenfleisch
2 EL feingehacktes frisches Koriandergrün
1 TL Salz
$^1/_4$ TL gemahlener schwarzer Pfeffer
2 EL geschlagenes Ei
1 EL Maisstärke
6 Blatt Hüllen aus getrocknetem Bohnenquark
Schweineschmalz zum Braten

Die Bohnenquarkhüllen in lauwarmem Wasser aufweichen. Schweinefilet und -fett fein hacken und mit dem Krabbenfleisch mischen, das zuvor zerpflückt und nach hornigen Stellen abgesucht wurde. Koriandergrün, Salz, Pfeffer, Ei und Maisstärke zugeben und alles gründlich vermengen.
Die aufgeweichten Bohnenquarkhüllen in Quadrate von 10 cm Kantenlänge schneiden. Knapp 1 EL der Schweine- und Krabbenfleischfüllung in die Mitte jedes Quadrats geben, die Teigränder zusammennehmen und in der Mitte zu einem *pratad lom* zusammenbinden. Am besten eignet sich dazu kunststoffbeschichteter Draht, damit die Bohnenquarkhülle während des Dämpfens sicher zusammengehalten wird.
Die Bällchen erst 10 bis 12 Minuten im Dampf garen, dann in heißem Schweineschmalz schwimmend knusprig und goldbraun ausbacken. Auf Küchenkrepp abtropfen lassen. Mit einem Dip aus 2 EL Fischsoße, 4 EL weißem Essig, 2 zerriebenen Knoblauchzehen, $^1/_4$ TL Salz und 2 feingehackten frischen Chilis oder $^1/_4$ TL *sambal ulek* servieren.
Anmerkung: Anstelle von Bohnenquark kann man Wonton-Hüllen verwenden.

# Tauhu sod sai

Gefüllte Sojabohnenkuchen

Ergibt 12 Stück
Zutaten:
Öl zum Ausbacken
125 g durchgedrehtes Schweinefleisch
3 Knoblauchzehen, zerrieben
$^1/_4$ TL Salz
$^1/_8$ TL Pfeffer
1 EL gehacktes frisches Koriandergrün
2 TL Fischsoße
12 Würfel gebackener Bohnenquark (siehe Glossar)

1 EL Öl erhitzen und darin das Schweinefleisch samt Knoblauch, Salz und Pfeffer gut durchbraten. Koriandergrün und Fischsoße untermischen. In jeden Bohnenquarkwürfel ein kleines Loch bohren, am besten mit dem Ende eines Eßstäbchens, und etwas von der Fleischfüllung hineinstopfen. Die Bohnenkuchen in reichlich Öl schwimmend ausbacken, kurz vor dem Servieren noch einmal kurz überbacken. Auf Küchenkrepp abtropfen lassen und mit Knoblauch-Essig-Soße (S. 309) servieren.

# Khao nieo kaeo

Süßer Kokosmilch-Reis

6 bis 8 Portionen
Zutaten:
500 g Klebreis
Wasser
625 ml Kokosmilch
160 ml Zucker

Den Reis über Nacht in Wasser quellen lassen. Abgießen, dann 45 Minuten dämpfen, bis sich in einem zwischen den Fingern gepreßten Reiskorn kein harter Kern mehr fühlen läßt. Den Reis in einen Topf schütten, Kokosmilch und Zucker zugeben und bei sehr schwacher Hitze simmern, manchmal umrühren, bis alle Milch aufgesogen ist. Den Reis auf einer Platte mit einem gefetteten Bananenblatt oder dem Löffelrücken flach auseinanderstreichen. Abkühlen und steif werden lassen, dann in Rauten schneiden. Als Dessert oder Snack mit reifen Bananenscheiben oder *na kachik* (S. 321) servieren.

# Khanom talai

Im Dampf gegarter Kokosmilch-Pudding

*Dieser gedämpfte Pudding aus Kokosmilch, Reismehl und Palmzucker erinnert sehr an* seenakku, *eine Süßspeise aus Sri Lanka. An sich ist er ein sehr einfaches Dessert, nur wird die Kokosmilch in Thailand mit parfümiertem Wasser extrahiert, einem Aufguß aus Jasmin oder anderen süß duftenden Blüten; eine romantische und phantasievolle Idee der Thais.*

Ergibt 10 winzige Tassen voll
Zutaten:
310 ml dicke Kokosmilch
2¹/₂ EL Reismehl
eine Prise Salz
4 EL Palmzucker oder Ersatz

Die Kokosmilch extrahieren und 30 Minuten stehenlassen, damit die Sahne sich an der Oberfläche sammeln kann. 125 ml dieser fetten Milch abnehmen und nach und nach mit 1 EL Reismehl glatt verrühren.

In der restlichen Kokosmilch Palmzucker und Salz auflösen. In einer zweiten Schüssel die restlichen 1¹/₂ EL Reismehl nach und nach mit dieser Milch glattrühren. Diese braune Flüssigkeit durch ein feines Sieb laufen lassen und dann auf kleine Tassen verteilen – ideal sind chinesische Wein- oder Saketassen. Die Täßchen zu zwei Dritteln füllen, dann vorsichtig in einen Dämpfer setzen und etwa 15 Minuten dämpfen, bis der Pudding steif geworden ist. Mit einem Löffel die weiße Milch darüber verteilen, die Täßchen nun fast füllen, zugedeckt noch einmal 20 bis 25 Minuten dämpfen. Zimmerwarm servieren.

Abbildungen Seite 313 bis 316

Kaeng khieu wan pet – Grünes Entencurry, oben (Rezept S. 300), Yam ma muang – Grüner Mango- oder Apfelsalat, rechts (Rezept S. 309), Kaeng phed nuer – Rotes Rindfleischcurry, unten (Rezept S. 301)

Pla prio wan – Im ganzen gebratener Fisch mit Ingwersoße (Rezept S. 304)

Kung tom yam – Garnelensuppe, oben (Rezept S. 302); und Kaeng chüd dok maichin – Garnelensuppe mit Lilienknospen, unten (Rezept S. 302)

Ma ho – »Galopping Horses« (Rezept S. 311)

# Khanom bualoi
Goldgelbe Bohnenkuchen

Zutaten:
250 g Mungbohnen
250 ml weißer Zucker
125 ml Wasser
Streuzucker

Zuckersirup:
80 ml Zucker
1 EL Wasser

Die Bohnen 24 Stunden in kaltem Wasser quellen lassen, dann mehrmals das Wasser wechseln und alle grünen Häutchen von den Bohnen abwaschen. Eben mit Wasser bedeckt zum Kochen aufsetzen und sehr weich kochen. Gut abtropfen lassen. Die heißen Bohnen zu einem glatten Püree zerdrücken.
In einem Topf mit schwerem Boden Zucker und Wasser bei Mittelhitze rühren, bis der Zucker sich aufgelöst hat. Das Bohnenpüree zugeben, kochen; dabei anfangs gelegentlich, je dicker die Masse wird, desto häufiger umrühren. Die Bohnenmasse ist fertig, sobald sie dick ist und sich vom Topf löst. So weit abkühlen lassen, daß man sie mit den Händen weiterverarbeiten kann. Kleine Kugeln formen, erst in den Sirup, dann in Streuzucker tauchen. Trocknen lassen. In Papierhülsen setzen.

Zuckersirup:
Zucker in Wasser auflösen und bei sanfter Hitze kochen, bis der Sirup Fäden zieht.

# Narayana bantom sindhu
»Wischnu in einem Meer von Milch«

*Ein süßes eiskaltes Getränk, das in Thailands heißem Klima sehr erfrischt. Nehmen Sie dazu parfümiertes Wasser, wie es die Thais machen. Dazu müssen Sie über Nacht Jasmin oder Rosen in Wasser legen, ersatzweise reines Rosenwasser oder Rosenessenz verwenden. Man parfümiert auf diese Weise das Gelee und das Wasser, mit dem die Kokosmilch extrahiert wird. Dieses parfümierte Wasser heißt* sa rim.

Zutaten:
2 EL Mungbohnenmehl (siehe Glossar)
500 ml Wasser
Rosenwasser nach Geschmack
grüne Lebensmittelfarbe
1 l Kokosmilch
4 EL weißer Zucker
zerdrücktes Eis

Bohnenmehl und Wasser mischen, bei schwacher Hitze rühren, bis die Mischung aufkocht, andickt und durchsichtig ist. Vom Feuer nehmen, 2 oder 3 TL Rosenwasser (aus der Apotheke) oder einige Tropfen Rosenessenz einrühren, um dem Gelee sein zartes, aber ausgeprägtes Aroma zu geben. Das Gelee leicht grün färben. Durch einen Durchschlag in eine Schüssel mit kaltem Wasser einrühren. Erstarren lassen, das Wasser abgießen, kalt stellen. Zucker in Kokosmilch auflösen, etwas Rosenaroma einrühren, ebenfalls in den Kühlschrank stellen.
Zum Servieren einen großen Löffel voll Bohnenmehlgelee in ein großes Glas geben, mit Kokosmilch und zerdrücktem Eis auffüllen.

Abbildungen Seite 317 bis 320
Trei noeung phkea – Mit getrockneten Shrimps gefüllter Fisch (Rezept S. 325)
Bò xào măng – Rindfleisch mit Bambusschößlingen (Rezept S. 337)
Mực dồn thịt – Mit Schweinefleisch gefüllter Tintenfisch (Rezept S. 334)
Nước chấm – Nuoc-mam-Soße oder Soße aus Knoblauch, Chili und Fischsoße (Rezept S. 340)

# Kambodscha und Laos

## Kambodscha (Khmer)

»Kambodschanisches Essen ist fast so wie das Essen in Thailand oder Laos, mit ein wenig chinesischem Einfluß«, das erzählten mir John Lee Kha und Miß Lyna, die erst vor kurzem aus Kambodscha nach Australien gekommen waren.
Reis ist das Grundnahrungsmittel; er kommt zum Frühstück, Mittag- und Abendessen auf den Tisch, mit etwas Fisch, Geflügel oder Büffelfleisch gekocht. Manchmal ersetzt ihn zum Frühstück eine Schale Nudelsuppe; aber für die beiden Hauptmahlzeiten des Tages ist die Basis ohne Salz gekochter Reis. Dazu gibt es dann gebratenen Fisch, *kari*, Gemüse und eine Suppe. Alle Gerichte werden gleichzeitig aufgetragen, jeder wählt daraus nach eigenem Geschmack.
Als wir uns beim Lunch unterhielten, sah ich, daß Johns Tasse gefüllt war mit etwas, das wie Wasser aussah, das aber dampfte wie heißer Tee. Ich fragte ihn, was man in Kambodscha so im allgemeinen zum Essen tränke. Er meinte, Tee oder Kaffee gäbe es selten, und wenn Tee serviert werde, dann meistens chinesischer Tee. Es sei aber üblich, warmes Wasser zum Essen zu trinken (dabei deutete er auf seine Tasse).
Wenn es sehr heiß ist, besteht das Abendessen oft nur aus einfachem gekochtem Reis, damit der Magen nicht überlastet wird.
Kambodschanisches Essen ist sehr aromatisch, aber weil die meisten dafür verwendeten Kräuter außerhalb Südostasiens nicht zu bekommen sind, habe ich Ge-

richte mit besser bekannten Gewürzen ausgesucht. Wie in den meisten Ländern Asiens ist Kochen in Kambodscha keine exakte Wissenschaft; alles wird »nach Geschmack« gekocht, und man erwartet von der Köchin, daß sie Phantasie und Unternehmungslust einsetzt, damit das Essen aromatisch und würzig schmeckt. Deshalb ist sie auch an keine Gewürzvorschrift gebunden.

Hauptnahrung der Kambodschaner sind Reis und Fisch. Fisch und Schalentiere gibt es reichlich im Mekongfluß und im Meer. Gemüse wachsen in diesem üppig grünen Lande schnell und sind deshalb ebenfalls Hauptbestandteil der Nahrung.

Man ißt mit Genuß Büffel- und Schweinefleisch, Hühner, Enten, Tauben und die winzigen »paddy birds«, die noch kleiner sind als Spatzen und die auf den Reisfeldern in Netzen gefangen werden, nur ißt man das alles in viel geringeren Mengen als in westlichen Ländern. Fleisch und Geflügel sind immer nur Beilage. Hammelfleisch kennt man überhaupt nicht.

Genau wie Laoten, Vietnamesen, Burmesen und andere Nachbarn halten die Kambodschaner ihre Fischsoße, *nguoc mam*, für fast ebenso unentbehrlich wie den Reis. Es wäre für sie unvorstellbar, ohne Fischsoße auskommen zu müssen.

Ein in Kambodscha sehr beliebtes Gericht ist *trei aing*, über Holzkohle gegrillter Fisch, der mit rohen Gemüsen wie Gurkenscheiben und frischen Bohnensprossen, grünen Salaten und Kräutern (Minze, Dill, frischem Koriander) serviert wird. Aber erst die beißend scharfe Soße macht dieses Essen vollständig. Sie basiert auf Fischsoße mit Knoblauch, frischen Chilis, Zitronensaft, Zucker und Essig – bis hierhin ist sie praktisch identisch mit Vietnams *nuoc cham*. Die kambodschanische Version verwendet aber auch gemahlene geröstete Erdnüsse, und diese Zutat findet sich auch in den Fischsoßen von Laos und Thailand. Kleine Stücke gegrillter Fisch werden mit Gurkenscheiben, Bohnensprossen und ein oder zwei Zweiglein frischer Kräuter in ein Salatblatt gewickelt, dann wird das ganze Päckchen in die scharfe Soße getaucht und zu Reis gegessen.

Die Küchen in Kambodscha sind sehr einfach und, für den westlichen Standard, schlecht ausgestattet. Gekocht wird im Wok, der in Kambodscha *chhnang khteak* heißt.

## Laos

Das Ungewöhnlichste an der laotischen Küche ist die Vorliebe für Klebreis. In den anderen asiatischen Ländern wird dieser klebrige »glutinöse« Reis, der manchmal auch »süßer Reis« heißt, ausschließlich für Süßspeisen oder kleine Snacks verwendet. Die Laoten aber verwenden ihn für alle Gerichte und servieren ihn zu den Hauptmahlzeiten.

Mrs. Vatsana Souvannavong aus Vientiane erzählte mir, daß es dreimal täglich Reis gibt. Für das Frühstück wird Klebreis 8 bis 10 Stunden eingeweicht, weich gedämpft und mit Mango, Kokosnuß oder mit *padek*, einem hausgemachten Fischprodukt, gegessen. Für *padek* legt man Fischstücke in großen, irdenen Gefäßen in Salzlake ein; auch diese Lake, *nam padek*, wird zum Kochen verwendet. Manchmal dämpft man den Reis auch zusammen mit schwarzen Bohnen oder Yamswurzeln.

In den Städten von Kambodscha und Laos gibt es keine Restaurants, die einheimische Gerichte anbieten. Wer zum Essen ausgeht, ißt ausgezeichnet chinesisch oder französisch. Allerdings erstreckt sich der französische Einfluß auf die Eßgewohnheiten des Landes nicht auf die einheimischen Gerichte. Französische Küche ist eine Sache für sich geblieben, wenn auch eine sehr populäre.

»Wenn Sie nach Vientiane kommen, werden Sie sicher zum Essen in ein laotisches Restaurant gehen wollen«, sagte Mrs. Souvannavong, »aber ich muß leider gestehen, daß Sie das nicht finden werden. Das kommt nicht daher, daß Laoten nicht gerne zum Essen ausgehen, aber es ist sehr schwierig, ein laotisches Restaurant zu führen. Wenn Sie wirklich laotisches Essen versuchen möchten, müssen Sie in ein laotisches Haus eingeladen werden.«

Die Zubereitung laotischer Gerichte erfordert viel Zeit, und alle Zutaten müssen frisch sein. Die Mahlzeiten werden nicht im voraus geplant; die Zusammenstellung hängt davon ab, was sich gerade im Hause vorfindet. Die Laoten halten nichts von tiefgekühlten Lebensmitteln, sie essen lieber frisches Fleisch, frische Gemüse und Früchte. Nur wenige Familien haben Kühlschränke, und selbst wenn sie welche hätten, würden sie nichts davon halten, Lebensmittel allzulange aufzubewahren.

Jedes Haus in Laos hat einen kleinen Hausgarten, in dem Gemüse und die Vielzahl der Würzkräuter gezogen werden, die für laotische Speisen nötig sind – verschiedene Sorten Minze, Zitronengras (Citronella), laotischer Ingwer, laotische Auberginen, Chilis der verschiedensten Sorten und Bananenstauden werden am häufigsten angebaut. Für die Bananenstauden gibt es viele Verwendungsmöglichkeiten. Die reifen Früchte werden roh gegessen, die unreifen gekocht. Die große, schwere Blüte wird als Gemüse verwendet. In die Blätter wickelt man Speisen ein, um sie dann im Dampf oder über Kohlenglut zu garen, und sogar das Innere des Stammes findet Verwendung, das zarte, wabenartige Mark (als Beispiel dafür das Rezept für *moh hin gha* auf S. 264). Einige Zutaten, wie Zwiebeln, Knoblauch, Chilis, Tamarinde und andere, werden getrocknet für die Zeit, in der sie frisch nicht zu haben sind.

Das Einkommen reicht für die meisten Familien bei weitem nicht aus; so gehen manche Männer auf die Jagd, um mit Wild den Speisezettel aufzubessern. Andere fischen, denn Fisch gibt es in den vielen Zuflüssen des Mekong im Überfluß. Außerdem werden Hühner, Enten, Schweine und Truthühner gehalten.

Laotische Mahlzeiten sind einfach. Zum Frühstück gibt es zum Klebreis schwarzen oder weißen Kaffee. Manchmal wird der Reis mit schmackhaften Stückchen von getrocknetem Fleisch, gebratenem Huhn, Rind-

fleisch, Fisch oder Schweinefleisch verbessert und von Chilipaste begleitet.
Zum Lunch gibt es wieder Reis, dazu Suppe, ein Fischgericht, einige frische oder gekochte Gemüse und natürlich die scharfe Soße. Die Abendmahlzeit entspricht dem Lunch – aber glauben Sie ja nicht, daß das Essen deshalb immer gleich und langweilig ist. In Laos wie anderswo kann eine phantasiebegabte Köchin die immer gleichen Hauptzutaten mit hundert verschiedenen Würzkombinationen abwandeln. Sonntags gibt es dann als besonders gutes Mittagessen das traditionelle *lap* oder *koy*:
Nach dem Frühstück geht man auf den Markt und ersteht eine frische Wildbretkeule, dazu etwas Wildleber und ein paar Gemüsesorten. Zu Hause beginnen dann die Vorbereitungen für die Mahlzeit. Das gute Fleisch wird in dünne Scheiben geschnitten oder fein gehackt. Aus den Resten und dem Knochen wird eine kräftige, schmackhafte Brühe gekocht, die bei niedriger Hitze langsam brodelt. In der Zwischenzeit wird die Leber wie das Fleisch in dünne Scheiben geschnitten; getrocknete rote Chilis werden erst geröstet, dann zerrieben; Klebreis wird dunkelbraun geröstet, dann fein zermahlen; laotischer Ingwer (frische Laos-Wurzel) wird geschabt und geschnitzelt; Frühlingszwiebeln werden in Ringe geschnitten, drei Sorten Minze gehackt. Fischpaste wird gekocht und zu einer Soße gemixt, die zum *lap* gereicht wird, und aus dem eigenen oder Nachbars Garten holt man einige Wildgemüse und bittere grüne Blätter. Wie die meisten Asiaten teilen die Laoten gern mit anderen, und nicht selten wird eine Schüssel des fertiggekochten Essens zu Freunden oder Nachbarn geschickt.
Kurz vor dem Anrichten werden in die Fleischbrühe Fischsoße, Limonensaft und gehackte Frühlingszwiebeln gegeben, um »den Geschmack zu schärfen«. Das rohe Fleisch und die rohe Leber werden mit Limonensaft, gemahlenen Chilis und gemahlenem Reis, laotischem Ingwer und Kräutern gemischt. Gedämpfter Klebreis, in geflochtenen Bambuskörben warm gehalten, wird zum *lap* serviert. Der Name *lap* bedeutet »Glück« – dieses Gericht wird traditionell zu Hochzeiten, Hauseinweihungen und sonstigen wichtigen Anlässen aufgetragen. Man kann das Wildbret durch frischen Fisch, Huhn oder halbgares Schweinefleisch ersetzen. Dazu gibt es im allgemeinen Reiswein.

## Wie man in Laos ein Essen serviert und ißt

Obwohl man manchmal an Eßtischen sitzt, ziehen es die meisten Laoten vor, auf einer Bodenmatte rund um ein großes Rattantablett zu hocken. Jedes Tablett ist groß genug, um sechs Essern Platz zu bieten, und etwa 40 bis 50 cm hoch. Alle Schüsseln werden auf das Tablett gestellt, die Reiskörbchen zwischen die Esser gesetzt. Man kann Gabeln und Löffel benützen, aber »wir müssen Klebreis einfach mit den Fingern essen«.
Ein Tablett mit frischen Bananen, Papayas und anderen Früchten wird seitlich aufgestellt, daß jedermann sich nach dem Essen etwas davon nehmen kann.

## Küchengeräte

Das wichtigste Utensil in einer laotischen Küche ist der Mörser. Als nächstes ist ein scharfes Küchenbeil und ein stabiles Hackbrett zu nennen. Gekocht wird im Wok, gedämpft wird in Bambuskörbchen über irdenen Töpfen mit Wasser. »Wir haben keine kleinen, modernen Küchen, sondern große, einfach ausgestattete«, wurde mir erzählt. »Wir kochen über Holzkohlen- oder Holzfeuern. Es gibt in den Städten Leute, die Gas oder Elektrizität haben. Unsere Küchen müssen groß sein, denn wir brauchen beim Kochen viele Helfer.«
Für die folgenden Rezepte genügen ein Wok und die übliche Ausstattung einer westlichen Küche.

## Ihr Gewürzbord für kambodschanische und laotische Rezepte

Ein kleiner Garten, in dem Minze, Zitronengras und frischer Koriander wachsen, ist für das Würzen in diesen Ländern ebenso wichtig wie die trockenen Zutaten im Regal.
Auch Knoblauch, frischer Ingwer und Frühlingszwiebeln sind unbedingt notwendige Zutaten.

Bambußschößlinge, Dose
schwarzer Pfeffer, gemahlen
Cellophan-Nudeln
Chilis, getrocknet
Chilipulver
Kokosnußsahne oder Kokosflocken
Koriander, gemahlen
Kreuzkümmel, gemahlen
Fenchel, gemahlen
Fischsoße *(nuoc mam)*
Laospulver
Pilze, getrocknete chinesische
Erdnußöl
Erdnüsse, roh oder geröstet, ungesalzen
Reiswein oder trockener Sherry
Shrimps, getrocknet
Sesamkerne
Sojasoße
Kurkuma, gemahlen
Wasserkastanien, Dose

# Bay poun
Reis in der Form

4 Portionen
Zutaten:
125 ml gehackter Schweinespeck
125 ml gehacktes mageres Schweinefleisch
125 ml gehacktes Hühnerfleisch
3 Knoblauchzehen, fein gehackt
3 Frühlingszwiebeln, in dünne Ringe geschnitten
1 l heißer, gekochter Reis
Fischsoße nach Geschmack
1/4 TL schwarzer Pfeffer, gemahlen

In einem Wok den Schweinespeck auslassen, bis er goldbraun und kroß ist. Schweine- und Hühnerfleisch, Knoblauch und Zwiebeln zugeben und pfannenrühren, bis das Fleisch durchgebraten ist. Reis zugeben und umwenden, bis alles gut vermengt ist, dann Fischsoße und Pfeffer einrühren. Vom Feuer nehmen, fest in eine gefettete Form drücken, mit einem Stück gefetteten Papier oder Folie abdecken und warm stellen. Stürzen, mit zusätzlicher Fischsoße servieren.

# Phu khoua kai nor may
»Langer Reis« mit Huhn und Bambusschößlingen

6 Portionen
Zutaten:
500 g Hühnerteile oder 1/2 Brathuhn
1 Knoblauchzehe, zerdrückt
250 g Cellophan-Nudeln (»langer Reis«)
1 EL Erdnußöl
1 mittelgroße Zwiebel, in Spalten geschnitten
2 Bambusschößlinge aus der Dose, in Streifen geschnitten
1 EL Fischsoße
1/4 TL schwarzer Pfeffer
125 ml Brühe oder Wasser

Das Hühnerfleisch von den Knochen lösen; aus den Knochen Brühe kochen. Das Fleisch mitsamt der Haut in mundgerechte Stücke schneiden. Mit dem zerriebenen Knoblauch vermischen.
Die Nudeln 15 Minuten in heißem Wasser einweichen, dann in schwach gesalzenes kochendes Wasser einlegen und 5 bis 8 Minuten kochen. Abgießen, in kurze Stücke schneiden.
In einem Wok Erdnußöl sehr heiß werden lassen, das Hühnerfleisch bei starker Hitze pfannenrühren, bis es weiß geworden ist. Zur Seite schieben. Die in ihre einzelnen Schichten zerteilte Zwiebel und die Bambusschößlinge zugeben, eine Minute braten, dann mit dem Hühnerfleisch verrühren. Fischsoße, Pfeffer und Brühe zugeben. Weitere 2 Minuten kochen, dann die abgetropften Nudeln zugeben und alles gründlich vermengen. Heiß mit weißem Reis und *nuoc-mam*-Soße (S. 340) servieren.

# Trei noeung phkea
Mit getrockneten Shrimps gefüllter Fisch

6 bis 8 Portionen
Zutaten:
1,5 kg ganzer Snapper oder sonst ein weißfleischiger Fisch
2 EL getrocknete Shrimps
8 getrocknete chinesische Pilze
4 Frühlingszwiebeln, gehackt
2 EL gehackte Wasserkastanien
1 EL gehacktes frisches Koriandergrün
2 EL Fischsoße
2 EL Erdnußöl
frische Korianderzweige zum Garnieren

Zutaten zur Soße:
1 EL helle Sojasoße
2 EL trockner Sherry
1 EL Zucker
125 ml Wasser
3 dünne Scheiben frischer Ingwer
2 TL Arrowroot oder Maisstärke
2 TL kaltes Wasser

Den Fisch ausnehmen und schuppen lassen, Kopf und Schwanz aber dranlassen. Die Bauchhöhle sorgfältig mit Küchenpapier und grobem Salz auswischen. Ausspülen, mit Küchenpapier trockenwischen. Die Shrimps in heißem Wasser etwa 15 bis 20 Minuten einweichen. Abgießen und hacken. Die Pilze 30 Minuten in heißem Wasser quellen lassen; die Stiele wegwerfen, die Hüte in dünne Scheiben schneiden. Mit allen übrigen Zutaten in einer Schüssel vermengen, nur 1 EL Erdnußöl zurückbehalten.
Die Bauchhöhle des Fisches mit dieser Masse füllen und mit Spießchen zustecken. Den Fisch dann mit dem Erdnußöl bepinseln, ebenso den Grillrost damit einfetten. In die Grillpfanne etwas heißes Wasser füllen, den Grillrost darüberlegen. Den Fisch im mäßig heißen Backofen 35 bis 40 Minuten braten, bis das Fleisch auch an der dicksten Stelle milchig weiß und undurchsichtig ist. Auf einer Platte anrichten, mit Soße begießen, mit Koriandergrün garnieren und sofort servieren.

Soße:
Die ersten fünf Zutaten in einen kleinen Topf geben, zum Kochen bringen und 2 Minuten simmern. Vom Feuer ziehen, die mit kaltem Wasser angerührte Maisstärke unterziehen, wieder ans Feuer geben und ständig rühren, bis die Soße kocht, andickt und klar wird. Die Ingwerscheiben herausnehmen und wegwerfen.

# Pa khing

Gedämpfter Fisch mit jungem Ingwer

3 bis 4 Portionen
Zutaten:
750 g frische Fischfilets oder -steaks
etwa 125 g frische junge Ingwerwurzel
Saft einer Zitrone
2 EL Erdnußöl
1 EL Sesamöl
6 Knoblauchzehen, in feine Scheiben geschnitten
3 EL Sesamkerne
2 EL Shrimpsoße oder dunkle Sojasoße
Bananenblätter oder Alufolie

Fisch waschen und schuppen. Die Haut von der Ingwerwurzel schaben, die Wurzel erst in feine Scheiben, dann in sehr dünne, fast fadendünne Streifen schneiden. Den Ingwer im durchgeseihten Zitronensaft marinieren, während man die übrigen Zutaten vorbereitet.
Die beiden Ölsorten in einer kleinen Pfanne heiß werden lassen und den Knoblauch langsam und vorsichtig braten, damit er nicht anbrennt. Die Scheiben sollen blaßgelb sein. Öl und Knoblauch über den Ingwer gießen. In der gleichen Pfanne die Sesamkerne goldbraun rösten. Ebenfalls zum Ingwer geben. Die Sojasoße einrühren, dann alles über die Fischfilets verteilen. Die Filets einzeln in Blättern oder Folie verpackt 15 Minuten im Dampf garen.

# Sousi pa

Fisch mit Kokosnußsahne

4 Portionen
Zutaten:
500 g Fischfilets
2 große getrocknete Chilis
15 Knoblauchzehen
3 zarte Zitronenblätter
1 Scheibe frische Laoswurzel oder 1 TL Laospulver
2 Stengel Zitronengras, fein geschnitten, oder 2 Streifen Zitronenschale
250 ml dicke Kokosmilch
750 ml dünne Kokosmilch
1 EL Fischsoße
2 EL gehackte geröstete Erdnüsse
frische Basilikumzweige
5 oder 6 kleine getrocknete Chilis
Öl zum Braten

Die Filets waschen und in Portionsstücke schneiden. Von den großen getrockneten Chilis die Stiele abschneiden, die Kerne herausholen. Die Chilis 10 Minuten in heißem Wasser einweichen. Im Mörser Chilis, Knoblauch, Zitronenblätter, Laospulver und Zitronengras oder Zitronenschale zu einer Paste zerreiben. Man kann das auch mit Hilfe eines Elektromixers machen, nur wird man dann etwa 1 EL dicke Kokosmilch zugeben müssen, um das Zerkleinern zu erleichtern.
Die dicke Kokosmilch in einem Topf so lange erhitzen, bis das Öl an der Oberfläche schwimmt. Das dauert bei schwacher Hitze etwa 10 bis 15 Minuten. Die Gewürzpaste zugeben und unter ständigem Rühren garen. Die Fischstücke einlegen und in der Gewürzpaste wenden, dann die dünne Kokosmilch und die Fischsoße zugießen und 10 Minuten simmern. Kurz vor Ende der Kochzeit die Erdnüsse zugeben. Mit Basilikum garnieren und mit den ganzen kleinen, getrockneten Chilis, die kurz in heißem Öl geröstet wurden, auftragen.

# Koy pa

Salat aus rohem Fisch

4 bis 6 Portionen
Zutaten:
500 g weiße Fischfilets
125 ml Zitronensaft
6 zarte rohe grüne Bohnen, in dünnen Scheiben
4 Frühlingszwiebeln, in feinen Ringen
2 Knoblauchzehen, zerrieben
1 frische rote Chili, entkernt und in Ringe geschnitten
1 EL Fischsoße
zum Servieren:
Salatblätter, Minze, Koriandergrün

Den Fisch häuten und entgräten, recht fein hacken, in eine irdene oder Glasschüssel geben und den Zitronensaft darübergießen. Mischen und drei Stunden oder über Nacht im Kühlschrank durchziehen lassen. Mit den übrigen Zutaten vermengen.
Etwas vom Fischsalat in die Mitte eines Salatblattes geben, etwas Minze oder Koriandergrün dazulegen, zusammenfalten und essen.

# Trei chorm hoy

Im ganzen gedämpfter Fisch

4 Portionen
Zutaten:
750 g frischer Snapper oder sonst ein ganzer weißfleischiger Fisch
2 TL Salz
2 EL helle Sojasoße
2 EL Erdnußöl
2 TL Sesamöl
1 TL frischer Ingwer, fein gerieben
8 Frühlingszwiebeln, fein gehackt

Fisch ausnehmen, schuppen und waschen, Gräten und Flossen abtrennen, Kopf und Schwanz aber dranlassen. Über kochendem Wasser etwa 15 Minuten dämpfen. In der Zwischenzeit die Soße zubereiten.

In einem kleinen Topf Erdnußöl erhitzen, Ingwer und Frühlingszwiebeln sehr sanft weich, aber nicht braun braten. Vom Feuer nehmen, Sesamöl und Sojasoße zugeben. Den Fisch auf einer Platte anrichten, nach Belieben auf einem Bett aus gedünstetem Kopfsalat, und die Soße darüber verteilen. Sofort auftragen.

# Trei chean noeung spei

Ausgebackener Fisch mit Gemüsen

4 bis 6 Portionen
Zutaten:
750 g weiße Fischfilets
1 EL Eiweiß
1 TL Salz
1 EL Maisstärke
6 EL Öl
1 Knoblauchzehe, zerrieben
1/2 TL frischer Ingwer, fein gerieben
500 ml in Streifen geschnittener Chinakohl
6 Frühlingszwiebeln, in 5 cm lange Stücke geschnitten
2 EL Fischsoße
125 ml Wasser
1 TL zusätzliche Maisstärke

Die Fischfilets in fingerlange Stücke schneiden, erst in Eiweiß tauchen, dann in einer Mischung aus Salz und Maisstärke wälzen. Überschüssiges Mehl abklopfen. In einem Wok das Öl heiß werden lassen, den Fisch bei starker Hitze im Öl schwimmend ausbacken. Dazu immer nur ein Viertel der Gesamtmenge gleichzeitig einlegen und nur so lange backen, bis die Fischstäbchen durch sind, etwa 1 bis 2 Minuten je nach Dicke der Filets. Auf Küchenkrepp abtropfen lassen und warm stellen. Das Öl bis auf 1 EL abgießen; Knoblauch, Ingwer und Kohl eine Minute pfannenrühren, die Frühlingszwiebeln zugeben und noch eine weitere Minute rühren. Wasser und Fischsoße zugießen, zum Kochen bringen, dann die mit sehr wenig Wasser glattgerührte Maisstärke untermischen. Rühren, bis die Soße aufkocht und dick wird.

Auf einer Platte anrichten, die Fischstäbchen über dem Gemüse verteilen. Sofort zu Reis oder Nudeln servieren.

# Kari bonkong trasak

Curry aus Garnelen und süßem Flaschenkürbis

6 Portionen
Zutaten:
500 g große rohe Garnelen
1 süßer Flaschenkürbis, zarter Markkürbis oder 2 grüne Gurken
5 Knoblauchzehen
1 kleine Zwiebel, grob gehackt
2 TL frischer Ingwer, fein gehackt
1/2 TL Chilipulver
1/2 TL Fenchel, gemahlen
2 TL Koriander, gemahlen
1/4 TL Kurkuma, gemahlen
4 EL Öl
500 ml Kokosmilch
1 Stengel Zitronengras, zerquetscht
2 EL Zitronensaft
1 TL Zucker, nach Belieben
1 EL Fischsoße

Die Garnelen aus der Schale nehmen, die Innereien entfernen. Kürbis oder Gurken schälen, der Länge nach halbieren, die Kerne herausschaben, das Fruchtfleisch in dicke Scheiben schneiden.

Knoblauch, Zwiebel und Ingwer im Mixer pürieren. Die gemahlenen Gewürze untermischen. Dieses Püree in heißem Öl gut durchbraten, bis das Öl sich am Rand abscheidet, wie bei der Zubereitungsmethode für Burmesische Curries (S. 268) beschrieben. Die Garnelen zugeben und 3 Minuten pfannenrühren, mit der Kokosmilch ablöschen, zum Simmern bringen. Die Kürbis- oder Gurkenscheiben zugeben sowie die übrigen Gewürze; sanft rühren, bis die Kürbisscheiben gar, aber nicht zu weich gekocht sind. Zu Reis servieren.

# Moan chua noeung phset kream

Pfannengerührtes Huhn mit Pilzen

4 bis 6 Portionen
Zutaten:
6 getrocknete chinesische Pilze
1 kleines Brathuhn
4 Knoblauchzehen, zerrieben
1/2 TL frischer Ingwer, fein gerieben
2 EL Schweineschmalz oder Öl
250 ml Wasser
2 EL Fischsoße
2 TL Zucker
2 EL gehacktes frisches Koriandergrün

Die Pilze 30 Minuten in heißem Wasser quellen lassen. Das Wasser auspressen, die Stiele abschneiden und wegwerfen, große Hüte vierteln. Das Huhn mit dem Küchenbeil durch die Knochen in kleine Stücke zerhacken.
Knoblauch und Ingwer in heißem Schmalz oder Öl einige Sekunden anbraten, dann die Hühnerstücke zugeben und pfannenrühren, bis sie die Farbe wechseln. Pilze, Wasser, Fischsoße und Zucker zugeben, zugedeckt simmern, bis das Hühnerfleisch weich ist. Mit Koriandergrün bestreuen und mit Reis servieren.

# Kai lao

Laotisches Huhn

6 Portionen
Zutaten:
1,5 kg Brathuhn
1 1/2 TL Salz
2 Knoblauchzehen, zerrieben
1 EL Öl
2 mittelgroße Zwiebeln, fein gehackt
250 g durchgedrehtes Schweinefleisch
1/2 TL Salz
1/2 TL schwarzer Pfeffer, gemahlen
1 frische rote Chili, fein gehackt
1 EL gehacktes frisches Koriandergrün
125 ml roher Reis
250 ml dicke Kokosmilch
500 ml dünne Kokosmilch
1 EL Fischsoße

Das Huhn waschen und gut abtrocknen, dann innen und außen mit Salz und der Hälfte des zerriebenen Knoblauchs einreiben. In einer Bratpfanne den restlichen Knoblauch, Zwiebeln und Schweinehackfleisch in heißem Öl braten. Mit Salz, Pfeffer und Chili würzen. Sobald das Fleisch durchgebraten ist, Koriander, Reis und dicke Kokosmilch zugeben. Zum Simmern bringen, dann zugedeckt 10 Minuten bei schwacher Hitze kochen, bis alle Flüssigkeit aufgesogen ist. Vom Feuer nehmen und so weit abkühlen lassen, daß man die Masse anfassen kann. Das Huhn mit dieser Masse füllen, in einem großen Topf mit der dünnen Kokosmilch und der Fischsoße aufsetzen. Zugedeckt etwa eine Stunde simmern, bis es weich ist.

# Khao poun

Suppe mit »langem Reis«

4 bis 6 Portionen
Zutaten:
185 ml eingeweichte Cellophan-Nudeln
1/2 TL Salz
1250 ml kochendes Wasser oder Hühnerbrühe
125 g fein durchgedrehtes Schweinefleisch
80 ml feingehackter geräucherter Schinkenspeck
1 EL gehackte Wasserkastanien
1/2 TL Maisstärke
2 TL helle Sojasoße
1 TL feingehackte Frühlingszwiebeln

Die Nudeln 30 Minuten in kaltem Wasser einweichen. Abgießen und in 15 cm lange Stücke schneiden. In kochendes Salzwasser einlegen und 20 Minuten kochen. Schweinefleisch, Schinken, Wasserkastanien, Maisstärke und Sojasoße vermengen, kleine Bällchen formen und in die Suppe einlegen. Weitere 10 Minuten kochen. Nicht umrühren. Frühlingszwiebeln zugeben und sofort auftragen.

# Kang som pa
Laotische Fischsuppe

4 bis 6 Portionen
Zutaten:
500 g Süßwasserfisch
1 l Wasser
1 Stengel Zitronengras, zerdrückt, oder 2 Streifen Zitronenschale
1/2 TL Salz
2 EL Fischsoße
2 mittelgroße Tomaten, in Vierteln
4 Frühlingszwiebeln, in dünnen Ringen
1 EL gehacktes frisches Koriandergrün
Zitronensaft nach Geschmack

Den Fisch ausnehmen und schuppen lassen, in Scheiben schneiden. Wasser mit Zitronengras und Salz zum Kochen bringen und 10 Minuten simmern lassen. Dann den Fisch einlegen, Fischsoße zugeben, wieder zum Kochen kommen lassen. Die Tomaten zugeben, offen 10 Minuten sanft simmern. Vom Feuer nehmen, Zitronengras oder Zitronenschale herausnehmen, Frühlingszwiebeln und Koriandergrün einstreuen. Zitronensaft einrühren. Mit Fischsoße und Salz abschmecken. Heiß servieren.

# Samlor chhrook
Schweinefleisch-Suppe

4 Portionen
Zutaten:
500 g Schweinekoteletts
1 EL Schweineschmalz oder Öl
5 Knoblauchzehen, fein gehackt
1250 ml Brühe oder Wasser
1 EL Fischsoße
1 EL Zitronensaft
2 TL Zucker
1 EL feingeschnitzelter junger Ingwer
2 EL gehacktes frisches Koriandergrün

Das Schweinefleisch von den Knochen lösen, in kleine Stücke hacken. Aus den Knochen Brühe kochen. Den Knoblauch in heißem Schweineschmalz oder Öl sanft anbraten, die Fleischstücke zugeben und eine Minute mitbraten, dann die Brühe samt allen übrigen Zutaten außer dem Koriandergrün zugeben. Zugedeckt 30 Minuten simmern. Mit Koriandergrün bestreuen und servieren.

# Kang kung
Suppe aus Melone und getrockneten Shrimps

6 Portionen
Zutaten:
125 ml getrocknete Shrimps
6 getrocknete chinesische Pilze
500 g Suppenmelone (beliebige Sorte) oder Gurken
2 l Hühnerbrühe
1 bis 2 EL Fischsoße
6 dünne Scheiben frischer Ingwer
2 EL chinesischer Wein oder Sherry

Die getrockneten Shrimps über Nacht in Wasser einweichen. Die Pilze 30 Minuten in heißem Wasser quellen lassen, die Stiele abschneiden und wegwerfen, die Pilzhüte in dünne Scheiben schneiden. Die Melone schälen, das schwammige Gewebe in der Mitte mit den Kernen herausschaben. Das Fruchtfleisch in mundgerechte Stücke schneiden.

Hühnerbrühe, Fischsoße, Ingwer, Pilze und getrocknete Shrimps zum Kochen bringen, wenigstens 30 Minuten simmern. Die Ingwerscheiben herausnehmen und wegwerfen. Die Melonen- oder Gurkenwürfel zugeben, weitere 5 Minuten simmern. Heiß servieren.

# Kang hed say hom pom

Pilzsuppe mit Koriander

8 Portionen
Zutaten:
500 g frische Pilze
1 kleine weiße Zwiebel, fein gehackt
1 EL Butter oder *ghee*
1 EL Pflanzenöl
1 TL Koriander, gemahlen
$^1/_2$ TL Kreuzkümmel, gemahlen
1 TL Salz
$^1/_4$ TL schwarzer Pfeffer, gemahlen
625 ml heißes Wasser
3 Würfel Hühnerbrühe, nach Belieben
875 ml Milch oder Kokosmilch
3 TL Maisstärke
1 EL kaltes Wasser
2 EL gehacktes frisches Koriandergrün

Die Pilzstiele fein hacken, die Hüte in dünne Scheiben schneiden, dann noch je nach Größe zwei- oder dreimal durchschneiden. Die Zwiebel fein hacken. Butter oder *ghee* und Öl in einem Topf heiß werden lassen, der groß genug ist, alle flüssigen Zutaten zu fassen. Die Zwiebel unter Rühren 5 Minuten vorsichtig anbraten. Pilze, Koriander, Kreuzkümmel zugeben, einige Minuten weiterrühren. Salzen und pfeffern. Dann zugedeckt bei sehr niedriger Hitze 10 Minuten kochen, dabei zwei- oder dreimal durchrühren. Die Brühwürfel in heißem Wasser auflösen, zugießen, zum Kochen bringen, 10 Minuten simmern. Die Milch angießen, wieder zum Kochen kommen lassen, gelegentlich umrühren. Die Maisstärke mit kaltem Wasser glattrühren, in die Suppe geben, die man zuvor vom Feuer gezogen hat. Dann den Topf wieder aufsetzen; ständig rühren, bis die Suppe aufkocht und dick wird. Mit Koriandergrün bestreuen und sofort auftragen.

# Kuay namuan

In Kokosmilch gekochte Bananen

6 Portionen
Zutaten:
6 bis 8 große reife Bananen
500 ml dicke Kokosmilch
2 EL Zucker

Die Bananen schälen und jede in 3 oder 4 Stücke schneiden. Kokosmilch herstellen, wie auf S. 9 beschrieben, oder aus Kokosnußsahne, die man in Päckchen oder Tuben kaufen kann. Die Kokosmilch mit Zucker simmern, bis sie dick und sahnig ist. Die Bananen zugeben und sanft weich kochen, aber nicht zu Mus werden lassen. Warm servieren.

# Vietnam

Obwohl die vietnamesische Küche bis zu einem gewissen Grade von der chinesischen Küche beeinflußt wurde, ist sie doch mit dieser nicht zu verwechseln. Charakter und Geschmack vietnamesischer Gerichte ist eigenständig und unverwechselbar.
Anstelle von Sojasoße verwendet der Vietnamese in allen Speisen Fischsoße, *nuoc mam*, die während des Kochens zugegeben wird. *Nuoc mam* ist schärfer als andere südostasiatische Fischsoßen; man kann sie aber gut durch chinesische Fischsoße ersetzen, der man etwas getrocknete Shrimp-Paste zugesetzt hat. Dagegen basiert *nuoc mam*-Soße (oder *nuoc cham*), die praktisch zu jedem Essen gereicht wird, auf *nuoc mam* unter Zugabe von frischen Chilis, Knoblauch, Zucker, Limonen oder Zitronen und Essig. Sie ist schärfer und beißender als alles, was die chinesische Küche zu bieten hat.
Als ich diese Soße heimwehkranken vietnamesischen Studenten servierte, waren sie entzückt, regten aber an, noch mehr Knoblauch an die Soße zu geben. Ich überlasse es nun Ihnen, der Köchin, wieviel Knoblauch Sie der Soße zusetzen wollen. Die Sache ist natürlich einfach, wenn Sie in einem Land leben, wo jedermann reichlich Knoblauch ißt. Müssen Sie aber am nächsten Tag an einer Konferenz teilnehmen und Geschäftsfreunde treffen, die ganz normal europäisch gegessen haben, so laufen Sie doch Gefahr, sich unbeliebt zu machen. Sollten Sie aber auf einer Wochenend-Party mit anderen Liebhabern asiatischer Küche zusammenkommen, so wagen Sie es ruhig und probieren Sie aus, wie südostasiatisches Essen wirklich schmeckt.
Das können Sie natürlich auch in einem vietnamesischen Restaurant tun, nur muß es dort auch wirklich originales vietnamesisches Essen geben. Sehen Sie, daß das Restaurant regelmäßig von Vietnamesen besucht wird, so können Sie sicher sein, dort den echten Geschmack vietnamesischer Speisen kennenzulernen.
Man sagt, die besten vietnamesischen Restaurants gebe es in Paris und Noumea. Ich hatte aber auch Lobendes von einem Restaurant in Sydney gehört. Als ich es aufsuchte, lernte ich dort die Belegschaft von jungen, enthusiastischen Studenten aus Vietnam kennen, geleitet von Le Thang Tien, der in Australien Maschinenbau studiert. Tien ist Autodidakt im Kochen. Als er vor Jahren aus Vietnam nach Australien kam, vermißte er das heimatliche Essen so sehr, daß er versuchte, aus der Erinnerung Geschmack und Struktur der Gerichte wiederzufinden, die ihm Heimat bedeuteten. Seine Hartnäckigkeit hat sich ausgezahlt, denn nun leitet er ein Restaurant. Ständig kommen die Gäste herein; kaum wird ein Tisch frei, setzen sich schon wieder Neuankömmlinge. Das Essen ist dem Charakter nach vietnamesisch, nur den Chiligehalt hat Tien barmherzigerweise gemildert. Wenn Sie es aber anders wünschen, so brauchen Sie es nur zu sagen, und die höflich lächelnden Kellnerinnen, ebenfalls vietnamesische Studentinnen, bringen Ihnen eine Soße aus frisch geriebenen Chilis.
Tien und seinem sehr beschlagenen Vetter und Assistenten, Hien, machte es Spaß, sich mit mir über vietnamesisches Essen zu unterhalten, und liebenswürdigerweise übersetzten sie mir die Titel der Rezepte dieses Kapitels.
Reis und Nudeln sind die hauptsächlichen Kohlenhydratlieferanten in der vietnamesischen Ernährung. Die Vietnamesen haben allerdings während der französischen Kolonialzeit Geschmack an französischem Brot gefunden, und sie machen daraus mit Rindfleisch im vietnamesischen Stil köstliche, wenn auch recht unorthodoxe Sandwiches.
Frühstück in Vietnam bedeutet im allgemeinen Nudelsuppe. Nach westlichen Begriffen duftet sie überwältigend nach frischem Koriander, der vietnamesischen Petersilie, nach Knoblauch und *nuoc mam*. Reis ist die Basis der übrigen Mahlzeiten, begleitet von Fleisch-, Fisch- oder Geflügelgerichten.

## Wie man eine vietnamesische Mahlzeit serviert und ißt

Reis und Suppe sind die Grundbestandteile einer vietnamesischen Mahlzeit. Manchmal gibt es nur eine Suppe – aber eine Suppe, die eine Reihe nahrhafter Zutaten enthält. Es geht dem Vietnamesen wie dem Burmesen mit seinem nationalen Suppengericht *moh hin gha*, er ist zu jeder Tageszeit bereit, eine Schale *pho* zu essen. Das ist eine delikate Rindfleischsuppe, die auch bei westlichen Ausländern Anklang findet. Das Rezept finden Sie auf S. 342. Durch langes Simmern erhält man eine kräftige, nahrhafte Fleischbrühe, in die gekochte Nudeln, rohe Gemüse und nach Belieben Scheiben von rohem oder angekochtem Rindfleisch eingelegt werden. Jeden Tag wird diese Suppe von Tausenden von Vietnamesen gegessen. Sie wird von Straßenhändlern und in kleinen Buden verkauft, hauptsächlich aber auf dem Markt.

Reis wird nach der Absorptionsmethode gekocht, ohne Salz. Er soll fest und körnig sein; die Körner dürfen nur gerade so weit aneinander haften, daß man sie mit Eßstäbchen gut aufnehmen kann. Eine einfache Abwandlung, im Topf angerösteter Reis, hat einen anderen Geschmack und wird als Delikatesse angesehen. Er ist einfach zuzubereiten, und der nach dieser Methode gekochte Reis wird trockener und lockerer. Tien erzählte mir, in der vietnamesischen Küche strebe man besonders lockeren Reis an.

In Vietnam verwendet man Geflügel, Fisch und Schweine- und Rindfleisch; Hammelfleisch ist dagegen unbekannt. Auch Rindfleisch ist eigentlich Luxus, denn Rinder sind Arbeitstiere. Am meisten wird Schweinefleisch gegessen. Man findet es lohnend, Hühner und Enten zu züchten, da sie sowohl Eier als Fleisch liefern. Fisch und Schalentiere gibt es reichlich und billig, denn Meer und Flüsse liefern sie im Überfluß, sogar die überfluteten Reisfelder. Ihre Verwendung ist vielfältig, die wichtigste aber die Zubereitung der Fischsoße, *nuoc mam*, wofür man den winzigen Reisfisch nimmt. Er ist so winzig, daß man ihn mit einem Reiskorn vergleicht.

Salate sind beliebt in Vietnam. Einfachen Kombinationen wie gekochtem Huhn mit kleingeschnittenem Kohl verleiht man mit gehackter Minze, frischem Koriandergrün und der unvermeidlichen *nuoc mam*-Soße *(nuoc cham)* als Dressing exotischen Geschmack.

Die Nahrung der Vietnamesen umfaßt eine Menge frische, rohe Gemüse und Früchte, außerdem kocht man das Essen häufiger in Wasser als in Öl, zwei Gründe dafür, daß nach einem vietnamesischen Essen kein Gefühl der Übersättigung aufkommt.

Man deckt den Tisch mit Schalen und Eßstäbchen; alle Gerichte werden gleichzeitig aufgetragen.

Es gibt kein Dessert als Abschluß einer vietnamesischen Mahlzeit. Süßigkeiten und Kuchen bietet man Gästen als Snack zwischen den Mahlzeiten an. Die Vietnamesen sind Meister im Einkochen von Früchten. Sie stellen zum Beispiel köstliches Eingemachtes aus Wintermelonen her; das Rezept dazu verlangt drei Tage Arbeit.

## Küchengeräte

Um im vietnamesischen Stil zu kochen, sind ein *Wok* und auch ein schwerer steinerner Mörser sehr nützlich, obwohl der Elektromixer die meisten Zutaten wesentlich schneller und müheloser zerkleinert. Es gibt allerdings ein Rezept, für das ich wirklich einen Mörser nötig finde: *nuoc cham*. Im Mixer wird die Flüssigkeit zu schaumig.

Ich überlasse es also Ihnen, Ihrem Enthusiasmus und Ihrem Wunsch nach authentischem vietnamesischem Essen, mit welchem Gerät Sie Chilis und Knoblauch pulverisieren wollen.

Flaschengas und Petroleum sind moderne Neuerungen, die in die meisten vietnamesischen Küchen Eingang gefunden haben. Trotzdem beharren einige Traditionalisten darauf, an offener Feuerstelle über Holzkohlenglut in einem aus Steinen aufgemauerten Herd zu kochen. Nach dieser Methode wird natürlich vor allem in ländlichen und armen Gegenden gekocht.

Der größte Teil der Nahrung wird zwar gedämpft oder in Wasser gekocht, trotzdem ist Pfannenrühren eine beliebte Technik, und dazu braucht man den Wok, der in Vietnam *chao* heißt.

Zum Rühren und Mischen benützt man hölzerne Eßstäbchen. Eine große, schwere Bratpfanne, ein Dämpfer und ein großer Topf reichen für alle folgenden Rezepte aus.

## Ihr vietnamesisches Gewürzbord

Bambusschößlinge, Dose
Getrocknete Shrimp-Paste *(blachan)*
  oder chinesische Shrimpsoße
schwarze Pfefferkörner, ganz
schwarzer Pfeffer, gemahlen
Cellophan-Nudeln
Fischsoße
Lilienblüten, getrocknet
Lotoswurzel, getrocknet
chinesische Pilze, getrocknet
Erdnüsse, ungesalzen
Erdnußöl
Mittelkornreis
Reis, geröstet und gemahlen
Reiswein oder trockener Sherry
Sesamöl
Sesamkerne
Sesamsoße oder -paste

Ebenso wichtig sind frische Kräuter und andere aromatische Zutaten wie Koriandergrün, Minze, Frühlingszwiebeln, Knoblauch, Ingwer und Zitronengras. Im Glossar finden Sie die Beschreibungen dieser Zutaten und Angaben über möglichen Ersatz.

# Cỏm chiên
Im Topf angerösteter Reis

*Bei Kurz- oder Mittelkornreis ergibt die in diesem Rezept angegebene Menge Wasser ein trockenes, lockeres Resultat mit festen Körnern. Für Langkornreis müssen Sie 625 ml heißes Wasser rechnen, um dasselbe Ergebnis zu erzielen, denn Langkornreis nimmt mehr Wasser auf.*

Zutaten:
500 ml Mittelkornreis
2 EL Erdnußöl oder Schweineschmalz
435 ml heißes Wasser

Wenn nötig, den Reis gründlich waschen und etwa 30 Minuten abtropfen lassen, bis er ganz trocken ist. In einem großen Topf mit dicht schließendem Deckel das Fett zergehen oder Öl heiß werden lassen und den Reis unter sanftem Rühren rösten, etwa 15 Minuten lang, bis er undurchsichtig und gelb wird. Mit heißem Wasser ablöschen, zum Kochen bringen, dann bei sehr schwacher Hitze fest zugedeckt 20 Minuten ziehen lassen. Mit *nuoc cham* und weiteren Beigerichten servieren.

# Cá hấp
Gedämpfter Fisch

6 Portionen
Zutaten:
1 kg ganzer Fisch oder 750 g feste weiße Fischfilets
90 g Cellophan-Nudeln
8 getrocknete chinesische Pilze
1 Karotte
3 dünne Scheiben frischer Ingwer
1 große Knoblauchzehe
125 ml gekochtes Schweinefleisch in dünnen Scheiben
2 EL helle Sojasoße
1/4 TL Salz
1/4 TL schwarzer Pfeffer
2 EL Fischsoße
6 EL Kokosmilch
2 EL gehacktes frisches Koriandergrün
2 EL Frühlingszwiebeln, in dünnen Ringen

Fisch waschen, die Bauchöffnung mit in grobes Salz getauchtem Küchenpapier auswischen. Wieder gut abspülen, mit Küchenpapier abtrocknen. Flossen und Schwanz abschneiden. Das Fleisch tief diagonal einschneiden, damit die Gewürze besser einziehen können. In eine feuerfeste Schüssel legen.
Die Nudeln 30 Minuten in heißem Wasser einweichen, ebenso die Pilze. Abgießen. Die Nudeln in kurze Stücke schneiden. Aus den Pilzen das Wasser herauspressen, die Stiele abschneiden und wegwerfen, die Hüte in feine Scheiben schneiden. Die Karotte schaben und in streichholzdünne Streifen schneiden. Den Ingwer fein schnitzeln, Knoblauch fein schaben.
Alle diese Zutaten zusammen mit Schweinefleisch, Sojasoße, Salz, Pfeffer und Fischsoße in einer Schüssel vermengen, dann über den Fisch verteilen. Den Fisch in einem Dämpfer etwa 30 Minuten garen. Er muß durch und durch gar und milchigweiß sein, wenn man mit einer Gabel oder einem Messer die Garprobe macht, indem man etwas von dem Fleisch abblättert. Die Filets sollten nach 15 bis 20 Minuten durch sein. Die Kokosmilch über den Fisch gießen, mit Koriandergrün und Frühlingszwiebeln garnieren und sofort zu weißem Reis servieren.

# Cá vò viên xào cải bẹ trắng
Fischkuchen mit Chinakohl

4 Portionen
Zutaten:
3 chinesische Fischkuchen (siehe Glossar)
1 EL Öl
1 Knoblauchzehe, zerrieben
1/2 TL frischer Ingwer, gerieben
1/2 mittelgroßer Chinakohl
1 EL helle Sojasoße
1/2 TL Salz
2 TL Austernsoße
60 ml Brühe oder Wasser
1/2 TL Maisstärke

Die Fischkuchen in dünne Scheiben schneiden. Den Chinakohl waschen, abtropfen lassen, in 2,5 cm dicke Scheiben schneiden.
In einem Wok Öl heiß werden lassen, Knoblauch und Ingwer bei niedriger Hitze einige Sekunden anbraten, dann den Kohl zugeben und eine Minute pfannenrühren. Sojasoße, Salz und Austernsoße einrühren. Brühe oder Wasser angießen, zum Kochen bringen, die Fischkuchenscheiben einlegen und heiß werden lassen. Alles auf eine Seite schieben, die mit etwas kaltem Wasser angerührte Maisstärke an die Flüssigkeit in der Mitte des Wok geben und ständig rühren, bis sie kocht und andickt. Alle Zutaten durchrühren. Sofort zu weißem Reis servieren.

## Trứng chiên với cua

Krabbenomelett

3 bis 4 Portionen
Zutaten:
4 Eier
1/2 TL Salz
1/4 TL schwarzer Pfeffer
125 g Krabbenfleisch, frisch, tiefgekühlt oder aus der Dose
2 Frühlingszwiebeln, gehackt
1 TL Fischsoße
1 frische rote Chili, nach Belieben
Öl zum Backen

Die Eier leicht schlagen, pfeffern und salzen. Das Krabbenfleisch durchsehen, alle hornigen Stellen aussondern.
In einer Bratpfanne 1 EL Öl erhitzen und Frühlingszwiebeln und Chili eine Minute braten, das Krabbenfleisch zugeben und noch eine oder zwei Minuten weiterbraten. Mit Fischsoße beträufeln. Diese Mixtur zum Auskühlen auf einen kleinen Teller geben. In der Pfanne 1 TL Öl heiß werden lassen, die geschlagenen Eier einfüllen, von den Seiten nach innen ziehen, bis sie auf der Unterseite gestockt, auf der Oberseite noch weich sind. Die Krabbenmixtur auf die Mitte des Omeletts geben, zusammenklappen. Auf einem angewärmten Teller servieren. Man kann *nuoc cham* dazu reichen.

## Mực dồn thịt

Mit Schweinefleisch gefüllter Tintenfisch

6 bis 8 Portionen
Zutaten:
6 getrocknete chinesische Pilze
10 getrocknete Lilienblüten
250 g Schweinehack
125 ml Cellophan-Nudeln
1 Knoblauchzehe, zerrieben
3 Frühlingszwiebeln, gehackt
1/2 TL Salz
1 EL Fischsoße
1/4 TL schwarzer Pfeffer, gemahlen
500 g frischer Tintenfisch
Erdnußöl zum Braten

Pilze und Lilienblüten 30 Minuten in heißem Wasser einweichen. Die Pilzstiele und zähe Blütenteile wegwerfen, den Rest fein hacken. Zum Schweinefleisch geben. Die Cellophan-Nudeln 20 Minuten in heißem Wasser quellen lassen, dann hacken. 125 ml davon zum Schweinefleisch geben. Die Fleischmischung mit zerriebenem Knoblauch, Frühlingszwiebeln, Salz, Pfeffer und Fischsoße würzen. Mit den Händen gründlich vermengen.
Den Tintenfisch sauber waschen; Kopf, »Schnabel« und alle Innereien wegwerfen. Die Tentakeln (Fangarme) aufheben. Das Innere des Tintenfischs unter fließendem Wasser ausspülen, die gefleckte Haut abreiben. Die Tentakeln fein hacken und mit dem durchgedrehten Schweinefleisch vermengen.
Die Fleischfüllung in den Tintenfisch stopfen, fest hineindrücken. Die Öffnung mit grobem Faden zunähen. 3 bis 4 EL Erdnußöl in einem Wok oder einer Bratpfanne erhitzen und den Tintenfisch bei Mittelhitze 5 Minuten braten. Mit einem dünnen Spießchen einstechen und bei Mittelhitze weitere 10 Minuten braten. Ein großer Tintenfisch braucht evtl. mehr Zeit, damit das Schweinefleisch gut durchgebraten wird. In feine Scheiben aufschneiden und auf einem Bett aus kleingeschnittenen Salatblättern anrichten.

## Gà hấp cà

Gedämpftes Huhn mit Tomaten

4 Portionen
Zutaten:
750 g Hühnerteile (Brüste und Keulen)
3 reife Tomaten
3 Frühlingszwiebeln
3 dünne Scheiben frischer Ingwer
2 EL Fischsoße
1/2 TL Salz
1/2 TL Zucker
gemahlener schwarzer Pfeffer nach Geschmack
2 TL Sesam- oder ein anderes Pflanzenöl

Das Huhn entbeinen, das Fleisch in mundgerechte Stücke schneiden. Aus den Knochen Brühe kochen. Das Hühnerfleisch in eine tiefe, feuerfeste Schüssel geben. Dünne Tomatenspalten, Frühlingszwiebelringe und feine Ingwerschnitzel, Gewürze und Öl zugeben und alles gründlich vermengen. Die Schüssel in eine Pfanne mit Wasser stellen. Das Wasser soll bis etwa zur halben Höhe der Schüssel reichen. Zudecken und 25 bis 35 Minuten dämpfen, bis das Hühnerfleisch weich ist. Mit Reis und *nuoc cham* servieren.

# Nấm đông cô tiềm gà
Gedämpftes Huhn mit Pilzen

4 Portionen
Zutaten:
6 getrocknete chinesische Pilze
1 kleines Brathuhn, etwa 1 kg schwer
1 EL feingeschnitzelter frischer Ingwer
3 Frühlingszwiebeln, in schräge Ringe geschnitten
eine gute Prise frisch gemahlener schwarzer Pfeffer
2 TL Fischsoße
1 kleine Knoblauchzehe, zerrieben
1/4 TL Salz
1 TL Sesamöl

Heißes Wasser über die Pilze gießen, mindestens 20 Minuten quellen lassen. Die Stiele abschneiden und wegwerfen, die Pilzhüte in feine Scheiben schneiden. Das Huhn halbieren. Je nachdem, was Sie mit der zweiten Hälfte anfangen wollen, können Sie das Huhn der Länge nach halbieren oder Brust und Flügel für ein anderes Gericht zurücklegen. Das Huhn mit einem scharfen Messer entbeinen. Aus den Knochen Brühe kochen. Das Fleisch mitsamt der Haut in mundgerechte Stücke schneiden. Diese in eine tiefe, feuerfeste Schüssel geben zusammen mit Pilzscheiben, Ingwer, Frühlingszwiebeln, Pfeffer, Fischsoße, Knoblauch, Salz und Sesamöl. Gut durchmischen.
In einem großen Topf, einer tiefen Ausbackpfanne oder einem Wok Wasser zum Kochen bringen, die Schüssel hineinstellen – das Wasser soll etwa zu einem Drittel an der Schüssel hinaufreichen. Zudecken und 25 bis 30 Minuten kochen, bis das Hühnerfleisch gar ist. Von Zeit zu Zeit überprüfen, ob das Wasser nicht verdampft ist; evtl. kochendes Wasser nachgießen. Mit Reis, Nudeln oder Cellophan-Nudeln servieren.

# Gà xào xả ớt
Huhn mit Zitronengras

*Für den Fall, daß Sie frisches Zitronengras nicht bekommen können – dieses ist eines der Rezepte, für das man getrocknetes Zitronengras nicht verwenden kann. Nehmen Sie lieber die dünngeschälte Rinde einer großen Zitrone, um dem Originalrezept möglichst nahezukommen.*

4 bis 6 Portionen
Zutaten:
1 kleines Brathuhn, etwa 1 kg schwer
3 oder 4 Stengel Zitronengras oder die Schale einer großen Zitrone
3 Frühlingszwiebeln
1 TL Salz
1/4 TL gemahlener schwarzer Pfeffer
2 EL Öl
1 oder 2 frische rote Chilis, entkernt und gehackt
2 TL Zucker
zusätzlicher schwarzer Pfeffer nach Geschmack
125 ml geröstete Erdnüsse, fein gehackt
2 EL Fischsoße

Das Huhn in kleine Portionen nach chinesischem Stil zerteilen, dabei mit dem scharfen Küchenbeil auch durch die Knochen hacken. Die äußeren Blätter vom Zitronengras entfernen und nur den zarten weißen Teil am Grunde der Stengel in feine Scheiben schneiden. Im Mörser oder mit dem Griff des Küchenbeils zerreiben. Die Frühlingszwiebeln einschließlich der grünen Teile fein schneiden. Die Hühnerstücke mit Salz, Pfeffer, Zitronengras und Frühlingszwiebeln mischen, 30 Minuten lang durchziehen lassen. Wird Zitronenschale anstelle von Zitronengras verwendet, diese mit einem scharfen Messer sehr dünn schnitzeln.
Einen Wok heiß werden lassen, Öl hineingeben und im heißen Öl die Hühnerfleischmixtur 3 Minuten pfannenrühren. Die Chilis zugeben, bei Mittelhitze weitere 10 Minuten pfannenrühren, bis das Fleisch nicht mehr rosa aussieht. Mit Zucker und Pfeffer würzen, Erdnüsse einrühren. Die Fischsoße zugeben; umwenden, bis alles gleichmäßig vermengt ist. Zu Reis oder Nudeln servieren.

# Gà xào bún tàu

Huhn mit Cellophan-Nudeln

4 bis 6 Portionen
Zutaten:
500 g Hühnerfleisch oder 750 g Brüste und Keulen
125 g Cellophan-Nudeln
2 Frühlingszwiebeln
1 EL ÖL
2 EL Fischsoße
1 EL helle Sojasoße
$^1/_4$ TL gemahlener schwarzer Pfeffer
125 ml Wasser
2 feste reife Tomaten
2 weiße Zwiebeln
Zucker, Essig, Salz, Pfeffer

Die Hühnerteile von Haut und Knochen befreien, das Fleisch in große, mundgerechte Stücke zerteilen. Aus den Knochen Brühe kochen. Die Nudeln in einer Schüssel mit heißem Wasser bedecken, 10 Minuten quellen lassen, dann abgießen und in mundgerechte Stücke schneiden. Die Frühlingszwiebeln in feine Ringe schneiden.
Einen Wok erhitzen, Öl hineingeben und darin herumschwenken, bis die Innenseite des Wok damit überzogen ist. Huhn und Zwiebeln 2 bis 3 Minuten pfannenrühren. Fisch- und Sojasoße, Pfeffer und Wasser zugeben, zum Kochen bringen, 3 Minuten simmern. Die Nudeln einlegen, wieder zum Kochen kommen lassen, unter ständigem Rühren weitere 3 Minuten kochen.
Heiß servieren. Dazu gibt es einen Salat aus Tomatenscheiben und weißen Zwiebeln, angemacht mit einem Schuß Essig, etwas Zucker, Salz und Pfeffer nach Geschmack.

# Trứng hấp

Mit Pilzen gedämpfte Eier

3 bis 4 Portionen
Zutaten:
4 getrocknete chinesische Pilze
125 ml eingeweichte Cellophan-Nudeln
125 g Krabben- oder Garnelenfleisch
125 g gekochtes Schweinefleisch
5 Eier
2 Frühlingszwiebeln, fein gehackt
2 TL feingehacktes frisches Koriandergrün
$^1/_2$ TL Salz
$^1/_8$ TL schwarzer Pfeffer

Die Pilze 30 Minuten in heißem Wasser einweichen. Die Stiele wegwerfen. Die Hüte auspressen, in feine Scheiben schneiden. Eine kleine Menge Cellophan-Nudeln etwa 10 Minuten in heißem Wasser einweichen, 125 ml davon abmessen. Das Krabbenfleisch zerpflücken, hornige Stellen aussondern; oder die geschälten und ausgenommenen Garnelen kleinhacken. Ebenso das Schweinefleisch fein hacken.
Die Eier schlagen, bis Eiweiß und Eigelb völlig vermischt, aber nicht schaumig sind. Die gehackten Frühlingszwiebeln, Koriandergrün, Salz, Pfeffer, die vorbereiteten Pilze, Nudeln, Schalentiere und Schweinefleisch unterrühren. In einer feuerfesten Schüssel erhitzen, bis die Eier gestockt sind. Die exakte Garzeit hängt davon ab, wie hoch die Masse die Schüssel füllt. Mit Reis und *nuoc cham* servieren.

# Bò xào dầu mè

Rindfleisch mit Sesamsoße

3 bis 4 Portionen
Zutaten:
250 g Rinderbraten (Nuß Kugel)
$^1/_2$ TL Salz
$^1/_4$ TL Natron
2 EL heißes Wasser
1 EL Sojasoße
1 Knoblauchzehe, zerrieben
3 EL Erdnußöl
125 ml Rindfleischbrühe
3 TL Maisstärke
2 EL kaltes Wasser
2 TL Sesampaste
1 bis 2 TL chinesische Chilisoße

Das Rindfleisch in sehr feine Streifen schneiden. Salz, Natron, heißes Wasser und Sojasoße mixen. Über das Fleisch gießen, mit Stäbchen schlagen oder mit der Hand kneten, bis die Flüssigkeit aufgenommen ist, dann 2 Stunden oder über Nacht im Kühlschrank durchziehen lassen. Bei Rumpsteak oder sonst einem zarten Steak kann diese Prozedur unterbleiben.
In einem Wok Erdnußöl erhitzen, Knoblauch und Fleisch bei starker Hitze pfannenrühren, bis das Fleisch die Farbe gewechselt hat, etwa 2 Minuten. Mit der Brühe ablöschen, zum Kochen bringen, dann die mit kaltem Wasser angerührte Maisstärke untermischen; rühren, bis alles kocht und andickt. Vom Feuer ziehen, Sesampaste und Chilisoße einrühren. Mit weißem Reis servieren.
Man kann auch ein Fleisch-Gemüse-Gericht daraus machen, mit Bambusschößlingen, Bohnensprossen, Chinakohl.

# Bò xào măng

Rindfleisch mit Bambusschößlingen

3 bis 4 Portionen
Zutaten:
375 g Rumpsteak oder Filet
2 EL Erdnußöl
zusätzlich 2 EL Erdnußöl
1 große Dose Bambusschößlinge, kleingeschnitten
6 Frühlingszwiebeln, in Ringe geschnitten
1 EL Fischsoße
1/2 TL Salz
1 Knoblauchzehe, zerrieben
4 EL Sesamkerne, geröstet und zerrieben

Das Rindfleisch in sehr dünne, etwa 5 cm lange Scheiben schneiden. In einem Wok das Erdnußöl erhitzen, das Fleisch schnell nur etwa eine Minute pfannenrühren. Aus dem Wok nehmen, solange es noch rötlich ist. Im gleichen Wok das zusätzliche Öl heiß werden lassen und die gut abgetropften Bambusschößlinge und Frühlingszwiebeln etwa 2 Minuten braten. Den Knoblauch einrühren, noch eine Minute pfannenrühren, dann das Fleisch in den Wok zurückgeben, eine Minute pfannenrühren. Die Sesamkerne untermischen. Heiß zu weißem Reis servieren.
Anmerkung: Die Mengen dieses Rezepts nicht verdoppeln. Sollten Sie eine größere Menge brauchen, müssen Sie das Rezept zweimal zubereiten.

# Thịt heo kho tiêu

Trockengekochte Schweinefleisch-Streifen

6 bis 8 Portionen
Zutaten:
750 g magere Schweinekoteletts
2 EL Wasser
2 EL Fischsoße
1 EL Zucker
3 Frühlingszwiebeln, fein geschnitten
1/4 TL gemahlener schwarzer Pfeffer

Die Koteletts von Fett und Knochen befreien, das Fleisch in feine Streifen schneiden und in einen kleinen, tiefen Topf geben. Für dieses Gericht eignet sich kein großer Topf, weil das Fleisch in sehr wenig Flüssigkeit gegart wird, die nicht über einer großen Oberfläche verdampfen darf.
Mit allen übrigen Zutaten bei starker Hitze zum Kochen bringen. Unter Rühren 2 Minuten bei starker Hitze kochen, dann bei Mittelhitze 20 Minuten weiterkochen, bis die Flüssigkeit völlig aufgesogen ist. Gegen Ende der Kochzeit ständig rühren, damit das Fleisch nicht anbrennt, sondern nur schön braun wird. Mit weißem Reis und einem grünen Gemüse oder Salat servieren.

# Thịt heo kho khô

Mit Zucker gekochtes Schweinefleisch

6 bis 8 Portionen
Zutaten:
1 bis 1,25 kg Schweinebauch oder -lende
2 EL Öl
3 Frühlingszwiebeln, fein gehackt
eine gute Prise gemahlener schwarzer Pfeffer
2 TL Zucker
1/2 TL Salz
1 l Wasser
2 EL Fischsoße

Das Schweinefleisch in große Würfel schneiden. Das Fett nicht wegwerfen, sondern mitbraten, denn auf die hier beschriebene Art gebraten schmeckt es sehr gut.
In einem großen Topf das Öl erhitzen und die Frühlingszwiebeln langsam goldgelb anbraten. Das Fleisch zugeben und unter Rühren anbraten, bis es grau geworden ist, dann Zucker, Salz und Pfeffer zugeben und weiterrühren, bis das Fleisch braun ist. Mit dem Wasser ablöschen, eine Stunde offen simmern. Die Fischsoße einrühren, weiter simmern, bis das Fleisch fast trockengekocht ist. Oft umrühren, sobald die Flüssigkeit weniger wird, damit es nicht anbrennt. Zu einfachem weißem Reis servieren.

## Nem nướng

Auf Spießchen gegrilltes Schweinefleisch

*Das Schweinefleisch für dieses Rezept muß man im Mörser zerreiben, nicht durch den Fleischwolf drehen. Wenn allein der Gedanke daran Sie schon erschöpft, so können Sie ja den leichteren Ausweg wählen, nur ist das Ergebnis nicht dasselbe.*

6 Portionen
Zutaten:
500 g Schweinefilet
2 Knoblauchzehen
1/2 TL Salz
1/2 TL Zucker
3 TL Reiswein oder trockener Sherry
1 EL gerösteter gemahlener Reis (siehe Glossar)
3 TL Fischsoße
2 EL zerlassenes Schweinefett oder Schweineschmalz

Zum Servieren:
500 g frische oder 125 g getrocknete Reisnudeln
1 mittelgroßer Salatkopf
frisches Koriandergrün oder frische Minze
*nuoc leo*-Soße

Das Schweinefilet in sehr dünne Scheiben, dann in kleine Quadrate schneiden. Den Knoblauch mit Salz und Zucker fein zerreiben, dann mit Wein oder Sherry mischen. Über das Fleisch gießen, gut vermengen, 30 Minuten stehenlassen. Dann in kleinen Portionen im Mörser zu einer pastenähnlichen Masse zerreiben und in eine Schüssel oder auf einen Teller geben. Zerlassenes Schweinefett, gemahlenes Reismehl und Fischsoße zugeben, alles gut durchkneten, kleine Würstchen formen und diese sehr fest um Bambusspießchen drücken.
Unter einem Grill oder über Kohlenglut grillen in gutem Abstand von der Hitzequelle, damit das Fleisch durchgebraten ist, ehe es braun wird. Die Spießchen wenden, damit das Fleisch von allen Seiten gar wird.
Und so wird serviert:
Die frischen Reisnudeln in Scheiben schneiden und kochen; die getrockneten Nudeln zwei Stunden in warmem Wasser einweichen und dann nicht zu weich kochen. Abgießen.
Die Fleischspießchen mit sorgfältig gewaschenen und abgetrockneten Salatblättern, den Nudeln und einem Sträußchen Koriander oder Minze servieren. Jeder Esser stellt sich daraus seinen eigenen Snack zusammen. Auf ein Salatblatt werden ein paar Reisnudeln gelegt, etwas von dem gegrillten Fleisch, dazu ein Zweig Koriander oder Minze, darüber ein Löffel *nuoc leo*-Soße verteilt, und dann wird alles schön sauber aufgerollt. Das erfordert allerdings einige Übung. Man kann die Soße aber auch als Dipsoße servieren.

## Đùi heo kho nồi đất

Im Topf gebratenes Schweinefleisch

*Die Vietnamesen verwenden diesen Schweinebraten ebenso wie die Chinesen das über Holzkohle gegrillte Schweinefilet zu einer Vielzahl von Gerichten, die gegartes Schweinefleisch verlangen. Es ist nicht üblich, ihn als Mahlzeit für sich zu servieren.*

Zutaten:
1,5 bis 2 kg Schweinekeule
5 Knoblauchzehen
2 TL Salz
1/2 TL gemahlener schwarzer Pfeffer
1 EL Fischsoße
1 EL Öl
250 ml Wasser

4 Knoblauchzehen in Scheiben schneiden. Mit der Spitze eines kleinen Messers tiefe kleine Einschnitte in das Schweinefleisch machen und in jeden eine Scheibe Knoblauch stecken. Die fünfte Knoblauchzehe mit Salz zerreiben, mit Pfeffer und Fischsoße vermischen und den Schweinebraten von allen Seiten damit einreiben.
In einer großen, tiefen Kasserolle oder einem schweren Topf Öl erhitzen und das Fleisch bei Mittelhitze von allen Seiten bräunen. Wasser angießen, zum Kochen kommen lassen, dann bei schwacher Hitze fest zugedeckt etwa 1 1/2 Stunden schmoren. Das Fleisch während dieser Zeit drei- oder viermal wenden, damit alle Seiten mit dem Topfboden in Berührung kommen. Abkühlen lassen, in Scheiben schneiden und mit Salat servieren oder zu weiteren Gerichten verwenden.

## Chả đùm

Hackbraten aus Schweinefleisch

4 bis 6 Portionen
Zutaten:
8 bis 10 getrocknete chinesische Pilze
750 g durchgedrehtes Schweinefleisch
6 Frühlingszwiebeln, fein gehackt
4 Eier, geschlagen
1 EL Fischsoße
1/2 TL Salz
1/4 TL gemahlener schwarzer Pfeffer

Die Pilze mindestens 30 Minuten in heißem Wasser quellen lassen. Dann das Wasser ausdrücken, die Stiele abschneiden und wegwerfen, die Hüte in sehr dünne Scheiben schneiden. Schweinefleisch, Pilze und Frühlingszwiebeln in eine Rührschüssel geben. Die geschlagenen Eier mit Fischsoße, Salz und Pfeffer mischen, an das Fleisch geben und alles gründlich vermengen. Eine Kastenform einfetten, den Fleischteig fest hineindrücken, mit einer doppelten Lage Pergamentpapier oder Alufolie abdecken und im Backofen bei mittlerer Hitze mindestens eine Stunde garen, je nach Höhe des Fleischteiges. Das Schweinefleisch muß sehr gut durchgebraten sein. In der Form etwas abkühlen und fest werden lassen, dann stürzen. In Scheiben geschnitten mit Kopfsalat und *nuoc cham* servieren.

## Cỏm chay

Pfannengerührte gemischte Gemüse

4 Portionen
Zutaten:
6 getrocknete chinesische Pilze
125 ml Wasser
1 EL dunkle Sojasoße
1 TL Sesamöl
2 TL Zucker
3 Stengel Sellerie
1/4 mittelgroßer Kohl oder Chinakohl
einige Blätter Senfkohl
1 kleiner Kopf Salat
3 Frühlingszwiebeln
1 Knoblauchzehe
1/2 TL frischer Ingwer, fein gerieben
1 EL Öl
1 1/2 EL helle Sojasoße
60 ml Wasser
1 TL Maisstärke

Die getrockneten Pilze 30 Minuten in heißem Wasser quellen lassen. Stiele abschneiden und wegwerfen, die Hüte in dünne Scheiben schneiden. In einem kleinen Topf die Pilze mit 125 ml Wasser, Sojasoße, Sesamöl und Zucker simmern, bis die Flüssigkeit fast ganz aufgesogen ist. Den Sellerie schräg in mundgerechte Stücke schneiden; Chinakohl, Senfkohl und Salat in mundgerechte Quadrate und die Frühlingszwiebeln in kurze Stücke schneiden.

Knoblauch und Ingwer nur wenige Sekunden bei ziemlich schwacher Hitze anbraten, dann die Stiele der Gemüse zugeben und bei starker Hitze 2 Minuten pfannenrühren, die Blätter zugeben und 30 Sekunden braten. Die helle Sojasoße und die vorbereiteten Pilze untermischen. Wasser zugießen, zum Kochen bringen, die mit etwas kaltem Wasser vermischte Maisstärke einrühren und weiterrühren, bis alles kocht und andickt. Sofort zu Reis servieren.

## Tôm vó viên chiên

Gebratene Shrimp-Plätzchen

*Als Beilage zu einer Mahlzeit mit Reis und Suppe reicht die Menge für 4 bis 6 Portionen.*

Zutaten:
Shrimp-Paste
1 Frühlingszwiebel, fein gehackt
eine Prise gemahlener schwarzer Pfeffer
Öl zum Braten

Die Shrimp-Paste mit Zwiebel und Pfeffer mischen, mit leicht eingeölten Händen kleine flache Plätzchen formen. Etwa 2,5 cm hoch Pflanzenöl in einer Bratpfanne heiß werden lassen und die Plätzchen bei Mittelhitze goldgelb backen, etwa 3 Minuten. Auf Küchenkrepp abtropfen lassen. Heiß zu Reis, Suppe und *nuoc cham* servieren.

Diese Plätzchen kann man auch gut als Horsd'œuvre mit Kopfsalatblättern und gehacktem, frischem Koriander oder frischer Minze servieren. Das Plätzchen in ein Salatblatt einschlagen, Kräuter darüberstreuen und in *nuoc cham* dippen. Sofort essen.

## Nước chấm

Fischsoße mit Knoblauch und Chilis

*In Vietnam ist keine Mahlzeit vollständig ohne diese Soße, die man mit der gleichen Selbstverständlichkeit zum Würzen aller Speisen verwendet wie Salz und Pfeffer. Sie heißt auch* nuoc mam-*Soße.*

Zutaten
2 reife rote Chilis
1 Knoblauchzehe
1 TL Zucker
1 Zitrone
1 EL Essig
1 EL Wasser
4 EL Fischsoße

Handschuhe anziehen. Dann die Stiele der Chilis abschneiden, die Schoten entlang der Mitte aufschlitzen, Samen und innere Membranen herausholen. Das Fruchtfleisch in Stücke schneiden und im Mörser mit der geschälten Knoblauchzehe zerreiben. Zucker zugeben. Die Zitrone schälen, die weiße Haut entfernen. Das Fruchtfleisch in Scheiben schneiden und die Kerne herausholen. In kleinen Stückchen nach und nach zu den Chilis im Mörser geben und zu einem Brei zerstoßen. Essig, Wasser und Fischsoße einrühren. In einer kleinen Schale servieren und nur sehr wenig davon nehmen.
Anmerkung: Man kann statt mit dem Mörser mit dem Mixer arbeiten, nur wird die Soße dann schaumig. Am Geschmack ändert das aber nichts.

## Nước lèo

Klebreis mit Sojabohnensoße

Zutaten:
125 ml Klebreis
1 l Wasser
4 oder 5 Knoblauchzehen
1 EL Öl
250 g durchgedrehtes Schweinefleisch
1/2 TL gemahlener schwarzer Pfeffer
3 EL chinesische Bohnensoße
500 ml Hühner- oder Schweinefleischbrühe
2 EL Zucker
1 EL Fischsoße
2 TL chinesische Chilisoße
250 ml geröstete Erdnüsse, zerrieben

Reis und Wasser in einem Topf mit schwerem Boden zum Kochen bringen. Dann zugedeckt bei schwacher Hitze 20 Minuten kochen, danach unter gelegentlichem Rühren offen weiterkochen, bis alles Wasser aufgesogen ist. Den Knoblauch mit etwas von dem abgemessenen Zucker zerdrücken.
In einem Wok Öl erhitzen, den Knoblauch bei niedriger Hitze rösten, bis er anfängt Farbe anzunehmen. Das Schweinefleisch zugeben und bei Mittelhitze pfannenrühren, bis es grau ist. Pfeffer und Bohnensoße einrühren. Eine Minute simmern, dann Fleischbrühe, Zucker und Fischsoße einrühren, etwa 1 oder 2 Minuten weitersimmern. Den gekochten Reis untermischen, unter Rühren 5 Minuten simmern. Vom Feuer nehmen. Chilisoße und die im Mörser oder Mixer gemahlenen Erdnüsse einrühren. Warm oder zimmerwarm servieren.

## Tôm bằm

Shrimp- oder Garnelenpaste

Zutaten:
500 g rohe Shrimps oder Garnelen
1 Eiweiß
60 g Schweinefett, fein gehackt
1 EL Öl
1 EL Fischsoße
1/2 TL Salz
1/4 TL Zucker
1/8 TL gemahlener schwarzer Pfeffer

Die Garnelen aus der Schale lösen, die Innereien entfernen, gründlich waschen und trocknen lassen. Dann die Garnelen zweimal durch die feine Scheibe des Fleischwolfs drehen oder sehr fein hacken, danach im Mixer pürieren oder im Mörser zu einer glatten Paste zerreiben. Wenn Sie mit dem Mixer arbeiten, Öl und Fischsoße mit einfüllen, um das Zerkleinern zu erleichtern. Den Motor von Zeit zu Zeit stoppen und den Becherinhalt von der Wand nach unten schaben. Dann alle übrigen Zutaten untermischen.

# Canh gà bí đao

Suppe aus Huhn und Wintermelone

6 Portionen
Zutaten:
500 g Hühnerflügel oder ein halbes Huhn
1 kg chinesische Wintermelone
6 Frühlingszwiebeln
1250 ml Wasser
1 TL Salz
1 EL Fischsoße
schwarzer Pfeffer nach Geschmack

Die Hühnerflügel oder das halbe Huhn zerlegen. Die Melone schälen, die Schale und das schwammige Innere mit den Kernen wegwerfen. Das Fruchtfleisch in mundgerechte Stücke schneiden. Die Frühlingszwiebeln in Ringe schneiden.
Das Hühnerfleisch mit Frühlingszwiebeln, Wasser und Salz zum Kochen aufsetzen, dann zugedeckt etwa eine Stunde simmern, bis die Brühe reduziert und kräftig im Geschmack ist. Die Wintermelone zugeben, nur eine Minute kochen lassen. Fischsoße und Pfeffer nach Geschmack einrühren. Sofort servieren, zum Beispiel zu Reis.
Anmerkung: Als Ersatz für Wintermelone kann man geschälte, in Scheiben geschnittene und entkernte Gurke nehmen.

# Canh đậu hủ

Suppe mit Bohnenquark

2 Portionen
Zutaten:
500 ml kräftige Hühnerbrühe
2 Quadrate frischer Bohnenquark
125 ml gehacktes, gekochtes Hühnerfleisch
1 EL gehacktes frisches Koriandergrün

Die Hühnerbrühe kalt stellen, dann alles Fett von der Oberfläche abnehmen. Die Brühe zum Kochen aufsetzen, Bohnenquark und Hühnerfleisch zugeben, heiß werden lassen. Mit Koriandergrün bestreuen und sofort servieren.

# Canh củ sen

Suppe aus Schweinefleisch und Lotoswurzel

4 Portionen
Zutaten:
500 g magere Schweinerippchen
500 g frische oder 8 Scheiben Lotoswurzel aus der Dose
3 Frühlingszwiebeln
$^1/_2$ TL Salz
$1^1/_2$ l Wasser
1 bis 2 EL Fischsoße

Vom Fleischer die Rippchen in Stücke hacken lassen. Die Lotoswurzel dünn schälen und in Scheiben schneiden. Die Frühlingszwiebeln in Ringe schneiden, dazu die weißen und die grünen Teile verwenden. Diese Zutaten mit Salz und Wasser zum Kochen bringen, dann zugedeckt etwa $1^1/_2$ Stunden simmern, bis alles gar und die Brühe auf 1 l eingekocht ist. Mit Fischsoße nach Geschmack würzen. Zu weißem Reis servieren.

# Canh tôm vò viên

Suppe mit Shrimp-Tropfen

4 Portionen
Zutaten:
1 l Fisch- oder Hühnerbrühe
1 EL Fischsoße
$^1/_2$ Rezeptmenge Shrimp-Paste
500 ml in feine Streifen geschnittener Chinakohl
Salz nach Geschmack
3 Frühlingszwiebeln, in dünnen Ringen

Die Brühe zum Kochen bringen, Fischsoße zugeben. Von der Shrimp-Paste mit einem eingeölten Teelöffel etwa $^1/_2$ TL große Stücke abstechen und in die simmernde Brühe fallen lassen. Sobald die Paste gar ist, wird sie undurchsichtig und steigt an die Oberfläche. Dann den Kohl zugeben, wieder zum Kochen kommen lassen; den Kohl zugedeckt in etwa einer Minute garen. Mit den Frühlingszwiebeln bestreuen, sofort vom Feuer nehmen. Zugedeckt noch eine Minute ziehen lassen, dann servieren.

# Phở

Rindfleischsuppe mit Salat

*Sie werden sicher denken, Suppe und Salat seien eine seltsame Kombination. Es wäre aber schade, wenn Sie wegen dieses Vorurteils dieses Nationalgericht übergehen würden. So wie die* moh hin gha-*Suppe Burmas wird auch bei dieser Suppe die kräftige Fleischbrühe mit weiteren Zutaten zu einer vollständigen Mahlzeit in der Suppenschale kombiniert. Man hält die Fleischbrühe bei Tisch auf einer elektrischen Wärmeplatte heiß und gibt die übrigen Zutaten direkt in die Suppenschalen.*

6 bis 8 Portionen
Zutaten:
3 kg Knochen von Rinderrippen
500 g Suppenfleisch
2 Zwiebeln in Scheiben
ein daumengroßes Stück frischer Ingwer
eine Zimtstange
1 TL ganze schwarze Pfefferkörner
Salz nach Geschmack
500 g frische oder 250 g getrocknete Reisnudeln
500 g frische Bohnensprossen
6 Frühlingszwiebeln
4 feste reife Tomaten
2 weiße Zwiebeln
500 g Rumpsteak
Fischsoße
Zitronenspalten
frische rote oder grüne Chilis, gehackt
gehacktes frisches Koriandergrün

Knochen und Suppenfleisch in einem sehr großen Topf mit kaltem Wasser bedecken; Zwiebelringe, den abgeschabten und in Scheiben geschnittenen Ingwer, Zimtstange und die ganzen Pfefferkörner zugeben und zum Kochen bringen. Dann bei sehr niedriger Hitze zugedeckt mindestens 6 Stunden simmern. Salzen nach Geschmack.
Frische Reisnudeln (look fun, chee chong fun) in 1 cm breite Streifen schneiden und mit kochendem Wasser überbrühen, dann abgießen. Man kann sie auch in einem Sieb 5 Minuten dämpfen. Trockene Reisnudeln müssen wenigstens 2 Stunden in warmem Wasser eingeweicht, dann abgegossen und in kochendem Wasser gegart werden. Gründlich abtropfen lassen.
Dann den Salat zubereiten. Die Bohnensprossen in einem Sieb mit kochendem Wasser überbrühen und dann mit kaltem Wasser überbrausen. Abstehende braune Enden abknipsen. Die Frühlingszwiebeln in dünne Scheiben schneiden. Die Tomaten der Länge nach halbieren, dann die Hälften in Scheiben schneiden. Die Zwiebeln schälen und in dünne Ringe schneiden. Das Steak in papierdünne, mundgerechte Scheiben schneiden. Alles auf einer Platte anrichten.

Und so wird serviert:
Einen Schöpflöffel voll Nudeln und einen voll Bohnensprossen in jede große Suppenschale geben. In einem großen Schöpflöffel einige Scheiben Rindfleisch, Tomaten und Zwiebeln in die kochende Brühe tauchen, bis das Fleisch eben nicht mehr rot ist. Es soll blaßrosa sein. Den Löffelinhalt über Nudeln und Bohnensprossen geben. Jeder Gast nimmt nach Belieben Fischsoße, Zitronensaft, Chilis und frisches Koriandergrün.

# Canh bún tàu

Suppe mit Fisch und Cellophan-Nudeln

6 bis 8 Portionen
Zutaten:
500 g weiße Fischfilets
1 TL frischer Ingwer, fein gerieben
3 EL Fischsoße
1 TL Salz
1/2 TL gemahlener schwarzer Pfeffer
60 g Cellophan-Nudeln
1 1/2 EL Erdnußöl
1 mittelgroße Zwiebel, in feinen Ringen
2 Knoblauchzehen, zerdrückt
2 *daun salam* oder einige Curryblätter
1 TL Kurkuma
1 TL getrocknete Shrimp-Paste
1 TL feingeriebene Zitronenschale
1 1/2 l heißes Wasser
3 EL in dünne Ringe geschnittene Frühlingszwiebeln

Fisch häuten und entgräten, das Fleisch grob hacken. Mit Ingwer, 1 EL Fischsoße und der Hälfte von Salz und Pfeffer vermischen. Beiseite stellen.
Die Nudeln 15 Minuten in warmem Wasser einweichen. In einem großen Topf Öl heiß werden lassen und Zwiebeln, Knoblauch und *daun salam* anbraten, bis die Zwiebel weich ist. Oft umrühren. Kurkuma und die getrocknete Shrimp-Paste eine weitere Minute mitbraten, dabei die Paste am Pfannenrand zerdrücken. Zitronenschale, Wasser, Cellophan-Nudeln, die restliche Fischsoße, Salz und Pfeffer zugeben. 5 Minuten kochen, den Fisch einfüllen und weitere 5 Minuten simmern. Vom Feuer nehmen, in eine Suppenterrine oder Suppenschale gießen, mit Frühlingszwiebeln bestreuen und heiß servieren.

# Chả giò

Rollen aus gebratenem Schweine- und Krabbenfleisch

*Das ist einer der beliebtesten vietnamesischen Snacks. Vietnamesisches Reispapier wird wohl nicht aufzutreiben sein; das Rezept ist aber so lecker, daß man es mit chinesischen Frühlingsrollen-Hüllen versuchen sollte, die in vielen asiatischen Läden zu haben sind.*

Ergibt etwa 24 Stück

Zutaten:

125 ml eingeweichte Cellophan-Nudeln
1 kleine Zwiebel, fein gehackt
6 Frühlingszwiebeln, fein gehackt
250 g durchgedrehtes Schweinefleisch
185 g Krabbenfleisch, tiefgekühlt oder aus der Dose
1/2 TL Salz
1 EL Fischsoße
1/4 TL gemahlener schwarzer Pfeffer
1/2 Paket chinesische Frühlingsrollen-Hüllen
Öl zum Ausbacken
Salatblätter
frische Minze, Petersilie oder frisches Koriandergrün
Gurkenstreifen
*nuoc cham*

Eine kleine Portion Cellophan-Nudeln 10 Minuten in heißem Wasser einweichen, abtropfen lassen, 125 ml davon abmessen. Die Nudeln mit einem scharfen Messer in 2,5 cm lange Stücke schneiden. Zusammen mit Zwiebel, Frühlingszwiebeln, Schweinefleisch, zerpflücktem Krabbenfleisch (alle hornigen Stellen aussondern), Salz, Fischsoße und Pfeffer in eine Schüssel geben und gut vermengen.

Jede Hülle halbieren, 2 TL der Füllung auf ein Ende jeder Hälfte geben und zu einer sauberen Rolle formen. Dann die Hülle zusammenrollen, dabei die Seitenkanten einschlagen, damit die Füllung ganz eingeschlossen ist. Den Rand der Hülle mit etwas Wasser oder Eiweiß befeuchten und festdrücken. Wenn alle Rollen fertig sind, in einem Wok Öl erhitzen und immer nur ein paar Rollen gleichzeitig bei Mittelhitze kroß und goldgelb ausbacken. Das Öl darf nicht zu heiß sein, sonst hat die Füllung nicht genügend Zeit, um gar zu werden. Auf Küchenkrepp abtropfen lassen.

So wird serviert:

Jede Rolle mit einem kleinen Zweig Minze, Koriander oder Petersilie und einem Gurkenstreifen in ein Salatblatt einschlagen. In *nuoc cham* dippen und schnell essen.

# Bánh mì chiên tôm

Shrimp-Toast

*Als Horsd'œuvre oder als Snack servieren.*

Ergibt 24 Stück

Zutaten:

12 altbackene Weißbrotscheiben
1 Rezept Shrimp-Paste
Öl zum Ausbacken
Salatblätter
frisches Koriandergrün oder Minze
Gurkenscheiben
*nuoc cham*

Für dieses Rezept eignet sich besser zwei Tage altes Brot als frisches. Die Krusten abschneiden, jede Scheibe der Länge nach halbieren. Das Brot mit Shrimp-Paste bestreichen. Öl zum Ausbacken heiß werden lassen, nur wenige Scheiben gleichzeitig mit der Shrimp-Seite nach unten einlegen. Goldgelb backen, auf Küchenkrepp abtropfen lassen. Heiß servieren zusammen mit Salatblättern zum Einwickeln, *nuoc cham* zum Dippen und Koriander- oder Minzengrün und Gurkenscheiben als Beilage.

# Chuôi nưỏng

Bananenkuchen mit Cashew-Nüssen

Backzeit: 1 Stunde
Backofentemperatur: 170–190 °C

Zutaten:

3 Eier
250 ml Zucker
185 ml Sahne
375 ml Mehl
2 kg sehr reife Bananen
250 ml grob gehackte frische Cashew-Nüsse
250 ml geriebene frische Kokosnuß

Eier und Zucker im Mixer bei ziemlich niedriger Schaltstufe schaumig rühren. Die Sahne zugießen und vermischen. Das Mehl in die Schüssel sieben, mit einem Holzlöffel einrühren. Die Bananen schälen, mit der flachen Seite eines Hackmessers flach klopfen, aber nicht zerquetschen. Mit Nüssen und Kokosnuß zum Teig geben, nur eben unterheben.

Zwei 20 cm lange Kuchenformen einfetten und mit Mehl bestäuben, überschüssiges Mehl ausschütten. Die Kuchen im vorgeheizten Backofen in etwa einer Stunde schön goldbraun backen. Warm oder kalt servieren. Dieser Kuchen ist schwer und puddingähnlich, aber sehr schmackhaft.

# Philippinen

Malaiischer, chinesischer und spanischer Einfluß, dazu ein Hauch amerikanischen Lebensstils, haben sich in den Filipinos und ihrer Küche zu einer exotischen Mischung aus Orient und Okzident verschmolzen.
Ursprünglich waren die Inseln von Negritos bewohnt, einer negroiden Rasse der malaiisch-polynesischen Inselwelt. Dann kamen Händler aus Malaya, Indonesien und China, die sich niederließen und untereinander heirateten. Im sechzehnten Jahrhundert kamen dann die spanischen Eroberer, die vierhundert Jahre blieben. Sie prägten den Lebensstil der Philippinen nachhaltig. Die Spanier brachten den Katholizismus, den die Filipinos mit ganzem Herzen annahmen. Sie wurden so das einzige christliche Volk Asiens. Die Spanier führten auch viele ihrer Nahrungsmittel und Festtagsgerichte ein, so daß die Küche der Philippinen nun vom spanischen Geschmack ebenso stark beeinflußt ist wie von malaiischen und chinesischen Küchentraditionen.
Auf den Philippinen ist, wie im übrigen Asien, Reis das Grundnahrungsmittel. Aus Reis und Fisch setzt sich das Frühstück der Einheimischen zusammen. Noch beliebter ist allerdings ein Frühstück mit würzigen philippinischen Würsten, *longaniza* genannt, die aus magerem und fettem Schweinefleisch hergestellt, mit Pfeffer, Knoblauch und anderen Zutaten kräftig gewürzt und kurz geräuchert werden. Man brät sie und hält sie dann warm, während man im Bratfett übriggebliebenen gekochten Reis röstet. Auch Spiegeleier sind zum Frühstück beliebt. Manchmal gibt es statt Reis auch europäische Brotsorten, zum Beispiel *pan de sal.*
Die Filipinos trinken nicht Tee, sondern Kaffee und Schokolade. Heiße Schokolade mit *ensaimadas* ist ein populärer Snack am Vormittag. *Ensaimadas* werden aus einem an Butter, Zucker und Eiern reichen Teig gebacken, ähnlich dem Teig für *brioches.* Ungewöhnlich an ihnen ist die Füllung aus feingeriebenem reifen Käse, manchmal sind sie auch noch damit bestreut. Diese Kombination von süß und pikant ist sehr lecker (Rezept S. 368). Sowohl Lunch wie Dinner sind auf den Philippinen Hauptmahlzeiten und können bei den Wohlhabenden aus vier oder fünf Gängen bestehen, aus Suppe, Fisch, Fleisch, frischem Obst und zum Abschluß einem üppigen, süßen Dessert, wie es die Filipinos so sehr lieben. So ißt man im spanischen Stil. Bei einer Mahlzeit nach Filipino-Art werden alle Gerichte gleichzeitig auf den Tisch gebracht. Aber auch ein Filipino-Essen enthält spanisch beeinflußte Gerichte, denn man hält diese Art zu kochen für vornehmer.
Zwischen Lunch und Dinner ist noch eine Mahlzeit eingeschoben, *merienda,* am besten zu vergleichen mit dem englischen High-tea. Sie besteht nicht nur aus Sandwiches, Kuchen und Tee, auf dem Tisch steht auch eine Platte mit *lumpia,* einer Art Frühlingsrollen; eine Schüssel mit *pancit,* gebratenen Nudeln mit Gemüsen, Shrimps, Schweinefleisch, Huhn oder Schinken, und mindestens einige einheimische Süßigkeiten aus geriebener Kokosnuß, Kokosmilch, Klebreis oder Ananas und anderen tropischen Früchten. Trotz des spanischen Einflusses gibt es auch sehr beliebte rein einheimische Gerichte. Eins davon ist *suman,* das in vielen Variationen zubereitet wird. Eine besteht aus Klebreis, der in einem hohlen Stück Bambus gedämpft und mit frisch geriebener Kokosnuß und Zucker serviert wird. Andere Arten *suman* werden mit *cassava-* oder *saba-*Bananen (Pisang) zubereitet. Manchmal dämpft man die Süßspeise nicht in Bambus, sondern bindet sie fest in Bananenblätter und simmert sie in Wasser.
**Adobo** ist das beliebteste und bekannteste Gericht auf den Philippinen. Man versteht darunter allerdings nicht ein exaktes, unveränderbares Rezept, sondern vielmehr eine Methode, Speisen zuzubereiten. So gibt es Hühner-*adobo,* Schweinefleisch-*adobo* oder eine Kombination aus beiden. *Adobo* ist auch typisch für die von den Filipinos am meisten verwendeten Gewürze Essig, Knoblauch und Pfeffer. Auch aus Fisch und Schalentieren wird *adobo* gemacht. Manchmal gehört Kokosmilch zu den Zutaten, manchmal nicht. Nur Knoblauch, Essig und Pfeffer sind immer dabei. *Adobo* bedeutet, das Fleisch vor dem eigentlichen Zubereiten mindestens eine Stunde lang in die Essig-Mixtur einzulegen und es auf diese Weise weicher und aromatischer zu machen. Weitere traditionelle Gerichte der Philippinen sind *guinataan,* zu dem die Speisen in Kokosmilch gekocht werden; *pesa,* einfacher gekochter Fisch mit einer Menge frischer Ingwerwurzel und gemahlenem schwarzem Pfeffer als Gewürz; *diniguan,* ein Gericht aus den Innereien und dem Blut eines Huhnes oder Schweines; *sinigang,* eine saure Suppe aus Fisch oder Fleisch, bei Hitze sehr erfrischend und auf den Philippinen immer mit den Blüten und Früchten des Tamarindenbaumes gekocht.
Dann gibt es noch *kilawin,* einen Salat aus rohem Fisch, der dem mexikanischen *ceviche* ähnelt und sich wunderbar als Vorspeise eignet. Sooft ich ihn serviere, bitten meine Gäste um das Rezept.
**Pipian** besteht aus Huhn oder Fleisch in einer Soße, die mit *annatto-*Samen gefärbt und mit gemahlenen Erdnüssen angedickt ist.
**Kari-kari** ist ein populäres Stew, zu dem billiges Fleisch wie Ochsenschwanz oder Wade verwendet wird, das

aber sehr saftig und wohlschmeckend ist. Wie *pipian* wird *kari-kari* mit *annatto*-Samen angefärbt und mit gemahlenen Erdnüssen und geröstetem, gemahlenem Reis angedickt.

Die Filipinos lieben Gefrorenes zum Dessert, so zum Beispiel gefrorenes *buko*, ein simples Kokosnußeis. Die klare Flüssigkeit im Inneren einer jungen Kokosnuß wird mit dem zarten Fruchtfleisch vermischt, mit Zukker gesüßt und gefroren. Wie Sherbet wird das Eis in Gläser gefüllt – ein erfrischendes Dessert von feinem Aroma. Es *muß* aber aus jungen Kokosnüssen zubereitet werden, deren Fruchtfleisch noch durchsichtig und gallertartig ist.

Viele der populärsten Festtagsgerichte der Philippinen sind unbestreitbar spanischen Ursprungs. Ich habe davon für dieses Kapitel *arroz ala paella, nenudo, pochero, morcon, fritada, cardillo, leche flan, capuchinos* und *membrillo* ausgewählt, weil die Filipinos diese und noch viele andere Gerichte zu ihren eigenen gemacht haben und weil man bei den meisten Essen sicher sein kann, ebenso viele spanisch beeinflußte wie einheimische Gerichte vorgesetzt zu bekommen.

Der chinesische Einfluß ist besonders deutlich zu erkennen in *pancit* und anderen Nudelgerichten. *Pancit guisado* ist ein Gericht aus gebratenen Nudeln, *pancit luglog* eine Nudelsuppe und *pancit molo* die Filipino-Version der chinesischen Kurzen Suppe oder Wonton-Suppe, übernommen von den philippinischen Malaien auf den Visaya-Inseln, die sie vollendet zubereiten.

Einige hilfreiche Tips, wie man im Ausland Filipino-Gerichte kochen kann, gab mir Mr. C. Quevos von den Philippinen, der seine heimatlichen Speisen in seinem Restaurant in Sydney kocht und der den Partyservice übernimmt, wenn der philippinische Generalkonsul in Sydney eine Einladung gibt. »Weil man in Australien keine *annatto*-Samen kaufen kann, ersetzen wir sie durch Paprika, müssen aber darauf achten, nicht zuviel davon zu nehmen, weil wir ja nicht die mehr rote Farbe von Paprika, sondern den orangen Farbton der *annatto*-Samen anstreben. Auf den Philippinen verwenden wir Palmessig, der viel milder ist als Weinessig. Deshalb verdünne ich im allgemeinen kräftigen Essig mit zwei Teilen, milden Essig mit einem Teil Wasser.«

Wenn man *annatto*-Samen zum Färben nicht bekommen kann, läßt sich der gewünschte Farbton gut herstellen, indem man jeden angegebenen Teelöffel *annatto*-Samen durch 1/4 TL Paprika und 1/8 TL Kurkuma ersetzt. Die so erzielte Farbe soll ein helles Orange sein. Achten Sie darauf, Paprika und Kurkuma nicht für sich allein anzubraten, sondern erst mit Knoblauch und Zwiebeln in das heiße Öl zu geben.

## Wie man eine Filipino-Mahlzeit serviert und ißt

Auf den Philippinen haben die Tische oft einen drehbaren runden Aufsatz, auf den die Schüsseln gestellt werden. Auf diese Weise kann jeder Gast mühelos an die Schüsseln gelangen, ohne sie hin und her reichen zu müssen. Man benützt flache Teller, Löffel, Messer und Gabeln. Suppen ißt man aus Schalen. Auf abgelegenen Inseln und in ländlichen Gebieten hat sich der Brauch, mit den Fingern zu essen, noch erhalten.

Wein gibt es selten zum Essen; Wasser ist das übliche Getränk, wie auch in den meisten übrigen Ländern Asiens. Trotzdem paßt Wein besser zu philippinischem Essen als zu den scharfen, würzigen Gerichten der Nachbarländer. Tee wird als das passende Getränk für alte Leute und Invaliden angesehen, und man trinkt ihn mit Zitrone als Heilmittel gegen Erkältungen und Fieber.

## Küchengeräte

Nach der traditionellen Methode wäscht man den Reis mehrere Male und kocht ihn dann in irdenen Töpfen, die mit Bananenblättern ausgelegt werden, damit der Reis nicht am Topfboden ansetzen kann. Es mag die Köchin noch gelegentlich geben, die einen irdenen *palayok* benutzt und den Reis auf diese altmodische Art kocht, die modernen Stadtbewohner verwenden kaum noch irdenes Kochgeschirr. Auf den Philippinen heißt der runde, wie ein Wok geformte Kochtopf *carajay*; er wurde sicher von den Chinesen eingeführt. Für pfannengerührte Gerichte ist er sehr geeignet. Trotzdem hält man es neuerdings für schick, in westlichen Töpfen, Bratpfannen und Kasserollen zu kochen. Es ist also überhaupt kein Problem, das Essen dieser asiatischen Inselwelt mit der modernen Ausrüstung einer westlichen Küche zuzubereiten.

## Ihr Regal mit den haltbaren Zutaten für philippinisches Essen

*Annatto*-Samen, nach Belieben
*bagoong*, (Shrimp-Soße)
Lorbeerblätter
schwarzer Pfeffer, gemahlen
Kokossahne (Dose)
Cellophan-Nudeln
Kokosflocken
getrocknete chinesische Pilze
getrocknetes Tamarindenmark
*misu*, gesalzener Bohnenquark
Olivenöl
Paprikapulver
*patis* (Fischsoße)
echter Safran
Sojasoße
Kurkuma, gemahlen
Essig

Außer diesen Zutaten, die sich im Regal lange halten, sind frischer Knoblauch, Ingwer und Koriander unentbehrlich.

# Arroz a la paella

Reis mit Huhn und Meerestieren

*Von den vielen Gerichten spanischen Ursprungs, die man auf den Philippinen antrifft, ist diese köstliche Kombination besonders beliebt für Festtagsessen.*

6 bis 8 Portionen
Zutaten:
1,5 kg Brathuhn
Salz und Pfeffer nach Geschmack
500 g Schweinekoteletts
2 *chorizos* (scharfe spanische Würste)
1 frischer Langustenschwanz, nach Belieben
500 g frische Garnelen
500 g frische Muscheln
Olivenöl zum Braten

Zutaten zum Sofrito:
3 EL Olivenöl
2 große Zwiebeln, fein gehackt
1/2 TL Safranfäden
5 Knoblauchzehen, fein gehackt
2 große reife Tomaten oder 250 ml Tomaten aus der Dose
3 TL Salz
3 TL Paprikapulver
625 ml Langkornreis
1125 ml Hühner- oder Fischbrühe
250 ml grüne Erbsen
1 rote Paprikaschote, entkernt und in Streifen geschnitten

Das Huhn in Portionsstücke teilen, mit Küchenpapier abtupfen, ausgiebig mit Salz und Pfeffer würzen.
Die Schweinekoteletts würfeln, Knochen wegwerfen. Die *chorizos* an einigen Stellen mit einem scharfen Messer anstechen, in einem Topf mit Wasser bedeckt zum Kochen aufsetzen, 5 Minuten bei niedriger Hitze simmern, abgießen und in Scheiben schneiden. Den Langustenschwanz samt Schale in große Scheiben hacken. Die Garnelen waschen, die Schalen aber nicht entfernen. Die Muscheln mit einer harten Bürste abscheuern, die Bärte abschneiden. Alle nicht dicht geschlossenen Muscheln wegwerfen.
In einer großen, schweren Bratpfanne so viel Olivenöl erhitzen, daß es den Pfannenboden bedeckt. Die Hühnerteile von allen Seiten bräunen, dann auf einen Teller legen. Die *chorizo*-Scheiben braun braten, auf Küchenpapier abtrocknen lassen. Das Schweinefleisch schnell bräunen, abtropfen lassen. Das restliche Öl weggießen.

*Sofrito:*
In einer großen Bratpfanne oder einem schweren Topf Olivenöl heiß werden lassen und die Zwiebeln bei Mittelhitze weich und goldgelb braten. Währenddessen den Safran mit 2 EL kochendem Wasser überbrühen und aufweichen lassen.
Knoblauch, aufgeweichten Safran, die geschälten und gehackten Tomaten an die Zwiebeln geben und braten, bis die Tomaten weich und breiig sind. Salz und Paprikapulver einrühren. Den Reis zugeben und bei Mittelhitze 3 oder 4 Minuten rühren, dann mit der heißen Brühe ablöschen, durchrühren. Sobald die Brühe kocht, Huhn, Schweinefleisch, *chorizos* und Languste zugeben, zugedeckt bei sehr niedriger Hitze 15 Minuten ziehen lassen. Garnelen und Muscheln zugeben, dabei die Muscheln in die Reismasse drücken, damit sie im Dampf garen. Nicht umrühren. Die Erbsen über die Oberfläche streuen. Zugedeckt weitere 15 Minuten kochen, dann sollte der Reis gar und alle Flüssigkeit aufgesogen sein.
Die Oberfläche der Paella mit roten Paprikastreifen dekorieren und servieren.

# Arroz caldo

Reis mit Huhn

6 Portionen
Zutaten:
1 kg Brathuhn
2 EL Öl
10 Knoblauchzehen, fein gehackt
1 Zwiebel, in dünnen Scheiben
1 TL frischer Ingwer, fein gehackt
625 ml Reis
1 l Wasser
3 EL Fischsoße
4 Frühlingszwiebeln, in dünnen Ringen

Das Huhn in Portionsstücke zerlegen. In einer großen Bratpfanne Öl heiß werden lassen und den Knoblauch blaßgelb braten. Herausnehmen und beiseite stellen. Zwiebel und Ingwer in die Pfanne geben und weich braten, dann die Hühnerteile unter Wenden braten, bis sie goldgelb und halb gar sind. Reis zugeben, einige Minuten pfannenrühren, dann die Hälfte des gebratenen Knoblauchs wieder in die Pfanne geben, Wasser und Fischsoße zugießen. Zum Kochen bringen, dann bei schwacher Hitze fest zugedeckt 20 Minuten kochen, ohne den Deckel abzunehmen.
Mit dem restlichen Knoblauch und den Schalotten garnieren und auftragen.

# Pancit guisado

Gebratene Nudeln mit verschiedenen Fleischsorten

6 bis 8 Portionen
Zutaten:
500 g rohe Garnelen
500 g dünne Eiernudeln
3 bis 4 EL Schweineschmalz oder Öl
5 Knoblauchzehen, zerrieben
2 Zwiebeln, in feinen Ringen
250 ml zerpflücktes, gekochtes Hühnerfleisch
250 ml gekochtes Schweinefleisch, in dünnen Streifen
125 ml kleingeschnittener Kohl
3 EL helle Sojasoße
Salz und Pfeffer nach Geschmack
Zitronenspalten zum Garnieren

Die Garnelen in ein wenig schwach gesalzenem Wasser kochen, abkühlen lassen, dann schälen und ausnehmen. Große Garnelen in Stücke schneiden. 250 ml der Kochbrühe aufheben. Die Nudeln in warmem Wasser einweichen, während ein großer Topf voll Wasser zum Kochen kommt. Die Nudeln abgießen und in das sprudelnd kochende Wasser geben, wieder zum Kochen kommen lassen und etwa 2 Minuten eben weich, aber nicht zu weich kochen. Sofort abgießen, auf einem großen, mit Küchenpapier ausgelegten Backblech ausbreiten und mindestens 30 Minuten trocknen lassen. Die Nudeln mit ein wenig Öl beträufeln, damit sie nicht aneinander kleben.
In einem großen Wok 1 EL Schweineschmalz sehr heiß werden lassen und die Nudeln in kleinen Portionen auf beiden Seiten goldbraun braten; nach Bedarf mehr Fett in den Wok geben. Die Nudeln herausnehmen. In heißem Schweineschmalz oder Öl getrennt Knoblauch, Zwiebel, Garnelen, Hühnerfleisch, Schweinefleisch und Schinken braten. Von allem ein wenig zum Garnieren zurücklegen, den Rest wieder in den Topf geben zusammen mit Kohl, Sojasoße, Garnelenbrühe, Salz und Pfeffer. Offen fast trocken kochen, dann die Nudeln dazugeben und heiß werden lassen, dabei alles gut vermischen.
Auf einer Platte anrichten, mit den zurückbehaltenen Zutaten und Zitronenspalten garnieren.

# Pesa

Fisch mit Ingwer

4 Portionen
Zutaten:
2 × 500 g Scholle oder andere feine, weißfleischige Fische
3 EL Öl
3 EL feingehackter frischer Ingwer
1 TL gemahlener schwarzer Pfeffer
»Reiswaschwasser«
Salz nach Geschmack
4 Frühlingszwiebeln
1 Sträußchen Koriandergrün

Die Fische ausnehmen und schuppen, die Bauchöffnung mit in grobes Salz getauchtem Küchenpapier auswischen. Abspülen.
Den Ingwer in heißem Öl weich und goldgelb braten, Pfeffer einrühren, dann die Fische einlegen und fast mit Wasser bedecken, in dem zuvor Reis gewaschen wurde. 1/2 TL Salz zugeben, auf jeden Fisch eine Frühlingszwiebel legen, zugedeckt bei schwacher Hitze garen. Dann die Fische vorsichtig in eine Schüssel legen, die gekochten Frühlingszwiebeln durch rohe ersetzen, mit Koriandergrün garnieren. Die Brühe um die Fische gießen. Mit weißem Reis und *misu*-Tomatensoße (nachfolgendes Rezept) servieren.

# Misu-Tomatensoße

Zu *pesa* (oben) servieren.
Zutaten:
2 EL gehackter Schweinespeck
2 Knoblauchzehen, zerrieben
1 mittelgroße Zwiebel, fein gehackt
2 Tomaten, geschält und gehackt
2 EL rotes *misu* (Paste aus gesalzenem Bohnenquark)
1 EL Essig
1/4 TL gemahlener schwarzer Pfeffer

Den Schweinespeck auslassen, Knoblauch und Zwiebel darin goldgelb braten. Die Tomaten zugeben, unter Rühren zu Brei zerkochen. Alle übrigen Zutaten einrühren und ein paar Minuten simmern.

# Cardillo

Gebratener Fisch mit Tomaten und Eiern

4 Portionen
Zutaten:
500 g feste weiße Fischfilets
Salz
2 EL Schweineschmalz oder Olivenöl
1 Knoblauchzehe, zerrieben
1 mittelgroße Zwiebel, in Scheiben geschnitten
2 Tomaten, in Scheiben geschnitten
125 ml Wasser
2 Eier, geschlagen

Fisch säubern, häuten und schuppen. In fingerlange Stücke zerteilen. Mit etwas Salz einreiben. In einer Bratpfanne Schweineschmalz erhitzen und die Fischstücke goldbraun braten. Aus der Pfanne nehmen und beiseite stellen. Im Bratfett Knoblauch goldgelb rösten, dann Zwiebeln, Tomaten und Salz nach Geschmack zugeben. Die Tomaten zu einem weichen Brei zerkochen, Wasser angießen, 3 bis 5 Minuten simmern. Den gebratenen Fisch in die Soße legen, vom Feuer nehmen, die verquirlten Eier unterziehen. Durchrühren, damit sie heiß werden. Sofort auftragen.

# Kilaw

Salat aus mariniertem Fisch

*Wenn man Fisch in Limonen- oder Zitronensaft mariniert, so bewirkt die Säure, daß er weiß und undurchsichtig wird und wie gekochter Fisch aussieht. Diese Technik wendet man auch in Mexiko und auf Tahiti an.*
*Ich habe dieses Rezept mit vielen Sorten Fisch ausprobiert und gefunden, daß sich Snapper, Redfish und Flathead am besten eignen; aber selbstverständlich kann man jeden Fisch von zartem Geschmack dazu verwenden.*

8 Portionen
Zutaten:
1 kg feste weiße Fischfilets
Zitronensaft
1 TL Salz
2 mittelgroße Zwiebeln, in sehr feine Ringe geschnitten
je eine große rote und grüne Paprikaschote, gewürfelt
6 Frühlingszwiebeln, in dünne Ringe geschnitten
3 oder 4 feste rote Tomaten, geschält und gewürfelt
1 großer Kopf Salat, gewaschen und kühl gestellt
185 g »Creamed Coconut«
185 ml heiße Milch
1 Knoblauchzehe
1 TL frischer Ingwer, fein gerieben
1/2 TL schwarzer Pfeffer, gemahlen
1/4 TL Kurkuma, gemahlen
Salz nach Geschmack
feingehacktes Petersilien- oder Koriandergrün

Den Fisch von jeder Spur Haut und allen Gräten befreien. In mundgerechte Stücke schneiden. Diese Fischstücke in eine Glas- oder Porzellanschüssel geben und mit durchgeseihtem Zitronensaft bedecken. Salz und Zwiebeln zugeben, mit einem Holzlöffel gründlich durchmischen. Keine Metallgeräte verwenden. Die Schüssel zugedeckt mindestens 8 Stunden in den Kühlschrank stellen, während dieser Zeit ein- oder zweimal durchrühren. Die Gemüse vorbereiten und ebenfalls kühl stellen.
»Creamed Coconut« grob raffeln, mit Milch, Knoblauch, Ingwer, Pfeffer und Kurkuma im Mixer pürieren. Kühl stellen.
Den Zitronensaft abgießen, den Fisch mit dem Kokosnußdressing vermengen. Die vorbereiteten Gemüse locker untermischen, in einer Schüssel auf Salatblättern anrichten.
Anmerkung: Wenn Sie »Creamed Coconut« nicht bekommen können, müssen Sie Kokosnußsahne auf folgende Weise herstellen: Kokosmilch extrahieren, wie auf S. 9 beschrieben, aber mit Milch statt mit Wasser. Den ersten Extrakt etwa eine Stunde kalt stellen, dann den an die Oberfläche gestiegenen fetten, sahnigen Anteil abschöpfen.

# Guinataan hipon
Garnelen in Kokosmilch

6 Portionen
Zutaten:
750 g rohe Garnelen
500 ml dicke Kokosmilch
1 EL feingehackter Knoblauch
1 TL feingehackter frischer Ingwer
1 TL Salz
1/4 TL schwarzer Pfeffer

Die Garnelen sorgfältig waschen, aber nicht aus der Schale nehmen. In einen Topf geben und zusammen mit Kokosmilch, Knoblauch, Ingwer, Salz und Pfeffer unter Rühren zum Kochen bringen. Bei schwacher Hitze 15 Minuten simmern, oft umrühren. Mit heißem weißem Reis servieren.

# Hühner-Fritada

4 bis 6 Portionen
Zutaten:
1,5 kg Huhn
2 EL Schweineschmalz
5 Knoblauchzehen, geschält und zerrieben
1 große Zwiebel, in feine Ringe geschnitten
2 reife Tomaten, gewürfelt
1 1/2 TL Salz
1/2 TL schwarzer Pfeffer
375 ml heiße Hühnerbrühe
500 g neue Kartoffeln, abgebürstet
je eine rote und grüne Paprikaschote

Das Huhn in Portionsstücke zerlegen. Aus Hals, Rücken und Flügeln Brühe kochen.
In einer großen Bratpfanne Knoblauch und Zwiebel in heißem Schweineschmalz anbraten, bis die Zwiebel weich ist. Die Hühnerteile einlegen und auf beiden Seiten bräunen. Tomaten, Salz, Pfeffer und Brühe zugeben; zugedeckt bei Mittelhitze kochen, bis das Hühnerfleisch halb gar ist. Die Kartoffeln (große halbieren oder vierteln) und die in Streifen geschnittenen Paprikaschoten zugeben. Weiterkochen, bis die Kartoffeln weich sind. Heiß zu weißem Reis servieren.

# Adobong Manok
Hühner-Adobo mit Kokosnußsoße

6 Portionen
Zutaten:
1,5 kg Brathuhn
1 EL feingehackter Knoblauch
185 ml weißer Essig
250 bis 375 ml Wasser
1 TL Salz
1 Lorbeerblatt
1/2 TL ganze Pfefferkörner
einige *annatto*-Samen zum Anfärben (siehe Glossar)
2 EL helle Sojasoße
Öl zum Braten
125 ml dicke Kokosmilch

Das Huhn in Portionsstücke teilen, die Unterschenkel von den Keulen trennen und die Brust vierteln. In einen mittelgroßen Topf legen. Knoblauch, Essig, Wasser, Salz, Lorbeerblatt, Pfefferkörner und *annatto*-Samen zugeben. Das Huhn soll fast mit Flüssigkeit bedeckt sein. Zum Kochen bringen, dann bei schwacher Hitze sehr sanft 25 bis 30 Minuten simmern, weitere 10 Minuten offen simmern. Das Fleisch soll weich sein, aber nicht von den Knochen fallen.
Die Hühnerteile aus dem Topf nehmen, bei starker Hitze die Soße schnell einkochen, bis sie auf etwa 375 ml reduziert und eingedickt ist. Durch ein Sieb in eine kleine Schüssel gießen und kurz in den Kühlschrank stellen. Dann das Fett möglichst vollständig von der Oberfläche der Soße abnehmen und in einer Bratpfanne heiß werden lassen; so viel Öl zugeben, daß der Pfannenboden bedeckt ist. Die Hühnerteile nebeneinander in die Pfanne legen, bei starker Hitze auf beiden Seiten braun braten. Auf einer Platte anrichten. Die Soße mit der Kokosmilch heiß werden lassen, über das Fleisch gießen. Zu einfachem gekochtem Reis servieren.

# Pipi-an

Huhn und Schweinefleisch in Erdnußsoße

6 bis 8 Portionen
Zutaten:
1,5 kg Huhn
500 g Schweinefleisch
125 g roher Schinken
Salz und Pfeffer

Soße:
125 ml roher Reis
4 EL Schweineschmalz
1 TL *annatto*-Samen (siehe Glossar)
1 Knoblauchzehe, zerrieben
2 Zwiebeln, fein gehackt
2 EL Schweinespeck, gewürfelt
125 ml Erdnußbutter
Salz nach Geschmack

Das Huhn häuten und entbeinen; vom Schweinefleisch alles Fett abschneiden. Beide Fleischsorten in große Quadrate schneiden. Den Schinken würfeln. Das Fleisch eben mit Wasser bedeckt zum Kochen aufsetzen, salzen und pfeffern. Über schwacher Hitze weich simmern.

Soße:
Den Reis in einer trockenen Pfanne bei niedriger Hitze goldgelb rösten. Dann im Mixer oder im Mörser zu Pulver zermahlen. In einer Bratpfanne in heißem Schweineschmalz die *annatto*-Samen eine Minute bei schwacher Hitze rösten. Die Pfanne zudecken, weil die Samen gern spritzen und springen. Die Samen mit einem Schaumlöffel herausnehmen und wegwerfen. In dem angefärbten Fett Knoblauch, Zwiebeln und Schweinefett weich und goldbraun braten.
Den gemahlenen Reis mit Fleischbrühe glattrühren, mit der Erdnußbutter in die Pfanne geben. Die Soße zum Kochen kommen lassen; evtl. noch Fleischbrühe zugeben. Die Fleischwürfel in der Soße heiß werden lassen. Zu Reis servieren.

# Huhn mit Sotanghon

4 bis 6 Portionen
Zutaten:
1,5 kg Huhn
2 EL Schweineschmalz
1 Zwiebel, in Scheiben geschnitten
2 Knoblauchzehen, zerrieben
1 EL Fischsoße
2 TL *annatto*-Samen (siehe Glossar)
250 g Cellophan-Nudeln *(sotanghon)*, eingeweicht, in 5 cm lange Stücke geschnitten
6 große getrocknete chinesische Pilze, in heißem Wasser eingeweicht, ohne Stiele gehackt
12 Frühlingszwiebeln, in feinen Ringen
Pfeffer und Salz

Das Huhn im Ganzen mit Wasser bedeckt zum Kochen aufsetzen. Bei schwacher Hitze zugedeckt simmern, bis es fast weich ist. Herausnehmen und etwas abkühlen lassen. Die Fleischbrühe durch ein Sieb gießen und aufheben. Das Hühnerfleisch von den Knochen lösen und in große Stücke schneiden.
In einer Bratpfanne Schweineschmalz heiß werden lassen, Zwiebel und Knoblauch darin weich und goldgelb anbraten. Hühnerfleisch und Fischsoße zugeben, einige Minuten simmern. Die *annatto*-Samen mit 2 EL heißem Wasser übergießen; rühren, bis das Wasser hellorange gefärbt ist. Das Wasser durch ein Sieb gießen, zusammen mit der durchgeseihten Hühnerbrühe in die Pfanne geben. Zum Kochen bringen, Nudeln und gehackte Pilze zugeben, 15 Minuten simmern. Die Frühlingszwiebelringe und Pfeffer und Salz nach Geschmack einrühren.

# Hühner-Tinola

4 bis 6 Portionen
Zutaten:
1,5 kg Huhn
1 Zwiebel, in Ringen
2 Knoblauchzehen, zerrieben
1 EL frischer Ingwer, fein gerieben
1 EL Schweineschmalz
500 ml Wasser
1 grüne Papaya
Fischsoße nach Geschmack
Pfeffer

Das Huhn in Portionsstücke teilen. In einem großen Topf mit schwerem Boden Zwiebel, Knoblauch und Ingwer in Schweineschmalz weich braten. Die Hühnerteile zugeben und pfannenrühren, bis sie schön braun sind. Mit Wasser ablöschen, den Deckel auflegen und die Hitze reduzieren. Das Huhn eben weich simmern.
Die Papaya schälen und in Scheiben schneiden, in den Topf geben, weitersimmern, bis die Papayascheiben eben weich sind. Mit Fischsoße und Pfeffer abschmecken und auftragen.

# Mechado

Im Topf gebratenes Rindfleisch

6 bis 8 Portionen
Zutaten:
1,5 kg Rostbraten im Stück
Streifen Schweinespeck, nach Belieben
4 große Zwiebeln, geviertelt
4 große Tomaten, halbiert
1 Lorbeerblatt
125 ml Essig
1 EL helle Sojasoße
6 Kartoffeln, geschält und geviertelt
1/2 TL gemahlener schwarzer Pfeffer
2 EL Schweineschmalz

Wer will, kann das Bratenstück in regelmäßigen Abständen mit den Speckstreifen spicken, um den Braten vor dem Austrocknen zu bewahren. Man muß ihn aber nicht spicken.
Das Fleisch zusammen mit Zwiebeln, Tomaten, Lorbeerblatt, Essig und Sojasoße in einen tiefen, schweren Topf geben, mit Wasser bedecken. Zum Kochen bringen, dann zugedeckt bei niedriger Hitze das Fleisch fast weich simmern. Kartoffeln und Pfeffer zugeben, offen weitersimmern, bis die Kartoffeln gar sind und die Flüssigkeit fast ganz verdampft ist.
Die Soße auf eine Platte schöpfen, das Schweineschmalz in den Bratentopf geben und den Rinderbraten bei starker Hitze von allen Seiten bräunen. Das Fleisch in Scheiben schneiden und mit Kartoffeln und Soße servieren.

# Morcon

Gefüllte Rindfleischroulade

6 bis 8 Portionen
Zutaten:
1,5 kg Rouladenstück, eine dicke Scheibe
1 1/2 TL Salz
1/2 TL gemahlener schwarzer Pfeffer
2 EL Zitronensaft
2 Knoblauchzehen, zerrieben
2 süß-sauer eingelegte Gurken
2 *chorizo*-Würste
2 dicke Scheiben gekochter Schinken
2 hartgekochte Eier
2 EL Schweineschmalz
2 EL Essig
3 reife Tomaten, geschält und gehackt
500 ml Wasser

Mit einem scharfen Messer die dicke Scheibe Fleisch so durch die Mitte teilen, ohne ganz durchzuschneiden, daß man eine sehr flache, fast doppelt so große Scheibe erhält. Mit Salz und Pfeffer bestreuen, mit Zitronensaft beträufeln und mit zerriebenem Knoblauch bestreichen.
Gurken und *chorizos* der Länge nach in Scheiben, die Schinkenscheiben in Streifen schneiden. Die hartgekochten Eier vierteln. Alle diese Zutaten in Reihen auf der Scheibe Fleisch anordnen, an einem Ende anfangen. Das Fleisch sorgfältig aufrollen und mit einem Baumwollfaden nicht zu fest zubinden.
In einer großen Bratpfanne das Schweineschmalz erhitzen und das Fleisch von allen Seiten anbraten, dabei vorsichtig mit Holzlöffeln oder einer Küchenzange wenden. Überschüssiges Fett abgießen. Essig, Tomaten und Wasser zugeben, zum Kochen bringen, dann zugedeckt bei schwacher Hitze 1 1/4 Stunden sanft simmern, bis das Fleisch gar ist. Mit einem dünnen Metallspießchen die Garprobe machen. Das Fleisch herausnehmen, die Soße durch schnelles Einkochen eindicken. Den Faden abnehmen, die Roulade in Scheiben schneiden. Mit der Soße servieren.

# Sinigang na carne

Saure Rindfleischsuppe

6 bis 8 Portionen
Zutaten:
500 g Rinderbeinfleisch
500 g Suppenknochen
250 g Schweinekotelett, ohne Fettschicht
1 mittelgroße Zwiebel, in Scheiben
2 halbreife Tomaten, in Scheiben
2 TL Salz
1 EL getrocknetes Tamarindenmark
250 ml kochendes Wasser
1 große Süßkartoffel, geschält und gewürfelt
1 weißer Riesenrettich, in Scheiben
500 ml kleingeschnittenes Blattgemüse, zum Beispiel Spinat
Fischsoße nach Geschmack
Limonen- oder Zitronenspalten

Rindfleisch, Knochen und Schweinefleisch in einem großen Topf mit Wasser bedeckt zum Kochen aufsetzen. Zwiebel, Tomaten und Salz zugeben. Sobald die Suppe kocht, die Hitze vermindern und das Fleisch zugedeckt weich simmern. Dann herausnehmen und abkühlen lassen.
In der Zwischenzeit das Tamarindenmark in kochendem Wasser einweichen und stehenlassen, bis das Wasser kalt ist. Das Mark zerdrükken, bis es sich ganz aufgelöst hat. Die Lösung durch ein Sieb in die Suppe gießen, Samen und Pflanzenfasern wegwerfen.
Das Schweinefleisch in dünne Scheiben schneiden, das Rindfleisch würfeln. Die Knochen wegwerfen. Das Fleisch in die Suppe zurückgeben. Süßkartoffel und Rettich zugeben, fast weich kochen; das Blattgemüse einfüllen und die Suppe mit Fischsoße abschmecken. Sobald die Blätter weich sind, die Suppe heiß servieren.
Limonen- oder Zitronenspalten als zusätzliche Würze dazu reichen.

# Kari-Kari

Stew aus Rindfleisch und Gemüsen

6 bis 8 Portionen

Zutaten:
- 2 kg Ochsenschwanz, zerhackt
- 1 kg Rinderbeinscheiben
- 3 TL Salz
- 3 EL Pflanzenöl
- 2 TL *annatto*-Samen (siehe Glossar)
- 2 große Zwiebeln, sehr fein aufgeschnitten
- 4 große Knoblauchzehen, fein gehackt
- 2 l Wasser
- 1/4 TL gemahlener schwarzer Pfeffer
- 125 ml roher Reis
- 125 ml geröstete, abgezogene Erdnüsse
- 375 g junge grüne Bohnen
- 2 mittelgroße Auberginen
- 2 EL in Ringe geschnittene Frühlingszwiebeln
- 2 EL gehackte Sellerieblätter
- 2 EL Fischsoße, oder nach Geschmack

Ochsenschwanz und Beinfleisch im Dampfdrucktopf mit 2 TL Salz, knapp mit Wasser bedeckt, eine Stunde unter Druck kochen. Abkühlen lassen, bis die Brühe lauwarm ist, durchsieben. Die Brühe im Kühlschrank kalt stellen, damit das Fett an der Oberfläche erstarrt und abgenommen werden kann. Wer keinen Schnellkochtopf hat, simmert das Fleisch, bis es fast gar ist. Die Fleischstücke mit Küchenkrepp abtupfen, bis sie ganz trocken sind.

In einem tiefen Topf oder einer feuerfesten Kasserolle die Fleischstücke in 1 EL Öl bräunen, dabei immer nur wenige Stücke gleichzeitig einlegen und mit der Küchenzange wenden, damit sie von allen Seiten gleichmäßig braun werden. Das fertige Fleisch auf einen Teller legen. Das Fett aus dem Topf abgießen, die restlichen 2 EL Öl nicht zu heiß werden lassen und die *annatto*-Samen hineingeben. Den Topf zudecken, weil sie gerne spritzen und herausspringen. Die Samen eine Minute bei sehr schwacher Hitze anwärmen. Vom Feuer nehmen, die Samen mit einem Sieblöffel herausnehmen. Zwiebeln und Knoblauch bei Mittelhitze im *annatto*-Öl weich braten, etwa 10 Minuten lang. Das Fleisch in den Topf zurückgeben. Die Fettschicht von der Fleischbrühe abnehmen, die Brühe erhitzen, mit heißem Wasser auf 2 l auffüllen. In den Topf gießen, pfeffern, zum Kochen bringen, dann die Hitze reduzieren und simmern, bis das Fleisch weich ist. Dazu den Deckel auflegen, aber einen Spalt offenlassen, damit etwas Dampf entweichen kann.

Während das Fleisch simmert, den rohen Reis in einer schweren Bratpfanne bei Mittelhitze rösten, dabei oft umrühren und die Pfanne schütteln, damit die Körner gleichmäßig tiefgoldgelb werden. Etwas abkühlen lassen, dann im Elektromixer zu Pulver zermahlen. Den gemahlenen Reis in eine Schüssel geben und die Erdnüsse ebenfalls zu Pulver zermahlen. Die gemahlenen Nüsse sieben, größere Partikel aussondern, nur die feingemahlenen Nüsse verwenden.

Prüfen, ob das Fleisch gar ist. Es soll leicht mit einer Gabel zu durchstechen sein, ohne von den Knochen zu fallen. Das Fleisch muß ständig mit Brühe bedeckt sein, evtl. heißes Wasser nachgießen. Reis- und Erdnußpulver mit einem Holzlöffel einrühren, bis alles glatt ist.

Die Bohnen abziehen und in mundgerechte Stücke schneiden. Die Auberginen waschen, die Stiele abschneiden; die Früchte der Länge nach in acht Spalten, diese wieder in drei Stücke schneiden. Die Gemüse in das Stew einrühren und offen eben weich, aber nicht zu Mus kochen. Mit 1 EL Fischsoße oder mehr abschmecken. Aus der Kasserolle servieren oder in eine große Suppenterrine schöpfen. Mit den Frühlingszwiebelringen (auch den grünen Teilen) und Selleriegrün bestreuen und heiß zu weißem Reis servieren. Wer will, kann zu diesem Gericht zusätzlich Fischsoße, Sojasoße, eine scharfe *sambal*-Soße oder, wie die Filipinos, eine Soße aus gleichen Teilen *bagoong* und Limonensaft servieren. Chinesische Shrimp-Soße entspricht dem philippinischen *bagoong*.

Abbildungen Seite 353 bis 356
Kilaw – Salat aus mariniertem Fisch (Rezept S. 348)
Arroz a la paella – Reis mit Huhn und Meerestieren (Rezept S. 346)
Sai lan far gai pin to yan – Huhn mit Walnüssen und Brokkoli (Rezept S. 401)
Chinesisches Gemüse

壽

精
半打裝

食

# Picadillo

6 Portionen
Zutaten:
1 EL Schweineschmalz
4 Knoblauchzehen, fein gehackt
1 mittelgroße Zwiebel, fein gehackt
500 g mageres, durchgedrehtes Rindfleisch
2 Tomaten, geschält und gehackt
500 ml Rindfleischbrühe
1 TL Salz
1/4 TL gemahlener schwarzer Pfeffer
500 g Kartoffeln, geschält und gewürfelt

Knoblauch und Zwiebel im heißen Schweineschmalz bei schwacher Hitze weich und goldgelb braten. Das Fleisch zugeben und so lange rühren, bis es grau ist. Die Tomaten zugeben und garen. Mit Brühe ablöschen, salzen und pfeffern. Zum Kochen bringen. 20 Minuten bei Mittelhitze zugedeckt kochen, dann die Kartoffelwürfel einfüllen und etwa 25 Minuten weich kochen. Heiß servieren.

# Almondigas (1)

Rind- und Schweinefleisch-Bällchen in Brühe

4 Portionen
Zutaten:
250 g durchgedrehtes Schweinefleisch
250 g durchgedrehtes Rindfleisch
1 TL Salz
1/4 TL Pfeffer
1 kleines Ei
1 1/2 EL Öl
2 Knoblauchzehen, fein gehackt
1 mittelgroße Zwiebel, fein gehackt
2 reife Tomaten, gewürfelt
1 l Brühe oder Reis-Waschwasser
2 TL Sojasoße

Schweine- und Rindfleisch, Salz, Pfeffer und Ei gründlich vermengen und zu Bällchen formen. In heißem Öl Knoblauch und Zwiebel goldbraun braten, die Tomaten zugeben und weiterbraten, bis sie weich sind. Mit Brühe ablöschen oder mit Wasser, in dem zuvor der Reis gewaschen wurde. Zum Kochen bringen, dann die Fleischbällchen einzeln einlegen und langsam gar ziehen lassen. Heiß servieren.

# Almondigas (2)

Bällchen aus Schweinefleisch und Garnelen

4 Portionen
Zutaten:
250 g rohe Garnelen
250 g durchgedrehtes Schweinefleisch
1 Frühlingszwiebel, fein gehackt
1/2 TL Salz
1 EL Öl
1 mittelgroße Zwiebel, fein gehackt
2 Knoblauchzehen, zerrieben
1/2 TL *bagoong* oder chinesische Shrimp-Soße
750 ml heißes Wasser
Salz und Pfeffer nach Geschmack
125 ml *meesua* (dünne Weizenmehlnudeln)

Die Garnelen schälen und ausnehmen, fein hacken. Garnelen, Schweinefleisch, Frühlingszwiebel und Salz gründlich vermengen, Bällchen vom Umfang großer Murmeln formen. Zwiebel und Knoblauch in heißem Öl langsam goldbraun braten. Shrimp-Soße und Wasser zugießen, zum Kochen bringen. Immer nur wenige Bällchen auf einmal hineingleiten lassen, dabei darauf achten, daß das Wasser ständig weiterkocht. Die Bällchen etwa 8 Minuten garen, die *meesua* zugeben, vom Feuer nehmen, 5 Minuten zugedeckt ziehen lassen, dann nach Geschmack pfeffern und salzen. Heiß servieren.
Anmerkung: Wo *meesua* nicht erhältlich sind, nimmt man Reis-Vermicelli, läßt sie aber eine Minute kochen, ehe der Topf vom Feuer genommen wird.

Abbildungen Seite 357 bis 360
Chinesische Zutaten
Ho yau chang dau dew pin – Tintenfisch mit grünen Erbsen in Austernsoße (Rezept S. 386)
Gai choy chow har kau – Pfannengerührte Garnelen mit Senfkohl (Rezept S. 383)
See jup gook hai – Gebratener Hummer in schwarzer Bohnensoße (Rezept S. 385)

# Menudo

6 Portionen
Zutaten:
500 g Schweinefleisch
2 TL *annatto*-Samen (siehe Glossar)
1 EL Öl
1 EL zerriebener Knoblauch
1 Zwiebel, fein gehackt
2 Tomaten, in Scheiben geschnitten
3 Kartoffeln, gewürfelt
250 g Schweineleber
2 TL Salz
½ TL gemahlener schwarzer Pfeffer

Das Schweinefleisch in 5-cm-Würfel schneiden. Die *annatto*-Samen bei niedriger Hitze eine Minute rösten, dann mit einem Sieblöffel herausnehmen und wegwerfen. Im rotgefärbten Öl Knoblauch und Zwiebel weich und goldgelb braten, die Tomaten zugeben und dünsten, bis sie weich und musig sind. Das Schweinefleisch in den Topf geben, zugedeckt zum Kochen bringen. Bei schwacher Hitze gar simmern. Die Kartoffeln zugeben mit etwas Wasser oder Fleischbrühe, wenn die Flüssigkeit im Topf nicht mehr ausreicht. Weich simmern. In der Zwischenzeit die Leber sehr fein schneiden. In den Topf geben, sobald die Kartoffeln gar sind, würzen, wieder zum Kochen kommen lassen. Heiß servieren.

# Umba

Gesimmertes Schweinefleisch

6 Portionen
Zutaten:
1 kg Schweineschulter
2 Knoblauchzehen, fein gehackt
250 ml Wasser
2 EL Sojasoße
2 EL brauner Zucker
1 TL Salz
125 ml Essig
½ Lorbeerblatt

Das Schweinefleisch in große Würfel schneiden und mit allen übrigen Zutaten in einem schweren Topf zum Kochen bringen. Dann zugedeckt bei schwacher Hitze weich simmern.
Mit Reis servieren.

# Adobong baboy

Schweinefleisch-Adobo

6 Portionen
Zutaten:
6 Schweinesteaks aus der Lende oder Keule, etwa 1 kg
8 bis 10 Knoblauchzehen
250 ml weißer Essig
250 ml Wasser
1½ TL Salz
2 Lorbeerblätter
½ TL gemahlener schwarzer Pfeffer
Schweineschmalz oder Öl zum Braten

Das Fett vom Fleisch abtrennen und wegwerfen. Große Steaks in Portionsstücke teilen. Das Fleisch zusammen mit allen übrigen Zutaten außer Öl oder Schweineschmalz in einem schweren Topf eine Stunde lang durchziehen lassen. Anschließend zum Kochen bringen, dann bei niedriger Hitze das Fleisch etwa 40 Minuten weich kochen. Aus dem Topf nehmen, den Fond bei starker Hitze einkochen, bis er eingedickt ist. Durch ein Sieb in eine kleine Schüssel geben, das Fett von der Oberfläche abnehmen und in eine Bratpfanne geben. Der Pfannenboden soll 5 mm hoch mit Fett bedeckt sein, evtl. noch Schmalz oder Öl zugeben. Die Schweinesteaks von allen Seiten braun und knusprig braten.
Auf einer angewärmten Platte anrichten, mit der Soße übergießen. Sehr heiß zu weißem Reis servieren.

# Adobo aus Huhn und Schweinefleisch

6 bis 8 Portionen

Dem vorhergehenden Rezept folgen, aber nur 500 g Schweinefleisch und zusätzlich ein etwa 1,25 kg schweres Brathuhn verwenden und in Portionsstücke teilen. Die Kochzeit in der Essig-Knoblauch-Marinade auf 30 Minuten reduzieren. Im übrigen nach Rezept verfahren. Mit *pimiento*-Streifen oder Tomatenspalten garnieren, zu weißem Reis servieren.

# Pochero

*Eine Mahlzeit mit zwei Gängen aus einem Topf, so etwa wie der französische* pot au feu; *nur enthält* pochero *mehrere Fleischsorten.*

6 Portionen
Zutaten:
250 ml getrocknete Kichererbsen
1,5 kg Huhn
500 g Schweinefleisch
2 *chorizo*-Würste
1 große Zwiebel, in Scheiben geschnitten
4 TL Salz
1 TL ganze schwarze Pfefferkörner
4 EL Öl
10 Knoblauchzehen, fein gehackt
1 mittelgroße Zwiebel, fein gehackt
2 reife Tomaten, geschält und gewürfelt, oder 1 kleine Dose ganze Tomaten
500 g Süßkartoffeln, geschält und in Stücke geschnitten
1 Chinakohl, in 5 cm breite Streifen geschnitten
8 Frühlingszwiebeln, in 5 cm langen Stücken

Die Kichererbsen waschen und über Nacht in reichlich Wasser quellen lassen. Das Huhn in Portionsstücke, das Schweinefleisch in große Würfel zerteilen. Die *chorizos* in 2,5 cm dicke Scheiben schneiden. Alle diese Zutaten in einem großen Topf mit Wasser bedecken, die aufgeschnittene Zwiebel, Salz und Pfefferkörner zugeben und zum Kochen bringen. Über niedriger Hitze zugedeckt simmern, bis Fleisch und Kichererbsen fast weich sind.
In einem zweiten Topf Knoblauch und gehackte Zwiebel in heißem Öl langsam goldbraun braten, dabei oft durchrühren. Die Tomaten zugeben und zu Mus zerkochen, dann Fleisch und Fleischbrühe mit den Süßkartoffeln zugeben. Sobald die Kartoffeln halb gar sind, Kohl und Frühlingszwiebeln in den letzten Minuten mitgaren. Die Brühe als Suppe, Fleisch und Gemüse für sich servieren.

# Rellenong talong
Gefüllte Auberginen

4 Portionen
Zutaten:
2 mittelgroße Auberginen
1 EL Öl
3 Knoblauchzehen, fein gehackt
1 mittelgroße Zwiebel, fein gehackt
250 g durchgedrehtes Schweinefleisch
1 große, reife Tomate, gehackt
1 TL Salz
3/4 TL gemahlener schwarzer Pfeffer
250 g weiche frische Weißbrotkrumen
1 Ei, geschlagen
Semmelbrösel zum Panieren
Öl zum Braten

Die Auberginen der Länge nach halbieren, in leicht gesalzenem Wasser ankochen, aber nicht zu weich werden lassen. Aus dem Wasser nehmen und mit der Schnittseite nach unten abtropfen lassen. Etwas von dem musigen Fruchtfleisch herausschaben, einen festen Rand stehenlassen.
Knoblauch und Zwiebel in heißem Öl goldgelb braten, das Schweinefleisch zugeben und mitbraten, bis es ganz grau ist. Tomate, Salz und Pfeffer einrühren, 15 Minuten dünsten. Das gehackte Fruchtfleisch der Auberginen einrühren; weiterdünsten, bis die Masse nicht mehr besonders feucht ist. Vom Feuer nehmen, die weichen Brotkrumen einrühren, abschmecken und evtl. nachwürzen. Die Auberginenhälften mit der Masse füllen, die Oberseiten mit dem geschlagenen Ei bepinseln und mit Semmelbrösel panieren. In einer Pfanne in heißem Öl auf beiden Seiten goldgelb braten. Heiß servieren.

# Ampalaya

Bittermelone mit Garnelen

6 Portionen
Zutaten:
500 g Bittermelonen
250 g Garnelen
250 g Schweinefleisch
Schweineschmalz oder Öl zum Braten
2 mittelgroße Zwiebeln, gehackt
5 Knoblauchzehen, gehackt
1 kg reife Tomaten, geschält und gehackt
125 ml Essig
Salz und Pfeffer nach Geschmack

Die Bittermelonen der Länge nach halbieren. Die Kerne herausschaben und wegwerfen. Den grünen Teil quer in dünne Scheiben schneiden. Die Garnelen kochen, aus der Schale lösen und ausnehmen. Die Brühe aufheben. Das Schweinefleisch in dünne Scheiben schneiden. Zwiebel und Knoblauch in heißem Öl goldbraun braten. Das Schweinefleisch zugeben und braten, dann die Tomaten einfüllen. Dünsten, bis sie musig sind. Die Garnelen und 250 ml der Garnelenbrühe zugeben und rühren, bis das Ganze wieder kocht. Essig zugießen, einige Minuten simmern. Dann die Bittermelonen einrühren und weich kochen. Abschmecken. Zu Reis servieren.

# Amargoso-Salat

Salat aus Bittermelonen

4 Portionen
Zutaten:
1 junge zarte Bittermelone, in dünnen Scheiben
250 g gekochte Garnelen
2 feste rote Tomaten, geschält und gewürfelt
2 hartgekochte Eier, gehackt
Dressing:
3 EL Essig
1/2 TL Salz
2 TL Zucker
1/4 TL gemahlener schwarzer Pfeffer

Die Bittermelone in kochendes Wasser legen, für eine Minute wieder zum Kochen kommen lassen, dann sofort abgießen. Die Garnelen schälen und ausnehmen, große Garnelen in kleine Stücke schneiden. Alle Salatzutaten in eine Schüssel geben. Das Dressing rühren, über den Salat gießen, locker mischen. Zugedeckt in den Kühlschrank stellen.

# Papaya-Salat

6 Portionen
Zutaten:
1 mittelgroße feste Papaya
1 kleine reife Ananas, geschält und gewürfelt
2 Frühlingszwiebeln, in feinen Ringen
1 Kochapfel, geschält und gewürfelt
125 ml feine Selleriescheiben
125 ml Salatdressing oder Mayonnaise
Salz und Pfeffer nach Geschmack

Die Papaya schälen und halbieren, die Kerne herausschaben. Das Fruchtfleisch würfeln. Mit allen übrigen Zutaten vermengen, vor dem Auftragen zugedeckt in den Kühlschrank stellen.

# Lumpia

Lumpia, *einen beliebten Snack, kann man »frisch« oder gebacken essen. »Frisch« bedeutet, daß die Füllung in ein Salatblatt und eine Eierteighülle eingeschlagen und ungebacken gegessen wird, während gebackene* lumpia *den Frühlingsrollen ähnlich sind. Es gibt viele Versionen zu* lumpia, *die sich alle in irgendeiner Hauptzutat unterscheiden – zum Beispiel* lumpia labong *(mit Bambusschößlingen),* lumpia *mit Erdnüssen und die begehrteste,* lumpia *mit* ubod. Ubod *ist das Mark der Kokospalme. Es hat sich eben erst den Ruf erworben, eine Speise für Millionäre zu sein, weil ein ganzer Baum geopfert werden muß, um das zarte, sahnig-weiße und nach Nuß schmeckende Mark zu bekommen.*

*Ich bringe hier ein Grundrezept für* lumpia. *Sie können es mit gehackten Bambusschößlingen oder gerösteten Erdnüssen variieren. Wenn es Sie danach verlangt, die Füllung mit Kokospalmenmark zu probieren, müssen Sie Palmenmark aus der Dose in streichholzdünne Stäbchen schneiden, mit etwa der gleichen Menge in Würfel geschnittenen gekochten Shrimps oder Langusten mischen und mit Salz und Pfeffer würzen.*

Ergibt etwa 24 *lumpia*

Zutaten:

1 Hühnerbrust oder ein halbes kleines Huhn, gekocht
250 g gekochtes Schweinefleisch
250 g gekochte Garnelen
125 g frische Bohnensprossen
250 g Kohl
125 g grüne Bohnen
2 EL Erdnußöl
4 Knoblauchzehen, fein gehackt
250 ml in kleine Würfel geschnittener Sellerie
125 ml feingehackte Frühlingszwiebeln
2 TL Salz
1/2 TL gemahlener schwarzer Pfeffer
2 EL helle Sojasoße
1 Päckchen Frühlingsrollen-Hüllen oder 1 × Rezept Eierteighüllen

Die Hühnerbrust entbeinen, häuten und in Würfel schneiden. Das Schweinefleisch würfeln. Die Garnelen schälen, ausnehmen und grob hacken. Bohnensprossen waschen und abtropfen lassen, abstehende braune Enden abknipsen, grob hacken. Den Kohl in feine Streifen schneiden, die äußeren Blätter und zähe Blattrippen wegwerfen. Bohnen abziehen und in sehr feine schräge Scheiben schneiden. Knoblauch in heißem Öl eine Minute langsam anbraten, dann Huhn, Schweinefleisch und Garnelen zugeben und eine Minute pfannenrühren, ehe die Bohnen zugegeben werden. 2 Minuten pfannenrühren, dann Bohnensprossen, Kohl, Sellerie und Frühlingszwiebeln zufügen. Unter lockerem Umwenden dünsten, bis die Gemüse zwar gar, aber noch knackig sind. Würzen, gut durchrühren, dann überschüssige Flüssigkeit abgießen.

Frische *lumpia* werden folgendermaßen zubereitet:

Auf eine Eierteighülle legt man ein gewaschenes und abgetrocknetes Salatblatt, gibt darauf 2 EL Füllung und rollt so auf, daß die Rolle auf einer Seite geschlossen ist, auf der anderen das Salatblatt herausschaut. Zimmerwarm servieren mit einer Soße zum Dippen (nächstes Rezept).

Für gebackene *lumpia* nimmt man kein Salatblatt, sondern gibt die Füllung unmittelbar auf die Frühlingsrollen- oder Eierteighüllen und rollt auf wie bei Frühlingsrollen (S. 255) beschrieben, so daß die Füllung vollständig eingeschlossen ist. Sollen die Rollen nicht sofort serviert werden, deckt man sie mit Alu- oder Kunststoff-Folie ab und stellt sie in den Kühlschrank, bis sie gebraucht werden.

In 190° heißem Öl schwimmend etwa 2 Minuten goldbraun und kroß ausbacken. Auf Küchenkrepp abtropfen lassen, mit Soße servieren.

# Soße zu Lumpia

Zutaten:

4 EL Zucker
60 ml helle Sojasoße
250 ml klare Fleischbrühe oder Wasser
2 EL Maisstärke
60 ml kaltes Wasser
1 Knoblauchzehe, zerrieben
1/4 TL Salz

Zucker, Sojasoße und Fleischbrühe zum Kochen bringen. Die Maisstärke mit kaltem Wasser glattrühren, unterziehen und rühren, bis die Soße andickt. Unter Rühren eine Minute simmern. Den mit Salz zerriebenen Knoblauch untermischen.

# Empanadas

Fleisch-Krapfen

Ergibt etwa 24 Stück
Zutaten:
500 ml Weizenmehl
½ TL Salz
125 ml Wasser
1 EL Zucker
1 Eigelb, geschlagen
60 ml zerlassene Butter oder Margarine
1 Eiweiß, leicht geschlagen
Schweineschmalz oder Öl zum Ausbacken

Füllung:
3 dünne Scheiben Schinkenspeck
1 EL Schweineschmalz oder Öl
2 Knoblauchzehen, fein gehackt
1 mittelgroße Zwiebel, fein gehackt
250 g gehacktes Schweine- und Kalbfleisch oder spanische Wurst, fein gehackt
125 g feingehacktes rohes Hühnerfleisch
¾ TL Salz
¼ TL gemahlener schwarzer Pfeffer
2 EL Tomatensoße
3 hartgekochte Eier, gehackt
2 EL gehackte eingelegte Gurken

Teig:
Mehl und Salz in eine Schüssel sieben. Wasser, Zucker und Eigelb miteinander verrühren und in eine Grube in der Mitte des Mehls gießen. Alles vermengen und zu einem glatten Teig verkneten. 15 Minuten ruhen lassen. Die Hälfte des Teigs auf einem leicht bemehlten Brett sehr dünn ausrollen und mit der Hälfte der zerlassenen Butter bestreichen. Den Teig dicht und fest zu einer langen, dünnen Rolle zusammenrollen. In etwa 2,5 cm dicke Scheiben schneiden und jede Scheibe wieder auf Untertassengröße ausrollen.
Auf jede dieser Scheiben einen Löffel Füllung setzen, die Teigränder mit dem leichtgeschlagenen Eiweiß bestreichen, zu einem Halbkreis zusammenschlagen, die Ränder fest zusammendrücken, damit sie dicht schließen. Dann die Ränder mit den Zinken einer Gabel dekorieren. So mit dem ganzen Teig und der ganzen Füllung verfahren.
Immer nur ein paar *empanadas* gleichzeitig in einer Ausbackpfanne in mäßig heißem Öl schwimmend goldbraun ausbacken. Auf Küchenkrepp abtropfen lassen und warm servieren.

Füllung:
Den Schinkenspeck von der Schwarte befreien, in kleine Stücke schneiden und in der Pfanne auslassen. Dann die Schinkenwürfel aus der Pfanne nehmen, Schweineschmalz oder Öl zugeben und Knoblauch und Zwiebeln langsam weich und goldgelb anbraten. Die Hitze steigern, das Fleisch unter Rühren braten, bis es grau ist. Salz, Pfeffer und Tomatensoße einrühren. Über schwacher Hitze zugedeckt 15 Minuten dünsten. Die hartgekochten Eier und eingelegten Gurken untermischen, abkühlen lassen, ehe man den Teig füllt. Abschmecken und evtl. nachwürzen.

# Capuchinos

Kleine Kuchen mit Weinbrand

Ergibt 12 Stück
Zutaten:
60 ml zerlassene Butter
125 ml Weizenmehl
½ TL Backpulver
eine Prise Salz
2 große Eier
125 ml Zucker
1 EL Weinbrand

Sirup:
125 ml Zucker
125 ml Wasser
1 EL Weinbrand

Sirup zubereiten und zum Abkühlen beiseite stellen. Den Backofen auf 200° vorheizen. Kleine Kuchenformen einfetten. Butter schmelzen und abkühlen lassen. Mehl, Salz und Backpulver zusammensieben.
Die Eier mit dem Elektrorührer schaumig schlagen, nach und nach den Zucker einlaufen lassen und weiterrühren, bis die Masse cremig und locker ist. Die geschmolzene Butter und den Weinbrand einrühren, dann die trockenen Zutaten unterheben.
Die Kuchenformen zur Hälfte mit dem Teig füllen, im Backofen 10 bis 12 Minuten goldbraun backen. Das Gebäck aus den Förmchen nehmen, kurz in Sirup tauchen, nicht länger als eine Sekunde. Zum Trocknen auf ein Kuchengitter legen.

Sirup:
In einem kleinen Topf den Zucker bei schwacher Hitze im Wasser auflösen. Zwei Minuten sprudelnd kochen, dann abkühlen lassen und den Weinbrand einrühren.

# Ukoy

Pfannkuchen mit Garnelen und Süßkartoffeln

Ergibt etwa 20 Stück
Zutaten:
250 g kleine rote Garnelen
250 ml Wasser
1 1/2 TL Salz
250 ml Weizenmehl
125 ml gemahlener Reis
60 ml Maisstärke
2 Eier
1/4 TL gemahlener schwarzer Pfeffer
1 mittelgroße Süßkartoffel
250 ml frische Bohnensprossen
4 Frühlingszwiebeln, in feine Ringe geschnitten
Öl zum Ausbacken

Die Garnelen gründlich waschen. Wasser mit Salz zum Kochen bringen und die Garnelen einlegen. Nachdem das Wasser wieder zum Kochen gekommen ist, noch etwa 3 bis 4 Minuten zugedeckt kochen, bis die Garnelen rosa sind. Abgießen, die Brühe aufheben. Die Köpfe der Garnelen abschneiden. Auf den Philippinen läßt man die Garnelen in den Schalen, und falls sie sehr klein sind, ist auch nichts dagegen einzuwenden. Aber die Schalen größerer Garnelen sind doch recht zäh, deshalb entferne ich sie und belasse nur die Schwänze.
Mehl, gemahlenen Reis und Maisstärke in eine große Rührschüssel geben. Die Eier schlagen, 250 ml der Garnelenbrühe zugeben, evtl. mit Wasser auffüllen. Pfeffern.
Diese Flüssigkeit zu den trockenen Zutaten gießen und mit dem Elektrorührer in etwa 2 Minuten zu einem glatten Teig verrühren. Die Süßkartoffel schälen und grob raffeln. 250 ml davon abmessen. Die Bohnensprossen waschen, abstehende braune Enden abknipsen und die Bohnensprossen in einem Sieb erst mit kochendem Wasser überbrühen, dann mit kaltem Wasser abspülen. Gut abtropfen lassen. Die geraffelte Süßkartoffel, Bohnensprossen und die Hälfte der Frühlingszwiebelringe unter den Teig rühren.
In einer Ausbackpfanne (Friteuse) oder einem Wok Öl heiß werden lassen. Sobald feiner Rauch aus dem Öl aufsteigt, nach und nach je etwa 1 EL Teig in das Öl gleiten lassen, jeden Löffelteig zuvor mit 2 oder 3 Garnelen und ein paar Frühlingszwiebelringen belegen. Nicht zu viele Pfannkuchen gleichzeitig backen. Während des Backens mit Öl begießen und umwenden, sobald die Unterseite goldbraun ist. Das Öl darf nicht zu heiß sein, damit die Pfannkuchen nicht dunkel werden, ehe sie durchgebacken sind. Auf Küchenkrepp abtropfen lassen.
Heiß servieren und dazu einen Dip aus Knoblauch und Essig reichen: eine Knoblauchzehe mit 1 TL Salz zerreiben und in 60 ml milden Essig einrühren.

# Mango-Eiscreme

*Die Filipinos lieben Eiscreme aus Früchten, Kokosnuß und der purpurnen Yamswurzel.*

6 Portionen
Zutaten:
500 ml Milch
2 Eier
125 ml Streuzucker
375 bis 500 ml Mango-Fruchtfleisch, frisch oder aus der Dose
1 TL Gelatine ohne Aroma
2 EL Wasser
250 ml süße Sahne

Das Gefrierfach auf die tiefstmögliche Temperatur einstellen. Milch langsam zum Kochen bringen. In der Zwischenzeit die Eier trennen und die Eigelbe in einer Rührschüssel mit der Hälfte des Zuckers cremig und schaumig rühren. Ein wenig heiße Milch unter die Eigelbmasse rühren, dann in den Topf zu der heißen Milch gießen und im Wasserbad bei sehr schwacher Hitze ziehen lassen. Dabei ständig rühren und nicht zum Kochen kommen lassen, weil die Eiermilch sonst gerinnt. Sobald sie so dick ist, daß sie am Löffelrücken haftenbleibt, vom Feuer nehmen und unter Rühren etwas abkühlen lassen. In Gefrierschalen geben und zu Creme erstarren lassen.
Die Gelatine nach Vorschrift auflösen und in das Mangomus einrühren. Die Sahne steif schlagen, aber nicht zu lange, sonst wird die Eiscreme butterartig.
Die Eiweiß zu steifem Schnee schlagen bis Spitzen stehenbleiben, dann den restlichen Zucker zugeben und weiterschlagen, bis der Schnee weich und glänzend ist.
Die halbgefrorene Eimasse in eine Schüssel schaben und mit dem Elektrorührer glattrühren, aber nicht schmelzen lassen. Bei heißem Wetter muß man die Schüssel kühlen. Das Mangomus, Eischnee und Schlagsahne unterziehen und die Creme wieder in Gefrierschalen füllen. Völlig erstarren lassen.

# Bombones de arroz

Reiskrapfen

---

Ergibt etwa 24 Stück
Zutaten:
500 ml gekochter Reis
2 große Eier, schaumig geschlagen
125 ml Zucker
1/2 TL Vanille
1/2 TL geriebene Muskatnuß
6 EL Weizenmehl
3 TL Backpulver
Öl zum Ausbacken
Puderzucker zum Bestreuen

In einer großen Rührschüssel Reis, Eier, Zucker, Vanille und Muskatnuß verrühren. Mehl und Backpulver zusammensieben und gleichmäßig unter den Reis rühren. In einer Ausbackpfanne Öl mäßig heiß werden lassen, die Reismasse löffelweise hineingleiten und bei Mittelhitze schön aufgehen lassen. Von beiden Seiten goldbraun backen. Mit einem Schaumlöffel herausheben und auf Küchenkrepp abtropfen lassen. Mit Puderzucker bestäuben und warm servieren.

# Ensaimada

Süße Hefeteigrollen

---

Backofentemperatur: 170°C
Backzeit: 10 bis 12 Minuten
Ergibt 18 Stück
Zutaten:
30 g frische Hefe
60 ml lauwarmes Wasser
3 TL Zucker
1 l Weizenmehl
185 g Butter oder Margarine
125 ml feiner Zucker
6 Eigelb
125 ml Milch
zusätzlich 125 ml zerlassene Butter
125 g feingeriebener reifer Käse, am besten holländischer Edamer
2 bis 3 EL zusätzlicher feiner Zucker

Die Hefe in warmes Wasser in einer kleinen Schüssel zerbröckeln. 3 TL Zucker darin auflösen. Mit einem Löffel Mehl bestäuben und an einem warmen Platz gehen lassen.

Butter oder Margarine glattrühren, Zucker zugeben und schaumig rühren, die Eigelbe nach und nach einzeln einrühren. Abwechselnd Mehl und Milch zugeben, zum Schluß die Hefe. Zu einem glatten Teig abschlagen. Je nach der unterschiedlichen Aufnahmefähigkeit des Mehls muß man evtl. noch 1 oder 2 EL Mehl zugeben. Der Teig soll weich sein, aber nicht so weich, daß er an der Schüssel klebt. Aus dem Teig eine Kugel formen, 10 Minuten auf bemehltem Brett ruhen lassen. Die Rührschüssel mit heißem Wasser auswaschen, gut austrocknen, dünn einfetten. Den Teig in diese warme Schüssel legen, mit einem Tuch zudecken und etwa eine Stunde an einem warmen Platz gehen lassen, bis er sein Volumen verdoppelt hat.

Dann den Teig in zwei gleiche Portionen teilen, jede auf einem dünn bemehlten Brett zu einem Rechteck von 45 × 38 cm ausrollen. Mit etwas zerlassener Butter bepinseln und mit der Hälfte des geriebenen Käses bestreuen. Jedes Rechteck der Länge nach in drei gleiche Streifen schneiden. Jeden Streifen mit der langen Seite beginnend aufrollen. Diese langen Rollen in drei Stücke teilen, so daß man aus jedem Rechteck neun Rollen bekommt.

Jedes Stück auf dem Brett mit der Hand zu Bleistiftdicke rollen, dann zu Schnecken oder Zöpfen formen. Auf ein gefettetes Backblech legen, Abstand zwischen den Teigstücken lassen. Mit einem Tuch zugedeckt an einem warmen Platz etwa 30 bis 40 Minuten gehen lassen, bis der Teig noch einmal sein Volumen fast verdoppelt hat.

Den Backofen auf 170° vorheizen und die Teigstückchen etwa 10 bis 12 Minuten goldbraun backen. Aus dem Ofen nehmen, das noch heiße Gebäck mit zerlassener Butter bestreichen und mit feinem Zukker bestreuen. Die *ensaimadas* warm oder zimmerwarm servieren.

# Leche Flan

Karamelpudding

6 bis 8 Portionen
Zutaten:
125 ml Zucker
60 ml Wasser
3 große Eier
2 Eigelb
125 ml feiner Streuzucker
625 ml heiße Milch
2 TL Vanille

Zucker und Wasser in einem kleinen Topf ohne Rühren erhitzen, bis sich eine tiefgoldbraune Karamelmasse gebildet hat. Vom Feuer nehmen und sofort in eine $1\,^1/_2$ l fassende feuerfeste Form gießen. Die Form dabei drehen, um Boden und Wand mit Karamelmasse zu überziehen.
In einer großen Rührschüssel die ganzen Eier und die Eigelbe schaumig rühren, nach und nach den Zucker zugeben, weiterrühren, bis die Masse cremig und luftig ist. Milch heiß werden lassen, ganz langsam unter Rühren zugeben. Vanille einrühren, dann die Masse durch ein Sieb in die mit Karamelmasse überzogene Form gießen. Diese Form in eine größere Backform setzen, in den Zwischenraum kochendes Wasser gießen, bis es die halbe Höhe der Puddingform erreicht. Im Backofen bei 150 °C etwa 35 bis 45 Minuten backen, bis ein zur Garprobe mitten in den Pudding gestecktes Messer sauber wieder herausgezogen werden kann. Aus dem Backofen nehmen und auskühlen lassen.
Dann zugedeckt mindestens über Nacht in den Kühlschrank stellen, am besten aber zwei Tage lang. Mit einem Messer den Rand lockern, eine gekühlte Platte über die Form legen, beide festhalten und umdrehen, so daß der Pudding auf die Platte gleiten kann. Gekühlt servieren.

# Guava-Gelee

Zutaten:
2 kg nicht ganz reife Guavas
4 grüne Kochäpfel
Zucker
Zitronensaft

Die Früchte waschen und vierteln, in einem großen Topf eben mit Wasser bedeckt zum Kochen aufsetzen. Offen kochen, bis die Früchte weich sind und ihre Farbe verlieren. Das dauert mindestens eine Stunde. Durch einen Beutel oder ein Tuch laufen lassen. Nicht pressen, sonst wird das Gelee trübe. Das Tuch anfeuchten und auswringen, ehe das Fruchtmus hineingegeben wird; andernfalls saugt das Tuch zu viel Saft auf.
Den gefilterten Saft abmessen. Nicht mehr als 1 bis $1\,^1/_4$ l auf einmal zu Gelee kochen. Man nimmt 185 ml Zucker auf 250 ml Saft.
Den Saft zum Kochen bringen, den Zucker und etwa 2 EL durchgeseihten Zitronensaft zugeben und rühren, bis der Zucker aufgelöst ist. Nun das Gelee ohne Rühren kochen, nur den Schaum von der Oberfläche abnehmen, bis es steif wird. Um zu probieren, ob das Gelee fertig ist, läßt man einen Löffel voll etwas abkühlen und das Gelee dann über die Seite des Löffels in den Topf zurückfließen. Fließt es nicht, sondern fällt in Brocken, so ist es fertig. Das Gelee in sterilisierte Gläser füllen, mit einer dünnen Schicht von geschmolzenem Paraffin abdecken.

# Membrillo

Guavapaste

Sobald der Saft für das Gelee (obenstehendes Rezept) durch das Tuch gelaufen ist, kann man aus dem zurückbleibenden Fruchtmus das folgende Konfekt zubereiten:
Das Mus durch ein feines Sieb treiben, Schalen und Kerne wegwerfen. Das Mus abwiegen, $^3/_4$ des Musgewichts Zucker zugeben. Mus und Zucker mit dem Saft einer Zitrone unter ständigem Rühren mit einem langstieligen Holzlöffel bei sehr schwacher Hitze kochen, bis es sehr dick ist. Vorsicht, es spritzt, sobald es dick wird. Unter Rühren weiterkochen, bis die Masse so steif ist, daß sie sich vom Topf in einem Stück lösen läßt. Auf einer gebutterten Platte mit einem eingefetteten Löffel oder Bananenblatt flach auseinanderstreichen, kalt und fest werden lassen.
Zum Servieren in dünne Scheiben schneiden.

# China

Stellen Sie sich vor, Sie sollten nach Hongkong fahren, um dort charakteristische chinesische Rezepte zu sammeln und von einigen der besten und erfahrensten Küchenchefs zu lernen. Genau das konnte ich tun. Ich durfte diesen Spezialitätenköchen bei der Arbeit zusehen und habe sehr viel dabei gelernt.
Da war zum Beispiel Küchenchef Chan Wong, der Mann hinter Hongkongs bester *dim sum*-Frühstücksbar: er bereitete *dim sum* der verschiedensten Arten in solcher Geschwindigkeit und mit solch flinken Händen zu – nur Können und ständige Übung zusammen machen es möglich, mit solcher Behendigkeit zu arbeiten.
Dann war da Küchenchef Wong Hon Ming, ein Spezialist für Nudeln, dessen Arbeitsweise mehr an einen Taschenspieler denken ließ, der seine Kunststücke vorführt, als an einen Koch, der Nudeln herstellt. In Sekunden verwandelte er einen Klumpen gut durchgekneteten Teig in Dutzende unglaublich feiner Nudelstränge, indem er ihn erst auf Armlänge auseinanderzog, dann die Enden zusammenlegte und das Ganze wieder auseinanderzog, so daß er zuerst nur ein dickes Seil aus Nudelteig hatte, dann zwei, vier, acht, sechzehn Stränge und so fort. Am Ende war es dann ein richtiger Vorhang aus Nudeln, die er in einen Kessel mit sprudelnd kochendem Wasser fallen ließ.
Ein weiteres berühmtes Gericht, bei dessen Zubereitung ich zusehen konnte, war Peking-Ente mit Mandarin-Pfannkuchen. Küchenchef Chan Shun war stolz auf seinen Ruhm als anerkannter Experte für dieses wegen der vollendet knusprigen, tiefrot-braunen Haut mit Recht so gepriesene Gericht. Das Geheimnis der Zubereitung liegt darin, daß man Luft zwischen Fleisch und Haut der Ente blasen muß, bis die Haut sich wie ein Ballon aufbläht. Dann wird die Ente um den Hals fest abgebunden und in einem speziellen Trockenraum aufgehängt. Nach dieser Vorbehandlung muß die Haut beim Braten richtig krachend knusprig werden.
Küchenchef Lai Tai, lächelnd, liebenswürdig, Herr-

scher über eine geschäftige Küche mit vielen Köchen, lud mich ein, in seine Küche zu kommen, und ließ mich beim Zubereiten einiger der Speisen helfen, die wir zum Lunch serviert bekommen sollten. Darunter waren in einem außerordentlich luftigen Teig ausgebackene Fischstückchen, Zitronenhuhn und pfannengerührte Garnelen mit Walnüssen. Er bestand darauf, daß ich lieber gleich von allem probierte, statt zu warten, bis die Schüsseln auf den Tisch kämen.

Ein Besuch auf dem Zentralmarkt in Hongkong reichte aus, meinen Kopf ganz wirblig zu machen – so viel gibt es da zu sehen. Man kann da einfach alles haben, von Dutzenden verschiedener Gemüse und Früchte angefangen bis zu allen Sorten von Fleisch und Fisch, riesige Tiger-Garnelen, Aale, Schlangen und lebende Schildkröten eingeschlossen.

Aber dieses Erlebnis aus jüngster Zeit war nicht meine erste Bekanntschaft mit der chinesischen Küche. Sie gehörte schon immer zu meinem Leben. Denn ich bin in Ländern des Fernen Ostens mit beträchtlicher chinesischer Einwohnerschaft aufgewachsen und hatte so immer Gelegenheit, gutes chinesisches Essen zu bekommen. Außerdem heiratete ich auch noch einen Mann, der sich besonders viel aus chinesischen Gerichten macht; nicht nur, daß er sie gern ißt, er kocht sie auch gern. Mit der Unbeirrbarkeit eines Bluthundes stöbert er Rezepte auf, und daher kam es, daß wir beide zusammen eine Menge über eine Kochtradition lernten, in die keiner von uns hineingeboren worden war.

In einem so riesigen Land wie China muß es regionale Unterschiede in der Art zu kochen geben; trotzdem kann man von fünf bedeutenderen Stilrichtungen sprechen.

Der Peking- oder Schantung-Stil legt besonderen Wert auf zartes Aroma; Szetschuan-Gerichte sind scharf und würzig; die Honan-Richtung liebt würzige, süß-saure Speisen; die Fukien-Schule ist berühmt für ihre klaren Suppen, ihre Fischgerichte und die feine Ausgewogenheit ihrer Gewürze. Die Küche Kantons, die in westlichen Ländern am besten bekannt ist, ist eine Kombination vieler Richtungen, mit einer besonderen Vorliebe für Pfannengerührtes und feine Gewürze. Außerdem sind kantonesische Speisen leicht und gut verdaulich, weil weniger Fett verwendet wird als bei den übrigen Kochschulen. Es ist die kantonesische Küche, die als Bestes diese vielen Arten gedämpfter Klößchen hervorgebracht hat, die als *dim sum* bekannt sind.

Der Grund dafür, daß das Ausland die kantonesische Küche am besten kennt, liegt darin, daß im neunzehnten Jahrhundert aus Kanton im Süden Chinas viele Menschen nach Amerika, Europa und Südostasien auswanderten und ihre Rezepte in diese Länder mitbrachten. Sie sind ungeheuer populär geworden und bis heute geblieben.

Ein Charakteristikum der chinesischen Küche ist die Vielfalt der verwendeten Zutaten. Das kommt nicht daher, daß die Chinesen unbedingt möglichst exotische Speisen auf den Tisch bringen wollten (obwohl das in den Palästen tatsächlich oberstes Ziel gewesen sein mag), sondern daß sie alle Möglichkeiten ausschöpfen und alles Eßbare verwerten mußten, um zu überleben. So kamen getrocknete Wolkenohrpilze und Lilienknospen, Lotossamen und Lotoswurzel und alle möglichen Sorten von Fleisch, Fisch und Gemüsen in die Küche. Das bekannteste Gericht mit einer ungewöhnlichen Zutat ist wohl Schwalbennestersuppe. Diese Nester sind nicht aus Halmen, sondern aus dem Speichel winziger Turmschwalben gebaut und gelten als sehr nahrhaft. Weil diese Nester von senkrechten, fast unzugänglichen Klippen gesammelt und weil sie eingeweicht und gründlich gesäubert werden müssen, wird diese Suppe bei Banketten als teurer Prestige-Gang serviert. Wenn Schwalbennester-Suppe auf der Menükarte steht, so bedeutet das, daß der Gastgeber und seine Köche keine Mühe und Kosten gescheut haben. Fehlten bei einem Festbankett solche seltenen und kostspieligen Leckerbissen, so wäre das eine Kränkung der Gäste.

Im Gegensatz dazu ist das Alltagsessen der Chinesen einfach, und die Rezepte in diesem Kapitel sind auch für eine Hausfrau zu bewältigen, die nicht Lust und Zeit hat, den ganzen Tag in der Küche zu stehen. Wenn erst einmal die Grundfertigkeiten im Schneiden, Hacken und Würzen erworben sind, kann jedermann köstliche chinesische Mahlzeiten auf den Tisch bringen. Es gibt keine komplizierten Soßen, keine kniffligen Techniken, keine mysteriösen Prozeduren, die nur ein Küchenchef beherrschen kann. Jedermann, der wirklich Interesse hat, kann aus verständlich und einfach abgefaßten Rezepten die Kochmethoden und das exakte Würzen lernen und in einer westlichen Küche köstliche Gerichte des Fernen Ostens zubereiten.

## Wie man ein chinesisches Essen kocht

Die Zubereitungsarten der chinesischen Küche sind die gleichen, die uns vertraut sind: kochen, schmoren, dünsten, in Fett schwimmend ausbacken, dämpfen und braten. Zusätzlich gibt es noch die Technik des Pfannenrührens, was bedeutet, daß die Zutaten in sehr wenig Öl bei starker Hitze gerührt und umgewendet werden. Sie verlangt, daß alle Vorbereitungsarbeit vor dem eigentlichen Kochen getan sein muß und daß alle Zutaten in Stücke etwa gleicher Größe und Form geschnitten werden müssen. Ursprünglich wurde diese Methode entwickelt, um Brennstoff zu sparen. Da alles in kleine Stücke geschnitten ist, beträgt die Garzeit oft von Anfang bis Ende nur fünf Minuten. Aber alles muß vorbereitet sein, ehe man anfängt zu kochen; die Gewürze müssen abgemessen sein und in Reichweite stehen, denn eine Verzögerung während des Kochens kann bedeuten, daß das Ergebnis enttäuschend ausfällt. Die Zutaten werden in einer bestimmten Reihenfolge zugegeben, zuerst die, welche die längste Garzeit haben. Nach einiger Übung wird einem dieses Arbeiten nach Sekundenbruchteilen zur zweiten Natur. Aber diese Technik eignet sich nicht zum Vorkochen. Besser läßt man seine Gäste auf ein solches Gericht warten als umgekehrt. Wenn das Essen warten muß, gart es in der eigenen Hitze weiter und entspricht dann nicht mehr den

Erwartungen. In der chinesischen Küche hängt viel von der Struktur der Speisen ab. Gemüse müssen knackig sein, Fisch oder Fleisch nur eben gar und saftig, nicht trocken durch zu langes Kochen.

## Wie man eine chinesische Mahlzeit serviert und ißt

Eine chinesische Mahlzeit besteht nicht nur aus einem Hauptgericht, sondern aus mehreren gleichwertigen Gerichten. Auf einem formellen Bankett wird eine Abfolge von Gängen serviert, dazwischen gibt es Pausen zum Trinken, Plaudern und Spielen. Das macht verständlich, wieso man zehn oder noch mehr Gänge essen kann. Beim täglichen Essen in der Familie oder bei zwanglosen Gesellschaften werden alle Gerichte gleichzeitig auf den Tisch gebracht. Das erlaubt der Gastgeberin, bei Tisch sitzen bleiben zu können, sobald das Essen einmal begonnen hat.
Natürlich ist Reis die Grundlage jeder Mahlzeit – einfacher weißer, gedämpfter Reis der Kurz- oder Mittelkornsorten, ohne Salz zubereitet. Gebratener Reis, eine Komposition aus kaltem gekochtem Reis und weiteren Zutaten, wird selten zu den Mahlzeiten auf den Tisch gebracht, sondern als Snack zwischendurch gegessen.
Jedes Gedeck besteht aus Eßschale, Eßstäbchen und Porzellanlöffel, Tassen für Wein oder Tee und einem kleinen Teller, der als Platzteller unter der Eßschale und auch als Abfallteller für Knochen dient. Es wird als völlig korrekt angesehen, Knochen mit Hilfe der Eßstäbchen aus dem Mund zu nehmen und auf dem Teller abzulegen. Bei Mahlzeiten mit einer Dipsoße gehört auch ein kleines Soßenschälchen zu jedem Gedeck.
Man kennt keine Tischdekoration, auch nicht bei offiziellen Banketten. Die Aufmerksamkeit soll durch nichts von den Speisen abgelenkt werden, in die allein die Gastgeber ihren ganzen Stolz setzen.
Wenn Sie zum ersten Mal ein Menü für ein chinesisches Essen zusammenstellen, so lassen Sie es am besten mit nur einem pfannengerührten Gericht bewenden. Wählen Sie dazu lieber noch ein gedünstetes Gericht. Ein Vorschlag wäre ein kaltes Horsd'œuvre, dann etwas Gebratenes, eine Suppe und kaltes Fleisch, zum Beispiel Huhn mit Austernsoße.
Der Chinese beschließt sein Alltagsessen nicht mit einem Dessert. Bei festlichen Anlässen gibt es aber zum Abschluß eine Süßspeise wie Mandelgelee oder frisches Obst.

## Küchengeräte

Eine chinesische Küche hat üblicherweise eine »Bank-Feuerstelle« entlang einer Wand. In diese Bank sind Löcher geschnitten, in welche die Töpfe unmittelbar über der Hitze eingesetzt werden können, die meistens durch Holzfeuer erzeugt wird. In Restaurants erzielt man mit Hilfe kräftiger Gasbrenner jene schnelle und flexible Hitze, die von vielen chinesischen Kochmethoden verlangt wird.
Fast jedes chinesische Gericht kann man in westlichen Küchen und mit westlicher Küchenausstattung zubereiten, dennoch möchte ich Ihnen dringend raten, lieber einen *Wok* zu kaufen, als sich mit einer Bratpfanne oder einem Topf zu behelfen, weil er wirklich ein bemerkenswert vielseitiges Gerät ist.

**Der Wok:**
Wenn ich auf die berühmte einsame Insel verschlagen würde und dürfte nur einen Kochtopf mitnehmen – ich würde den Wok wählen. Er wäre für jede Art von Eßbarem genau richtig, was immer sich auch auf dieser Insel finden ließe. Man kann in ihm kochen, schmoren, braten, ausbacken und dämpfen. Natürlich können Sie das alles auch in den Töpfen, die Sie schon besitzen; für eine Technik ist er aber fast unersetzlich, für das Pfannenrühren, das in vielen chinesischen Rezepten vorgeschrieben ist. Sie können dafür selbstverständlich auch eine große, tiefe Pfanne nehmen. Ich habe aber pfannengerührte Gerichte nebeneinander in Pfanne und *Wok* zubereitet und möchte ohne Zögern behaupten, daß sie jedesmal im *Wok* besser gerieten. Wegen seiner Kugelform und der hohen, nach außen geneigten Wände können Sie die Zutaten mit Hingabe hin und her wenden und pfannenrühren, ohne daß sie über den Rand springen. Und weil er aus dünnem Eisen besteht, erreicht er schnell die große Hitze, die in der chinesischen Küche unbedingt nötig ist.
Obwohl man den *Wok* am besten über einer Gasflamme verwendet, lassen sich auch mit elektrischen Kochplatten gute Ergebnisse erzielen. Weil zum Pfannenrühren schnell starke Hitze nötig ist, müssen Sie die Kochplatte auf die höchste Stufe schalten und den *Wok* direkt daraufstellen. Man kann *Woks* mit flachem Boden bekommen, die auf Elektroplatten die Hitze besser ausnützen können; es gibt sogar elektrische *Woks* mit eingebautem Heizelement. Ich empfehle einen *Wok* von 30 bis 35 cm Durchmesser, denn man kann zwar kleine Mengen in einem großen *Wok* kochen, nicht aber umgekehrt. Der *Wok* aus rostfreiem Stahl ist eine moderne Neuerung, ein billiger eiserner *Wok* heizt aber schneller und gleichmäßiger auf, und wenn Sie nicht vergessen, ihn nach dem Reinigen sorgfältig abzutrocknen, wird er auch nicht rosten. Die Griffe können sehr heiß werden, wenn man aber zwei oder drei Lagen Isolierband darum wickelt, kann man sie gut anfassen. Das ist eine weise Vorsichtsmaßnahme für zerstreute Leute wie mich, die immer zuerst die heißen Griffe anfassen und dann erst die Topflappen in die Hand nehmen.
Ein neuer eiserner *Wok* muß vorbehandelt werden, ehe man ihn in Gebrauch nimmt. Zunächst säubert man ihn gründlich in heißem Wasser und Spülmittel. Manchmal haben neue *Woks* einen lackähnlichen Überzug, den man entfernen muß. Dazu füllt man den *Wok* fast ganz mit Wasser, gibt etwa 2 EL Soda hinein und kocht 15 Minuten. Dadurch wird der Überzug aufgeweicht und kann nun mit einem feinen Topfreiniger abgescheuert werden. Hat sich der Überzug nur teilweise ablösen lassen, müssen Sie die Prozedur wiederholen, bis die Innenseite völlig blank ist. Jetzt wird der *Wok* geölt, damit sich die Poren schließen und das Kochgut nicht

anklebt. Trocknen Sie ihn gut aus und setzen Sie ihn auf schwache Hitze. Tränken Sie ein Stück Küchenpapier mit Erdnußöl und reiben Sie die gesamte Innenfläche des heißen *Wok* damit ein. Wiederholen Sie das mit frischem Papier so lange, bis es sauber bleibt. Lassen Sie den *Wok* kalt werden. Nun ist er gebrauchsfertig.

Reinigen Sie den *Wok* niemals mit Stahlwolle oder Scheuermitteln. Weichen Sie Speisereste in heißem Wasser ein und spülen Sie den *Wok* mit heißem Wasser und Spülmittel unter Zuhilfenahme eines Schwammes oder Spültuchs. So schonen Sie die Innenfläche. Nun reiben Sie den *Wok* ganz trocken, damit er nicht rostet. Am besten erwärmen Sie ihn vorsichtig, um ihn völlig trocken zu bekommen, und reiben die Innenfläche mit ölgetränktem Küchenpapier ein. Ein vielbenutzter *Wok* wird schnell schwarz, das ist ganz in Ordnung. Und je häufiger ein *Wok* benutzt wird, desto besser läßt sich in ihm kochen.

**Hackmesser und -bretter:** Es mag sein, daß Sie ein gutes Küchenmesser haben, aber wenn Sie sich erst einmal an ein rasiermesserscharfes chinesisches Hackmesser gewöhnt haben, werden Sie nichts anderes mehr benützen wollen. Diese Hackmesser sehen zwar unförmig aus mit ihrem breiten Blatt, trotzdem leistet eine Ecke dieses Blattes dasselbe wie die Spitze eines Messers. Ein Hackmesser eignet sich hervorragend dazu, Zutaten in Scheiben oder Streifen zu schneiden, zu hacken oder zu würfeln. Ein zusätzlicher Vorteil ist das breite Blatt, mit dem man so gut die zerkleinerten Zutaten vom Hackbrett zum Kochtopf tragen kann.

Es empfiehlt sich, sowohl ein Hackmesser wie ein Küchenbeil anzuschaffen. Das Beil ist dicker und schwerer als das Messer und hackt durch Knochen – eine in der chinesischen Küche häufig verlangte Arbeit.

Arbeiten Sie mit Hackmesser oder Beil an einem hölzernen Hackblock oder Holzbrett. Mit Kunststoff beschichtete Bretter sind nicht zu empfehlen, welche Art von Messer Sie auch benützen. Junge Eheleute lassen sich oft vom attraktiven Aussehen der Kunststoffbretter verleiten, aber zu ernsthafter Arbeit taugt nur ein solides Hackbrett aus Holz. Außerdem ist Holz sicherer, weil seine Oberfläche nicht glatt und schlüpfrig ist.

**Sonstige Küchengeräte:** Die Chinesen benutzen Dampftöpfe aus Metall mit Bambuseinsätzen, doch man braucht sie nicht unbedingt. Dämpfen kann man in jedem Topf (oder Kasserolle) mit passendem Deckel, der groß genug ist, um darin eine Platte oder flache Schüssel auf einem Gestell oder einer Schale so aufzustellen, daß sie über die Wasseroberfläche ragt. Die Platte oder Schüssel darf nicht zu groß sein, sonst kann der heiße Dampf nicht daran vorbei und über sie her strömen. Das Kochgut wird auf der Platte ausgebreitet, der Deckel fest geschlossen – und fertig ist der improvisierte Dämpfer.

Die chinesischen Bambusdämpfer eignen sich besonders gut zum Dämpfen von Teigtaschen und Klößchen, denn durch die materialbedingten Öffnungen im Deckel kann der Dampf entweichen, so daß er sich nicht wie bei einem Metalldeckel auf der Deckelinnenseite niederschlägt, auf das Kochgut zurücktropft, es durchnäßt und unansehnlich macht. Am besten legt man Teigtaschen und *dim sum* auf einen gelochten Einsatz, der über dem kochenden Wasser hängt. Den Topf erst mit einem sauberen doppeltgefalteten Tuch und dann mit dem Deckel abdecken. Das Tuch verhindert, daß sich am Deckel Dampf niederschlägt und auf das Kochgut zurücktropft.

Chinesische Schöpfkellen und Ausbacklöffel *(wok chan)* sind nützlich, aber keineswegs nötig, falls Sie andere Utensilien besitzen, die das gleiche leisten. Suppe kann man schließlich mit jeder Art von Kelle ausschöpfen, und ich habe herausgefunden, daß die gebogenen, mit Schlitzen versehenen Spateln, die man überall billig kaufen kann, sich geradezu ideal zum Wenden und Pfannenrühren eignen und dazu, schwimmend Ausgebackenes aus dem Öl zu heben.

Zum Ausbacken eignen sich sehr gut die chinesischen Ausbacklöffel aus feinem Drahtgeflecht. So ist ein großer Drahtlöffel zum Beispiel ein sehr geeignetes Instrument, einen ganzen gebackenen Fisch mühelos aus dem Öl zu heben – also eine lohnende Anschaffung, wenn Sie gern Fische im ganzen ausbacken.

Lange Kochstäbchen aus Holz sind ebenfalls empfehlenswert. Man kann damit zum Beispiel Nudelklumpen zerteilen, Eier schlagen, umrühren und vieles andere mehr.

## Ihr chinesisches Gewürzbord

Agar-Agar, Fäden oder Pulver
Bambusschößlinge (Dose)
Barbecue-Soße, nach Belieben
Schwarze Bohnen, gesalzen (Dose)
Chilisoße
chinesische Pilze, getrocknet
Chow-Chow-Konserven
Fünf-Gewürze-Pulver
Hoisinsoße
Lilienknospen, getrocknet
Lotosnußpaste (Dose)
Lotoswurzel (Dose)
Austernsoße
Pflaumensoße
rote Lebensmittelfarbe
Sesamöl
Sesampaste
Sojasoße, hell und dunkel
Sternanis
Strohpilze (Dose)
Walnüsse, geschält
Wasserkastanien (Dose)
Wolkenohrpilze, getrocknet

Zu diesen Zutaten kommen noch die notwendigen frischen Ingredienzen, die für das Aroma chinesischer Speisen wesentlich sind: frische Ingwerwurzel, Knoblauch, frisches Korianderkraut und Frühlingszwiebeln. Wenn man für bestimmte Gerichte frische Bohnensprossen und Zuckererbsen kaufen muß, kann man sie im Kühlschrank eine Woche lang aufbewahren. Frühlingsrollen- und Wontonhüllen halten sich im Kühlschrank gut.

# Fan
Weißer Reis

4 bis 6 Portionen
Zutaten:
500 g Kurz- oder Mittelkornreis
750 ml Wasser

Den Reis, wenn nötig, waschen und gut trocknen lassen, dann das abgemessene Wasser, heiß oder kalt, mit dem Reis in einen Topf geben und bei starker Hitze zum Kochen bringen. Eine oder zwei Minuten sprudelnd kochen, dann auf Mittelhitze zurückschalten und weiterkochen, bis der Reis eine mit Löchern durchsetzte Oberfläche bekommt. Dann den Topf mit einem dichtschließenden Deckel zudecken, bei der niedrigstmöglichen Hitze noch 10 Minuten ziehen lassen. Ohne den Deckel zu lüften, die Hitze abschalten und den Reis ungestört noch weitere 10 Minuten ausquellen lassen.

# Ching choong chow fan
In Sojasoße gebratener Reis mit Frühlingszwiebeln

*Sehr einfach und sehr gut.*

3 bis 4 Portionen
Zutaten:
2 EL Erdnußöl
750 bis 1000 ml kalter gekochter Reis
1 EL helle Sojasoße
1 EL Pilz-Sojasoße
6 Frühlingszwiebeln, in schräge Scheiben geschnitten

Das Öl in einem Wok sehr heiß werden lassen, den Reis einfüllen und pfannenrühren, bis die zusammengeklebten Körner alle auseinandergefallen und hellgelb sind. Die Soßen darüberträufeln und gleichmäßig unterheben. Die Zwiebelringe zugeben und bei starker Hitze noch eine Minute locker durchmischen. Heiß servieren.
Anmerkung: Sie können diesen gebratenen Reis durch weitere Zutaten zu einer vollgültigen Mahlzeit machen. Dazu eignen sich eine oder mehrere der folgenden Zutaten, die zuvor gebraten werden müssen: gehackter Schinken oder Schinkenspeck, gehacktes gekochtes Schweinefleisch, in Scheiben geschnittene *lap cheong* (chinesische Würste), kleine gekochte Garnelen (geschält), gewürzte verquirlte Eier, gekochte grüne Erbsen.

# Chai chow fan
Gebratener Reis vegetarisch

6 Portionen
Zutaten:
500 ml Kurzkornreis
625 ml Wasser
12 getrocknete chinesische Pilze
2 Stangen Lauch
4 Stangen Sellerie
250 g grüne Bohnen
125 g Bohnensprossen, nach Belieben
250 ml grob geraffelte Möhren
250 ml Bambusschößlinge, in Scheiben geschnitten, nach Belieben
3 EL Erdnußöl
1 EL Sesamöl
1 TL frischer Ingwer, fein gerieben
2 Knoblauchzehen, fein gerieben
250 ml Frühlingszwiebeln, gehackt
125 ml Pilzwasser
2 EL helle Sojasoße
Salz nach Geschmack

Reis am Tag zuvor, mindestens aber einige Stunden vor der Mahlzeit kochen (siehe oben) und abkühlen lassen. Reisklumpen mit den Fingern zerteilen und den Reis ausbreiten, so daß die einzelnen Körner trocknen können. In den Kühlschrank stellen.
Die Pilze in heißem Wasser 30 Minuten einweichen, dann überschüssiges Wasser ausdrücken, das Einweichwasser aufbewahren. Die Stiele abschneiden und wegwerfen, die Hüte in dünne Scheiben schneiden. Den Porree gut unter fließendem Wasser waschen, nachsehen, ob innen kein Sand mehr vorhanden ist. In dünne Scheiben schneiden. Nur die weißen Stangen und die ersten fünf bis sieben Zentimeter des grünen Teils verwenden. Den Sellerie putzen, die Bohnen abziehen, beides schräg in feine Scheiben schneiden. Die Bohnensprossen waschen, abtropfen lassen, alle braunen »Schwänze« herauslesen.
Erdnußöl und Sesamöl in einem großen Wok oder einer sehr großen Pfanne erhitzen, Ingwer und Knoblauch zugeben und 30 Sekunden pfannenrühren. Pilze, Porree, Sellerie, Bohnen und Möhren zugeben und bei starker Hitze drei Minuten pfannenrühren. Bohnensprossen und Bambusschößlinge beifügen und eine weitere Minute rühren. Den Reis unterheben und durch und durch heiß werden lassen. Die Zwiebeln zugeben. Pilzwasser und Sojasoße mischen und gleichmäßig über den Reis träufeln. Weiterrühren, um alles gut zu mischen. Eventuell mit Salz abschmecken. Heiß servieren.

# Gai see fun guen

In Blättern gedämpfter Reis mit Huhn und Pilzen

8 bis 10 Portionen
Zutaten:
500 g Mittelkornreis
1 l Wasser
2 EL helle Sojasoße
3 TL Sesamöl
6 getrocknete chinesische Pilze
1 EL dunkle Sojasoße
2 TL Zucker
2 Hühnerbrüste
250 g gegrilltes Schweinefleisch
1 Knoblauchzehe, zerrieben
1/2 TL frischer Ingwer, fein gerieben
1 TL Salz
125 ml Pilzwasser
2 TL Maisstärke
getrocknete Bambus-, Mais- oder Lotosblätter

Reis mit Wasser, heller Sojasoße und 1 TL Sesamöl schnell zum Kochen bringen, dann bei sehr schwacher Hitze zugedeckt 15 Minuten ziehen lassen.
Währenddessen die Pilze 30 Minuten in heißem Wasser einweichen. Das Einweichwasser aufheben. Stiele abschneiden und wegwerfen, die Hüte in Scheiben schneiden und zusammen mit 185 ml Einweichwasser, der dunklen Sojasoße, den restlichen 2 TL Sesamöl und dem Zucker zugedeckt 10 Minuten simmern.
Die Hühnerbrüste entbeinen, das Fleisch in kleine Würfel schneiden. Das Schweinefleisch würfeln. Hühner- und Schweinefleisch mit Knoblauch, Ingwer, Salz und etwa 125 ml Pilzwasser in den Topf zu den Pilzen geben und durchrühren. Weitere 5 Minuten zugedeckt simmern. Maisstärke mit etwas kaltem Pilzwasser glattrühren und die Soße damit andicken, dann vom Feuer nehmen, bis auf lauwarm abkühlen lassen. Vorsichtig unter den Reis mischen.
Jeweils 185-ml-Portionen entweder auf vier überlappende Bambusblätter oder ein in kaltem Wasser eingeweichtes Lotosblatt geben. Gut einwickeln und mit einem Bindfaden zubinden. 25 Minuten dämpfen. Warm, kalt oder auch aufgewärmt servieren.
Anmerkung: Wer keine Blätter hat, macht die Päckchen aus Alufolie.

# Dahn min

Eiernudeln

Wahrscheinlich sind sie die beliebtesten Nudeln. Sie werden aus Weizenmehl hergestellt und in 450- bis 500-g-Packungen verkauft. Jede Packung enthält sieben oder acht Bündel Nudeln. Für die Zubereitung ist es wichtig, sie zunächst 10 Minuten in heißem Wasser einzuweichen. Das wird in der Kochanleitung auf den Packungen nicht erwähnt, macht die Arbeit aber entschieden leichter. Sobald die Bündel aufweichen, trennen sich die Stränge, und die Nudeln werden gleichmäßiger gar, als wenn man sie direkt ins kochende Wasser gibt.
Ein Löffel Öl im Kochwasser verhindert das Überkochen. Von dem Zeitpunkt an, an dem das Wasser nach dem Einlegen der Nudeln wieder zum Kochen kommt, feine Nudeln noch zwei bis drei, breite Nudeln noch drei bis vier Minuten, auf keinen Fall aber länger kochen. Sofort in ein großes Sieb abgießen, dann mit kaltem Wasser überbrausen, um anhängende Stärke abzuspülen und die Nudeln abzukühlen, damit sie nicht in der eigenen Hitze weitergaren. Gründlich abtropfen lassen. Zum Heißmachen kochendes Wasser über die Nudeln im Sieb gießen.
Mit pfannengerührten Gerichten servieren oder zu Suppen oder geschmorten Nudelgerichten weiterverarbeiten.

# Ho fun

Reisnudeln

Es gibt die verschiedensten Sorten von Reisnudeln. Je nach Nudelsorte und -dicke müssen sie von 30 Minuten bis zu einer Stunde oder sogar noch länger in kaltem Wasser eingeweicht werden. Abgießen, in sprudelnd kochendes Wasser geben und sechs bis zehn Minuten kochen. Nach der sechsten Minute jede Minute prüfen, ob sie gar sind. Sobald sie weich sind, die Nudeln in ein Sieb abgießen, mit kaltem Wasser überbrausen, noch einmal abtropfen lassen. Wenn die Nudeln gut abgespült werden, damit keine lose Stärke mehr an ihnen haftet, kann man sie im voraus kochen, um sie später zu braten oder in einer Suppe wieder heiß zu machen.

# Mi fun
Reis-Vermicelli

Reis-Vermicelli sind sehr dünn und deshalb schnell gar. In kochendes Wasser einlegen und nur zwei bis drei Minuten kochen. Gut abtropfen lassen. Man verwendet sie zu Suppen oder zu Gerichten mit viel Soße. Falls eine krosse Garnitur gewünscht wird, etwa zu ausgebakkenen Garnelen oder anderen heißen Vorspeisen, geben Sie die Vermicelli direkt von der Packung in das heiße Öl, immer nur eine kleine Menge auf einmal und immer nur für ein paar Sekunden. Die Nudeln blähen sich auf und werden weiß, sobald sie in das heiße Öl tauchen, doch nur, wenn das Öl heiß genug ist. Schnell mit einem Schaumlöffel oder einem Drahtsieb herausnehmen, auf Küchenkrepp abtropfen lassen.

# Fun see
Cellophan- oder Bohnenmehlnudeln

Man nennt sie auch Glasnudeln, Bohnenfäden, Silberfäden, Frühlingsregen-Nudeln, *harusame* oder *fenszu*. Als krosse Garnitur werden sie genauso ausgebacken wie Reis-Vermicelli, direkt aus der Pakkung. Sollen sie für Suppen oder geschmorte Gerichte verwendet werden, muß man sie zuerst 20 Minuten in heißem Wasser einweichen, dann abgießen, etwa 15 Minuten in Wasser kochen, bis sie weich sind.

# E min
Weichgebratene Nudeln

Die Nudeln kochen und abgießen, wie für *dahn min* (Eiernudeln, S. 375) beschrieben. Die gut abgetropften Nudeln auf einem mit Küchenkrepp ausgelegten großen Backblech ausbreiten und mindestens 30 Minuten an der Luft trocknen lassen. Man kann sie mit etwas Erdnußöl beträufeln, damit sie nicht aneinanderkleben.
Je 2 EL Erdnuß- und Sesamöl in einem Wok oder einer Bratpfanne sehr heiß werden lassen und eine Handvoll Nudeln hineinlegen. Sobald eine Seite goldgelb ist, umwenden und die andere Seite braten. Mit allen übrigen Nudeln so verfahren, evtl. noch Öl nachgießen. Achten Sie bitte darauf, daß frisch in die Pfanne gegebenes Öl erst sehr heiß sein muß, ehe man Nudeln einlegen kann.
Mit Rindfleisch oder Schweinefleisch, Geflügel oder Gemüse servieren oder mit pfannengerührten Zutaten zu *chow mein* kombinieren.

# Chow min

Kroß ausgebackene Nudeln

Reis-Vermicelli und Cellophan-Nudeln können zum Ausbacken direkt aus der Packung in heißes Öl gegeben werden.
Eiernudeln muß man zuvor kochen, dann gut abtropfen lassen und auf einem großen, mit Küchenkrepp ausgelegten Backblech für mindestens 30 Minuten zum Trocknen ausbreiten. Man kann sie mit ein wenig Erdnußöl beträufeln, damit sie nicht aneinanderkleben.
In einem Wok Erdnußöl erhitzen und immer nur eine Handvoll Nudeln auf einmal kroß und goldbraun ausbacken. Die kroßgebakkenen Nudeln werden meistens als Garnitur verwendet.

# Yook nup fun see

Cellophan-Nudeln mit Schweinefleisch

*Nach der Szetschuan-Tradition muß dieses Gericht mit scharfer Bohnensoße gewürzt werden. Wo diese nicht zu bekommen ist, können Sie selbst Ersatz dafür herstellen, indem Sie die gleiche Menge gesalzene gelbe Bohnen aus der Dose in einem feinen Sieb kurz mit Wasser abspülen, dann mit einer Gabel zerdrücken und 1 TL chinesische Chilisoße auf je 1 EL Bohnen unterrühren.*

4 bis 6 Portionen
Zutaten:
125 g Cellophan-Nudeln
4 getrocknete chinesische Pilze
185 g Schweinefleisch
3 EL Öl zum Braten
1 EL chinesischer Wein oder trockener Sherry
1 EL helle Sojasoße
1 TL Salz
185 ml leichte Brühe (S. 416) oder Wasser
1 TL Maisstärke
4 Frühlingszwiebeln, fein gehackt
2 TL frischer Ingwer, fein gerieben
2 EL scharfe Bohnensoße (siehe Glossar)
1 große frische rote Chili oder rote Paprikaschote, entkernt und fein gehackt
2 EL gehacktes frisches Koriandergrün

Die Nudeln in einer großen Schüssel mit kochendem Wasser bedekken, etwa 10 Minuten stehenlassen, bis sie weich und durchsichtig sind. Abgießen, mit einem scharfen Messer in kleine Stücke schneiden. Die Pilze 30 Minuten in heißem Wasser einweichen, dann auspressen. Die Stiele wegwerfen, die Hüte in kleine Würfel schneiden, ebenso das Schweinefleisch. Alle Soßen und Würzen in einer kleinen Schüssel mischen.
Einen Wok bei starker Hitze heiß werden lassen, Öl hineingeben und im Wok herumschwenken. In dem heißen Öl Pilze und Schweinefleischwürfel pfannenrühren, bis sie braun und gar sind.
Frühlingszwiebeln und Ingwer kurz mitrühren, dann Bohnensoße und die rote Chili zugeben, über Mittelhitze etwa eine Minute kochen, bis die Mixtur gar riecht.
Die Soßenmischung einrühren, zum Kochen kommen lassen, dann die Nudeln zugeben, unter Rühren simmern, bis alle Flüssigkeit verkocht ist. Das Koriandergrün einrühren und sofort servieren.
Man kann das Gericht noch mit einer Chiliblume und zusätzlichem Koriandergrün dekorieren.

# Ngau yook dau kok chow mi fun

Reis-Vermicelli mit Rindfleisch und Stangenbohnen

4 bis 5 Portionen
Zutaten:
250 g Reis-Vermicelli
375 g mageres Rindfleisch
375 g Stangenbohnen
3 EL Erdnußöl
1 Knoblauchzehe, zerrieben
1/2 TL frischer Ingwer, fein gerieben
250 ml Rindfleischbrühe (S. 417)
1 TL Salz
2 EL helle Sojasoße
einige Tropfen Chiliöl, nach Belieben

Die Reis-Vermicelli 10 Minuten in einer großen Schüssel mit kaltem Wasser einweichen. Das Rindfleisch in sehr dünne Scheiben, die Bohnen in 5 cm lange Stücke schneiden. In einem Wok Öl erhitzen, die Bohnen zwei Minuten pfannenrühren, herausnehmen. Knoblauch, Ingwer und Rindfleisch in den Wok geben, pfannenrühren, bis das Fleisch grau ist. Mit Brühe, Salz und Sojasoße ablöschen.
Die gut abgetropften Reis-Vermicelli zugeben und so lange mit den übrigen Zutaten wenden, bis sie heiß sind. Zugedeckt bei ziemlich schwacher Hitze drei Minuten kochen. Die Bohnen wieder in den Wok geben, eine Minute lang durchmischen. Sofort auftragen. Man kann dazu etwas Chiliöl reichen, das sich jeder nach Belieben über das Essen träufelt.

# Jahp wui chow min

Kombiniertes Chow mein

Chow mein *ist in den westlichen Ländern sehr beliebt. Manchmal wird es mit ausgebackenen Nudeln zubereitet, doch das authentische Rezept schreibt weichgebratene Nudeln vor. Es ist eine reizvolle Möglichkeit, Reste zu verwerten. Die hier genannten Mengen sind nur ein Anhalt, nehmen Sie, was Sie zur Hand haben.*

6 Portionen
Zutaten:
6 Bündel feine Eiernudeln (etwa 500 g)
Erdnußöl zum Braten
1 Knoblauchzehe, zerdrückt
1/2 TL frischer Ingwer, fein gerieben
250 ml gegrilltes Schweinefleisch in Scheiben
250 ml gekochtes Huhn, gewürfelt
125 ml Abalone, in Scheiben
250 ml Chinakohl oder Senfkohl, in Scheiben
250 ml Bohnensprossen, gewaschen und abgetropft
8 Frühlingszwiebeln, in 5 cm lange Stücke geschnitten
125 ml dünne Brühe (S. 416) oder Wasser
2 EL helle Sojasoße
2 TL Maisstärke
2 EL kaltes Wasser

Die Nudeln zubereiten und weichbraten, wie auf S. 376 beschrieben. Im Wok oder in einer Pfanne Öl erhitzen, Knoblauch und Ingwer ein paar Sekunden pfannenrühren. Fleisch und Abalone, Kohl, Bohnensprossen, Zwiebeln und Bambussprossen zugeben und eine Minute oder zwei pfannenrühren, bis die Zutaten heiß sind. Alles an die Seite schieben, Brühe und Sojasoße zugießen und zum Kochen bringen. Maisstärke mit Wasser mischen, einrühren, aufkochen und andicken lassen. Fleisch und Gemüse untermischen, auf den gebratenen Nudeln servieren.

# Choy yuen har kau chow mi fun

Reis-Vermicelli mit Garnelen und Chinakohl

3 bis 4 Portionen
Zutaten:
250 g Reis-Vermicelli
6 Blätter Chinakohl oder Senfkohl *(wong bok* oder *gai choy)*
250 g geschälte rohe Garnelen
3 EL Erdnußöl
1 Knoblauchzehe, zerrieben
1 TL frischer Ingwer, fein gerieben
1 EL chinesischer Wein oder trockener Sherry
1 TL Salz
1 EL helle Sojasoße
125 ml Fisch- oder Hühnerbrühe

Die Vermicelli 10 Minuten in heißem Wasser einweichen. In einem Sieb abtropfen lassen. Die Kohlblätter waschen und in dünne Streifen schneiden. Die Garnelen ausnehmen, große der Länge nach halbieren. Knoblauch, Ingwer, Wein, Salz, Sojasoße und Brühe vermischen.
Einen Wok erhitzen, Öl rund um den Rand träufeln. Sobald es die Topfmitte erreicht hat und richtig heiß ist, die Garnelen einlegen und pfannenrühren, bis sie die Farbe wechseln, dann in eine Schüssel legen. Das Öl erst wieder heiß werden lassen, dann die Kohlstreifen eine Minute pfannenrühren. Die gemischten flüssigen Zutaten angießen, weitere zwei Minuten kochen. Nun die Reis-Vermicelli in den Topf geben und unter Umwenden heiß werden lassen. Die Garnelen untermischen. Sofort servieren.

# Yau pao yiu gor yue kow

Kurzgekochter Fisch mit gerösteten Cashew-Nüssen

4 bis 6 Portionen
Zutaten:
1 ganzer Snapper oder ein anderer weißfleischiger Fisch, zum Beispiel Rotbarsch, etwa 1,5 kg
Salz

Zum Kochen:
1 große Zwiebel, in Scheiben
2 Stangen Sellerie mit Blättern
1 große Möhre, in Vierteln
6 dünne Scheiben frischer Ingwer
125 ml chinesischer Wein oder trockener Sherry
$^{1}/_{2}$ TL ganze schwarze Pfefferkörner
1 großer Würfel Hühnerbrühe

Zum Anrichten:
60 ml Öl zum Braten
125 ml rohe Cashew-Nüsse, halbiert
60 g fettes geröstetes Schweinefleisch
1 EL dunkle Sojasoße
2 TL Sesamöl
2 Frühlingszwiebeln, in feine schräge Scheiben geschnitten

Den Fisch ausnehmen und schuppen, Kopf und Schwanz nicht abschneiden. Ein Stück angefeuchtetes Küchenpapier in grobes Salz tauchen, die Bauchöffnung des Fisches sorgfältig damit ausreiben, alle Blutspuren wegwischen. Scharfe Gräten mit der Küchenschere abschneiden.
In einen großen Wok so viel Wasser gießen, daß es reicht, um den Fisch zu bedecken, den Fisch aber noch nicht einlegen. Zwiebel, Sellerie, Möhre, Ingwer, Wein oder Sherry, Pfefferkörner und Brühwürfel zugeben, langsam zum Kochen kommen und fünf Minuten simmern lassen, damit die Brühe schmackhaft wird. Nun sprudelnd kochen lassen, den Fisch einlegen. Sobald der Sud wieder kocht, die Hitze reduzieren und den Fisch in etwa 8 bis 10 Minuten gar ziehen lassen. Die Garprobe machen, indem man an der dicksten Stelle etwas Fischfleisch abhebt; es muß milchigweiß und undurchsichtig sein. Vom Feuer nehmen, den Fisch mit zwei großen geschlitzten Löffeln vorsichtig herausnehmen, ein paar Sekunden lang den Sud abtropfen lassen, dann auf eine vorgewärmte Platte legen.

Anrichten und garnieren:
In einem Wok Öl erhitzen und die Cashew-Nüsse bei Mittelhitze goldgelb rösten. Herausnehmen und auf Küchenpapier abtropfen lassen. Das restliche Öl in eine feuerfeste Schüssel gießen und beiseite stellen. Im gleichen Wok die fetten gerösteten Schweinefleischwürfel unter kräftigem Umrühren kroß braten. Das Öl, das sich im Wok gesammelt hat, ausgießen. Statt dessen 3 EL von dem zurückgestellten Öl, in dem die Nüsse geröstet wurden, im Wok langsam wieder heiß werden lassen. Sojasoße und Sesamöl miteinander verrühren und über den Fisch verteilen, das heiße Öl aus dem Wok schnell darübergießen. Mit Frühlingszwiebelringen, krossen Fleischwürfeln und Cashew-Nüssen garnieren. Sofort mit weißem Reis servieren.
Anmerkung: Den durchgeseihten Sud kann man als Suppe servieren. Man reichert sie mit Wintermelone oder eben weichgekochten zerfaserten Melonenstückchen an oder auch mit zwei Quadraten Bohnenquark, in winzige Würfel geschnitten und heißgemacht.

# Ho nan jum choa yue

Im Ganzen gekochter Snapper auf Honan-Art

4 Portionen
Zutaten:
750 g frischer Snapper oder ein anderer ganzer weißfleischiger Fisch (Rotbarsch)
2 TL Salz
2 EL Erdnußöl
1 TL frischer Ingwer, fein gerieben
8 Frühlingszwiebeln, fein gehackt
2 TL Sesamöl
2 EL helle Sojasoße

Den Fisch ausnehmen, schuppen und waschen. Gräten und Flossen abschneiden, Kopf und Schwanz aber nicht entfernen.
In einen Wok so viel Wasser geben, daß es reicht, um den Fisch zu bedecken (den Fisch aber noch nicht einlegen), mit Salz zum Kochen bringen, dann vorsichtig den Fisch hineinlegen, zudecken und wieder zum Kochen kommen lassen. Bei schwacher Hitze 5 bis 7 Minuten kochen. Aus dem Sud heben und gut abtropfen lassen. In einem kleinen Topf Ingwer und Frühlingszwiebeln sehr langsam in Erdnußöl weich braten, nicht bräunen lassen. Vom Feuer nehmen, Sesamöl und Sojasoße zugeben. Den Fisch auf eine Platte legen, evtl. auf ein Bett aus geschmorten Salatblättern (siehe S. 413), die Soße darüber verteilen. Sofort servieren.

# Hung shiu yue har guen

Geschmorte Rollen aus Fisch und Scampi

4 bis 6 Portionen
Zutaten:
18 rohe Scampi
750 g feste weiße Fischfilets
2 EL Erdnußöl
3 dünne Scheiben frischer Ingwer
185 ml heißes Wasser
1½ EL helle Sojasoße
2 EL chinesischer Wein oder trockener Sherry
½ TL Zucker
3 Frühlingszwiebeln, in dünne Scheiben geschnitten
1 TL Arrowroot oder Maisstärke
1 EL kaltes Wasser

Die Scampi aus der Schale nehmen, die Innereien entfernen. Die Fischfilets häuten und entgräten und in 18 Streifen schneiden, von denen jeder groß genug ist, daß man ihn um einen Scampi wickeln kann. Mit hölzernen Zahnstochern befestigen.
In einem Wok Erdnußöl erhitzen, die Ingwerscheiben goldgelb anbraten. Die Fischrollen hineinlegen, zwei Minuten braten, dabei vorsichtig mit Stäbchen oder einer Zange wenden. Heißes Wasser, Sojasoße und Wein samt Zucker zugießen. Zugedeckt 5 Minuten simmern. Die Fischrollen in einer Schüssel anrichten. In den Wok die Frühlingszwiebelringe und die mit kaltem Wasser angerührte Maisstärke geben; rühren, bis die Soße kocht und andickt. Die Ingwerscheiben herausnehmen. Die Soße über die Fischrollen gießen. Nach Geschmack garnieren und sofort zu Reis oder Nudeln servieren.

# Hoi seen jeung boon yue lau

Fischfilets mit Hoisinsoße

3 bis 4 Portionen
Zutaten:
375 g frische weiße Fischfilets
2 EL Öl
1 Knoblauchzehe, zerdrückt
1 EL helle Sojasoße
½ TL frischer Ingwer, fein gerieben
1 TL Hoisinsoße
Frühlingszwiebeln zum Garnieren

Die Fischfilets häuten, waschen und mit Küchenpapier gut abtrocknen. In einem Wok Öl erhitzen, den Knoblauch goldgelb anbraten, herausnehmen und wegwerfen. Die Filets einzeln einlegen, nach wenigen Sekunden wenden und dann zur Seite schieben, um dem nächsten Platz zu machen. Wenn alle Fischfilets im Wok sind, Sojasoße darüberträufeln, zudecken und eine Minute simmern. Vom Feuer nehmen, Hoisinsoße einrühren.
Die Fischfilets auf einer Platte anrichten, die Soße darüber verteilen, mit Frühlingszwiebelstreifen garnieren und zu weißem Reis servieren.

# Suen laht cheung boon yue

Ausgebackener Fisch mit scharf-saurer Soße

4 Portionen
Zutaten:
500 g feste weiße Fischfilets
1/2 TL Salz
1/2 TL frischer Ingwer, fein gerieben
1 Eiweiß, nur leicht geschlagen
Öl zum Ausbacken
Maisstärke zum Bestäuben

Zutaten zur Soße:
1 frische rote Chili
1 frische grüne Chili
125 ml chinesische Pickles (Dose)
125 ml Saft dieser Pickles (Dose)
125 ml Wasser
1 EL Zucker
1/2 TL Salz
1 EL Maisstärke

Fisch häuten und entgräten, in fingerlange Stücke schneiden. Mit Salz und Ingwer einreiben und im Eiweiß wenden. Durchziehen lassen, während die Soße zubereitet wird.
Etwa 250 ml Öl in einem Wok erhitzen, die Fischstücke in Maisstärke wälzen, bis sie dünn, aber vollständig damit überzogen sind. Immer nur wenige Stücke gleichzeitig bei Mittelhitze in wenigen Minuten gerade eben durchbacken. Wenn die Fischstücke zu lange im heißen Öl bleiben, werden sie trocken. Auf Küchenpapier abtropfen lassen, mit der Soße anrichten und sofort zu weißem Reis servieren.

Soße:
Die Chilis entkernen und in dünne Scheiben, die Pickles in feine Streifen schneiden. In einem kleinen Topf Picklesaft, Wasser, Zucker und Salz zum Kochen bringen, die mit kaltem Wasser angerührte Maisstärke untermischen. Rühren, bis die Soße dick und klar ist. Pickles und Chilis einrühren. Die Soße warm stellen.

# Gwoo lo yue lau

Knuspriger Fisch mit süß-saurer Soße

3 bis 4 Portionen
Zutaten:
750 g ganzer Snapper (Rotbarsch)
1 TL Salz
1/2 TL Fünf-Gewürze-Pulver
Öl zum Ausbacken
1 Ei, geschlagen
60 ml Maisstärke

Süß-saure Soße:
1 Möhre
3 EL tiefgekühlte Erbsen
1 kleine Zwiebel
1 EL helle Sojasoße
1 EL chinesischer Wein oder trockener Sherry
3 EL Tomatensoße
2 EL Essig
2 EL Zucker
185 ml Wasser
1 EL Maisstärke
3 EL kaltes Wasser
2 EL Erdnußöl
1 Knoblauchzehe, zerdrückt
1/4 TL frischer Ingwer, fein gerieben
2 EL Melonenstückchen (Dose), nach Belieben

Den Fisch säubern und schuppen, Schwanz und Kopf nicht abschneiden. Gut waschen und innen und außen mit Küchenpapier trockentupfen. Das Fleisch auf beiden Seiten zweimal diagonal einschneiden, so daß sich ein Rautenmuster ergibt. Salz und Fünf-Gewürze-Pulver mischen und gut in die Haut und die Schnittstellen einreiben. Nun die Soße zubereiten.

Süß-saure Soße:
Die Möhre schälen und in dünne Scheibchen schneiden. Leichtes Salzwasser zum Kochen bringen, Möhre und Erbsen hineingeben, zwei Minuten kochen, abgießen und in kaltes Wasser geben, damit die Farbe erhalten bleibt. Die Zwiebel schälen, vierteln und die Viertel noch einmal teilen. Die einzelnen Schichten trennen. Sojasoße, Wein, Tomatensoße, Essig, Zucker und Wasser mischen, rühren, bis sich der Zucker gelöst hat. Die Maisstärke mit kaltem Wasser anrühren. Öl erhitzen, Knoblauch, Ingwer, Zwiebeln, Möhren und Erbsen hineingeben und zwei Minuten pfannenrühren. Die Soßenmischung zugeben, zum Kochen bringen. Dann die Maisstärke untermischen, unter Rühren aufkochen und andicken lassen. Vom Feuer nehmen und die Melonenstücke zufügen. Warm stellen.
Öl in einem Wok oder in einem Ausbacktopf (Friteuse) erhitzen. Unterdessen den Fisch zunächst in geschlagenem Ei, dann in Maisstärke wälzen, bis alle Poren versiegelt sind. Wenn das Öl rauchendheiß ist, die überschüssige Stärke abschütteln und den Fisch vorsichtig ins Öl geben. Nicht bedeckte Teile ständig begießen. Vier Minuten backen, dann wenden und weitere acht bis zehn Minuten backen und begießen. Auf Küchenpapier abtropfen lassen, dann auf einer Platte anrichten. Sofort servieren, zusammen mit der süß-sauren Soße.

# Sze chuen yau jar yue

Ausgebackener Fisch auf Szetschuan-Art

Als Hauptgericht 4 Portionen
Zutaten:
4 ganze feste, weißfleischige Fische, je etwa 375 g schwer
2 EL chinesischer Wein oder trockener Sherry
2 EL helle Sojasoße
2 TL Maisstärke
1 EL kaltes Wasser
2 EL dunkle Sojasoße
2 EL chinesischer Wein oder Sherry
1 TL Zucker
Öl zum Ausbacken
1 EL frischer Ingwer, fein gerieben
5 Knoblauchzehen, fein gehackt oder gerieben
2 EL scharfe Bohnensoße (siehe Glossar)
250 ml Wasser
4 Frühlingszwiebeln, fein gehackt

Die Fische ausnehmen und säubern, Kopf und Schwanz nicht abschneiden. Das Rückgrat mit der Küchenschere herausschneiden. Die Fische gründlich waschen und trockentupfen, dann mit einem scharfen Messer oder Küchenbeil parallel in etwa fingerbreiten Abständen senkrecht tief einschneiden, damit die Gewürze besser einziehen können. Wein und Sojasoße mischen und die Fische darin marinieren. Darauf achten, daß diese Marinade sämtliche Einschnitte erreicht.
Maisstärke mit kaltem Wasser glattrühren. Wein, Sojasoße und Zukker untermischen, beiseite stellen.
125 ml Öl in einem Wok oder einer großen Pfanne sehr heiß werden lassen. Die Fische aus der Marinade nehmen, abtropfen lassen und in den Wok geben – zwei sollten gleichzeitig in einem Wok von 35 cm Durchmesser Platz haben – und auf jeder Seite in etwa drei bis vier Minuten dunkelbraun ausbacken. Nur einmal wenden. Mit einem geschlitzten Löffel aus dem Öl heben und abtropfen lassen, auf eine vorgewärmte Platte legen.
Das Öl bis auf 4 EL aus dem Wok abgießen, im restlichen Öl Ingwer und Knoblauch bei Mittelhitze unter ständigem Rühren anbraten, bis der Knoblauch anfängt gelb zu werden. Erst die Bohnensoße, dann das Wasser einrühren. Die mit der Maisstärke vermischten Soßenzutaten noch einmal aufrühren, um die Stärke gleichmäßig zu verteilen, in den Wok geben und rühren, bis die Soße aufkocht und dick und klar wird. Die Frühlingszwiebeln einrühren. Die Soße über die Fische gießen. Sofort zu weißem Reis servieren.

# Fun yue

Duftender ausgebackener Fisch

*Dieses Fischgericht ist sehr beliebt und läßt sich im Gegensatz zu den meisten Fischspeisen gut im voraus zubereiten. Man serviert es zimmerwarm.*

6 Portionen
Zutaten:
1 kg feste weiße Fischfilets
3 Frühlingszwiebeln, fein gehackt
1 EL frischer Ingwer, fein gerieben
1 TL Fünf-Gewürze-Pulver
6 EL helle Sojasoße
2 EL chinesischer Wein oder trockener Sherry
1/4 TL Salz
2 TL Essig
125 ml Fischbrühe (S. 416)
2 TL Zucker
250 ml Wasser
2 EL Zucker
Öl zum Ausbacken

Alle Gräten, auch kleine, aus den Filets entfernen. Große Filets halbieren, dann quer in fingerdicke Scheiben schneiden. Je einen TL gehackte Frühlingszwiebeln und Ingwer in einen tiefen Teller mit Fünf-Gewürze-Pulver, Sojasoße, Wein oder Sherry und Salz geben und mixen. Den Fisch in diese Marinade legen und darin umwenden, zugedeckt mindestens drei Stunden in den Kühlschrank stellen. Erst kurz vor dem Kochen die Scheiben aus der Marinade nehmen, abtropfen lassen und alle Flüssigkeit auspressen. An die Marinade Essig, Brühe und 2 TL Zucker geben.
Das Wasser mit 2 EL Zucker bei schwacher Hitze rühren, bis der Zucker sich aufgelöst hat. Weiter simmern lassen. In einem Wok Öl sehr heiß werden lassen und immer nur wenige Fischstücke gleichzeitig in etwa einer Minute goldgelb ausbacken. Mit einem Schaumlöffel aus dem Öl heben und in den simmernden Sirup geben. Kurz ehe die nächsten Fischstücke aus dem Öl kommen, mit einem sauberen Schaumlöffel die Stücke aus dem Sirup nehmen und auf einen Teller legen. Der Fisch soll sehr schnell backen und höchstens eine Minute im Sirup simmern. Dann alles Öl bis auf 2 EL aus dem Wok abgießen, die restlichen Zwiebeln und den Ingwer eine Minute bei Mittelhitze pfannenrühren, die Fischstücke zugeben und vorsichtig hin und her wenden. Die Marinade zugießen, zum Kochen kommen lassen, dann vom Feuer nehmen.
Den Fisch auf einer Platte anrichten, mit der Soße übergießen. Vor dem Servieren auf Zimmertemperatur abkühlen lassen.

# Sai lan far chow har kau

»Korallen und Jade«-Scampi

4 Portionen
Zutaten:
12 bis 16 große rohe Scampi oder Langusten
1 Kopf fester, frischer Brokkoli
1 EL Erdnußöl
$^{1}/_{2}$ TL frischer Ingwer, fein gerieben
$^{1}/_{4}$ TL Salz
4 EL Wasser
1 EL chinesischer Wein oder trockener Sherry
$1^{1}/_{2}$ TL Maisstärke
1 EL kaltes Wasser
1 EL kleingeschnittener roter Ingwer (siehe Glossar)

Die Scampi aus der Schale nehmen, die Innereien entfernen, die Schwänze aber nicht abschneiden. Mit der Spitze eines scharfen Messers einen kleinen Schlitz durch die Unterseite der Scampi schneiden. Brokkoli waschen, in Röschen teilen, dabei an jedem Röschen ein Stück zarten grünen Stiel stehenlassen. Große Röschen mit einem scharfen Messer durch die Mitte teilen, dabei auch den Stengel auseinanderteilen. Das Stielende durch den Schlitz auf der Unterseite der Scampi stecken, so daß das Röschen in den Bogen des Körpers gebettet ist.
Einen Wok erhitzen, Öl zugeben. Im heißen Öl Ingwer und die mit Brokkoli besteckten Scampi zwei Minuten pfannenrühren. Salz, Wasser und Wein zugeben, die Hitze reduzieren, zugedeckt drei Minuten simmern. Die Scampi auf die Seite schieben, die mit Wasser angerührte Maisstärke zugeben; rühren, bis die Soße dick ist. Mit dem kleingeschnittenen roten Ingwer garnieren. Sofort zu weißem Reis servieren.

# Ching chow ho yau har yan

Pfannengerührte Scampi mit Austernsoße

3 bis 4 Portionen
Zutaten:
250 g rohe Scampi
2 EL Öl
1 Knoblauchzehe, zerrieben
$^{1}/_{2}$ TL frischer Ingwer, fein gerieben
1 EL Austernsoße
2 EL chinesischer Wein oder trockener Sherry
125 ml Fischbrühe (S. 416) oder Wasser
2 TL Maisstärke
1 EL kaltes Wasser

Die Scampi aus der Schale nehmen, die Innereien entfernen. Knoblauch und Ingwer in heißem Öl bei schwacher Hitze weich und goldgelb anbraten. Die Scampi zugeben und bei Mittelhitze pfannenrühren, bis sie die Farbe wechseln. Mit Austernsoße, Wein oder Sherry und Brühe oder Wasser ablöschen und zum Kochen bringen. Zugedeckt 2 Minuten simmern, dann die mit kaltem Wasser glattgerührte Maisstärke untermischen und unter Rühren kochen, bis die Soße dick und klar geworden ist. Sofort zu weißem Reis servieren.
Man kann dieses Gericht mit Gemüsen anreichern:
Etwa 750 ml kleingeschnittene gemischte Gemüse oder nur eine Sorte pfannenrühren, nachdem Ingwer und Knoblauch angebraten sind. Die Gemüse aus dem Topf nehmen, ehe die Scampi zugegeben werden, und erst wieder zufügen, wenn die Soße fertig ist. Gemüse und Scampi dürfen nicht zu lange gekocht werden.

# Gai choy chow har kau

Pfannengerührte Scampi mit Senfkohl

3 bis 4 Portionen
Zutaten:
250 g große rohe Scampi
1 chinesischer Senfkohl
2 EL Erdnußöl
1 Knoblauchzehe, zerrieben
$^{1}/_{2}$ TL frischer Ingwer, fein gerieben
3 EL Wasser
1 EL helle Sojasoße
1 EL chinesischer Wein oder trockener Sherry
$^{1}/_{4}$ TL Fünf-Gewürze-Pulver
$^{1}/_{2}$ TL Salz
$1^{1}/_{2}$ TL Maisstärke
1 EL kaltes Wasser

Die Scampi aus der Schale nehmen, die Eingeweide entfernen. Den Senfkohl in mundgerechte Stücke schneiden, nur die dicken Stengel und die zarten Blätter verwenden.
Im Wok Öl erhitzen, Knoblauch, Ingwer und Senfkohl zufügen, unter ständigem Pfannenrühren zwei Minuten bei starker Hitze garen. Die Scampi zugeben und eine weitere Minute rühren. Die Hitze auf Mittel reduzieren, Wasser mit Sojasoße, Gewürzen und Wein mischen und zugeben. Durchrühren, zugedeckt fünf Minuten sanft kochen lassen. Die Maisstärke mit Wasser mischen, einrühren. Aufkochen und andicken lassen, etwa eine Minute. Sofort zu Reis oder Nudeln servieren.
Anmerkung: Falls Sie tiefgekühlte Scampi verwenden, die bereits geschält sind, brauchen Sie nur 125 g.

# Sze chuen chow har kau

Scampi mit getrockneten Chilis auf Szetschuan-Art

*Ich habe dieses Rezept mit gleichen Teilen Scampi und gekochten, geschälten Hummerscheren (in großen Stücken, nicht zerpflückt) gekocht – es war köstlich. Wenn Sie das Rezept auf die gleiche Weise abwandeln wollen, müssen Sie die Hummerscheren mit den Scampi in die Marinade legen und auch ebenso lange kochen.*

6 Portionen

Zutaten:

500 g rohe Scampi
250 ml kaltes Wasser
1/2 TL Salz
2 TL Maisstärke
1 EL Wasser
1/2 Eiweiß, leicht geschlagen
1/2 TL Salz

Würzen und Soße:

8 bis 10 große getrocknete Chilis
1 TL Maisstärke
2 TL kaltes Wasser
1 EL helle Sojasoße
2 TL chinesischer Wein oder trockener Sherry
1 1/2 TL Honig oder Zucker
1 TL weißer Essig
1/2 TL Salz
1/4 TL schwarzer Pfeffer
3 EL Öl
2 Frühlingszwiebeln, fein gehackt
1 TL frischer Ingwer, gehackt oder gerieben
2 Knoblauchzehen, zerdrückt

Die Scampi schälen und ausnehmen, mit kaltem Wasser und Salz in eine Schüssel geben. Durchrühren, zwei Minuten stehenlassen, dann eine Minute lang mit kaltem Wasser überbrausen. Gut abtropfen lassen.

Zur Marinade Maisstärke mit kaltem Wasser glattrühren, Eiweiß und Salz zugeben. Die Scampi gut damit vermengen, 30 Minuten durchziehen lassen.

Die Würzen und die Soße zubereiten. Von den Chilis die Spitzen abbrechen oder abschneiden, die Kerne herausschütteln und wegwerfen. Maisstärke und Wasser in einer kleinen Schüssel mischen, helle Sojasoße, Wein, Honig, Essig, Salz und Pfeffer einrühren. Beiseite stellen.

Mit dem Kochen erst fünf Minuten vor dem Essen anfangen, denn dieses Gericht muß sofort verzehrt werden. Einen Wok bei Mittelhitze heiß werden lassen, Öl hineingeben und erhitzen, dabei den Wok herumschwenken, bis die Innenfläche ganz mit Öl überzogen ist. Dann die Chilis bei Mittelhitze rösten, bis sie fast schwarz sind. Das dauert nur ein paar Sekunden, man muß sie aber die ganze Zeit umrühren und wenden. Die Chilis aus dem Wok nehmen und auf Küchenkrepp abtropfen lassen.

Die Scampi aus der Marinade nehmen, abtropfen lassen, dann im Wok bei starker Hitze pfannenrühren. Sie dürfen nicht zu lange gebraten werden – 10 bis 20 Sekunden genügen für sehr kleine Scampi, 35 bis 40 Sekunden für große. Frühlingszwiebel, Ingwer und Knoblauch zugeben und kurz pfannenrühren. Die Mischung mit den Würzen nochmals aufrühren, um die Maisstärke gleichmäßig zu verteilen, in den Wok gießen und ständig rühren, bis die Soße aufkocht und andickt. Vom Feuer nehmen. Die Chilis wieder in den Wok geben und durchrühren. Sofort zu weißem Reis servieren.

Anmerkung: Wenn Sie das Gericht weniger scharf wünschen, müssen Sie das Öl weggießen, in dem die Chilis geröstet wurden, und die übrigen Zutaten in frischem Öl braten.

# Ho lan dau chow har kau

Ausgebackene Scampibällchen mit Zuckererbsen

4 bis 6 Portionen

Zutaten:

1 × Scampibällchen nach dem Rezept auf S. 420, eine zerriebene Knoblauchzehe zufügen
Sesamöl, nach Belieben
Erdnußöl zum Ausbacken
250 g Zuckererbsen, abgezogen
125 ml Fisch- oder Hühnerbrühe (S. 416)
2 TL Maisstärke
1 EL kaltes Wasser
1 EL Austernsoße
1/2 TL Zucker

Die Masse für die Scampibällchen zubereiten, wie auf S. 419 beschrieben. Hände leicht mit Sesamöl einfetten und kleine Bällchen von etwa 2,5 cm Durchmesser daraus formen. Sie können dazu auch Erdnußöl nehmen, wenn Sie kein Sesamöl haben – nur gibt Sesamöl den Scampi einen besonders delikaten Geschmack.

In einem Wok oder einer kleinen Ausbackpfanne Öl heiß werden lassen, jeweils vier oder fünf Bällchen auf einmal einlegen, in etwa drei Minuten goldgelb ausbacken, dabei mit einem Schaumlöffel umwenden. Aus dem Öl nehmen, auf Küchenkrepp abtropfen lassen. Warm stellen.

Wenn alle Bällchen fertig sind, alles Öl bis auf 1 EL aus dem Wok abgießen, die Zuckererbsen bei starker Hitze etwa 1 1/2 Minuten pfannenrühren, bis sie leuchtend grün sind. Die Erbsen zur Seite schieben, die Brühe zugießen, die mit Wasser gemischte Maisstärke zugeben. Die Soße unter Rühren aufkochen lassen, bis sie klar und dick ist, etwa eine Minute. Austernsoße und Zucker einrühren, dann die Zuckererbsen.

Die Scampibällchen auf einer Platte anrichten, Zuckererbsen und Soße darüber verteilen. Sofort servieren.

Anmerkung: Man kann dieses Gericht nicht mit gekochten Scampi zubereiten. Die Zuckererbsen können ersetzt werden durch kleingeschnittenen Brokkoli, Stangensellerie oder Senfkohl.

# See jup gook hai

Gebratener Hummer in schwarzer Bohnensoße

*In den chinesischen Restaurants Australiens ist es wohl das beliebteste Krabbengericht. Den meisten Genuß hat man, wenn man den Hummer zum Essen in die Hand nimmt; außerdem ist das der einzige Weg, das köstliche, zarte Fleisch restlos aus der Schale zu bekommen.*

4 Portionen
Zutaten:
1 frischer mittelgroßer Hummer
1 EL gesalzene schwarze Bohnen (Dose)
1 große Knoblauchzehe, zerrieben
1 EL helle Sojasoße
1 TL Zucker
4 EL Erdnußöl
1 Knoblauchzehe, halbiert
2 Scheiben frischer Ingwer
160 ml heißes Wasser
2 TL Maisstärke
1 EL kaltes Wasser
3 Frühlingszwiebeln, gehackt
1 Ei, leicht geschlagen

Den Hummer gründlich waschen, mit der Bürste alle moosigen Stellen auf den Schalen abscheuern. Die harte oberste Schale und faseriges Gewebe entfernen, ebenso den Magensack von der Schale unter den Augen. Den Hummer mit dem Küchenbeil in vier bis sechs Stücke hacken, die Beine aber nicht abtrennen. Die großen Scheren abhacken, die Schalen knacken, damit die Soße eindringen kann. Die schwarzen Bohnen in einem Sieb mit kaltem Wasser abspülen, dann abtropfen lassen. Die Bohnen mit einer Gabel zerdrücken, mit zerriebenem Knoblauch, Sojasoße und Zucker vermischen.

Im Wok Öl erhitzen, die halbierte Knoblauchzehe und den Ingwer braten, bis sie braun werden, dann herausnehmen. Bei starker Hitze und unter fortwährendem Rühren und Wenden die Hummerstücke vier bis fünf Minuten braten, bis die Schalen leuchtend rot sind. Die Hummerstücke aus der Pfanne nehmen, die Bohnenmischung hineingeben und eine Minute garen, dann heißes Wasser und die Hummerstücke zugeben, gut umrühren. Zugedeckt drei Minuten kochen lassen. Die mit Wasser vermischte Maisstärke zugeben, rühren, bis die Soße kocht und andickt. Die Zwiebel zugeben, das Ei einrühren, bis es stockt. Sofort mit gedämpftem weißem Reis servieren, der die salzige Soße aufnimmt.

# See jiu chow loong har

Kurzgebratene Langustenschwänze in scharfer Bohnensoße

6 Portionen
Zutaten:
500 g frische Langustenschwänze
1 kleine grüne oder rote Paprikaschote
3 EL Öl
2 Knoblauchzehen, zerrieben
1/2 TL frischer Ingwer, fein gerieben
1 bis 2 EL scharfe Bohnensoße (siehe Glossar)
Salz nach Geschmack
125 ml Hühnerbrühe (S. 416) oder Wasser
2 EL chinesischer Wein oder Sherry
1 Ei, geschlagen
2 TL Maisstärke
1 EL kaltes Wasser
einige Tropfen Sesamöl, nach Belieben

Die Langustenschwänze in Stücke hacken, die Schalen entfernen. Kerne und weiße Membran im Inneren der Paprikaschote herauslösen, das Fruchtfleisch würfeln. Öl sehr heiß werden lassen, die Langustenstücke in etwa einer Minute eben garen. Aus dem Öl nehmen. Die Paprikawürfel bei starker Hitze eine Minute rösten, herausnehmen. Die Hitze reduzieren, Knoblauch und Ingwer kurz pfannenrühren, Bohnensoße zugeben und einige Sekunden rühren. Salz, Brühe und Wein zugeben, zum Kochen bringen, das geschlagene Ei in die kochende Soße tröpfeln lassen und einrühren, damit sich Fäden bilden.

Die Maisstärke mit kaltem Wasser mischen, schnell in die Soße einrühren, aufkochen und andicken lassen. Sesamöl einträufeln, Langustenstücke und Paprika wieder in die Soße geben, heiß werden lassen. Zu weißem Reis servieren.

# Chow loong har kau

Pfannengerührte Langustenschwänze mit roter Soße

2 bis 3 Portionen
Zutaten:
250 g frische Langustenschwänze
$^1/_2$ Eiweiß
2 TL chinesischer Wein oder trockener Sherry
$^1/_2$ TL Salz
2 TL Maisstärke
3 EL Öl

Zutaten zur Soße:
1 kleine Knoblauchzehe, zerrieben
$^1/_2$ TL frischer Ingwer, fein gerieben
60 ml Tomatensoße
1 TL Chilisoße
60 ml Wasser
1 EL chinesischer Essig oder 2 TL Apfelessig
2 TL Zucker
2 TL Maisstärke
1 EL kaltes Wasser
125 ml gekochte Erbsen, nach Belieben

Die Langustenschwänze in die einzelnen Teile zerhacken, die Schalen entfernen. Das Fleisch in mundgerechte Stücke schneiden und in einem Gemisch aus leicht geschlagenem Eiweiß, Wein oder Sherry, Salz und Maisstärke marinieren. 20 Minuten durchziehen lassen. In einem Wok Öl sehr heiß werden lassen, die Langustenstückchen darin unter Umwenden braten, damit sie von allen Seiten gar werden. Das sollte etwa zwei bis drei Minuten dauern, je nachdem, wie groß die Stücke sind. Aus dem Öl nehmen und beiseite stellen.

Soße:
Bis auf 1 EL alles Öl weggießen, in dem das Langustenfleisch gebraten wurde. Bei schwacher Hitze Knoblauch und Ingwer pfannenrühren, bis sie eben anfangen, Farbe anzunehmen. Tomatensoße, Chilisoße, Wasser, Essig und Zucker zugeben und rühren, bis der Zucker aufgelöst ist. Sobald die Soße kocht, die mit kaltem Wasser vermischte Maisstärke untermischen und so lange rühren, bis die Soße angedickt ist. Langustenfleisch und grüne Erbsen in die Soße geben, heiß werden lassen.
Sofort zu Reis servieren.

# Ho yau chang dau dew pin

Tintenfisch mit grünen Erbsen in Austernsoße

*Tintenfisch gehört zu den Meerestieren mit dem zartesten Aroma und sollte deshalb mit nur leicht gewürztem Gemüse gereicht werden. Dieses Rezept kombiniert ihn mit zarten jungen Erbsen und einer Soße, die nach Meer schmeckt.*

6 Portionen
Zutaten:
500 g junger kleiner Tintenfisch
375 ml frische oder tiefgekühlte Erbsen
2 EL Erdnußöl
$^1/_2$ TL frischer Ingwer, fein gerieben
125 ml Fisch- oder Hühnerbrühe (S. 416)
1 TL helle Sojasoße
1 EL Austernsoße
2 TL Maisstärke
1 EL kaltes Wasser

Tintenfisch gründlich waschen, auf ein Hackbrett legen. Die stumpfe Kante des Messers zwischen Kopf und Körper ansetzen und mit einem Ruck Tentakeln und Kopf vom Körper abtrennen. Die Tentakeln an der Wurzel abschneiden und aufheben. Kopf und Innereien wegwerfen. Den Körper der Länge nach aufschlitzen und in Stücke schneiden, wenn er groß ist. Gründlich abspülen. Mit einem scharfen Messer auf der Innenfläche flache Schnitte im Quadrat- oder Rautenmuster anbringen. Die tiefgekühlten Erbsen auftauen.
In einem Wok 1 EL Öl erhitzen, Ingwer und Tintenfisch zwei oder drei Minuten pfannenrühren. In eine Schüssel geben. Das restliche Öl in den Wok geben, die Erbsen kurz darin pfannenrühren, dann Brühe, Soja- und Austernsoße zugießen. Unter Rühren zum Kochen kommen lassen. Die Maisstärke mit kaltem Wasser glattrühren, die Soße damit andicken. Dann den Tintenfisch in die Soße geben, heiß werden lassen. Auf einem Bett aus geschmorten Salatblättern (S. 413) anrichten.

# Ho lan dau chow dai tze

Kamm-Muscheln mit Zuckererbsen

*Dieses delikate Gericht ist besonders empfindlich gegen zu langes Garen. Alle Zutaten müssen daher fertig abgemessen bereitstehen, ebenso muß die Maisstärke-Wasser-Mischung vorbereitet sein.*

2 bis 3 Portionen
Zutaten:
250 g Kamm-Muscheln
2 Stangen Lauch
125 g Zuckererbsen
2 EL Erdnußöl
1/2 TL frischer Ingwer, fein gerieben
2 TL Maisstärke
60 ml Wasser
1 TL helle Sojasoße
1/2 TL Salz

Die Muscheln waschen und gut abtropfen lassen. Den Lauch gründlich waschen, bis auch im Innern kein Sand mehr vorhanden ist. Die weißen Teile der Lauchstangen dünn in schräge Scheiben schneiden. Die Fäden von den Zuckererbsen abziehen.
In einem Wok oder einer Bratpfanne Öl heiß werden lassen und Lauch und Ingwer eine Minute bei Mittelhitze anbraten. Die Muscheln zufügen und bei starker Hitze eine Minute pfannenrühren. Die Zuckererbsen zugeben und eine weitere Minute mit den übrigen Zutaten mischen. Alles auf die Seite schieben, die mit Wasser vermischte Maisstärke und die Sojasoße zugeben und etwa eine Minute bis zum Andicken rühren. Muscheln und Gemüse einrühren, salzen und sofort auftragen.
Anmerkung: Statt Lauch kann man auch die weißen Teile von 10 Frühlingszwiebeln verwenden, in 2,5 cm lange Stücke geschnitten.

# Chan pei fun gai

Geräuchertes Huhn

4 bis 5 Portionen
Zutaten:
1,5 kg Brathuhn
1 EL helle Sojasoße
1 TL Salz
1 TL Zucker
1 EL chinesischer Wein oder Sherry
1 Stück getrocknete Mandarinenschale, etwa so groß wie ein Rosenblatt
1 ganzer Stern Sternanis
3 EL brauner Zucker
schwere Alufolie
frisches Koriandergrün zum Garnieren

Das Huhn innen und außen mit Küchenkrepp säubern. Sojasoße, Salz, Zucker und Wein vermengen, das Huhn innen und außen damit einreiben, 20 Minuten einziehen lassen. Das Huhn dann in einem Dämpfer 15 Minuten dämpfen.
Die Mandarinenschale und den Sternanis im Mörser möglichst fein zerreiben, mit dem braunen Zucker mischen.
Zum Räuchern einen stabilen Topf mit dichtschließendem Deckel nehmen, in dem das Huhn im ganzen Platz hat. Den Topfboden mit dicker Alufolie auslegen, die ein Stück an der Topfwand hinaufreichen soll. Zucker und Gewürze gleichmäßig über die Folie verteilen. Einen Dreifuß oder einen Drahteinsatz in den Topf stellen und das Huhn darauflegen. Den Topf fest verschließen, bei Mittelhitze heiß werden lassen. Sobald etwas Rauch unter dem Deckelrand entweicht, die Hitze stark reduzieren und das Huhn etwa 15 Minuten im Rauch garen.
Dieses Hühnergericht kann man heiß und kalt servieren. Das Fleisch von den Knochen lösen und auf einer Platte anrichten oder das Huhn durch die Knochen hindurch in kleine Portionsstücke hacken. Mit Koriandersträußchen garnieren.

# Chu hau jeung mun gai

Huhn mit gegrillten Austern

4 bis 5 Portionen
Zutaten:
500 g Hühnerbrustfleisch
2 TL Maisstärke
1 TL Fünf-Gewürze-Pulver
1 TL Salz
Öl zum Braten
1 Knoblauchzehe, zerrieben
125 ml Hühnerbrühe (S. 416)
2 TL Maisstärke
2 EL kaltes Wasser
1 Dose gegrillte Austern

Das Hühnerfleisch fein würfeln, Haut und Knochen entfernen. In einer Mischung aus Maisstärke, Salz und Fünf-Gewürze-Pulver schütteln.
In einem Wok 2 EL Öl erhitzen und den Knoblauch einige Sekunden darin anbraten. Das Hühnerfleisch zugeben und bei starker Hitze etwa 2 bis 3 Minuten pfannenrühren, bis es anfängt Farbe anzunehmen. Dann das Fleisch an die Seite schieben, die Brühe zugießen und die mit kaltem Wasser vermischte Maisstärke. Bei Mittelhitze rühren, bis die Soße aufkocht und andickt. Die Austern zugeben, mit den übrigen Zutaten locker mischen und heiß werden lassen. Mit Reis servieren.

# Ling moong gai

Zitronenhuhn

4 bis 6 Portionen

Zutaten:

1,5 kg Brathuhn
2 EL dunkle Sojasoße
2 TL frischer Ingwer, in feine Streifen geschnitten
1 große Zitrone
250 ml Wasser
1 EL Zucker
1 TL Sesamöl
1 TL Maisstärke
1 EL kaltes Wasser
Frühlingszwiebeln und Zitronenscheiben zum Garnieren

Das Huhn in vier Teile zerlegen, mit Küchenkrepp trockentupfen, mit 1 EL der Sojasoße einreiben, besonders die Haut. Durchziehen lassen, während man die übrigen Zutaten vorbereitet.

Von einer frischen Ingwerwurzel die braune Haut abschaben und drei oder vier große dünne Scheiben abschneiden. Diese Scheiben mit einem scharfen Messer in dünne Streifen schneiden. Die Zitrone sehr dünn schälen. Nur den gelben Teil der Schale verwenden, nichts von der weißen Haut. Diese dünne Schale fein hacken. Die Zitrone auspressen und 80 ml Saft abmessen.

Zitronensaft, den restlichen EL Sojasoße, Wasser, Zucker, Sesamöl und Zitronenschale mischen; rühren, bis der Zucker aufgelöst ist. In einem Wok Öl erhitzen, die Hühnerstücke zuerst mit der Hautseite nach unten braten, dann wenden. Die Ingwerstreifen zugeben und eine Minute mitbraten. Die Zitronensaftmischung angießen, zum Kochen kommen lassen, dann das Huhn bei sehr niedriger Hitze zugedeckt etwa 15 Minuten simmern. Das Fleisch soll weich sein, aber nicht von den Knochen fallen.

Bis zu diesem Stadium kann man das Gericht vorkochen, dann in einer Schüssel aufbewahren, bis es weiterverarbeitet werden soll. Man darf es aber nicht in dem metallenen Wok stehenlassen. Zur Essenszeit alles wieder in den Wok füllen, heiß werden lassen. Das Huhn in mundgerechte Stücke schneiden. Die Maisstärke mit kaltem Wasser mischen, in die Soße geben und unter Rühren aufkochen und andicken lassen. Die Soße über das Fleisch verteilen, mit Frühlingszwiebeln und Zitronenscheiben garnieren und zu weißem Reis servieren.

# Ho yau mun gai

Kaltes Huhn in Austernsoße

Als Hauptgericht vier, als Bestandteil einer Horsd'œuvre-Platte acht bis zehn Portionen

Zutaten:

500 g Hühnerbrust oder ein halbes Brathuhn
einige Sellerieblätter
1 kleine Zwiebel
2 EL Honig
1 EL Austernsoße
1 EL helle Sojasoße
$^1/_2$ TL Salz
$^1/_8$ TL Fünf-Gewürze-Pulver
3 EL feingehackte Frühlingszwiebeln
3 TL feingeriebener frischer Ingwer
2 EL geröstete Sesamkerne

Hühnerbrust oder halbes Huhn mit kaltem Wasser bedecken, Zwiebel und Sellerieblätter zufügen, langsam zum Kochen bringen. Bei sehr schwacher Hitze zugedeckt 10 Minuten simmern, vom Feuer nehmen und in der Brühe kalt werden lassen.

Das Fleisch herausnehmen, von Haut und Knochen befreien und in dünne Scheiben schneiden. Auf einer Platte anrichten.

In einer Schüssel Honig, Austernsoße, Sojasoße, Salz und Gewürzpulver mischen, über das Fleisch verteilen. 30 Minuten zugedeckt stehenlassen. Vor dem Auftragen mit Frühlingszwiebeln und Ingwer, dann mit den Sesamkernen bestreuen.

Anmerkung: Die Sesamkerne in einer trockenen Pfanne fünf Minuten bei schwacher Mittelhitze schütteln oder ständig rühren, bis sie goldbraun sind. Sofort aus der Pfanne nehmen, damit sie nicht dunkel und bitter werden.

# Yuen sai ling jup lahng gai

Kaltes Zitronenhuhn mit frischem Koriander

Als Hauptgericht vier, als Bestandteil eines Horsd'œuvre-Tabletts acht bis zehn Portionen

Zutaten:

500 g Hühnerbrust oder ein halbes Brathuhn
einige Sellerieblätter
1 kleine Zwiebel
2 EL chinesische Zitronensoße (siehe Glossar)
1 EL Barbecue-Soße oder dunkle Sojasoße
3 EL feingehackte frische Korianderblätter und -stengel
1 TL feingehackter frischer Ingwer

Das Huhn kochen, wie im vorhergehenden Rezept beschrieben, nach Vorschrift abkühlen und in Scheiben schneiden.
Zitronensoße und Barbecue- oder Sojasoße mischen. Das Hühnerfleisch in dieser Mischung mindestens 30 Minuten marinieren. Auf einer Platte anrichten. Koriandergrün und Ingwer mischen, das Fleisch damit bestreuen.

# Mut jup mun gai yik

In Honig und Sojasoße geschmorte Hühnerflügel

5 bis 6 Portionen

Zutaten:

1 kg Hühnerflügel
2 EL Erdnußöl
80 ml dunkle Sojasoße
2 EL Honig
2 EL chinesischer Wein oder trockener Sherry
1 Knoblauchzehe, zerrieben
1/2 TL feingeriebener frischer Ingwer

Jeden Hühnerflügel in drei Stücke schneiden, aus den Flügelenden Brühe kochen. In einem Wok Öl erhitzen und die Flügelstücke bei starker Hitze in drei bis vier Minuten schön braun braten. Sojasoße, Honig, Wein, Knoblauch und Ingwer zugeben, gut durchrühren. Bei schwacher Hitze zugedeckt die Flügel etwa 30 Minuten weich simmern. Gegen Ende der Kochzeit häufig umrühren und darauf achten, daß die süße Glasur nicht anbrennt. Warm oder kalt entweder zu weißem Reis oder als Vorspeise servieren.
Anmerkung: Man kann nach diesem Rezept anstelle der Hühnerflügel auch ein kleingeschnittenes Huhn zubereiten.

# Tze gheung mun gai

Geschmortes Ingwer-Huhn mit Lilienknospen

4 bis 6 Portionen

Zutaten:

1 kg Huhn
20 bis 30 getrocknete Lilienknospen
1 Stück junger frischer Ingwer
1 Knoblauchzehe
eine Prise Salz
10 Stück Szetschuan-Pfeffer oder schwarze Pfefferkörner
2 EL Erdnußöl
80 ml chinesischer Wein oder trockener Sherry
1 EL Honig
60 ml helle Sojasoße
1 Segment Sternanis

Das Huhn in mundgerechte Stücke schneiden. Die Lilienknospen 20 Minuten in heißem Wasser einweichen, abgießen, das zähe Stielende abschneiden und die Knospen halbieren oder dritteln.
Von der Ingwerwurzel die braune Haut abschaben. Den Ingwer zuerst in sehr dünne Scheiben, dann in feine Streifen schneiden, bis Sie einen Eßlöffel voll davon haben. Den Knoblauch mit etwas Salz zerreiben. Szetschuan-Pfeffer oder Pfefferkörner in einer trockenen Pfanne leicht anrösten, dann mit dem Stößel oder dem Griff des Küchenbeils zerreiben.
Einen Wok heiß werden lassen, Öl hineingeben und Ingwer und Knoblauch bei schwacher Hitze blaßgelb anbraten. Die Hühnerstücke einfüllen, bei Mittelhitze braten, bis sie die Farbe wechseln. Die abgetropften Lilienknospen, Pfeffer, Wein oder Sherry, Honig, helle Sojasoße und Sternanis zugeben, zugedeckt bei schwacher Hitze simmern. Eventuell gegen Ende der Kochzeit etwas heißes Wasser zugeben.

# Hai yook par gai

Ausgebackenes Huhn mit Krabbensoße

4 bis 6 Portionen
Zutaten:
1 kleines Brathuhn, etwa 1 kg schwer
1 TL Salz
2 TL Fünf-Gewürze-Pulver
3 EL Maisstärke oder Kastanienmehl
etwa 2 EL kaltes Wasser
Erdnußöl zum Ausbacken

Zutaten zur Krabbensoße:
125 g Krabbenfleisch
2 EL Erdnußöl
$1/2$ TL frischer Ingwer, fein gerieben
6 Frühlingszwiebeln, in dünnen schrägen Scheiben
185 ml Hühnerbrühe (S. 416)
Pfeffer nach Geschmack
1 Eiweiß, leicht geschlagen
$2\,1/2$ TL Maisstärke oder Pfeilwurzstärke
1 EL kaltes Wasser

Das Huhn in Portionsstücke zerlegen. Salz und Fünf-Gewürze-Pulver mischen, das Huhn überall gründlich damit einreiben und 30 Minuten einziehen lassen, während man die Soße zubereitet.
Aus Maisstärke oder Kastanienmehl und kaltem Wasser eine dicke Paste anrühren. Öl sehr heiß werden lassen, die Hühnerstücke in die Mehlpaste tauchen, etwas abtropfen lassen und immer nur wenige Stücke gleichzeitig in das heiße Öl gleiten lassen. Das Fleisch ist gar, sobald es die Farbe wechselt. Auf Küchenkrepp abtropfen lassen. Auf einer Platte anrichten, die Soße darübergießen, sofort servieren.

Krabbensoße:
Das Krabbenfleisch zerpflücken, hornige Stellen aussondern. In einem kleinen Topf Ingwer und Frühlingszwiebeln in heißem Öl bei schwacher Hitze eine Minute anbraten, nicht braun werden lassen. Mit Fleischbrühe ablöschen, zum Kochen bringen.
Das Krabbenfleisch zugeben, pfeffern. Wenn die Soße wieder kocht, das Eiweiß eintropfen lassen, dabei mit einer Gabel rühren. Es gerinnt in Flocken, die wie die Blütenblätter einer Chrysantheme aussehen. Die mit kaltem Wasser angerührte Stärke zugeben. Unter Rühren kochen, bis die Soße klar und dick ist.

# Sze chuen jar gai

Gebratenes Huhn auf Szetschuan-Art

6 Portionen
Zutaten:
500 g Hühnerbrüste
4 EL Maisstärke
1 TL Salz
$1/2$ TL Fünf-Gewürze-Pulver
125 ml Hühnerbrühe
2 TL Zucker
1 EL helle Sojasoße
$1/2$ TL Sesamöl
1 TL Essig
2 TL chinesischer Wein oder trockener Sherry
$1/4$ TL Fünf-Gewürze-Pulver
$1/4$ TL gemahlener schwarzer Pfeffer
2 TL Maisstärke
1 EL kaltes Wasser
125 ml Öl zum Braten
15 getrocknete rote Chilis, entkernt
2 Knoblauchzehen, fein gehackt
2 TL frischer Ingwer, fein gehackt
4 Frühlingszwiebeln, in 5 cm lange Stücke geschnitten

Die Hühnerbrüste von den Knochen lösen und in mundgerechte Stücke schneiden. Maisstärke, Salz und Fünf-Gewürze-Pulver mischen, die Fleischstücke in dieser Mischung wenden, überschüssige Stärke abklopfen. Hühnerbrühe, Zucker, Sojasoße, Sesamöl, Essig, Wein, Fünf-Gewürze und Pfeffer vermischen. In einer zweiten kleinen Schüssel die Maisstärke mit kalten Wasser glattrühren.
Öl in einem Wok sehr heiß werden lassen, jeweils ein Drittel der Hühnerfleischstücke bei starker Hitze pfannenrühren, bis sie von allen Seiten braun sind. Herausnehmen, auf Küchenkrepp abtropfen lassen. Das Öl wieder heiß werden lassen, dann die nächste Portion braten. Zum Schluß alles Öl bis auf 2 EL weggießen, Chilis, Knoblauch und Ingwer braten, bis Knoblauch und Ingwer goldgelb und die Chilis dunkel geworden sind. Die Frühlingszwiebeln kurz pfannenrühren, dann die Brühmischung zugießen, zum Kochen bringen. Die Maisstärke noch einmal aufrühren, in den Topf geben; rühren, bis die Soße aufkocht und andickt. Die Fleischstücke zufügen, in der Soße wenden, bis sie heiß sind. Sofort mit weißem Reis auftragen.

# Tze bao gai
In Reispapier ausgebackenes Hühnerfleisch

etwa 24 Stück
Zutaten:
500 g Hühnerbrüste
1 TL helle Sojasoße
2 TL Austernsoße
1 TL Sesamöl
1 EL chinesischer Wein oder trockener Sherry
1 TL Zucker
$^1/_4$ TL Salz
1 EL zarte Ingwerschnitzel
4 Frühlingszwiebeln, in dünnen Scheiben
24 Zuckererbsen, nach Belieben
1 Paket Reispapier
Öl zum Ausbacken

Die Hühnerbrüste von Haut und Knochen befreien und in dünne Scheiben schneiden. Lange Scheiben in mundgerechte Stücke teilen. Das Fleisch in einer Schüssel mit den Soßen, Sesamöl, Wein, Zucker und Salz gut vermengen. 30 Minuten bis eine Stunde durchziehen lassen.
Das Reispapier in Quadrate von etwa 13 cm Kantenlänge zerschneiden, die Füllung auf eine Ecke geben, und zwar eine oder zwei Scheiben Hühnerfleisch, ein oder zwei Ingwerschnipsel, ein oder zwei Scheiben Frühlingszwiebeln und nach Belieben eine Zuckererbse. Wenn es gerade keine Zuckererbsen gibt, so lassen Sie sie weg – nicht durch ein anderes Gemüse ersetzen.
Das Reispapier wie ein Couvert falten (siehe Bild S. 394) und den »Umschlag« so hineinstecken, daß er nicht aufgehen kann.
In einem Wok reichlich Öl erhitzen und das in Papier verpackte Hühnerfleisch ausbacken. Etwa acht Päckchen auf einmal in das heiße Öl geben und bei starker Hitze in ungefähr $1^1/_2$ Minuten ausbacken. Mit einem Schaumlöffel herausheben, auf Küchenkrepp abtropfen lassen und heiß servieren.
Anmerkung: Das Reispapier wird mitgegessen. Sollten Sie es nicht bekommen können, nehmen Sie Pergamentpapier. Nur müssen die Päckchen dann auf dem Teller geöffnet werden, am besten mit Eßstäbchen, und der Inhalt wird zum Essen herausgenommen. In diesem Fall sollte man eine Soße dazu reichen.

# Shiu ng heung gai
Ofengebratenes würziges Huhn

*Diese Zubereitungsmethode eignet sich besonders für Hühnerbeine, Oberschenkel und Flügel. Falls Sie die preiswerten Hühnerteile nicht kaufen können, nehmen Sie ein ganzes Huhn; s. Variante.*

Backofentemperatur: 170 bis 190 °C
Garzeit: 45 Minuten bis eine Stunde
6 bis 8 Portionen
Zutaten:
1,5 kg Hühnerteile
80 ml helle Sojasoße
60 ml Erdnußöl
1 EL chinesischer Wein oder trockener Sherry
1 Knoblauchzehe
$^1/_2$ TL Salz
$^1/_2$ TL frischer Ingwer, fein gerieben
2 TL Fünf-Gewürze-Pulver

Die Hühnerteile waschen, mit Küchenpapier gut abtrocknen. In einer großen, flachen Schüssel Sojasoße mit Öl und Wein mischen. Die Knoblauchzehe mit Salz zerreiben und an die Sojamischung geben, zusammen mit Ingwer und Fünf-Gewürze-Pulver. Gut vermischen. Die Hühnerteile in diese Marinade legen und damit überziehen. Zugedeckt eine Stunde oder länger marinieren lassen.
Die Hühnerteile herausnehmen, auf einem Bratblech ausbreiten und mit 2 EL Marinade übergießen. Bei mittlerer Hitze 45 Minuten bis eine Stunde im Backofen garen, alle 20 Minuten mit Marinade begießen, bis die Hühnerteile braun und knusprig sind. Heiß oder kalt servieren.
Flügel sind in etwa 45 Minuten gar, Beine in 45 bis 55 Minuten, Keulen brauchen eine Stunde.

Variante:
Marinade zubereiten wie oben und das Huhn (ca. 1,5 kg) gut damit einreiben. Auch von innen mit der Marinade überziehen. Eine Stunde durchziehen lassen, dann braten wie oben. Das Huhn öfter wenden und häufig begießen. Zum Schluß mit der Brust nach oben braten, bis es ganz braun ist. Garzeit etwa eine Stunde und 45 Minuten. Vor dem Auftragen zerschneiden wie Rotgekochtes Huhn, S. 392.

# See yo gai
Rotgekochtes Huhn

*»Rotkochen« nennt man das Kochen in dunkler Sojasoße. Die nach dem Kochen übrigbleibende Brühe heißt »Meistersoße«. Man kann sie im Kühlschrank oder tiefgekühlt zur Wiederverwendung aufbewahren. Doch muß man wenigstens einmal pro Woche Geflügel oder Fleisch in dieser Soße kochen, damit sie »lebendig« bleibt. Rotgekochte Hühnerschenkel eignen sich gut für Picknicks oder zum kalten Büfett. Sicher wird dieses würzige, nach Ingwer und Sternanis duftende Huhn eines Ihrer Lieblingsgerichte werden.*

8 bis 10 Portionen als Teil eines umfangreichen Menüs, 4 bis 5 als Hauptgericht mit Reis.
Zutaten:
1,75 kg Brathuhn (oder Poularde)
375 ml kaltes Wasser
375 ml dunkle Sojasoße
60 ml chinesischer Wein oder trockener Sherry
ein fünf cm langes Stück frische Ingwerwurzel, geschält und in Scheiben geschnitten
1 Knoblauchzehe
10 Segmente Sternanis
1 1/2 EL Zucker
2 TL Sesamöl

Das Huhn gründlich waschen. Nehmen Sie einen Topf, in den das Huhn gerade hineinpaßt, so daß es von der Sojamischung soweit wie möglich bedeckt ist. Das Huhn mit der Brust nach unten in den Topf legen, alle Zutaten außer dem Sesamöl zugeben. Langsam zum Kochen bringen, dann zugedeckt bei schwacher Hitze ganz leicht simmern. Das Huhn mit einer Küchenzange umdrehen, zugedeckt weitere 20 Minuten ziehen lassen, die Brust alle fünf Minuten mit der Sojasoße begießen.
Vom Feuer nehmen, im verschlossenen Topf abkühlen lassen. Dann das Huhn herausheben, auf eine Platte legen und mit dem Sesamöl einpinseln. Das verleiht der Haut nicht nur einen appetitlichen Glanz, es gibt dem Fleisch auch zusätzliches Aroma.
Nach chinesischer Tradition wird das Huhn nun auf dem Hackbrett mit dem Küchenbeil der Länge nach durchgehackt, jede Hälfte dann in etwa 3,5 cm breite Streifen zerteilt. Alle Stücke setzt man dann zur ursprünglichen Form wieder zusammen. Wem das zu schwierig ist, kann natürlich das Huhn auf die übliche Art zerlegen. Man serviert zimmerwarm mit etwas von der Kochflüssigkeit als Soße zum Dippen.

# Baw law gai
Huhn mit Ananas

4 bis 6 Portionen
Zutaten:
1/2 kleine reife Ananas oder eine Dose (425 g) ungesüßte Ananas
250 g Hühnerbrustfleisch
1 EL Maisstärke
1/2 TL Salz
1/2 TL gemahlener Szetschuan-Pfeffer oder schwarzer Pfeffer
1 EL helle Sojasoße
2 TL Sesamöl
1 kleine Knoblauchzehe, zerrieben
1 EL Erdnußöl
6 Frühlingszwiebeln, in Scheiben
frisches Koriandergrün zum Garnieren

Zutaten zur Soße:
2 TL Maisstärke
125 ml Ananassaft
1 EL helle Sojasoße

Ananas schälen, alle Augen ausschneiden, der Länge nach in dreieckkige Spalten teilen. Aus jedem Stück die harte Mitte herausholen, dann quer in Scheiben schneiden. Das Hühnerfleisch von den Knochen lösen und häuten, in dünne Scheiben schneiden. In einer Mischung aus Maisstärke, Salz und gemahlenem Pfeffer wenden, bis die Scheiben gut damit überzogen sind (Szetschuan-Pfeffer im Mörser pulverisieren, dann durch ein feines Sieb schütteln und die Hülsen wegwerfen). Sojasoße, Sesamöl und Knoblauch an das Fleisch geben und gründlich damit vermengen.
In einem Wok Erdnußöl erhitzen und das Fleisch darin braten, bis es die Farbe wechselt. Ananas zugeben, zugedeckt 3 Minuten simmern. Die Soßenmischung zugießen; rühren, bis die Soße andickt. Die Frühlingszwiebeln untermischen. In eine Schüssel geben, mit frischem Koriandergrün garnieren. Mit Reis oder Nudeln servieren.

Soße:
Die Maisstärke mit dem Ananassaft glattrühren, die Sojasoße untermischen.

Abbildungen Seite 393 bis 396
Sze chuen jar gai – Gebratenes Huhn auf Szetschuan-Art (Rezept S. 390)
Tze bao gai – In Reispapier ausgebackenes Hühnerfleisch (Rezept S. 391)
Gwoo lo yook – Kroß ausgebackenes Schweinefleisch mit süß-saurer Soße (Rezept S. 406)
Ho lan dau chow ngau yook – Rindfleisch mit Zuckererbsen (Rezept S. 410)

# Sai lan far gai pin to yan

Huhn mit Walnüssen und Brokkoli

6 Portionen
Zutaten:
750 g Hühnerbrüste
3 TL Maisstärke oder Kastanienmehl
1/2 TL Fünf-Gewürze-Pulver
1/2 TL Salz
Öl zum Ausbacken
250 ml geschälte Walnüsse
4 EL Öl
100 g zarter Brokkoli
1 1/2 TL frischer Ingwer, fein gerieben
1 kleine Knoblauchzehe, zerrieben
2 EL chinesischer Wein oder trockener Sherry
1 EL helle Sojasoße
1 TL Zucker
2 TL Maisstärke
2 EL kaltes Wasser

Das Hühnerfleisch von den Knochen lösen, in kleine, etwa 12 mm lange Quadrate schneiden. Maisstärke, Salz und Fünf-Gewürze-Pulver über das Fleisch sieben, gründlich vermengen. Beiseite stellen. Die Walnüsse in heißem Öl schwimmend goldgelb backen. Herausheben, auf Küchenkrepp ablaufen lassen.
2 EL des zusätzlichen Öls in einem Wok erhitzen und die Brokkoli schnell bei starker Hitze drei Minuten pfannenrühren, bis sie gerade weich sind. Auf einen Teller legen. Das restliche Öl in den Wok geben, Ingwer und Knoblauch kurz anbraten, das Hühnerfleisch zugeben und bei starker Hitze pfannenrühren, bis es nach ein bis zwei Minuten die Farbe wechselt. Die übrigen miteinander vermischten Zutaten an das Fleisch geben und rühren, bis die Soße aufkocht und andickt. Vom Feuer nehmen, Walnüsse und Brokkoli untermischen und sofort servieren.

# Seen goo gai lau to yan

Huhn mit Walnüssen und Strohpilzen

4 Portionen
Zutaten:
2 Hühnerbrüste
3 TL Maisstärke
1 TL Salz
1/2 TL Fünf-Gewürze-Pulver
6 Frühlingszwiebeln
eine 430-g-Dose Strohpilze
1 Bambusschößling aus der Dose
Öl zum Ausbacken
250 ml geschälte Walnüsse oder blanchierte Mandeln
125 ml Hühnerbrühe
1 TL helle Sojasoße
1 TL Maisstärke
1 EL kaltes Wasser

Von den Hühnerbrüsten die Haut abziehen, mit einem scharfen Messer das Fleisch von den Knochen lösen. (Haut und Knochen in ganz wenig Wasser aufsetzen und als Brühe verwenden.) Das Hühnerfleisch in kleine Würfel schneiden. Maisstärke, Salz und Fünf-Gewürze vermischen und über das Fleisch streuen. Die Fleischwürfel darin wenden, damit sie von allen Seiten überzogen sind. Die Zwiebeln in mundgerechte Stücke schneiden. Die Pilze abgießen und jeden Pilz halbieren. Den Bambusschößling würfeln.
Öl im Wok oder Ausbacktopf erhitzen und die Walnüsse oder Mandeln ausbacken, bis sie golden sind. Abtropfen lassen und beiseite stellen. Das Hühnerfleisch bei starker Hitze ausbacken, bis es die Farbe wechselt, was etwa eine Minute dauert. Nicht zuviel auf einmal ausbacken. Mit dem Schaumlöffel herausnehmen und auf Küchenpapier abtropfen lassen.
Alles Öl bis auf 2 EL abgießen. Zwiebeln, Pilze und Bambus bei starker Hitze etwa eine Minute pfannenrühren. Die Brühe zugießen. Sojasoße mit Maisstärke und Wasser mischen und ebenfalls zugeben. Aufkochen und andicken lassen. Das Hühnerfleisch in der Soße warm werden lassen. Die Hitze abschalten, die Walnüsse einrühren und sofort servieren zu Reis oder Nudeln.

Abbildungen Seite 397 bis 400
Lut tze mum ngap – Geschmorte Ente mit Kastanien (Rezept S. 404)
Pei par ngap – In Folie gebratene Ente (Rezept S. 405)
So jar for tui gai guen – Rollen aus Hühnerfleisch und Schinken (Rezept S. 402)
See goo gai lau to yan – Huhn mit Walnüssen und Strohpilzen (Rezept S. 401)

# Sai lan far gai pin har kau

Huhn und Garnelen mit Brokkoli

4 bis 6 Portionen
Zutaten:
1 Hühnerbrust
375 g geschälte rohe Garnelen (Scampi o.ä.)
1/2 TL Fünf-Gewürze-Pulver
1/2 TL Salz
250 ml Brokkoli-Röschen
2 EL Erdnußöl
1 Knoblauchzehe, zerrieben
1/2 TL frischer Ingwer, fein gerieben
2 TL helle Sojasoße
1 EL chinesischer Wein oder trockener Sherry
2 EL Hühnerbrühe (S. 416) oder Wasser
1 TL Pfeilwurz- oder Maisstärke
2 TL kaltes Wasser

Das Hühnerfleisch von den Knochen lösen, die Haut abziehen. Das Fleisch in dünne Scheiben schneiden, in Fünf-Gewürze-Pulver und Salz wenden. Die Garnelen ausnehmen, sehr große halbieren. Mit dem Hühnerfleisch vermischen und beiseite stellen.
Ein wenig gesalzenes Wasser zum Kochen bringen und die Brokkoli-Röschen hineingeben. Dicke Stengel schälen, in Scheiben schneiden und eine Minute vor den Röschen ins Wasser geben. Sobald das Wasser wieder kocht, den Deckel auflegen und 3 Minuten simmern. Die Brokkoli-Röschen abgießen und mit kaltem Wasser abspülen. Auf diese Weise behalten sie ihre leuchtende Farbe und zerkochen nicht.
In einem Wok Öl erhitzen und Knoblauch und Ingwer 30 Sekunden pfannenrühren. Hühnerfleisch und Garnelen zugeben, bei starker Hitze pfannenrühren, bis das Fleisch weiß ist und die Garnelen rosa. Sojasoße, Wein und Brühe oder Wasser zugießen, 2 Minuten simmern. Die Stärke mit kaltem Wasser glattrühren und die Soße damit andicken. Die abgetropften Brokkoli-Röschen vorsichtig unterheben und heiß werden lassen.
Heiß mit Reis servieren.

# So jar for tui gai guen

Rollen aus Hühnerfleisch und Schinken

4 bis 8 Portionen
Zutaten:
2 große Hühnerbrüste
eine 12 mm dicke Scheibe Schinken
1 TL Salz
1/4 TL Pfeffer
1/4 TL Fünf-Gewürze-Pulver
1 kleine Knoblauchzehe, zerrieben
2 Eier, geschlagen
2 EL Weizenmehl
4 Frühlingsrollen-Hüllen
Öl zum Ausbacken

Zutaten zur Soße:
125 ml Saft von chinesischen Mixed Pickles
125 ml Wasser
1 EL Tomatensoße oder eine Prise rote Lebensmittelfarbe (s. Glossar)
2 EL Zucker
1 bis 2 EL weißer Essig
1/4 TL Salz
60 ml chinesische Mixed Pickles, gehackt
2 TL Maisstärke
1 EL kaltes Wasser

Mit einem scharfen Messer die Haut von den Hühnerbrüsten abtrennen und das Fleisch von den Knochen lösen. Die Filets, die kleinen zylindrischen Fleischstücke ganz dicht am Brustbein, herauslösen und für ein anderes Gericht verwenden. Große Stücke Brustfleisch zwischen zwei Lagen Plastikfolie oder Pergamentpapier mit dem Fleischklopfer ganz flach klopfen. Das Fleisch muß zu einer dünnen Scheibe geklopft werden, darf aber nicht zerreißen. Den Schinken in 12 mm breite Streifen von der Länge der Hühnerfleischstücke schneiden.
Salz, Pfeffer und Fünf-Gewürze mischen. Die zerriebene Knoblauchzehe mit 1/4 TL dieser Gewürzmixtur vermengen, jedes Stück Hühnerfleisch hauchdünn damit bestreichen. Einen Schinkenstreifen auf das Fleisch legen und aufrollen, dabei den Schinken völlig bedecken und mit Fleisch umschließen.
Die geschlagenen Eier mit 1/2 TL der Salz-Gewürz-Mischung würzen; die Rollen erst darin, dann in Mehl wälzen, schräg auf eine Frühlingsrollen-Hülle legen, zweimal einrollen, dann die Kanten wie einen Briefumschlag falten und einstecken. Etwas Ei mit Mehl zu einer dikken Paste verrühren und die Rollen damit zukleben.
In einem Wok Öl erhitzen, bis es anfängt zu rauchen; nicht zu heiß werden lassen. Die Rollen bei Mittelhitze in 3 1/2 Minuten ausbacken, dabei wenden, damit sie gleichmäßig braun werden. Auf Küchenkrepp abtropfen lassen. Auf einer Platte anrichten, zum Beispiel auf einem Bett aus kleingeschnittenen Salatblättern, und mit folgender Soße servieren.

Soße:
Die ersten sechs Zutaten in einem kleinen Topf zum Kochen bringen. Rühren, bis der Zucker sich aufgelöst hat. Die Pickles und die mit kaltem Wasser glattgerührte Stärke zugeben. Rühren, bis die Soße aufkocht und dick und klar wird. In einer Schüssel servieren. Man kann die Pickles durch Ananas- oder Orangensaft ersetzen. Dann muß man allerdings mehr Essig und Salz nehmen.

# Buck ging ngap

Peking-Ente

*Eine Ente liefert drei Gerichte: erst ißt man die krachend knusprige Haut mit Mandarin-Pfannkuchen (das ist der wichtigste Gang, die eigentliche Peking-Ente), dann wird das Fleisch für sich serviert, und drittens kocht man aus den Knochen eine nahrhafte Suppe, die allerdings so lange simmern muß, daß sie erst zu einem späteren Essen serviert werden kann.*
*In Hongkong zeigte mir der Küchenchef und Oberkellner des Peking-Restaurants, wie man diese berühmte Ente zubereitet und tranchiert. Nach dieser Demonstration fand ich, daß die Zubereitung dieser Ente, so köstlich sie auch schmeckt, viel zu aufwendig und zeitraubend für eine Hausfrau ist. Aber für Leute wie mich, die alles wenigstens einmal ausprobiert haben müssen, bringe ich hier die ganze Geschichte.*
*Versuchen Sie, eine Ente mit Kopf zu bekommen – keine leichte Sache in unserer Zeit des säuberlich verpackten, tiefgekühlten Geflügels, dem alle Extremitäten fehlen. Vielleicht kennen Sie aber ein Delikatessengeschäft, das Ihnen die Ente besorgen kann. Der Wodka kommt im Originalrezept nicht vor, macht sich aber gut.*

6 Portionen
Zutaten:
2,5 kg junge Ente
2 TL Salz
80 ml Wodka
3 EL Honig
750 ml Wasser
6 Scheiben frischer Ingwer
eine Prise rote Lebensmittelfarbe, nach Belieben

Zum Servieren:
Mandarin-Pfannkuchen
bürstenförmig geschnittene Frühlingszwiebeln
Hoisinsoße
1 Gurke, geschält und in Scheiben geschnitten

Die Ente waschen, abtropfen lassen und innen und außen gründlich mit Küchenkrepp abtrocknen. Die Bauchhöhle mit Salz einreiben. Die Ente auf eine große Platte legen. Den Wodka darübergießen und über die ganze Ente verteilen. Vier Stunden stehenlassen, dabei die Ente von Zeit zu Zeit umdrehen, damit die Haut überall mit dem Wodka in Berührung kommt. Honig in Wasser auflösen, eine winzige Messerspitze rote Lebensmittelfarbe zugeben. Auch diese Lösung in die Haut der Ente reiben, keine Stelle dabei übersehen. Dann den Vogel dressieren, eine Schnur um den Hals binden und die Ente daran vor einen elektrischen Ventilator hängen oder bei kühlem Wetter an einen windigen Platz. Mindestens vier Stunden so trocknen lassen. (Der chinesische Koch blähte die Haut der Ente auf, ehe er sie aufhängte. Dabei blies er Luft durch ein kleines Loch in der Haut am Hals der Ente dicht oberhalb der Stelle, um die er dann die Schnur knüpfte. Er machte das so mühelos, als ob er einen Kinderluftballon aufblasen würde. Ich könnte mir aber vorstellen, daß es keineswegs so einfach war, wie es den Anschein hatte. Nein – ich selbst habe es nicht versucht!)
Den Backofen auf 190° vorheizen, die Ente auf einen Rost über die Fettpfanne legen, in die man heißes Wasser gegeben hat. Sie darf mit dem Wasser aber nicht in Berührung kommen.
30 Minuten braten, dann die Backofenhitze auf 150° zurückschalten und noch eine Stunde weiterbraten. Die Hitze wieder auf 190° steigern und braten, bis die Haut knusprig braun und die Ente gar ist.
Aus dem Backofen nehmen und mit Beilagen servieren. Die Ente wird am Tisch tranchiert, wobei nur die Haut in dünnen Stücken abgetrennt und auf einem flachen Teller ohne Garnitur gereicht wird. Man legt ein solches Stück Haut auf einen Mandarin-Pfannkuchen, taucht einen Frühlingszwiebel-Pinsel in Hoisinsoße und bestreicht damit den Pfannkuchen samt der gebratenen Haut, wickelt Frühlingszwiebel und einige Gurkenscheiben in den Pfannkuchen und ißt.
Auch das Fleisch der Ente kann tranchiert und auf einem weiteren Teller zu den Pfannkuchen gereicht werden. Man kann es aber auch in Scheiben von den Knochen lösen, schnell mit Frühlingszwiebelscheiben, roten oder grünen Paprikastreifchen und frischen Bohnensprossen pfannenrühren und als Gang für sich servieren.
Anmerkung: Die Frühlingszwiebel-Pinsel macht man so: man schneidet die Zwiebeln in 7,5 cm lange Stücke, macht mit einem scharfen Messer zwei parallele Schnitte 2,5 cm tief an jedem Ende und zwei weitere Schnitte quer zu den ersten. Dann legt man die Zwiebelstücke in Eiswasser, bis sich die Enden nach außen biegen.

# Lut tze mun ngap

Geschmorte Ente mit Kastanien

6 Portionen
Zutaten:
125 g getrocknete Kastanien
2 kg Ente
2 Knoblauchzehen, zerrieben
1 TL frischer Ingwer, fein gerieben
1 EL helle Sojasoße
1 EL chinesischer Wein oder trockener Sherry
125 ml Erdnußöl
3 EL roter Bohnenquark (siehe Glossar)
2 TL Zucker
4 Frühlingszwiebeln
Tomaten- oder Chiliblume zum Garnieren, nach Belieben

Die getrockneten Kastanien in einer Schüssel mit kochendem Wasser übergießen, 30 Minuten quellen lassen. Das Wasser abgießen, mit frischem kochendem Wasser noch einmal 30 Minuten einweichen. Abgießen.
Eine tiefgefrorene Ente völlig auftauen lassen, abspülen, innen und außen mit Küchenpapier abtrocknen. Knoblauch, Ingwer, Sojasoße und Wein mischen und die Ente innen und außen damit einreiben.
In einem Wok Öl erhitzen und die Ente unter häufigem Wenden braun braten. Auf eine Platte legen, das Öl bis auf einen kleinen Rest ausgießen. Die Ente wieder in den Wok legen. Den mit Zucker zerdrückten Bohnenquark zugeben, mit heißem Wasser bis zur halben Höhe der Ente auffüllen und die Kastanien zugeben. Zum Kochen bringen, dann die Hitze reduzieren, den Wok zudecken und etwa 1 1/4 bis 1 1/2 Stunden simmern, bis die Ente gar ist. Man wendet sie während dieser Zeit und gießt Wasser nach, wenn nötig.
Dann legt man die Ente auf ein Holzbrett und hackt sie mit einem scharfen Küchenbeil nach der chinesischen Methode in Stücke. Auf einer Platte anrichten, Kastanien und Soße darüber verteilen, mit kleingeschnittenen Frühlingszwiebeln und nach Belieben mit einer Tomaten- oder Chiliblume garnieren.
Anmerkung: Man kann die getrockneten Kastanien durch eine chinesische Süßkartoffel oder sogar ganz gewöhnliche Kartoffeln ersetzen. In beiden Fällen die Kartoffeln schälen und würfeln und erst 30 Minuten vor Ende der Garzeit an die Ente geben.

# Sze chuen shiu ngap

Gebratene Ente auf Szetschuan-Art

Backofentemperatur: 170 bis 190°C
Garzeit: 2 Stunden und 20 Minuten
4 bis 5 Portionen
Zutaten:
3 kg junge Ente
3 TL Salz
3 TL schwarze Pfefferkörner oder Szetschuan-Pfeffer
1 ganze frische Korianderpflanze
1 1/2 TL frischer Ingwer, fein gerieben
4 Frühlingszwiebeln, gehackt
1/2 TL Fünf-Gewürze-Pulver
1 EL Honig
1 EL chinesischer Wein oder trockener Sherry
2 TL Sesamöl
1 EL helle Sojasoße
1/2 TL rote Lebensmittelfarbe

Hals und Innereien entfernen und für Brühe verwenden. Die Ente innen und außen waschen und mit Küchenkrepp gründlich trockentupfen. Etwa noch vorhandene Federkiele sorgfältig entfernen. Die Pfefferkörner in einer trockenen Pfanne ein paar Minuten rösten, dann mit dem Nudelholz grob zermahlen. Korianderblätter und -stengel säubern und trocknen, dann fein hacken. Die Wurzel säubern und beiseite legen. Alle Gewürze, Kräuter, den Honig, den Wein und die Farbe miteinander vermischen und die Ente innen und außen gut damit einreiben. Die grünen Blätter der Zwiebeln und die Korianderwurzel in die Bauchhöhle legen. Den Vogel in Plastikfolie einschlagen und über Nacht in den Kühlschrank stellen, zumindest aber vier Stunden lang.
Den Backofen auf mittlere Hitze vorheizen. Die Fettpfanne zur Hälfte mit heißem Wasser füllen, den Rost darüberschieben, die Ente darauflegen, Brust nach oben, und bei mittlerer Hitze 30 Minuten braten. Mit Alufolie abdecken und weitere 30 Minuten garen. Die Hitze auf 150 bis 160° ermäßigen, die Ente umdrehen, Brust nach unten, Alufolie auflegen und weitere 30 Minuten braten. Die Folie entfernen und den Braten 15 bis 20 Minuten bräunen lassen.
Die Ente tranchieren, mit Mandarin-Pfannkuchen, Pflaumensoße und zu Pinseln geschnittenen Frühlingszwiebeln zu Tisch geben. Mit diesen »Pinseln« streicht man die Soße auf die Pfannkuchen, legt ein Stück Entenfleisch darauf, krönt das Ganze mit der Frühlingszwiebel, rollt es mit dem Pfannkuchen auf und ißt es wie Peking-Ente.

# Pei par ngap

In Folie gebratene Ente

4 Portionen
Backofentemperatur: 170 bis 190 °C
Bratzeit: 1 3/4 Stunden
Zutaten:
1,75 kg junge Ente
1 Knoblauchzehe, zerrieben
1 TL frischer Ingwer, fein gerieben
1 TL Hoisinsoße
1 TL Sesampaste (siehe Glossar)
1 EL Honig
1 EL helle Sojasoße
1 TL Salz
1/2 TL Pfeffer

Die Ente innen und außen waschen, aus Hals, unteren Flügelgliedern, Magen und Leber Brühe kochen. Alle übrigen Zutaten in einem kleinen Topf vorsichtig heiß werden lassen, bis der Honig schmilzt und alles sich miteinander verbindet. Zwei Minuten simmern. Sollte die Soße zu dick sein, mit etwas Wasser verdünnen. Mit dieser Marinade die Ente innen und außen einreiben. Übriggebliebene Marinade wird als Soße serviert.

Nach einer Stunde die Ente in Bratfolie verpacken, dabei die Vorschriften des Herstellers beachten und nicht vergessen, drei oder vier Löcher in den oberen Teil der Folie zu stechen. Die Ente mit der Brust nach unten 45 Minuten bis eine Stunde bei 170–190° braten. Aus der Folie nehmen, tranchieren und heiß mit der restlichen Marinade, Mandarin-Pfannkuchen (S. 427), Frühlingszwiebeln und Pflaumen- oder Hoisinsoße servieren.

# Heung so ngap

Gedämpfte und ausgebackene Ente

4 Portionen als Hauptgericht
6 bis 8 Portionen als Teil einer chinesischen Mahlzeit
Zutaten:
2 kg Ente
1 1/2 TL Salz
1/4 TL gemahlener Szetschuan-Pfeffer oder schwarzer Pfeffer
1 EL helle Sojasoße
2 TL chinesischer Wein oder trockener Sherry
1 TL Fünf-Gewürze-Pulver
1/8 TL rote Lebensmittelfarbe (siehe Glossar)
2 bis 3 TL Maisstärke
Öl zum Ausbacken
Frühlingszwiebeln oder frisches Koriandergrün zum Garnieren

Die Ente gründlich waschen, innen und außen mit Küchenkrepp abtrocknen. Salz, Pfeffer, Sojasoße, Wein, Fünf-Gewürze und rote Farbe mischen. Die Ente von innen und außen damit einreiben. Die Gewürze mindestens eine Stunde einziehen lassen. Die Ente dann auf den Dämpfeinsatz legen und 1 1/4 bis 1 1/2 Stunden im Dampf garen. Anschließend mit Maismehl bestreuen.

In einem Wok Öl sehr heiß werden lassen, die Ente vorsichtig hineingleiten lassen. Wenn sie nicht ganz vom Öl bedeckt ist, während des Backens ständig mit Öl beschöpfen. Die Ente umdrehen, sobald die Unterseite braun ist, und die Oberseite auf die gleiche Art schön knusprig braten. Abtropfen lassen, in mundgerechte Stücke zerteilen.

Mit Frühlingszwiebeln oder frischem Koriandergrün garnieren, heiß zu weißem Reis servieren.

# Jing ng far nam

Gedämpftes würziges Schweinefleisch

*Dieses köstliche, würzig duftende Schweinefleischgericht ist so fett, daß man es mit viel gekochtem Reis und am besten in der kalten Jahreszeit ißt.*

6 Portionen
Zutaten:
1 kg magerer Schweinebauch
4 EL dunkle Sojasoße
2 EL chinesischer Wein oder trockener Sherry
1/2 TL Fünf-Gewürze-Pulver, nach Belieben
1 Knoblauchzehe, zerdrückt
125 ml ungekochter Reis

Vom Fleischer die Schwarte abtrennen lassen. Das Fleisch in große Quadrate schneiden. In einer Mischung aus Sojasoße, Wein, Fünf-Gewürze-Pulver und Knoblauch wenigstens eine Stunde, besser aber längere Zeit marinieren.

Den Reis in einer schweren Pfanne bei schwacher Mittelhitze unter ständigem Rühren 15 Minuten rösten, bis die Körner goldgelb sind. Im Elektromixer bei hoher Schaltstufe zu Pulver zermahlen oder in kleinen Portionen im Mörser zerreiben.

Die Fleischstückchen einzeln im Reispulver wälzen und in eine feuerfeste Schüssel geben. Über sprudelnd kochendem Wasser zwei Stunden dämpfen, bis das Fleisch so weich ist, daß man es mit Stäbchen mühelos zerteilen kann.

Heiß zu gedämpftem weißem Reis servieren.

# Cha shiu

Gegrilltes Schweinefleisch

4 bis 6 Portionen
Backofentemperatur: 200 bis 230°C
Bratzeit: etwa 45 Minuten
Zutaten:
500 g Schweinebauch oder -filet
3 Knoblauchzehen
1 TL Salz
1/2 TL frischer Ingwer, fein gerieben
1 EL helle Sojasoße
1 EL Honig
1 EL chinesischer Wein oder trockener Sherry
1/2 TL Fünf-Gewürze-Pulver

Falls Sie Bauchfleisch verwenden, mit einem scharfen Messer die Schwarte abschneiden. Dann das Stück der Länge nach in etwa 2,5 cm breite Streifen schneiden. Knoblauch mit Salz zerdrücken und mit allen anderen Zutaten in einer Schüssel vermischen. Das Fleisch hineinlegen und gut unterheben, so daß es überall mit Marinade überzogen ist. 15 Minuten einziehen lassen.
Die Fettpfanne halb mit Wasser füllen, den Grillrost darüberlegen. Den Backofen vorheizen. Das Fleisch auf dem Rost bei hoher Temperatur 30 Minuten braten. Die Fleischstreifen umdrehen, mit der restlichen Marinade einpinseln und weitere 15 Minuten rösten, bis sie schön glasiert sind, mit braunen Stellen dort, wo der Honig karamelisiert ist. In Scheiben schneiden und sofort servieren mit Pflaumen- oder Hoisinsoße zum Dippen.

# Gwoo lo yook

Knusprig ausgebackenes Schweinefleisch mit süß-saurer Soße

*Das Schweinefleisch kann man im voraus ausbacken und zusammen mit den vorbereiteten Zutaten für die Soße bereitstellen. Zur Essenszeit brauchen Sie dann nur noch die Soße zubereiten und das Fleisch ein zweites Mal kurz ausbacken.*
4 bis 6 Portionen
Zutaten:
500 g Schweinefilet oder Kotelettstück
1 EL helle Sojasoße
1 EL chinesischer Wein oder trockener Sherry
1/2 TL Salz
1/4 TL Pfeffer
1/4 TL Fünf-Gewürze-Pulver
250 ml Weizenmehl
185 ml warmes Wasser
1 EL Erdnußöl
1 Eiweiß
Erdnußöl zum Ausbacken
Süß-saure Soße:
1 EL helle Sojasoße
1 EL chinesischer Wein oder trockener Sherry, nach Belieben
3 EL Tomatensoße
2 EL weißer Zucker
185 ml Wasser
1 EL Maisstärke
1 EL Wasser
1 kleine Zwiebel
2 EL Erdnußöl
1 Knoblauchzehe, zerdrückt
1/4 TL frischer Ingwer, fein gerieben
125 ml Wasserkastanien, in Scheiben
1 rote Paprikaschote, gewürfelt
3 EL tiefgekühlte o. frische grüne Erbsen
2 EL Melonenstreifen (Dose), nach Belieben

Falls Sie Kotelettstück verwenden, den Fettrand abtrennen. Das Fleisch in 1 cm dicke Scheiben schneiden, dann in ca. 2,5 cm lange Streifen. In einer Schüssel mit Sojasoße, Wein, Salz, Pfeffer und Fünf-Gewürze-Pulver gut vermischen. In den Kühlschrank stellen und den Teig vorbereiten.
Mit einem Holzlöffel Mehl und warmes Wasser zu einem glatten Teig verrühren; Öl einrühren, 30 Minuten ruhen lassen. Eiweiß steif schlagen und unterheben.
Öl im Wok oder Ausbacktopf erhitzen. Die Fleischstücke im Teig wälzen, dann bei mittlerer Hitze ausbacken, bis das Fleisch gar und der Teig goldgelb ist. Immer nur wenige Stücke auf einmal in das Fett einlegen, auf Küchenpapier abtropfen lassen. Die Soße zubereiten.

Süßsaure Soße:
Sojasoße, Wein, Tomatensoße, Essig, Zucker und Wasser in eine Schüssel geben und rühren, bis sich der Zucker gelöst hat. Maisstärke mit einem EL Wasser verrühren. Die Zwiebel schälen, vierteln und jeden Schnitz noch einmal teilen. Die einzelnen Zwiebelhäute separieren. Öl erhitzen, Knoblauch, Ingwer und alle Gemüse zugeben, zwei Minuten pfannenrühren. Die Soßenmischung einrühren und zum Kochen bringen. Die Maisstärkepaste zugeben und rühren, bis die Soße aufkocht und andickt. Vom Feuer nehmen, die Melonenstreifen untermischen.
Kurz vor dem Essen das Öl im Ausbacktopf wieder erhitzen. Das Fleisch einige Sekunden lang noch einmal ausbacken, immer nur ein paar Stücke gleichzeitig. Durch dieses zweite Ausbacken wird der Teig besonders knusprig. Auf Küchenpapier abtropfen lassen. Nach der letzten Portion alle Fleischstücke auf einer vorgewärmten Platte ausbreiten, die heiße Soße darübergießen und sofort auftragen.

# Lut gee hoong shiu ju yook

Geschmortes Schweinefleisch mit Kastanien

4 bis 6 Portionen
Zutaten:
750 g Schweinebauch
2 Knoblauchzehen, zerrieben
1 TL Salz
1 EL helle Sojasoße
1 EL chinesischer Wein oder Weinbrand
125 g getrocknete Kastanien
2 EL Erdnußöl
625 ml heißes Wasser
2 TL Maisstärke
2 EL kaltes Wasser
Frühlingszwiebeln zum Garnieren, nach Belieben

Mit einem scharfen Messer die Schwarte abtrennen. Das Fleisch erst in dünne Scheiben, dann in kleine Würfel schneiden. Den mit Salz zerdrückten Knoblauch, Sojasoße und Wein oder Weinbrand mischen und das Fleisch in dieser Marinade eine Stunde durchziehen lassen. Die getrockneten Kastanien in einer Schüssel mit kochendem Wasser übergießen, 30 Minuten quellen lassen. Das Wasser abgießen, durch frisches kochendes Wasser ersetzen. Weitere 30 Minuten einweichen. Vor Gebrauch abtropfen lassen.
In einem Wok Öl erhitzen und das marinierte Fleisch unter ständigem Rühren braun braten. Die Kastanien einrühren, mit heißem Wasser ablöschen, zugedeckt 35 bis 40 Minuten simmern. Maisstärke mit kaltem Wasser anrühren. Fleisch und Kastanien an die Seite schieben, die Maisstärke in die Kochflüssigkeit rühren (es sollten mindestens 250 ml Flüssigkeit im Topf sein, evtl. mit Wasser auffüllen). Unter ständigem Rühren kochen, bis die Soße dick ist. Mit Frühlingszwiebeln garnieren. Mit Reis servieren.

# Ju yook ma tai chow hahm suen choy

Scheiben aus Schweinefleisch und Wasserkastanien mit süß-sauren Gemüsen

8 Portionen
Zutaten:
500 g Schweinehackfleisch
250 ml gehackte Wasserkastanien
1 Knoblauchzehe, zerrieben
1 TL Salz
1 EL Maisstärke
3 EL feingehackte Frühlingszwiebeln
1/2 TL Fünf-Gewürze-Pulver
1 Ei, geschlagen
Öl zum Ausbacken
frisches Koriandergrün oder Tomatenblumen zum Garnieren

Zutaten zum Teig:
125 ml Weizenmehl
185 ml Wasser
2 TL Öl

Zutaten zu den süß-sauren Gemüsen:
250 ml Ananasstückchen (Dose)
185 ml Ananassaft (Dose)
1 kleine Dose Chow-Chow-Konserven
60 ml weißer Essig
3 EL Zucker
10 Frühlingszwiebeln, einschließlich der grünen Teile
1 Möhre
2 EL Wasserkastanien, in Scheiben
eine Messerspitze rote Lebensmittelfarbe (siehe Glossar)
3/4 TL Salz
1 EL Stärke
1 EL kaltes Wasser

Das Hackfleisch mit Wasserkastanien, Knoblauch, Salz, Maisstärke, Frühlingszwiebeln, Fünf-Gewürzen und Ei gründlich vermengen. Aus dem Fleischteig drei 17 cm lange Rollen formen, auf eine leicht mit Öl eingefettete hitzebeständige Platte legen und zugedeckt 20 bis 25 Minuten dämpfen. Völlig auskühlen lassen, nach Möglichkeit für kurze Zeit in den Kühlschrank stellen. Während dieser Zeit den Ausbackteig und die süß-sauren Gemüse vorbereiten.

Teig: Aus Mehl, Öl und Wasser einen glatten Teig rühren. 30 Minuten ruhen lassen.
Die Fleischrollen in 2 cm dicke Scheiben schneiden. Diese in den Teig tauchen und goldgelb ausbacken. Auf Küchenpapier abtropfen lassen, auf einer vorgewärmten Platte anrichten, das süß-saure Gemüse darübergeben, garnieren und servieren.

Süß-saures Gemüse: In einem Topf Ananassaft, 2 EL Sirup von der Chow-Chow-Konserve, Essig und Zucker mischen. Die Chow-Chow-Konserve in große Stücke, die Frühlingszwiebeln in mundgerechte Stückchen, die Möhre in dünne Scheiben oder streichholzdünne Streifen schneiden. Wenn Sie Wasserkastanien in Scheiben nicht bekommen können, schneiden Sie ganze Wasserkastanien aus der Büchse in zwei oder drei Scheiben.
Das Flüssigkeitsgemisch im Topf zum Kochen bringen. Eine winzige Messerspitze rote Farbe zugeben; die Flüssigkeit soll leuchtend flamingorosa, nicht rot gefärbt sein. Salz, Ananasstückchen und Gemüse zugeben, wieder zum Kochen kommen lassen. Die Stärke mit kaltem Wasser mischen und bei schwacher Hitze in die kochende Soße rühren. Weiterrühren, bis sie dick und klar ist. Über die ausgebackenen Schweinefleisch-Scheiben gießen. Mit Korandersträußchen und Chili- oder Tomatenblüten garnieren. Heiß servieren.

# Chow yook pin

Pfannengerührtes gekochtes Schweinefleisch

*Ein fettreiches Gericht, das sich gut als Winteressen eignet; es stammt aus dem nördlichen China.*

3 bis 4 Portionen
Zutaten:
250 g gekochte Schweinelende
1 EL chinesischer Wein oder trockener Sherry
1 EL helle Sojasoße
1 TL Zucker
1 große oder 2 kleine grüne Paprikaschoten
1 Prise Salz
3 Frühlingszwiebeln
3 EL Öl zum Braten
1 TL frischer Ingwer, fein gerieben
3 Knoblauchzehen, zerrieben oder feingehackt
1 EL scharfe Bohnensoße (siehe Glossar)
1 EL Hoisinsoße

Das Schweinefleisch in hauchdünne Scheiben schneiden. Für dieses Gericht ist das Fett wichtig, deshalb nicht abtrennen. Mit seiner Hilfe läßt sich das Fleisch gut kühlen, ehe man es schneidet. Wein, Sojasoße und Zucker vermischen.

Die Paprikaschoten in Stückchen schneiden, Samen und weiße Membran wegwerfen. Die Frühlingszwiebeln in 2,5 cm lange Stücke schneiden. In einem Wok Öl sehr heiß werden lassen, Paprika zugeben, mit etwas Salz bestreuen. Einige Minuten bei sehr starker Hitze pfannenrühren, bis die Paprikastückchen mit Öl überzogen und leuchtend grün sind. Aus dem Wok nehmen, 2 EL Öl herausschöpfen und das Fleisch in das restliche Öl geben, bei Mittelhitze eine Minute pfannenrühren. Knoblauch und Ingwer zugeben und weiter pfannenrühren, bis das Fleisch schön braun ist. Frühlingszwiebeln, Paprika, Wein, Sojasoße, Zucker, Bohnensoße und Hoisinsoße einrühren. Gut durchmischen, heiß werden lassen. Heiß zu weißem Reis servieren.

# Ngau yook ju yook yin

Bällchen aus Rind- und Schweinefleisch mit Reisüberzug

4 bis 6 Portionen
Zutaten:
250 ml Kurzkornreis
6 getrocknete chinesische Pilze
250 g gehacktes mageres Rindfleisch
250 g Schweinehackfleisch
3 Frühlingszwiebeln, fein gehackt
1/2 TL frischer Ingwer, fein gehackt
1 Knoblauchzehe, zerrieben
2 TL Salz
1 Ei, geschlagen
60 ml feingehackte Wasserkastanien

Den Reis mit kaltem Wasser bedeckt mindestens zwei Stunden quellen lassen, abgießen, auf Küchenpapier ausbreiten und trocknen lassen. Währenddessen die Fleischbällchen zubereiten.

Die Pilze 30 Minuten in heißem Wasser einweichen, dann ausdrükken, die Stiele abschneiden und wegwerfen, die Hüte fein hacken. Mit allen übrigen Zutaten in einer großen Schüssel mit den Händen gründlich durchmischen und zwischen den Handflächen zu Bällchen von etwa 2,5 cm Durchmesser rollen.

Jedes Bällchen einzeln im Reis wälzen, dabei genügend fest aufdrükken, damit die Reiskörner haftenbleiben und den Fleischteig überziehen.

Einen Dämpfeinsatz mit Pergamentpapier auslegen, die Bällchen mit etwas Abstand voneinander darauflegen, damit der Reis beim Dämpfen aufgehen kann. Sobald das Wasser sprudelnd kocht, 30 bis 35 Minuten dämpfen, evtl. kochendes Wasser nachfüllen. Man kann den Dämpfer durch einen beliebigen Topf mit festsitzendem Deckel ersetzen. Eine hitzebeständige Schüssel umgedreht in den Topf stellen und so viel Wasser zugießen, daß es die halbe Höhe der Schüssel erreicht. Auf die Schüssel einen Teller stellen, dessen Durchmesser etwas kleiner ist als der des Topfes, damit der Dampf daran vorbeistreichen und die Fleischbällchen garen kann. Der Reis quillt auf, so daß die fertigen Fleischbällchen von perligen Körnern bedeckt sind.

Es gibt für dieses Rezept zwei Namen – Perlenbällchen und Stachelschweinbällchen, weil die Reiskörner wie Stacheln abstehen.

# Ng heung ngau yook szee

Fünf-Gewürze-Rindfleisch

4 bis 6 Portionen
Zutaten:
500 g zartes Rindfleisch
1 Knoblauchzehe, zerrieben
1 TL Salz
1/2 TL frischer Ingwer, fein gerieben
1 EL dunkle Sojasoße
1/2 TL Fünf-Gewürze-Pulver
2 TL Maisstärke
2 EL Erdnußöl
3 EL Wasser oder Brühe

Das Fleisch leicht anfrieren und in sehr dünne Scheiben, dann in feine Streifen schneiden. Knoblauch mit Salz zerreiben. Knoblauch, Ingwer und Sojasoße mit dem Fleisch vermengen. Fünf-Gewürze-Pulver und Maisstärke mischen, das Fleisch damit bestreuen und schütteln, um es gleichmäßig zu bepudern.
In einem Wok Öl sehr heiß werden lassen, das Fleisch bei starker Hitze pfannenrühren, bis es grau ist. Wasser einrühren, aufkochen und andicken lassen. Durchrühren. Sofort mit Reis oder Nudeln auftragen.
Anmerkung: Man kann dieses und das folgende Rezept, Rindfleisch in schwarzer Bohnensoße, auch mit Gemüsen kombinieren. Man nimmt gleiche Gewichtsmengen Fleisch und Gemüse, zum Beispiel eine Kombination von Chinakohl oder Senfkohl, Bohnen, Brokkoli, Zwiebel, Blumenkohl oder Stangensellerie.
Bohnen, Blumenkohl und Brokkoli müssen 2 Minuten in kochendem Wasser blanchiert werden und abtropfen, ehe man sie an das Gericht gibt. Die anderen Gemüse können roh zugefügt und 2 Minuten pfannengerührt werden. Blumenkohl und Brokkoli schneidet man in feine Scheiben oder teilt sie in kleine Röschen. Bohnen, Kohl und Sellerie werden in feine schräge Scheiben geschnitten. Zwiebeln achtelt man und trennt die einzelnen Schichten.

# See jup ngau yook

Rinderfilet in schwarzer Bohnensoße

*Dieses ist wohl das beliebteste der chinesischen Rindfleischgerichte und dabei einfach zuzubereiten.*

4 bis 6 Portionen
Zutaten:
500 g Filet oder Rumpsteak
1 1/2 EL gesalzene schwarze Bohnen (Dose)
1 EL dunkle Sojasoße
60 ml Wasser oder Brühe
1 TL Zucker
1 TL Maisstärke
2 TL kaltes Wasser
2 EL Erdnußöl
1 TL Sesamöl, nach Belieben
2 Knoblauchzehen, zerrieben

Alles Fett abtrennen. Das Fleisch etwa eine Stunde tiefkühlen, damit es sich in papierdünne Scheiben schneiden läßt. Diese Scheiben in schmale Streifen schneiden. Die schwarzen Bohnen in einem kleinen Sieb kurz mit kaltem Wasser abspülen. Abtropfen lassen, mit einer Gabel zerdrücken, mit Sojasoße, Wasser und Zucker mischen. Die Maisstärke mit kaltem Wasser glattrühren.
Einen Wok erhitzen, die beiden Ölsorten hineingeben und den Wok herumschwenken, damit die Innenfläche vom Öl überzogen wird. Das Rindfleisch bei starker Hitze pfannenrühren, bis es grau ist. Den Knoblauch kurz mitrühren, dann die Bohnenmischung zugeben. Zum Kochen bringen, bei niedriger Hitze höchstens 5 Minuten zugedeckt simmern. Die Maisstärke zugeben und rühren, bis die Soße klar und dick ist. Sofort mit weißem Reis auftragen.

Anmerkung: Man kann auch billige magere Fleischstücke, zum Beispiel Beinscheibe oder Schulter, zu allen pfannengerührten Gerichten verwenden, nur muß man sie wegen der extrem kurzen Garzeit vorher zart machen. Die Chinesen machen das so: Das Fleisch wie angegeben in Scheiben oder Streifen schneiden. Für jeweils 500 g Fleisch 1/2 TL Natriumbikarbonat in 3 EL heißem Wasser auflösen. An das Fleisch geben und einkneten oder mit Kochstäbchen einklopfen, bis das Fleisch alle Flüssigkeit absorbiert hat. Zugedeckt mindestens für zwei Stunden in den Kühlschrank stellen, am besten aber über Nacht. Dann mit dem jeweiligen Rezept wie üblich weiterverfahren. Nach dieser Methode machen viele chinesische Restaurants billige Fleischstücke so zart wie das zarteste Filet.

# Lin ngau chow ngau yook

Rindfleisch mit Lotoswurzel

3 bis 4 Portionen
Zutaten:
250 g Rumpsteak oder Filet
1 EL helle Sojasoße
$^1/_2$ TL Salz
1 Knoblauchzehe, zerrieben
$^1/_2$ TL frischer Ingwer, fein gerieben
$^1/_4$ TL Fünf-Gewürze-Pulver
2 EL Erdnußöl
125 ml Rindfleischbrühe (S. 417) oder Wasser
1 EL Maisstärke
2 EL kaltes Wasser
12 Scheiben Lotoswurzel (Dose)

Das Fleisch in papierdünne Scheiben schneiden, mit Sojasoße, Salz, Knoblauch, Ingwer und Fünf-Gewürzen bestreuen und mit der Hand gründlich vermengen, um alle Fleischstückchen gleichmäßig zu würzen.

In einem Wok oder einer großen Pfanne Öl erhitzen und das Fleisch bei starker Hitze pfannenrühren, bis es grau ist. Mit Fleischbrühe ablöschen. Die mit kaltem Wasser gemischte Maisstärke zugeben und unter Rühren kochen, bis die Soße dick und klar ist. Die Lotoswurzelscheiben zugeben und heiß werden lassen. Mit gekochtem Reis servieren.

# Ho lan dau chow ngau yook

Rindfleisch mit Zuckererbsen

4 bis 6 Portionen
Zutaten:
50 g Rumpsteak
2 EL helle Sojasoße
$^1/_2$ TL Salz
6 getrocknete chinesische Pilze
250 g Zuckererbsen
3 EL Öl
4 Frühlingszwiebeln, in cm-langen Stücken
1 EL chinesischer Wein oder Sherry
$^1/_2$ TL Zucker
125 ml Rindfleischbrühe (S. 417)
3 TL Maisstärke
1 EL kaltes Wasser

Alles Fett abtrennen und wegwerfen. Das magere Fleisch in feine Streifen schneiden. Mit Sojasoße und Salz mischen, 30 Minuten einziehen lassen. Die Pilze 30 Minuten in heißem Wasser quellen lassen, die Hüte in feine Streifen schneiden, die Stiele wegwerfen. Die Zuckererbsen abziehen, zwei Minuten in leicht gesalzenem kochendem Wasser blanchieren.

2 EL Öl in einem Wok sehr heiß werden lassen, das Fleisch bei starker Hitze pfannenrühren, bis es grau ist. In eine Schüssel geben, den Wok auswischen. Dann den restlichen EL Öl erhitzen, Pilze und Frühlingszwiebeln eine Minute pfannenrühren. Wein, Brühe und Zucker zugeben, zum Kochen bringen. Die mit kaltem Wasser gemischte Maisstärke zugeben, unter Rühren kochen, bis die Soße klar und dick ist. Rindfleisch und Zuckererbsen wieder in den Wok geben, durchrühren, heiß werden lassen. Sofort mit Reis oder Nudeln auftragen.

# See yo ngau yook

Rotgekochtes Rindfleisch

*Dieses Rezept ist ein Beispiel dafür, wie man aus einem billigen Stück Rindfleisch ein hervorragend gewürztes, wirklich einmaliges Gericht zubereiten kann. Die Meistersoße, in der das Fleisch gekocht wird, macht die sprichwörtliche »seidene Tasche aus dem Ohr der Sau«, sprich aus Suppenfleisch.*

*Das Fleisch heiß servieren oder in der Soße kalt werden lassen, in dünne Scheiben schneiden und kalt auftragen.*

8 bis 10 Portionen als Teil einer aus mehreren Gerichten bestehenden chinesischen Mahlzeit.
Zutaten:
1,5 kg Rinderbeinfleisch am Stück
750 ml kaltes Wasser
375 ml dunkle Sojasoße
60 ml chinesischer Wein oder trockener Sherry
6 große Scheiben frischer Ingwer
2 ganze Knoblauchzehen, geschält
2 ganze Sterne Sternanis
2 EL Zucker
1 EL Sesamöl

Das Fleisch in einen Topf geben, der gerade groß genug ist, das Stück aufzunehmen. Alle Zutaten beifügen, zum Kochen bringen, dann bei milder Hitze ganz leise simmern. Das Fleisch zugedeckt etwa drei Stunden sehr weich simmern. Mit Fleischspieß oder Stricknadel prüfen; sie sollen kaum Widerstand finden. Während des Kochens das Fleisch ein- oder zweimal umwenden, damit die Flüssigkeit alle Seiten erreicht. Weitere 15 Minuten offen kochen, dabei das Fleisch alle fünf Minuten mit Soße begießen. In Scheiben schneiden und heiß servieren oder in der Soße abkühlen lassen, nach einer Stunde noch einmal wenden. Bis zur Essenszeit in den Kühlschrank stellen. Auf ein Brett legen, mit einem scharfen chinesischen Hackmesser in sehr dünne Scheiben zerteilen. Eine Horsd'œuvre-Platte mit den kalten Scheiben belegen.

Anmerkung: Die »Meistersoße«, wie die Kochflüssigkeit nun heißt, unbedingt aufbewahren. Sie läßt sich gut einfrieren. Ein Löffel davon, statt Brühe einem Gericht zugesetzt, ergibt ein wesentlich reicheres, köstliches Aroma. Falls ganze Anissterne nicht zu bekommen sind, nehmen Sie 16 einzelne Segmente.

# Seen lo shun chow ngau yook

Pfannengerührtes Rindfleisch mit frischem Spargel

4 bis 6 Portionen
Zutaten:
375 g mageres Bratenfleisch
2 TL helle Sojasoße
1 Knoblauchzehe, zerdrückt
1/2 TL Salz
1 Bündel frischer, zarter Spargel
2 mittelgroße Zwiebeln
4 EL Erdnußöl
2 TL chinesische Bohnensoße (siehe Glossar)
60 ml Wasser oder Rindfleischbrühe (S. 417)
1 TL Maisstärke
1 EL kaltes Wasser

Alles Fett abtrennen und wegwerfen. Das Fleisch quer zur Faser in papierdünne Scheiben, dann in mundgerechte Streifen schneiden. Mit Sojasoße und dem mit Salz zerdrückten Knoblauch mischen. Durchziehen lassen und währenddessen Spargel und Zwiebeln vorbereiten.
Den Spargel waschen; die zähen Stielenden abschneiden, die Stiele bis etwa 2 cm unterhalb der zarten Köpfe schälen. Mit einem scharfen Messer die Stangen schräg in möglichst lange, ovale Scheiben schneiden, die Spargelspitzen ganz lassen.
Die Zwiebeln schälen, der Länge nach halbieren, dann jede Hälfte in vier bis sechs Spalten teilen und diese wieder quer halbieren. Die einzelnen Schichten voneinander trennen.
In einem Wok 2 EL Öl erhitzen. Bei starker Hitze das Fleisch pfannenrühren, bis es grau ist. In eine Schüssel geben. Den Wok auswischen, die restlichen 2 EL Öl heiß werden lassen und bei starker Hitze die Spargelscheiben 3 Minuten pfannenrühren. Die Zwiebeln zugeben, eine weitere Minute mitrühren. Bohnensoße und Wasser oder Brühe angießen, die Spargelköpfe einrühren. Die Hitze reduzieren, zugedeckt etwa 5 Minuten kochen, bis der Spargel zwar weich, aber nicht zerkocht ist.
Die Gemüse an die Seite schieben. In die Flüssigkeit im Topf die mit kaltem Wasser glattgerührte Maisstärke gießen, unter Rühren kochen, bis die Soße angedickt ist. Das Fleisch wieder in den Topf geben, vorsichtig durchrühren. Nicht mehr kochen, nur heiß werden lassen. Sofort mit weißem Reis zu Tisch bringen.

# Doong gwoo chow ngau yook

Pfannengerührtes Rindfleisch mit Zwiebeln und Pilzen

4 Portionen
Zutaten:
6 getrocknete chinesische Pilze
250 g mageres Rinderbratenfleisch, in dünnen Scheiben
1/4 TL Fünf-Gewürze-Pulver
1/2 TL Salz
1 Knoblauchzehe, zerdrückt
1/2 TL frischer Ingwer, fein gerieben
3 EL Öl
2 Zwiebeln, in Achtel geschnitten
2 EL dunkle Sojasoße
2 TL Zucker
60 ml Wasser oder Rindfleischbrühe (S. 417)
2 TL Maisstärke
1 EL kaltes Wasser
Frühlingszwiebeln zum Garnieren

Die Pilze in heißem Wasser 20 bis 30 Minuten quellen lassen. Die Hüte in feine Scheiben schneiden, die Stiele wegwerfen. Das Rindfleisch in mundgerechte papierdünne Scheiben schneiden. Mit Fünf-Gewürzen und Salz, Knoblauch und Ingwer gut vermengen.
In einem Wok 1 EL Öl erhitzen, Zwiebeln und Pilze 2 bis 3 Minuten braten. Dann das Fleisch bei starker Hitze pfannenrühren, bis es grau ist. Sojasoße, Fleischbrühe und Zucker zugeben, zum Kochen bringen, dann mit der mit kaltem Wasser angerührten Maisstärke andikken. Mit Frühlingszwiebeln garnieren und auftragen.

# Chu hau jeung mun wan yee

Wolkenohrpilze in Hoisinsoße

4 Portionen
Zutaten:
125 ml getrocknete Wolkenohrpilze *(wan yee)*
2 TL Hoisinsoße
2 EL helle Sojasoße
1 kleine Knoblauchzehe
2 TL Erdnußöl
1 TL Sesamöl
60 ml Wasser
1 TL Maisstärke
1 EL kaltes Wasser

Die Pilze waschen, in einer großen Schüssel in heißem Wasser eine Stunde einweichen. Sie quellen zu einem Mehrfachen ihres ursprünglichen Umfangs auf. Die Pilze abspülen, in mundgerechte Stücke zerteilen, alle sandigen Stellen herausschneiden.
Hoisinsoße und Sojasoße mischen. Knoblauch zerdrücken. Beide Öle erhitzen und den Knoblauch bei milder Hitze eine Minute anbraten. Soßen, Wasser und Pilze zugeben, bis zum Aufkochen rühren. Die Kochflüssigkeit mit in kaltem Wasser angerührter Maisstärke andikken. Sofort zu Reis oder Nudeln servieren.

# Hung shiu doong gwoo

Geschmorte Pilze

Man serviert sie zu kalten Horsd'œuvres.
6 bis 8 Portionen
Zutaten:
125 g getrocknete chinesische Pilze
750 bis 1000 ml heißes Wasser
2 EL dunkle Sojasoße
2 EL Zucker
1 EL Sesamöl
3 EL Erdnußöl

Die Pilze in kaltem Wasser gründlich waschen. Dann in einer Schüssel mit heißem Wasser übergießen, 20 Minuten quellen lassen. Mit einem scharfen Messer die Stiele abschneiden und wegwerfen. Aus den Hüten möglichst viel Flüssigkeit ausdrücken und aufbewahren, mit etwas Einweichwasser auf 375 ml auffüllen. Sojasoße, Zucker und Sesamöl zugeben und rühren, bis der Zucker sich aufgelöst hat.
Öl in einem kleinen Wok oder mittelgroßen Topf erhitzen und die Pilze bei starker Hitze anbraten, bis die Unterseiten braun sind. Die Flüssigkeitsmischung zugeben, bei schwacher Hitze zugedeckt etwa 30 Minuten simmern. Dann sollten die Flüssigkeit verdampft sein und die Pilze glänzen. Gegen Ende der Kochzeit ist es ratsam, gelegentlich umzurühren. Heiß oder kalt servieren.
Anmerkung: Geschmorte Pilze kann man ganz oder in Scheiben geschnitten auch an andere Gerichte geben.

# Jing yeung buck gwoo

Gedämpfte Pilze mit Schweinefleischfüllung

etwa 24 Stück
Zutaten:
250 g frische Champignons
250 g mageres Schweinehackfleisch
6 Wasserkastanien, fein gehackt
1 EL Maisstärke
1 EL helle Sojasoße
3/4 TL Salz
1/2 TL frischer Ingwer, fein gerieben
1/2 TL Zucker
Sesamöl
frisches Koriandergrün zum Garnieren

Gleichmäßig große Pilze von etwa 4 cm Durchmesser aussuchen. Mit feuchtem Küchenkrepp abreiben. Nicht schälen! Die Stiele vorsichtig mit einer kleinen Drehung entfernen, damit die Hüte unbeschädigt bleiben. Für eine Verwendung in anderen Gerichten aufbewahren.
Schweinehack, Wasserkastanien, Maisstärke und alle Würzen in einer Schüssel gründlich vermengen. In jeden Pilzhut einen Teelöffel dieser Füllung geben, fest andrücken und zu einem flachen Hügel formen. Eine hitzebeständige Schüssel dünn mit Sesamöl einfetten, die gefüllten Pilze hineinsetzen. Die Schüssel dicht mit Alufolie abdecken und die Pilze 25 bis 30 Minuten dämpfen. Etwas abkühlen lassen, mit einem Sträußchen Koriandergrün dekorieren und zu weißem Reis servieren.
Sollen die Pilze als Vorspeise gereicht werden, kann man den Dünstsatz zu Suppen oder Soßen weiterverwenden. Sollen Sie aber Teil einer Mahlzeit sein, gibt man die Flüssigkeit in einen kleinen Topf, verlängert sie evtl. mit etwas Brühe oder Wasser, bringt sie zum Kochen und dickt leicht mit Maisstärke an, die mit kaltem Wasser glattgerührt wurde. Die Pilze mit der Soße übergießen und zu weißem Reis servieren.

# Par say saw

Geschmortes Mischgemüse

*Nehmen Sie eine Mischung aus Chinakohl, Senfkohl, Porree, Blumenkohl, Frühlingszwiebeln, Bohnen in jeder beliebigen Kombination und beliebigem Mengenverhältnis. Nach dem Säubern und Schneiden abwiegen.*

4 bis 6 Portionen
Zutaten:
2 EL Erdnußöl
1 TL Sesamöl
1 große Knoblauchzehe, zerdrückt
1 TL frischer Ingwer, gerieben
750 g kleingeschnittene Gemüse
125 ml heißes Wasser oder dünne Brühe (S. 416)
1 EL Austernsoße
2 TL helle Sojasoße
1/2 TL Salz
1/2 TL Glutamat, nach Belieben
2 TL Maisstärke
1 EL kaltes Wasser

Öl im Wok oder in der Pfanne erhitzen, Knoblauch und Ingwer zugeben, dann die Gemüse. Etwa 2 Minuten pfannenrühren. Heißes Wasser, die Soßen, Salz und Glutamat mischen und zugeben. Zudekken und 4 Minuten simmern. Maisstärke mit Wasser mischen, die Gemüse an die Seite schieben. Die Maisstärke einrühren, aufkochen und andicken lassen. Die Gemüse unterheben und sofort zu Reis servieren.

# Hung shiu say saw

Geschmorte Gemüse

4 Portionen
Zutaten:
12 getrocknete chinesische Pilze
3 EL getrocknete Wolkenohrpilze *(wan yee)*
Bambusschößlinge (Dose, 240 g)
junge Maiskölbchen (Dose, 425 g)
2 EL Erdnußöl
1 EL Sesamöl
2 EL Sojasoße
1 EL Zucker
500 ml Pilzwasser

Die Pilze 30 Minuten in 750 ml heißem Wasser quellen lassen. Die Stiele abschneiden und wegwerfen, die Hüte ausdrücken, die Flüssigkeit aufbewahren. Die Wolkenohrpilze 10 Minuten in Wasser einweichen, abspülen, abtropfen lassen, jedes Stück halbieren. Die Bambusschößlinge in feine Scheiben schneiden. Die Maiskölbchen abgießen und abtropfen lassen.

In einem Wok Öl erhitzen und die Chinapilze über starker Hitze etwa 5 Minuten braun braten, dabei ständig umrühren. Die übrigen Zutaten außer den Wolkenohrpilzen zugeben. Das Pilzwasser zugießen, zugedeckt bei schwacher Hitze 25 bis 30 Minuten simmern. Die Wolkenohrpilze zugeben und heiß werden lassen. Zu Reis servieren.

# Chow sahng choy

Geschmorter Salat

2 bis 4 Portionen
Zutaten:
1 großer, fester Kopf Salat
1 EL Erdnußöl
1 kleine Knoblauchzehe, zerdrückt
1/4 TL frischer Ingwer, fein gerieben
2 EL dünne Brühe (S. 416) oder Wasser
1 TL Zucker
eine Prise Salz
2 TL helle Sojasoße
1 TL Maisstärke
1 EL kaltes Wasser

Den Salatkopf im ganzen waschen, abtropfen und trocknen lassen. Der Länge nach halbieren, dann jede Hälfte zweimal längs und zweimal quer schneiden. Das ergibt Stücke von angenehmer Größe.

In einem Wok Öl erhitzen, den Wok schwenken, damit das Öl möglichst die ganze Innenfläche überzieht. Knoblauch, Ingwer und Salat zusammen einfüllen und unter lockerem Umwenden eine Minute pfannenrühren. Brühe oder Wasser, Zucker, Salz und Sojasoße zugeben. Dann den Salat an die Seite schieben, die Flüssigkeit im Wok mit der mit kaltem Wasser angerührten Maisstärke andicken. Die Salatblätter wieder in die Soße geben. Sofort zu Tisch bringen.

# Lo han chai

Geschmorte Gemüse

6 Portionen
Zutaten:
125 g getrockneter Bohnenquark
12 getrocknete chinesische Pilze
30 getrocknete Lilienknospen
2 EL getrocknete Wolkenohrpilze
1 Bambusschößling (Dose)
1 Lotoswurzel (Dose)
1 kleine Dose weiße Nüsse oder Wasserkastanien in Scheiben, nach Belieben
3 EL Erdnußöl
2 EL helle Sojasoße
2 EL Hoisinsoße
375 ml Pilz-Einweichwasser
3 Segmente Sternanis
2 TL Sesamöl
2 TL Zucker
2 TL Maisstärke
2 EL kaltes Wasser

Den Bohnenquark in mundgerechte Stücke brechen und 20 Minuten in kaltem Wasser einweichen. Abgießen, mit kochendem Wasser übergießen und weitere 20 Minuten stehenlassen. Gut abtropfen lassen. Die Pilze waschen und 30 Minuten in heißem Wasser einweichen. Abgießen, die Stiele abschneiden, aus den Hüten alle Flüssigkeit ausdrücken. Große Hüte halbieren. Die Lilienknospen 30 Minuten in heißem Wasser quellen lassen, abgießen. Wenn nötig, zähe Stengelenden abknipsen und entweder jede Knospe halbieren oder verknoten.
Die Wolkenohrpilze 10 Minuten in heißem Wasser einweichen, abgießen, in mundgerechte Stücke schneiden. Bambusschößling und Lotoswurzel erst in feine Scheiben, dann in kleine Stücke schneiden. Die weißen Nüsse abtropfen lassen.
Einen Wok erhitzen, Erdnußöl darin schwenken, um die Innenfläche des Wok damit zu überziehen. In das heiße Öl Bohnenquark, Pilze und Lilienknospen geben, über mäßig starker Hitze 4 Minuten pfannenrühren. Die mit der Pilzeinweichflüssigkeit verrührte Hoisinsoße und Sojasoße und den Sternanis zugeben. Zum Kochen bringen, dann bei schwacher Hitze zugedeckt 15 Minuten simmern. Bambusschößling, Lotoswurzel, weiße Nüsse, Sesamöl und Zucker einrühren, zugedeckt weitere 10 Minuten simmern. Sollte die Flüssigkeit zu schnell verdampfen, noch mehr Pilzwasser oder heißes Wasser zugießen.
Die Maisstärke mit kaltem Wasser glattrühren, in die Soße mischen und kochen, bis sie klar und dick ist. Die Wolkenohrpilze einrühren, alles andere an die Seite schieben, damit die Pilze heiß werden können. Heiß zu Reis servieren.

# Jun ju shun ho lan dau chang gwa

Junge Maiskölbchen und Zuckererbsen mit Gurke

4 Portionen
Zutaten:
Junge Maiskölbchen (Dose, 440 g)
250 g Zuckererbsen
1 Gurke
1 EL Erdnußöl
1 TL Sesamöl
1/4 TL zerriebener Knoblauch
1/4 TL feingeriebener frischer Ingwer
Salz nach Geschmack

Die Maiskölbchen abgießen. Die Zuckererbsen abziehen. Die Gurke schälen und in dünne Scheiben schneiden. Erdnußöl im Wok erhitzen, Sesamöl, Knoblauch und Ingwer zugeben und einmal durchrühren. Dann Mais und Erbsen zugeben, bei starker Hitze eine Minute pfannenrühren. Gurkenscheiben zugeben, weitere zwei Minuten rühren. Sofort servieren.

# Chow dau kok

Kurzgebratene Stangenbohnen

4 Portionen
Zutaten:
500 g Stangenbohnen
2 EL Erdnußöl
1 kleine Knoblauchzehe, zerrieben
1/2 TL frischer Ingwer, fein gerieben
1 TL Sesamöl
1/2 TL Salz
1/2 TL Glutamat, nach Belieben (siehe Glossar)

Die Bohnen waschen und in 5 cm lange Stücke schneiden. In einem Wok oder einer Pfanne Öl erhitzen, Knoblauch, Ingwer und Bohnen bei starker Hitze zwei Minuten pfannenrühren. Sesamöl, Salz und Glutamat einrühren. Sofort servieren.

# Chu hau jeung mun dau fu

Bohnenquark in Barbecue-Soße

3 Portionen
Zutaten:
2 EL Öl
6 Quadrate frischer Bohnenquark
2 EL Barbecue-Soße oder Marinade wie für das gegrillte Schweinefleisch
185 ml dünne Brühe (S. 416) oder Wasser
250 ml gekochte grüne Erbsen oder gehackte Frühlingszwiebeln

Den Bohnenquark in heißem Öl einige Minuten behutsam braten, einmal wenden. Die Marinade mit Brühe oder Wasser mischen und in den Topf geben. Drei Minuten simmern. Erbsen oder Frühlingszwiebeln zugeben und heiß werden lassen. Zu gekochtem Reis oder Nudeln servieren.

# Hai yook par dau fu

Bohnenquark mit Hummersoße

4 Portionen
Zutaten:
125 g Hummerfleisch (oder Hummerkrabben), frisch, tiefgekühlt oder aus der Dose
2 EL Erdnußöl
6 Frühlingszwiebeln, grob gehackt
1/2 TL frischer Ingwer, fein gerieben
185 ml Hühner- oder Fischbrühe (S. 416)
eine kleine Prise Pfeffer
2 1/2 TL Maisstärke
1 EL kaltes Wasser
8 Würfel frischer Bohnenquark
Salz nach Geschmack

Das Hummerfleisch mit der Hand verlesen, alle hornigen Stellen entfernen. Öl in einer kleinen Pfanne erhitzen, Zwiebeln und Ingwer unter ständigem Rühren etwa eine Minute anbraten, bis der Ingwer golden wird und die Zwiebeln weich sind. Brühe zugeben, zudecken und drei bis vier Minuten leicht kochen lassen. Das Hummerfleisch zugeben und warm werden lassen, mit Pfeffer würzen. Die Maisstärke mit Wasser mischen und einrühren. Bei mittlerer Hitze rühren, bis die Soße kocht und dick wird. Den Bohnenquark zugeben, mit der Soße begießen und bis fast zum Kochen erhitzen. Nicht zerkochen! Abschmecken, evtl. nachsalzen. Sofort zu Reis servieren.

# See jup yeung fu gwa

Gefüllte Bittermelone in schwarzer Bohnensoße

2 bis 3 Portionen
Zutaten:
2 Bittermelonen
1 großes Seezungenfilet
125 g rohe Garnelen
3/4 TL Salz
1/2 TL frischer Ingwer, fein gerieben
1 EL Eiweiß
1 TL Maisstärke
4 EL Erdnußöl
Zutaten zur Soße:
2 EL gesalzene schwarze Bohnen (Dose)
1 Knoblauchzehe, zerrieben
1 TL Zucker
125 ml dünne Brühe oder Wasser
1 1/2 TL Maisstärke

Die Bittermelonen in 4 cm dicke Scheiben schneiden, Stielende und Spitze wegwerfen. Mit einem kleinen scharfen Messer das schwammige Mittelstück samt den Kernen herauslösen und wegwerfen, so daß man kleine, röhrenförmige Abschnitte der Melonen erhält.
Mit einem chinesischen Hackmesser die Haut vom Fisch abtrennen. Den Fisch sehr fein hacken, die Gräten entfernen. Die Garnelen schälen, ausnehmen und fein hacken. Fisch und Garnelen mit Salz, Ingwer, Eiweiß und Maisstärke vermengen. Die Melonenabschnitte mit dieser Mischung füllen. Die Füllung an einem Ende zu einem flachen Hügel abrunden. In einem Wok Öl erhitzen und die Melonenstücke mit der abgerundeten Seite nach unten braten, bis die Fischfüllung eben anfängt braun zu werden. Umdrehen und die andere Seite braten. Mit einem Spatel die Melonenstücke auf einen Teller legen.
Soße: Die gesalzenen Bohnen in einem Sieb mit kaltem Wasser abspülen, abtropfen lassen. Die Bohnen auf einem Holzbrett mit einer Gabel gut zerdrücken und mit dem zerriebenen Knoblauch mischen. Diese Mischung in dem Öl braten, das im Wok verblieben ist. Zucker und Brühe oder Wasser zugeben und zum Kochen bringen. Die Melonenabschnitte mit der runden Seite nach oben wieder in den Wok setzen, zugedeckt bei sehr milder Hitze 20 Minuten simmern.
Die gefüllten Melonenabschnitte auf einer Platte anrichten. Die Maisstärke mit kaltem Wasser anrühren und die Soße im Wok damit andicken, über die Melonen gießen. Zu Reis servieren.

# Jup sek choy

Chinesischer Salat

*In der chinesischen Küche sind Salate selten, aber es gibt sie doch. Dieses hier ist eine sehr gut schmeckende Kombination, die man als Gemüsebeilage oder als Hauptgericht servieren kann.*

4 bis 6 Portionen
Zutaten:
Winterbambusschößlinge, eine große Dose
500 g frische Bohnensprossen
1/2 Chinakohl
Lychees, eine Dose, nach Belieben
2 EL leicht geröstete Sesamkerne

Zutaten zum Dressing:
1/2 TL frischer Ingwer, fein gerieben
1 Knoblauchzehe, zerdrückt
1/2 TL Salz
1 EL helle Sojasoße
2 EL chinesischer Wein oder trockener Sherry
4 EL süßer chinesischer Essig oder sonst ein milder Essig
125 ml Erdnußöl
2 EL Sesamöl

Die Winterbambusschößlinge abgießen und in feine ovale Scheiben schneiden. Sie sind kleiner, weißer und viel zarter als die üblichen Bambusschößlinge. Wenn sie nicht zu bekommen sind, müssen Sie die größere Sorte nehmen. Sie werden in mundgerechte Streifen geschnitten, dann acht Minuten in leicht gesalzenem Wasser gesimmert. Abgießen, kalt werden lassen.
Die Bohnensprossen gründlich waschen, alle braunen Häutchen und abstehenden braunen »Schwänze« entfernen. Kaufen Sie nur wirklich frische, knackige Bohnensprossen für diesen Salat. Gut abtropfen lassen. Den Chinakohl waschen und in feine Streifen schneiden.
Als süße Komponente kommen die Lychees an den Salat, gut abtropfen lassen.
Den kleingeschnittenen Kohl in eine Schüssel geben, die übrigen Gemüse auf dem Kohl in konzentrischen Kreisen anrichten. Die Lychees in der Mitte aufhäufen. Mit Sesamkernen bestreuen, mit Plastikfolie abdecken und bis zur Essenszeit kühl stellen. Mit Dressing übergießen, locker durchmischen und sofort auftragen.
Dressing:
In einem Schüttelbecher oder einem Glas mit Drehverschluß Ingwer, den mit Salz zerriebenen Knoblauch, Sojasoße, Wein und Essig gründlich durchschütteln. Beide Ölsorten zugeben und wieder schütteln. Ehe man das Dressing über den Salat gibt, schüttelt man es noch einmal gut durch.

# Yue sheung tong

Einfache Fischbrühe

Zutaten:
Fischköpfe und sonstiger Fischabfall oder Garnelenköpfe und -schalen
2 l kaltes Wasser
10 schwarze Pfefferkörner
3 Scheiben frischer Ingwer
1 Möhre
2 Stangen Sellerie
1 große Zwiebel
2 Stengel frisches Koriandergrün

Die Fischabfälle oder Garnelenköpfe und -schalen gründlich waschen. In einem großen Topf mit kaltem Wasser bedeckt zum Kochen aufsetzen, alle Zutaten beifügen. Zugedeckt mindestens eine Stunde simmern. Durchseihen.
Für Suppen oder als Bestandteil der Kochflüssigkeit in Rezepten mit Meerestieren verwenden.

# Gai sheung tong

Einfache Hühnerbrühe

Zutaten:
Hühnerknochen und -abfälle (Herz, Magen, Hals, Füße usw.)
2 l kaltes Wasser
10 schwarze Pfefferkörner
2 kleine Stangen Sellerie samt Blättern
1 Zwiebel
einige Stengel frisches Koriandergrün
2 Scheiben frischer Ingwer
Salz nach Geschmack

Hühnerklein und -knochen in einen Topf geben, mit Wasser bedekken, die übrigen Zutaten beigeben, zum Kochen bringen. Zugedeckt 45 bis 60 Minuten simmern. Durchseihen. Wenn nötig abschäumen. Diese Brühe kann man zu Suppen und Soßen verwenden. Ist sie sehr fett, stellt man sie in den Kühlschrank und nimmt das festgewordene Fett dann von der Oberfläche ab.

# Ju yook scheung tong
Einfache Schweineknochenbrühe

Zutaten:
500 g Schweineknochen
2 bis $2^{1}/_{2}$ l kaltes Wasser
3 Scheiben frischer Ingwer
$^{1}/_{4}$ TL ganze schwarze Pfefferkörner
1 Zwiebel oder 2 Frühlingszwiebeln
1 Stange Sellerie mit Blättern
1 Möhre
einige Stengel frisches Koriandergrün
helle Sojasoße und Salz nach Geschmack

Die Knochen in einem großen Topf mit Wasser bedeckt zum Kochen aufsetzen, bei schwacher Hitze zugedeckt simmern. Fett und Schaum von der Oberfläche abschöpfen. Gewürze, Gemüse und Kräuter zugeben und zugedeckt mindestens zwei Stunden sehr sanft simmern. Mit Sojasoße und Salz nach Geschmack würzen. Die Brühe abkühlen lassen und durchseihen. In den Kühlschrank stellen und das an der Oberfläche erstarrte Fett abnehmen, ehe man die Brühe für Suppen weiterverwendet. Wenn keine Zeit für diese Methode bleibt, alles Fett so gut wie möglich von der Oberfläche abschöpfen, dann mit einem in Musselin oder ein Geschirrtuch eingeschlagenen Eiswürfel die letzten Fettaugen von der Brühe abnehmen.

# Ngau yook sheung tong
Einfache Rindfleischbrühe

Zutaten:
1 kg Suppenknochen
500 g Suppenfleisch
2 l kaltes Wasser
1 Zwiebel
1 Stange Sellerie mit Blättern
1 ganzer Stern Sternanis
4 Stengel frisches Koriandergrün oder Petersilie
3 TL Salz

Knochen, Fleisch und die übrigen Zutaten in einen Topf geben, mit Wasser bedecken und zum Kochen bringen. Eventuell abschäumen. Zugedeckt zwei Stunden simmern. Durchseihen, abkühlen lassen, dann in den Kühlschrank stellen. Die Fettschicht abnehmen. Diese Brühe dient als Grundlage für Soßen zu Rindfleisch-, Schweinefleisch- und Hühnergerichten.

# Yue chi tong
Haifischflossen-Suppe

6 Portionen
Zutaten:
1 Dose Haifischflossen
$1^{1}/_{2}$ l Hühnerbrühe (S. 416), gekühlt und entfettet
250 ml gekochtes Hühnerfleisch, gehackt
2 EL helle Sojasoße
Salz nach Geschmack, nach Belieben
2 EL chinesischer Wein oder trockener Sherry
1 EL Maisstärke
2 EL kaltes Wasser
2 Eiweiß, leicht geschlagen
6 Frühlingszwiebeln, fein gehackt

Haifischflossen und Hühnerbrühe in einen Topf geben und zum Kochen bringen. Das gehackte Hühnerfleisch, Sojasoße, Wein und evtl. Salz nach Geschmack zugeben. Die Maisstärke mit kaltem Wasser glattrühren, an die simmernde Suppe geben und rühren, bis sie aufkocht und nur leicht andickt. Das Eiweiß in die kochende Suppe einlaufen lassen und dabei mit Kochstäbchen rühren, damit es in Fäden stockt. Die Suppe vom Feuer nehmen, in eine Terrine gießen, mit Frühlingszwiebeln bestreuen und auftragen.

# Yue tong min
Fischsuppe mit Nudeln

5 bis 6 Portionen
Zutaten:
1 EL Erdnußöl
1 Knoblauchzehe, zerrieben
1 TL frischer Ingwer, fein gerieben
1 1/2 l Fischbrühe (S. 416)
500 g weiße Fischfilets
2 bis 3 Bündel Eiernudeln, gekocht
einige Tropfen Sesamöl
2 EL gehacktes frisches Koriandergrün

In einem Topf Knoblauch und Ingwer in heißem Öl bei milder Hitze kurz anbraten. Mit Fischbrühe ablöschen, langsam zum Kochen bringen. Die in mundgerechte Stücke zerteilten Fischfilets zugeben, 5 Minuten kochen. Die Nudeln einlegen, wieder zum Kochen kommen lassen. Sesamöl einrühren. Mit Koriandergrün garnieren und sofort auftragen.

# Hai yook dahn gung
Hummersuppe mit Ei

*Ich kenne ein China-Restaurant in Colombo, das auf diese Suppe spezialisiert ist. Sie ist so gut, daß man sie nicht vergißt; der Chefkoch bereitet sie mit frischem Hummer zu. Man kann jedoch auch tiefgekühlten Hummer oder Hummer aus Dosen nehmen, falls lebender Hummer zu schwierig zu beschaffen ist.*

5 bis 6 Portionen
Zutaten:
1 großer frischer Hummer oder 2 Dosen zu 185 g oder 375 g tiefgekühltes Krabbenfleisch
1 1/2 l Fisch- oder Hühnerbrühe
4 Eier, leicht geschlagen
2 EL Maisstärke
4 EL kaltes Wasser
6 Frühlingszwiebeln, in dünnen Scheiben

Falls Sie lebenden Hummer verwenden, kochen Sie ihn 10 Minuten in Wasser mit den Gewürzen für Fischbrühe. Abkühlen lassen, Körper und Scheren öffnen und das Fleisch herausnehmen. Schalen und Eingeweide wegwerfen. Das Fleisch mit den Händen zerpflücken, alle hornigen Bestandteile herauslesen. Die Brühe zum Kochen bringen, langsam die geschlagenen Eier eintropfen lassen. Vorsichtig umrühren. Die Maisstärke mit Wasser glattrühren, nach zwei Minuten in die Suppe geben. Die Suppe wieder zum Kochen kommen lassen und fortwährend rühren, bis sie klar wird und leicht andickt. Das Hummerfleisch zugeben und warm werden lassen. Mit den Zwiebeln bestreuen und sofort servieren.

# Dahn far tong
Eierblumensuppe

*Diese einfache, nahrhafte Suppe kann man in wenigen Minuten machen, wenn man Brühe vorrätig hat (läßt sich gut tieffrieren) oder wenn man Fertigsuppe in Würfelform oder aus der Dose verwendet. Das geschlagene Ei stockt, wenn man es in die kochende Suppe gießt, und ähnelt dann einer blühenden Chrysantheme.*

4 bis 5 Portionen
Zutaten:
1 l Hühnerbrühe (S. 416)
2 EL chinesischer Wein oder trockener Sherry
1 TL Sesamöl
Salz nach Geschmack
3 Eier, leicht geschlagen
3 EL gehackte Frühlingszwiebeln

Die Brühe zum Kochen bringen, Wein und Sesamöl zugeben. Abschmecken und evtl. nachsalzen.
Die Eier mit 1/2 TL Salz leicht schlagen, langsam in die kochende Suppe einlaufen lassen. Ein- oder zweimal umrühren. Mit den gehackten Frühlingszwiebeln garnieren, sofort auftragen.

# Gay lim sook mi gai tong

Samthuhnsuppe mit Maiscreme

*Samthuhn ist der Name für ein Püree aus Hühnerfleisch, gewöhnlich aus dem weißen Brustfleisch. Es wird durchgedreht oder so fein gehackt, daß eine glatte Creme entsteht. Diese köstliche goldfarbene Suppe vereint Fleischpüree mit Maiscreme.*

4 bis 5 Portionen
Zutaten:
1 große Hühnerbrust
1/2 TL Salz
2 EL kaltes Wasser
Schnee von 2 Eiweiß
1125 ml Hühnerbrühe (S. 416)
Maiscreme (250-g-Dose)
1 1/2 EL Maisstärke
3 EL kaltes Wasser
1 TL Sesamöl
2 EL chinesischer Wein oder trockener Sherry
2 dünne Scheiben geräucherter Schinken oder Schinkenspeck, fein gehackt

Das Hühnerbrustfleisch vom Knochen lösen, die Haut abziehen. Das Fleisch sehr fein fast zu Püree hacken, mit Salz und Wasser vermengen. Den Eischnee unterheben. Die Hühnerbrühe in einen Topf seien, zum Kochen bringen. Die Maiscreme einrühren. Langsam wieder zum Kochen kommen lassen, dann die mit etwas kaltem Wasser gemischte Maisstärke einrühren. Unter Rühren etwa eine Minute bis zum Andicken kochen lassen. Sesamöl, Wein oder Sherry und das Samthuhn einrühren. Zwei oder drei Minuten unter Rühren simmern. Mit feinen Schinkenwürfeln bestreuen, sofort auftragen.

# Ju yook har kau doong shun tong

Suppe mit Schweinefleischbällchen, Garnelenbällchen und Bambusschößlingen

6 Portionen
Zutaten zu den Schweinefleischbällchen:
500 g Schweinehack
1/4 TL frischer Ingwer, fein gehackt
1 Knoblauchzehe, zerdrückt
1 TL Salz
2 EL feingehackte Frühlingszwiebeln
Zutaten zu den Garnelenbällchen:
500 g rohe Garnelen, Scampi oder Langusten
1/4 TL feingeriebene frische Ingwerwurzel
1/2 TL Salz
1 Scheibe frisches Weißbrot, zerkrümelt
1 Eigelb
1 TL Maisstärke

Zutaten zur Suppe:
1 1/2 l Schweine- oder Hühnerbrühe (S. 416/417)
3 EL Bambusschößlinge in Scheiben, aus der Dose
1 EL chinesischer Wein oder trockener Sherry
3 TL Maisstärke
2 EL kaltes Wasser
1/2 TL Sesamöl
2 EL feingehackte Frühlingszwiebeln zum Garnieren

Schweinefleischbällchen: Alle Zutaten miteinander vermischen und daraus Bällchen von etwa 2 cm Durchmesser formen. Die Brühe zum Kochen bringen, Bällchen und Bambusschößlinge hineingeben und wieder aufkochen lassen. Dann 15 Minuten simmern. Inzwischen die Garnelenbällchen herstellen.
Garnelenbällchen: Die Garnelen aus der Schale nehmen und die Innereien entfernen. Das Garnelenfleisch ganz fein hacken, mit den übrigen Zutaten vermengen und wie oben Bällchen formen. Ebenfalls in die Brühe geben, wenn die Schweinefleischbällchen 15 Minuten gesimmert haben. Wieder zum Simmern kommen lassen, weitere sieben Minuten leise kochen lassen. Alle Bällchen aus der Brühe nehmen und beiseite stellen. (Achtung: Dieses Rezept gelingt nicht mit gekochten Garnelen.)
Suppe: Chinesischen Wein oder Sherry in die Brühe einrühren, dann die mit kaltem Wasser gemischte Maisstärke. Unter Rühren kochen, bis die Suppe klar und leicht angedickt ist, etwa eine Minute. Das Sesamöl einrühren. Die Bällchen wieder in die Suppe geben, mit feingehackten Frühlingszwiebeln garnieren und zu Tisch bringen.

# Sze chuen tong

Szetschuan-Suppe

6 bis 8 Portionen
Zutaten:
500 ml eingeweichte Cellophan-Nudeln
15 getrocknete chinesische Pilze
1 EL getrocknete Wolkenohrpilze
1 EL Öl
125 ml feingehacktes gekochtes Schweinefleisch
1 EL dunkle Sojasoße
2 TL Zucker
60 ml heißes Wasser
125 ml gehackte gekochte Garnelen
125 ml frischer Bohnenquark, gehackt
1 1/2 l Hühner- oder Schweinefleischbrühe (S. 416/417)
1 EL helle Sojasoße
1 EL süßer chinesischer Essig
1 EL chinesischer Wein oder trockener Sherry
1 TL Chiliöl
2 Eier, geschlagen
1 1/2 EL Maisstärke
6 EL kaltes Wasser
Salz und Pfeffer nach Geschmack

Die vorgeweichten Nudeln in kurze Stücke schneiden. Die Pilze 30 Minuten in heißem Wasser quellen lassen. Die Stiele wegwerfen, die Hüte in feine Scheiben schneiden. Die Wolkenohrpilze 10 Minuten in Wasser einweichen, alle sandigen Stellen ausschneiden und die gesäuberten Pilze in kleine Stücke teilen. Beiseite stellen.
Pilze und Schweinefleisch unter ständigem Rühren in heißem Öl braten, bis sie anfangen braun zu werden. Dunkle Sojasoße, Zucker und 60 ml Wasser zugeben. Zugedeckt simmern, bis die Pilze fast alle Flüssigkeit aufgesogen haben. Garnelen und Bohnenquark zugeben und eine Minute pfannenrühren. Die Brühe zugießen, die Nudeln einlegen und zum Kochen bringen, dann drei Minuten bei schwacher Hitze simmern. Helle Sojasoße, Essig, Wein und Chiliöl an die Suppe geben. Die geschlagenen Eier in die kochende Suppe tropfen lassen und dabei ständig rühren, damit sie in Fäden stocken. Das Maismehl mit kaltem Wasser glattrühren. Die Suppe vom Feuer nehmen und die Maisstärkepaste einrühren, wieder ans Feuer geben und rühren, bis sie angedickt ist. Nach Geschmack pfeffern und salzen.
In jede Suppenschale einen Löffel voll Wolkenohrpilze geben, kochende Suppe darüber schöpfen. Sofort servieren.

# Suan-la tang

Scharfsaure Suppe nach Szetschuan-Art

6 Portionen
Zutaten:
1 1/2 l Schweine- oder Hühnerbrühe (S. 416/417)
60 g Cellophan-Nudeln, eingeweicht
250 ml feingehacktes gekochtes Schweine- oder Hühnerfleisch oder ein Gemisch aus beiden
4 getrocknete chinesische Pilze, eingeweicht und gehackt
1 kleiner Bambusschößling (Dose), gehackt
1 TL frischer Ingwer, fein gerieben
1 EL Maisstärke
4 EL kaltes Wasser
1 Ei, leicht geschlagen
1 bis 2 EL Tomatensoße
1 EL helle Sojasoße
1/2 TL Salz, oder nach Geschmack
1 EL Essig
gemahlener schwarzer Pfeffer nach Geschmack
eine Prise Chilipulver, nach Belieben
2 TL Sesamöl
2 Frühlingszwiebeln, fein gehackt

Die Brühe durchseihen, kühl stellen, entfetten. In einem großen Topf zum Kochen bringen, die kleingeschnittenen Nudeln, das Fleisch, Pilze, Bambusschößling und Ingwer zugeben. Die Maisstärke mit kaltem Wasser glattrühren, an die simmernde Suppe geben. Rühren, bis die Suppe aufgekocht und klar wird. Die Eier eintropfen lassen, dabei kräftig mit Stäbchen oder Gabel rühren, damit sie in Fäden stocken.
Die Suppe vom Feuer nehmen, alle übrigen Zutaten einrühren, abschmecken. Die Suppe soll scharf und sauer schmecken, aber nicht zu sehr.

# Jahp wui tong min

Kombinierte Lange Suppe

6 Portionen
Zutaten:
6 getrocknete chinesische Pilze, eingeweicht und in Streifen geschnitten
2 Eier, geschlagen
Salz und Pfeffer nach Geschmack
einige Tropfen Sesamöl
250 g feine Eiernudeln
2 l Hühnerbrühe (S. 416)
250 g mageres Schweinefleisch oder Huhn
2 EL Erdnußöl
1 Knoblauchzehe, zerdrückt
2 Scheiben frischer Ingwer
750 ml in Streifen geschnittener Chinakohl
1 Bambusschößling (Dose), gewürfelt
2 EL helle Sojasoße
2 EL chinesischer Wein oder trockener Sherry
Salz nach Geschmack
1 TL Sesamöl

Die Pilze 30 Minuten in heißem Wasser einweichen, die Stiele wegwerfen, die Hüte in dünne Scheiben schneiden. Die Eier leicht salzen und pfeffern. Eine Omelettpfanne heiß werden lassen, mit einigen Tropfen Sesamöl einfetten. Aus der Hälfte der Eimasse ein dünnes Omelett backen, ebenso aus der zweiten Hälfte. Die Omeletts in dünne Streifen schneiden und beiseite stellen.

Die Nudeln 2 Minuten in reichlich leicht gesalzenem Wasser kochen. Durch ein Sieb abgießen, mit kaltem Wasser überbrausen, damit sie nicht aneinanderkleben. Abtropfen lassen. Die Hühnerbrühe heiß machen.

Schweine- oder Hühnerfleisch in feine Streifen schneiden. In einem Wok Erdnußöl erhitzen, Knoblauch und Ingwer darin braun werden lassen, dann herausnehmen und wegwerfen. In dem so aromatisierten Öl das Fleisch pfannenrühren, bis es die Farbe wechselt. Kohl und Bambusschößling zugeben und weitere zwei Minuten pfannenrühren.

Die gebratene Fleisch-Gemüse-Mischung und die Nudeln in die Hühnerbrühe geben, wieder zum Kochen kommen lassen. Mit Sojasoße, Wein und Salz nach Geschmack würzen. Sesamöl einrühren. Mit Omelettstreifen garnieren und sofort auftragen.

# Chang dau ngau yook see tong

Suppe mit Rindfleisch und grünen Erbsen

4 bis 5 Portionen
Zutaten:
250 g mageres Rindfleisch
1250 ml kaltes Wasser
1/2 TL Salz
1 ganzer Stern Sternanis
1 TL feingehackter frischer Ingwer
1 EL chinesischer Wein oder trockener Sherry
250 g tiefgekühlte Erbsen
2 TL Maisstärke
2 EL kaltes Wasser
2 Eier, leicht geschlagen
4 Frühlingszwiebeln zum Garnieren

Das Rindfleisch erst in dünne Scheiben, dann in ganz feine Streifen schneiden. Fleisch, Wasser, Salz, Sternanis, Ingwer und Wein in einem Topf zum Kochen bringen, zugedeckt 15 Minuten simmern. Die gefrorenen Erbsen zugeben, 5 Minuten kochen. Den Sternanis herausnehmen. Maisstärke mit kaltem Wasser mischen und in die Suppe rühren. Sobald die Suppe kocht, aufhören zu rühren und die Eier eintropfen lassen. Eine Minute kochen, evtl. nachsalzen. Mit Frühlingszwiebelringen garnieren und sofort auftragen.

# Wong nga bahk tong

Blaßgrüne Suppe

4 bis 5 Portionen
Zutaten:
1 EL Erdnußöl
1/2 TL feingeriebener frischer Ingwer
1 Knoblauchzehe, zerrieben
1250 ml heiße Hühnerbrühe (S. 416)
250 ml gekochter Reis
750 g Chinakohl, in feine Streifen geschnitten
4 Frühlingszwiebeln, fein gehackt
1 EL chines. Wein oder trockener Sherry
1/2 TL Sesamöl

Ingwer und Knoblauch in heißem Öl bei niedriger Hitze eine Minute anbraten. Mit heißer Brühe ablöschen, den gekochten Reis zugeben und etwa 30 Minuten simmern, bis der Reis sehr weich ist. Kohl und Frühlingszwiebeln zugeben, offen 5 bis 7 Minuten simmern. Sie werden zuerst leuchtend grün, bei längerem Kochen blaßgrün. An diesem Punkt Wein und Sesamöl einrühren und auftragen.

# Woo dip har

Schmetterlingsgarnelen

4 bis 6 Portionen
Zutaten:
12 große rohe Garnelen oder Scampi
1 EL chinesischer Wein oder trockener Sherry, nach Belieben
2 EL helle Sojasoße
1 kleine Knoblauchzehe, zerdrückt
1/4 TL Salz
1/2 TL frischer Ingwer, fein gerieben
125 ml Maisstärke
1 großes Ei, geschlagen
Paniermehl
Erdnußöl zum Ausbacken

Die Garnelen aus der Schale nehmen, die Innereien wegwerfen, den Schwanz nicht abschneiden. Die Garnelen mit einem scharfen Messer entlang dem Rückenbogen aufschlitzen, aber nicht völlig durchschneiden. Sojasoße, Wein, Knoblauch, Salz und Ingwer vermischen, die Garnelen darin 15 Minuten marinieren, dann in Maisstärke wälzen, den Überschuß abschütteln. Anschließend in Ei und schließlich in Paniermehl wenden. Die Hälften vorsichtig auseinanderdrücken, so daß eine Art Schmetterling entsteht. Das Paniermehl andrücken.
Öl im Ausbacktopf erhitzen und jeweils zwei bis drei Garnelen auf einmal ausbacken, bis sie golden sind. Das dauert etwa zwei Minuten. Auf Küchenpapier abtropfen lassen und heiß servieren, evtl. mit Chilisoße.

# Dai tze guen

Kleine Muschelrollen

20 bis 24 Stück
Zutaten:
185 g Kamm-Muscheln (Dose)
3 getrocknete chinesische Pilze
6 Wasserkastanien, frisch oder aus der Dose, grob gehackt
2 Frühlingszwiebeln, fein gehackt
1/4 TL frischer Ingwer, fein gerieben
1/2 TL Salz
1 TL helle Sojasoße
1 TL Sesamöl
5 oder 6 Frühlingsrollen-Hüllen
1 Ei
1 1/2 EL Weizenmehl
Erdnußöl zum Ausbacken

Die Bärte der Muscheln abschneiden, die Muscheln waschen und auf Küchenpapier abtropfen lassen, in kleine Stücke schneiden. Die Pilze 30 Minuten in heißem Wasser einweichen, die Stiele wegwerfen, die Hüte fein hacken. Die Wasserkastanien grob hacken, so daß ihre Struktur in der Füllung spürbar bleibt. Die Zwiebeln fein hacken. Diese Zutaten mit Ingwer, Salz, Sojasoße und Sesamöl vermischen.
Jede Frühlingsrollen-Hülle in vier Teile schneiden. Auf jedes Stück nahe einer Ecke einen Teelöffel der Füllung geben, die Teighülle darüber falten, dann die Seiten falten, so daß die Füllung umschlossen ist, jetzt in der ersten Faltrichtung aufrollen. Das Ei schaumig schlagen, Mehl zugeben und weiterschlagen, bis sich eine glatte, dicke Paste ergibt. Die Enden der Rollenhülle damit bestreichen, vorsichtig festdrücken und versiegeln. Sind alle Rollen fertig, Öl im Ausbacktopf auf mittlere Temperatur aufheizen, die Rollen goldbraun ausbacken, etwa eineinhalb Minuten. Auf Küchenpapier abtropfen lassen und heiß servieren.
Anmerkung: Tiefgekühlte Frühlingsrollen-Hüllen gibt es in chinesischen Lebensmittelgeschäften. Erst auftauen, dann die Hüllen vorsichtig auseinandernehmen.

# Jar yue har guen

Ausgebackene Rollen aus Fisch und Garnele

4 Portionen
Zutaten:
12 rohe Garnelen oder Scampi
500 g Fischfilets (siehe Anmerkung)
1 Ei, mit 1 EL Wasser verschlagen
1/4 TL frischer Ingwer, fein gerieben
1/2 TL Salz
Weizenmehl
trockene Weißbrotkrümel
Öl zum Braten

Die Garnelen schälen und ausnehmen. Mit einem scharfen Messer die Fischfilets häuten. Je nach Größe in zwei bis vier Streifen teilen. Jeden Streifen um eine Garnele wickeln und mit einem Zahnstocher feststecken. Das Ei mit Ingwer und Salz würzen. Die Fischröllchen erst in Mehl, dann in Ei und zuletzt in Semmelbröseln wälzen.
Etwa 250 ml Öl in einem Wok erhitzen. Wenn es anfängt zu rauchen, jeweils sechs Fischröllchen auf einmal einlegen und etwa drei Minuten rundherum goldbraun ausbacken. Auf Küchenkrepp abtropfen lassen. Die Fischröllchen heiß mit Soja- oder Chilisoße zum Dippen servieren.
Anmerkung: Flache Filets von festem, weißem Fisch verwenden. Sie müssen dünn sein, damit sie sich um die Garnelen wickeln lassen.

# So jar har yuen

Lotosblüten

*Diese Garnelenbällchen sind außen kroß, das Innere zergeht auf der Zunge. Man reicht sie als Vorspeise bei einer chinesischen Mahlzeit oder als Snack zwischendurch.*

Etwa 15 Stück
Zutaten:
500 g rohe Garnelen oder Scampi
10 Wasserkastanien, frisch oder aus der Dose
2 Frühlingszwiebeln
1/2 TL frischer Ingwer, fein gerieben
1/2 TL Salz
1 TL chinesischer Wein oder trockener Sherry
1 Eiweiß
1 TL Maisstärke
Öl zum Ausbacken

Die Garnelen aus der Schale nehmen, die Innereien wegwerfen. Fein hacken. Frische Wasserkastanien schälen und waschen, fein hacken. Frühlingszwiebeln sehr fein hacken. In einer Schüssel Garnelen, Wasserkastanien, Frühlingszwiebeln, Ingwer, Salz und Wein gründlich vermengen. Das Eiweiß zu steifem Schnee schlagen, zusammen mit der Maisstärke unter die Garnelenmasse mischen. Walnußgroße Bällchen formen und in heißem Öl etwa drei Minuten goldgelb ausbacken.
Auf Küchenkrepp abtropfen lassen und sofort servieren.

# So jar gai yuen

Goldene Blumen

12 bis 15 Stück
Zutaten:
250 g Hühnerbrust
250 g rohe Garnelen oder Scampi
3 Frühlingszwiebeln, gehackt
3/4 TL Salz
2 TL Maisstärke
125 ml abgetropfte ganze Maiskörner
2 EL feingehacktes, gegrilltes Schweinefleisch
1 kleine Knoblauchzehe, zerrieben
Zutaten zum Teig:
185 ml Weizenmehl
1 EL Maisstärke
1/2 TL Salz
185 ml Wasser
2 TL Erdnußöl
1/2 TL feingeriebener Ingwer, nach Belieben
1 Eiweiß, zu steifem Schnee geschlagen
Öl zum Ausbacken

Die Hühnerbrust entbeinen und häuten, aus den Knochen Brühe kochen. Das Brustfleisch sehr fein hacken. Die Garnelen schälen und ausnehmen. Alle Zutaten gründlich vermengen. Aus der Masse Bällchen formen, die in Teig getaucht und in heißem Öl schwimmend ausgebacken werden, bis sie aufgebläht und goldgelb sind. Immer nur ein paar Bällchen gleichzeitig ausbacken. Auf Küchenkrepp abtropfen lassen. Werden sie nicht sofort serviert, muß man sie kurz vor dem Essen noch einmal in sehr heißem Öl kurz backen. Sie sind dann besonders knusprig.
Teig:
Mehl, Maisstärke und Salz in eine Rührschüssel sieben, Wasser zugießen und mit einem Holzlöffel einen glatten Teig rühren. Öl und Ingwer einrühren. Den Teig 30 Minuten ruhen lassen. Kurz vor dem Ausbacken das Eiweiß zu Schnee schlagen und unterheben.

# Lahng poon

Kaltes Horsd'œuvre

6 bis 8 Portionen
Zutaten:
Abalone, 450-g-Dose
geschmorte Pilze (S. 412), halbe Rezeptmenge
200 g gegrilltes Schweinefleisch (S. 406)
1 gekochte Hühnerbrust
2 Paar getrocknete rote chinesische Würste *(lap cheong)*
6 Tee-Eier (S. 429), geviertelt
1 große Salatgurke, in dünnen Scheiben
1 Riesenrettich, in dünnen Scheiben

Marinade:
4 EL helle Sojasoße
1 EL Zucker
1 EL chinesischer Wein oder trockener Sherry
1 EL Sesamöl
1/2 TL frischer Ingwer, fein gerieben

Abalone abtropfen lassen, die Flüssigkeit aus der Dose wegschütten. Abalone in sehr dünne Scheiben schneiden, in die Marinade legen. Die geschmorten Pilze in feine Scheiben schneiden, ebenso Hühnerbrust und Schweinefleisch. Die getrockneten Würste etwa 10 Minuten dämpfen, bis sie dick geworden sind. Abkühlen lassen, in papierdünne schräge Scheiben schneiden. Die Abalonescheiben aus der Marinade nehmen, die Marinade aufheben.
Alle Zutaten auf einer großen Platte hübsch arrangieren. Die Marinade in einem Schälchen als Dip dazu reichen.
Marinade: Alle Zutaten mischen.

# Doong gwoo lap cheong jing ju yook

Wurst aus Pilzen, Schweine- und Hühnerfleisch

Garzeit: ungefähr 50 Minuten
Backofentemperatur: 170 °C
8 bis 10 Portionen
Zutaten:
8 getrocknete chinesische Pilze
500 g Hühnerbrust
125 g gegrilltes Schweinefleisch
1 Bambusschößling (Dose) oder eine kleine Dose Wasserkastanien
1 große Knoblauchzehe, zerrieben
1 TL Salz
1/2 TL frischer Ingwer, fein gerieben
2 EL helle Sojasoße
1 EL chinesischer Wein oder trockener Sherry
1/4 TL Pfeffer
1 TL Zucker
3 TL Maisstärke
1 EL Sesamöl
1 EL Barbecue-Soße
1 Wursthaut, großes Format

Die Pilze 30 Minuten in heißem Wasser einweichen. Die Stiele mit einem scharfen Messer abschneiden, entweder an Brühe geben oder wegwerfen. Die Hüte fein hacken. Das Hühnerbrustfleisch von den Knochen lösen, häuten und in kleine Würfel schneiden. Das Schweinefleisch würfeln. Bambusschößling oder Wasserkastanien abgießen und fein hacken. Knoblauch mit Salz zerdrücken. Ingwer und Knoblauch mischen und an die übrigen gehackten Zutaten geben. Sojasoße, Wein, Pfeffer, Zucker, Maisstärke, Sesamöl und Barbecue-Soße zugeben und alles gründlich und gleichmäßig miteinander vermengen.
Mit Hilfe eines Trichters diese Masse in die Wursthaut füllen, die man nach etwa einem Meter Länge verknotet. Das ergibt nach dem Füllen eine schöne lange Wurst, die man zu einer Spirale aufgerollt auf den Bratrost legt. Mit einer Nadel mehrmals einstechen, damit sie beim Braten nicht platzt.
In die Fettpfanne etwa 2 cm hoch Wasser geben, den Rost darüberlegen und die Wurst bei 170 °C 25 Minuten braten, wenden und auch auf der anderen Seite braun braten. Zum Servieren in Portionsstücke schneiden. Man kann die Wursthaut beim Füllen auch in bestimmten Abständen mehrmals herumdrehen und erhält so eine Kette kleiner Würste.
Anmerkung: Das Schweinefleisch soll ziemlich fett sein. Verlangen Sie beim Fleischer unbedingt eine Wursthaut mit großem Durchmesser. Mein Fleischer gab mir einmal aus Versehen die engere Wursthaut; Sie müßten gesehen haben, welchen Spaß es mir machte, die Füllung da hineinzubekommen!
Die Wursthaut muß sauber und gebrauchsfertig sein. Vorsichtshalber können Sie sie ja zu Hause in Salzwasser legen, während Sie die Füllung vorbereiten, dann ein Ende über den Wasserhahn stülpen und kaltes Wasser durchlaufen lassen.

# Dai bao

Teig für gedämpfte Teigtaschen

*Dieser Teig paßt zu einer Vielzahl von Füllungen, würzigen wie süßen.*
*Ergibt 6 bis 8 Stück.*

Zutaten:
625 ml Weizenmehl
3 1/2 TL Backpulver
3 EL feiner Zucker
2 EL weiches Schweineschmalz
etwa 125 ml lauwarmes Wasser
1/2 TL weißer Essig

Mehl und Backpulver in eine Schüssel sieben, Zucker zugeben und das Schmalz mit den Fingerspitzen einarbeiten, bis es gleichmäßig verteilt ist. Wasser und Essig mischen und zugeben, alles zu einem recht weichen Teig verkneten. Den Teig zu einem glatten Ball formen, zudecken und 30 Minuten ruhen lassen.
Teigtaschen:
Den Teig in sechs oder acht Portionen teilen und jede zu einer glatten Kugel formen. Ein Brett leicht mit Mehl bestäuben, jede Kugel zu einem Kreis von etwa 10 cm Durchmesser ausrollen. Einen gehäuften Teelöffel der Füllung in die Mitte geben, die Kanten zusammenraffen und hübsch in Falten legen. Die Teigtasche mit einer Drehung dicht abschließen. Ein Stück Pergamentpapier leicht mit Sesamöl einpinseln, die Teigtaschen mit dem Abschluß nach unten daraufsetzen. In den Dämpfer geben, zudecken und 20 Minuten dämpfen. Warm servieren.
Gegarte Teigtaschen können über Nacht im Kühlschrank aufbewahrt und durch drei Minuten langes Dämpfen wieder aufgewärmt werden.

# Cha shiu bao

Teigtaschen mit gegrilltem Schweinefleisch

6 bis 8 Teigtaschen
Zutaten:
185 g gegrilltes Schweinefleisch
2 TL Erdnußöl
1 kleine Knoblauchzehe, zerdrückt
1/4 TL Salz
80 ml heißes Wasser
2 TL helle Sojasoße
1/2 TL Sesamöl
1 TL Austernsoße
3 TL Maisstärke
1 TL Hoisinsoße
1 TL Zucker
eine kleine Prise rote Lebensmittelfarbe (siehe Glossar)
1 × Teig für gedämpfte Teigtaschen (Rezept oben)

Das Schweinefleisch in sehr kleine Würfel schneiden. In heißem Öl den mit Salz zerdrückten Knoblauch sehr langsam anbraten, nicht bräunen lassen. Heißes Wasser, Sojasoße, Sesamöl und Austernsoße angießen. Die Maisstärke mit 1 EL kaltem Wasser mischen und zugeben, unter Rühren kochen, bis die Soße dick und klar ist. Vom Feuer nehmen, Hoisinsoße, Zucker und die rote Farbe einrühren. Abkühlen lassen, dann das Schweinefleisch untermischen.
Die Teigtaschen formen und dämpfen wie oben beschrieben.

# Siew mai

Gedämpfte Garnelenklößchen

Etwa 24 Stück
Zutaten:
500 g kleine rohe Garnelen
6 getrocknete chinesische Pilze
6 Wasserkastanien (Dose), gehackt
3 EL Bambusschößlinge (Dose), gehackt
3 Frühlingszwiebeln, gehackt
250 g Schweinehackfleisch
1 1/2 TL Salz
1 EL helle Sojasoße
1 EL chinesischer Wein oder trockener Sherry
1 TL Sesamöl
1 Eiweiß
125 g Wonton-Hüllen

Die Garnelen schälen, etwa 24 als Garnitur aufbewahren, die übrigen hacken. Die Pilze 20 Minuten in heißem Wasser quellen lassen. Die Stiele wegwerfen, die Hüte hacken. Alle gehackten Zutaten mit dem Schweinefleisch, Salz, Sojasoße, Wein, Sesamöl und Eiweiß gründlich vermengen. Je einen gehäuften Teelöffel dieser Füllung in die Mitte jeder Wonton-Hülle geben. Die Hülle um die Füllung herum zusammenraffen und andrücken, so daß sich die Form eines kleinen, oben offenen Beutels ergibt. Auf jede Öffnung eine Garnele als Verzierung drücken.
Den gelochten Dämpfeinsatz leicht einölen und die *siew mai* nebeneinander daraufsetzen. Fest zudecken und 20 Minuten über kochendem Wasser dämpfen. Heiß oder kalt servieren, nach Belieben mit einer Soße zum Dippen.

# Wonton

Kleine pikante Klößchen

*Wontons sind kleine, quadratische Nudelteigkrapfen, gefüllt mit einer pikanten Fleischmischung. Man kann sie in Öl ausbacken und als knusprigen Snack servieren oder in einer Suppe als Einlage kochen. Sie sind Hauptzutat der sogenannten »Kurzen Suppe«.*
*Man bekommt die Wonton-Hüllen in chinesischen Lebensmittelgeschäften.*

Etwa 40 Stück
Zutaten:
6 getrocknete chinesische Pilze
3 EL feingehackte Bambusschößlinge
125 g rohe Garnelen, fein gehackt
4 Frühlingszwiebeln, fein gehackt
250 g Schweinehackfleisch
1 1/2 TL Salz
1 EL helle Sojasoße
1 TL Sesamöl
250 g Wontonhüllen
Erdnußöl zum Ausbacken

Die Pilze 30 Minuten in heißem Wasser einweichen, die Stiele abschneiden und wegwerfen, die Hüte ausdrücken und fein hacken. Die Bambusschößlinge eine Minute in kochendem Wasser blanchieren, abtropfen lassen, fein hacken. Alle gehackten Zutaten mit dem durchgedrehten Schweinefleisch und den Würzen vermengen.
Etwas von dieser Füllung (ca. einen halben Teelöffel) in die Mitte jeder Wonton-Hülle legen. Die Teigränder mit Wasser befeuchten, zu einem Dreieck zusammenfalten, dessen Spitzen sich leicht überlappen, die Kanten zusammenpressen. Dann die beiden Zipfel aneinanderlegen, einen Klecks Füllung daraufsetzen und festdrücken. Immer nur ein paar Wontons gleichzeitig bei Mittelhitze goldgelb ausbakken, etwa 2 Minuten.
Als Vorspeise servieren oder mit süß-saurer Soße zu Reis.

# Chai dim sum

Vegetarische Dim sum

Etwa 36 Stück
Zutaten:
1 l gekochtes und durchgedrehtes Gluten
6 getrocknete chinesische Pilze
3 EL Erdnußöl
60 ml feingehackte Frühlingszwiebeln
1 Knoblauchzehe, zerrieben
1 TL frischer Ingwer, fein gerieben
500 ml in feine Scheiben geschnittener Kohl
125 ml feingehackte Bambusschößlinge und/oder Wasserkastanien
2 EL helle Sojasoße
2 TL Sesamöl
3 TL Salz
1 TL Glutamat, nach Belieben
2 EL Maisstärke
2 Eier, geschlagen
250 g Wontonhüllen

Gluten:
500 ml Wasser in eine große Rührschüssel abmessen. 500 ml Glutenmehl einstreuen (Klebermehl), durchmischen und zu einem glatten Teig verkneten. Mindestens eine Stunde lang ruhen lassen. In einem Topf Wasser zum Kochen bringen, den Glutenteig stückchenweise in das Wasser geben. Wieder zum Kochen kommen lassen, dann etwa 30 Minuten simmern, bis die Teigstückchen an die Oberfläche steigen. Abgießen, abkühlen lassen. Fein hacken oder durchdrehen.

Füllung:
Während man das Gluten herstellt, die Pilze 30 Minuten in heißem Wasser einweichen. Die Stiele abschneiden und wegwerfen, die Hüte sehr fein hacken. In einem Wok oder einer großen Pfanne Erdnußöl heiß werden lassen und Zwiebeln, Knoblauch und Ingwer bei milder Hitze ein oder zwei Minuten anbraten. Den Kohl zugeben, unter Rühren weich braten. Bambusschößlinge, Wasserkastanien, Pilze und Gluten zugeben, weitere ein bis zwei Minuten braten. Vom Feuer nehmen, in eine große Schüssel füllen, würzen und mit Maisstärke und geschlagenem Ei binden. Eine Wontonhülle auf eine Handfläche legen, einen Eßlöffel Füllung in die Mitte geben, den Teig um die Füllung schließen. Mit einem Löffelrücken die Teigzipfel fest zusammendrücken. Die Klößchen in den Händen festpressen, damit sich Teig und Füllung verbinden. In einen eingeölten Dämpfeinsatz legen und 10 Minuten dämpfen.
Man kann sie sofort servieren oder ein bis zwei Tage im Kühlschrank aufbewahren und dann in Öl ausbacken oder im Dampf aufwärmen.

# Pok pang

Mandarin-Pfannkuchen

*Diese delikaten Crêpes gehören traditionell zur Peking-Ente, dienen aber auch dazu, die verschiedensten Füllungen zu umhüllen, wie Eier-*Fou yong *oder in Streifen geschnittenes Schweine- oder Hühnerfleisch. Die Füllung wird mit einem Tropfen kräftiger Soße gewürzt, mit feingehackten Frühlingszwiebeln bestreut, dann werden die Pfannkuchen aufgerollt und als Snack verzehrt.*

20 Pfannkuchen für 4 bis 5 Portionen
Zutaten:
500 ml Weizenmehl
185 ml kochendes Wasser
1 EL Sesamöl

Das ungesiebte Mehl in eine Schüssel messen, mit dem kochenden Wasser übergießen und einige Minuten mit Stäbchen oder einem Kochlöffelstiel rühren. Sobald die Masse etwas abgekühlt ist, in etwa 10 Minuten zu einem weichen, glatten Teig verkneten. Den Teig auf einem Holzbrett mit einer Schüssel zudecken, wenigstens 30 Minuten ruhen lassen.
Dann zu einem gleichmäßigen Zylinder ausrollen, diesen in zehn gleich große Scheiben schneiden. Neun davon mit Plastikfolie umwickeln oder mit einem feuchten Tuch bedecken, damit sie nicht austrocknen. Die zehnte Scheibe in zwei gleiche Teile schneiden, jeden zu einem glatten Ball formen und auf einem mit Mehl bestäubten Brett zu einem Kreis von etwa 8 cm Durchmesser ausrollen. Den einen Kreis bis zum Rand leicht mit Sesamöl einpinseln, den zweiten darauflegen und wieder ausrollen, bis die Pfannkuchen einen Durchmesser von 15 bis 18 cm haben und sehr dünn sind. Die vorbereiteten Pfannkuchen zudecken, bis alle fertig sind.
Eine große Pfanne ohne Fett erhitzen und bei niedriger Hitze jeweils einen Pfannkuchen backen. Häufig wenden, damit er auf beiden Seiten garen kann. Er ist fertig, wenn er kleine Blasen wirft und ein paar goldene Flecken hat. Aus der Pfanne nehmen und die beiden Scheiben vorsichtig auseinanderziehen. Durch das aufgepinselte Sesamöl geht das ganz leicht. Die Pfannkuchen auf eine Platte stapeln und gut bedecken, sonst trocknen sie aus. Sie sollen weich und biegsam sein, nicht brüchig. Zum Auftragen faltet man sie zweimal zum Viertelkreis. Zum Aufwärmen legt man sie in einen Dämpfer, deckt erst mit einem Küchentuch, dann mit dem Deckel zu. Eine oder zwei Minuten über leicht kochendem Wasser genügen zum Aufwärmen.

# Jeung

Soßen zum Dippen

**See yau ghung jeung**

Ingwer-Sojasoße:
*zu ausgebackenen Meerestieren und gedämpften Klößchen.*

Mischen Sie 1 TL sehr fein geriebenen frischen Ingwer mit 125 ml heller Sojasoße.

**See yau laht jiu jeung**

Chili-Sojasoße:
*zu ausgebackenen Garnelen,* Dim sum, Kau che, *heißen oder kalten Vorspeisen.*

Mischen Sie 2 EL chinesische Chilisoße mit 125 ml Sojasoße.

**Dau see sheung jing jeung**

Schwarze Bohnen-Sherry-Soße:
*zu delikaten Meerestieren wie Hummer und Muscheln.*

1 EL schwarze Bohnen (Dose) abspülen und zerdrücken. Mit 3 EL chinesischem Wein oder Sherry, 1 TL Zucker und ein paar Tropfen Sesamöl vermischen.

**Suen tau dau see**

Schwarze Bohnen-Knoblauch-Soße:
*paßt gut zu Schweinefleisch oder Ente.*

2 EL schwarze Bohnen (Dose) abspülen und zerdrücken, eine kleine Knoblauchzehe zerreiben. Bohnen und Knoblauch mit je 2 EL heller Sojasoße und chinesischem Wein oder trockenem Sherry mischen.

**Soo mui jeung, shiu ha jeung**

Pflaumensoße und Barbecue-Soße:
*zu gebratener Ente und gegrilltem Schweinefleisch.*

Je 6 EL Pflaumensoße und rote Barbecue-Soße mischen. $^1/_2$ TL Ingwersaft und 2 EL helle Sojasoße einrühren. Falls die Soße schärfer gewünscht wird, kann man auch 1 TL Chilisoße zugeben.

**Tim suen jeung**

Süß-saure Soße:
*zu heißen Vorspeisen und ausgebackenen Wontons*

Die Soße zubereiten, wie im Rezept für ausgebackenes Schweinefleisch, S. 406, beschrieben, die Gemüse jedoch weglassen. Falls gewünscht, zum Schluß 1 TL Chilisoße einrühren.

**Wah yim**

Salz und Fünf-Gewürze-Pulver:
*zu ausgebackenem Huhn, gerösteter Ente oder Schweinefleisch.*

2 EL Salz mit 1 TL Fünf-Gewürze-Pulver mischen.

**Goo yit fun yim**

Pfeffer-und-Salz-Mischung:

2 EL schwarze Pfefferkörner in einer trockenen Pfanne über mittlerer Hitze rösten, bis der Pfeffer angenehm zu duften beginnt, etwa 4 bis 5 Minuten. Die Pfanne schütteln oder die Körner umrühren. Den Pfeffer leicht abkühlen lassen, dann im Mörser zerreiben und mit 3 EL Salz mischen. Eventueller Überschuß kann in einer luftdichten Dose aufbewahrt werden.

# Har kau oder Kau che

Garnelen in durchsichtigem Teig

*Diese gedämpfte Köstlichkeit mit der delikat gewürzten Garnelenfüllung ist eine Spezialität mancher China-Restaurants. Die Füllung ist umschlossen von dünn ausgerolltem, fast durchsichtigem Teig.*

Etwa 20 Stück
Zutaten:
Füllung:
185 g rohe Garnelen oder Krabben
2 EL gehackter Schinken oder Schinkenspeck
2 EL feingehackte Bambusschößlinge
2 Frühlingszwiebeln, fein gehackt
$^1/_2$ TL frischer Ingwer, fein gerieben
3 TL Maisstärke
1 TL Sesamöl
1 TL Salz
1 TL Zucker

Teig:
250 ml chinesisches Weizenmehl
3 EL Maisstärke
220 ml Wasser
1 EL Schweineschmalz
Sesamöl zum Einpinseln

Füllung: Die Garnelen schälen, ausnehmen und in kleine Stücke schneiden. Tiefgekühlte Garnelen oder Krabben zunächst ganz auftauen lassen. Mit allen anderen Zutaten für die Füllung gut vermischen, beiseite stellen und den Teig machen.
Teig: In einer Schüssel Weizenmehl und Maisstärke mischen. Wasser und Schmalz in einem kleinen Topf zum Kochen bringen, dann vom Feuer nehmen und 20 Sekunden abkühlen lassen, dann in das Mehl gießen. Mit Stäbchen oder dem Stiel eines hölzernen Kochlöffels gut durchmischen. Sobald die Masse genügend abgekühlt ist, einen glatten Teig daraus kneten. In zwei gleiche Portionen teilen und jede zu einem Zylinder von etwa 12,5 cm Länge und 2,5 cm Dicke ausrollen. Mit Plastikfolie umwickeln, damit die Oberfläche nicht austrocknet.
Auf einer glatten Fläche (ein kunststoffbeschichteter Küchentisch ist ideal) von einer der Rollen 1 cm dicke Scheiben abschneiden und mit dem eingeölten Blatt des Küchenbeils flachdrücken, dann ausrollen zu einem Kreis von etwa 10 cm Durchmesser. Einen Teelöffel der Füllung auf den Kreis geben, die Teigränder zusammenraffen und zusammendrücken, um sie zu verschließen. Dabei die Kanten in Falten legen, damit das Ganze hübscher aussieht.
Wenn der Teig der ersten Rolle verarbeitet ist, die *Kau che* leicht mit Sesamöl einpinseln, auf Quadrate aus eingeöltem Pergamentpapier setzen, in den Dämpfer geben und 12 Minuten dämpfen. Warm stellen, mit der zweiten Rolle ebenso verfahren. Heiß servieren, falls gewünscht, mit Soßen zum Dippen.

# Cha yip dahn

Marmorierte Tee-Eier

12 bis 18 Portionen als Bestandteil einer Horsd'œuvre-Platte
Zutaten:
6 Eier
1 l Wasser
3 EL Teeblätter
1 EL Salz
1 EL Fünf-Gewürze-Pulver

Die Eier in einen Topf legen, mit kaltem Wasser bedecken und langsam zum Kochen bringen. Die Eier dabei sanft bewegen, damit die Eidotter in der Mitte fest werden. Sieben Minuten leise simmern. Die Eier fünf Minuten unter fließendem kaltem Wasser abschrecken. Die Schalen durch Rollen auf einer harten Unterlage überall anbrechen, aber nicht abziehen.
Ein Liter Wasser zum Kochen bringen, Teeblätter, Salz und Fünf-Gewürze-Pulver hineingeben. Die Eier hineingleiten lassen und zugedeckt ungefähr 30 Minuten simmern, bis die Schalen braun sind. Dann die Eier im zugedeckten Topf mindestens noch 30 Minuten, am besten aber über Nacht stehenlassen. Abgießen, kalt werden lassen und schälen. Das Eiweiß hat jetzt ein feines Marmormuster. Die Eier vierteln und mit einer Soße zum Dippen servieren.

# Tim suen jeung

Süß-saure Pickle-Soße

Ergibt etwa 500 ml Soße
Zutaten:
125 ml chinesische Pickles
125 ml Ananasstückchen
80 ml Saft der Pickles
80 ml Ananassaft
80 ml weißer Essig
eine Prise rote Lebensmittelfarbe (siehe Glossar)
2 EL Zucker
1/2 TL Salz
1 kleine Knoblauchzehe, zerrieben
3 TL Maisstärke
2 TL kaltes Wasser

Die Pickles in nicht zu große Stücke schneiden, mit den Ananasstückchen mischen und beiseite stellen. Picklessaft und Ananassaft zusammen mit Essig, rotem Farbpulver, Zucker, Salz und Knoblauch in einen kleinen emaillierten Topf geben und zum Kochen bringen. Dann bei milder Hitze zwei Minuten simmern. Pickles und Ananas zugeben, wieder zum Kochen kommen lassen. Die mit kaltem Wasser gemischte Maisstärke zugeben und die Soße unter Rühren kochen lassen, bis sie dick und klar ist.

# Ma yung bao

Gedämpfte Teigtaschen mit süßer Bohnenfüllung

*Diese gedämpften Teigtaschen mit süßer Füllung sind eher ein Snack zwischen den Mahlzeiten als ein Dessert und bedeuten für die Chinesen soviel wie für uns das Knabbern von Plätzchen und Süßigkeiten.*

8 Portionen
Zutaten:
1 × Teig für gedämpfte Teigtaschen

Süße Bohnenpaste *(dow saah)*, 1 Dose, 255 g
1 EL Sesamöl zum Einpinseln

Den Teig in acht gleiche Portionen teilen, jede zu einem Kreis von 8 cm Durchmesser ausrollen. Einen Teelöffel Bohnenpaste in die Mitte jedes Kreises geben, falten und dämpfen, wie auf S. 425 beschrieben. Warm oder lauwarm servieren.

# Jar wonton
Ausgebackene süße Wontons

Etwa 50 Stück
Zutaten:
250 g Datteln ohne Kerne
60 ml gehackte Walnußkerne, Cashew-Nüsse oder Mandeln
Schale einer großen Zitrone, fein gerieben
1 EL Orangensaft, oder nach Bedarf
250 g Wontonhüllen
Öl zum Ausbacken
Puderzucker zum Bestäuben

Die Datteln fein hacken, mit den gehackten Nüssen, Zitronenschale und Orangensaft gründlich mischen. Sollte die Mischung zu trocken sein und nicht zusammenhalten, noch mehr Orangensaft zugeben. Das hängt von der Qualität der Datteln ab; für manche braucht man überhaupt keinen Saft, für andere eine ganze Menge. Aus der Dattelmischung kleinfingerdicke und halbfingerlange Zylinder formen und auf jede Wontonhülle schräg eine solche Rolle legen. Eine Ecke der Wontonhülle über die Füllung schlagen und die Spitze darunterstekken, dann so aufrollen, daß die Füllung ganz eingeschlossen ist. Die beiden Zipfel wie bei einem Bonbonpapier zusammendrehen.
In einem Wok Öl sehr heiß werden lassen und immer 8 Wontons auf einmal darin von allen Seiten goldbraun ausbacken. Das dauert etwa zwei Minuten. Mit einem Schaumlöffel herausheben und auf Küchenkrepp abtropfen lassen. Die erkalteten Wontons mit Puderzucker überstäuben und auf einer Platte anrichten.
Anmerkung: Man kann diese Wontons auch mit Lotosnußpaste aus der Dose füllen.

# Hung yun dau fu
Mandelgelee

6 bis 8 Portionen
Zutaten:
1 l Wasser
4 TL Agar-Agar-Pulver oder 250 ml eingeweichte und abgetropfte Agar-Agar-Fäden
1 Dose gesüßte Kondensmilch
2 TL Mandelessenz

Wasser in einen Topf geben, Agar-Agar hineinstreuen und zum Kochen bringen. Rühren, bis das Agar-Agar sich aufgelöst hat, etwa 2 Minuten. Kondensmilch und Mandelaroma zugeben und gut durchrühren. In eine große Glasschüssel gießen oder in eine Auflaufform. Kalt werden lassen, dann in den Kühlschrank stellen. In Würfel oder Rhomben schneiden und allein für sich oder mit Dosenobst oder Melonenbällchen servieren.

# Doong fong sik gow lahm
Fernöstlicher Fruchtkorb (Bild S. 434)

Von einer Wassermelone oder Honigmelone das obere Drittel abschneiden, die Samen herausschaben und mit dem Bällchenschneider das Fleisch herausnehmen.
Kombinieren Sie die Melonenbällchen beliebig mit den folgenden Früchten: Lichees, Longans, Loquats, Mandarinenstücken. Man kann auch einige Chow-Chow-Konserven zufügen. Mit etwas Sirup aus den Dosen vermischen und wenigstens drei Stunden in den Kühlschrank stellen. Die Früchte in der Schale der Wassermelone anrichten, mit etwas Sirup überschöpfen.

# Korea

Ich glaubte, in meiner langjährigen Praxis der chinesischen Küche perfekt gelernt zu haben, Nahrungsmittel in ganz dünne Scheiben oder Schnitzelchen aufzuschneiden. Aber erst als mir Mrs. Soojin Kim die Zubereitung einiger koreanischer Spezialitäten zeigte, bekam ich eine Ahnung davon, daß meine Fertigkeiten für die Anforderungen der koreanischen Küche nicht ausreichten. Fasziniert beobachtete ich, wie ihre geschickten, anmutigen Hände Rindfleisch, Gemüse und Omelett in unglaublich feine Streifen zerschnitten. Das geschah mit bemerkenswerter Geschwindigkeit, trotzdem waren alle diese Streifen fast gleich lang und gleich stark. Bei ihr lernte ich, *guchulpan* (S. 450), eine bunte Platte aus neunerlei Zutaten, zuzubereiten – ein traditionelles koreanisches Gericht.

In der Mitte einer Platte, am besten einer Platte mit Unterteilungen, werden kleine Pfannkuchen gestapelt. Um sie herum ordnet man eine Auswahl von Zutaten zum Füllen an, jede in ganz dünne Streifen geschnitten, in sehr wenig Öl pfannengerührt, mit Pfeffer und Salz gewürzt und nur da mit Sojasoße, wo die Farbe dadurch nicht verdorben wird. Diese Zutaten werden mit Hilfe der Eßstäbchen in die Mitte eines der kleinen Pfannkuchen gelegt, der dann aufgerollt und zum Essen in eine spezielle Soße getaucht wird. Für gewöhnlich wird *guchulpan* als Einleitung zu einem großen Menü serviert oder als Snack zu Drinks.

Nach meiner Erfahrung kann es eine vollständige Mahlzeit für sich sein, paßt aber nur zu jenen zwanglosen Gesellschaften, bei denen die Gäste mehr als üblich aktiv werden und sich vor die Aufgabe gestellt sehen, selbst die Füllung für ihre Pfannkuchen auszuwählen und ihre Geschicklichkeit im Umgang mit Eßstäbchen zu erproben. Weil *guchulpan* zimmerwarm serviert wird, läßt es sich gut im voraus zubereiten.

Mrs. Kim zeigte mir auch ihre Gläser mit Bohnenpaste, die eine Grundzutat in der koreanischen Küche ist. Am nächsten kommt ihr chinesische Bohnenpaste oder die japanische rote Bohnenpaste *(aka miso)*; die koreanische Version *(dhwen-jang)* ist aber aromatischer und, wenn man den Koreanern glauben darf, auch nahrhafter. In einem großen, irdenen Gefäß bewahrte sie *gochujang,* eine sehr salzige Chilipaste auf, die aber überraschend mild schmeckte und nicht wie die meisten Chilizubereitungen im Hals brannte.

Auch fadendünne Streifen aus getrockneten roten Chilis, *silgochu,* werden viel verwendet.

Sojabohnenpasten und Sojasoßen werden nach alter Tradition im Frühjahr hergestellt, und die meisten Koreaner machen sie selbst. Dem entspricht die herbstliche Pickle-Saison. Dann wird das berühmte koreanische Pickle *kimchi* für den Winter und das kommende Jahr eingelegt, dessen Hauptbestandteil *baechu* ist, auch Korea- oder Chinakohl oder Selleriekohl genannt. Rettiche und Kohl werden am liebsten und in großen Mengen eingelegt, denn *kimchi* erscheint zu jeder Mahlzeit auf dem Tisch, sogar zum Frühstück.

In Korea gibt es zu jedem Essen Reis. Zum Frühstück erscheint er manchmal als Reisschleim, vor allem für ältere Leute und Kinder. Zu den übrigen Mahlzeiten kommt nach der Absorptionsmethode gekochter Reis auf den Tisch, begleitet von Suppe, Fleisch, Fisch, Gemüsen und natürlich *kimchi.* Der Koreaner sagt, eine Mahlzeit bestehe aus Reis und *panch'an,* womit er alles umschreibt, was außer Reis serviert wird. Manchmal kombiniert man den Reis mit anderen Beilagen, zum Beispiel Graupen und Bohnen. Zu diesen Bohnen gehören getrocknete Limabohnen, rote Bohnen *(azuki-*Bohnen) und Sojabohnen oder Sojabohnenprodukte wie Bohnenquark, Bohnenpasten und Sojasoße.

In Korea gibt es Fische und andere Meerestiere im Überfluß, und oft kombiniert man Fisch in sehr überraschender Art mit Fleisch oder Geflügel (siehe *Sin sul lo*, S. 447). Die Koreaner verwenden wie die Japaner häufig Meeresalgen, vor allem den getrockneten Laver-Tang, der in Korea *kim* und in Japan *nori* heißt. Man verwendet ihn als Würzzutat. Mrs. Kim zeigte mir, wie man diesen Tang besonders schmackhaft macht. Man bepinselt das dünne Blatt getrockneten Tang auf einer Seite üppig mit Sesamöl und bestreut es mit Salz. Nun bewegt man es über einer heißen Kochplatte oder einer Gasflamme hin und her, bis es knusprig ist, dann wird es in kleine Quadrate geschnitten und zu Reis serviert. Den Reis legt man auf ein solches Blatt und wikkelt das Ganze mit Hilfe der Eßstäbchen auf.

In Korea wird Rindfleisch dem Schweinefleisch und Geflügel vorgezogen; Hammelfleisch ist unbekannt. Im allgemeinen wird das Rindfleisch nicht am Stück gegart, sondern in hauchdünne Scheiben geschnitten und diese wieder in kleine Häppchen. Manchmal klopft man diese Scheiben noch besonders dünn aus. Das Fleisch wird dann mit einer Marinade gut durchgeknetet. Man läßt es zwei bis vier Stunden durchziehen und macht es auf diese Art zart und würzig.

Während die Koreaner besondere Gerichte wie *bulgogi* und *bulgalbi* über Holzkohlenglut grillen, werden die alltäglichen Mahlzeiten gekocht, gedämpft, pfannengerührt, gebraten oder ausgebacken. Das Backen im Backofen gehört nicht zu den koreanischen Zubereitungsmethoden, denn nur wenige Koreaner verfügen über einen Backofen.

Die sieben Grundgewürze der koreanischen Küche sind Knoblauch, Ingwer, schwarzer Pfeffer, Frühlingszwiebeln, Sojasoße, Sesamöl und geröstete Sesamkerne. Diese werden zerstoßen, ehe man sie Marinaden zusetzt oder in fertiggekochte Gerichte mischt, damit sie den Speisen ihr volles Aroma mitteilen können. Es ist erstaunlich, wieviel mehr an Aroma das Rösten entwikkelt. Deshalb scheint die Sesamsoße des Mittleren Ostens, *tahini*, die aus ungerösteten Kernen hergestellt wird, überhaupt nichts mit den koreanischen Sesamsoßen gemein zu haben, deren kräftiger nußartiger Geschmack sich erst durch das Rösten der Sesamkerne entwickelt.

Ich gebe Ihnen hier die Mengen dieser Grundgewürze, die man zum Marinieren von 500 g Rindfleisch braucht:

$^1/_2$ TL frischer Ingwer, fein gerieben
1 TL Knoblauch, fein gehackt oder zerstoßen
1 TL Frühlingszwiebel, fein gehackt
1 TL Sesamöl
1 bis 2 TL geröstete und zerstoßene Sesamkerne
4 TL helle Sojasoße
2 TL Honig oder Zucker
$^1/_4$ TL gemahlener schwarzer Pfeffer

## Wie man eine koreanische Mahlzeit serviert und ißt

Die Koreaner benutzen zu besonderen Anlässen silberne Eßstäbchen und Löffel, denn Silber läuft an, sobald es mit Gift in Berührung kommt. Es gibt dem Esser das Gefühl der Sicherheit. Zu einem formellen Gedeck gehören auch silberne Schalen für Reis und Suppe. Das ist zwar teuer, aber es ist üblich, daß eine Braut diese Silbergeräte in ihrer Aussteuer mitbringt. Das Tischgerät für alle Tage ist aus Messing oder Porzellan. Neuerdings ist rostfreier Stahl beliebter als Messing, weil man ihn nicht polieren muß.

Man ißt aus Schalen, nicht von Tellern. Alles kommt gleichzeitig auf den Tisch – Reis, Suppe, Fisch, Geflügel, Rindfleisch, scharfe Soßen, süß-saure Soßen, auf die verschiedensten Arten zubereitete Gemüse und *kimchi* in unterschiedlichsten Sorten.

Es gibt zahlreiche Varianten von *kimchi*, einige mit Zusatz von getrockneten Shrimps oder Salzfisch, andere aufwendige Versionen mit seltenen Früchten und Gemüsen. Manche schmecken sehr kräftig, andere mild. Das Essen endet nicht mit einer Süßspeise. Manchmal gibt es frisches Obst, das gehört aber nicht zum Alltagsbrauch. Zum koreanischen Obst gehören Äpfel, koreanische Birnen (die mit unseren Birnen keine Ähnlichkeit haben), Orangen, Pampelmusen, Kirschen, Pflaumen und Dattelpflaumen (Persimonen).

## Küchengeräte

In der überlieferten koreanischen Küche gab es Holzfeuer, unsere Zeit hat Gas- und Elektroherd eingeführt. Meist wird recht einfach gekocht. Eine gute schwere Bratpfanne, ein Wok und ein paar Töpfe oder feuerfeste Kasserollen reichen für jedes Rezept dieses Kapitels aus. Der einzige ungewöhnliche Topf, den Sie brauchen werden, ist der traditionelle Topf für »Dampfschiff«- oder »Feuertopf«-Gerichte, wenn Sie *sin sul lo* in original koreanischer Manier servieren wollen. Dieser Topf hat in der Mitte einen Kamin, umgeben von einer Vertiefung, welche die Speisen enthält. Mit Hilfe dieses Topfes kann man Gerichte am Tisch garen und warm halten, denn der Kamin wird mit glühenden Kohlen gefüllt. Diese Kohlen sollte man eine Stunde vor dem Essen in einem Gartengrill, einem *hibachi* oder einem Metalleimer zum Glühen bringen, damit sie richtig glühen, wenn sie bei Tisch gebraucht werden.

Man kann die Speisen im voraus im Feuertopf anrichten und Topf samt Inhalt in den Kühlschrank stellen. Kurz vor dem Essen wird die Vertiefung mit kochender Brühe aufgefüllt, dann die Speisen mit dem Deckel abgedeckt, damit keine Kohlepartikel in das Essen fallen

Abbildungen Seite 433 bis 436

Har kau oder Kau che – Garnelen in durchsichtigem Teig, oben rechts (Rezept S. 428); Siew mai – Gedämpfte Garnelenklößchen, oben links (Rezept S. 425); Cha shiu bao – Teigtaschen mit gegrilltem Barbecue-Schweinefleisch, unten (Rezept S. 425); Ma yung bao – Gedämpfte Teigtaschen mit süßer Bohnenfüllung, unten, mit glatter Oberfläche (Rezept S. 429).

Cha yip dahn – Marmorierte Tee-Eier (Rezept S. 429)

Doong fong sik gow lahm – Fernöstlicher Fruchtkorb (Rezept S. 430)

Guchulpan – Neunerlei Zutaten (Rezept S. 450)

können, und die glühenden Kohlen oder Briketts mit Hilfe einer Zange in den Kamin gefüllt. Um den Tisch zu schützen, sollten Sie den Topf auf ein schweres Metalltablett stellen und dieses mit einem dicken Holzbrett unterlegen. Die Brühe muß eine Zeitlang brodeln, damit die Zutaten richtig heiß werden. Dann nehmen die Gäste davon mit ihren Eßstäbchen und essen Reis und eine Dipsoße dazu. Am Ende des Mahles wird die Brühe als Suppe getrunken.
Man bekommt diese Feuertöpfe im allgemeinen in Chinaläden. Während reichverzierte polierte Messinggefäße sehr teuer sind, gibt es auch preiswerte Töpfe aus eloxiertem Aluminium, die genausogut funktionieren. In Korea sind die Feuertöpfe oft Handwerksarbeit aus Silber, die Massenware ist aus rostfreiem Stahl.
Natürlich kann man sie jederzeit durch eine elektrische Bratpfanne, eine elektrische Friteuse oder einen elektrischen Wok ersetzen, die man zu drei Vierteln mit Brühe füllt. Man kann auch irgendeinen Topf auf einen starken Rechaud setzen.

### Ihr koreanisches Gewürzbord

Schwarzer Pfeffer, gemahlen
Cayennepfeffer oder Chilipulver
Chilisoße (als Ersatz für *gochujang,* die koreanische Chilipaste)
Bambusschößlinge (Dose)
*dhwen jang* (Bohnensoße) oder *mein chiang* (chinesische Bohnenpaste) oder *aka miso* (japanische rote Bohnenpaste).
getrocknete Pilze (orientalische Arten, keine europäischen)
getrocknete Shrimps
Erdnußöl
Reiswein oder trockener Sherry
Sesamöl
Sesamkerne
Sojasoße, hell und dunkel
weißer Essig

Zusätzlich zu diesen unbegrenzt haltbaren Dingen brauchen Sie die für jedes Rezept wichtigen Knoblauchzehen, Ingwerwurzel, Frühlingszwiebeln. Knoblauch kann man natürlich überall bekommen, frische Ingwerwurzel dagegen nicht so selbstverständlich. Wenn Sie Ingwerwurzel also in größeren Mengen auf Vorrat kaufen müssen, können Sie sie auf ganz einfache Weise monatelang haltbar machen: Die braune Haut abschaben, die Wurzel in einzelne Knollen oder Stücke zerschneiden, die man in ein sauberes trockenes Glas gibt und mit trockenem Sherry bedeckt. Das Glas gut verschließen und im Kühlschrank aufbewahren. Reife Ingwerwurzel hält sich recht gut in einer Papiertüte im kälteren Bereich des Kühlschranks, man kann sie aber auch, wie man es im Fernen Osten macht, etwa 10 cm tief in feuchtem Sand einschlagen.
Geröstete, zerstoßene Sesamkerne sind ein so wichtiges Gewürz, daß es sinnvoll ist, eine größere Menge als Vorrat herzustellen: 250 ml weiße Sesamkerne in einer schweren Pfanne bei Mittelhitze goldbraun rösten, dabei ständig rühren. Sobald die Kerne die gewünschte Farbe haben und geröstet duften, muß man sie aus der heißen Pfanne auf einen Teller schütten, damit sie nicht zu dunkel und bitter werden. Die etwas abgekühlten Kerne im Mörser zerstoßen, den man in Korea oft benutzt, oder im Elektromixer pulverisieren. Völlig kalt werden lassen und in einem Glas mit Schraubdeckel aufbewahren.

---

# Song-i bahb

Reis mit Pilzen

---

6 Portionen
Zutaten:
250 g frische Champignons
1 EL Pflanzenöl
1 EL Sesamöl
2 mittelgroße Zwiebeln, in feine Scheiben geschnitten
125 ml mageres Rindfleisch, in dünne Streifen geschnitten
500 g Kurzkornreis
750 ml heißes Wasser
1 TL Salz
2 TL helle Sojasoße
1/4 TL gemahlener schwarzer Pfeffer
2 EL geröstete und gemahl. Sesamkerne

Die Pilze abreiben und in Scheiben schneiden. Die beiden Ölsorten zusammen in einem großen Topf heiß werden lassen, Zwiebeln, Fleisch und Pilze 2 Minuten darin anbraten. Den Reis einfüllen, eine weitere Minute pfannenrühren. Alle übrigen Zutaten zugeben, zum Kochen bringen, dann bei niedriger Hitze fest zugedeckt 20 Minuten ziehen lassen. Während dieser Zeit weder den Deckel lüften noch umrühren. Heiß mit Pickles oder Gemüsegerichten zu Tisch bringen.

Abbildungen Seite 437 bis 440
Bulgalbi – Gegrillte kurze Rippen vom Rind (Rezept S. 412)
Sin sul lo – Feuertopf (Rezept S. 447)
Chirashi-zushi – Reis mit Meerestieren und Gemüsen (Rezept S. 482)
Oboro – Reis mit Huhn und Pilzen (Rezept S. 458)

# Bokum bahb

Gebratener Reis mit Hummer und Schweinefleisch

4 Portionen
Zutaten:
2 EL Öl
1 Knoblauchzehe, fein gerieben
1 TL frischer Ingwer, fein gerieben
125 ml zerpflücktes gekochtes Hummerfleisch (Langustenfleisch o.ä.)
125 ml gehacktes gekochtes Schweinefleisch
1 l heißer gekochter Reis
125 ml gehackte Frühlingszwiebeln
1 TL Salz, oder nach Geschmack

In einem Wok Öl erhitzen und Knoblauch, Ingwer, Hummer- und Schweinefleisch auf einmal zugeben. Pfannenrühren, bis alles sehr heiß ist. Den Reis einfüllen und weiter pfannenrühren, bis der Reis gebraten ist. Die Frühlingszwiebeln zugeben, salzen. Alles gut vermengen und mit Salz abschmecken. Heiß servieren.

# Gun saengsun

Gegrillter Fisch

6 Portionen
Zutaten:
6 kleine Fische oder 12 kleine Fischfilets
3 EL Sojasoße
2 TL Zucker
3 EL Sesamkerne, geröstet und zerstoßen
1 EL Sesamöl
1 mittelgroße Knoblauchzehe, zerdrückt
1 TL frischer Ingwer, fein gerieben
1/2 TL Chilisoße, nach Belieben

Die Fische ausgenommen und ohne Köpfe kaufen, sonst aber ganz lassen. Flossen und Schwanz abschneiden. Alle übrigen Zutaten zur Soße verrühren.
Die Fische in der Soße wenden, auf einen eingeölten Grillrost legen und unter Mittelhitze grillen, bis sie ganz durch sind. Am besten grillt man sie über Holzkohlenglut. Während des Bratens mit Soße einpinseln, um sie vor dem Austrocknen zu bewahren. Nicht übergaren.

# Tuigim saengsun

Gebratener Fisch

6 Portionen
Zutaten:
6 kleine Fischfilets
2 EL helle Sojasoße
2 EL Sesamkerne, geröstet und zerstoßen
eine Prise gemahlener schwarzer Pfeffer
2 EL feingehackte Frühlingszwiebeln
2 TL Sesamöl
2 EL Pflanzenöl

Den Fisch waschen und trockentupfen. Sojasoße, Sesamkerne, Pfeffer, Frühlingszwiebeln und Sesamöl verrühren. Die Fischfilets in die Soße tauchen und in heißem Öl auf beiden Seiten goldbraun braten. Möglichst schnell auftragen.

# Dak jim

Hühner-Stew

4 bis 6 Portionen
Zutaten:
1,5 kg Brathuhn
60 ml helle Sojasoße
2 EL Sesamöl
1 EL feingehackter Knoblauch
1/2 TL Chilipulver oder Cayennepfeffer
3 Frühlingszwiebeln, sehr fein gehackt
1/4 TL Salz

Das Huhn in kleine, mundgerechte Stücke zerschneiden. In einen großen, schweren Topf geben, mit allen übrigen Zutaten gründlich durchmischen, damit das Fleisch überall mit den Gewürzen in Berührung kommt. Zwei Stunden bei Zimmertemperatur durchziehen lassen, dann zugedeckt bei milder Hitze kochen, bis das Fleisch gar ist. Mit heißem Reis und *kim chi* (S. 447) zu Tisch bringen.

# Dak busut jim
Geschmortes Huhn mit Pilzen

---

4 bis 6 Portionen
Zutaten:
10 getrocknete chinesische Pilze
1 kg Huhn
3 EL helle Sojasoße
1 EL Sesamöl
2 Knoblauchzehen, zerdrückt
1/2 TL Cayennepfeffer oder Chilipulver
1/2 TL gemahlener schwarzer Pfeffer
2 EL Pflanzenöl
1 große Zwiebel
2 Winter-Bambusschößlinge (Dose)
4 Frühlingszwiebeln
2 EL Sesamkerne, geröstet und zerstoßen

Die Pilze 30 Minuten in heißem Wasser quellen lassen. Die Stiele wegwerfen, die Hüte in feine Streifen schneiden. Das Huhn zerlegen, dann mit einem Küchenbeil auch die Knochen in kleine Stücke hakken. Sojasoße, Sesamöl, Knoblauch, Cayennepfeffer und schwarzen Pfeffer mischen und das Huhn mit dieser Mischung gründlich einreiben. 30 Minuten einziehen lassen.
In einem Wok das Pflanzenöl erhitzen und das gut abgetrocknete Hühnerfleisch bei Mittelhitze pfannenrühren, bis es braun ist. Die Pilzstreifen zugeben mit 125 ml Pilz-Einweichwasser und der restlichen Marinade. Das Fleisch zugedeckt etwa 15 bis 20 Minuten weich simmern.
In der Zwischenzeit die Zwiebeln achteln, jede Spalte quer halbieren und die einzelnen Schichten voneinander trennen. Die Bambusschößlinge vierteln, dann in Scheiben schneiden. Die Frühlingszwiebeln, weiße und grüne Teile, in mundgerechte Stückchen schneiden. Alles an das simmernde Hühnerfleisch geben, weitere zwei Minuten kochen. Mit Sesamkernen bestreuen und zu weißem Reis servieren.

# Yukkae jang kuk
Rindfleisch-Stew

---

6 Portionen
Zutaten:
1 kg Rinderbrust oder Rouladenstück
2 TL Salz
1/2 TL gemahlener schwarzer Pfeffer
24 Frühlingszwiebeln, in Scheiben geschnitten
1 TL Zucker
125 g Reis-Vermicelli
2 EL Sesamöl
2 TL Chilipulver (oder nach Geschmack)
2 Eier, leicht geschlagen

Das Fleisch im ganzen mit Wasser bedeckt zum Kochen aufsetzen, salzen und pfeffern. Dann zugedeckt simmern, bis es sehr weich ist. Abkühlen lassen, mit den Fingern zerfasern. Das Fleisch wieder in die Brühe geben, Frühlingszwiebeln und Zucker zufügen, 10 Minuten simmern. Währenddessen die Reis-Vermicelli 10 Minuten in heißem Wasser einweichen, abgießen. In die simmernde Brühe geben. Sesamöl und Chilipulver mischen, in das Stew rühren. Das rotgefärbte Öl scheidet sich an der Oberfläche ab. Die geschlagenen Eier unter Rühren in das kochende Stew eintropfen lassen, damit sie in Fäden stocken.
Zu heißem weißem Reis servieren.

# Bulgalbi
Gegrillte kurze Rippen vom Rind

---

8 bis 10 Portionen als Vorspeise, 4 als Hauptgericht
Zutaten:
2 kg Kurze Rippen vom Rind
125 ml Sojasoße
125 ml Wasser
4 EL feingehackte Frühlingszwiebeln
2 TL feingehackter Knoblauch
1 TL feingehackter frischer Ingwer
1 EL Zucker
1/2 TL gemahlener schwarzer Pfeffer
2 EL Sesamkerne

Bitten Sie den Fleischer, die Rippen in Würfel von etwa 5 cm Kantenlänge zu hacken. Diese Stücke mit dem Knoblauch nach unten auf ein Hackbrett legen, gut festhalten und das Fleisch mit einem scharfen Messer in einem Quadratmuster tief einschneiden, damit die Marinade gut eindringen kann. Die übrigen Zutaten in eine große Schüssel geben, die Rippchen hineinlegen und alles gründlich vermengen. Zugedeckt mindestens vier Stunden, am besten aber über Nacht im Kühlschrank marinieren.
Schon etwa eine Stunde vor dem Braten einen Grill mit einer Blechhaube abdecken und vorheizen, damit die Kohle in dieser Stunde die stetige Glut entwickeln kann, die zum erfolgreichen Grillen unbedingt nötig ist. Die Fleischstücke mit den Knochen nach unten auf den Rost legen und braun rösten, dann wenden und die andere Seite durchbraten. Die Stücke häufig umdrehen, damit sie von allen Seiten knusprig braun werden. Man nimmt sie zum Essen in die Hand.
Anmerkung: *Bulgalbi* kann auch unter dem Elektrogrill zubereitet oder im Backofen gebraten werden. Dazu sollen die Rippenstücke nebeneinander im Bräter liegen. Im mäßig heißen Backofen eine Stunde braten, nach einer halben Stunde umdrehen.

# Bulgogi

Feuriges Rindfleisch

10 bis 12 Portionen als Vorspeise,
6 bis 8 Portionen als Hauptgericht
Zutaten:
1 kg mageres Rumpsteak oder Filet
Marinadezutaten wie für *bulgalbi,* halbe Mengen

Das Fleisch in sehr dünne Scheiben schneiden, die man ganz flach klopft und in mittelgroße Quadrate schneidet. Die Marinade anrühren, das Fleisch drei Stunden lang (im Kühlschrank länger) darin durchziehen lassen. Das Fleisch unmittelbar vor dem Essen kurz über Kohlenglut grillen. Zu weißem Reis servieren, dazu *bulgogi*-Soße reichen (s. unten).

# Yangnyum kanjang

Bulgogi-Soße

Zutaten:
3 EL Sojasoße
2 TL Sesamöl
1 TL *mein chiang* (chinesische Bohnenpaste), nach Belieben
2 EL Wasser
2 EL Reiswein oder trockener Sherry
1 TL Sesamkerne, geröstet und zerstoßen
2 TL feingehackte Frühlingszwiebel
½ bis 1 TL Chilisoße, nach Belieben
1 kleine Knoblauchzehe, zerdrückt
Salz nach Geschmack
2 TL Zucker

Sojasoße und Sesamöl in eine kleine Schüssel geben, die nächsten sechs Zutaten einrühren. Den Knoblauch mit Salz und Zucker zu einer Paste zerdrücken und einrühren. Alles gut vermischen und auf kleine Soßenschüsselchen verteilen.

# Gogi bokum

Ausgebackene Rindfleisch-Scheiben

3 bis 4 Portionen
Zutaten:
500 g mageres Rump- oder Filetsteak
1 Frühlingszwiebel, fein gehackt
1 EL Lauch, fein gehackt
1 Knoblauchzehe, fein gehackt
½ TL Zucker
3 EL helle Sojasoße
2 TL Sesamöl
einige Tropfen scharfe Chilisoße
125 ml Erdnußöl
1 × Rezeptmenge *bulgogi*-Soße

Das Fleisch in hauchdünne Scheiben schneiden und diese ganz flach klopfen. Diese Scheiben dann nebeneinander in einer Schüssel anordnen, mit Frühlingszwiebeln, Lauch und Knoblauch bestreuen. Zucker, Sojasoße, Sesamöl und Chilisoße verrühren und über das Fleisch verteilen. 2 oder 3 Stunden marinieren, im Kühlschrank länger.

In einem Wok Erdnußöl sehr heiß werden lassen, immer nur ein paar Scheiben Fleisch auf einmal darin kurz ausbacken. Eben abtropfen lassen, sofort zu Reis und *bulgogi*-Soße zum Dippen servieren.

# Chichin gogi
Geschmortes Rindfleisch mit Zwiebeln

4 bis 6 Portionen
Zutaten:
750 g mageres Rindfleisch, Schmorbratenstück
24 Frühlingszwiebeln, nur die weißen Teile
3 EL geröstete Sesamkerne
1 Knoblauchzehe
$^1/_2$ TL frischer Ingwer, fein gehackt
60 ml helle Sojasoße
$^1/_2$ TL Chilipulver oder Cayennepfeffer
2 EL Pflanzenöl
6 getrocknete Pilze, eingeweicht und in Scheiben geschnitten

Das Fleisch erst in Scheiben, diese in mundgerechte Quadrate schneiden, die man dann sehr dünn ausklopft. Die Frühlingszwiebeln in dünne Ringe schneiden und beiseite stellen. Sesam, Ingwer, Knoblauch, Sojasoße und Chilipulver in eine Schüssel geben und mit dem Rindfleisch vermengen, dabei die Gewürze in das Fleisch einkneten.
In einem Wok Öl erhitzen, Fleisch und Pilze bei starker Hitze pfannenrühren, bis sie gar sind. Aus dem Wok nehmen, dann die Zwiebeln anbraten, evtl. noch etwas Öl nachgießen. Die Zwiebeln über das Fleisch verteilen, sofort auftragen.
Man ißt *chichin gogo* zu heißem Reis.

# Gogi busut bokum
Pfannengerührtes Rindfleisch mit frischen Pilzen

2 bis 4 Portionen
Zutaten:
250 g mageres Rindfleisch
1 kleine Knoblauchzehe, zerdrückt
$^1/_2$ TL frischer Ingwer, fein gerieben
$^1/_2$ TL Salz
250 g frische Champignons, in dicken Scheiben
2 EL Öl
60 ml Brühe oder heißes Wasser
$1^1/_2$ TL Maisstärke
1 EL kaltes Wasser

Das Rindfleisch quer zur Faser in papierdünne Scheiben schneiden. Knoblauch, Ingwer und Salz gleichmäßig mit dem Fleisch vermengen. In einem Wok Öl erhitzen und das Fleisch bei starker Hitze pfannenrühren, bis es grau ist. Die Pilze zugeben, eine weitere Minute pfannenrühren, dann mit der Brühe ablöschen. Die Hitze reduzieren, zugedeckt zwei Minuten simmern.
Fleisch und Pilze an die Seite schieben, die mit kaltem Wasser glattgerührte Maisstärke zugeben, unter Rühren aufkochen und andicken lassen. Sofort zu weißem Reis servieren.

# Sanjuck
Rindfleisch und Pilze, an Spießchen gebraten

4 bis 5 Portionen
Zutaten:
250 g mageres Rumpsteak oder falsches Filet (aus der Keule)
2 EL Sesamöl
1 EL Sojasoße
2 TL Sesamkerne, geröstet und zerstoßen
1 Knoblauchzehe, zerdrückt
$^1/_2$ TL Zucker
eine Prise gemahlener Pfeffer
$^1/_2$ TL zerriebene frische Chili
185 g frische Champignons
12 Frühlingszwiebeln
Weizenmehl
2 große Eier, geschlagen
Öl zum Braten

Die Scheibe Fleisch in 6 mm dicke Streifen, diese dann in 5 cm lange Stücke schneiden. Knoblauch mit Zucker, Pfeffer und Chili zerreiben und mit Sesamöl, Sojasoße und Sesamkernen verrühren. Diese Mischung in einer Schüssel über das Fleisch gießen, durchmischen und einziehen lassen, während Sie die übrigen Zutaten vorbereiten.
Große Pilze in dicke Scheiben schneiden, kleine halbieren. Die Frühlingszwiebeln waschen, die grünen Teile abschneiden an der Stelle, an der sich die einzelnen Blätter trennen; den festen Teil in 5 cm lange Stücke schneiden.
Fleisch, Zwiebeln und Pilze abwechselnd auf Bambusspießchen stekken. Sollten die Spießchen für Ihre Pfanne zu lang sein, halbieren Sie sie. Sie sollten nur vorher die Spitze an einem Ende ausnützen und zwei Portionen aufstecken, ehe Sie das Spießchen teilen.
Die Spießchen in Mehl wälzen, dann in geschlagenem Ei. Den Boden einer Bratpfanne mit Öl bedecken. Das Öl heiß, aber nicht rauchend heiß werden lassen. Die Spießchen in die Pfanne legen und braun und knusprig braten, zwei bis drei Minuten auf jeder Seite. Sofort zu weißem Reis servieren.

# Galbi jim

In Sesamsoße geschmortes Kotelettstück

4 bis 5 Portionen
Zutaten:
1,5 kg Kotelettstück vom Schwein
1 EL Öl
2 EL Sojasoße
2 TL Sesamöl
3 Frühlingszwiebeln, fein gehackt
2 Knoblauchzehen, zerdrückt
1 TL frischer Ingwer, fein gerieben
2 EL Zucker
2 EL Reiswein oder trockener Sherry
1 EL Sesamkerne, geröstet und gemahlen
250 ml heißes Wasser
1 TL Maisstärke
1 EL kaltes Wasser
Frühlingszwiebeln zum Garnieren

Lassen Sie das Kotelettstück vom Fleischer quer in etwa 5 cm lange Stücke hacken und trennen Sie diese Stücke mit einem scharfen Küchenbeil.
In einem Wok Öl erhitzen und die Koteletts bei starker Hitze braun braten. Alle übrigen Zutaten außer Maisstärke und kaltes Wasser verrühren, an das Fleisch geben, zum Kochen bringen, dann zugedeckt 40 bis 45 Minuten simmern. Die Maisstärke mit dem kalten Wasser glattrühren und die Bratensoße damit andicken. Das Fleisch mit Frühlingszwiebeln garnieren, die man entweder in dünne Scheiben geschnitten oder an den Enden aufgefächert und in Eiswasser geringelt hat. Zu weißem Reis servieren.

# Song-i busut jim

Gedämpfte Pilze, mit Garnelen und Hühnerfleisch gefüllt

4 Portionen
Zutaten:
250 g frische Champignons
125 g geschälte rohe Garnelen oder Scampi
1 mittelgroße Hühnerbrust
6 gehackte Wasserkastanien (Dose)
2 EL gehackte Bambusschößlinge
2 EL feingehackte Frühlingszwiebeln
1 EL Maisstärke
1 EL helle Sojasoße
1 TL Austernsoße
1/2 TL Salz
1/2 TL feingeriebener frischer Ingwer
1 Sträußchen frisches Koriandergrün, nach Belieben

Suchen Sie Pilze aus, deren Hüte einen Durchmesser von 3–4 cm haben und die erst halb geöffnet sind. Mit feuchtem Küchenkrepp abreiben, mit einer kleinen Drehung die Stiele abbrechen, ohne die Hüte zu beschädigen. (Die Stiele für ein anderes Gericht verwenden.) Die Garnelen ausnehmen und fein hacken. Das Hühnerbrustfleisch von den Knochen lösen, häuten und fein hacken. Alle Zutaten außer den Pilzen in eine Schüssel geben und gründlich vermengen. Die Pilzhüte mit dieser Farce füllen, die Füllung dabei hübsch abrunden.
Die gefüllten Pilze auf eine leicht eingeölte feuerfeste Platte setzen, 20 Minuten dämpfen. Mit frischem Koriandergrün garnieren und zimmerwarm servieren.

# Oyi jikai

Pfannengerührte Gurken mit Rindfleisch

4 Portionen
Zutaten:
250 g mageres Rump- oder Filetsteak
2 TL Sesamöl
1 EL helle Sojasoße
1/2 TL Salz
1/2 TL Zucker
1/4 TL Cayennepfeffer
2 große grüne Salatgurken
1 EL Pflanzenöl
2 EL Sesamkerne, geröstet und zerstoßen

Das Fleisch kurze Zeit anfrieren, damit man es in papierdünne Scheiben schneiden kann. Diese Scheiben sollten etwa 5 cm lang und 12 mm breit sein. Zusammen mit Sesamöl, Sojasoße, Salz, Zucker und Cayennepfeffer in eine Schüssel geben und mit der Hand durchkneten, damit die Gewürze gleichmäßig in das Fleisch einziehen können.
Die Gurken schälen, dabei in Abständen dünne Streifen der grünen Schale als dekorativen Effekt stehen lassen. Der Länge nach halbieren, die Kerne herausschaben. Die Gurken dann quer in nicht zu dünne Scheiben schneiden.
In einem Wok Öl erhitzen, den Wok schwenken und auf diese Weise die Innenfläche mit Öl überziehen. Das Rindfleisch eine Minute bei starker Hitze pfannenrühren, die Gurkenscheiben zugeben, eine weitere Minute pfannenrühren, dann simmern lassen, bis die Gurken halbgar sind. Sie sollen weich sein, aber nicht zerfallen. Mit Sesamkernen dekorieren, heiß zu weißem Reis servieren.

## Sin sul lo

Feuertopf

*In Korea wird diese Version des berühmten »Steamboat« bei besonderen Anlässen serviert. Alle Zutaten werden im Feuertopf angerichtet und dann bei Tisch fertiggegart. Manchmal bekommt jeder Gast seinen eigenen Topf. In der Mitte haben diese Töpfe einen mit Kohlenglut gefüllten Kamin, der die Brühe während der ganzen Mahlzeit kochendheiß hält.*

6 Portionen
Zutaten:
500 g Filetsteak
2 mittelgroße Zwiebeln, geschält und in Scheiben geschnitten
250 g weiße Fischfilets
250 g Kalbsleber
3 Eier, getrennt
Weizenmehl
Pflanzenöl zum Braten
4 Frühlingszwiebeln
1 Möhre
1½ bis 2 l Rindfleischbrühe
je 125 ml Walnuß- und Pinienkerne
Sesamsoße

Das Filet anfrieren, dann in papierdünne Scheiben schneiden. Fleisch und Zwiebeln in den *sin sul lo*-Topf (Bild S. 438) oder einzelne kleine Töpfe geben. Das Fischfilet in mundgerechte Stückchen, die Leber in sehr dünne Scheibchen gleicher Größe schneiden. Fisch und Leber mit Pfeffer und Salz würzen. Ein Eidotter verschlagen, die Leberscheiben erst im Ei, dann in Mehl wenden. Das Eiweiß leicht schaumig schlagen, die Fischstückchen eintauchen, dann in Mehl wälzen.
Den Boden einer Bratpfanne eben mit Öl bedecken, Fisch und Leber schnell braten. Dann in den Feuertopf auf das Fleisch und die Zwiebeln legen.
Die restlichen zwei Eigelb schaumig schlagen und ein flaches Omelett daraus backen, auf einen Teller zum Abkühlen legen. Ein zweites Omelett aus den restlichen Eiweiß backen. Auf einem Holzbrett gelbes und weißes Omelett in Streifen schneiden, die so lang sind, daß sie quer genau in die Vertiefung des Feuertopfes passen. Auch die Frühlingszwiebeln und die Möhre in dünne Streifen gleicher Länge schneiden. Alle diese Streifen über Fleisch, Fisch und Leber anordnen, dann das Ganze mit Walnuß- und Pinienkernen dekorieren. Man kann das Gericht bis zu diesem Punkt vorbereiten und dann zugedeckt in den Kühlschrank stellen.
Zur Tischzeit vorsichtig kochende Fleischbrühe in die Vertiefung schöpfen, ohne das Arrangement der bunten Zutaten zu zerstören. Den Deckel auflegen, dann erst mit einer Zange glühende Kohlen in den Kamin füllen. Den Topf auf den Tisch stellen, die Fleischbrühe einige Minuten simmern lassen, damit der Topfinhalt durch und durch heiß wird.
Nun nimmt man den Deckel ab, und die Gäste bedienen sich mit Hilfe ihrer Eßstäbchen. Jeder hat ein Schälchen mit Sesamkernsoße vor sich, in das er die heißen Bissen eintaucht. Dazu gibt es gekochten Reis. Die Fleischbrühe aus dem Topf wird zum Schluß als Suppe serviert.

## Kim chi

Eingelegter Chinakohl

*Kim chi ist eines von Koreas Nationalgerichten, und es gibt davon so viele Versionen, wie es Köche gibt. Ich bringe hier eine Kombination von drei Rezepten, die zwar durch die japanische* dashi-*Brühe (S. 470) einen etwas unorthodoxen Anstrich bekommt, aber großartig schmeckt – eine Version, die wohl fast jedermann zusagen wird.*

Zutaten:
1 großer Chinakohl
gewöhnliches Salz (ohne Jodzusatz)
Cayennepfeffer
6 Frühlingszwiebeln, fein gehackt
6 Knoblauchzehen, fein gehackt
3 frische rote Chilis, fein gehackt
3 TL feingehackter frischer Ingwer
500 ml *dashi*-Brühe
2 TL helle Sojasoße
eine Prise Glutamat

Vom Chinakohl den untersten Teil abschneiden. Den Kohl dann der Länge nach in sechs Segmente teilen. Einen halben Tag lang in der Sonne trocknen, anschließend jedes Segment quer halbieren. Den Kohl abwechselnd mit jeweils einer Handvoll Salz und einer Prise Cayennepfeffer in mehreren Schichten in einen unglasierten irdenen Topf füllen. Den Steintopf mit einem Holzdeckel verschließen, der knapp kleiner als der Topfdurchmesser ist und deshalb auf dem Kohl aufliegt. Den Deckel mit einem großen Stein beschweren und den Kohl eine Woche lang durchziehen lassen. Nun gründlich unter fließendem kalten Wasser abspülen, dann so gut wie möglich alle Flüssigkeit ausdrücken. Den Kohl in etwa 2,5 cm dicke Scheiben schneiden oder nach Belieben noch feiner hacken und wieder in den ausgespülten Steintopf geben, dieses Mal abwechselnd mit Zwiebeln, Knoblauch, Chilis und Ingwer. Den Topf mit der *dashi*-Brühe auffüllen, in die man zuvor Sojasoße und Glutamat gemischt hat. Mit Wachspapier abdecken, den Deckel auflegen und den Topf in den Kühlschrank stellen. Nach vier oder fünf Tagen ist das *kim chi* fertig zum Verzehr. Mit heißem weißem Reis und einem Schuß Sojasoße servieren.
Anmerkung: Bei kalter Witterung muß man *kim chi* nicht in den Kühlschrank stellen, bei Hitze hält es sich gekühlt bis zu drei Wochen.

# Saewoo bokum
Grüne Bohnen mit Garnelen

6 Portionen
Zutaten:
500 g kleine Garnelen oder Shrimps
500 g zarte junge grüne Bohnen
2 EL Pflanzenöl
1 EL Sesamöl
1 mittelgroße Zwiebel, in feine Ringe geschnitten
3 EL helle Sojasoße
1 TL Zucker
3 TL Sesamkerne, geröstet und zerstoßen

Die Garnelen schälen und ausnehmen, grob hacken und beiseite stellen. Die Bohnen abziehen und mit einem scharfen Messer in dünne schräge Scheiben schneiden. Die beiden Ölsorten in einem Wok heiß werden lassen, Zwiebel und Garnelen zusammen zwei Minuten pfannenrühren, die Bohnen zugeben, weitere drei Minuten rühren. Die Würzzutaten gut untermischen; zugedeckt bei milder Hitze die Bohnen etwa 6 bis 8 Minuten eben weich kochen. Sie dürfen nicht übergart werden. Sofort zu Reis auftragen.

# Sikumchi kuk
Geschmorter Spinat mit Schweinefleisch

6 Portionen
Zutaten:
500 g frischer Spinat
250 g Schweinefilet
2 Knoblauchzehen
2 EL Öl
2 EL helle Sojasoße
1/4 TL gemahlener schwarzer Pfeffer
5 Frühlingszwiebeln, fein gehackt
1 Ei, geschlagen
3 EL Sesamkerne, geröstet und zerstoßen

Den Spinat gründlich waschen, die zähen Stiele entfernen und die Blätter in große Stücke zupfen. Das Schweinefleisch in sehr kleine Würfel schneiden. Den Knoblauch fein hacken.
In einem Wok das Öl erhitzen, Fleisch und Knoblauch pfannenrühren, bis das Fleisch grau ist. Den Spinat zugeben, im Öl locker hin und her wenden, mit Sojasoße und Pfeffer würzen, dann zugedeckt bei schwacher Hitze gar ziehen lassen. Frühlingszwiebeln und Ei zugeben, bei Mittelhitze zwei Minuten kräftig rühren, dann mit Sesam bestreuen und heiß zu Reis servieren.

# Chap chye
Pfannengerührtes Mischgemüse

4 bis 6 Portionen
Zutaten:
250 g Rinderfilet
1 TL Zucker
1 EL Sojasoße
2 TL feingehackte Frühlingszwiebeln
1 TL feingehackter Knoblauch
1 TL gemahlene Sesamkerne
1/4 TL gemahlener schwarzer Pfeffer
1 EL Sesamöl
125 g Chinakohl, in feine Streifen geschnitten, nach Belieben
125 g Möhren, in streichholzdünne Streifen geschnitten
125 g Bambusschößlinge, in dünnen Scheiben
125 g Zwiebeln, in feinen Ringen
2 Gurken, in dünnen Scheiben
125 g Spinat, gekocht und kleingeschnitten
Omelettstreifen
60 g Cellophan-Nudeln
Sojasoße, Zucker, Salz, Pfeffer nach Geschmack
1/4 TL Glutamat, nach Belieben

Das Rindfleisch in papierdünne Streifen schneiden und mit den folgenden sieben Zutaten in einer Schüssel vermengen. 30 Minuten durchziehen lassen, während die Gemüse vorbereitet werden.
Die Nudeln 20 Minuten in heißem Wasser einweichen, dann abtropfen lassen und in 7 bis 10 cm lange Stücke schneiden. Alle Zutaten einzeln für sich pfannenrühren, bis sie gerade eben gar sind.
Nun alles auf einer großen Platte vermengen, nach Geschmack mit Sojasoße, Zucker, Salz und Pfeffer würzen und, falls gewünscht, Glutamat zugeben. Sehr heiß servieren.

# Mu saingchai

Rettichsalat

4 Portionen
Zutaten:
2 weiße Riesenrettiche
1 oder 2 knackige Kochäpfel
Saft einer halben Zitrone
3 Frühlingszwiebeln

Dressing:
3 EL helle Sojasoße
1 EL Salatöl
2 TL Sesamöl
3 EL milder Essig
3 TL Zucker
1 TL Salz
1 EL Sesamkerne, geröstet und zerstoßen
1 frische scharfe rote Chili, entkernt und fein gehackt

Die Rettiche schälen und in streichholzdünne Streifen schneiden. Die Äpfel schälen und in ähnliche Streifen schneiden, mit kaltem Wasser und einem guten Schuß Zitronensaft bedecken, damit sie sich nicht verfärben. Die Frühlingszwiebeln, weiße und grüne Teile, in sehr feine Ringe schneiden. Alle übrigen Zutaten verrühren. Rettich- und Apfelstreifen und die Zwiebelringe darin anmachen. Zudecken und vor dem Auftragen kühl stellen.

# Oyi namul

Gurkensalat

6 Portionen
Zutaten:
2 große grüne Salatgurken
3 TL grobes Salz
250 ml Wasser
2 EL milder Essig
1 TL Zucker
1/4 TL Cayennepfeffer
1 Knoblauchzehe, fein gehackt
1 Frühlingszwiebel, fein gehackt
3 TL Sesamkerne, geröstet und zerstoßen

Die Gurken dünn schälen und quer in feine Scheiben schneiden. In eine Schüssel geben, mit Salz bestreuen, mit dem Wasser bedecken. 15 Minuten einweichen, dann alle Flüssigkeit abgießen. Die übrigen Zutaten mischen, über die Gurkenscheiben gießen, gut vermengen und gekühlt servieren.

# Kong namul

Bohnensprossen-Salat

6 Portionen
Zutaten:
500 g frische Bohnensprossen (Mung- oder Sojabohnen)
1 EL Sesamöl
1 EL Salatöl
1 EL Sesamkerne, geröstet und zerstoßen
3 EL helle Sojasoße
1 Knoblauchzehe, zerdrückt
2 Frühlingszwiebeln, sehr fein gehackt
1 TL Honig oder Zucker
eine Prise Chilipulver oder Cayennepfeffer

Die Bohnensprossen waschen. Einen Topf voll leicht gesalzenes Wasser zum Kochen bringen, die Bohnensprossen einlegen und wieder zum Kochen kommen lassen. Mungbohnen eine Minute kochen, Sojabohnensprossen etwas länger. Sie sollen eben gar, keinesfalls zu weich gekocht sein. Sofort abgießen, unter kaltem Wasser abschrekken. Gut abtropfen lassen. Alle übrigen Zutaten zum Dressing verrühren, die Bohnensprossen damit anmachen. Vor dem Servieren kühl stellen.

# Guchulpan

Neunerlei Zutaten

*In Streifen geschnittene Omeletts, pfannengerührtes zerkleinertes Rindfleisch, verschiedene pfannengerührte Gemüse sind um einen Stapel kleiner Pfannkuchen arrangiert. Sie werden als Füllung in die Pfannkuchen gerollt und in eine Soße getaucht.*

6 Portionen als Hauptgericht, 12 als Vorspeise

Zutaten zu den Pfannkuchen:
375 ml Weizenmehl
1/4 TL Salz
2 Eier, geschlagen
250 ml Milch
250 ml Wasser
Pflanzenöl zum Backen
einige Pinienkerne und Petersilienzweige, nach Belieben

Zutaten zu den Füllungen:
10 getrocknete chinesische Pilze
3 Eier, getrennt
250 g Rinderfilet
Pflanzen- oder Sesamöl zum Braten
Sojasoße nach Geschmack
gemahlener schwarzer Pfeffer nach Geschmack
3 junge zarte Möhren
Salz nach Geschmack
12 Frühlingszwiebeln
1 weißer Riesenrettich
250 g Zucchini
eine Prise Zucker

Zutaten zur Dipsoße:
185 ml Sojasoße
3 EL milder Essig
3 EL Sesamkerne, geröstet und zerstoßen
2 EL feingehackte Frühlingszwiebeln

Pfannkuchen:
Mehl und Salz in eine Rührschüssel sieben. Die geschlagenen Eier mit Milch und Wasser verrühren. In die Mitte des Mehls eine Grube machen, die Eiermilch hineingießen und mit einem Holzlöffel kräftig rühren, bis der Teig glatt ist. Stehen lassen und die Füllungen zubereiten.
Eine große Pfanne heiß werden lassen, sehr dünn mit Öl einfetten. Einen Schöpflöffel voll Teig einfüllen, gerade genug, um einen ziemlich dünnen Pfannkuchen zu bekommen. Bei schwacher Mittelhitze backen, nicht bräunen lassen. Wenden und auf der anderen Seite bakken, dann auf ein großes Brett legen. Nun mit einer Plätzchenform oder einem anderen passenden Gerät kleine runde Kuchen von 7,5 cm Durchmesser ausstechen und in der Mitte eines Tabletts oder einer Platte aufeinanderstapeln. Mit ein paar Pinienkernen und nach Belieben mit einem Petersiliensträußchen dekorieren.

Füllungen:
Die getrockneten Pilze 30 Minuten in heißem Wasser quellen lassen. Eigelb und Eiweiß getrennt schaumig schlagen und jedes für sich in einer großen, leicht eingefetteten Pfanne zu großen flachen Omeletts backen. Nicht braun werden lassen. Auf einen Teller oder ein Brett zum Auskühlen legen, in sehr dünne Streifen schneiden.
Das Rindfleisch in ganz dünne Streifen schneiden. Das geht leichter, wenn man das Fleisch zuvor anfriert. Etwa 1 EL Öl in einem Topf erhitzen, das Fleisch pfannenrühren, mit Sojasoße und gemahlenem schwarzen Pfeffer nach Geschmack würzen. Das Fleisch soll durchgebraten und aller Saft eingekocht sein.
Die Möhren schrappen, in ganz dünne Scheiben schneiden und diese dann in Streifen, die dünner sind als Streichhölzer. In ganz wenig Öl pfannenrühren, salzen und pfeffern nach Geschmack. Die Frühlingszwiebeln in ähnliche Stückchen schneiden, kurz pfannenrühren. Den Rettich schälen und raspeln. Pfannenrühren, bis er weich ist, salzen.
Die Gemüse sollen ihre natürlichen Farben behalten, deshalb dürfen sie nur ganz kurz gegart werden und nicht bräunen. Die Zucchini nicht schälen, ihre grüne Farbe wirkt auf der Platte sehr dekorativ. In feine Scheiben schneiden und ein paar Minuten pfannenrühren, salzen.
Das Wasser aus den Pilzen ausdrücken, die Stiele wegwerfen, die Hüte fein aufschneiden. In sehr wenig heißem Öl pfannenrühren, dann Sojasoße, Pfeffer und eine Prise Zucker zugeben, 125 ml des Einweichwassers angießen. Zugedeckt 15 bis 20 Minuten kochen, bis die Pilze weich sind und alle Flüssigkeit aufgesogen ist. Alle Zutaten für die Füllungen in einzelnen Häufchen um den Rand der Platte oder auf einem unterteilten Tablett anrichten, die Mitte für die Pfannkuchen freilassen.

Soße zum Dippen:
Alle Zutaten miteinander verrühren und auf kleine Soßenschälchen verteilen.

# Ganghwe
Vorspeise

Zutaten:
2 Eier, getrennt
Sesamöl
375 g Rinderfilet
Grundgewürze
getrocknete rote Chili, in feine Streifen geschnitten *(silgochu)*
sehr zarte junge Frühlingszwiebeln oder großer Schnittlauch

Eigelb und Eiweiß getrennt mit einer Gabel schaumig schlagen. Eine schwere Pfanne leicht mit Öl einfetten, das Eigelb einfüllen. Die Pfanne kreisen lassen, damit es zu einem papierdünnen Omelett stockt. Wenden und die andere Seite backen. Auf einen Teller legen. Dasselbe mit dem Eiweiß machen. Gelbes und weißes Omelett in dünne Streifen schneiden.
Auch das Rindfleisch in sehr feine Streifen schneiden, in den Grundgewürzen 20 Minuten marinieren, dann ohne Öl in einem heißen Wok pfannenrühren oder nur wenige Minuten auf einem ungefetteten heißen Backblech braten.
Den weißen Teil der Frühlingszwiebeln abschneiden und zu einem Salat oder für andere Gerichte verwenden. Über die Blätter kochendes Wasser gießen, um sie biegsam zu machen. Das Wasser nach einer Minute abgießen.
Nun macht man aus Omelettstreifen, Fleisch und Chilistreifen kleine Bündel, bindet sie mit den Zwiebelblättern fest zusammen und läßt dabei Ei und Fleisch an beiden Enden herausragen. Zum Essen in Sesamsoße dippen.

# Bindae duk
Bohnenpfannkuchen

Etwa 20 Stück
Zutaten:
250 ml *mung dhal* (halbe getrocknete, geschälte Mungbohnen)
250 ml Wasser
2 Eier, geschlagen
125 g Schweinehackfleisch
1 kleine Zwiebel, fein gehackt
1 Frühlingszwiebel, fein gehackt
2 Knoblauchzehen, zerrieben
1 TL Salz
1/4 TL gemahlener schwarzer Pfeffer
1 TL feingeriebener frischer Ingwer
125 ml frische Bohnensprossen, gehackt
125 ml *kim chi* oder kleingeschnittener Chinakohl
2 EL Sesamöl

Die Bohnen waschen, über Nacht in kaltem Wasser quellen lassen. Abspülen, gut abtropfen lassen. Mit 250 ml Wasser im Mixer pürieren. In eine Schüssel gießen und mit allen übrigen Zutaten verrühren. Ein Backblech oder eine schwere Pfanne heiß werden lassen, den Teig eßlöffelweise auf die heiße Fläche geben. Von beiden Seiten goldbraun backen. Heiß oder kalt servieren.

# Cho kanjang
Sesamsoße

*Man serviert diese Soße zu gekochten oder rohen Gemüsen. Sie hält sich einige Tage lang ungekühlt, im Kühlschrank länger.*

Zutaten:
125 ml Sesamkerne
1 EL Zucker
3 EL Essig
4 EL helle Sojasoße

Die Sesamkerne in einer trockenen Pfanne bei Mittelhitze unter ständigem Rühren rösten, bis sie nach etwa fünf Minuten goldbraun sind. Im Mörser oder im Elektromixer zermahlen. Mit Zucker, Essig und Sojasoße verrühren. In eine Flasche füllen. Als Soße zu heißen oder rohen Gemüsen oder zu Fleisch servieren.

# Tang
Rindfleischbrühe

Zutaten:
2 kg Rinderrippenknochen
1 kg Beinfleisch
4 große Scheiben frische Ingwerwurzel
1 TL Salz
kaltes Wasser

Die gründlich gewaschenen Knochen in einem großen Topf zusammen mit dem Fleisch, Ingwer und Salz mit kaltem Wasser bedeckt zum Kochen aufsetzen. Abschäumen, dann die Kochhitze reduzieren und die Brühe zugedeckt zwei bis drei Stunden bei sehr schwacher Hitze simmern. Abkühlen lassen, durchseihen, in den Kühlschrank stellen. Jede Spur Fett von der Oberfläche abnehmen.
Als Grundlage für Suppen verwenden.

# Gorigomtang
Ochsenschwanzsuppe

6 bis 8 Portionen
Zutaten:
1,5 kg zerlegter Ochsenschwanz
2 l Wasser
2 Scheiben frische Ingwerwurzel
1 TL Salz

Zutaten zur Soße:
3 EL helle Sojasoße
1 EL Sesamöl
1 EL Sesamkerne, geröstet und zerstoßen
1/4 TL schwarzer Pfeffer, gemahlen
3 EL Frühlingszwiebeln, fein gehackt
3 TL Knoblauch, fein gehackt
1 TL Ingwer, fein gehackt

Den Ochsenschwanz in einem großen Topf mit Wasser, Ingwer und Salz zum Kochen aufsetzen, dann bei milder Hitze etwa 2 Stunden weich simmern. Abschäumen. Im Schnellkochtopf dauert es nur etwa 45 Minuten. Zum Schluß soll die Brühe auf etwa 1 1/2 l reduziert sein.
Die übrigen Zutaten zu einer Soße verrühren und als Dipsoße für den Ochsenschwanz zu der Suppe reichen.

# Gogi kuk
Suppe aus Rindfleisch und Gemüse

*Wie vielen anderen koreanischen Gerichten verleiht auch dieser Suppe die Bohnensoße einen scharfen Beigeschmack.*

4 bis 6 Portionen
Zutaten:
1 1/2 l Rindfleischbrühe oder Wasser
250 g Suppenfleisch oder falsches Filet
3 Frühlingszwiebeln
2 Knoblauchzehen
2 EL Öl
4 getrocknete Pilze, eingeweicht und in Scheiben geschnitten
1 TL scharfe Bohnensoße oder auch mehr, nach Geschmack
2 EL helle Sojasoße
1 1/2 TL Salz
1 EL Reiswein oder trockener Sherry
1/2 TL schwarzer Pfeffer
1 TL Sesamöl

Die Fleischbrühe soll durchgesiebt und von Fett befreit sein. Das Suppenfleisch in kleine Würfel schneiden. Die Frühlingszwiebeln in 5 cm lange Stücke schneiden und diese der Länge nach halbieren. Den Knoblauch fein hacken.
In einem großen Topf Öl erhitzen, das Fleisch pfannenrühren, bis es braun ist. Zwiebeln, Knoblauch und Pilze zugeben, eine weitere Minute pfannenrühren, dann Bohnensoße, Brühe, Sojasoße und alle übrigen Würzzutaten außer Sesamöl zugeben. Zum Kochen bringen, gut durchrühren, die Hitze reduzieren, 10 Minuten simmern. Abschmecken. Sesamöl einrühren und auftragen.

# Mandoo

Suppe mit Klößchen

6 Portionen
Zutaten:
2,25 l Rindfleischbrühe
2 EL helle Sojasoße
Salz nach Geschmack
Omelettstreifen als Garnitur
*nori*, geröstet und zerkrümelt zum Garnieren

Zutaten zu den Klößchen:
2 EL Öl
125 g Schweinehackfleisch
125 g mageres Rinderhackfleisch
125 ml Wasser
250 g frische Bohnensprossen
1/2 kleiner Chinakohl
1 Würfel frischer Bohnenquark
3 Frühlingszwiebeln, fein gehackt
1 EL Sesamkerne, geröstet und zerstoßen
1 Knoblauchzehe, fein gehackt
1/2 TL Salz
1/4 TL schwarzer Pfeffer, gemahlen
125 g Wontonhüllen

Rindfleischbrühe zubereiten, durchseihen und entfetten. Sojasoße und Salz einrühren, die Garnituren bereitstellen.
Die Klößchen zubereiten, mit Plastikfolie bedecken und bereitstellen (man kann sie schon zwei oder drei Stunden im voraus zubereiten).
Die Fleischbrühe zum Kochen bringen, die Klößchen einzeln hineingleiten lassen. Darauf achten, daß sie nicht aneinanderkleben. Je nach Größe des Topfes ist es vielleicht besser, sie in zwei oder drei Partien zu kochen. Etwa 10 Minuten simmern. Die Klößchen sind gar, wenn sie an die Oberfläche steigen. Sofort in kleinen Schälchen anrichten.

Klößchen:
In einem Topf Öl erhitzen, Schweine- und Rindfleisch darin braten, bis es grau ist. 125 ml Wasser angießen, bei milder Hitze simmern, bis alle Flüssigkeit verdampft ist. Beiseite stellen. Die Bohnensprossen in leichtem Salzwasser drei Minuten kochen, dann abgießen und hacken. Den Kohl fünf Minuten kochen, abgießen und fein hacken. Den Bohnenquark zerdrücken. Alle diese Zutaten mit Frühlingszwiebeln, Sesamkernen, Knoblauch, Salz und Pfeffer mischen. Abschmecken. Einen Teelöffel dieser Farce in die Mitte jeder Wontonhülle geben, die Ränder mit Wasser befeuchten und zu einem Dreieck fest aufeinanderpressen. Mit Folie zudecken, damit sie nicht austrocknen, ehe sie in die kochende Suppe eingelegt werden.

# Kong namul kuk

Sojabohnensprossen-Suppe

6 Portionen
Zutaten:
500 g Sojabohnensprossen
375 g mageres Rindfleisch
1 EL Sojasoße
1 EL Sesamöl
1/4 TL gemahlener schwarzer Pfeffer
2 Knoblauchzehen, zerdrückt
2 l Wasser
feingehackte grüne Blätter von zwei Frühlingszwiebeln

Die Bohnensprossen waschen und abtropfen lassen, die abstehenden Enden abzupfen. Sollten die Sprossen sehr lang sein, müssen sie grob gehackt werden. Das Fleisch in feine Streifen schneiden und in Sojasoße, Sesamöl, Pfeffer und Knoblauch marinieren.
Einen Wok erhitzen, das Fleisch pfannenrühren, bis es grau ist. Wasser und Bohnensprossen zugeben, zum Kochen bringen, zugedeckt 30 Minuten simmern. Vom Feuer nehmen, das Frühlingszwiebelgrün einrühren, zugedeckt 5 Minuten stehen lassen. Mit Sojasoße und Salz abschmecken. Heiß servieren.

# Japan

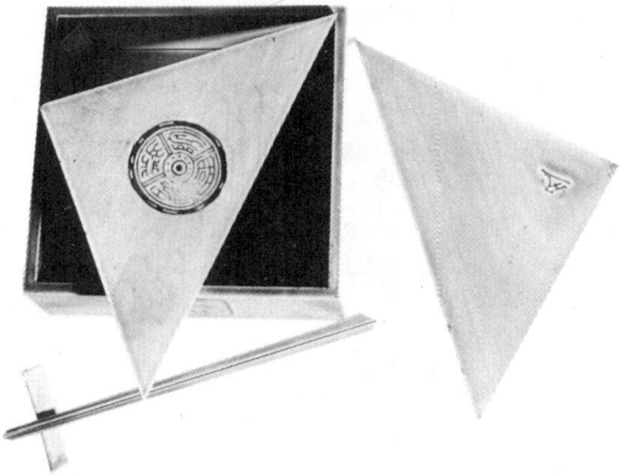

Die Küche der Japaner ist ganz anders als die der anderen Völker Asiens, weil sie so viel Wert auf Einfachheit und Natürlichkeit legt. Sie ist nicht deshalb erwähnenswert, weil ihre Gerichte besonders raffiniert gewürzt oder besonders üppig wären, sondern gerade weil sie größtes Gewicht auf die Hauptzutaten legt und den Gaumen dazu erzieht, diese in möglichst unveränderter, natürlicher Form anzunehmen und zu schätzen.
Für Leute wie mich, aufgewachsen in einer Küchentradition, deren Stolz subtil zusammengestellte Soßen und raffinierte Gewürzkombinationen sind, die den Gaumen quälen und sich jeder Analyse entziehen, ist diese Gewürzarmut japanischer Gerichte zunächst wie ein Schock. Wer immer aber die japanische Küche ohne Vorurteil, neugierig und mit gutem Appetit kennenlernen will, wird bald zu ihrem Anhänger werden, aus welcher kulinarischen Tradition er auch kommen mag.
Ich bedaure, diese Küche erst vor kurzem kennengelernt zu haben – nun bin ich aber wirklich zu ihr bekehrt und der Ansicht, daß japanische Speisen zu den köstlichsten der Welt gehören. Und ich glaubte, ich würde rohen Fisch verabscheuen! Er ist eine der Delikatessen einer Kochkunst, die aus den meisten Speisen Delikatessen zu machen versteht.
Was ist nun das Besondere an der japanischen Küche? Ist es die geschmackvolle Darbietung? Ist es die Sorgfalt, mit der kleine Mengen so kunstvoll arrangiert werden, daß man sich ihres Aussehens, ihres Duftes und Geschmacks bewußt werden muß?
Ich denke, das alles gehört dazu, und nicht zuletzt auch die Einstellung, die der Japaner zu seiner Nahrung hat. Er sieht sie nicht nur als Energielieferanten für den Körper, sondern ebenso auch für die Seele. Deshalb widmet er der richtigen Schale oder Platte, auf der die Speisen angerichtet werden sollen, ebensoviel Aufmerksamkeit wie der Zubereitung dieser Speisen selbst. Er legt den größten Wert darauf, seine Mahlzeit in einer Umgebung zu sich zu nehmen, die ihm eine friedvolle Atmosphäre bei Tisch gewährt. Dazu kann auch eine Nische im Raum beitragen, die er mit einem schlichten Blumenarrangement, einer Schriftrolle oder sonst einem schönen Gegenstand schmückt.

Man legt großen Wert auf Frische und Qualität der Lebensmittel und achtet darauf, Obst und Gemüse jeweils zu ihrer Zeit auf dem Markt zu erstehen. Japanische Hausfrauen kaufen täglich ein, damit sie immer frische Zutaten zur Verfügung haben. Die ersten Früchte und Gemüse der Saison sind immer sehr begehrt, und man ist bereit, stolze Preise für das Privileg zu bezahlen, die ersten frischen Erdbeeren, *matsutake*-Pilze oder andere jahreszeitliche Delikatessen zu kosten.
Wenn man die japanische Küche mit der anderer asiatischer Länder vergleicht, fällt ein weiterer Unterschied auf: die meisten traditionellen japanischen Gerichte werden in oder über Wasser gegart, während andere Küchen meist Öl als Mittel zum Garen verwenden. Das Garen mit Wasser macht die Speisen aber sehr angenehm leicht und delikat. Garen im Dampf bewahrt das Aroma der Nahrungsmittel wie ihren Nährwert. Deshalb sind die Japaner auch ein schlankes, gesundes Volk, Herzkrankheiten wurden für sie nie zum Problem. Allerdings sind dicke Japaner nicht mehr ganz so selten wie früher, seitdem Hamburger, Eiskrem, Käse, Butter und andere westliche Nahrungsmittel populär geworden sind. Die meisten Leute, die japanisches Essen kennengelernt haben, nehmen es nicht nur hin, sondern sind begeisterte Anhänger des japanischen Stils geworden. Ich habe Europäer und Amerikaner an *tempura*-Theken und *sushi*-Bars sitzen und mit Genuß *sushi, tempura, yakitori, sashimi* und andere Delikatessen verspeisen sehen.
*Sashimi* oder *otsukuri*, das berühmte (und oft gefürchtete) Gericht aus verschiedenen Arten von rohem Fisch, wird meist gemieden, ohne es probiert zu haben. Aber den wagemutigen Esser erwartet eine köstliche Überraschung. Er wird nicht von starkem Fischgeschmack abgeschreckt, denn nur die feinsten Stücke ganz frischer Fische werden dazu verwendet. Das ist wirklich ein Essen für den Kenner mit sensibler Zunge. Die Dipsoße aus Soja und *wasabi* (grünem Meerrettich) gibt zusätzliches Aroma, ohne den Geschmack des Fisches zu überdecken. Eine Schale *dashi* mit Seetang ist sicherlich nicht jedermanns Sache, aber als Würzzutat zu Reis, Fleischbrühe und anderen Gerichten ist *dashi* so subtil, daß es kaum wahrzunehmen ist.

Auf der anderen Seite rühmt man geröstetes *nori,* in Japan außerordentlich beliebt, gerade wegen seines kräftigen Geschmacks. *Wakame,* eine in Suppen und anderen gekochten Gerichten viel verwendete Seetang-Zubereitung, riecht und schmeckt unverkennbar nach Meer.

*Tofu,* Sojabohnenquark, kalorienarm und reich an Eiweiß, ist eine Stütze der japanischen Ernährung. Er wird zum Frühstück, Mittag- und Abendessen gegeben. Sein Geschmack ist so zart, daß man ihn für einen weder süßen noch pikanten Eierpudding halten könnte. Wenn man sich an diesen Bohnenquark erst einmal gewöhnt hat, kann er geradezu eine Manie werden. Eine Neuerung ist Instant-*tofu* in Pulverform, der, zusammen mit einem Gerinnungsmittel erhitzt, in kürzester Zeit sehr guten *tofu* ergibt. Außerdem hält sich der auf diese Weise hergestellte Instant-*tofu* eine Woche oder länger im Kühlschrank, während frischer *tofu* nach ein bis zwei Tagen verdirbt.

*Miso* (Bohnenpaste) und *shoyu* (Sojasoße) sind zwei weitere Sojaprodukte, auf die in der japanischen Küche nicht verzichtet werden kann. Japanische Sojasoße ist die meistverwendete Sojasoße, und niemand wird ohne sie auskommen wollen, der einmal erlebt hat, wie vorteilhaft sie alle Speisen verwandelt.

Das beste an den japanischen Speisen ist wohl ihre Leichtverdaulichkeit. Sogar in Öl ausgebackene Gerichte wie *tonkatsu* oder *tempura* sind wegen ihrer Verträglichkeit berühmt. Der Teig, mit dem *tempura* überzogen wird, hat nicht die geringste Ähnlichkeit mit den Ausbackteigen, wie sie Imbißstuben verwenden. *Tempura*-Teig ist federleicht und so dünn, daß er fast durchsichtig ist. Er bildet einen krossen Überzug, die Füllung wird sowohl durch das heiße Öl wie im eigenen Dampf innerhalb der zarten Teighülle gegart. Zum Ausbacken verwendet man reines Pflanzenöl, im allgemeinen ein Gemisch aus verschiedenen Ölen wie Mais- und Olivenöl mit einem Zusatz von Sesamöl, das der Mischung Aroma verleiht. Die Öle werden gerade so heiß gemacht, daß das Backgut leicht verdaulich bleibt und kein Fett aufsaugt.

Obwohl *tempura* so weit bekannt und eines der beliebtesten japanischen Gerichte ist, ist es doch eine relativ junge Errungenschaft der japanischen Küche, denn erst im sechzehnten Jahrhundert brachten es die Portugiesen mit. Da diese als Katholiken an bestimmten Tagen kein Fleisch essen durften, verlangten sie in Teig ausgebackene Shrimps. Die Japaner verfeinerten diese Grundidee, schufen einen Teig von exquisiter Leichtigkeit und machten aus Zubereitung und Auftragen einen Triumph der Planung nach Sekundenbruchteilen. In Japans zahlreichen *tempura*-Restaurants sitzen die Gäste an der Bar, hinter der ein Koch Meerestiere und Gemüse in eiskalten, frisch hergestellten Ausbackteig taucht, sie genau die richtige Spanne Zeit ausbäckt, kurz abtropfen läßt und innerhalb von Sekunden serviert, solange sie am besten schmecken.

*Tonkatsu,* gebratenes Schweineschnitzel, von den Deutschen eingeführt, nennt man die fernöstliche Version des Wiener Schnitzels. In Öl schwimmend ausgebackenes Huhn ist nur ein Beispiel für den chinesischen Einfluß auf die japanische Küche. Trotzdem haben in jedem dieser Beispiele erst die japanischen Köche den Gerichten jene Delikatesse verliehen, die diese Ideen aus dem Ausland ganz in die ästhetische japanische Küche integriert hat. »Ästhetisch« ist genau das richtige Wort, wenn man japanische Speisen zu beschreiben versucht, denn nicht nur Frische und Geschmack gilt die Aufmerksamkeit der Japaner, vor allem besitzen sie einen unnachahmlichen Sinn dafür, wie Essen aussehen, wie es dargeboten werden muß. Und diese Darbietung wandelt ihr Gesicht mit den Jahreszeiten. Es liegt den Japanern nichts daran, mit Früchten außerhalb der Saison Eindruck zu machen, sondern sie verwenden die Nahrungsmittel so, wie die Natur sie liefert. Nur lieben sie es, durch irgendein Motiv den Wechsel der Jahreszeiten zu unterstreichen. So schneiden sie zum Beispiel eine Scheibe Möhre im Frühling wie ein Blütenblatt, im Herbst wie ein Ahornblatt zurecht. Kühle und leichte Sommergerichte serviert man auf grünen Blättern und edlem Porzellan. Der Winter dagegen bringt das dampfendheiße *nabemono*-Essen wie *shabu-shabu* und *sukuyaki,* die am Tisch zubereitet und auf Geschirr angerichtet werden, das zum Essen und zum Winter paßt. Dieses Leben im Bewußtsein der sich wandelnden Jahreszeiten durchdringt Kultur und Denken der Japaner und bestimmt so auch Auswahl und Präsentation der Nahrung. Das japanische Wort dafür ist *kisetsukan,* »Fühlen der Jahreszeiten«.

Für jemanden, der nicht in Japan gelebt hat, ist es einfach unmöglich, sich in dieses »Fühlen« zu vertiefen und es auszudrücken. Aber es ist ohne große Mühe möglich, japanisches Essen zu kochen und zu genießen.

Großen Wert legt man auf das Reiskochen, und wenn es etwas gibt, was die japanische Hausfrau unbedingt können muß, so ist es das perfekte Reiskochen. Heutzutage sind automatische Reiskochtöpfe weit verbreitet, aber jahrhundertelang ist man ohne diese technischen Wunderwerke ausgekommen, und immer war der Reis gut geraten. Man kocht nach der Absorptionsmethode, das Rezept dazu auf S. 457 ist einfach und bringt immer gute Ergebnisse, unterscheidet sich aber ein wenig von den Reiskochmethoden der übrigen Länder Asiens. Reis ist nicht nur Grundnahrungsmittel in Japan, er dient auch als Grundmaterial zu vielen beliebten Gerichten wie *tendon, oyako donburi* und *sushi,* Japans populärer Version unserer belegten Brote (S. 481).

Glücklicherweise hatte ich die denkbar beste Anleitung, als ich mich aufmachte, die japanische Küche kennenzulernen. Meine erste Begegnung mit ihr hatte Mrs. May Leong arrangiert, die in der japanischen Küche bewandert ist und die japanischen Küchenchefs in einem erstklassigen Restaurant kennt.

Dieses mein erstes japanisches Menü war so gut zusammengestellt, daß ich jedes der vielen Gerichte wirklich genoß.

Daheim in Australien half mir Tetsu Kurosawa weiter. Tetsu ist Autodidakt in der Kochkunst und Küchenchef mit einer beachtlichen Schar von Stammgästen in einem von Sydneys renommierten japanischen Restaurants. Als größtes Glück für mich erwies sich die Begegnung mit Mrs. Keiko Terada, einer hervorragenden Köchin nach der echten japanischen Tradition – eine Probe ihrer Kunst sehen Sie in dem *sushi*-Tablett auf S. 478. Auf ihre liebenswürdige Art tut sie alles, um mich in der japanischen Kochkunst zu unterweisen, und da macht es offensichtlich gar nichts aus, daß ihre Kenntnisse des Englischen begrenzt sind und ich überhaupt nicht japanisch spreche, nur die Namen der Zutaten und Gerichte kenne; wir beide haben den allergrößten Spaß an unseren Zusammenkünften. Wenn die eine Seite willens ist zu lernen, und die andere bereit, alles Wissenswerte mitzuteilen, kann auch die Sprachbarriere den Erfolg nicht vereiteln.

Ich habe keineswegs vor, jedermann zu Seetang, zu Reis und rohem Fisch zu bekehren, denn darüber hinaus sind es noch viele andere Dinge, die das typisch Japanische ausmachen. So habe ich für dieses Kapitel einige der besonders guten und wohlschmeckenden Rezepte ausgewählt, die auch westlichem Geschmack zusagen werden.

## Wie man eine japanische Mahlzeit serviert und ißt

Gemessen an japanischen Mahlzeiten wirken chinesische Essen verschwenderisch mit ihren großen, vollgehäuften Schüsseln; in Japan bekommt jeder Tischgast kleine Portionen in eigenen Schälchen serviert. Manchmal wird ihm ein Tablett vorgesetzt, auf dem alle Speisen auf einmal angerichtet sind, jedes Gericht in einer sorgfältig gewählten Schale.

Suppe wird in gedeckten Schüsseln serviert. Japanische Lackschalen mit Deckel halten die Suppen lange heiß, nur muß man vorsichtig mit ihnen umgehen. Man muß die Schale mit den Händen sanft drücken, um den Deckel zu lösen. Versucht man, den Deckel mit Gewalt aufzubekommen, wird man die heiße Suppe verschütten. Mit Eßstäbchen fischt man alle festen Häppchen aus der Suppe, dann hebt man die Schale mit beiden Händen an den Mund. Japaner benützen niemals Löffel, außer für *chawan mushi*, einen in Dampf gegarten würzigen Pudding. Japanische Eßstäbchen sind spitzer als die chinesischen und meistens aus gelacktem Holz. Im allgemeinen bekommt man aber in den Restaurants hölzerne Stäbchen *(waribashi)* in einem versiegelten Tütchen; nach Gebrauch werden sie weggeworfen.

Reis ist natürlich das wichtigste Nahrungsmittel; manchmal ersetzt man ihn allerdings durch Nudeln der verschiedensten Sorten. Eisgekühlte Nudelgerichte sind im Sommer besonders beliebt. Als Instant-Mahlzeit im Paket gibt es Buchweizen-Nudeln mit einer Instant-Soße zum Dippen und einem Tütchen Meerrettich-Pulver *(wasabi)*. Es dauert nur ein paar Minuten, die Nudeln zu kochen, das Soßenkonzentrat mit Wasser anzurühren und den Meerrettich mit ein wenig Wasser zu einer senfähnlichen Paste zu mischen. Als Mrs. Terada mir das zeigte (die Anweisungen auf der Packung sind leider nur japanisch), rührte sie ein paar feingehackte Frühlingszwiebeln in die Soße und gab an das Ganze einige Scheiben *chikuwa* (Fischkuchen), und schon war ein Mittagessen fertig, so köstlich wie einfach.

Zu den Mahlzeiten wird *sake* oder Tee gereicht. Im Sommer trinkt man gern *mugicha,* geeisten »Tee«, der aber nicht aus schwarzen Teeblättern, sondern aus gerösteter, ungeschälter Gerste wie Tee aufgebrüht wird. Das ergibt ein erfrischendes Getränk, an das man sich bald gewöhnt, wenn es einem anfangs auch recht seltsam vorkommt. Auch in Korea ist dieses Getränk sehr beliebt; ich habe es in japanischen und koreanischen Familien vorgesetzt bekommen.

Wenn man im Winter *sake* trinkt, wird die Flasche zuvor in heißem Wasser auf etwa 43°C angewärmt. Man trinkt ihn aus winzigen Tassen, *sakazuki,* kann aber auch Likörgläser nehmen. Im Sommer bietet man ihn eisgekühlt an.

## Küchengeräte

Für die japanische Küche gibt es traditionelle Spezialgeräte, die moderne japanische Hausfrau arbeitet aber lieber mit elektrischen Bratpfannen und automatischen Reiskochtöpfen. Für alle Rezepte in diesem Kapitel reichen schwere Töpfe mit gutschließendem Deckel und die übliche, qualitativ gute Ausrüstung einer westlichen Küche völlig aus. Die einzige Pfanne, die man in unseren Küchen wohl kaum finden wird, ist eine rechteckige Omelettpfanne, in der aufgerollte Omeletts zubereitet werden. Ein rechteckiges Omelett läßt sich natürlich leichter exakt aufrollen als ein rundes, und vielleicht können Sie in einem Asien-Geschäft eine solche Pfanne finden.

Sie brauchen ein scharfes Küchenbeil oder ein wirklich gutes Messer und außerdem alle die Utensilien, die Ihnen sowieso vertraut sind. Für das Kochen bei Tisch gibt es jetzt viele praktische und dekorative Pfannen.

## Ihr japanisches Regal

Die Beschreibungen dieser Zutaten finden Sie im Glossar.

*aburage* (im Tiefkühlfach aufbewahren)
*tofu* (Bohnenquark) als Instant-*tofu*
*beni shoga*
*dashi* (Instant)
*katsuobushi*
*kombu*
*mirin* oder *sake*
*miso*
Nudeln, verschiedene Sorten
*wasabi* (grüner Meerrettich in Pulverform)
*shoyu* (japanische Sojasoße)
Sesamöl
*sansho* (japanischer Pfeffer)

# Gohan
Reis

*Weißer Reis, nach der Absorptionsmethode gekocht, ist das Hauptnahrungsmittel Japans, und zwar verwendet man Kurz- oder Mittelkornsorten. Man vermischt ihn wohl mit Gemüsen, Fisch oder Fleisch zu Kombinationsgerichten, meistens aber wird er als Hauptbestandteil einer Mahlzeit für sich serviert, und Beigerichte werden dazu gereicht. Die moderne japanische Hausfrau verwendet einen Automatik-Reiskocher, der ihr jedesmal zuverlässig perfekt gekochten Reis liefert. Die hier beschriebene traditionelle Methode ist aber ebenso zuverlässig.*

6 Portionen

Zutaten:
625 ml Kurz- oder Mittelkornreis
750 ml Wasser

Den Reis wiederholt in kaltem Wasser waschen, wenigstens 30 Minuten in einem Durchschlag oder Sieb ablaufen lassen. Dann in einen Topf mit schwerem Boden und festsitzendem Deckel geben, das kalte Wasser zugießen und schnell zum Kochen bringen. Zugedeckt bei schwacher Hitze 15 Minuten ziehen lassen, ohne den Deckel zu lüften. Dann den Topf vom Feuer nehmen und den Reis 10 Minuten stehen lassen, ehe man ihn serviert.

# Musubi
Reiskugeln

*In Japan tritt Reis an die Stelle von belegten Broten, Hamburgers und Hot Dogs. Zu Picknicks nimmt man Reiskugeln mit. Manchmal sind sie mit rohem oder geräuchertem Fisch gefüllt, manchmal nur ganz schlicht mit Sesamkernen oder Seetang gewürzt.*

Zutaten:
heißer gekochter Reis
*goma sio* (schwarze Sesamkerne mit Salz) oder *nori*-Pulver (Seetang)
roher oder geräucherter Fisch, nach Belieben

Den Reis kochen. Sobald er soweit abgekühlt ist, daß man ihn anfassen kann, jeweils etwa 125 ml Reis mit angefeuchteten Händen zu festen Kugeln von ungefähr 7,5 cm Durchmesser rollen. Will man sie mit Fisch füllen, so schneidet man diesen in sehr dünne Streifen, stopft einen solchen Streifen in die Mitte der Reiskugel und schließt sie darüber. Die Reiskugeln leicht in *goma sio* oder *nori*-Pulver wälzen.

# Oyako domburi
Domburi für Eltern und Kinder

»Domburi« *bedeutet »irdene Schüssel«, steht aber auch für Gerichte, die in einer solchen Schüssel aufgetragen werden. Meist ist das Reis, bekrönt mit Fleisch, Eiern, Geflügel, Gemüsen oder einer Kombination von all diesen Zutaten.* Oyako domburi *heißt so, weil Huhn und Eier über dem Reis angerichtet werden.*

6 Portionen

Zutaten:
625 ml Kurzkornreis
1 große Hühnerbrust oder Ober- und Unterschenkel
500 ml Hühnerbrühe
3 EL *mirin* oder trockener Sherry
5 EL japanische Sojasoße
6 Eier, 1/4 TL Salz
6 Frühlingszwiebeln, in dünne Ringe geschnitten

Den Reis nach dem *gohan*-Rezept (s. oben) kochen und warmhalten. Das Hühnerfleisch häuten und von den Knochen lösen, dann in kleine Würfel schneiden. Die Hühnerbrühe mit *mirin* und Sojasoße zum Kochen bringen, das Fleisch zugeben, wieder aufkochen lassen, dann zugedeckt 8 Minuten simmern. In der Zwischenzeit die Eier leicht schlagen, salzen. Die Eier und drei Viertel der Frühlingszwiebeln in die simmernde Brühe geben, ohne umzurühren wieder aufkochen lassen, dann die Hitze sehr stark reduzieren. Zugedeckt 3 oder 4 Minuten ziehen lassen, bis die Eier gestockt, aber noch weich sind. Den Reis in eine vorgewärmte irdene Schüssel füllen, mit der heißen Hühnerfleisch- und Eiermischung bedecken. Mit den restlichen Frühlingszwiebelringen garnieren. Sofort auftragen.

# Oboro

Reis mit Huhn und Pilzen

6 Portionen
Zutaten:
625 ml Kurzkornreis
8 getrocknete Pilze *(shiitake)*
4 EL japanische Sojasoße
4 EL *mirin* oder trockener Sherry
2 EL Zucker
375 g ausgelöste Hühnerbrust, in feine Scheiben geschnitten
2 Eier, geschlagen
$^1/_8$ TL Salz
250 ml gekochte grüne Erbsen

Den Reis gründlich waschen und in einem Sieb 30 Minuten abtropfen lassen. Die Pilze mit kochendem Wasser überbrühen, 30 Minuten quellen lassen. Die Stiele abschneiden und wegwerfen, die Hüte zusammen mit 125 ml vom Einweichwasser und je der Hälfte von Sojasoße, *mirin* und Zucker in einem kleinen Topf zum Kochen bringen. Zugedeckt kochen, bis die Flüssigkeit fast ganz verdampft ist. Die Pilze aus dem Topf nehmen und abkühlen lassen. In denselben Topf den Rest von Sojasoße, *mirin* und Zucker und etwa 60 ml Pilzeinweichwasser geben, dazu das Hühnerfleisch. Zum Kochen bringen, dann bei milder Hitze zugedeckt 3 Minuten simmern. Die Kochhitze abschalten, den Topf zugedeckt stehenlassen.

Den Reis mit 750 ml Wasser zum Kochen aufsetzen, dann bei sehr schwacher Hitze zugedeckt 20 Minuten ziehen lassen, ohne den Deckel zu lüften und umzurühren.

Während der Reis kocht, die Eier leicht mit Salz verschlagen. In einer dünn eingefetteten Pfanne 2 oder 3 große, dünne Omeletts backen; darauf achten, daß sie nicht braun werden. Auf einem flachen Teller auskühlen lassen, in schmale Streifen schneiden. Den fertiggekochten Reis in eine große irdene Schüssel mit Deckel *(domburi)* füllen, das Hühnerfleisch darüber verteilen und die Hühnerbrühe darübergießen. Die Pilze in Scheiben schneiden und über das Fleisch geben. Mit Omelettstreifen und grünen Erbsen garnieren und heiß auftragen.

# Kitsune domburi

Reis mit gebratenem Bohnenquark

Kitsune *ist das japanische Wort für Fuchs. Japanische Märchen erzählen, der Fuchs habe eine besondere Vorliebe für gebratenen Bohnenquark, der neben Reis Hauptzutat zu diesem Gericht ist.*

6 Portionen
Zutaten:
1 × gekochter Reis
4 Blatt *aburage* (gebratener Bohnenquark)
625 ml *dashi* (S. 470) oder Hühnerbrühe
125 ml japanische Sojasoße
125 ml *mirin* oder trockener Sherry
1 EL Zucker
6 Frühlingszwiebeln, in dünnen schrägen Scheiben

Während der Reis kocht, *aburage* in einem Sieb mit einem halben Kessel kochendem Wasser überbrühen, damit es nicht mehr so fettig ist. Jedes Blatt der Länge nach halbieren, dann quer in bleistiftdicke Streifen schneiden.

*Dashi*, Sojasoße, *mirin* und Zucker zusammen mit den Bohnenquarkstreifen zum Kochen bringen, dann bei schwacher Hitze 10 Minuten simmern. Die Frühlingszwiebeln zugeben, zugedeckt eine Minute simmern.

Den Reis in eine große oder sechs kleine Portionsschalen füllen, die heiße Suppe darüberschöpfen. Heiß servieren.

# Yakitori domburi

Reis mit gebratenem Huhn

6 Portionen
Zutaten:
1 kleines Brathuhn
125 ml japanische Sojasoße
125 ml *mirin* oder trockener Sherry
2 Knoblauchzehen, zerdrückt
1 TL frischer Ingwer, fein gerieben
750 ml Wasser
625 ml Kurzkornreis
60 ml Pflanzenöl
3 TL Zucker
3 Frühlingszwiebeln, in feine Ringe geschnitten

Das Huhn zerlegen und 30 Minuten in einer Mischung aus Sojasoße, *mirin*, Knoblauch und Ingwer marinieren. Aus Rücken und unteren Flügelgliedern Brühe kochen. Sie brauchen etwa 750 ml Hühnerbrühe.
Den Reis waschen, gut abtropfen lassen und kochen, wie auf S. 457 beschrieben. Die Hühnerteile aus der Marinade nehmen, abtropfen lassen; die Marinade aufbewahren. Das Huhn in heißem Öl goldbraun braten, etwas abkühlen lassen, in mundgerechte Stücke schneiden.
Den heißen Reis in einer großen Schüssel oder in kleinen Portionsschalen anrichten, die Hühnerfleischstückchen darüber verteilen. Die Marinade an die Brühe geben, zusammen mit Zucker zum Kochen bringen, dann sofort die Frühlingszwiebeln einrühren. Über Reis und Huhn gießen. Sofort auftragen.

# Tendon

Tempura domburi

*Auf diese Weise verarbeiten japanische Hausfrauen übriggebliebene* tempura-*Zutaten. Man kann dieses Rezept aber auch mit gebratenem Fisch anstelle von* tempura *zubereiten.*

4 Portionen
Zutaten:
heißer gekochter Reis
12 Stück gebackene *tempura* einschließlich Garnelen oder Fisch
Öl zum Ausbacken
Zutaten zur Soße:
60 ml *mirin* oder trockener Sherry
60 ml japanische Sojasoße
185 ml *dashi*
eine Prise Glutamat, nach Belieben

Während der Reis kocht, Öl heiß werden lassen und die *tempura*-Stücke sehr kurz noch einmal ausbacken. Auf Küchenkrepp ablaufen lassen. Die Soße zubereiten und auf Raumtemperatur abkühlen lassen. Den Reis auf Portionsschälchen verteilen, je mit drei Stück *tempura* belegen. Die Soße dazu reichen, man nimmt davon nach Belieben. Heiß servieren.

Soße:
In einem kleinen Topf *mirin* oder Sherry erhitzen und mit einem Streichholz anzünden. Den Topf vom Feuer nehmen, sanft schütteln, bis die Flamme verlöscht. *Dashi*, Sojasoße und, falls verwendet, Glutamat einrühren. Abkühlen lassen, über den Reis gießen.

# Zaru soba

Kalte Nudeln

4 Portionen
Zutaten:
200 g *soba* (Buchweizen-Nudeln)
1 Blatt *nori* (getrockneter Laver-Seetang)
1 EL frischer Ingwer, fein gerieben
3 Frühlingszwiebeln, in sehr dünne Ringe geschnitten
Zutaten für die Soße zum Dippen:
500 ml *dashi*
125 ml japanische Sojasoße
125 ml *mirin* oder trockener Sherry
Salz oder Zucker, nach Belieben

Einen großen Topf voll Wasser zum Kochen bringen, die Nudeln einlegen. Sobald das Wasser wieder kocht, 250 ml kaltes Wasser zugießen. Wieder zum Kochen kommen lassen und die Nudeln eben garen. Das dauert nicht lange, nur ungefähr 2 Minuten. Deshalb müssen Sie ständig probieren und die Nudeln sofort abgießen, sobald sie weich genug zum Essen sind. Die Nudeln in ein Sieb gießen, mit kaltem Wasser abspülen, bis sie ganz kalt sind. Gut abtropfen lassen.
Das Blatt *nori* über einer Gasflamme oder einer heißen Kochplatte oder unter dem Elektrogrill knusprig toasten. Die Nudeln auf Teller verteilen, *nori* darüber zerkrümeln. Den Ingwer mit den Frühlingszwiebeln mischen, auf jeden Teller eine kleine Portion davon geben. Die Dipsoße in Soßenschälchen gießen. Die Ingwer-Zwiebel-Mischung wird in die Soße gerührt. Man taucht die Nudeln zum Essen in die Soße.
Dipsoße:
Alle Zutaten in einem kleinen Topf zum Kochen bringen. Vom Feuer nehmen, kalt werden lassen. Mit Salz oder Zucker nach Belieben abschmecken.

# Kinome yaki

Gegrillter marinierter Fisch

4 Portionen
Zutaten:
2 große Scheiben Fisch (Thunfisch, Makrele oder sonst ein fetter Fisch)
4 EL japanische Sojasoße
2 EL *mirin* oder trockener Sherry
2 EL *sake*
2 TL frischer Ingwer, fein gerieben
1 EL Zucker
Zum Garnieren:
eingelegter Ingwer oder 2 kleingeschnittene Frühlingszwiebeln oder 1 große Gurke
3 EL weißer Essig
3 EL Zucker
1 TL japanische Sojasoße
1 TL Salz

Fisch waschen, trockentupfen. Jedes Stück vierteln. Sojasoße, *mirin* und *sake* verrühren. Den Ingwer auspressen, den Saft an die Sojamischung geben, die Fasern wegwerfen. Den Zucker in der Mischung auflösen. Den Fisch in diese Marinade legen und 30 Minuten durchziehen lassen.
Den Elektrogrill vorheizen, die Fischstücke in etwa 10 cm Abstand vom Grillstab einschieben, 5 bis 7 Minuten grillen. Während dieser Zeit zwei- bis dreimal mit Marinade bestreichen. Wenden und auf der anderen Seite ebenso grillen. Der Fisch soll mit einer dicken Marinadenglasur überzogen sein.
Garnieren mit eingelegtem Ingwer, Frühlingszwiebelringen oder Gurkenstreifen, die man zuvor in eine Mischung aus Essig, Zucker, Sojasoße und Salz eingelegt hat. Sofort servieren.

# Yosenabe

Gekochte Meerestiere und Gemüse

*Fisch und Gemüse dieses Rezepts kann man durch andere Arten ersetzen.*

6 Portionen
Zutaten:
500 g Snapper- oder Barschfilets
1 Langustenschwanz
250 ml gekochte Cellophan-Nudeln
2 l *dashi* (S. 470) oder Hühnerbrühe
2 junge Möhren, in Scheiben geschnitten
ein kleines Stück *kombu* (s. Glossar), nach Belieben
Sojasoße nach Geschmack
einige junge Spinatblätter
6 frische Champignons, in Scheiben geschnitten
6 Frühlingszwiebeln, in mundgerechte Stücke geschnitten

Die Fischfilets waschen, in 2,5 cm lange Stücke schneiden. Mit einem scharfen Küchenbeil den Langustenschwanz in Scheiben hacken, dann die großen Scheiben halbieren. Die Cellophan-Nudeln abgießen, in kleine Stücke schneiden, zusammen mit *dashi* in einen Topf geben, zum Kochen bringen. Die Hitze reduzieren, 5 Minuten simmern, ehe man Möhren, *kombu* und Sojasoße zugibt. Weitere 2 Minuten simmern, dann Fisch, Languste, Spinat, Pilze und Frühlingszwiebeln zugeben und alles etwa 5 Minuten garen. In Suppenschalen auftragen, kleine Schälchen mit Dipsoße wie für *zaru soba* (S. 459) dazu reichen.

# Sakana no gingami yaki

In Folie gebackene Meerestiere und Gemüse

4 Portionen
Zutaten:
4 feste weiße Fischfilets
1/2 TL Salz
1 EL *sake*
8 große rohe Garnelen oder Shrimps
4 große getrocknete Pilze
12 Ginkgo-Nüsse

Die Fischfilets waschen, trockentupfen, dünn mit Salz bestreuen und mit *sake* beträufeln. 10 Minuten durchziehen lassen. Die Köpfe der Garnelen abschneiden. Mit einem scharfen Messer an der Rückseite der Schale entlang einen Schnitt machen, damit die Ader herausgenommen werden kann, ohne die Garnele schälen zu müssen. Die Pilze 30 Minuten in sehr heißem Wasser quellen lassen, dann die Stiele abschneiden und wegwerfen, die Hüte in feine Scheiben schneiden.
Aus Alufolie etwa 10 cm große Quadrate schneiden, eine Seite dünn mit Öl bestreichen. Auf jedes Folienstück ein Fischfilet, 2 Garnelen, einen Pilz und 3 Ginkgo-Nüsse legen. Die Folie zu einem Päckchen falten und entweder 20 Minuten bei 170 °C in den Backofen geben, oder über Holzkohlenfeuer oder unter dem Elektrogrill garen. Heiß in der Folie servieren.

# Tempura

In Teig ausgebackene Meerestiere und Gemüse

Tempura *ist im Westen wohl das beliebteste japanische Gericht. Gutes* tempura *muß kroß und luftig sein, nur von einem Hauch Teig umhüllt. Nie darf der Teig so dick sein, wie man ihn im allgemeinen in »Fisch und Chips«-Buden bei gebratenem Fisch vorfindet. Ein japanischer Koch verriet mir das Geheimnis der richtigen Zubereitung: Füllung und Ausbackteig müssen sehr kalt sein; der Teig muß frisch angerührt sein und darf nicht zu lange stehen. Am besten serviert man* tempura *direkt aus der Pfanne. Deshalb ist es natürlich besonders vorteilhaft, wenn man am Tisch in einem Elektro-Wok oder einer elektrischen Friteuse ausbacken kann.*

4 Portionen
Zutaten:
12 bis 16 mittelgroße rohe Shrimps oder Scampi
500 g Fischfilet
1 Lotoswurzel (Dose)
1 Dose junge zarte Maiskölbchen
3 Winterbambusschößlinge (Dose)
Ginkgo-Nüsse (Dose)
8 Frühlingszwiebeln
250 g frische Champignons
4 EL geraffelter weißer Rettich
2 EL feingeriebener frischer Ingwer
750 ml Pflanzenöl
125 ml Sesamöl

Ausbackteig:
1 Ei
250 ml eiskaltes Wasser
eine Messerspitze Natron
185 ml ungesiebtes Weizen- oder *tempura*-Mehl

*tempura*-Soße:
3 EL *mirin* oder trockener Sherry
3 EL japanische Sojasoße
250 ml *dashi* (S. 476)
eine Prise Salz
eine Prise Glutamat

Die Shrimps schälen, die Schwänze nicht abschneiden. Die Ader herausziehen. Die Shrimps waschen und auf Küchenkrepp abtropfen lassen. Die Fischfilets in dünne, mundgerechte Scheiben schneiden.
Alle Konservengemüse gründlich abtropfen lassen und auf Küchenkrepp trocknen. Die Lotoswurzel quer in feine Scheiben schneiden, ebenso die Bambusschößlinge. Große Scheiben halbieren. Winterbambusschößlinge sind kleiner und viel zarter als gewöhnliche Bambusschößlinge. Wer sie nicht bekommen kann, muß die großen Sprossen in passende Stücke schneiden.
Je zwei oder drei Ginkgo-Nüsse auf hölzerne Cocktail-Spießchen stecken. Die Frühlingszwiebeln putzen, waschen, in mundgerechte Stücke schneiden. Die Pilze mit feuchtem Küchenkrepp abreiben und je nach Größe halbieren oder vierteln.
Alle diese Zutaten auf einem Tablett hübsch arrangieren, mit Folie abdecken und bis zum Auftragen in den Kühlschrank stellen.
Jedes Gedeck besteht aus einem mit einer Papierserviette belegten Teller, einem Soßenschälchen für die Dipsoße und einem weiteren Schälchen mit 1 EL geriebenem Rettich und 2 TL geriebenem frischem Ingwer.
Die Soße zubereiten und auf die Soßenschälchen verteilen. Nicht früher als zehn Minuten vor dem Essen den Teig anrühren, dazu die Rührschüssel in eine größere Schüssel stellen, den Zwischenraum mit Eis ausfüllen.
Die beiden Ölsorten zusammengießen und auf 190°C erhitzen. Sesamöl verleiht dem Backgut einen besonders köstlichen, charakteristischen Geschmack – sollten Sie es aber nicht bekommen können, lassen Sie es eben weg.
Wenn alle Gäste am Tisch Platz genommen haben, die Fisch- und Gemüsestückchen einzeln in den Teig tauchen und in das heiße Öl gleiten lassen. Nicht mehr als sechs *tempura*-Stückchen auf einmal ausbacken, damit das Öl gleichmäßig heiß bleibt.
Sobald ein Stück goldgelb ist, nach etwa einer Minute, hebt man es mit einen Schaumlöffel aus dem Öl, läßt es kurz auf Küchenkrepp ablaufen und reicht es sofort an die Gäste weiter, die es in Soße tauchen und verzehren, solange es noch kroß und heiß ist. Ingwer und Rettich mischt man nach persönlichem Geschmack in die Soße.

*Tempura*-Teig:
Das Ei in die Schüssel mit Eiswasser geben und schaumig schlagen. Natron und Mehl unterrühren und schlagen, bis das Mehl aufgenommen ist, nicht länger. Der Teig muß dünnflüssig sein, evtl. mit einigen Tropfen Eiswasser verdünnen.

*Tempura*-Soße:
In einem kleinen Topf *mirin* erhitzen, vom Feuer nehmen und anzünden. Den Topf sanft schütteln, bis die Flamme ausgeht. Alle übrigen Zutaten einrühren, schnell zum Kochen bringen. Dann auf Zimmertemperatur abkühlen lassen, abschmecken, evtl. nachwürzen.
Anmerkung: Man kann fertige *tempura*-Soße in Flaschen kaufen.

# Harusame tempura

Ausgebackene Meerestiere

Harusame *sind feine, durchsichtige Nudeln, die japanische Version der Cellophan-Nudeln.*
*Zu der hier beschriebenen Art von* tempura *werden die Zutaten erst in Maisstärke, dann in Eiweiß und schließlich in kleingeschnittene* harusame-*Nudeln getaucht. Beim Ausbacken blähen sich die Nudeln außerordentlich auf und bilden einen krossen Überzug.*
Harusame tempura *eignen sich gut als Vorspeise.*

4 Portionen
Zutaten:
500 g Filets vom Barsch oder anderem Fisch mit festem weißem Fleisch
12 kleine bis mittelgroße rohe Shrimps
1 EL japanische Sojasoße
1 EL *mirin* oder trockener Sherry
$^1/_2$ TL Salz
125 ml Maisstärke
1 oder 2 Eiweiß, schaumig geschlagen
375 ml kleingeschnittene *harusame*-Nudeln
Pflanzenöl zum Ausbacken
*tempura*-Soße (S. 461) oder Salz zum Eintauchen

Die Fischfilets sorgfältig häuten und entgräten, der Länge nach in schmale Streifen, dann quer in mundgerechte Stücke schneiden. Die Shrimps aus der Schale nehmen, die Ader herausziehen, die Schwänze aber nicht abschneiden. Fisch und Shrimps 30 Minuten in *mirin*, Sojasoße und Salz marinieren.
Jedes Fisch- und Shrimpstückchen erst in Maisstärke wälzen, den Überschuß abklopfen, dann in Eiweiß tauchen, zum Schluß in den *harusame*-Nudeln umwenden. Die Nudeln zuvor mit der Küchenschere bündelweise in Stückchen schneiden, die höchstens 12 mm lang sein dürfen.
Öl auf etwa 170 °C erhitzen und immer nur wenige Stückchen auf einmal ausbacken. *Harusame* blähen sich auf, sobald sie in das heiße Öl eintauchen. Wenn sie das nicht tun, ist das Öl nicht heiß genug, und die *harusame* werden nicht krachend knusprig, sondern zäh und ledrig. Etwa eine halbe Minute backen und mit einem Schaumlöffel aus dem Öl heben, ehe sie Farbe annehmen können. Auf Küchenpapier ablaufen lassen. Mit *tempura*-Soße oder Salz zum Dippen servieren.

# Sashimi

Roher Fisch

*In Japan gilt* sashimi *als besondere Delikatesse, und auch die meisten Nichtjapaner, die sich einmal ein Herz faßten und* sashimi *versuchten, haben es meistens sofort akzeptiert. Es schmeckt nämlich keineswegs stark fischig, sondern unbeschreiblich delikat. Man reicht dazu grünen Meerrettich, den man nach eigenem Geschmack mit Sojasoße verrührt. In diese Soße werden die Fischstückchen eingetaucht.*

Zutaten:
Je Person
125 g sehr frischer Thunfisch, Lachs, Barsch oder Makrele
1 EL geriebener weißer Riesenrettich
1 EL geriebene Möhre
1 TL angerührtes *wasabi* (grüner Meerrettich in Pulverform, siehe Glossar)
japanische Sojasoße
*mirin* oder trockener Sherry

Der Fisch für *sashimi* muß absolut frisch sein und am besten am Stück. Im Geschäft gekaufte Fischfilets eignen sich nicht, tiefgefrorener Fisch ist eine Katastrophe. Den Fisch filieren, alle Gräten entfernen und die Haut sorgfältig abtrennen.
Mit einem scharfen Messer die Filets in dünne Scheiben schneiden, den Fisch dabei sowenig wie möglich anfassen. Die Scheiben auf einer Platte anrichten. Thunfisch wird meistens in kleine Würfel geschnitten, kleine Fische und Tintenfisch in dünne Streifen.
Mit geriebenem Rettich *(daikon)* und geriebener Möhre servieren, mit einem Sträußchen Wasserkresse verzieren. Zu jeder Portion ein Kleckschen *wasabi* und ein Soßenschälchen mit japanischer Sojasoße oder einer Mischung von Sojasoße und *mirin* oder trockenem Sherry reichen.

# Saba no sutataki
Makrele in Essigmarinade

4 Portionen
Zutaten:
500 g Makrelenfilets
Salz
125 ml milder weißer Essig
2 EL kaltes Wasser
2 EL Zucker
4 EL geriebener weißer Rettich
4 EL geriebene Möhre
Wasserkresse oder Petersilie

Zutaten zur Dipsoße:
1 TL geriebener frischer Ingwer
3 EL japanische Sojasoße
2 EL milder weißer Essig
1 EL Zucker

Die Makrelenfilets mit reichlich Salz einreiben und mindestens drei Stunden oder über Nacht in den Kühlschrank stellen. Dann alle Gräten entfernen, das Salz abspülen, den Fisch in dünne Scheiben schneiden und 30 Minuten in einer Mischung aus Essig, Wasser und Zucker marinieren.
Auf einzelnen Tellern anrichten, dazu je 1 EL geriebenen Rettich und geriebene Möhre geben, mit Wasserkresse oder Petersilie garnieren. Kleine Soßenschälchen mit einer Dipsoße dazu reichen.

Soße:
Ingwer, Sojasoße, Essig und Zucker verrühren, bis der Zucker aufgelöst ist.

# Tori teriyaki
Gegrilltes mariniertes Huhn

6 Portionen
Zutaten:
1,5 kg Brathuhn
125 ml japanische Sojasoße
125 ml *mirin* oder trockener Sherry
2 EL Zucker
1 Knoblauchzehe,
eine Prise Salz
1½ TL feingeriebener frischer Ingwer
einige Tropfen Sesam- oder Pflanzenöl

Das Huhn zerlegen und dann mit einem Küchenbeil jede Keule und jeden Unterschenkel halbieren. Die Brust der Länge nach in zwei Teile, dann jede Hälfte quer in drei Stücke schneiden. Die Flügel in den Gelenken in drei Teile zerlegen, die Flügelspitzen in den Suppentopf geben oder wegwerfen. Den Rücken ebenfalls quer in vier Stücke schneiden oder für Brühe auskochen.
In einer großen Schüssel Sojasoße, *mirin* und Zucker verrühren. Den Knoblauch mit einer Messerspitze Salz zerreiben und samt Ingwer und Sesamöl ebenfalls in die Schüssel geben. Die Hühnerteile einzeln in dieser Marinade wenden, bis sie ganz damit überzogen sind. Mindestens eine Stunde in der Marinade liegen lassen, dabei zwei- bis dreimal wenden, oder über Nacht marinieren. Den Backofen auf 200 °C vorheizen. Einen großen Bräter mit Öl bestreichen, die Hühnerteile in einer Schicht nebeneinander hineinlegen. 15 Minuten braten, dann jedes Stück mit Hilfe einer Küchenzange wenden, weitere zehn Minuten braten. Den Backofen auf 170 °C herunterschalten, das Fett aus dem Bräter abgießen und etwas Marinade über die Hühnerstücke verteilen. Weitere 20 bis 25 Minuten im Backofen braten, dabei alle 10 Minuten mit Marinade begießen, bis das Fleisch durch, schön glasiert und braun ist. Heiß zu Reis oder kalt als Vorspeise oder Picknick-Verpflegung servieren.

Anmerkung:
Wollen Sie das Hühner-*teriyaki* in einer Pfanne braten, lassen Sie die Hühnerteile gut abtropfen. Die Marinade aufbewahren. Die Hühnerstücke auf Küchenkrepp trockentupfen, die Haut an einigen Stellen mit einer Gabel einstechen.
In einer großen, schweren Pfanne 2 EL Öl heiß werden lassen und die Hühnerteile mit der Hautseite nach unten einlegen. Erst die eine Seite braun braten, dann die andere. Das Öl abgießen, die Hälfte der Marinade in die Pfanne geben, die Brathitze reduzieren. Das Fleisch zugedeckt 15 bis 20 Minuten fast gar schmoren, dann offen noch weitere 5 Minuten braten, bis es schön glasiert und braun und die Marinade stark eingedickt ist.

# Tatsuta age

Ausgebackenes mariniertes Hühnerfleisch

4 Portionen
Zutaten:
500 g ausgelöstes Hühnerfleisch
3 EL japanische Sojasoße
2 EL *sake*
2 TL Zucker
4 EL Maisstärke
Öl zum Ausbacken

Das Hühnerfleisch in mundgerechte Würfel schneiden und mindestens eine Stunde in einer Mischung aus Sojasoße, *sake* und Zucker marinieren. Abtropfen lassen, in Maisstärke wälzen und 10 Minuten stehen lassen.
Öl in einer Friteuse auf 170 °C erhitzen, das Hühnerfleisch in kleinen Partien etwa 2 bis 3 Minuten goldbraun und knusprig ausbacken. Auf Küchenkrepp abtropfen lassen und heiß servieren.

# Goma yaki

Gebratenes Hühnerfleisch mit Sesamkernen

4 Portionen
Zutaten:
1 EL weiße Sesamkerne
2 mittelgroße Hühnerbrüste
4 EL *sake*
1 TL Salz
1 TL japanische Sojasoße
1 EL Sesamöl
4 knackig frische Salatblätter

Die Sesamkerne in einer trockenen Pfanne bei Mittelhitze unter ständigem Rühren rösten, bis sie goldgelb sind. Zum Auskühlen auf einen Teller geben.
Das Hühnerbrustfleisch von den Knochen lösen, jede Brust der Länge nach halbieren. Die Haut einige Male mit einer Gabel einstechen. *Sake,* Salz und Sojasoße verrühren, das Fleisch von beiden Seiten in diese Marinade tauchen, 30 Minuten durchziehen lassen.
In einer Pfanne Öl heiß werden lassen, das Fleisch von beiden Seiten schön braun braten. Die Hitze reduzieren und das Fleisch weitere 4 bis 5 Minuten garen. Jedes Stück in Scheiben schneiden und wieder zur ursprünglichen Form zusammensetzen. Mit Sesamkernen bestreuen, je eine halbe Brust auf einem Salatblatt anrichten.

# Dashimaki tamago

Aufgerolltes Omelett

*Japanische Omelettpfannen sind rechteckig. Viereckige Omeletts lassen sich natürlich besser exakt aufrollen, aber auch mit runden Omeletts gelingt dieses Gericht.*

4 Portionen
Zutaten:
5 Eier
2 TL Zucker
1/4 TL Salz
125 ml *dashi*
2 TL japanische Sojasoße
Pflanzenöl zum Backen
Petersilie zum Garnieren

Die Eier miteinander verschlagen. Zucker und Salz in *dashi* auflösen, mit Sojasoße verrühren, unter die geschlagenen Eier mischen.
Eine Omelettpfanne erhitzen, mit einigen Tropfen Öl einfetten. Ein Drittel der Eiermischung eingießen. Die Pfanne nach allen Seiten kippen, damit sich der Teig gleichmäßig verteilen kann. Bei schwacher Hitze stocken lassen (das Omelett darf nicht bräunen). Nun rollen Sie das Omelett von sich weg auf. Fetten Sie den nun freien Teil der Pfanne frisch ein, lassen Sie das Omelett zu sich gleiten und fetten Sie den anderen Teil der Pfanne. Die Hälfte der restlichen Eiermischung eingießen, die Rolle anheben, damit sich der Teig über den ganzen Pfannenboden verteilen kann. Wie zuvor stocken lassen, aufrollen. Dabei dieses Mal das erste Omelett in das zweite einrollen. Die ganze Prozedur mit dem restlichen Eierteig wiederholen.
Die dreifache Omelettrolle auf eine Bambusmatte *(sudare)* oder ein sauberes Tuch legen und fest in die Matte einrollen. Zehn Minuten stehenlassen, dann die Matte wegnehmen und die Eierrolle in dicke Scheiben schneiden. Mit Petersilie garnieren.

# Torimaki
Hühneromelett

2 Portionen
Zutaten:
3 Eier
2 EL *dashi*
½ TL Salz
1 TL Sojasoße
Pflanzenöl zum Backen

Zutaten zur Füllung:
125 ml feingehacktes gekochtes Hühnerfleisch
2 TL japanische Sojasoße
2 TL *mirin* oder trockener Sherry
1 TL Zucker
1 TL feingeriebener frischer Ingwer

Die Eier verschlagen, mit *dashi*, Salz und Sojasoße verrühren. Eine Omelettpfanne erhitzen, mit einigen Tropfen Öl dünn einfetten, den Eierteig hineingießen und backen, bis er auf der Unterseite gestockt, oben aber noch flüssig ist.
Die Hühnerfleischfarce in einer Linie quer über das Omelett geben. Rollen Sie das Omelett von sich weg fest zusammen, legen Sie es auf einen Teller. Halbieren und sofort auftragen.
Man kann das Omelett auch in eine Bambusmatte *(sudare)* einrollen und stehenlassen, bis es kalt und fest ist. Dann die Matte entfernen. Das Omelett in Scheiben schneiden und als Vorspeise servieren.

Füllung:
Das Hühnerfleisch mit Sojasoße, *mirin*, Zucker und aus dem geriebenen Ingwer ausgepreßtem Saft würzen.

# Chawan mushi
Eierpudding mit Meerestieren

*Dieser würzige Eierpudding wird in Japan als Suppe gegessen und eignet sich hervorragend als leichtes Lunch- oder Abendgericht. Wenn Sie nur eine einzige Portion davon machen wollen, schlagen Sie das Ei am besten gleich in der Tasse, in der es gekocht werden soll (japanische Köche nehmen dazu Stäbchen), füllen die Tasse zu drei Vierteln mit Fleischbrühe auf und würzen mit Salz, Sojasoße und* sake *nach Geschmack. Die übrigen Zutaten richten sich nach dem, was Sie gerade im Hause haben – eine ideale Gelegenheit, ein paar übriggebliebene Shrimps oder Austern zu verwerten.*

4 Portionen
Zutaten:
4 getrocknete Pilze
2 EL japanische Sojasoße
1 EL Zucker
4 kleine Shrimps oder 8 Scheiben *kamaboko* (Fischkuchen, aus der Dose)
4 frische Austern oder 4 kleine Scheiben frischer Thunfisch

Zutaten zum Pudding:
4 Eier
625 ml *dashi*
1½ TL Salz
1 EL japanische Sojasoße
2 EL *sake, mirin* oder trockener Sherry

Die Pilze 30 Minuten in heißem Wasser quellen lassen, die Stiele abschneiden und wegwerfen, die Hüte in einem kleinen Topf 8 bis 10 Minuten mit 1 EL Sojasoße und dem Zucker simmern. Die Shrimps schälen und ausnehmen. Wird Thunfisch verwendet, muß er in der restlichen Sojasoße einige Minuten marinieren. In jede *chawan mushi*-Tasse einen Pilz legen, einen Shrimp oder zwei Scheiben *kamaboko* und eine Auster oder eine Scheibe Thunfisch. Die Tassen mit der Eiermischung auffüllen und in einen Topf stellen. Heißes Wasser bis zur halben Höhe der Tassen einfüllen. Wer keine *chawan mushi*-Tassen mit Deckel hat, deckt jede Tasse mit Alufolie ab, die um den Rand herum fest angedrückt werden muß. Den Topf mit einem gefalteten Küchentuch zudecken, den Deckel darüberlegen. Das Wasser zum Kochen bringen, dann bei schwacher Hitze etwa 15 Minuten simmern, bis die Eimasse gestockt ist.
Heiß servieren. Nur im Sommer reicht man diese Suppe manchmal kalt. Es ist die einzige Suppe, die der Japaner mit dem Löffel ißt.
Man kann *chawan mushi* auch in einem mäßig heißen Backofen zubereiten. Dazu stellt man die Tassen in einen Bräter mit Wasser, das bis zur halben Höhe der Tassen reicht. Genausogut geht es auch in einer elektrischen Bratpfanne mit Deckel, wobei die Tassen wieder in Wasser stehen müssen.
Anmerkung: Man kann die Meerestiere durch fein aufgeschnittene Hühnerbrust ersetzen. Man braucht für dieses Rezept eine kleine oder eine halbe große Hühnerbrust, gehäutet und entbeint.

Pudding:
Die Eier schlagen, dann mit allen übrigen Zutaten mischen. Auf die Tassen verteilen, sorgfältig alle Blasen von der Oberfläche abnehmen.

# Kuya mushi

Gedämpfter Eierpudding mit tofu

4 Portionen
Zutaten:
250 g Bohnenquark *(tofu)*
250 g Wasserkresse oder junge Spinatblätter
8 kleine Champignons

Zutaten zum Pudding:
4 Eier
625 ml *dashi* oder Hühnerbrühe
$1^1/_2$ TL Salz
1 EL japanische Sojasoße
2 EL *sake, mirin* oder trockener Sherry

*Tofu* zehn Minuten auf Küchenkrepp legen, der alle Feuchtigkeit aufsaugt, dann auf frischem trockenem Küchenkrepp wälzen. In acht gleich große Würfel schneiden, zwei in jede Pudding-Tasse legen.
Wasserkresse oder Spinat sehr gründlich waschen, alle zähen Stiele wegwerfen. In etwa 5 cm lange Stücke schneiden, eine Minute in leicht gesalzenem kochendem Wasser blanchieren, dann auf Küchenkrepp trocknen lassen. Zu vier ordentlichen Portionen zusammendrücken.
Die Pilze mit feuchtem Küchenpapier abreiben, in Scheiben schneiden. Auch die Pilze auf die Tassen verteilen.
Die Puddingmasse durch ein Sieb in die Tassen gießen, abschäumen. Die Tassen mit Deckeln oder Folie abdecken und im Wasserbad kochen, wie für *chawan mushi* beschrieben. Nach zehn Minuten in jede Tasse eine Portion Spinat oder Wasserkresse geben und unter die Puddingoberfläche drücken. Die Deckel wieder auflegen und weiterkochen, bis der Pudding fest ist. Heiß servieren.

Pudding:
Die Eier leicht verschlagen, bis sich Dotter und Eiweiß eben vermischt haben. Die Brühe, Salz, Sojasoße und *sake* untermischen.

# Sukiyaki

Rindfleisch und Gemüse

Zutaten:
1 kg zartes Rindfleisch am Stück
12 Frühlingszwiebeln
1 kleine Dose Bambusschößlinge
500 g frische Champignons
2 mittelgroße Zwiebeln
250 g frische Bohnensprossen
1 kleiner Chinakohl
1 Paket *shirataki* oder 60 g Cellophan-Nudeln
6 Würfel Bohnenquark *(tofu)*, nach Belieben
ein Stückchen Rindertalg
japanische Sojasoße
Zucker
*sake*
Rindfleischbrühe
6 Eier, nach Belieben

Für dieses Gericht gut durchwachsenes Rindfleisch auswählen. Das Fleisch etwa eine Stunde lang anfrieren, bis es so fest ist, daß man es in hauchdünne Scheiben schneiden kann. Die Frühlingszwiebeln waschen und putzen, in mundgerechte Stücke schneiden, dazu weiße und grüne Teile verwenden. Die Bambusschößlinge ablaufen lassen, in dünne Scheiben schneiden. Die Pilze abreiben, je nach Größe halbieren oder vierteln. Die Zwiebeln schälen und achteln. Die Bohnensprossen waschen, die braunen »Schwänze« entfernen. Den Chinakohl waschen und in mundgerechte Stücke schneiden, zähe Blätter zuvor abtrennen.
Die Nudeln zehn Minuten kochen, abgießen und kleinschneiden. Eine schwere Pfanne erhitzen, mit Rindertalg gut einfetten. Jeweils die Hälfte von allen Gemüsen in die Pfanne geben, bei starker Hitze etwa ein bis zwei Minuten braten, bis sie etwas weich sind. An die Seite schieben, die Scheibchen Fleisch nebeneinander in einer Schicht in die Pfanne legen, erst auf der einen, dann auf der anderen Seite braten. Das geht ganz schnell, weil das Fleisch so dünn geschnitten ist. Mit Sojasoße, Zucker und *sake* nach Geschmack würzen, etwas Brühe zugießen, um Fleisch und Gemüse ein wenig anzufeuchten. Nudeln und evtl. *tofu* unterheben und heiß werden lassen.
Sofort auftragen. Man bedient sich am Tisch aus der Pfanne. Nach der Tradition schlägt jeder ein Ei in seiner Schale auf, verschlägt es leicht mit den Eßstäbchen und taucht das heiße Essen ein, ehe er es zum Munde führt. Oft wird das Ei aber weggelassen. *Sukiyaki* zu heißem weißem Reis servieren.
Wenn die erste Portion aufgegessen ist, kommt die nächste in die Pfanne. Wieder mit Brühe, *sake,* Sojasoße und Zucker simmern, wie oben beschrieben.
Anmerkung: Eine Japanerin kochte für mich und weitere Gäste *sukiyaki* in einer Elektropfanne direkt auf dem Tisch. Nach ihrer Meinung eignet sich eine solche Pfanne ideal dazu, die Größe sei richtig und die Kochhitze lasse sich leicht regulieren.

# Gyuniku teriyaki

Gegrilltes mariniertes Rindfleisch

6 Portionen
Zutaten:
6 Scheiben Filetsteak
1 kleine Knoblauchzehe
1/2 TL Zucker
1/2 TL frischer Ingwer, fein gerieben
6 EL japanische Sojasoße
6 EL *mirin* oder trockener Sherry
2 EL Öl
2 TL Zucker
4 EL Wasser oder *dashi*
1 TL Maisstärke
kaltes Wasser

Das Rinderfilet von allem Fett befreien. Den Knoblauch mit Zucker zerdrücken, mit Ingwer, Sojasoße und *mirin* vermengen. Jede Scheibe Fleisch von beiden Seiten in diese Marinade tauchen, 30 Minuten einziehen lassen.
Eine Grillpfanne heiß werden lassen, mit Öl einpinseln und die Steaks auf jeder Seite eine Minute braun braten. Dann bei schwacher Hitze fertig garen.
Die übriggebliebene Marinade samt Zucker und *dashi* oder Wasser in einem kleinen Topf zum Kochen bringen, dann die mit sehr wenig kaltem Wasser glattgerührte Maisstärke hineingeben. Unter Rühren aufkochen und klar werden lassen. Mit dieser Soße die Steaks überziehen, sofort servieren.
Damit man sie mit Stäbchen essen kann, schneidet man die Steaks in Scheiben und setzt sie dann wieder zusammen.

# Teppan yaki

Rindfleisch mit Meerestieren

4 Portionen
Zutaten:
500 g Filet oder anderes zartes Rindfleisch
1 kleine Knoblauchzehe
1 TL Zucker
1/2 TL frischer Ingwer, fein gerieben
3 EL japanische Sojasoße
8 große Shrimps oder Scampi
1 Dutzend frische Austern
1 große grüne Paprikaschote
1 kleine Aubergine
Pflanzenöl zum Braten

Zutaten zur Soße:
125 ml japanische Sojasoße
60 ml *mirin* oder trockener Sherry
3 TL Zucker
1 TL frischer Ingwer, fein gerieben

Das Rindfleisch in hauchdünne Scheiben schneiden. Den Knoblauch mit Zucker zerdrücken, mit Ingwer und Sojasoße mischen. Das Fleisch 30 Minuten in dieser Marinade durchziehen lassen. Die Shrimps schälen und ausnehmen. Die Austern abgießen. Die Paprikaschote in Streifen schneiden, die Kerne und die weiße Membran in der Mitte herauslösen und wegwerfen. Die Aubergine in dünne runde Scheiben schneiden.
Eine große Pfanne erhitzen, dünn mit Öl bestreichen. Zuerst Aubergine und Paprika hineinlegen, die zum Garen länger brauchen. Dann Fleisch, Shrimps und Austern dazugeben. Nur eben garen, nicht zu lange braten.
In Soße tauchen und zu heißem weißem Reis essen.

Soße:
Sojasoße, *mirin*, Zucker und Ingwer verrühren; der Zucker muß sich auflösen. Auf einzelne Soßenschälchen verteilen.

# Gyuniku no kushiyaki

Rindfleisch und Zwiebeln auf Spießchen

4 bis 6 Portionen
Zutaten:
500 g Filet oder Rumpsteak
6 Frühlingszwiebeln
4 EL japanische Sojasoße
2 EL *mirin* oder trockener Sherry
1 TL Zucker
4 EL Weizenmehl
1 Ei, gut verschlagen
375 ml Semmelbrösel
Öl zum Ausbacken

Das Fleisch parieren, in mundgerechte Stücke schneiden. Die Frühlingszwiebeln in Stücke schneiden, die ein klein wenig länger sind als die Fleischwürfel. Fleisch und Zwiebelstücke abwechselnd auf eingeölte Bambusspießchen stecken, jeweils drei oder vier Stück. Die Spießchen mindestens 30 Minuten, am besten aber länger, in eine Marinade aus Sojasoße, *mirin* und Zucker legen. Während dieser Zeit die Spießchen ein paarmal wenden.
Abtropfen lassen, leicht mit Mehl bestäuben, den Überschuß abklopfen. Erst in geschlagenem Ei, dann in Semmelbröseln wälzen. Das Öl auf 170 °C erhitzen, immer nur ein paar Fleischspießchen auf einmal einlegen und von allen Seiten goldbraun ausbacken. Auf Küchenkrepp abtropfen lassen und sofort zu heißem weißem Reis servieren.

# Shabu-shabu
Gekochtes Rindfleisch mit Gemüsen

Shabu-shabu *ist die japanische Version des mongolischen »Feuertopfes« oder des »Dampfbootes« in Singapur.*
*Die Gäste bereiten sich am Tisch ihr Essen selbst zu, tauchen Fleisch- und Gemüsestückchen mit Hilfe ihrer Eßstäbchen in kochende Fleischbrühe. Der Name* shabu-shabu *ahmt das sanft zischende Geräusch nach, mit dem die Häppchen kochen.*

6 bis 8 Portionen
Zutaten:
1 kg Filetsteak
1 kleiner Chinakohl
12 Frühlingszwiebeln
2 zarte junge Möhren
500 g Champignons
2 bis $2^1/_2$ l Hühnerbrühe

Zutaten zur Sesamsoße:
4 EL Sesamkerne
2 EL milder weißer Essig
185 ml japanische Sojasoße
3 EL feingehackte Frühlingszwiebeln
2 TL feingeriebener frischer Ingwer

Das Filet in hauchdünne Scheiben schneiden. Das geht sehr leicht, wenn man das Fleisch zuvor anfriert, in Scheiben schneidet und diese im Kühlschrank auftauen läßt.
Den Kohl in mundgerechte Stücke schneiden, ebenso die Frühlingszwiebeln. Die Möhren in runde Scheiben schneiden, ankochen und abgießen. Die Pilze mit feuchtem Küchenkrepp abreiben, die Enden der Stiele abschneiden. Die Pilze halbieren, soweit sie nicht sehr klein sind. Alle diese Zutaten auf einer Platte anrichten, mit Folie abdecken und in den Kühlschrank stellen.
Zur Tischzeit Hühnerbrühe in den *shabu-shabu*-Topf gießen, den Deckel auflegen, den Kamin mit Kohlenglut füllen. Man kann ersatzweise auch eine Elektropfanne verwenden, die sich zum Kochen bei Tisch eignet. Die Pfanne aufheizen und mitten auf den Tisch stellen, wo jeder sie bequem erreichen kann. Darauf achten, daß die Fleischbrühe ständig simmert, bei Bedarf nachgießen. Jeden Platz mit einer Schale, Eßstäbchen und einem Soßenschälchen decken. Eine große Schüssel mit heißem weißem Reis wird auf den Tisch gestellt, aus der sich jeder bedienen kann.
Die Zutaten taucht man mit Hilfe der Stäbchen in die kochende Brühe, bis sie eben gar sind, legt sie dann in die eigene Schale, taucht sie in Soße und ißt sie zu Reis. Man muß darauf achten, die Zutaten nicht zu lange zu kochen. Das Fleisch soll blaßrosa sein, die Gemüse zwar gar, aber noch knackig.
Wenn Fleisch und Gemüse aufgegessen sind, wird die Brühe als Suppe serviert. Man führt die Schalen am besten nach japanischer Sitte zum Mund, statt einen Löffel zu benützen.

Sesamsoße:
In einer trockenen Pfanne bei mäßiger Hitze die Sesamkerne hellbraun rösten, dabei ständig umrühren oder die Pfanne schütteln. Das dauert etwa fünf Minuten. Zum Auskühlen auf einen Teller geben, dann im Mörser zerstoßen, mit den übrigen Zutaten verrühren. Oder alle Zutaten im Elektromixer auf hoher Schaltstufe kurz mischen.

# Tonkatsu
Schweinekotelett

»Ton« *heißt Schweinefleisch,* »katsu« *ist das japanische Wort für Kotelett. Es handelt sich hier nicht um ein überliefertes japanisches Gericht, aber um eines, das in den letzten Jahren ungeheuer beliebt geworden ist. Man sagt, die Deutschen hätten es in Japan eingeführt.*

4 Portionen
Zutaten:
4 Schweinekoteletts oder Schweineschnitzel
4 EL japanische Sojasoße
4 EL *mirin* oder trockener Sherry
1 Knoblauchzehe, zerdrückt
eine Prise *sansho* (japanischer Pfeffer) oder gemahlener schwarzer Pfeffer
1 Ei, geschlagen
1 EL feingehackte Frühlingszwiebel
250 ml weiche Weißbrotkrümel
Öl zum Braten
feine Streifchen eingelegter Ingwer *(shoga)*

Das Schweinefleisch 30 Minuten in eine Marinade aus Sojasoße, *mirin,* Knoblauch und Pfeffer legen. Zuerst in Ei, dann in den Weißbrotkrümeln wenden; die Panade fest andrücken. Eine Stunde oder länger kühl stellen.
In einer großen, schweren Pfanne Öl erhitzen, die panierten Koteletts auf beiden Seiten bei Mittelhitze goldbraun braten. Auf Küchenkrepp abtropfen lassen, in dünne Streifen schneiden und diese dann wieder zur ursprünglichen Form zusammensetzen.
Auf weißem Reis anrichten, mit eingelegtem Ingwer garnieren. Man kann dazu auch eine Dipsoße im *tempura*-Stil reichen.

# Sunomono
marinierte Salatgurke

4 Portionen
Zutaten:
1 Salatgurke
3 EL milder weißer Essig
1 EL Wasser
2 TL Zucker
$^1/_2$ TL Salz
$^1/_2$ TL feingeriebener frischer Ingwer

Die Gurke schälen, der Länge nach halbieren, die Kerne herausschaben. Quer in dünne Scheiben schneiden. Alle übrigen Zutaten miteinander verrühren, die Gurkenscheiben darin mindestens eine Stunde lang marinieren. Kleine Portionen davon als Salatbeilage oder Würze reichen.

# Awabi goma zu
Abalone in Essig und Sesam

*In feine Scheiben geschnittene Abalone mit Gurke in einem Dressing aus Sesam und Essig kann als Salatbeilage oder als Vorspeise serviert werden.*

6 bis 8 Portionen
Zutaten:
1 Dose japanische Abalone
1 Salatgurke
Salz

Dressing:
2 EL Sesamkerne
1 EL Zucker
6 EL milder weißer Essig
2 EL Wasser

Die Abalone abtropfen lassen und in papierdünne Scheiben schneiden. Die Gurke schälen, der Länge nach halbieren, die Kerne herausschaben. Die Gurke quer in dünne Scheiben schneiden, in eine Schüssel legen, mit etwa $^1/_2$ TL Salz bestreuen, 20 Minuten stehenlassen. Den ausgetretenen Saft abgießen. Die Gurkenscheiben kurz mit kaltem Wasser abspülen, gut abtropfen lassen. Abalone und Gurke mischen, das Dressing darübergießen, kalt stellen. Abschmecken, evtl. nachsalzen. Man serviert davon ganz kleine Portionen als Würzzutat in den kleinen, tiefen Schälchen, die für solche mit Essig angemachten Gerichte bestimmt sind.

Dressing:
Die Sesamkerne einige Minuten in einer trockenen Pfanne bei Mittelhitze goldgelb rösten, dabei ständig rühren. Zum Auskühlen auf einen Teller geben, dann im Mörser oder Elektromixer grob zermahlen. Zucker, Essig und Wasser mischen, die Sesamkerne einrühren.

# Hijiki nituke
Gebratener Seetang mit Gemüse

*Bevor Sie grundsätzlich nein sagen, sollten Sie mit diesem einfachen vegetarischen Gericht die Probe aufs Exempel machen, ob Sie nicht vielleicht doch Seetang mögen. Machen Sie sich auf eine Überraschung gefaßt. Die Kombination wird Ihnen zusagen, sie ist von zartem Geschmack. Den gebratenen Bohnenquark können Sie auch weglassen.*
4 Portionen
Zutaten:
125 ml getrockneter Seetang *(hijiki)*
2 Blatt *aburage* (gebratener Bohnenquark), nach Belieben
2 mittelgroße Möhren
2 mittelgroße Zwiebeln
1 EL Pflanzenöl
2 TL Sesamöl
2 EL japanische Sojasoße
4 EL *dashi*
1 EL Zucker

Den Seetang waschen und in kaltem Wasser 30 Minuten einweichen. Abgießen. Den gebratenen Bohnenquark in einem Sieb mit kochendem Wasser überbrühen, um etwas von dem Öl zu entfernen, dann in feine Streifen schneiden. Die Möhren in streichholzdünne Streifen, die Zwiebeln in sehr feine Ringe schneiden.
Pflanzenöl und Sesamöl in einer Pfanne erhitzen, Seetang, Bohnenquark, Möhren und Zwiebeln einige Minuten braten. Sojasoße, *dashi* und Zucker zugeben, zugedeckt etwa 5 Minuten simmern, bis Tang und Gemüse zwar weich, aber noch nicht musig sind. Zu weißem Reis servieren.

# Namasu
Salat aus Rettich und Kohl

6 Portionen
Zutaten:
1 weißer Riesenrettich *(daikon)*
1/4 Kopf fester Weißkohl
1 junge Möhre
*kimizu*-Dressing (siehe unten)

Den Rettich schälen, in sehr dünne Streifen schneiden. Den Kohl fein schneiden, Blattrippen und zähe Stiele wegwerfen. Die Möhre schrappen, in sehr feine Streifen schneiden.
Diese Zutaten etwa eine Stunde in Eiswasser legen, bis sie kroß sind. Gut abtropfen lassen, mit dem Dressing übergießen und servieren.

# Kimizu
Salatdressing

Ergibt etwa 300 ml Dressing
Zutaten:
3 Eigelb
1/4 TL Salz
1 EL Zucker
3 EL weißer Essig
185 ml Wasser
1 EL Maisstärke
1 TL angerührtes *wasabi* (siehe Glossar) oder Senf

Alle Zutaten im Elektromixer etwa eine halbe Minute pürieren. In einen kleinen Topf gießen, bei sehr schwacher Hitze unter ständigem Rühren mit einem Holzlöffel erhitzen, bis die Mischung andickt und am Löffelrücken hängenbleibt. Nicht zum Kochen kommen lassen, sonst gerinnt sie. Stetig rühren, bis sie fast abgekühlt ist. Kühl stellen.
Als Salatdressing zu kleingeschnittenen rohen oder kurzgegarten Gemüsen servieren.

# Dashi
Einfache Brühe

Dashi *gehört zu den Grundzutaten der japanischen Küche und ist schnell und einfach herzustellen. Man kann es im Kühlschrank zwei Tage lang aufbewahren. Noch einfacher geht es mit Instant-*dashi, *das in Packungen zu haben ist. Es gehört zum Grundvorrat für die japanische Küche.*
Zutaten:
1 1/2 l Wasser
ein 5-cm-Würfel *kombu* (getrockneter Seetang)
3 EL *katsuobushi* (getrockneter, zerpflückter Bonito)

Das Wasser zum Kochen bringen. Den getrockneten Tang unter fließendem kalten Wasser waschen und in das kochende Wasser geben. Unter Rühren drei Minuten kochen, dann herausnehmen. Den zerpflückten Bonito zugeben. Zum Kochen kommen lassen und dann augenblicklich vom Feuer nehmen. Einige Minuten stehenlassen, damit sich die Fischflocken absetzen können, dann abseihen und nach Bedarf verwenden.

Hühnerbrühe

*Wenn Sie lieber eine Brühe mit einem anderen Geschmack verwenden oder die Zutaten zu* dashi *nicht bekommen können, ist die Hühnerbrühe nach japanischer Art zu empfehlen.*

Zutaten:
ein halbes Huhn und die Knochen der anderen Hälfte
3 oder 4 große Scheiben frische Ingwerwurzel
1 1/2 TL Salz
2 l Wasser
2 Frühlingszwiebeln

Huhn, Knochen und die übrigen Zutaten in einem großen Topf zum Kochen aufsetzen. Dann die Hitze reduzieren, zugedeckt etwa eine Stunde simmern. Abschäumen. Lauwarm werden lassen, durch ein Tuch abseihen und in den Kühlschrank stellen, damit das Fett an der Oberfläche erstarrt und abgenommen werden kann. Die Brühe soll ganz klar sein.

# Sakana ushiojiru

Fischbrühe

4 Portionen
Zutaten:
500 g Gräten, Köpfe und sonstige Abfälle von delikaten Fischen
1 1/2 l Wasser
2 Scheiben frische Ingwerwurzel
1 Frühlingszwiebel, in vier Teile geschnitten
1 EL japanische Sojasoße
1 EL *sake*
Salz nach Geschmack
3 EL in feine Ringe geschnittene Frühlingszwiebeln
4 Scheiben roher Fisch, nach Belieben

Die Fischabfälle mit Wasser, Ingwer und der zerschnittenen Frühlingszwiebel zum Kochen aufsetzen, dann bei schwacher Hitze simmern; abschäumen. 10 bis 15 Minuten kochen, dann etwas abkühlen lassen, durch ein Sieb in einen sauberen Topf gießen, Sojasoße, *sake* und Salz einrühren.
Kurz vor dem Auftragen die Suppe noch einmal zum Kochen bringen, die Zwiebelringe einrühren. Sofort vom Feuer nehmen und servieren. Wer das mag, kann eine Scheibe rohen Fisch in seine Suppenschale legen und die Suppe darüberschöpfen.

# Miso shiru

Suppe aus Bohnenpaste

4 Portionen
Zutaten:
1250 ml *dashi*
2 EL *aka miso* (rote Bohnenpaste)
4 Würfel *tofu* (Bohnenquark)
2 Frühlingszwiebeln, in schräge Scheiben geschnitten
2 Champignons, in Scheiben geschnitten

*Dashi* zum Kochen bringen, dann die Bohnenpaste in einer kleinen Schüssel mit etwas von der heißen Brühe glattrühren. Diese Mischung in den Suppentopf gießen, gut durchrühren. Bohnenquark und Frühlingszwiebeln zugeben, wieder zum Kochen kommen lassen. Nur ein paar Sekunden simmern lassen. In Suppenschalen schöpfen, mit ein oder zwei Pilzscheiben garnieren und heiß servieren.

# Sumashi wan

Suppe mit Garnelen und Bohnenquark

6 Portionen
Zutaten:
1 kleine Möhre
1 1/2 l *dashi*
6 mittelgroße Shrimps oder Scampi
6 Würfel *tofu* (Bohnenquark)
ein Sträußchen Wasserkresse zum Garnieren

Die Möhre schälen, beide Enden abschneiden, um ein gleichmäßig dickes Stück zu bekommen. Nun mit einem scharfen Hackmesser in regelmäßigen Abständen der Länge nach V-förmige Streifen herauslösen. Wenn man die Möhre nun in dünne Scheiben schneidet, sehen diese wie Blumen aus. Eine Minute in kochendes Wasser legen, abgießen und in Eiswasser auffrischen. Zum Garnieren zurücklegen.
*Dashi* zum Kochen bringen, die geschälten und ausgenommenen Shrimps einlegen, eine Minute simmern. Den Bohnenquark zugeben, wieder zum Kochen kommen lassen. Dann vom Feuer nehmen, in Suppenschalen austeilen. In jede Schale eine Garnele und einen Würfel Bohnenquark legen. Die Schalen mit Suppe auffüllen, mit einem Stengel Wasserkresse und ein oder zwei Möhrenscheiben garnieren. Sofort auftragen.

# Kakejiru

Klare Brühe für Nudelsuppen

Kakejiru *ist eine klare Brühe, in die man alle Arten von Nudeln einlegen kann.* Dashi *kann man durch klare Hühnerbrühe ersetzen.*

Zutaten:
1 1/2 l *dashi* (S. 476)
125 ml *mirin* oder trockener Sherry
125 ml japanische Sojasoße

*Dashi, mirin* und Sojasoße zum Kochen bringen. Dann die Kochhitze reduzieren, zugedeckt 10 Minuten simmern. Mit Salz abschmecken. Wer will, kann 1/2 TL Glutamat zugeben.

# Nabeyaki udon

Herzhafte Nudelsuppe

6 Portionen
Zutaten:
5 *shiitake* (getrocknete Pilze)
500 g *udon* (dicke Weizenmehlnudeln)
1 Dose *kamaboko* (Fischkuchen)
1 große Hühnerbrust
2 Frühlingszwiebeln
1 1/2 l *kakejiru*
Gebratene Shrimps zum Garnieren

Die Pilze 30 Minuten in sehr heißem Wasser quellen lassen. Die Stiele wegwerfen, die Hüte in dünne Scheiben schneiden. Einen großen Topf voll Wasser zum Kochen bringen, die Nudeln einlegen. Sobald das Wasser wieder zum Kochen kommt, 250 ml kaltes Wasser zugießen. Wieder zum Kochen kommen lassen, die Nudeln eben garen, nicht zu weich werden lassen. In ein Sieb gießen, mit kaltem Wasser abschrecken. Gut abtropfen lassen.
Die Fischkuchen in Scheiben schneiden. Die Hühnerbrust von den Knochen lösen, in mundgerechte Scheiben schneiden. Die Frühlingszwiebeln in dünne schräge Scheiben schneiden. *Kakejiru* zum Kochen bringen, Pilze und Fleisch zugeben, 3 Minuten simmern. Die Nudeln einlegen und heiß werden lassen. Mit Fischkuchen, gebratenen Garnelen und Frühlingszwiebeln garnieren, zugedeckt etwa eine Minute heiß werden lassen. Sofort zu Tisch bringen.

# Kenchin-jiru (1)

Hühner- und Gemüse-Suppe

6 Portionen
Zutaten:
4 getrocknete Pilze
1750 ml *dashi*
1 kleine Möhre
1 Stangensellerie
1/2 weißer Riesenrettich
125 ml Hühnerfleisch, in kleine Würfel geschnitten
Salz nach Geschmack

Die Pilze 30 Minuten in sehr heißem Wasser quellen lassen. Die Stiele wegwerfen, die Hüte in dünne Scheiben schneiden. Mit der Brühe zum Kochen aufsetzen, 10 Minuten zugedeckt simmern. Möhre, Sellerie und Rettich in dünne, streichholzlange Streifen schneiden, mit dem Hühnerfleisch in den Topf geben. Fünf Minuten kochen, abschmecken. Heiß servieren.

# Kenchin-jiru (2)

Hühner- und Gemüse-Suppe

*Diese Version von* kenchin-jiru *mit Hühnerbrühe und frischen anstelle von getrockneten Pilzen entspricht mehr dem westlichen Geschmack.*

6 Portionen
Zutaten:
125 g frische Champignons
1 kleine Hühnerbrust
3 Frühlingszwiebeln
ein Sträußchen Wasserkresse
1 1/2 l Hühnerbrühe

Die Pilze mit feuchtem Küchenkrepp abreiben, in Scheiben schneiden, nur die kleinen ganz lassen. Das Hühnerfleisch von den Knochen lösen, häuten, mit einem scharfen Messer in kleine Würfel schneiden. Die Frühlingszwiebeln waschen und zurechtmachen, in mundgerechte Stücke schneiden, und zwar weiße und grüne Teile. Die Wasserkresse waschen, die Stengel abbrechen und die Spitzen mit den Blättchen zum Garnieren verwenden. Die dicken Stengel kann man in Brühe mitkochen und dann herausnehmen.
Die Hühnerbrühe erhitzen, nachdem man sie zuvor geklärt und von jeder Spur Fett befreit hat. Das Hühnerfleisch 3 Minuten lang darin simmern, Pilze und Frühlingszwiebeln zugeben und wieder zum Kochen kommen lassen.
In Suppentassen austeilen, mit Wasserkresse garnieren.

Abbildungen Seite 473 bis 476
Yosenabe – Gekochte Meerestiere und Gemüse (Rezept S. 460)
Saba no sutataki – Makrele in Essigmarinade (Rezept S. 463)
Zutaten zu Sukiyaki – Rindfleisch und Gemüse, kurz gebraten (Rezept S. 466)
Zutaten zu Tempura. Ausgebackene Meerestiere und Gemüse (Rezept S. 461)

INSTANT SOUPS
SHOYU
INSTANT SOUPS
WAKAME
TSUYU NO MOTO
KOMBU
HIJIKI
HARUSAME
PICKLED KOMBU
SOMEN
SHOGA
SAUCE MIX
SOBA
WASABI POWDER
SHIITAKE
KATSUOBUSHI
GOMAIRI HATOGARASHI
MISO
TSUKUDANI
TOFU
AKA-MISO
KURI YOKAN
SHOGA
BENI SHOGA

# Kakitama-jiru
Eierblumensuppe

4 Portionen
Zutaten:
1250 ml *dashi*
8 Zuckererbsen oder 60 ml in Scheiben geschnittener Sellerie
2 EL japanische Sojasoße
2 Eier
1/2 TL Salz

Die Brühe zum Kochen bringen und die abgezogenen Zuckererbsen oder den Sellerie einlegen. Sobald die Brühe wieder kocht, noch eine weitere Minute garen, dann die Sojasoße zugeben. Die Eier leicht mit dem Salz verschlagen, langsam in die kochende Suppe einlaufen lassen, dabei sanft umrühren. In Suppenschalen schöpfen und sofort servieren.

# Sushi
Reis mit Essig und Zucker

Zutaten:
625 ml Kurz- oder Mittelkornreis
625 ml kaltes Wasser
ein 5-cm-Stück *kombu* (getrockneter Seetang), nach Belieben

Dressing:
4 EL Reisessig oder milder weißer Essig
3 EL Zucker
2 1/2 TL Salz
2 EL *mirin* oder trockener Sherry

Den Reis mehrmals in frischem kaltem Wasser waschen, 30 Minuten lang abtrocknen lassen, dann mit dem abgemessenen Wasser in einen Topf geben. Wird getrockneter Tang verwendet, wäscht man ihn gründlich in kaltem Wasser, gibt ihn dann ebenfalls in den Topf. Schnell zum Kochen bringen, dann den Topf zudecken und den Reis bei sehr niedriger Hitze 15 Minuten ausquellen lassen, ohne den Deckel zu lüften. Vom Feuer nehmen, weitere 10 Minuten zugedeckt ziehen lassen. Den Tang herausnehmen und wegwerfen, den Reis in eine große Schüssel füllen.
Zuvor hat man die Dressing-Zutaten gemischt und so lange gerührt, bis der Zucker sich völlig aufgelöst hat. Das Dressing über den Reis gießen; sanft, aber gründlich mengen und schnell auf Raumtemperatur abkühlen.

# Inari-zushi
Sushi in gebratenem Bohnenquark

*In japanischen Geschäften kann man* aburage *kaufen, Blätter aus gebratenem Bohnenquark. Diese Bohnenquark-Blätter lassen sich zu Taschen auseinanderziehen, die mit* sushi *gefüllt werden und ein beliebter Snack der Japaner sind.*
*Man kann dem* sushi *die verschiedensten Zutaten beigeben, so wie zum Beispiel für* chirashi-zushi, *man kann es aber auch auf einfache Weise aromatischer machen mit gerösteten Sesamkernen oder etwas* gomasio, *schwarzen gesalzenen Sesamkernen. Besonders gut schmecken* inari-zushi, *wenn man den Reis mit getrockneten Pilzen mischt, die zuvor wie für* oboro *(S.* *gekocht wurden.*

Man braucht halb so viele Blätter *aburage*, wie man *inari-zushi* machen möchte, denn aus jedem Blatt kann man zwei Taschen schneiden.
*Aburage* in einem Sieb mit 3/4 bis 1 l kochendem Wasser überbrühen, um überschüssiges Öl zu entfernen. Das Wasser dann möglichst vollständig auspressen, indem man die *aburage*-Blätter in Küchenpapier einrollt. Mit ein paar Tropfen Sojasoße und *mirin* oder trockenem Sherry aromatisieren. Eine andere Methode ist, *aburage* in 125 ml *dashi* oder Hühnerbrühe und 2 EL Sojasoße, 1 EL *mirin* oder trockenem Sherry und 1 EL Zucker zu simmern, bis der Bohnenquark alle Flüssigkeit aufgesogen hat. In Küchenpapier einrollen und ausdrücken.
Die Blätter durch die Mitte halbieren, die Kanten auseinanderziehen. Jeden der so entstandenen Beutel zu drei Vierteln mit dem Reis füllen, dann die Schnittkanten über die Füllung zusammenfalten. Mit der gefalteten Seite nach unten auf einem Tablett anrichten.

Abbildungen Seite 477 bis 480
Eine Auswahl japanischer Suppen (Rezepte S. 470–472 und 481)
Mit einer Auswahl von *sushi* kann man einen vollständigen Lunch zusammenstellen.
Eine Auswahl japanischer Zutaten

# Chirashi-zushi

Reis mit Meerestieren und Gemüsen

*Es gibt keine festen Regeln, wie diese japanische Version eines Reissalats zusammenzustellen ist. Nehmen Sie, was immer Sie im Hause haben, und machen Sie daraus ein einfaches, aber farbenfrohes Essen.*

6 Portionen

Zutaten:

1 × Rezeptmenge *sushi*
4 getrocknete Pilze
1 EL japanische Sojasoße
1 TL Zucker
125 ml gekochter Hummer oder Shrimps
125 ml in dünne Scheiben geschnittener roher Fisch, nach Belieben
2 Eier, eine Prise Salz, Pflanzenöl
125 ml in feine Streifen geschnittener Bambusschößling
125 ml gekochte grüne Erbsen
1 Stück Lotoswurzel (Dose), in Scheiben geschnitten
1 EL eingelegtes *kombu* (Seetang, Kelp), in dünnen Scheiben
1 EL *takuan* (eingelegter Rettich), in dünnen Scheiben
ein paar Schnitzel *beni shoga* (eingelegte Ingwerwurzel) zum Garnieren

*Sushi* zubereiten und kalt werden lassen. Die Pilze 30 Minuten in kochendheißem Wasser quellen lassen, dann die Stiele abschneiden und wegwerfen, die Hüte in dünne Scheiben schneiden und 10 Minuten in 125 ml Einweichwasser, Sojasoße und Zucker kochen. Das Hummerfleisch zerpflücken, die Shrimps in Scheiben schneiden. Den Fisch entgräten.

Die Eier leicht schlagen, salzen, in einer dünn mit Öl eingefetteten Pfanne zu einem flachen Omelett backen, das nicht braun werden darf. Abkühlen lassen, in dünne Streifen schneiden. Den Reis vorsichtig mit allen Zutaten vermengen, ein paar der buntesten zum Garnieren zurücklegen. Kalt servieren.

# Nigiri zushi

Reis mit rohem Fisch

Ergibt etwa 24 Stück

Zutaten:

750 ml *sushi*
2 EL *sushi*-Dressing
500 g ganz frische Filets von Thunfisch, Snapper, Barsch oder sonst geeigneten Fischen (siehe Anmerkung unten)
2 TL *wasabi*-Pulver (siehe Glossar)
2 TL kaltes Wasser
eingelegte Ingwerwurzel, in Streifen geschnitten

Den Reis nach dem Rezept auf S. 457 zubereiten, 2 EL vom Dressing zurückbehalten.

Den Fisch häuten, mit einem scharfen Messer in sehr dünne Scheiben schneiden, dabei das Messer schräg halten, damit die Scheiben größer werden. In Plastikfolie einschlagen und in den Kühlschrank legen, bis sie gebraucht werden.

Das zurückbehaltene Dressing mit 2 EL kaltem Wasser mischen und damit die Hände befeuchten, ehe man anfängt, den Reis zu formen. Jeweils einen gehäuften EL *sushi* zu einer Eiform drücken, die etwas kleiner ist als die Scheiben Fisch, damit man den Reis auf einer Seite völlig mit dem Fisch bedecken kann. Jede Scheibe Fisch mit ein wenig *wasabi*-Dressing bestreichen (dazu das *wasabi*-Pulver mit kaltem Wasser anrühren) und mit der bestrichenen Seite auf den Reis legen. Dem Ganzen eine appetitliche Form geben. Auf einem Tablett anrichten, garnieren und mit ein paar Streifen eingelegter Ingwerwurzel servieren.

Anmerkung: Man kann ähnliche offene »Sandwiches« mit gekochten Scampi herstellen. Dazu muß man die Scampi schälen, ausnehmen und mit Hilfe eines Schnittes entlang der Innenkrümmung zu einem »Schmetterling« ausbreiten.

Wenn Sie Tintenfisch verwenden, müssen Sie alle Innereien aus der Bauchhöhle entfernen und wegwerfen. Den Fisch unter fließendem kaltem Wasser gründlich waschen, die Haut abrubbeln. Den Tintenfisch auf einer Seite aufschlitzen und flach ausbreiten, dann in Stücke schneiden, die groß genug sind, um die Reisbällchen zu bedecken. Diese Stücke eine Minute lang in kochendem Wasser blanchieren. Abgießen, abkühlen lassen, über den Reis legen. Mit einem Streifen *nori* (getrocknetem Laver-Tang) dekorieren.

# Norimaki zushi

In Seetang eingerolltes sushi

*Reis mit Essig-Dressing wird um eine Füllung von gekochten Pilzen, eingelegtem Rettich, Gurke, Ei, rohem Fisch – einzeln oder kombiniert – sorgfältig in ein Blatt Seetang eingerollt und zu kleinen Zylindern aufgeschnitten.*

Etwa 36 Stück
Zutaten:
1 × Rezeptmenge *sushi*
4 getrocknete Pilze
2 EL japanische Sojasoße
1 EL Zucker
2 Eier
1/4 TL Salz
ein paar Tropfen Pflanzenöl
1 grüne Gurke
1 kleines Stück *takuan* (eingelegter Rettich)
125 g roher Thunfisch, Bonito oder Kingfisch
1 TL angerührtes *wasabi* (siehe Glossar)
6 Blatt *nori* (getrockneter Laver-Seetang)

*Sushi* zubereiten. Während es abkühlt, die Pilze 20 Minuten in heißem Wasser quellen lassen. Die Stiele abschneiden und wegwerfen, die Hüte in hauchdünne Scheiben schneiden und in einer Mischung aus 125 ml Einweichwasser, Sojasoße und Zucker simmern, bis die Flüssigkeit fast völlig verdampft ist. Die Eier mit Salz verschlagen, in einer dünn eingefetteten Pfanne ein flaches Omelett backen. Auskühlen lassen, in dünne Streifen schneiden. Die Gurke dünn schälen, eine Spur Grün dranlassen. Der Länge nach in bleistiftdicke Streifen schneiden. *Takuan* abgießen, in ähnliche Streifen schneiden. Den Fisch häuten und entgräten, in Streifen schneiden und mit *wasabi* bestreichen.
*Nori* toasten, indem man die Blätter über einer Gasflamme oder einer heißen Kochplatte einige Male hin und her bewegt.
Ein Blatt *nori* auf ein Set aus Bambusmatte oder ein reines Taschentuch legen. Den Reis in sechs gleiche Portionen teilen. Je eine dieser Reisportionen über zwei Dritteln eines *nori*-Blattes verstreichen, dabei an der Seite anfangen, die Ihnen am nächsten ist. Mitten über den Reis in einer Reihe eine der Zutaten oder eine Kombination von mehreren anordnen. Nun den Reis mit Hilfe der Matte aufrollen, dabei festdrücken, damit ein sauber gepackter Zylinder entsteht. Die Rollen zehn Minuten ruhen lassen, ehe man sie in etwa sechs gleiche Teile schneidet.
Auf einem Tablett arrangieren, mit kleinen Blättchen oder phantasievoll zugeschnittenem grünen Papier dekorieren.
Kalt servieren.

# Fukusa zushi

In Omelett eingewickeltes sushi

8 oder 9 Sück
Zutaten:
1 × halbe Rezeptmenge *chirashi-zushi*
4 Eier
2 EL kaltes Wasser
1/2 TL Salz
einige Tropfen Pflanzenöl
dünne Streifen *nori* (getrockneter Laver-Tang)

*Chirashi-zushi* fest in eine quadratische oder rechteckige Kasserolle oder Kuchenform drücken, etwa 2,5 cm hoch. Beschweren und stehenlassen, während man die Hüllen zubereitet.
Die Eier leicht schlagen, Wasser und Salz zugeben und in einer kleinen, dünn eingefetteten Pfanne daraus acht oder neun sehr dünne Omeletts backen. Bei niedriger Hitze backen und nicht braun werden lassen.
Den gepreßten Reis in acht oder neun Quadrate von etwa 5 cm Kantenlänge schneiden. Ein solches Quadrat jeweils in die Mitte eines Omeletts legen und entweder aufrollen oder wie ein Briefcouvert um den Reis falten. Einen dünnen Streifen *nori* um das Päckchen wickeln, mit dem Knoten nach unten auf ein Tablett legen. Kalt servieren.

# Sushi

Das japanische *sushi* entspricht unseren belegten Broten, dabei nimmt mit Essig und Zucker gewürzter Reis die Stelle des Brotes ein. Er wird belegt mit den verschiedensten Arten von rohem Fisch, oder er wird zu Farcen aus Fisch, Pickles, Pilzen oder anderen Gemüsen gerollt. Manchmal füllt man auch Omeletts oder Bohnenquark mit diesem Reis.

Mit einigen *sushi* kann man einen Lunch zusammenstellen. Zu den beliebtesten *sushi*-Arten gehört *nigiri zushi* (Reis mit rohem Fisch), *norimaki zushi* (in Seetang gerollter Reis), *fukusa zushi* (mit Reis gefülltes Omelett), *inari zushi* (Reis in gebratenem Bohnenquark) und *chirashi zushi* (Reis mit Meerestieren und Gemüsen).

# Anhang

**Aburage**

Japanischer gebratener Bohnenquark. Im Gegensatz zur chinesischen Art *(dow foo pok)*, die in Würfeln angeboten wird, bekommt man *aburage* in dünnen, quadratischen oder rechteckigen Blättern und tiefgekühlt. Im Gefrierfach hält es sich monatelang.

**Agar-Agar**
Chinesisch: *dai choy goh*
Japanisch: *kanten*
Burmesisch: *kyauk kyaw*
Singhalesisch: *chun chow*

Ein Geliermittel aus Meeresalgen, in Asien viel verwendet, weil es ohne Kühlung steif wird. In Pulverform in der Apotheke oder abgepackt in China-Läden und Reformhäusern zu haben. Es ist auch in Form von Fäden im Handel. Man kann Agar-Agar durch Gelatine ersetzen, nur sind dann andere Mengen nötig. Gelatinespeisen haben auch eine andere Struktur.

**Ajowan**
Bot.: *Carum copticum*
Fam.: *Umbelliferae*
Hindi: *ajwain*

Aus der gleichen Pflanzenfamilie wie Petersilie und Kreuzkümmel. Die Samen sehen aus wie Petersilie- oder Selleriesamen, schmecken wie Thymian. Sie werden in der indischen Küche als Gewürz und als Medizin gegen Blähungen an die Hülsenfruchtgerichte gegeben, die in Indien bei einer vorwiegend vegetarischen Ernährung hauptsächlich den Eiweißbedarf decken. Ajowan gehört zu den Samengewürzen, mit denen man die kroß ausgebackenen Snacks aus Linsenmehl zubereitet. Ajowan-Wasser verwendet man als Medizin bei Magenbeschwerden. – Kann durch Thymian ersetzt werden.

**Amchur**

Getrocknete grüne Mangofrüchte, meist in Pulverform erhältlich. Wird als saures Würzmittel in der indischen Küche verwendet.

**Anispfeffer (chinesischer Pfeffer, Szetschuanpfeffer)**
Bot.: *Zanthoxylum piperitum*
Fam.: *Rutaceae*
Chinesisch: *faah jiu, hua chiao*
Japanisch: *sansho*

Eines der Bestandteile des Fünf-Gewürze-Pulvers. Wird aus den getrockneten Beeren eines kleinen Baumes gewonnen und ist von rotbrauner Farbe.
In einer trockenen Pfanne einige Minuten rösten, zerstoßen, durch ein Sieb schütteln und mit Salz zu einem »Pfeffer und Salz«-Gewürz mixen. Erzeugt auf der Zunge ein prickelndes Gefühl.

**Annatto-Samen**

Diese kleinen roten Samen, die in der philippinischen Küche zum Färben und Würzen verwendet werden, heißen auch *achuete*. Durch Paprika und Kurkuma in den angegebenen Mengen zu ersetzen (siehe Einführung zum Kapitel »Die Philippinen«).

**Asafoetida (Stinkasant)**
Bot.: *Ferula asafoetida*
Fam.: *Umbelliferae*
Hindi: *hing*
Tamil: *perunkaya*
Burmesisch: *sheingho*

In winzigen Mengen in der indischen Küche hauptsächlich als Mittel gegen Blähungen verwendet. Man gewinnt es aus dem harzigen Gummisaft einer in Afghanistan und dem Iran vorkommenden Pflanze. Die Stengel werden dicht an der Wurzel abgeschnitten, und der austretende milchige Saft wird zu einem Harz getrocknet, das als *asafoetida* in den Handel kommt.
Obwohl *asafoetida* selbst recht unangenehm riecht, gibt ein erbsengroßes Stückchen, an die Unterseite des Kochtopfdeckels geklebt, dem Kochgut ein in Indien sehr geschätztes Aroma; die medizinische Wirkung kommt noch dazu.

**Atta**

Feines Vollkornmehl, aus dem indische Flachbrote gebacken werden. Zu ersetzen durch feines Vollkornmehl aus Reformhäusern. Atta-Mehl bekommt man in Geschäften, die auf asiatische Lebensmittel spezialisiert sind.

**Austernsoße**

Verleiht allen Gerichten einen delikaten Geschmack. Es ist eine dicke, braune Soße aus in Sojasoße und Salzwasser gekochten Austern, die sich ohne Kühlung unbegrenzt hält.

**Bambus-Schößlinge**
Chinesisch: *suehn*
Japanisch: *takenoko*
Malaiisch: *rebong*
Indonesisch: *rebung*

Man bekommt sie in Dosen, entweder in Wasser konserviert oder geschmort. Wenn nicht anders angegeben, verwendet man für die Rezepte dieses Buches die in Wasser konservierten Schößlinge. Die Bambusschößlinge aus einer angebrochenen Dose in einer Schüssel mit frischem Wasser bedecken und im Kühlschrank aufbewahren; das Wasser täglich wechseln. Ist so bis zu zehn Tagen haltbar.

Winter-Bambusschößlinge sind viel kleiner und zarter und werden in einigen Rezepten ausdrücklich verlangt. Wer sie nicht bekommen kann, verwendet die größere Sorte.

**Barbecue-Soße**

Eine rötliche, sehr salzige und zugleich süße Soße. Als Dipsoße und Bestandteil von Barbecue-Marinaden zu verwenden. In einem gut verschlossenen Glas unbegrenzt haltbar.

**Basilikum**
Bot.: *Ocimum basilicum*
Fam.: *Labiatae*
Hindi: *babuitulsi*
Thai: *horapa*
Lao: *phak itu lao*
Malaiisch: *selaseh, kemangi*
Indonesisch: *kemangi*

Wird in der indonesischen Küche seines charakteristischen Aromas wegen verwendet.

**Beni Shoga**

Eingelegter Ingwer, rot gefärbt. Wird in Plastikbeuteln oder Gläsern verkauft. Als Würze oder zum Garnieren zu verwenden.

**Besan (Kichererbsenmehl)**

Erhältlich in Geschäften, die asiatische Lebensmittel führen. Man kann es durch Erbsenmehl aus dem Reformhaus ersetzen, das man aber durch ein feines Sieb passieren muß, falls es grob ist. Man kann es notfalls auch selbst herstellen: Getrocknete gelbe Erbsen in einer schweren Pfanne unter Rühren rösten, nicht anbrennen lassen. Abkühlen lassen. Auf hoher Schaltstufe im Mixer mahlen oder im Mörser zerstoßen. Sieben. Das feine Mehl in einem luftdichten Behälter aufheben.
*Besan* hat einen ganz bestimmten Geschmack, es kann deshalb nicht durch gewöhnliches Mehl ersetzt werden.

**Blachan**

Die handelsübliche Schreibweise für *blacan*. Siehe Getrocknete Shrimp-Paste.

**Bockshornklee**
Bot.: *Trigonella foenum-graecum*
Fam.: *Leguminosae (Papilionaceae)*
Hindi: *methi*
Singhalesisch: *uluhaal*
Malaiisch: *alba*

Diese kleinen, flachen, viereckigen, braunbeigen Samen sind in Curries unentbehrlich. Sie dürfen aber, weil sie leicht bitter schmecken, nur in den angegebenen Mengen zugesetzt werden. Besonders gut passen sie zu Fischcurries. Dazu werden gleich zu Anfang der Zubereitung die ganzen Samen vorsichtig geröstet. Gemahlen sind sie Bestandteil von Currypulvern.
In der indischen Küche verwendet man auch die grünen Blätter, deren bitterer Geschmack in den Speisen recht pikant und angenehm wirkt. Die Pflanze läßt sich leicht ziehen, die Keimblätter geben Salaten einen aparten Beigeschmack.

**Bohnen, Schwarze gesalzene**
Chinesisch: *dowsee*

Fermentierte, stark gesalzene Sojabohnen, in Dosen oder Gläsern erhältlich. Vor Gebrauch mit Wasser abspülen, damit das Gericht nicht zu salzig wird. Man kann den gleichen Geschmack mit Sojasoße als Ersatz erzielen, nicht natürlich dasselbe Aussehen. Angebrochene Dosen halten sich zugedeckt sechs Monate im Kühlschrank. Die Oberfläche mit ein wenig Erdnußöl vor dem Austrocknen schützen.

**Bohnenquark**
Chinesisch: *dow foo*
Japanisch: *tofu*

Man bekommt frischen Bohnenquark aus Sojabohnen tiefgekühlt und gebrauchsfertig. Zwei bis drei Tage im Kühlschrank haltbar, wenn man ihn mit kaltem Wasser bedeckt, das täglich gewechselt werden muß. Chinesen und Japaner schätzen ihn sehr wegen seines hohen Proteingehalts. Er ist von feinem Geschmack, glatt und weich. Japanischer Bohnenquark, *tofu,* ist süßer und feiner als *dow foo.*

**Gelber Bohnenquark**, ebenfalls frisch erhältlich, ist fester und schmeckt anders. Zwei bis drei Tage lang im Kühlschrank haltbar. Kein Ersatz möglich.
**Getrockneter Bohnenquark** wird in Blättern oder runden Stäbchen verkauft; muß nicht kühl aufbewahrt werden. Vor Gebrauch einzuweichen. Die Stäbe müssen länger eingeweicht und gekocht werden als die Blätter.
**Gebratener Bohnenquark** siehe unter *aburage* und *dow foo pok*
**Roter Bohnenquark** schmeckt schärfer als der frische Bohnenquark, etwa so wie kräftiger Käse. Er wird zu bestimmten Soßen verwendet. In Dosen zu bekommen.

**Bohnensprossen**

Für gewöhnlich verwendet man die Sprossen der grünen Mungbohne. Man bekommt sie frisch in China-Geschäften, einigen Supermärkten und Reformhäusern. Bohnensprossen-Konserven sind nicht zu empfehlen. Fein aufgeschnittener Stangensellerie ist in der Struktur ähnlich, schmeckt aber anders. Frische Bohnensprossen kann man in einer Plastiktüte etwa eine Woche lang im Kühlschrank aufbewahren oder mit Wasser bedecken, das man täglich wechseln muß.

**Bombay-Ente**

Kein Vogel, sondern eine gesalzene und getrocknete Fischart. Wird in Packungen verkauft. Man schneidet den Fisch in höchstens 2,5 cm lange Stücke, die gegrillt oder in Öl schwimmend ausgebacken und als Beilage zu einer Reis- und Curry-Mahlzeit geknabbert werden.

**Cashew-Nuß (Cashews)**
Hindi: *kaju*
Malaiisch: *gaju*
Singhalesisch: *cadju*

Eine süße, nierenförmige Nuß. Die ganz frischen, milchigsüßen Nüsse bekommt man nur in den Ländern, in denen der Cashewbaum wächst. Rohe Cashew-Nüsse (die sich von den gerösteten und gesalzenen Knabbernüssen sehr unterscheiden) gibt es in Südfruchtgeschäften, Reformhäusern und Lebensmittelgeschäften, die asiatische Artikel führen.

**Cellophan-Nudeln oder Bohnenmehlfäden**
Thai: *woon sen*
Malaiisch: *sohoon, tunghoon*
Chinesisch: *bi fun, ning fun, mai fun, fun see*
Japanisch: *harusame*
Indonesisch: *sotanghoon*
Tagalog: *sotanghon*

Feine, durchsichtige Nudeln aus der Stärke grüner Mungbohnen. Je nachdem, wie weich sie werden sollen, werden sie vor Gebrauch nur in heißem Wasser eingeweicht oder gekocht. Sie werden auch direkt aus der Packung in Öl schwimmend ausgebacken und dann meistens zum Garnieren oder als Beilage verwendet.

**Chilis**

**Grüne Chilis**
Bot.: *Capsicum frutescens*
Fam.: *Solanaceae*
Hindi: *sabz mirich*
Singhalesisch: *amu miris*
Thai: *nil-thee-sein*
Malaiisch: *chilli, cabai bijau*
Indonesisch: *lombok bijau*

Werden wie frische rote Chilis verwendet. Manchmal gibt man sie zerrieben an *sambals*. Die besonders scharf schmeckenden Samen werden meistens, wenn auch nicht immer, zuvor entfernt. Siehe S. 10 Ratschläge zum Umgang mit Chilis.

**Rote Chilis**
Bot.: *Capsicum frutescens*
Fam.: *Solanaceae*
Hindi: *lal mirich*
Singhalesisch: *rathu miris*
Burmesisch: *nil thee*
Thai: *prik chee pha*
Tamil: *kochikai*
Lao: *mak phet kunsi*
Malaiisch: *cabai, chilli*
Indonesisch: *lombok*

Sie werden frisch im ganzen oder fein gehackt zum Würzen verwendet, zum Garnieren in Ringe geschnitten; s.a. Ratschläge S. 10.

**Kaschmir-Chilis**
Hindi: *degi mirich*

Das sind rote Pfefferschoten aus Kaschmir. Sie werden getrocknet, von den Samen befreit, gemahlen und durchgesiebt. Kaschmir-Chilis sind nicht so scharf wie die üblichen roten Chilis.

**Chilis: Vogelpfeffer**

sind sehr kleine, sehr scharfe Chilis. Man verwendet sie hauptsächlich für Pickles, gibt sie aber manchmal auch an Gerichte, die besonders scharf sein sollen, zum Beispiel Thai-Gerichte. Mit äußerster Vorsicht zu behandeln.

**Capsicum oder Pfefferschoten**
Bot.: *Capsicum frutescens* oder *capsicum annuum*
Fam.: *Solanaceae*
Singhalesisch: *malu miris*

Eine viel mildere, trotzdem würzige Chiliart mit einer langen Schote, die groß genug ist, daß man sie mit Fleisch- oder Fischfarcen füllen kann.

**Chilipulver**

Asiatisches Chilipulver wird aus gemahlenen Chilis hergestellt. Es ist wesentlich schärfer als das mexikanische Chilipulver, das hauptsächlich aus gemahlenem Kreuzkümmel besteht.

**Chilisoße**

Es gibt zwei verschiedene Arten von Chilisoßen. Die chinesische Art wird aus Chilis, Salz und Essig hergestellt und schmeckt scharf. Die Chilisoßen Malaysias, Singapurs oder Sri Lankas sind eine Mischung scharfer, süßer und salziger Zutaten, mit reichlich Ingwer und Knoblauch versetzt und in Essig gekocht. Beide Arten sind bei uns erhältlich.

**Chinesische Bohnensoße**

Es gibt zwei Arten von Bohnensoßen. Die eine wird aus gemahlenen Bohnen hergestellt *(mor sze jeung)* und ist glatt. Man kann sie als Ersatz für die koreanische Bohnensoße verwenden, die als Würzzutat zu koreanischen Mahlzeiten serviert wird.
Die zweite Art *(min sze jeung)* ähnelt dem malaysischen *tauceo* oder *taucheo* und ist eine dicke Paste aus ganzen, zerdrückten fermentierten Sojabohnen. Als Ersatz eignen sich zerdrückte schwarze gesalzene Bohnen, die es in Dosen gibt.
Beide Bohnensoßen sind zum Gießen zu dickflüssig. Im Geschmack unterscheiden sie sich nicht, nur in der Beschaffenheit. So oft in Rezepten aus Malaysia, Singapur oder China Bohnensoße vorgeschrieben ist, sollten Sie nach Möglichkeit *min sze jeung* verwenden.

**Chinesische Fischkuchen**

Gibt es gebrauchsfertig in China-Geschäften. Halten sich gekühlt einige Tage lang. Nur heiß werden lassen, nicht mehr kochen.

**Chinesische Würste**

*Lap cheong* sind getrocknete Würste, ausschließlich mit gewürztem magerem und fettem Schweinefleisch gefüllt.
Zehn bis fünfzehn Minuten dämpfen, bis sie weich und prall sind und das Fett durchsichtig wird. In dünne Scheiben schneiden oder kombinierten Gerichten zusetzen.

**Chow-Chow-Konserven**

Ein Gemisch von Früchten und Gemüsen, darunter Ingwer, eingekocht in einem dicken, ingwergewürzten Sirup. Werden in Dosen und Gläsern angeboten. Angebrochene Konserven halten sich im Kühlschrank unbegrenzt.

**Curryblätter**
Bot.: *Murraya koenigii*
Fam.: *Rutaceae*
Hindi: *kita neem, katmiu, karipattar*
Singhalesisch: *karapincha*
Tamil: *karuvepila*
Burmesisch: *pyi-naw-thein*
Malaiisch: *daun kari, karupillay*

Die im Handel getrocknet erhältlichen Blätter sind für Curries ebenso wichtig wie Lorbeerblätter für Stews. Aber bitte nie versuchen, sie gegeneinander auszutauschen! Der Baum ist in Asien beheimatet, die kleinen Blätter glänzen stark. Obwohl sie getrocknet ihr Aroma gut bewahren, verwendet man sie in Asien im allgemeinen frisch, weil sie überall reichlich zu finden sind. Beim Currykochen werden die Blätter gleich zu Anfang in Öl kroß gebraten. Man kann sie auch im Mixer pulverisieren und in dieser Form an Marinaden und Omeletts geben. Ersatz sind *daun salam*.

**Currypulver**

Wird in Ländern, in denen täglich Curries gegessen werden, kaum je verwendet. Dort röstet und zerreibt man die Currygewürze lieber einzeln. Das Wort *Curry* kommt übrigens von dem Tamilenwort *kari*, Soße.

**Dashi**

Eine klare Suppe aus getrockneten Bonito-Flocken und Meeresalgen. Das in Japan handelsübliche Instant-*dashi* wird aus *katsuobushi* (pulverisiert getrocknetem Bonito) und *kombu* (Seetang) hergestellt. In der japanischen Küche ist *dashi* unentbehrlich, denn es wird nicht nur als Suppe serviert, sondern auch als Brühe für alle möglichen Gerichte und als Grundlage für Dipsoßen gebraucht.

**Daun Salam**

Ein in der indonesischen Küche verwendetes aromatisches Blatt. Es ist größer als das in Indien und Sri Lanka gebräuchliche Curryblatt, aber von ähnlichem Geschmack. Ersatzweise Curryblätter.

**Dill**
Bot.: *Anethum graveolens*
Fam.: *Umbelliferae*
Singhalesisch: *enduru*
Lao: *phak si*

Dill wird nicht nur in der russischen und europäischen Küche viel verwendet, er ist auch in Sri Lanka sehr beliebt, wo sein charakteristischer Geschmack in Hackfleischgerichten, Frikadellen, Fischsteaks und anderen zur Geltung kommt. Er ähnelt dem Fenchel, ist aber viel kleiner, wird nur etwa 45 bis 90 cm hoch. Dill hat gefiederte, fadendünne Blätter.

**Dow foo pok**

Chinesischer gebratener Bohnenquark. Wird frisch, nicht tiefgefroren, in großen Würfeln in China-Läden verkauft. Gekühlt hält er sich etwa eine Woche.

**Fenchel**
Bot.: *Foeniculum vulgare*
Fam.: *Umbelliferae*
Hindi: *sonf*
Singhalesisch: *maduru*
Burmesisch: *samouk-saba*
Malaiisch: *jintan manis*
Indonesisch: *adas*

Manchmal wird er »Süßer Kreuzkümmel« oder »Großer Kreuzkümmel« genannt, weil er zur selben Pflanzenfamilie gehört und in ceylonesischen Curries verwendet wird, allerdings in wesentlich geringeren Mengen als der echte Kreuzkümmel. Man bekommt Fenchel als ungemahlene Samen oder gemahlen. Ersatzweise die gleiche Menge Anissamen verwenden.

**Fischsoße**
Vietnamesisch: *nuoc mam*
Burmesisch: *ngan-pya-ye*
Thai: *nam pla*
Tagalog: *patis*

Eine dünne, salzige, braune Soße, die in der südostasiatischen Küche verwendet wird, um den Geschmack anderer Zutaten kräftiger zur Geltung zu bringen.
Eine bestimmte Art kleiner Fische wird zusammen mit Salz in Holzfässer gepreßt. Die ablaufende Brühe ist die »Fischsoße«. Als Ersatz eignet sich helle Sojasoße, der man auf je 250 ml einen Teelöffel getrocknete Shrimp-Paste zusetzt, die man zuvor in Alufolie eingewickelt auf jeder Seite fünf Minuten gegrillt und dann pulverisiert hat. Gut durchrühren und in Flaschen füllen. Vor Gebrauch schütteln.
Es gibt verschiedene Sorten Fischsoße; die vietnamesische ist dunkler und von ausgeprägterem Fischgeschmack als die übrigen.

**Frühlingszwiebeln**
Bot.: *Allium cepa* oder *Allium fistulosum*
Fam.: *Liliaceae*
Lao: *phak boua sot*
Malaiisch: *daun bawang*

Dieses Mitglied der Zwiebelfamilie heißt auch weiße Zwiebel oder Winterzwiebel. Es sind schlanke Unterarten von *Allium cepa* oder *Allium fistulosum,* die kaum Knollen bilden. Der Schaft ist weiß, die grünen Blätter können flach oder hohl sein. In China und Japan werden sie häufig verwendet. Wo Frühlingszwiebeln als Garnitur vorgeschrieben werden, kann man statt dessen Schnittlauch nehmen.

**Frühlingsrollen-Hüllen**

Dünne, weiße Teigblätter, die tiefgefroren in Plastikpackungen angeboten werden. Das Päckchen auftauen und die Hüllen einzeln abziehen. Übriggebliebene Hüllen können wieder eingefroren werden. Man kann sie nicht durch die großen Wonton-Hüllen ersetzen.

**Fünf-Gewürze-Pulver**
Kantonesisch: *heung new fun, hung liu, ngung heung fun*

Dieses bräunlichrote Pulver ist ein Gemisch aus gemahlenem Sternanis, Fenchel, Zimt, Nelken und Szetschuanpfeffer, es ist in der chinesischen Küche unentbehrlich.

**Galgant, großer**
Bot.: *Alpinia galanga*
Fam.: *Zingiberaceae*
Thai: *kha*
Lao: *Kha*
Malaiisch: *lengkuas*
Indonesisch: *laos*

Der große Galgant wird in der südostasiatischen Küche häufiger benutzt als der kleine; er ist von zarterem Geschmack. Er ist ein Rhinzom wie Ingwer und unter der dünnen braunen Haut sahnigweiß. Dagegen ist das Fleisch des kleinen Galgant innen orangerot.

**Galgant, kleiner**
Bot.: *Kaempferia pandurata* oder *Alpinia officinarum*
Fam.: *Zingiberaceae*
Singhalesisch: *ingurupiyali*
Thai: *krachai*
Malaiisch: *zeodary* oder *kencur*
Indonesisch: *kencur*
Chinesisch: *wong geung fun*

Auch »aromatischer Ingwer« genannt. Trotzdem kann man dieses Mitglied der Ingwerfamilie nicht anstelle von Ingwer verwenden, sie können sich nicht gegenseitig ersetzen. Der kleine Galgant wird nur zu einigen bestimmten Gerichten gebraucht, denen er einen ausgesprochen aromatischen Geschmack verleiht. Wenn man ihn frisch bekommen kann, schneidet man ihn in Scheiben oder zerstößt ihn zu Brei. Außerhalb Asiens gibt es ihn aber nur getrocknet, und die harten runden Scheiben müssen im Mörser zerstoßen oder im Mixer pulverisiert werden. Manchmal erhält man ihn auch in Pulverform.
Die Pflanze ist in Südchina beheimatet und gehört dort seit Jahrhunderten zu Heilkräutermischungen, wird aber in der chinesischen Küche nicht verwendet.

**Garam masala**

Ein Gemisch gemahlener Gewürze aus der indischen Küche.

**Garnelenpulver**

Zerkleinerte getrocknete Garnelen oder Shrimps, abgepackt in Delikatessengeschäften und China-Läden erhältlich.

**Gelbe Bohnen, gesalzen**

Sind den gesalzenen schwarzen Bohnen aus der Dose sehr ähnlich, nur heller, und auch ebenso zu verwenden. Siehe Bohnen, schwarze, gesalzen.

**Gelbe Bohnenpaste**

Sie ist eigentlich nicht gelb, sondern braun. In Rezepten zu verwenden, die eine hellere Soße als schwarze Bohnensoße verlangen. In Dosen erhältlich.

**Getrocknete Fische**
Hindi: *nethali*
Singhalesisch: *haal masso*
Thai: *plasroi*
Malaiisch: *ikan bilis*
Indonesisch: *ikan bilis*

Diese kleinen Sprotten oder Sardellen muß man vor Gebrauch abspülen und ausnehmen, falls das noch nicht geschehen ist. Sie dürfen aber nicht im Wasser liegen bleiben, sonst werden sie beim Ausbacken nicht mehr kroß. Vor dem Ausbacken auf Küchenkrepp abtrocknen.

**Getrocknete Shrimp-Paste**
Burmesisch: ngapi
Thai: *kapi*
Malaiisch: *blacan*
Indonesisch: *trasi*
Vietnamesisch: *mam tom*

Eine beißend scharfe Paste aus Garnelen, in südostasiatischen Rezepten oft vorgeschrieben. Sie wird in Dosen angeboten oder in Form flacher Tafeln oder Kuchen und hält sich unbegrenzt. Sie ist wie der bekannte Geist in der Flasche, tut Wunder, wenn sie gerufen wird, und bleibt im übrigen in der Küche unsichtbar. Kühlung ist nicht notwendig. Die handelsübliche Bezeichnung ist »blachan«.

**Getrocknete Tangerinenschale**

Siehe Tangerinenschale, getrocknet

**Ghee (geklärte Butter)**

*Ghee* ist reines Butterfett ohne Milchrückstände. In Dosen erhältlich. Man kann es wesentlich höher erhitzen als Butter, ohne daß es anbrennt. Es verleiht den Speisen einen ganz charakteristischen Wohlgeschmack.

**Ginkgonuß**
Bot.: *Ginkgo biloba*
Fam.: *Ginkgoaceae*
Chinesisch: *bahk gwoah*
Japanisch: *ginnan*

Ginkgonuß nennt man den Fruchtkern des Ginkgobaumes, der in China und Japan beheimatet ist. Man ißt die Kerne geröstet wie Nüsse oder verwendet sie als Gewürz von eigenartigem Geschmack. Im allgemeinen in Dosen im Handel.

**Glutamat**
Chinesisch: *mei chen*

Eigentlich: Mononatriumglutamat. Weiße Kristalle wie grobes Salz, aus Getreide- und Gemüsepflanzen gewonnen. Hat keinen Eigengeschmack, verstärkt jedoch den Geschmack der anderen Zutaten durch Einwirkung auf die Geschmacksknospen. Wenn das Essen von guter Qualität und richtig gewürzt ist, braucht man diesen Zusatz nicht. Obgleich manche chinesische Köche Glutamat so freigebig verwenden wie Sojasoße, lehne ich das ab. Glutamat bekommt man unter den Markennamen »Vetsin« und »Aji-nò-moto«.

**Glutenmehl**

Stärkemehl, das als Abfallerzeugnis bei der Maisstärkegewinnung entsteht und als Kraftfutter verwendet wird.

**Gomairi-Hatagorashi**

Eine pikante Beilage aus rotem Pfeffer, Blattgemüse und Sesamsamen, das bei einer japanischen Mahlzeit zu Reis serviert wird. Vergleichbar den *sambals* und *chatnis* der indischen Küche.

**Gomasio**

Ein Gewürz der japanischen Küche aus schwarzen Sesamsamen, grobem Salz und Glutamat.

**Grasgelee**

China-Geschäfte führen Grasgelee in Dosen. Überall in Burma, Malaysia, Singapur und China wird dieses schwarze Gelee aus Seetang ausschließlich in süßen Getränken verwendet. Es schmeckt und riecht ein wenig nach Jod, den Anhängern Beweis für seine gesundheitsfördernden Eigenschaften.

**Hijiki**

Eine Meeresalgenart, die von den Japanern als Gemüse gegessen wird. Getrocknet sieht *hijiki* aus wie grober schwarzer Draht. Muß eingeweicht werden, ehe man es kochen kann.

**Hoisin-Soße**

Eine süße, würzige, rotbraune, dickflüssige Soße aus Sojabohnen, Knoblauch und Gewürzen. Zu gegrillten Schweinefleisch-Gerichten und als Dipsoße. In einem luftdicht verschlossenen Gefäß unbegrenzt haltbar.

**Ingwer**
Bot.: *Zingiber officinale*
Fam.: *Zingiberaceae*
Hindi: *adrak*
Singhalesisch: *inguru*
Burmesisch: *gin*
Thai: *khing*
Malaiisch: *halia*
Indonesisch: *jahe*
Chinesisch: *jeung*
Japanisch: *shoga*

Ein scharf schmeckendes Rhizom, als Gewürz in fast allen asiatischen Gerichten unentbehrlich. Man sollte frische Ingwerwurzel verwenden, Ingwerpulver ist kein Ersatz, der Geschmack ist völlig anders.
Die Ingwerwurzel wird mit einem scharfen Messer abgeschabt, dann gerieben oder fein gehackt (je nach Rezeptvorschrift), ehe man die benötigte Menge abmißt.
Um frischen Ingwer für längere Zeit zu konservieren, muß man die Haut abschaben, in Stücke teilen, in saubere, trockene Gläser füllen und mit trockenem Sherry bedecken. Luftdicht verschlossen im Kühlschrank aufbewahren. Die unbehandelte »Hand« kann man jedoch wie Möhren in feuchtem Sand aufbewahren.

**Jaggery**

Siehe Palmzucker.

**Joghurt**

Für die Rezepte in diesem Buch ungewürzten, am besten ausgesprochen sauren Joghurt verwenden, wie zum Beispiel griechischen Ziegenmilchjoghurt.

**Kamaboko**

Japanische Fischwurst, in Dosen.

**Kardamom**
Bot.: *Elettaria cardamomum*
Fam.: *Zingiberaceae*
Hindi: *illaichi*
Singhalesisch: *enasal*
Burmesisch: *phalazee*
Thai: *kravan*
Malaiisch: *buah pelaga*
Indonesisch: *kapulaga*

Nach dem Safran das teuerste Gewürz der Welt. Kardamom wächst hauptsächlich in Indien, auf Sri Lanka und in Mittelamerika. Als Gewürz verwendet man die Samenkapseln dieser zur Ingwerfamilie gehörenden Pflanze. Je nach Sorte sind die getrockneten Samenkapseln blaßgrün oder braun, manchmal weiß gebleicht. Sie werden, ganz oder zerdrückt, an *pilaus* und andere Reisgerichte, scharfe Curries, Fleischgerichte und Süßspeisen gegeben.
Wenn gemahlener Kardamom vorgeschrieben ist, öffnet man die Samenkapseln, wirft die Hüllen weg und zerreibt nur die kleinen schwarzen oder braunen Samen. Um das volle Aroma zu erhalten, zerreibt man sie am besten erst kurz vor Gebrauch. Von gemahlenem Kardamom gibt es eine Handelsmarke »Ground decorticated cardamom«, die offensichtlich besonders gut die ätherischen Öle und den Duft dieses exotischen Gewürzes bewahrt. Sie sollten nur wirklich guten gemahlenen Kardamom kaufen, sonst ist es besser, immer nur die gerade benötigte Menge Samen selbst im Mörser zu zerstoßen.

**Katsuobushi**

Getrockneter Bonito, die beliebteste Würze der japanischen Küche. Man kann ihn schon zerpflückt kaufen, was besonders angenehm ist, weil getrockneter Bonito außerordentlich hart ist und mit einem Spezialwerkzeug zerkleinert werden muß. Hält sich unbegrenzt.
nüsse oder aus Kokosflocken extrahiert wird (S. 9). Wenn in einem

**Knoblauch**
Bot.: *Allium sativum*
Fam.: *Liliaceae*
Hindi: *lasan*
Singhalesisch: *sudulunu*
Burmesisch: *chyet-thon-phew*
Malaiisch: *bawang putih*
Indonesisch: *bawang putih*

Knoblauch wird nicht nur als vielseitiges Gewürz geschätzt, sondern ganz besonders wegen seiner gesundheitsfördernden Eigenschaften. Er wird fast auf der ganzen Welt verwendet, doch die Küchen Asiens können ohne Knoblauch überhaupt nicht auskommen (obwohl ihn die Brahmanen Kaschmirs meiden, weil sie glauben, daß er die niederen Instinkte wecke). Es gibt viele Arten; manche Knollen haben große Zehen, andere ganz kleine; einige sind weiß, andere rosafarben oder violett. Manche Sorten lassen sich leicht schälen, bei anderen sitzt die Schale so fest, daß man sie abschneiden muß; einige schmekken scharf, während andere wiederum ganz mild sind.

**Kokosmilch**

Unter Kokosmilch versteht man nicht die Flüssigkeit im Innern der Nuß, wie oft fälschlich angenommen wird, sondern eine sahnige Flüssigkeit, die aus dem geriebenen Fruchtfleisch frischer Kokos-

Rezept Kokosmilch vorgeschrieben ist, sollten Sie sich wirklich die Mühe machen und Kokosmilch herstellen. Ihr Geschmack ist so charakteristisch, daß sie durch keine andere Milch zu ersetzen ist.

**Kombu**

Japanischer Kelp-Tang, im Handel erhältlich in breiten, schwarzgrauen Bändern. Mit *kombu* wird *dashi* gewürzt und der Reis zum *sushi*. *Kombu* hält sich unbegrenzt. Man legt es auch in Essig und Salz ein und serviert es so als Beilage.

**Kopfsalat**
Thai: *pak kad*
Malaiisch: *daun salat*
Indonesisch: *daun salada*
Chinesisch: *saang choy*

Asiatischer Kopfsalat hat Ähnlichkeit mit dem *Cos lettuce* Großbritanniens und unserem Römischen Salat.

**Koriander**
Bot.: *Coriandrum sativum*
Fam.: *Umbelliferae*
Hindi: *dhania* (Samen), *dhania pattar, dhania sabz* (Blätter)
Singhalesisch: *kottamalli* (Samen), *kottamalli kolle* (Blätter)

Die asiatische Küche verwendet alle Teile der Korianderpflanze. Die getrockneten Samen sind wichtiger Bestandteil von Currypulvern. Sie sind nicht scharf, aber von einem unvergleichlichen Aroma, das sie in Currywürzen unentbehrlich macht.
Man nennt das frische Korianderkraut auch chinesische Petersilie oder *cilantro*. An den eigenartigen Geruch muß man sich allerdings erst gewöhnen (der Name Koriander leitet sich vom griechischen *koris*, Wanze, ab), doch sind südostasiatische Gerichte ohne Korian-

Burmesisch: *nannamzee* (Samen), *nannambin* (Blätter)
Thai: *pak chee*
Lao: *phak hom pom*
Malaiisch: *ketumbar* (Samen), *daun ketumbar* (Blätter)
Chinesisch: *yuen sai*
Tagalog: *kinchay*

dergrün undenkbar. In Burma, Thailand, Vietnam, Indien und China, wo es auch »duftendes Grün« genannt wird, ist es unentbehrlich. Wer Korianderkraut nicht kaufen kann, sollte es sich unbedingt in einem kleinen Beet oder im Blumenkasten aus Samen ziehen. Die Samenkörner aussäen, mit ein wenig Erde bedecken und feucht halten. Nach 18 Tagen erscheinen die Keimblätter. Pflücken, wenn die Pflanzen 15 cm hoch sind. Nicht in Samen schießen lassen; Folgesaaten vornehmen, denn nur das frische Kraut ist gut.

**Kreuzkümmel**
Bot.: *Cuminum cyminum*
Fam.: *Umbelliferae*
Hindi: *sufaid zeera* (weißer Kümmel), *zeera, jeera*
Singhalesisch: *sududuru*
Thai: *yira*
Malaiisch: *jintan puteh*
Indonesisch: *jinten*

Kreuzkümmel ist zusammen mit Koriander Hauptbestandteil im Handel erhältlicher Currypulver. Man kann ihn gemahlen oder als Samen kaufen. Er wird oft mit Kümmel verwechselt. Die Samen sehen zwar ähnlich aus, schmecken aber völlig anders. Man kann auf gar keinen Fall den einen durch den anderen ersetzen.

**Kuri yokan**

Bohnengelee. Die auf der Fotografie japanischer Zutaten (S. 479) dargestellte Sorte enthält auch Kastanien und schmeckt ganz köstlich. Diese Art Konfekt wird in Japan zum Tee serviert, nicht als Dessert.

**Laos**
Bot.: *Alpinia galanga*

Ein Gewürz von sehr feinem Aroma, in Pulverform erhältlich. *Laos* wird aus der getrockneten Wurzel des »Großen Galgant« gewonnen. Sein Geschmack ist so zart, daß man es auch durchaus weglassen kann. Siehe Galgant.

**Lichtnuß**
Bot.: *Aleurites moluccana*
Fam.: *Euphorbiaceae*
Malaiisch: *buah keras*
Indonesisch: *kemiri*

Eine harte, ölhaltige Nuß, die als Würze und zum Andicken in indonesischen und malaysischen Curries verwendet wird. Steckt man die Nuß auf die Mittelrippe eines Palmblattes, so kann man sie anzünden und als behelfsmäßige Kerze benutzen – daher der Name.
Als Ersatz kann man die süßer schmeckenden Paranüsse verwenden.

**Lilienknospen**
Kantonesisch: *khim chiam*

Auch »Goldene Nadeln« oder »Lotosknospen« genannt. Diese langen, schmalen, goldgelben getrockneten Knospen sind von sehr zartem Geschmack und sollen nahrhaft sein.
Mindestens eine halbe Stunde in heißem Wasser quellen lassen. Dann quer halbieren, damit sie leichter zu essen sind.

**Limonen, kleine grüne**
Bot.: *Citrus microcapa*
Fam.: *Rutaceae*
Hindi: *nimboo*
Singhalesisch: *dehi*
Thai: *ma now*
Malaiisch: *limau nipis, limau kesturi*
Tagalog: *calamansi*

Der Saft dieser Citrusfrucht wird in den Ländern Asiens wegen seines sauren Geschmacks an Curries und andere Gerichte gegeben. Ersatzweise kann man Zitronen verwenden.

**Lorbeer**
Bot.: *Laurus nobilis*
Fam.: *Lauraceae*

Wird wie in der europäischen Küche verwendet. Die indische Küche kennt ein recht ähnliches Blatt, *tajpattar.*

**Lotoswurzel**
Chinesisch: *lien ngow*
Japanisch: *renkon*

Manchmal kann man sie frisch bekommen – schälen, in Scheiben schneiden und nach Rezeptvorschrift verwenden. Getrocknete Lotoswurzel muß mindestens 20 Minuten in heißem Wasser quellen. Etwas Zitronensaft zusetzen, damit sich die Wurzel nicht verfärbt.
Es gibt aber überall Lotoswurzel in Dosen, die sich angebrochen einige Tage lang im Kühlschrank aufbewahren läßt.

**Malediven-Fisch**
Singhalesisch: *umbalakada*

Getrockneter Thunfisch von den Malediven, besonders in Sri Lanka gern verwendet. Man erhält ihn abgepackt in kleine, flache Stücke gebrochen. Der Fisch muß aber zu Pulver gemahlen werden, ehe man ihn zum Kochen verwenden kann.
Ersatzweise Pulver aus getrockneten Garnelen oder japanisches *katsuobushi.*

**Melonenschnitzel, Eingelegte**

Auch »süßes Gurkenpickle« genannt. Feine Melonenschnitzel in ingwergewürztem Sirup eingelegt. In einem verschlossenen Glas unbegrenzt haltbar.

**Minze**
Bot.: *Mentha spicata*
Fam.: *Labiatae*
Hindi: *podina*
Singhalesisch: *meenchi*
Lao: *pak hom ho*
Malaiisch: *daun pudina*

Obwohl es viele Arten gibt, wird die gewöhnliche, rundblättrige Minze *(Mentha rotundifolia)* am häufigsten in der Küche verwendet. Sie gibt vielen Curries ihr Aroma. Ein Minzen-*sambal* gehört unbedingt zu einer *biriani*-Mahlzeit oder als Dipsoße zu *samoosa.* Die Laoten geben Minze an ihre Fischgerichte.

**Mirin**

Japanischer Reiswein, süßer als *sake* und nur für den Küchengebrauch. Kann durch trockenen Sherry ersetzt werden.

**Miso**

Eine Paste aus gekochten, fermentierten Sojabohnen. Es gibt verschiedene Arten *miso* – weiß, rot, bräunlich und beigefarben. Diese verschiedenen Sorten sind auch von unterschiedlichem Salzgehalt. Dicke japanische Suppen basieren meist auf mit *miso* verrührtem *dashi,* üblicherweise im Verhältnis von 1 EL *miso* auf 250 ml Brühe.

**Mohnsamen**
Bot.: *Papaver somniferum*
Fam.: *Papaveraceae*
Hindi: *khas-khas*

In der indischen Küche werden sie gemahlen zum Andicken von Currysoßen verwendet. Mehl, Maismehl oder andere Stärkearten werden zu diesem Zweck in Indien nie benutzt.

**Mungbohnenmehl**

Ein außerordentlich feines, glattes Mehl aus Mungbohnen. Es ist sowohl weiß wie zartgrün oder rosarot gefärbt im Handel. Man verwendet es zur Herstellung von Süßspeisen. Mit Wasser angerührt und dann zum Kochen gebracht, dickt es an wie Maisstärke oder Pfeilwurz, die beide guter Ersatz sind.

**Muskat**
Bot.: *Myristica fragrans*
Fam.: *Myristicaceae*
Hindi: *jaiphal*
Singhalesisch: *sadikka*
Malaiisch: *buah pala*
Chinesisch: *tau kau*
Indonesisch: *pala*

Curries werden nur selten mit Muskat gewürzt, dafür bestimmte Süßspeisen und Kuchen, und gelegentlich ist er Bestandteil von *garam masala.* Das Aroma verfliegt schnell, deshalb erst kurz vor Verwendung fein reiben. Nur sparsam zusetzen, denn größere Mengen (mehr als eine Nuß) können giftig wirken.

**Muskatblüte**
Bot.: *Myristica fragrans*
Fam.: *Myristicaceae*
Hindi: *javatri*
Singhalesisch: *wasa-vasi*

Muskatblüte ist ein Teil der Muskatnuß, der aprikosenähnlichen Frucht eines hohen tropischen Baumes. Wenn die reife Frucht aufbricht, läßt sie die durchbrochene, leuchtend scharlachrote Samenhülle zum Vorschein kommen, welche die harte Schale des Samens umgibt. Die getrocknete Samenhülle nennt man die Muskatblüte, den Kern die Muskatnuß. Der Geschmack der Muskatblüte ähnelt dem der Nuß, ist aber zarter. Manchmal, besonders in Sri Lanka, wird sie Fisch- und Fleischcurries zugesetzt, obwohl sie sonst in Asien meist nur als Medizin Verwendung findet. (Man läßt zum Beispiel ein paar Blättchen Muskatblüte in heißem Wasser ziehen und trinkt diesen Aufguß als Mittel gegen Übelkeit.)

**Nelken**
Bot.: *Eugenia caryophyllata*
Fam.: *Myrtaceae*
Hindi: *laung*
Singhalesisch: *karabu*
Burmesisch: *ley-nyin-bwint*
Malaiisch: *bunga cingkeh*
Indonesisch: *cengkeh*

Nelken sind die getrockneten Blütenknospen eines immergrünen tropischen Baumes, der in Südostasien beheimatet ist. Schon vor 2000 Jahren verwendete man sie in China; auch den Römern waren sie bekannt. Ein Bestandteil der ätherischen Nelkenöle ist das sehr wirksam fäulnishemmende Phenol, daher gehören Nelken zu den Gewürzen, die Speisen haltbar machen.

**Nori**

Getrockneter Laver-Seetang, eßbare Algen, die in Japan zu den beliebtesten Gewürzen, Garnituren und Dekorationen gehören. Man bekommt *nori* in papierdünnen Bogen von glänzend schwarz-purpurner Farbe. Vor Gebrauch muß man sie durch Erhitzen knusprig machen.

**Nudeln, japanische**

Hier eine Liste der gebräuchlichsten Nudeln der japanischen Küche:
**Harusame:** Feine Nudeln aus Bohnenstärke, die durch Einweichen und Kochen durchsichtig werden. Gibt man sie trocken zum Ausbakken in heißes Öl, so werden sie kroß, weiß und undurchsichtig und blähen sich auf. Sie sind das japanische Gegenstück zu den chinesischen Cellphannudeln *fen szu.*
**Soba:** Sehr dünne Buchweizen-Nudeln.
**Somen:** Sehr dünne Weizenmehl-Nudeln. Als Ersatz sehr dünne Vermicelli nehmen.
**Udon:** Dicke Weizenmehl-Nudeln. Ersatz sind Spaghetti.
(s.a. Abschnitt *Nudeln* in der Einführung zum China-Kapitel.)

**Palmzucker**
Hindi: *jaggery*
Singhalesisch: *hakuru*
Burmesisch: *tanyet* (Palmyrapalme), *chandagar* (Rohrzucker)
Malaiisch: *gula Melaka* (Malacca)
Indonesisch: *gula Jawa*

Man gewinnt diesen dunklen, kräftig schmeckenden Zucker aus dem Saft von Kokosnußpalme und Palmyrapalme. Dieser Saft wird eingekocht, bis der Zucker auskristallisiert. Er wird meistens in flachen, runden Kuchen angeboten oder in zwei Halbkugeln, die zusammengesetzt und in Blätter eingehüllt sind.
Nehmen Sie als Ersatz schwarzen Zucker, einen rohen, klebrigen Zucker aus dem Reformhaus, oder den im Lebensmittelhandel erhältlichen raffinierten braunen Zucker.

**Panch Phora**

»Panch« bedeutet im Hindi-Dialekt »fünf«. *Panch phora* ist eine Kombination fünf verschiedener aromatischer Samen. Sie werden ungemahlen in das heiße Kochfett gegeben und verleihen dem Essen das für indische Gerichte so typische Aroma. Die Herstellung ist in der Einführung zum Kapitel »Indien« beschrieben, S. 16.

**Pandanus oder Schraubenbaum**
Bot.: *Pandanus tectoris*
Fam.: *Pandanaceae*
Singhalesisch: *rampé*
Thai: *bai toey*
Malaiisch: *daun pandan*
Indonesisch: *daun pandan*

Wird als Gewürz zu Reis und Curries und zum Würzen und Anfärben malaiischer und indonesischer Süßspeisen verwendet. Damit die langen, flachen grünen Blätter Aroma und Farbe abgeben, müssen sie entweder zerstampft oder gekocht werden. Besonders in Malaysia und Indonesien ist ihr Aroma so beliebt wie das der Vanille in europäischen Ländern.

**Pandanus odoratissimus**
Hindi: *kewra*

Eine andere Pandanus-(Schraubenbaum-)Art. Die männlichen Blütenstände verströmen einen stärkeren Duftstoff als Rosen und Jasmin. Man bekommt ihn als Essenz oder Konzentrat, und er wird hauptsächlich in indischen Süßigkeiten verarbeitet. Sein Aroma ist so stark, daß ein Tropfen davon ausreicht. Wenn es weniger aufdringlich sein soll, taucht man einen kleinen Fleischspieß in die Essenz und rührt damit die Flüssigkeit um, die man parfümieren will. Zu besonders festlichen Anlässen wird das üppige Reisgericht *biriani* mit Rosen- und *kewra*-Essenz parfümiert.

**Paprikapulver**
Bot.: *Capsicum frutesceus und Capsicum annuum*
Fam.: *Solanaceae*

Man bekommt es in Dosen oder Gläsern als *Pimiento,* oder getrocknet und gemahlen als Paprikapulver. Gutes Paprikapulver muß mild und süß schmecken und leuchtend rot sein. Obwohl es vor allem ein europäisches, besonders ein ungarisches Gewürz ist, zeigt es sich in der asiatischen Küche von Nutzen, wenn es gilt, einem Curry die gewünschte rote Farbe zu geben, wenn die Gäste nicht die dazu erforderlichen Chilimengen vertragen. Denn in Asien wird diese rote Farbe von etwa 20 bis 30 Chilis geliefert!

**Paprikaschoten, rote und grüne**
Bot.: *Capsicum annuum*
Fam.: *Solanaceae*
Singhalesisch: *thakkali miris*

Auch Gemüsepaprika genannt. Diese große, rundliche Pfefferschotenart schmeckt sehr mild und süß, wird als Gemüse oder zu Salaten verwendet.

**Petis**

Siehe Shrimp-Soße

**Pfeffer, schwarz**
Bot.: *Piper nigrum*
Fam.: *Piperaceae*
Hindi: *kali mirich*
Singhalesisch: *gammiris*
Burmesisch: *nga-youk-kaun*
Lao: *phik noi*
Malaiisch: *lada hitam*
Indonesisch: *merica hitam*

Pfeffer, die Beere einer tropischen Kletterpflanze, ist unreif grün, ausgereift von gelber oder roter Farbe. Man trocknet diese Beeren in der Sonne und erhält so die schwarzen Pfefferkörner. Sie werden nur in einigen Curries verwendet, sind aber ein wichtiger Bestandteil von *garam masala.*

**Pfeffer, weiß**

Er kommt von der gleichen Pflanze wie der schwarze Pfeffer. Die reifen Beeren werden einige Tage lang in stehendem Wasser eingeweicht, bis die äußere Hülle, die Fruchtwand (Perikarp) verrottet ist. Dann wird dieses Perikarp abgewaschen, und die nun weißen Beeren werden getrocknet. Zu Curries verwendet man weißen Pfeffer selten. Meistens braucht man ihn zum Würzen von weißen Soßen, zu denen er besser paßt als schwarzer Pfeffer.

**Pflaumensoße**

Eine würzige, süße und zugleich scharfe chinesische Soße aus Pflaumen, Chilis, Essig, Gewürzen und Zucker. Als Dipsoße zu verwenden. In einem verschlossenen Gefäß hält sie sich unbegrenzt.

**Pilze, Getrocknete chinesische und japanische**
Bot.: *Lentinus edodes*
Thai: *hed hom*
Malaiisch: *cindauwan*
Chinesisch: *doong gwoo, leong goo*
Japanisch: *shiitake, matsutake*

Auf Holz wachsende Zuchtpilze von unverwechselbarem Aroma. Sie sind teuer, aber hervorragend im Geschmack. Vor Gebrauch einweichen. Durch getrocknete europäische Pilze nicht zu ersetzen.

**Pilze (Gelee- oder Wolkenohrpilze)**

Siehe Wolkenohrpilze

**Pilzsojasoße**

Sojasoße, die am Schluß des Herstellungsprozesses noch mit Pilzen aromatisiert wird. Als Ersatz einfache helle oder dunkle Sojasoße verwenden.

**Pyrethrum**
Bot.: *Chrysanthemum cinerariaefolium*
Fam.: *Compositae*
Chinesisch: *kung choy*
Japanisch: *shungiku*

Unter dieser Bezeichnung faßt man alle Arten von Chrysanthemen zusammen, die in China und Japan oft als Gemüse gegessen werden. Obgleich man daraus ein Insektizid herstellt, sind die Pflanzen nicht giftig; man kann Blüten und Blätter ohne Bedenken verwenden.

**Rampé**

Siehe Pandanus

**Reis, gemahlen**

Man bekommt ihn in vielen Lebensmittelgeschäften und Reformhäusern. Er ist etwas körniger als Reismehl und macht Teig besonders knusprig.

**Reis, geröstet und gemahlen**

Man kann ihn nicht kaufen, aber ohne weiteres selbst herstellen. Den Reis in einer trockenen Pfanne über milder Hitze leicht bräunen. Dabei ständig umrühren, damit er nicht ungleichmäßig braun wird oder anbrennt. Im Elektromixer zu Pulver zermahlen.

**Reis Vermicelli**
Chinesisch: *so fun*
Malaiisch: *beehoon, meehoon*
Thai: *sen mee*

In China-Geschäften erhältliche sehr dünne Reismehlnudeln. Für die meisten Rezepte genügt zehn Minuten langes Einweichen in heißem Wasser. In einigen Fällen mag es nötig sein, die Nudeln ein oder zwei Minuten zu kochen. Beim Ausbacken blähen sie sich auf und werden weiß. Um sie möglichst knusprig zu bekommen, muß man sie ohne vorheriges Einweichen direkt aus der Packung in das heiße Öl geben.

**Reis-Waschwasser**

Das Wasser, in dem Reis gewaschen wurde. Findet auf den Philippinen als Kochflüssigkeit Verwendung.

**Rosenwasser**

In Indien und Persien für Süßspeisen häufig verwendet. Rosenwasser ist eine verdünnte Essenz, die man durch Wasserdampfdestillation aus den Blütenblättern von Rosen gewinnt. Es ist wichtig für *gulah jamun* (S. 98) und *ras gula* (S. 100). Auch für *biriani* wird es gebraucht.
Wenn Sie konzentrierte Rosenessenz verwenden, müssen Sie aufpassen, daß Sie nicht zuviel davon nehmen – zählen Sie die Tropfen. Rosenwasser dagegen kann man eßlöffelweise zusetzen. Erhältlich in Apotheken und Asien-Geschäften.

**Rote Lebensmittelfarbe**

In China-Läden bekommt man sie als leuchtendrotes Pulver. Sehr sparsam anzuwenden, um zum Beispiel bei gegrilltem Schweinefleisch eine deutliche rote Farbe zu erzielen. Ersatzweise hellrote flüssige Lebensmittelfarbe.

**Roter Ingwer**

Dunkelrot gefärbte, eingelegte Ingwerscheiben. Zum Garnieren und Würzen chinesischer Gerichte.

**Roti-Mehl**

Dieses sahnefarbene, leicht körnige Mehl ist ideal für alle Flachbrote. Im Gegensatz zu *atta*-Mehl ist es kein Vollkornmehl. In einigen Reformhäusern und China-Läden zu bekommen.

**Safran**
Bot.: *Crocus sativus*
Fam.: *Iridaceae*
Hindi: *kesar*

Safran ist das teuerste Gewürz der Welt. Man erhält es durch Trocknen der Staubgefäße des Safrankrokus. Die dünnen Staubfäden sind dunkelorange und duften stark. Man bekommt das Gewürz in Form dieser Fäden oder als Pulver. Nicht mit Kurkuma verwechseln, das manchmal als »indischer Safran« angeboten wird. Kaufen Sie auf gar keinen Fall billigen Safran, der höchstwahrscheinlich kein Safran ist, sondern Färberdistel, auch »Bastard-Safran« genannt. Sie sieht fast wie Safran aus, gibt auch Farbe ab, hat aber nicht die Spur von Safranaroma. Safran wird außer in Nordindien im übrigen Asien seines hohen Preises wegen nicht viel verwendet.

**Sake**

Japans berühmter Reiswein wird im allgemeinen etwa 44°C warm serviert. Um diese Temperatur zu erreichen, taucht man das Weingefäß kurze Zeit in sehr heißes Wasser. Sake wird als Zutat zu Soßen und Marinaden verwendet; kann durch Weinbrand oder trockenen Sherry ersetzt werden.

**Sambal bajak**

Eine Kombination aus Chilis und Gewürzen, die als Beilage zu Reis und Curries gereicht wird. Man bekommt es in Spezialgeschäften und Supermärkten. Einige in Holland hergestellte Marken verwenden noch die alte holländisch-indonesische Bezeichnung »*sambal badjak*«.

**Sambal ulek**

Eine aus Chilis und Salz zubereitete Beilage zu Reismahlzeiten. Auf den Etiketten steht oft noch die alte holländisch-indonesische Schreibweise »*sambal oelek*«.

**Schalotten**
Bot.: *Allium ascalonicum*
Fam.: *Liliaceae*

Schalotten sind kleine gelbe, rötliche oder graue Zwiebeln. Die gelben und grauen sind sehr mild, die rötlichen scharf. Wie Knoblauch wachsen sie in Büscheln und ähneln in ihrer Form Knoblauchzehen. Sie dürfen nie gebräunt werden, weil sie dann bitter schmecken. Edler als gewöhnliche Zwiebeln, aber nicht überall erhältlich.

**Scharfe schwarze Bohnensoße**

Man nennt sie auch »Chili-Bohnensoße«. Sie besteht aus fermentierten Sojabohnen und zerriebenen scharfen Chilis. Als Ersatz Bohnensoße oder zerdrückte schwarze Bohnen mit chinesischer Chilisoße gemixt.

**Schwarzkümmel**
Bot.: *Nigella sativa*
Fam.: *Ranunculaceae*
Hindi: *kala zeera, kalonji*

Der indische Name *kala zeera* ist zwar mit »Schwarzkümmel« zu übersetzen, *Nigella* hat aber mit Kreuzkümmel nichts gemein und schmeckt völlig anders. Als scharfes, pfeffriges Gewürz ist es wesentlicher Bestandteil in *panch phora*.

**Senf, schwarzer**
Bot.: *Brassica nigra*
Fam.: *Cruciferae*
Hindi: *rai, kimcea* (Brauner Senf)
Singhalesisch: *abba*
Malaiisch: *biji sawi*

Diese Art Senfsamen ist kleiner und von schärferem Geschmack als die gelbe Art. Ersatzweise braune Senfsamen *(juncea)*.
Weißer Senf, *sinapis alba,* ist in der asiatischen Küche unbekannt.

**Sesamöl**

Das in der chinesischen Küche verwendete Sesamöl wird aus gerösteten Sesamsamen gewonnen und hat ein völlig anderes Aroma als das in Reformhäusern angebotene helle Sesamöl. Für die Rezepte dieses Buches sollten Sie das Sesamöl in China-Läden kaufen und es nur in kleinen Mengen als Würze, nicht als Kochfett verwenden.

**Sesampaste**

Aus gemahlenen Sesamsamen stellt man eine der Erdnußbutter ähnliche dicke Paste her. Geschäfte, die auf Lebensmittel aus dem Nahen Osten spezialisiert sind, führen eine Sesampaste, *tahini,* die aber aus rohen Sesamsamen gewonnen, weiß und etwas bitter ist, und die man nicht als Ersatz für die chinesische Version verwenden kann. Chinesische Paste wird aus gerösteten Samen gewonnen, ist braun und von nußähnlichem Geschmack.
Brauchbarer Ersatz ist Erdnußbutter, die man mit Sesamöl aromatisiert. Sesampaste bekommt man in Dosen und Gläsern; sie hält sich auch in angebrochenen Gefäßen unbegrenzt.

**Sesamsamen**
Bot.: *Sesamum indicum*
Fam.: *Pedaliaceae*
Hindi: *till*
Singhalesisch: *thala*
Malaiisch: *bijan*
Chinesisch: *chih mah*
Japanisch: *goma*
Indonesisch: *wijen*

Man findet sie vor allem in koreanischen, chinesischen und japanischen Gerichten und in südostasiatischen Süßspeisen.
Schwarzer Sesam, eine Sorte, die in China *hak chi mah* und in Japan *kuro goma* heißt, wird hauptsächlich zum Würzen der chinesischen Toffee-Äpfel verwendet, in der japanischen Küche mit Salz gemischt als Würze *(gomasio)*.

**Shirataki**

Diese durchsichtigen Nudeln, die man in der japanischen Küche zu *sukiyaki* braucht, werden aus der Stärke einer knolligen Wurzel hergestellt. Man bekommt sie gebrauchsfertig in Dosen oder Plastiktüten.

**Shrimp-Paste oder Shrimpsoße**
Tagalog: *bagoong*
Indonesisch: *petis*

Die Namen *bagoong* und *petis* sind außerhalb der Ursprungsländer ziemlich unbekannt. Man bekommt die Paste in China-Geschäften als »Shrimpsoße« oder »Shrimppaste«.
Sie ist dick und grau, von durchdringendem Geruch und eine der wichtigsten Zutaten zu südostasiatischen Gerichten. Ersatzweise getrocknete Shrimp-Paste *(blachan)* oder Anschovis-Soße.

**Silberpilze**
Chinesisch: *sit gnee*

Auch »weiße Wildpilze« genannt. Sie sind so selten und teuer, daß man sie nur zu ganz besonders festlichen Mahlzeiten verwendet. Sie haben fast keinen Eigengeschmack. Man schätzt sie, weil sie so kroß sind und hübsch aussehen. Sie gehören zu den »Prestige«-Essen, mit denen man vornehme Gäste ehrt. Sie werden getrocknet und grammweise verkauft. Man bekommt sie aber auch in süßem Sirup eingekocht in Dosen. Allerdings halten diese Konserven keinen Vergleich aus mit der hausgemachten Version, weil der Pilz während des Konservierungsprozesses seine Struktur einbüßt. Silberpilze sollen sehr gut für Schwangere sein.

**Sojasoße**

Diese vielseitige Soße ist in der asiatischen Küche unentbehrlich, sie steigert den Geschmack jeder einfachen Grundzutat eines Gerichtes. Es gibt verschieden kräftig schmeckende Soßen. Die chinesische Küche verwendet helle und dunkle Sojasoße. Die helle Soße gibt man an Geflügel, Fischgerichte oder an Suppen, um deren helle Farbe zu erhalten.
Für japanisches Essen sollten Sie immer *shoyu,* die japanische Sojasoße, verwenden.
In Indonesien kocht man viel mit *kecap manis,* einer dicken, dunklen, gesüßten Sojasoße. Sie läßt sich ersetzen durch dunkle chinesische Sojasoße, der man, wie im jeweiligen Rezept angegeben, braunen oder schwarzen Zucker zusetzt.
Alle Sojasoßen halten sich ohne Kühlung unbegrenzt.

**Sternanis**
Bot.: *Illicium verum*
Fam.: *Schisandraceae*
Malaiisch: *bunga lawang*
Chinesisch: *baht ghok*
Indonesisch: *bunga lawang*

Die getrocknete, sternförmige Frucht eines immergrünen, in China beheimateten Baumes. Sie besteht aus acht Segmenten. Für die chinesische Küche unerläßlich.

**Strohpilze**
Bot.: *Volvariella volvacea*
Chinesisch: *chao gwoo*
Japanisch: *nameko*
Burmesisch: *hmo*

Auch Reisstroh-Pilze genannt. In Japan besonders beliebt. Die kleinen Zuchtpilze sind noch von einer Haut umschlossen. In Dosen und Gläsern oder getrocknet im Handel.

**Süße Bohnenpaste**

Diese Paste aus Sojabohnen und Zucker braucht man für süße gedämpfte Teigtaschen und chinesische Mondkuchen.

**Süßer Kümmel**

Siehe Fenchel

**Szetschuan-Gemüse**

Senfkohl *(gai choy)* wird unter Zugabe von Chilis in Salzwasser eingelegt. Man kann es als Beilage anbieten oder Speisen zusetzen, die pikant schmecken sollen. In Dosen erhältlich.

**Takuan**

Eingelegter *daikon,* der in der japanischen Küche so viel verwendete weiße Riesenrettich.

**Tamarinde**
Bot.: *Tamarindus indica*
Fam.: *Leguminosae*
Hindi: *imli*
Singhalesisch: *siyambala*
Lao: *mal kham*
Malaiisch: *asam*
Indonesisch: *asam*
Thai: *som ma kham*

Diese sauer schmeckende Frucht eines großen tropischen Baumes sieht aus wie eine große Stangenbohne, hat eine spröde braune Schale, die von braunem Fruchtfleisch umgebene glänzende dunkle Samen umhüllt. Tamarinde wird getrocknet in Päckchen angeboten.
Um sie als Säure in einem Rezept anwenden zu können, muß man ein walnußgroßes Stück des Fruchtmarks in 125 ml heißem Wasser einweichen, dann pressen, bis es sich im Wasser aufgelöst hat, und diesen Saft durch ein Sieb abgießen. Im Sieb bleiben Samen und Pflanzenfasern. Tamarindensaft muß in den vorgeschriebenen Mengen zugegeben werden.

**Tandoori mix**

Ein Gemisch aus scharfen und aromatischen Gewürzen wie Kardamom, Chilis, Kurkuma, Safran und *garam masala*. Wenn Sie *tandoori mix* im Handel nicht bekommen können, stellen Sie selbst folgende Mischung her:
2 TL Kurkuma, 1 TL Paprikapulver, 1/2 TL Chilipulver (nach Belieben), 1 TL *garam masala* (S. 26), 1/2 TL gemahlener Kardamom, 1/8 TL pulverisierter Safran. Man kann noch 1/2 TL Knoblauch zusetzen; das ist aber unnötig, wenn im Rezept sowieso frischer Knoblauch verwendet wird.

**Tangerinenschale, getrocknete**
Chinesisch: *gom pei*

In China-Läden erhältlich, gibt Speisen ein unvergleichliches Aroma. Als Ersatz frische (nicht gespritzte) Tangerinen-, Mandarinen- oder Orangenschale.

**Trasi**

Siehe getrocknete Shrimp-Paste

**Tsukudani**

Eine süße und zugleich salzige japanische Beilage aus zerpflücktem getrocknetem Fisch, kleinen Shrimps, Sojasoße und Zucker. In kleinen Mengen zur Reismahlzeiten.

**Tsuyu no moto**

Konzentrierte Bouillon. Einen Teil Bouillon mit zwei Teilen Wasser verdünnen und als Dipsoße zu Nudeln servieren.

**Tulsi**
Bot.: *Ocimum sanctum*
Fam.: *Labiatae*
Hindi: *tulsi*
Singhalesisch: *kus kus*

Das sind die kleinen, schwarzen Samen einer Pflanze aus der Basilikum-Familie. Trocken sehen sie aus wie Mohnsamen; werden sie in Wasser eingeweicht, bilden sie einen schlüpfrigen, durchsichtigen Überzug. Man läßt sie auf kühlen, süßen Getränken schwimmen, weil man ihnen die Fähigkeit zuschreibt, den Körper abzukühlen (in heißen Ländern eine hochgeschätzte Fähigkeit). Obwohl sie keinen Eigengeschmack haben, geben sie dem Getränk einen einladenden Effekt.
Die Pflanze wird in ganz Indien angebaut und gehört zu den heiligen Pflanzen der Hindus. Man kann die Blätter sparsam in Salate mischen oder für medizinische Zwecke verwenden – zum Würzen von Speisen nimmt man sie nicht.

**Wakame**

Eine Meeresalgenart mit langen, schmalen, bänderartigen Strähnen. Getrocknet im Handel, muß vor Gebrauch eingeweicht werden. In der japanischen Küche zu Suppen und mit Essig angemachten Beilagen.

**Walnüsse**

Für chinesische Gerichte sollten Sie die in China-Geschäften erhältlichen geschälten Walnüsse nehmen. Die dünne Haut ungeschälter Nüsse wird beim Kochen bitter. Wenn es diese geschälten Nüsse nicht gibt, müssen Sie gesalzene Walnüsse aus der Dose verwenden (ebenfalls in China-Läden), die nicht mehr gegart zu werden brauchen.

**Wasabi oder Wasabe**

In der japanischen Küche verwendeter scharfer grüner Meerrettich. Man bekommt ihn getrocknet in Pulverform und muß ihn mit ein wenig kaltem Wasser anrühren.

**Wasserkastanien**
Chinesisch: *mah tai*
Japanisch: *kuwai*

Wenn man sie frisch bekommt, muß man die schwarzbraune Haut mit einem scharfen Messer abschälen, um den knusprigen, schwach süßen Kern freizulegen. Wasserkastanien gibt es auch in Dosen, geschält, manchmal auch in Scheiben geschnitten. Kastanien aus angebrochenen Dosen kann man 7 bis 10 Tage mit Wasser bedeckt im Kühlschrank aufbewahren; das Wasser täglich wechseln.

**Weißer Riesenrettich**
Chinesisch: *loh bahk*
Japanisch: *daikon*

Ein sehr großer, weißer Rettich von 30 bis 38 cm Länge und von mildem Geschmack. Man bekommt ihn in Asien-Läden. Zu ersetzen durch weiße Rüben.

**Winterbambus-Schößlinge**

Siehe Bambusschößlinge

**Wolkenohrpilze**
Bot.: *Auricalaria auricula-judae*
Chinesisch: *wun yee*
Japanisch: *kikurage*
Malaiisch: *kuping tikus*
Indonesisch: *kuping jamu*
Thai: *hed hunu*

Auch »Judasohr« oder »Geleepilze« genannt. Sie werden nach Gewicht verkauft und sehen in trockenem Zustand wie staubiges schwarzes Papier aus. Wenn man sie 10 Minuten in heißem Wasser eingeweicht hat, quellen sie auf und werden bräunlich-durchsichtig. Sie sehen dann tatsächlich wie Wolken oder Ohren aus – daher der Name. Sie haben keinen Eigengeschmack, sind aber wegen ihrer elastischen Struktur das perfekte Beispiel für eine Zutat, die man nur ihrer äußeren Beschaffenheit wegen zugibt, die dem Gericht aber an Geschmack nichts hinzufügt und auch nichts nimmt. Nur ein oder zwei Minuten lang mitkochen.

**Wonton-Hüllen**

Kleine Quadrate aus frischem Nudelteig, in China-Läden zu haben. Gut in Plastikfolie eingeschlagen bis zu einer Woche im Kühlschrank haltbar; können auch in Alufolie eingewickelt tiefgefroren werden. Werden nach Gewicht verkauft; auf ein halbes Kilo gehen etwa 90 Hüllen.

**Zimt**
Bot.: *Cinnamomum zeylanicum*
Fam.: *Lauraceae*
Hindi: *darchini*
Singhalesisch: *kurundu*
Thai: *op chery*
Burmesisch: *thit-ja-boh-gauk*
Malaiisch: *kayu manis*
Indonesisch: *kayu manis*

Der echte Zimt kommt aus Sri Lanka. Kaufen Sie lieber Zimtstangen (Quills) anstelle von gemahlenem Zimt, der bei längerem Aufbewahren sein Aroma verliert. Zimt wird sowohl zu Süßspeisen wie zu pikanten Gerichten verwendet.
Ähnlich im Geschmack, wenn auch schärfer, ist Kassia, die in Indien, Indonesien und Burma gepflanzt wird. Kassia ist billiger als Zimt, dafür auch nicht so delikat.
Blätter und Knospen des Kassiabaumes schmecken ähnlich wie die Rinde und werden ebenfalls zum Würzen verwendet.
Besonders zum Würzen von Süßspeisen sollte man wirklich nur den echten Zimt nehmen. Achten Sie auf die dünne, helle Rinde. Sie wird an der Sonne getrocknet und rollt sich zu »Quills« auf, die ineinander gesteckt werden. Kassiarinde ist wesentlich dicker, da man ihr die Korkschicht beläßt.

**Zitronengras**
Bot.: *Andropogon nardus*
Fam.: *Graminae*
Hindi: *sera*
Singhalesisch: *sera*
Burmesisch: *zabalin*
Thai: *takrai*
Lao: *Bai mak nao*
Malaiisch: *serai*
Indonesisch: *sereh*

Diese aromatische asiatische Pflanze wächst auch in Australien, Afrika, Südamerika und Florida (USA). Die scharfkantigen Halme des hochwachsenden Grases verzweigen sich zu Büscheln. Das zitronenähnliche Aroma des weißlichen, leicht knolligen Fußes der Halme nutzt man in Curries. Man schneidet mit einem scharfen Messer nur einen Halm dicht an der Wurzel ab und verwendet ausschließlich die untersten 10 bis 12 cm. Die Blätter werden weggeworfen. Verwendet man getrocknetes Zitronengras, so entsprechen 12 Streifen davon einem frischen Halm. Ersatz sind zwei Streifen sehr dünn geschälte Zitronenrinde.

**Zwiebel**
Bot.: *Allium cepa*
Fam.: *Liliaceae*
Hindi: *peeaz*
Singhalesisch: *lunu*
Malaiisch: *bawang*
Thai: *hom hua lek*
Lao: *phak boua nyai*

Es gibt viele Zwiebelsorten; dicke milde Gemüsezwiebeln und meist kleinere schärfere Würzzwiebeln. Die Schalen können grau, gelb oder rot sein. In Asien verwendet man hauptsächlich rote Zwiebeln.

**Zuckererbsen**
Chinesisch: *ho lan dau*
Japanisch: *saya endo*
Indonesisch: *kacang kapri*

Man nennt sie auch »Schnee-Erbsen«, »chinesische Erbsen« oder mit ihrem französischen Namen »mange-tout«. Es sind kleine, flache Schoten mit winzigen Erbsen, leuchtend hellgrün.
Man kocht sie nur ein oder zwei Minuten und ißt sie dann im ganzen, mitsamt der Schote. Sie lassen sich einige Tage lang in einem Plastikbeutel oder mit Wasser bedeckt in einer Schüssel im Kühlschrank aufbewahren.

# Register

Seitenzahlen in *Kursiv* weisen auf Abbildungen hin


Abba 138, 497
- achcharu 142
Abalone in Austernsoße 247
- in Essig und Sesam 469
Abon daging 183
Aburage 456, 484
Acar ikan 220
- kuning 226
Achuete 484
Adas 488
Adobo 344
- aus Huhn und Schweinefleisch 362
Adobong baboy 362
- manok 349
Adrak 490
Agar-Agar 290, 291, 373, 484
Agar-Agar-Gelee 258
Ajowan 484
Ajwain 484
Aka miso 431, 441, *479*, 493
Akoori 51, *117*
Akyaw 286
Alba 485
Alkoholische Getränke 15
Alla aluwa 148
Allium cepa 488, 500
Almondigas 361
Alu bartha 70
Alu bhaji 69, 90
- chap 60, 69
- chat 93
- gosht kari 58
- kehel Curry 135
- lachche 91
- mattar sukhe 64
- puri 25
Am chatni 83
- ka achar 84
Amargoso-Salat 364
Ambul thiyal 127
Amchur 15, 484
Amé hnat 281
Ametha net aloo hin 281
- net shwephayone thee hin 281
Ampalaya 364
Amu miris 486
Ananas achar 85
Ananas-Kokosnuß-Curry 203
Ananas-Öl-Pickle 85
Ananas vorbereiten 12
Anchovis-Soße 497
Anda kari 50
Anethum graveolens 488
Anispfeffer 484
Annatto-Samen 344, 345, 484
Appé 106, 109, 110
Arroz 345
Arroz a la paella 346, *353*
- caldo 346
Asafoetida (Stinkasant) 15, 484
Asam babi goreng 188
Ashtar 16
Asiatische Gerichte 7
- Küche, Zutaten *154*
- Rezepte 7
Asiens Küche 7
Atta 484, 496
Auberginen, gefüllte 363
Auberginen mit Joghurt 67, 81
Auberginen-Petjal 191
Auberginen-Pickle 142
Auberginen-Püree 68, *116*
Aussprache der Rezepte 7
Austernsoße 242, 373, 484
Avocado fool 148
Avocados 105
Awabi goma zu 469
Ayam Bali 179
- goreng asam 179
- goreng Jawa 178
- lemak 222
- panggang 177
- panggang pedis 179
- petis 180
- saté 180
Azuki-Bohnen 432

Babath Curry 132
Babuitulsi 485
Backblech 15
Backhuhn, javanisches 178
Badami gosht 54
Badhak buffado 49
- vindaloo 49
Badhapu luna sambola 146
- vambotu sambola *155*, 146
Baechu 431
Bagoong s. Shrimp-Paste (Shrimpsoße) 345, 497
Bahk gwoah 490
Baigan dahi 67
- pachchadi 81
Bajak 7
Balachaung, öliges *276*, 282
-, trockenes 283
Balinesische Rindfleischstreifen 183
Balinesisches Brathuhn 179
Bällchen, ausgebackene, aus süßen Kartoffeln 213
- aus Rind- und Schweinefleisch 361, 408
- aus Schweinefleisch und Garnelen 361
- aus Schweinefleisch und Krabbenfleisch 311
Bambusschößlinge 324, 332, 373, 441, 484
Bananen 28, 86, 102, 135
-, gebratene 206, *234*
- in gewürztem Joghurt 81
- in Kokosmilch gekocht 330
Bananen-Konfekt 102
Bananenkuchen mit Cashew-Nüssen 343
Bananen-Snacks 292
Bandakka Curry 134
Banh mi chien tom 343
Barbecue-Soße 373, 405, 406, 415, *398*, 428, 485
Barfi 14, 97
Bartha 14
- badam 97
- pista 97
Basilikum 485
Basmati-Reis 9
Baw law gai 392
Bawang goreng 204
- putih 491
Bay poun 325
Beigericht, Vietnam 339
Beilagen, Burma 282–285
-, Indien und Pakistan 71–86
-, Indonesien 204–208, 212
-, Malaysia 216–230
-, Singapur 251, 252
-, Sri Lanka 138–144
- und Suppen, Malaysia 227
Beni shoga 456, *479*, 485
Besan 15, 261, 485
Beya kyaw 285
Bhaji 14
Bhendi bhaji 68
- kari 68
Bhuna murgh 44
Bier 15
Bindae duk 451
Biriani mentara 232
Biriani-Reis 41
Birianis 14, 215, 216
Biththara appé 110
Bittermelone, gefüllte 415
- mit Garnelen 364
Blacan 7, 232, 242, 485, 489
Blachan 317, 485, 497
Blätter, grüne, zerpflückte, mit Kokosnuß 137
Blumen, goldene 423
Blumenkohl, mit Chilis gebraten 225
Blumenkohlsuppe 210
Bo xao dau me 336
Bo xao mang 337
Bockshornklee 15, 485
Bockshornkleesamen 106
Bohnen, in Fett gedünstet 62, *116*
-, gelbe 489
-, grüne, mit Garnelen 448
-, schwarze 242, 373
-, schwarze, gesalzene 485
Bohnenkerne, getrocknete, in Curry 63
Bohnenkuchen, goldgelbe 321
Bohnenmehlfäden 486
Bohnenpaste, gelbe 489
Bohnenpfannkuchen 451
Bohnenpaste, rote japanische 431
-, süße 498
Bohnenquark 485
- in Barbecuesoße 415
- in Blättern 295
- und Bohnensprossen 226
-, chinesischer 485, 488
-, gebackener, mit Erdnüssen 202
-, gebackener, mit Sojasoße 202
-, gebratener 486
-, gelber 486
-, gesalzener 345
- in gesalzener Sojabohnenpaste 226
-, getrockneter 486
- mit Hummersoße 415
-, japanischer 485
-, roter 486
Bohnenquark-Omelettes 182
Bohnen-Sayur 192
Bohnen-Sherry-Soße, schwarze 427
Bohnensoße 219
-, chinesische 242
-, scharfe schwarze 497
Bohnensprossen 486
- in Teig ausgebacken 284
Bohnensprossen-Salat 449
Bohnensprossen-Sambol 145
Bokum bahb 442
Bolo de coco 150
- folhado 163
»Bombay-ducks« mit Chilis 139
Bombay-Ente (Fisch) 85, 486
Bombili mirisata 139
Bombones de Arroz 368
Bonito, getrockneter 491
Boondi 99
Boothi ngabaung kyaw 283
Botee kebab 57
Bowle 15
Brathuhn, balinesisches 179
-, gewürztes 47, 177
- mit Satay-Gewürzen 247
Breudher *160*, 162
Brinjal bartha 68, *116*
Brioches 344
Brot, gesäuertes, nach Art des Punjab 24
-, hausgemachtes 14
Brötchen, mit Fleisch gefüllt 152
Brote, Indien und Pakistan 21
Brühe, einfache 87, 416, 417, 470
-, chinesische, Fisch 416
-, chinesische, Fleisch 417
-, chinesische, Hühner 416
-, indische 87
-, japanische 470
-, klare, für Nudelsuppen 471
Buah pelaga 490
Buala keras 242
Buck ging ngap 403
Buhari murgh 45
Buko 345
Bulgalbi 432, *437*, 443
Bulgogi 432, 444
Bulgogi-Soße 444
*Burma* 259, *277*
-, Beilagen 282–285
-, Curries 268–281
-, Do-it-yourself-Methode 260
-, Getränke 291, 292
-, Gewürzbord 261
-, Küchengeräte 260
-, Mahlzeit servieren 260
-, Meerestiere 266–270
-, Reis und Nudeln 261–265
-, Rezepte 261 ff.
-, Speisen 259
-, Suppen 286–289
-, Süßspeisen 289–292
Burmesische Rezeptbezeichnungen 7
Butter, geklärte 7
Butterfett 7

Ca hap 333
Ca vo vien xao cai be trang 333
Cabai, chilli 486
Cadju 486
Cadju Curry 136, *155*
Canh bun tau 342
– cu sen 341
– dau hu 341
– ga bi dao 341
– tom vo vien 341
Capuchinos 366
Cardillo 348
Carum copticum 484
Cashew-Nuß-Curry 136, *155*
Cashew-Nüsse 42, *76*, 136, *155*, 379, 486
–, Bananenkuchen mit 343
Cayennepfeffer 441
Cellophan- oder Bohnenmehlnudeln 263, 288, 336, 342, 376, 377, 486
– s. a. unter Nudeln
Cellophan-Nudeln mit Schweinefleisch 377
Cellophan-Nudel-Suppe mit Pfeffer 288
Ceviche 344
*Ceylon* 103–163
– s. a. unter Sri Lanka
–, Beilagen 138–144
–, Currypulver 111
–, Fleischgerichte 127–132
–, Geflügel 126–127
–, Gemüsegerichte 132–138
–, Geschichte, Kultur, Speisen 103 ff.
–, Gewürzbord 106
–, Küche 104, 105, 112, 126, 127, 132, 138, 148
–, Kuchen 161–163
–, Küchengeräte 105
–, Mahlzeit servieren 105
–, Meerestiere 112–125
–, Reis 106–110
–, Rezepte 106 ff.
–, Rotis (Brote) 108
–, Sambols 144–147
–, Süßspeisen und Snacks 148–152
Ceylonesische Mahlzeit 105
Ceylonesisches Gewürzbord 106
Cha dum 339
– gio 343
– shiu 406
– shiu bao 425, *433*
– yip dahn 429, *433*
Chai chow fan 374
– dim sum 426
Champignons, Kartoffeln und Erbsen in Curry 66, *114*
Chan pei fun gai 387
Chang dau ngau yook see tong 421
Channa 89, 90
– ki dhal 88, 90
Chap chye 241, 448
Chapatis 14, 15, 21, *39*
– mit Linsen- und Spinatfüllung 22
Capsicum 487
Char kway teow 218, *235*
Chawan mushi 465
Chee cheong fun 242
Chichin gogi 445
Chikuwa 456
Chili-Erdnuß-Soße 227
Chili-Krabben *239*, 246
Chilipaste 7
–, scharfe 204
Chilipulver 15, 106, 242, 261, 295, 324, 487
Chilis 10, 105, 242, 324, 486
–, getrocknete 10, 295
–, grüne 486
–, rote 486
Chili-Sambol 145
Chilisoße 242, 252, 295, 373, 441, 487
Chilli, cabai bijau 486
Chin hin 287
*China* 370–430
–, Brühen 416
–, Geflügel 387–405
–, Gemüsegerichte 412–416
–, Gerichte, Küche 370
–, Küchengeräte 372
–, Mahlzeit servieren 372
–, Meerestiere 379–387
–, Reis und Nudeln 374–379
–, Rezepte 374 ff.
–, Schweine- und Rindfleisch 405–411
–, Snacks und Vorspeisen 422–430
–, Suppen 417–421
Chinakohl, eingelegter 447
Chinesische Bohnensoße 487
– Fischkuchen 487
– Gerichte 6, 7, 374
– Hackmesser und -bretter 373
– Pilze 373
– Würste 487
– Zutaten *357*
Chinesischer Pfeffer 383
– Salat 416
Chinesisches Essen kochen 371
– Gemüse *356*
– Gewürzbord 373
Chirashi-zushi *439*, 482
Ching choong chow fan 374
– chow ho yau har yan 383
Cho kanjang 451
Chokosuppe 288
Chorizos 346, 363
Chow dau kok 414
– loong har kau 386
– mein, kombiniertes 378
– min 377
– salmg choy 413
– yook pin 408
Chow-Chow-Konserven 373, 487
Choy yuen har kau chow mi fun 379
Chrysanthemum s. Pyrethrum
Chu hau deung mun gai 387
Chu hau jeung mun dau fu 415
– – jeung mun wan yee 412
Chun chow 484
Chuoi nuong 343
Chutney aus frischem Koriandergrün 82
– aus Limonen und Datteln 143
Chyet-thon-phew 491
Com chay 339
Com chien 333
»Country Captain« 247
Cumi-cumi 7
Curd 16
Curries 14, 105
Curry aus Cashew-Nüssen 136, *155*
– aus Fisch-Koftas 269
– aus Garnelen und süßem Flaschenkürbis 327
– aus gebratenem Schweinefleisch 130, *159*
– aus gebratenem Tintenfisch 124
– aus gefurchtem Kürbis 133
– aus gelbem Kürbis 134
– aus gesalzenem Fisch und Auberginen 132
– aus gewürfelter Leber 131
– aus grünen Bananen 135
– aus Hackfleisch und getrockneten Erbsen 60
– aus Huhn und Bambusschößlingen 222
– auss Hühnerlebern 48
– aus Hühnermägen 127
– aus Kutteln 132
– nach Moslem-Art 300
– aus Rindfleisch und Kartoffeln 281
– aus Rindfleisch und Kürbis 281
–, trockenes, aus Kartoffeln und Erbsen 64
Curryblatt 15
Curryblätter 106, 487
Curryhuhn, im ganzen gekocht 223
Currypasten und Curries, Thailand 298
–, grüne 298
– nach Madras-Art 26
– nach Moslem-Art 298
–, rote 299
–, Zutaten *280*, 298–299
Currypulver und -pasten 25, 488

Daging abon 183
– masak Bali 183
– rendang 184
– semarang, lapis 182
– semur 187
– singgang 182
Dahi 16
– murgh 42
Dahn far tong 418
– min 375
Dai bao 425
– choy goh 434
– tze guen 422
Daikon s. weißer Riesenrettich
Dak busut jim 443
– jim 442
Dashi 454, 456, 470, 471, 488
Dashimaki tamago 464
Dau see sheung jing jeung 427
Daun bawang 488
– kari, karupillay 487
– ketumbar 491
– pandan s. Pandanus 166
– salada 491
– salam 166, 487, 488
Daun salat 489
Degchi 15
Degi mirich 486
Dehi achcharu 143
– achcharu temperado 144
– lunu 143
– lunu sambola 144
– rata idi Chutney 143
Dendeng 185
– ragi 185
Dessert, gefrorenes 101
Desserts, Indien und Pakistan 95
–, Kambodscha 330
– aus kondensierter Milch 102
–, Malaysia 229
–, Philippinen 258
–, Sri Lanka 148
–, Thailand 312
– s. a. unter Süßspeisen
Dhal 62, *116*
– chapati 22
– rasam 87
Dhallo badun 124
Dhania 491
– chatni 82
Dhansak 18, 43, *74*
Dhingri kari 67
Dhwen jang 431, 441
Dicker Rahm 16
Dill 488
Dim sum, vegetarische 426
Diniguan 344
Distelöl 8
Doh piaza 58
Domburi für Eltern und Kinder 457
– kitsune 458
– tempura 459
– yakitori 459
Doong fong sik gow lahm 430, *435*
– gwoo chow ngau yook 411
– – hung shiu 412
– – lap cheong jing ju yook 424
Dow foo 485
– foo pok 488
Dowsee 485
Dui heo kho noi dat 338

Eier, ausgebackene, mit Schweinefleisch *278*, 306
– in Chilisoße 181, *196*
– in Kokosmilchsoße 50
–, marmorierte 208
– s. a. unter Omelett
– mit Pilzen gedämpft 336
– mit Schweinefleisch und Meerestieren gefüllt *278*, 306
– in Sojasoße 181
Eierblumensuppe 418, 481
Eiercurry 50
Eiercustard, in Dampf gegart, mit Meerestieren 465
–, gedämpfte, mit Tofu 466

Eiernudeln 242, 261, 375
Eierpudding, in Kürbisschale gedämpft 312
Eierspeisen 51, *117*, 138, 305, 306, 336
–, Indien und Pakistan 50
Eierspeisen, Indonesien 181
Ei-Hoppers 110
Eintopfessen 20
Elettaria cardamomum 491
Elolu kiri hodhi *116*, 133
Empal Jawa 188
Empanadas 366
Enasal 491
Enduru 488
Ensaimadas 344, 368
Ente, gebratene, in Barbecuesoße *398*, 405
–, gebratene, auf Szetschuan-Art 404
–, gedämpfte 405
–, geschmorte, mit Kastanien *397*, 404
–, mit Kohl und Kartoffeln 49
Entencurry, grünes 300, *313*
–, scharfgewürztes saures 49
Enten-Padré-Curry 126
Erbsen, ausgebackene gelbe 88, 90
– mit Frischkäse 65, *115*
Erbsenschoten in Curry 63, *113*
Erdnüsse 89, 174, 201, 202, 205, 206, 227, 242, 295, 324, 332, 350
Erdnußöl 166, 242, 261, 295, 324, 332, 441
Erdnußsoße, scharfe 206
– mit Bröckchen 205
–, milde 205
Erdnußwaffeln *195*, 212
Essenportionen 15
Essensweise, indische 14
Essig 345
–, weißer 441
Extrahieren der Kokosmilch 10

Faah jiu, hua chiao 484
Fadenhoppers 110
Falooda 15, 94, *120, 153*
Fan 374
»Fat horses« 310
Fenchel 106, 242, 324, 488
Fenchelsamen 15
Fernöstliche Kroketten 248
Ferula asafoetida 484
Feuertopf *396*, 432, 447
Filipino-Mahlzeit 345
Firni 99
Fisch 165
–, ausgebackener 381, 382
–, ausgebackener, mit Gemüsen 327
– auf balinesische Art 172
– in Bananenblättern gegrillt 171, *194*
– in Blättern gedämpft 266
– –, mit Sesam u. Kokosnuß 267
– in brauner Bohnensoße 170
–, eingelegter 267
– mit Erdnußsoße 174
– mit Essig gewürzt 220
– im ganzen gedämpft 327
–, gebratener 29, *40*, 442
–, gebratener, mit gesalzenen Sojabohnen 219
–, gebratener, mit Ingwersoße 304, *314*
Fisch, gebratener, mit Kokosmilch 173
–, gebratener, mit Tamarinde 303
–, gebratener, nach Thai-Art 304
–, gebratener, mit Tomaten und Eiern 348
–, gedämpfter 333
–, gedämpfter, in Bananenblättern 28, *77*
–, gedünsteter 218, 305
–. gefüllter, mit getrockneten Shrimps *317*, 325
–, gegrillter 122, 442
–, gegrillter, mit Chilis 172
–, gegrillter, mit Gewürzen 171
–, gegrillter marinierter 460
–, gekochter, in Kokosmilch 27
– mit Gemüsen 244
–, getrockneter *117*
– mit gewürzten Kokosflocken 219
–, gewürzter, und Reis 217
– mit Ingwer 347
– mit Ingwer gedämpft 326
–, knuspriger 381
– in Kokosmilch und Gewürzen 172
– mit Kokosnußsahne 326
– mit Krabbensoße 244
–, kurzgekocht, mit Cashewnüssen 379
–, im Ofen gebacken 30, 173
– in Portionsstücke schneiden 11
–, roher 462
– in roter Soße 303
– in Sojasoße 174
–, an Spießchen gegrillt 30
– auf Szetschuan-Art 382
Fischbrühe 471
–, einfache 416
Fischcurry 28, 112, 219
–, grünes 299
– ohne Soße 270
–, saures 29, 112
– mit Tomate 27, 121
Fische s. a. unter Meerestiere
Fischfilets mit Hoisinsoße 382
Fisch-Koftas 122, 269
Fischkuchen mit Chinakohl 333
Fisch-Pickle 141
Fischsoße 7, 295, 324, 331, 332, 345, 488
– mit Knoblauch und Chilis *320*, 340
– sauté 284
Fischsuppe mit Nudeln 418
Fleisch mit Linsen 43, *74*
– mit Palmzucker 128
Fleischbällchen, ausgebackene, aus Java 186
– in Curry gekocht 57, *79*
– mit Eiern gefüllt 57, *80*
–, gebratene 307
Fleischbrühe, einfache 87
Fleischfasern, kroßgebacken 183
Fleischgerichte, China 405–411
–, Indien und Pakistan 51–61
–, Indonesien 182–190
–, Malaysia 223–225
Fleischgerichte, Philippinen 351–363
–, Singapur 248–251
–, Sri Lanka 127–133
–, Thailand 306/307
–, Vietnam 336–339
Fleisch-Kartoffel-Curry 58
Fleischspießchen in Curry aus Goa 61
Foguete 151
Frikadellen aus Hammelfleisch und Linsen 225
– aus Hülsenfrüchten 14
Frikkadels 139
Frische Früchte 86
– Kokosmilch 10
– Reisnudeln 218
Friteuse 15
Früchte, frische 86
Fruchtkorb, orientalischer 430, *435*
Fruchtsalat, würziger 206, 214
Frühlingsrollen 255
Frühlingsrollen-Hüllen 488
Frühlingszwiebeln 13, 488
Fukusa zushi 483
Fun yue 389
– see 376
Fünf-Gewürze-Pulver 242, 373, 489
Fünf-Gewürze-Rindfleisch 409

Ga hap ca 334
Ga xao bun tau 336
Ga xao xa ot 335
Gado-gado 201
Gai choy chow hao kau *359*, 383, 489
Gai see fun guen 375
– sheung tong 416
Gajjar halwa 98
– kheer 98
Gaju 486
Galbi jim 446
Galgant, großer 489
–, kleiner 489
»Galloping horses« 311, *316*
Ganghwe 451
Garam masala 15, 26, 489, 495
– – aus aromatischen Gewürzen 26
– – nach Kaschmir-Art 26
Garnelen blachan 144
– in Chili-Bohnensoße *238*, 246
– mit Chilis 246
– mit Chilis auf Szetschuan-Art 384
– in durchsichtigem Teig 428, *433*
–, gebratene 267
–, gebratene, in Kokosmilch 175
–, gewürzt, mit Reis 19
– in Kokosmilch 31, 349
–, pfannengerührte, mit Senfkohl *359*, 383
– in süß-saurer Soße 245
–, in Teig ausgebacken 283
Garnelenbällchen 32
– mit Zuckererbsen 384
Garnelen-Cracker 207, 244
Garnelencurry 123
–, rotes 123, 299
– mit Soße 270
–, südindisches 31
–, trockenes 270, *276*
Garnelenklößchen, gedämpfte 425, *430*
Garnelenpaste, zerstoßene 282
Garnelenplätzchen 212
Garnelenpulver 489
Garnelen-Rollen 310
Garnelenspießchen, gegrillte 176
Garnelensuppe 302, *315*
– mit Lilienknospen 302, *315*
Gay lim sook mi gai tong 419
Gebäck, pikant gefülltes 91, *119*, 153
Gebackene Nüsse 89
Gebratene Bananen 206, *234*
– Garnelen in Kokosmilch 175
– Gemüse 14
– Kartoffeln 69, *117*
– Nudeln 169, *240*, 243, 265, 347, 376
– –, Singapur-Art 243
– –, Zutaten *240*
– Reisnudeln 218, *235*
Gebratener Fisch 29, *40*, 173, 219, 303, 304, *314*, 348, 442
– – mit gesalzenen Sojabohnen 219
– Reis 169
Gebratenes Huhn 179, 390, *393*
– Mischgemüse 66
Geflügel, China 387–405
–, Indien und Pakistan 41–49
–, Indonesien 177–180
–, Japan 463–464
–, Kambodscha 328
–, Malaysia 221–223
–, Philippinen 350
–, Singapur 247/248
–, Sri Lanka 126–127
–, Thailand 305/306
Geflügel und Eierspeisen, Vietnam 334–336
Gefrorenes Dessert 101
Gefüllte Krapfen 91, *119*
Gegrilltes Huhn 45, 46, 178, 179, 463
Gekochter Reis in Fleischbrühe 19
Gelle-Getränk, geeistes 291
Geleepilze 495, 500
Gemüse 65, 66, 286
– mit Erdnußsoße 201
–, gebratene 14
–, gekochte mit Kokosnuß 203
–, geschmorte 34, 413, 414

–, Indien und Pakistan 62–70
–, Japan 469–470
– in Kokosmilch gekocht *200*, 201
– in Kokosnußsoße 190, *199*
–, Korea 449
–, pfannengerührt 192
–, pfannengerührt, und Fisch in brauner Bohnensoße 170
–, pfannengerührte gemischte 339
– mit Reis 17
Gemüse- und Hühnersuppe 472
Gemüse- und Linsensuppe 87
Gemüsebällchen, pikante ausgebackene 90, *153*
Gemüsecurry *116*, 133, 225
Gemüsefüllungen 14
Gemüsegerichte, China 412–416
–, Indonesien 190–203
–, Malaysia 225/226
–, Philippinen 363/364
–, Sri Lanka 132–138
Gemüsepaprika 495
Gemüse-Pickle 226
Gemüsepüree aus grünem Blattgemüse 65
Gemüsezwiebeln 10
Geriebene Kokosnuß 86
Geröstete Nüsse 86
Gesalzene Zitronen in Essig 143
Geschmorte Gemüse *34*, 413, 414
Gesundes Essen 7
Getränk, kaltes, mit Rosenaroma 93, *120*
Getränke, indische 15
–, Indien und Pakistan 93–94
Gewürzbord, burmesisches 261
–, indisches 15
–, indonesisches 166
–, Kambodscha 324
–, Laos 324
–, Singapur 242
–, Sri Lanka 106
–, Thailand 295
–, Vietnam 332
Gewürze 7, 14, 15, 242, 373
– aus Ceylon 105
–, gemahlene Mischung 26
Gewürzte Garnelen mit Reis 19
Ghee 7, 8, 14, 15, 16, 106, 489
Ghee-Reis 106
Ginnan 490
Gin 490
– thoke 292
Ginkgo biloba 489
Ginkgonuß 490
Glutamat 490
Glutenmehl 490
Goani kebab 61
Gobi foogath 64
– paratha 23
Gochujang 431, 441
Gogi bokum 444
Gogi busut bokum 445
– kuk 452
Gohan 457
Goldene Blumen 423
Goma yaki 464
Gomairi hatagorashii 479, 490
Gomasio 490
Goo yit fun yim 428
Gooda bartha 69
Goorakathee kyawjet hin 288
Gorigomtang 452
Gova mallung 137
Grasgelee 490
Grundgewürze zum Marinieren von Rindfleisch 432
Grundteig, einfacher 150
Grundwürze für Sambals 170
Grüne Beilage zu Reisgerichten 137
Grüne Zwiebeln 13
Guava-Gelee 369
Guava-Paste 369
Guchulpan 431, *436*, 450
Guinataan 244
– hipon 349
Gujarati khattai alu 70
Gujarati-Kartoffeln 70
Gula Jawa (Palmzucker) 166, 494
– Melaka 230, 494
Gula-Melaka-Pudding 215
Gulab jaman 14
– jamun 98
Gulai ayam 223
– ayam rebon 222
– cumi-cumi 176
– ikan 172, 219
– kambing 224
– manis kangkung 191
Gun Saengsun 442
Gurken in Joghurt 72, 116
– in Joghurt, gewürzt 81
–, pfannengerührte, mit Rindfleisch 445
– in saurer Sahne 72
Gurken-Pickle 284
–, süßes 492
Gurkensalat 308, 449
Gurken-Sambol 146, *155*
Gwoo lo yook *395*, 406
– lo yue lau 381
Gyuniku no kushiyaki 467
– teriyaki 467

Haal masso 489
Hackbraten aus Schweinefleisch 339
Hackfleisch mit frischen Erbsen 60
– auf Spießchen 56
Hackfleischbällchen, holländische 139
Hae kün 310
Hai yook dahn gung 418
– yook par dau fu 415
– yook par gai 390
Haifischflossen-Suppe 417
Halia 490
Hammelcurry, scharfgewürztes 224
– auf Spießchen 52
Hammelfleisch s. a. unter Lammfleisch
Hammelfleisch-Frikadellen 225
Hammel-Kebab 57
Häppchen, pikante, und Snacks, Indien und Pakistan 88
Har kau oder Kau che 428, *433*
Harak mas Curry 128, *155*
Harusame *479*, 486, 494
– tempura 462
Hefeteig-Konfekt, ausgebackenes 97
Hefeteigrollen, süße 368
Heung so ngap 405
Hibiskus-Curry 135
Hijiki *479*, 490
– nituke 469
Hin 286
– cho *276*, 287
Hin gha 287
– thee hin ywet 286
Hing 484
Hmo kyaw kyet 285
Ho fun 375
– lan dau chow dai tze 387
– lan dau chow har kau 384
– lan dau chow ngau yook *396*, 410
– nan jum choa yue 380
– yau chang dau dew pin *358*, 386
– yau mun gai 388
Hoi seen jeung boon yue lau 380
Hoisinsoße 373, 490
Hokkien mee 243
Hokkien mee-Suppe 253
Holländische Hackfleischbällchen 139
Hoppers 109
– mit dicker Kokosmilch 110
Horapa 485
Hors d'œuvre, kalt 424
Htamin 261
– lethoke 260, 262
Huhn mit Ananas 392
–, ausgebackenes 45, 390
– mit Cellophannudeln 336
– auf chinesische Art zerlegen 11
– für Curries zerschneiden 11
– Everest 46
– oder Fleisch mit Linsen 43, *74*
–, ganzes, in Gewürzen und Joghurt 48, *75*
– und Garnelen mit Brokkoli 402
–, gebackenes 248
–, gebackenes, mit gelber Bohnensoße 305
–, gebratenes 179
–, gebratenes, auf Szetschuan-Art 390, *393*
–, gegrilltes 178
–, gegrilltes mariniertes 463
–, gegrilltes, mit scharfen Gewürzen 179
–, gegrilltes an Spießchen 46
–, geräuchertes 387
– mit gerösteten Austern 387
–, geschmortes, mit Pilzen 443
– mit gewürzter Kokosmilchsoße 222
– mit Ingwerschnitzeln 306
–, kaltes, in Austernsoße 388
– in Kokosmilch 177, *196*, 222, 301
– nach Mogul-Art 44
–, ofengebraten 391
–, pfannengerührtes, mit Pilzen 328
–, mit Pilzen gedämpft 335
–, rotgekochtes 392
– und Schweinefleisch in Erdnußsoße 350
– mit Shrimpsoße 180
– mit Sotanghon 350
– auf Spießchen gegrillt 180
– mit Tomaten gedämpft 334
– mit Walnüssen 400, 401
Huhn mit Walnüssen und Brokkoli *355*, 401
– mit Zitronengras 335
Hühner- und Gemüsesuppe 472
Hühner-Adobo mit Kokosnußsoße 349
Hühnerbiriani auf Moslem-Art 41
Hühnerbrühe 470
–, einfache 416
Hühnercurry 126, *156*
– – mit Cashew-Nüssen 42, *76*
– mit gerösteten Kokosflocken 221
–, grünes 300
– und Nudeln 265, *274*
– ohne Soße 271
– mit Soße 271
–, trockenes 44
Hühnerfleisch, ausgebackenes mariniertes 464
–, gebratenes, mit Sesamkernen 464
–, in Reispapier ausgebacken 391, *394*
Hühnerflügel, geschmorte 384
Hühner-Fritada 349
Hühnergericht, pikantes 41
Hühner-Joghurt-Curry 42
Hühnerleber, Curry aus 48
Hühner-Mulligatawny 140
Hühneromelett 465
Hühner-Stew 442
Hühnersuppe 209
–, sehr scharf gewürzt 209
–, würzige 228
Hühner-Tinola 350
Hummer, gebratener *360*, 385
Hummercurry 124, *157*
Hummer-Omelett-Curry 125
Hummersuppe mit Ei 418
Hung shiu doong gwoo 412
– shiu say saw *34*, 413
– shiu yue har guen 380
– yung dau fu 430

Iddi appé 110
Ikan Bali 172
– bandeng 173
– bilis 489
– briani 217
bumbu santan 173
– goreng tauceo 219

- kacang 174
- kecap 174
- kelapa 219
- kukus (Nonya) 218
- panggang 171, *194*
- panggang pedis 172
Illaichi 491
Imili chatni 82, *119*
Inari-zushi 481
Indien, Küche 14, 17, 21, 25, 27, 41, 51, 62, 86, 93, 95
*Indien und Pakistan* 13–102
–, Beilagen 71–86
–, Brote 21–25
–, Currypulver und -pasten 25–27
–, Eierspeisen 50–51
–, Fleischgerichte 52–61
*Indien und Pakistan*
–, Geflügel 41–49
–, Gemüse 62–70
–, Getränke 93–94
–, Gewürzbord 15
–, Häppchen und Snacks 88–93
–, Kochkunst 14
–, Mahlzeit servieren 14, 15
–, Meerestiere 27–32
–, Reis 17–21
–, Rezepte 17 ff.
–, Suppen 86–88
–, Süßspeisen und Desserts 95–102
Indische Brote 15, 21, 25
- Essensweise 14, 15
- Getränke 21, 93–94
- Küche 7, 14
- Rezeptbezeichnungen 7
- Süßigkeiten 14
*Indonesien* 152–213
–, Beilagen 204–208
–, Eierspeisen 181–182
–, Fleischgerichte 182–190
–, Geflügel 177–180
–, Gemüsegerichte 190–203
–, Gewürzbord 166
–, Küche 164 f.
–, Küchengeräte 166
–, Reis und Nudeln 167–169
–, Rezepte 167 ff.
–, Sambalan 170
–, Seefische 170–176
–, Snacks 210
–, Speisen 165
–, Suppen 208–210
Indonesische Mahlzeit 165
- Rezeptbezeichnungen 7
Ingredienzen 15, 16
Inguru 490
Ingurupiyali 489
Ingwer 7, 15, 106, 295, 490
–, aromatischer 489
–, eingelegter 326
–, Fisch mit 347
–, roter 496
Ingwer-Huhn, geschmortes 389
Ingwer-Mix 292
Ingwerschnitzeln, Huhn mit 306
Ingwer-Sojasoße 427
Ingwer-Soße, gebratener Fisch mit 304, *314*
Ingwerwurzel 490
Instant soups *479*
Isso thel dhala 123

Jaggery 490, 494
- satay 128
- s. a. Palmzucker
Jahe 490
Jahp wui chow min 378
- wui tong min 421
Jakfrucht 105
Jalebi 97
*Japan* 454–483
–, Eierspeisen 464–466
–, Fleischgerichte 466–468
–, Geflügelgerichte 463–464
–, Gemüse, Salate und Würzzutaten 469–470
–, Küche 454, 455
–, Japan, Küchengeräte 456
–, Mahlzeit servieren 456
–, Meerestiere 460–463, *473*
–, Reis und Nudeln 457–459
–, Rezepte 457 ff.
–, Shusi *478*, 481–483
–, Suppen 470–481
–, Zutaten 456, *479*
Japanisches Regal (Zutaten) 456, *479*
Jar yue har guen 422
- wonton 430
Javanisches Backhuhn 178
Jeung 427, 490
Jhinga achar 85
- bhajia 32
- kari 31
- molee 31
- pilau 19
Jing ng far nam 405
- yeung buck gwoo 412
Jintan manis 488
Joghurt 14, 16, 490
–, Auberginen mit 67
–, Auberginen, würzige, mit 81
–, Gurke in gewürztem Joghurt 81
–, Gurke in Joghurt 72, *116*
- und Hühner-Curry 42
- mit Lammfleisch in Gewürzen 52, 53
–, desgleichen, Kaschmir-Art 53
- und Reis mit gewürztem Lammfleisch 21
- mit Spinat und Gewürzen 72
Joghurt-Getränk 94, *120*
Ju yook har kau doong shun tong 419
- yook ma tai chow hahm suen choy 407
- yook sheung tong 417
Jun ju shun ho lan dau chang gwa 414
Jup sek choy 416

Kacang 215
Kachori 24
Kachumbar 71
Kaeng 294
- chud dok mai chin 302, *315*
- chud mu kai 303
Kaeng khieu wan kai 300
- khieu wan pet 300, *313*
- khieu wan pla 299
- masaman 300
phed nuer 301, *313*
phet kung 299
Kai kwam *278*, 306
- lao 328
- phat khing 306
- tod taucheo 305
- yang 305
Kaju 486
- murgh kari 42, *76*
Kakejiru 471
Kakitama-jiru 481
Kakuluwo Curry 124, *157*
- Omlet Curry 125
Kaltes Getränk mit Rosenaroma 93, *120*
Kalupol sambola 147
Kamaboko 490
Kamargah 55
*Kambodscha (Khmer) und Laos*
–, Desserts 330
–, Geflügel 328
–, Gewürzbord 324
–, Küche 322
–, Reis, Meerestiere 325
–, Rezepte 324 ff.
–, Suppen 328–330
Kamm-Muscheln mit Zuckererbsen 387
Kang hed say hom pom 330
- kung 329
- som pa 329
Kanten 484
Kapi 295, 489
- pla 310
Kapulaga 491
Kara vila sambola 147
Karahi 15
Karamelcustard 369
Karavadu vambotu Curry 132
Kardamom 15, 106, 264, 295, 491
Kari 322
- ayam kelapa 221
- bonkong trasak 327
- laksa kerang 215
Kari-kari 344, 352
Karotten-Konfekt 98
Karottenpudding 98
Kartoffelbrei (kalt) 70
Kartoffel-Frikadellen 60
- mit Erbsen gefüllt 69
Kartoffeln-Halva 148
Kartoffeln, gebratene 69, 90
Kartoffel-Püree (heiß) 70
Kartoffel-Puris 25
Kartoffelscheiben 93
Kaschmir-Chilis 487
Kashmiri kofta kari 57, *79*
- roghan josh 53
Käsecremebällchen in Sirup 100
Kasserollen 15
Katsuobushi 456, *479*, 491, 492
Kau che 428, *433*
Kaukswé 260
- kyaw 265
Kebabs 55, 56, 57, 61, 176, 225, 338
- shami 225
- s. a. unter Satays
Keema kari 60
- mattar 60
- mattar pilau 20
- seekh kebab 56
Kela halwa 102
- pachchadi 82
Kemangi 485
Kemiri-Nüsse 166
- s. a. Lichtnüsse
Kenchin-jiru 472
Kencur 489
Kencur-Pulver 166, 295
Kesar murgh 47
- pilau 18
Ketupat 217
Kewra 494
- s. a. Pandanus odoratissimus
Kha 488
Khanom bualoi 321
- talai 312
Khao kluk kapi 295
- nieo kaeo 28
- phat 296
- phat prik *279*, 296
- poun 328
- suey 296
Khattai wali machchi kari 29
Khayyam naan 232
Kheer 95
Khira pachchadi 81
- raita 72, *116*
Khmer, Küche 322
- s. unter Kambodscha
Khoa 16
Kichererbsen 261
–, pikate 89, 90
Kichererbsenmehl 485
Kilaw 348, *353*
Kilawin 344
Kim 432
- chi 431, 447
Kimizu 470
Kinome yaki 460
Kiri bath 107
- hodhi 140
Kisetsukan 455
Kitchri 17
Kitsune domburi 458
Klebreis 295
–, gelber 216
- mit Sojabohnensoße 340
Klößchen, kleine pikante 426
Knoblauch 7, 342, 491
Knoblauch-Huhn 305
Kochen des Reises 9
Kochfette 7
Kochflüssigkeit bei Reis 9
Kochikai 486
Kochkunst Indiens und Pakistans 14
Kochweise des Reises 8
Koftas 122, 232
Kohl, gedünsteter 64
- in Kokosmilch 191
–, zerpflückter 137
Kokosflocken 15, 106, 166, 261, 295, 324, 346
–, geröstete, mit Erdnüssen 206, *234*
Kokosmilch 8, 9, 491

–, »dicke Milch« 9, 10
–, »dünne Milch« 9, 10
–, extrahieren 10
–, frische 10
–, geeiste, mit Sago 292
– aus Kokosflocken 10
–, Zubereitung 10, *35*
Kokosmilch-Gelee 229
Kokosmilch-Pudding, in Dampf gegart 312
Kokosmilch-Reis, süßer 312
Kokosmilch-Soße 140
Kokosmilchsuppe 229
Kokosnuß 9
–, geriebene 86
Kokosnuß-Chutney, grünes 83
Kokosnußcreme 15
Kokosnuß-Custard 152
Kokosnußkuchen 150
Kokosnußöl 8
Kokosnußreis 262
Kokosnußsahne 166, 261, 295, 324, 345, 348
Kokosnuß-Sambal 227
Kokosnuß-Sambol 147, *155*
Kokosnuß-Waffeln 212
Kokossahne 106, *155*
»Kokossahne« 9
Kombu 456, *479*, 491
Kondensmilch, ungesüßte 16
Konfekt 14
– aus Kichererbsenmehl 96
–, rosenparfümiertes 96
– aus Sesamkörner und Palmzucker 163
Kong namul 449
– namul kuk 453
Koonee sambola 145
Kopfsalat 491
Koppé bath 107
»Korallen und Jade«-Garnelen *33*, 383
– –, Scampi *33*, 383
*Korea* 431–453
–, Essen, Gerichte 432
–, Fische 432
–, Geflügel 442/443
–, Gemüse 449
–, Gewürzbord 441
–, Grundgewürze 432
–, Küche 431
–, Küchengeräte 432
–, Mahlzeit servieren 432
–, Reis 441–442
–, Rezepte 441 ff.
–, Snacks 450/451
–, Suppen 452/453
–, Zutaten 431
Koreanische bunte Platte 431
Koriander 15, 106, 166, 242, 295, 324, 491
Korma 53, 216
– pilau 21
Kotelettstück, in Sesamsoße geschmort 446
Kouffi 232, 308
Krabbenomelette 334
Krachai 489
Krapfen, mit Fleisch gefüllt 366
– kleine, pikant gefüllte 91, *119*, *153*
– mit süßer Füllung 151
Kräuter 7
Kravan 490
Kreuzkümmel 15, 106, 166, 242, 295, 324, 492
Kreuzkümmel- und Tamarinden-Wasser 90, 93
Kroketten, fernöstliche 248
Krüng kaeng khieu wan 298
– kaeng masaman 298
kaeng phed 299
– kieng 294
Krupuk emping 208
– udang 209, *234*
Kuay namuan 330
Küche Asiens 7
Kuchen, kleine, mit Weinbrand 366
Kuchen, Sri Lanka 161
– zum ersten Zahn 289
Küchengeräte 15, 105, 166, 216, 241, 260, 324, 372, 456
– s. a. unter den verschiedenen Ländern
Küchlein aus gelben Erbsen 285
Kukul gujura Curry 127
– mas Curry 126, *156*
Kümmel, süßer 498
Kung tom yam 302, *315*
Kürbis 133, 134, 147, 281
Kuri yokan *479*, 492
Kurkuma 15, 106, 166, 242, 261, 295, 324, 345
Kuruma Iraichchi 129
Kurz- oder Mittelkornreis 9
Kurze Rippen, geröstete, vom Rind *437*, 443
Kutteln 132
Kuya mushi 466
Kyauk kyaw *277*, 290, 291, 484
Kyazan 260, 263
– hin cho 288
– hin gha 288
Kyazangyi kaukswé 266
Kyetha hin 271
– see byan 271

Lahng poon 424
Laksa aus gemischten Meerestieren 252
Lal mirich 486
Lamm mit Gewürzen und Joghurt 52, 53
Lamm-Biriani 20
Lammcurry 51
Lammfleisch 14, 52
–, gewürztes, mit Reis, in Joghurt 21
–, Kaschmir-Art 53
–, pikantes 20
–, Pilau 20
– mit Safran und Mandeln 54
–, würziges, mit Zwiebeln 58
Lammfleischbällchen in Curry nach Kaschmir-Art 57
Lamm-Kebabs 55, *78*
Lammkeule, gebratene, nach Kaschmir-Art 54
Lammkoteletts in würzigem Ausbackteig 55
Lamm-Satay aus Madura 188
Lamm-Spießchen, würzige 56
Lampries 108
– Curry 130
Landsenf 138
Langkornreis 9, 295
Langustenschwänze, kurzgebraten 385
–, pfannengerührte 386
Laos (Gewürz) 488, 492
–, Huhn mit Kokosmilch und Laos 302
*Laos* 323–330
– s. a. unter Kambodscha
–, Desserts 330
–, Essen servieren 324
–, Gewürzbord 324
–, Küche 323
–, Küchengeräte 324
Laos, Reis, Meerestiere 325
–, Rezepte 325 ff.
–, Suppen 328–330
Laos-Pulver 166, 242, 295, 324
Laotische Fischsuppe 329
– Gerichte 323
– Mahlzeiten servieren 324
Laotisches Huhn 328
Lap cheong 487
Lapis daging semarang 182
Lasan 491
Lassi 94, *120*
Lauch, mit Chili gebraten 136
–, mit Gewürzen gebraten 66
Lebensmittelfarbe, rote 373, 496
Leber, geschmorte 223
Lebercurry aus gewürfelter Leber 131
Leche flan 369
Leeks mirisata 136
Leilas rotis 109
Lemper 211
Lengchee kang 215
Lengkuas 232, 488
Lichtnüsse 242, 492
Lilienblüten 332
Lilienknospen 373, 492
Limonen, kleine grüne 492
– oder Zitronen, eingesalzene 144
Limonen- oder Zitronen-Öl-Pickle 85, 144
Lin ngau chow ngau yook 410
Ling moong gai 388
Linsen, 17, 22, 43, 87, 89, 225
– mit Huhn oder Fleisch 43
– und Gemüsesuppe 87
– mit Pfefferwasser 87
– mit schmackhaftem Reis 17
– nach Sri Lanka-Art 136
Linsenpüree 62, *116*
Linsensnack, pikanter 89
Lo han chai 414
Lombok 486
Longaniza 344
Lorbeer 492
Lorbeerblätter 345
Lotosblüten 423
Lotosnußpaste 373
Lotoswurzel 332, 373, 410, 492
–, Suppe aus Schweinefleisch und Lotoswurzel 341
Love cake 160, *162*
Lumpia 344, 365
–, Soße dazu 365
Lunu miris sambola 146
Lut gee hoong shiu ju yook 407
– tze mun ngap *397*, 404

Ma ho 311, *316*
– uon 310
– yung bao 428, *433*
Machchi kari 28
– kebab 30
– molee 27
– tamatar ki kari 27
Madrasi masala 26
Maduru 488
Magermilch 8
Mah mee 253
Mahlstein 15
Mahlzeit, Portionen 15
– servieren 14, 15
– –, s. unter den einzelnen Ländern
Maiskölbchen und Zuckererbsen mit Gurke 414
Maisöl 8, 261
Maispfannkuchen 210
Mak phet kunsi 486
Makrele in Essigmarinade 463, *474*
Malai 16
Malaiisches Rindfleisch-Satay 224, *237*
*Malaysia* 214–230
–, Beilagen 227
–, Fleischgerichte 223–225
–, Geflügel 221–223
–, Gemüsegerichte 225–226
– Gewürzbord 216
–, Küche 215
–, Küchengeräte 216
–, Mahlzeit servieren 216
–, Meerestiere 218–221
–, Nudeln 218
–, Reis 216–217
–, Rezepte 216 ff.
–, Snacks und Desserts 229–230
–, Speisen 215
–, Suppen 228–229
Malaysische Rezeptbezeichnungen 7
Malaysisches Gewürzbord 216
Malediven-Fisch 493
Mallung 137
Malu bola cutlis 122
– Curry 112
– miris *479*
– roast 122
Mam tom 489
Mandarin-Pfannkuchen 427
Mandelbiskuits 258
Mandelgelee 430
Mandel-Sahne-Konfekt 97
Mandoo 453
Mango- oder Apfelsalat 309, *313*
Mango-Chutney, süßes 83
Mango-Eiscreme 367
Mango-Pickle, grünes 84
Mangos 105, 165

Markkürbis, weißer 283
Marmorierte Eier 208
Mas ismoru 127, *158*
– paan 152
Masal dum machchi 30
– kaju badam 89
– murgh 45
Masala dhansak 43
Masala-Huhn, gegrilltes 45
Masala-Paste, grüne 27
Matsutake-Pilze 454
Mattar chilka kari 63, *113*
– pamir 16, 65, *115*
– pilau 18
Mechado 351
Mee krob 297
Meeresalgen 7, 432
Meerestiere
– s. a. unter Fische
–, ausgebackene 462
Meerestiere, Burma 266–270
–, China *358*, 379–387
–, in Folien gebacken, und Gemüse 460
–, gekochte, und Gemüse 460, *473*
–, Indien und Pakistan 27–32
–, Indonesien 170, 176
–, Japan 460–463
–, Kambodscha, Laos 325
–, Malaysia 218–221
–, Philippinen 347–349
–, Singapur 244–247
–, Sri Lanka 112–125
–, in Teig ausgebackene, und Gemüse 461, *476*
–, Thailand 303–305
–, Vietnam 333
Meesua 361
Mei chen 490
Mein chiang 441
Melindjonuß-Waffeln 208
Melonen, Salat 364
Melonenschnitzel 373, 493
Membrillo 369
Menudo 362
Merienda 344
Methi 485
Mi fun 376
Mie goreng 169
Milchkonfekt 96
Milchreis 107
Milde Suppe *276*, 286
Minze, gewöhnliche 493
– und Zwiebeln mit Tomatensalat 72
Minzenchutney 82, 90, *116*
Mirin 456, 458, 493
Mischgemüse, gebratenes 66
–, geschmortes 413
–, pfannengerührte 448
– s. a. unter Gemüse
Mischung gemahlener Gewürze 26
Miso 455, *479*, 493
–, rotes 493
– shiru 471
Misu 345
Misu-Tomatensoße 347
Miti kiri appé 110
Mittelkornreis 332
Mixer, elektrischer 10, 15
Moan chua noeung phset kream 328
Moghul biriani 20, *38*
–, Pilau 20
Moghul-Küche 14
Moglai biriani 20, *38*
–, Pilau 20
– murgh 44
Moh hin gha 260, 264, *275*, 332
– loung ye baw 290
Moh-let-saung 292
Mohnsamen 493
Moong ata sambola 145
Mootay molee 50
Morcon 351
Moslem-Curry 300
Moslem-Currypaste 298
Mu Saingchai 449
– wan 306
Muc don thit *319*, 334
Mugisha 456
Mulligatawny 88
Mungbohnenmehl 295, 493
Mürbeteigplätzchen, knusprige, aus Weizengrieß 96, *153*
Murgh biriani 41
– buhari 45
– dahi 42
– kaju murgh kari 42
– kaleja kari 48
– kesar 47
– masala 45
– moglai 44
– musallam 48, *75*
– tandoori 47
– tikka 46
Murtaba 256
Murukku 89
Muscheln, gedämpfte 32, *73*
Muschelrollen, kleine 422
Muskat 493
Muskatblüte 15, 493
Muskatnuß 15
Musubi 457
Mut jup mun gai yik 389
Mutton kari 51
Mysore pak 96

Naan 24
Nabemono-Essen 455
Nabeyaki udon 472
Nam dong co tiem ga 431
– pla 295, 488
– prik 309
– som kratiem 309
Namasu 470
Namkin chawal 17
Nan khatai 8, 96, *153*
Narayana bantom Sindhu 321
Nargisi kofta 59, *80*
Nariyal chatni 83
Nasi goreng 169
– gurih 167
– kuning lengkap 168, *193*
– kunyit 216
– lemak 242
– putih 167
– uduk 167
Nelken 15, 106, 261, 295, 494
Nem nuong 338
Nethali 489
Ng heung ngau yook szee 409
Nga baung doke 266, 267
– chauk 282
– see byan 270
– soke lone hin 269
– tha lauk paung 267
Ngan pya ye (Fischsoße) 261, 488
– pya ye chet 284
Ngapi (Shrimp-Paste) 261, 489
– chet 284
– htaung 282
Ngapyaw kyaw 292
Ngau yook dau kok chow mi fun 378
– yook ju yook yin 408
– yook sheung tong 417
Nguoc mam 326
Nierencurry, trockengebratenes 186
Nigiri zushi 482
Nil thee 486
Nil-thee-sein 486
Nimboo ka achar 85
Nonya-Küche 231
Nonya-Mahlzeit 241
Nori 432, 455, 494
Norimaki zushi 483
Nudeln 242, 456
–, frische, gebratene 243
–, gebratene 169
–, gebratene, Singapur-Art *240*, 243
–, gebratene, mit verschiedenen Fleischsorten 347
–, gebratene, mit Zutaten 265
–, japanische 494
–, kalte 459
–, kroß ausgebacken 377
–, Malaysia 218
–, weichgebratene 376
Nudelsuppe 253
–, herzhafte 472
Nuoc cham *320*, 323, 331, 332, 340
– leo 340
– mam 324, 331, 332, 488
Nuoc-mam-Soße *320*, 340
Nüse, gebackene 89
–, geröstete 86

Oboro *440*, 458
Ochsenschwanzsuppe 452
Ogu Ruloung 138
Ohn htamin 262
Okrabohnencurry 134
Okra-Curry 68
Okras, gebratene 68
Öle 7, 8
– zum Kochen 16
Olivenöl 345
Öl-Reis 263
Omeletts 125, 182, 334, 464, 465, 483
–, aufgerollte 464
– aus Bohnenquark 182
– mit Hühnerfleisch 465
– mit Hummer in Curry 125
Ooroomas badun 130, *159*
– rathu Curry 131
Opor ayam 177, *196*
Orientalischer Fruchtkorb 430, *435*
Otsukuri 454
Oyako domburi 455, 457
Oyi jikai 446
– namul 449

Pa khing 326
– kela 81
Pacari 203
Pak kad 491
*Pakistan* 13–102
– s. a. unter Indien und Pakistan
–, Beilagen 86, *115*
–, Brote 21–25
–, Currypulver und -pasten 25–27
–, Eierspeisen 50/51
Pakistan, Fleischgerichte 51–61
–, Geflügel 41–49
–, Gemüse 62–70
–, Getränke 93–94
–, Häppchen und Snacks 88–93
–, Kochkunst 14
–, Küche 14, 17, 21, 25, 27, 41, 51, 62, 86, 93, 95
–, Meerestiere 27–32
–, Reis 17–21
–, Rezepte 17 ff.
–, Suppen 86–88, *118*
–, Süßspeisen und Desserts 95–102
Pakorba 14
Pakorhas 90, *153*
Palak bhaji 64
– raita 72
Palmzucker 128, 152, 163, 292, 295, 321, 494
Pan de sal 344
Panch phora 15, 16, 494
Pancit 344, 445
– guisado 347
Pandanus 106, 494
– odoratissimus 494
Pani puri 89, 90, *118*
Panir 16
Panthé kaukswé 265, *274*
Papayas 105
Papaya-Salat 364
Pappadams 86, *155*
Paprika 105, 106, 261
Paprikagewürz 494
Paprikapulver 295, 345, 495
Paprikaschoten, rote und grüne 495
Par say saw 413
Parathas 15, 23, *39*
– mit Blumenkohlfüllung 23
Paripoo 136
Parsi pilau 18, 54
Parsi-Gericht 18
Pasteten 91, 149, 151, 428
Patis 345, 488
Patrani machchi 28, *77*
Patties 149
– aus Fleisch und Kokosnuß 187, *198*
Pazoon hin 270

- kyaw 267, 268
- ngabaung kyaw 283
- see byan hin 270, *276*
Pe thee pin pauk ngabaung kyaw 284
Pecal terung 191
Peegodu Curry 131
Pei par ngap *398*, 405
Peking-Ente 403
Pergedel goreng Jawa 186
- jagung 210
Perhas 96
Perlzwiebeln 11
Perunkaya 484
Pesa 344, 347
Petis 166, 495, 497
Pfannkuchen 14
- mit Garnelen und Süßkartoffeln
–, löcherige 229
–, südindische 92
Pfannengerührte Gemüse 170, 192, 339
Pfeffer 15
–, chinesischer 484
–, schwarzer 242, 324, 332, 345, 441, 495
–, weißer 495
Pfefferkörner 106
–, schwarze 295
Pfefferschoten 487
Pfeffer- und Salz-Mischung 428
Pfefferwasser 86
- mit Linsen 87
Pflanzenöl 8, 106
Pflaumensoße 373, 428, 495
Phak boua sot 488
- itu lao 485
- si 488
Phalazee 491
Phat wun sen 297
*Philippinen* 344–369
–, Fleischgerichte 351–363
–, Geflügel 350
–, Gemüsegerichte 363–364
–, Küche 344
–, Küchengeräte 345
–, Mahlzeit servieren 345
–, Meerestiere 347–349
–, Reis und Nudeln 346–347
–, Rezepte 346 ff.
–, Snacks und Süßspeisen 365–369
–, Zutaten 345
Philippinische Gerichte 344, 345
- Rezeptbezeichnungen 7
Pho 332, 342
Phu khoua kai nor may 325
Piaz bhaji 66
- ka dhania pattar salat 84
- sambal 83
Picadillo 353
Pickle aus getrockneten Garnelen 85
–, grünes Mango 84
- aus Gurken 284
- aus Seefisch mit Tamarinde 141
- in Tomatenöl 84
Pickle-Soße, süßsaure 429
Pickled kombu *479*
Pikantes Lammfleisch 20
Pilau 14, 110, 232
- jhinga 19
- keema mattar 20
- kesar 18
- korma 21
- mattar 18
- moglai biriani 20
- parsi 18
- sabzi 17
- mit Safran und Zitrone, süß 18
- yakhni 19
Pilus 213
Pilzcurry 67
Pilze, aromatische 295
–, chinesische 242, 261, 295, 373
–, gedämpfte, mit Garnelen und Hühnerfleisch gefüllt 446
–, gedämpfte, mit Schweinefleischfüllung 412
Pilze, geschmorte 412
–, getrocknete 441
–, getrocknete chinesische 324, 332, 345, 392
–, mit Hühnerfleisch gebraten 285
Pilzsojasoße 495
Pilzsuppe mit Koriander 330
Pimiento 494
Pindang telur 181
Pipian 344, 350
Pipinja sambola 146, *155*
Pisang goreng 206, *234*
Pistazien-Sahne-Konfekt 97
Pittu 111
Pla cian 304
- nam 303
- nerng 305
- prio wan 304, *314*
- tod 303
Plasroi 489
Pochero 363
Podina chatni 82, 90, *116*
Poh pia 215, 241, 254, *273*
Pok pang 427
Pol sambola 147, *155*
Pratad lom 311
Prik chee pha 485
Puddings
- aus Eiern, in Kürbisschale gedämpft 312
–, Gula-Melakka-Pudding 215
- aus Karotten 98
- aus Kokosmilch, in Dampf gegart 312
- aus Reis 95
- aus Sago 230
- aus Weizengrieß 95, 291
- s. a. unter Desserts der einzelnen Länder
Püree aus grünem Blattgemüse 65
Pürees 14
Puri 24, *39*
Puris mit Füllung 24
Pushka 89
Pyrethrum 495
Qabargah oder Kamargah 55
Qualitätsmerkmale des Reises 8

Raan 54
Rabri 102
Rabu kolle mallung 138
Radieschenblätter, zerpflückte 138
Rahmkäse, hausgemachter 16
Rahmkäsebällchen, frische in kondensierter Milch 100
Raita 237
Rambutan 105, 215
Rampé 494, 495
Rampé-Blatt 106
Ras gula 14, 100
- malai 100, 232
Rasam 86
Rathu isso Curry 123
- miris 486
Reis 8, 457
–, einfacher schmackhafter 17
–, gemahlen 495
Reis, geröstet 9, 496
- kochen 9
–, Kochflüssigkeit 9
–, Kochweise 8
–, Kurz- und Mittelkorn 456
–, Monatsvorrat 8
–, Qualitätsmerkmale 8
- rösten 9
- waschen 9
–, weißer 167, 374
Reis
–, duftender 167
–, Burma 261–266
–, China 374–379
- mit Essig und Zucker 481
- »mit Fingern gemischt« 262
- in der Form 325
- mit frischen grünen Erbsen 18
- mit gebratenem Bohnenquark 458
- mit gebratenem Huhn 459
–, gebratener 169
–, gebratener, mit Chilis *279*, 296
–, gebratener, mit Hummer und Schweinefleisch 442
–, gebratener, in Sojasoße 374
–, gebratener, nach Thai-Art 296
–, gebratener, vegetarisch 374
–, gedämpfter 296
–, gedämpfter, in Blättern, mit Huhn 375
–, gekochter, in Fleischbrühe 19
–, gekochter weißer 261, *276*
–, gelber 107, *155*, 168, *193*
- mit Gemüsen 17, *37*
–, geröstet 332
- mit gewürztem Lammfleisch 21
–, gewürzter, nach Parsi-Art 18
–, goldener 291
- mit Hackfleisch und Erbsen 20
- mit Huhn 346
- mit Huhn und Meerestieren 346, *354*
- mit Huhn und Pilzen *440*, 458
–, Indien und Pakistan 17–21
–, Indonesien 167–169
–, Japan 457–459
–, Kambodscha, Laos 325
- mit Kapi 295
- in Kokosmilch 242
- in Kokosmilch und Gewürzen gekocht 172
–, Korea 441–442
–, langer, mit Huhn 325
- mit Linsen 17
–, Malaysia 216–217
- mit Meerestieren und Gemüsen *439*, 482
- und Nudeln 242 f.
- und Nudeln, Indonesien 167
- und Nudeln, Philippinen 346
- und Nudeln, Thailand 295
–, Philippinen 346–347
- mit Pilzen 441
- mit rohem Fleisch 482
–, süßer, mit Safran und Zitrone 18
Reis, Singapur 242
–, Sri Lanka 107–110
- aus Tassen gestürzt 107
–, Thailand 295–296
–, im Topf angeröstet
- Vermicelli 110, 261, 295, 376, 496
- Vermicelli mit Fischsuppe 264, *275*
- Vermicelli mit Garnelen 379
- Vermicelli mit Rindfleisch 378
–, Vietnam 333
Reis- und Nudelgerichte 7
- - s. a. unter den einzelnen Ländern
Reis-Fadennudel 242
Reisflammeri 99
Reiskrapfen 368
Reiskuchen, gepreßter 217
Reiskugeln 457
Reisnudeln 375
- mit Curry 266
–, frische 218
–, gebratene 218, *235*
Reispfannkuchen 92, 106
Reispudding 95
Reisrollen mit gewürzter Füllung 211
Reissorten 8, 9
Reiswahl 9
Reis-Waschwasser 496
Reiswein 324, 332, 441
Rellenong 363
Rempah 232
Rempah-rempah 187, *198*
Rempeyek kacang *195*, 212
- kelapa 212
- udang 212
Rendang 184, 215
- ayam 222
- daging 184, *197*
- ginjal 186
Rettichsalat 449
Rezeptbezeichnungen 7

Rezepte s. unter den einzelnen Ländern
– Malaysias und Indonesiens 6
Riesenrettich, weißer 500
Rind- und Schweinefleisch-Satay 249
Rinderfilet in schwarzer Bohnensoße 409
Rinderschmorbraten 127, *158*
Rindfleisch mit Bambusschößlingen 337
–, feuriges 444
– und Gemüse 466, *475*
–, gekochtes, mit Gemüsen 468
–, geschmortes, mit Zwiebeln 445
–, Grundgewürze zum Marinieren 432
–, mariniertes, gegrillt 467
– mit Lotoswurzel 410
– und Meerestiere, gebraten 467
–, pfannengerührtes 411, 445
–, – mit Zwiebeln und Pilzen 411
– und Pilze, an Spießchen gebraten 445
–, rotgekochtes 410
Rindfleisch mit Sesamsoße 336
– in Sojasoße mit Chilis 188
–, in Sojasoße gekocht 187
–, im Topf gebraten 351
–, trockengebratenes gewürztes 185
– mit Zuckererbsen *396*, 410
– und Zwiebeln auf Spießchen 467
Rindfleischbrühe, einfache 417, 452
Rindfleisch-Curry 128, *155*
– und Kokosnuß 185
–, rotes 301, *313*
Rindfleisch-Curry
–, sehr trocken 281
– auf Spießchen 129
–, trockenes 184
–, trockengebraten 184, *197*
Rindfleisch-Pfeffer-Curry 129
Rindfleischroulade, gefüllte 351
Rindfleisch-Satay, malaiisches 224, *237*
Rindfleisch-Scheiben, ausgebackene 444
Rindfleischsuppe mit Salat 332, 342
–, sauce 351
Rindfleisch-Stew 443
Rindfleischstreifen, balinesische 183
Rippchen, gewürzte 250
Rippspeer spezial 182
Rojak 251
Roghan josh 52
Rollen aus Fisch und Garnele 422
– aus gebratenem Schweine- und Krabbenfleisch 343
–, geschmorte, aus Fisch und Garnelen 380
– aus Hühnerfleisch und Schinken *399*, 402
Rosenwasser 15, 496
Rösten des Reises 9
Rotes Miso s. Miso
Roti jala 229
Roti-Mehl 496
Rotis 108, 241
– mit Füllung 256
Rührei mit Gewürzen 138
– nach Paris-Art 51, *117*
Rujak buah-buah pedis 206, *233*

Sa hor fun 218
Saag 65
Saang choy 491
Saba no sutataki 463, *474*
Sabz mirich 486
Sabzi bhaji 66
– pilau 17, *37*
Saewoo bokum 448
Safran 345, 496
–, echter 15
Safranhuhn 47
Sagopudding 230
Sahne 16
Sai lan far chow har kau 33, 383
– lan far gai pin har kau 402
– lan far gai pin to yan *355*, 401
Sakana no gingami yaki 460
– ushiojiru 471
Sakazuki 456
Sake 456, 496
Salat aus Bittermelonen 364
–, chinesischer 416
– aus gemischten Gemüsen 285
–, geschmorter 413
– aus mariniertem Fisch 348, *353*
– aus Rettich und Kohl 470
– aus rohem Fisch 326
– aus Schweineschwarte 308
– aus Wasserkastanien 308
– aus Zwiebeln und Koriandergrün 71
Salatdressing 470
Salatgurke, in Essig angemacht 469
Salzfisch 282
Sambal
– s. a. unter Beilagen; Sambol
– babi 251
– bajak 10, 204, 496
– buncis 203, *234*
– cumi-cumi pedis 176
– aus gebackenem Fisch 220
– aus gebratenen Chilis 204
– aus gebratenen Garnelen 174, *234*
– goreng ikan 220
– goreng kembang 225
– goreng sotong 221, *236*
– goreng telur 181, *196*
– goreng udang 175
– goreng udang asam 174, *234*
– aus grünen Bohnen 203, *234*
– kacang 215
– kelapa 227
– kepala udang 175
–, scharf-saures, aus Garnelenköpfen 175
– aus Shrimp-Paste 310
– ulek 10, 166, 204, 496
–, Zwiebel- 83
Sambalan 170
Sambals 10, 165, 166
Sambar 87
Sambol aus bitterem Kürbis 147
– aus eingesalzenen Limonen 144
– aus gebratenen Auberginen 146, *155*
– aus gebratenen Zwiebeln 146
– aus gerösteten Kokosflocken 147
– aus zerriebenen Zwiebeln und Chilis 146
Sambols 144–147
– s. a. unter Beilagen; Sambal
Same ka bhaji 62, *116*
Samlor chhrook 329
Samoosa 91, *119*, *153*
Samthuhnsuppe mit Maiscreme 419
Samuk-saba 488
Sanjuck 445
Sansho 456, 484
Sanwin makin 291
Sapattu mal Curry 135
Sashimi 454, 462
Satay Curry 129
– daging 227, *237*
–, scharfgewürztes 189
–, süßes 189
Satays 241
Saté ayam 180
– babi 190
– bumbu 189
– kambing Madura 188
– manis 189
– udang 176
Sauce mix *479*
Saure Suppe 139
Saures Fischcurry 29
Saus kacang 205, 227
– kacang pedis 206
Sayur 166
– buncis 192
– kari *200*, 201
– kol 191
– lodeh 190, *199*
– masak lemak 225
– tumis 192
– udang bayam 228
Schalotten 13, 497
Schichtkuchen 163
Schmetterlingsgarnelen 422
Schraubenbaum 494
Schreibweise der Rezepte 7
Schwarze Bohnen-Knoblauch-Soße 427
– Bohnen-Sherry-Soße 427
Schwarzkümmel 15, 497
Schweinefleisch, Barbecue-gewürzt 250
–, gebratenes, in Barbecuesoße 406
–, gebratenes, mit Meehoon 249
–, gebratenes, mit Tamarinde 188
–, gedämpftes 405
–, geschmortes 407
–, gesimmertes 362
–, in Kokosmilch gekocht 251
–, kroß ausgebacken *395*, 406
–, pfannengerührt, gekocht 408
–, süßes 306
– auf Spießchen gegrillt 338
– mit Szetschuan-Gemüse 249
– im Topf gebraten 338
– mit Zucker gekocht 336
Schweinefleisch-, Fisch- oder Garnelenbällchen, gebratene 283
Schweinefleisch-Adobo 362
Schweinefleisch-Curry 272
–, rotes 131
–, trockenes 272
Schweinefleisch-Satay 190
Schweinefleischscheiben, in Teig ausgebacken 407
Schweinefleisch-Suppe 329
Schweinefleisch-Streifen, trokkengekocht 337
Schweinefleisch-Vindaloo 61
Schweineknochenbrühe, einfache 417
Schweinekotelett 468
Schweineschmalz 8
See htamin 263
See jiu chow loong har 385
– jup gook hai *360*, 385
– jup yeung fu gwa 415
– yo gai 392
– yo ngau yook 410
Seefische s. unter Fische, Meerestiere auch unter den einzelnen Ländern
–, Indonesien 170–176
Seekh botee 52
– kebab kari 56
Seen goo gai lau to yan 370, *400*
– lo shun chow ngau yook 409
Seeni sambola 145
Seerfisch (Spanische Makrele) 141
Seetang, gebratener, mit Gemüse 469
Seetang-Gelee *277*, 290
Selaseh, kemangi 485
Semaranger Rindfleischscheiben 182
Semolina-Pudding 95, 291
Semur ati 223
– daging 187
Senf, schwarzer 497
–, Landsenf 138
Senfkohl, pfannengerührte Garnelen mit 383
Senfkörner, schwarze 15
Senföl 14
Senf-Pickle 142
Senfsamen 106
Sereh-Pulver 166, 295
Serikaya dengang agar-agar 229
Serundeng 206, *234*
Sesamkerne 261, 324, 332, 441
Sesamöl 166, 242, 261, 332, 373, 441, 456, 497
Sesampaste 373, 497

Sesamsamen 497
Sesamsoße 332, 432, 451
Set hnit myo hincho 289
Sev oder Murukku 89
Seviyan 95
Shabu-shabu 455, 468
Shahi tukri 101
Shami kebab 225
Sharbat gulab 15, 90, *120*
Sheingho 484
Shiitake *479*
Shikar vindaloo 61
Shirataki 497
Shiu ng heung gai 391
Shoga *479*, 490
Shoyu 455, 456, *479*
Shrimp- oder Garnelenpaste 340
Shrimps 390
–, getrocknete 295, 441
–, pfannengerührte, mit Bohnensprossen, Zuckererbsen 245
Shrimp-Paste 7, 242, 340, 497
–, getrocknete 7, 295, 332, 489, 497
– sauté 284
–, Shrimpsoße 497
Shrimp-Plätzchen, in der Pfanne gebacken 339
Shrimpsambol 145
Shrimpsoße, chinesische 332, 345
– nach Thai-Art 309
Shrimp-Toast 343
Shrimp-Waffeln 207, *234*
Shwé htamin 291
Siew mai 425, *433*
Sikumchi kuk 448
Si-klok 307
Silberpilze 498
Silgochu 431
Sin sul lo 432, *438*, 447
*Singapur* 231–258
–, Beilagen 251/252
–, Fleischgerichte 248–251
–, Geflügel 247–248
–, Gewürzbord 242
–, Küche 231
–, Küchengeräte 241
–, Mahlzeit servieren 241
–, Meerestiere 244–247
–, Reis und Nudeln 242–243
–, Rezepte 242 ff.
–, Snacks und Süßspeisen 254–258
Singara 91, *119*, *153*
Singgang ayam 178
– daging 182
Sinigang 344
– na carne 351
Sirup aus Kokosnuß und Palmzucker 321
Snack aus frischen Reisnudeln 242
Snacks und Süßspeisen
– s. a. unter Desserts
–, Burma 289–292
–, China 422–430
–, Indien und Pakistan 96–102
–, Indonesien 210–213
–, Korea 450–451
–, Malaysia 229
–, Philippinen 365–369
–, Singapur 254–258
–, Sri Lanka 148–152
–, Thailand 310–321
–, Vietnam 343
Snapper auf Honan-Art 380
So jar for tui gai guen *399*, 402
– jar gai yuen 423
– jar har yuen 423
Soba *479*, 494
Sofrito 346
Sojasoße 166, 242, 261, 295, 324, 345, 373, 441, 498
Sojabohnenkuchen, gefüllte 311
Sojabohnenprodukte 7
Soojee halwa 95
– vadai 92
Somen *479*, 494
Sonf 488
Song-i bahb 441
– busut jun 446
Sonnenblumenöl 8
Soo mui jeung, shiu ha jeung 428
Soße Barbecue 373, 405, 406, 415, 428, 485
– mit geröstetem Pfeffer und Salz 428
– aus Knoblauch, Chili und Fischsoße *320*, 340
Soße mit Knoblauch u. Essig 309
– zu Lumpia 365
–, Misu-Tomate 347
–, Salz und Fünf-Gewürze-Mischung 428
–, Soja- 166, 242, 261, 295, 324, 345, 373, 441
Soßen, Austern- 247, 383, 386
–, Chili- 181, 227, 246, 252, 427
– zum Dippen 427
–, Erdnuß 174, 201, 205, 206, 350
–, Fisch-Sauté 284
–, Krabben- 244, 390, 415
–, rote 386, 392, 410
–, schwarze Bohnen- 385, 409, 415, 427
–, Sesam- 336, 446, 451
–, süß-sauer 381, 406, 428, 429
Sothi 229
Soto ayam 209, 228
Sotong kangkong 215
Sousi pa 326
Speiseöle 7
Speiseverbote 14
Spinat, gedünsteter 64
–, geschmorter, mit Schweinefleisch 448
– mit Joghurt und Gewürzen 72
– und Linsenfüllung, Chapatis 22
Spinat-Püree 65
Sprotten, getrocknete 85
*Sri Lanka* 103–163
– s. a. unter Ceylon
–, Beilagen 138–144
–, Currypulver 111
–, Fleischgerichte 127–132
–, Geflügel 126–127
–, Gemüsegerichte 132–138
–, Geschichte, Kultur, Speisen 103 ff.
–, Gewürzbord 105
–, Küche 104, 105, 112, 126, 127, 132, 138, 148
–, Kuchen 161–163
–, Küchengeräte 105
–, Mahlzeit servieren 105
–, Meerestiere 112–125
–, Reis 106–110
–, Rezepte 106 ff.
–, Rotis (Brote) 108
–, Sambols 144–147
–, Süßspeisen und Snacks 148–152
Stangenbohnen, kurzgebraten 414
Sternanis 373, 498
Stew aus Rindfleisch und Gemüsen 352
Stinkasant 15, 484
Strohkartoffeln 91
Strohpilze 373, 498
Suan-la tang 420
Südindische Pfannkuchen 92
Sudulunu 491
Suen laht cheung boon yue 381
Sukhe phalli kari 63
Sukiyaki 466, *475*
Sukuyaki 455
Suman 344
Sumashi wan 471
Sunomono 469
Sup kembang kol 210
Suppe, blaßgrüne 421
– aus Bohnenpaste 471
– mit Bohnenquark 341
– aus Bohnensprossen 349
– mit Fisch und Cellophannudeln 342
– aus Garnelen und Auberginen 208
– mit Garnelen und Bohnenquark 471
– aus Garnelen und Spinat 228
– mit Klößchen 453
–, kombinierte lange 421
–, kräftige 287
– mit »langem Reis« 328
– aus Linsen und Gemüsen 87
– aus Melone und Shrimps 329
–, milde, mit Cellophannudeln 288
– aus Rindfleisch und Gemüse 452
– mit Rindfleisch und grünen Erbsen 421
–, saure 287
–, scharfsaure, nach Szetschuan-Art 420
– aus Schweinefleisch und Huhn 303
– aus Schweinefleisch und Lotoswurzel 341
– mit Schweinefleischbällchen, Garnelenbällchen 419
– aus Schweinefüßen 289
– mit Shrimp-Tropfen 341
Suppen, Burma 286–289
–, China 417–421
–, Indien und Pakistan 86–88
–, Indonesien 208–210
–, japanische 470–481
–, Kambodscha 328–330
–, Korea 452–453
–, Malaysia 227–229
–, Singapur 252–253
–, Thailand 301–303
–, Vietnam 341–342
Sushi 454–455
– in gebratenem Bohnenquark 481, 483
– in Omelett eingewickelt 483
– in Seetang eingerollt 483
Süßer Reis mit Safran und Zitrone 18
Süßes Mango-Chutney 83
– Satay 189
Süßigkeiten, indische 14
Süßspeisen, Desserts, Snacks
–, Burma 289–292
–, China 422–430
–, Indien und Pakistan 95–102
–, Indonesien 210–213
–, Kambodscha 330
–, Korea 450–451
–, Malaysia 229–230
–, Philippinen 365–369
–, Singapur 254–258
–, Sri Lanka 148–152
–, Thailand 310–321
Sze chuen chow har kau 384
– – jar gai 390, *393*
– – shiu ngap 404
– – tong 420
– – yau jar yue 382
Szee jup ngau yook 409
Szetschuan-Gemüse 498
Szetschuan-Pfeffer 484
Szetschuan-Suppe 420

Taaza masala 27
Taazi khumben alu mattar kari 66, *114*
Tafelreis 9
Tahini (Sesamsoße) 332, 432, 451
Tahu goreng kacang 202
– goreng kecap 202
– telur 182
Takenoko 484
Tali machchi 29, *40*
Tamarinde 166, 295, 498
Tamarinden-Chutney (chatni) 82, 90
Tamarindenmark 106, 242, 345
Tamarindenwasser 93
Tamatar kasaundi 84
– salat 72
Tandoor roti 232
Tandoori-Huhn 232
Tandoori-Mischung 15
Tandoori mix 499
– murgh 47
Tang 452
Tangerinenschale, getrocknete 498, 499
Tatsuta age 464

Tauceo 219, 487
Tauco ikan 170
Tauhu sod sai 311
Taukwa dan taugeh 226
- tauceo 226
Tawa 15
Tee-Eier, marmorierte 429, *434*
Teig für gedämpfte Teigtaschen 425
Teigtaschen, gedämpfte, mit Bohnenfüllung 429, *433*
- mit geröstetem Barbecue-Schweinefleisch 425, *433*
Telur berwarna 208
Tempura 454, 455, 461, *476*
- domburi 459
Tendon 455, 459
Teppan yaki 467
Terung lodeh 208
Tha hnat 284
Thai-Essen kochen und servieren 294
Thai-Gewürzbord 295
*Thailand* 293–321
–, Curries und Currypasten 298, 301
–, Fleischgerichte 306–307
–, Geflügel und Eierspeisen 305, 306
–, Gewürzbord 295
–, Küche, Speisen 293
–, Küchengeräte 295
–, Mahlzeit servieren 294
–, Meerestiere 303–305
–, Reis und Nudeln 295–297
*Thailand*
–, Rezepte 295 ff.
–, Salate 308–309
–, Snacks 310–311
–, Soßen 309–310
–, Suppen 302–303
–, Süßspeisen 312–321
Thakkali malu 112
Thala guli 163
Thali 14
Thambung hodhi 139
Thanatsone 285
Thara padre Curry 126
Thit heo kho kho 337
- heo kho tieu 337
Thora malu moju 141
- malu siyambala achcharu 141
Thosai 92
Til 16
Tim suen jeung 428, 429
Tintenfisch mit Chilis gebraten 176
- mit grünen Erbsen *358*, 386
- mit Schweinefleisch gefüllt *319*, 334
Tintenfisch-Curry 176
Tintenfisch-Sambal 221, *236*
Tisrya dum masal 32, *73*
Toast für den Schah 101
Tod man nuer 307
Toffee-Äpfel 257
Tofu 455, 456, *479*, 485
Tom bam 340
- kha kai 301
- vo vien chien 339
Tomaten mit Fisch-Curry 27, 121
- mit gebratenem Fisch und Eiern 348
–, gedämpftes Huhn mit 334
Tomaten-Öl-Pickle 84
Tomatenpaste 295
Tomatensalat mit Minze und Frühlingszwiebeln 72
Tomatensoße, Misu 347
Ton-chatties 105, 106
Tonkatsu 454, 455, 468
Tori teriyaki 463
Torimaki 465
Trasi 166, 489, 499
Trei aing 323
- chean noeung spei 327
Trei chorm hoy 327
- noeung phkea *317*, 325
Trung chien voi cua 334
- hap 336
Tsukudani *479*, 499
Tsuyu no moto *479*, 499
Tuingim Seangsun 442
Tulsi 499
Tze bao gai 391, *394*
- gheung mun gai 389

Udon 494
Ukoy 367
Ulek 7
Uluhaal 485
Umba 362
Urap 203

Vadai 14
Vambotu pahi 142
Vatakka Curry 134
Vatakolu Curry 133
Vattalappam 152
Vegetarier 14
Vegetarisch gebratener Reis 374
Vegetarische Dim sum 426
Vermicelli 242
- s. a. unter Nudelgerichten
- mit Fleisch und Garnelen gebraten 297
–, kroßgebacken 297
–, süße 95
Vermicelli-Reis 376
- mit Fischsuppe 264
- mit Garnelen und China-Kohl 379
- mit Rindfleisch und Stangenbohnen 378
*Vietnam* 331–343
–, Beigerichte 339
–, Eierspeisen 336
–, Fleischgerichte 336–339
–, Geflügel 334–336
–, Gewürzbord 332
–, Küchengeräte 332
–, Mahlzeit servieren 332
–, Meerestiere 333
–, Reis 333
–, Rezepte 333 ff.
–, Snacks 343
–, Soßen 340
Vietnamesische Küche 331
Vogelpfeffer 487
Vollmehl-Borte, blättrige 23, *39*
- in schwimmendem Fett gebacken 24
Vorrat bei Reis 8
Vorspeise (Korea) 451

Wah yim 428
Wakame 455, *479*, 499
Walnüsse *355*, 373, *400*, 401, 499
Waribashi (Stäbchen) 456
Waschen des Reises 9
Wasabi 454, 456, 499
Wasabi powder *479*
Wasserkastanien 324, 373, 499
Wasserkresse in süßer Soße 191
Weihnachtskuchen, traditioneller *160*, 161
Wein 15
–, chinesischer 242
Weißer Reis 167
Weißer Riesenrettich 499
Weizengrießauflauf 291
Weizengrieß-Krapfen 92
Weizengrießpudding 95
Weizengrieß-Waffeln 89, 90, *118*
Weizenmehl-Chapatis 14
Wet che dauk hincho 289
Wetha, nga pazoon lone kyaw 283
- see byan 272
Wethani kyet 272
Wildpilze 242, 266, 295
- in süßer Suppe 257
Winterbambus-Schößlinge 500
«Wischnu in einem Meer von Milch« 321
Wok 372
Wolkenohrpilze in Hoisinsoße 412, 495, 500
Wong geung fun 489
- nga bahk tong 421
Wonton 426
- jar 430
Wonton-Hüllen 500
Wontons, süße 430
Woo dip har 422
Wurst aus Pilzen, Schweine- und Hühnerfleisch 424
- aus Schweine- und Krabbenfleisch 307

Yakhni 87
- pilau 19
Yakitori 454
- domburi 459
Yam krachup 308
- ma muang 309, *313*
- mang mu 308
- tang kwa 308
Yangnyum kanjang 444
Yau pao yiu gor yue kow 379
Yook nup fun see 377
Yosenabe 460, *473*
Yue chi tong 417
- sheung tong 416
- tong min 418
Yuen sai ling jup lahng gai 389
Yukkae jang kuk 443

Zaru soba 459
Zeera pani 90, 93
Zerlegen des Huhns 11
Zimt 248, 500
Zimtstangen 15, 106, 295
Zingiber officinale 490
Zitronen 85, 143, 144
–, gesalzene in Essig 143
Zitronengras 106, 295, 500
Zitronenhuhn 388, 389
Zucchini- oder Markkürbis-Püree 69
Zuckererbsen 500
Zushi chirashi 482
- fukusa 483
- inari 481
- nigiri 482
- norimaki 483
Zutaten für die asiatische Küche *154*
–, chinesische *357*
–, japanische 456, *479*
- des Landes 7
–, neunerlei (Korea) *436*, 450
Zwiebelflocken, gebackene 204
Zwiebeln 11, 58, 66, 71, 72, 83, 146, 204, 374, 445, 467, 500
–, gebraten 66
–, grüne 11
–, rote 500
Zwiebelsalat nach Parsi-Art 71
Zwiebel-Sambal 83
Zwiebelsorte 11
Zwölf-Sorten-Suppe 289